CHRONIQUE
D'UNE FRANCE OCCUPÉE

Les rapports confidentiels
de la gendarmerie

1940-1945

DU MÊME AUTEUR

JEAN-MARIE PONTAUT

Avec Jérôme Dupuis, *Les Oreilles du Président*, Fayard, 1996.

Avec Gilles Gaetner, *L'Homme qui en sait trop : Alfred Sirven et les milliards de l'affaire Elf*, Grasset & Fasquelle, 2000.

Avec Marc Epstein, *Ils ont assassiné Massoud : Révélations sur l'internationale terroriste*, Robert Laffont, 2002.

Demi-lune, Fayard, 2005.

Avec Gilles Gaetner, *Règlement de comptes pour l'Élysée : La manipulation Clearstream dévoilée*, Oh ! Éditions, 2006.

Jean-Marie Pontaut et Éric Pelletier

Chronique d'une France occupée

Les rapports confidentiels de la gendarmerie

1940-1945

avec

Solenne Durox et Julien Arnaud

© Éditions Michel Lafon, 2008
7-13, boulevard Paul-Émile-Victor – Île de la Jatte
92521 Neuilly-sur-Seine Cedex

www.michel-lafon.com

Introduction

Nous vous invitons à ouvrir un livre d'histoire et à feuilleter un album de famille. Les rapports rédigés au jour le jour par les gendarmes sous l'Occupation portent la marque du temps. Couchés sur du mauvais papier, dactylographiés au fil des événements, ils ont jauni, l'encre s'estompe. Mais les faits qu'ils consignent, eux, n'ont pas vieilli. Au terme de plus de soixante ans de sommeil, le délai légal en matière de consultation d'archives de ce type, ils sont désormais accessibles. Les parcourir réveille une mémoire toujours à vif. Pendant cinq ans, de la défaite de juin 1940 à la victoire alliée de mai 1945, les gendarmes ont en effet été les greffiers de ces temps troublés. Ils ont observé des Français embringués dans la pièce tragique qui se jouait des terrils du Nord aux montagnes corses, de la Manche aux Alpes, des forêts du Jura aux pinèdes des Landes. Eux-mêmes ont arrêté, déporté. Certains ont résisté à l'occupant. Leur histoire est aussi la nôtre.

On croise au détour d'une page ceux dont la mémoire collective a retenu le nom, Jean Moulin, Lucie Aubrac, Guy Môquet, le maréchal Pétain ou Pierre Laval. Mais ceux-là tiennent rarement les premiers rôles. Les Français, paysans, ouvriers, fonctionnaires, médecins, curés, sont les acteurs de cet ouvrage. Qu'ils aient été profiteurs ou victimes de guerre, maquisards, collabos ou simples quidams préoccupés d'abord par la survie des leurs.

Beaucoup de lecteurs y découvriront des événements méconnus sur leur passé : un lieu, une famille, un secret. Les plus jeunes y retrouveront peut-être des noms de parents ou de grands-parents. Outre le drame de la déportation des Juifs, à laquelle la gendarmerie a largement contribué, ils prendront connaissance des violences de la guerre et de celles, parfois volontairement occultées, de l'après-guerre. Pour ceux qui, encore nombreux, ont vécu ces temps terribles, ce sera sans doute l'occasion d'un face-à-face avec leur jeunesse.

Bon nombre d'historiens, comme Robert Aron, Jean-Pierre Azéma et Robert O. Paxton, ont analysé cette période qui suscite encore des débats passionnés. Mais peu ont eu l'occasion d'exploiter de manière aussi exhaustive les rapports de gendarmerie que vous allez découvrir. Cette chronique, nous avons souhaité vous la livrer brute, privilégiant les faits plutôt que leur interprétation, l'histoire des hommes et des femmes plutôt que celles des idées.

À l'été 2005, nous avions effectué une première plongée dans ces kilomètres d'archives, soigneusement répertoriées et conservées par les spécialistes du département de la Gendarmerie nationale du Service historique de la défense. Elle a fait l'objet de la couverture de l'hebdomadaire *L'Express* du 6 octobre 2005. Devant les nombreuses réactions des lecteurs et des journalistes de la rédaction, surpris nous-mêmes par la richesse de ces histoires, par l'émotion qui s'en dégage, nous avons souhaité aller plus avant. En portant un œil journalistique sur une matière généralement traitée par les spécialistes, avec l'aide essentielle de deux jeunes passionnés, nous avons interrogé les témoins pour savoir ce qu'étaient devenus les personnages évoqués dans les notes.

Introduction

Les chapitres de ce livre traitent de quatre aspects de la France pendant la Seconde Guerre mondiale : la déportation des Juifs, la Résistance, la vie quotidienne et le chaos qui accompagne la Libération. Pour permettre au lecteur de se reporter immédiatement à l'histoire qui le concerne au plus près, nous avons schématiquement divisé le territoire métropolitain en sept régions : centre, est, Île-de-France, nord, ouest, sud-est, sud-ouest.

À l'heure où cette période suscite un vif regain d'intérêt, où le recul du temps permet une analyse moins manichéenne, ces documents constituent un témoignage unique sur la vie des Français sous l'Occupation.

Méthodologie

Les rapports de gendarmerie reproduits dans les pages qui suivent apportent un nouvel éclairage sur une période troublée de notre histoire. Pour autant, ils ne doivent pas être considérés comme le strict reflet de la réalité. La description d'un événement, les faits imputés à une personne ou les soupçons évoqués dans un rapport ne peuvent pas être pris pour argent comptant.

Avant la Libération, ces documents administratifs étaient destinés à une hiérarchie obéissant à un gouvernement collaborationniste. La terminologie s'en ressent. Les actes de résistance sont souvent répertoriés sous le terme d'« activités antinationales », ou de faits de « terrorisme » pour les plus graves d'entre eux. Un officier résistant ne pourra évidemment pas faire état de ses activités clandestines.

Il est à noter qu'après la Libération on parle toujours, selon la terminologie en vigueur, de « partie saine de la population », on mentionne toujours des « activités antinationales » et des « actes de terrorisme », mais ces termes ne désignent évidemment pas les mêmes notions.

Certains rapports sont accompagnés de commentaires. Nous avons en effet parfois jugé utile de rappeler le contexte d'un événement cité par le rédacteur ou la carrière de ce dernier.

La plupart de ces rapports émanent de registres confidentiels, baptisés « R4 ». Un grand nombre proviennent des compagnies (l'échelon départemental de la gendarmerie à l'époque). Parfois, ils sont issus des registres des sections (ce qui correspond au niveau de l'arrondissement de la sous-préfecture), voire des brigades (échelle locale). Certains documents sont frappés de la mention « secret », voire « très secret ».

Nous avons souhaité conserver le nom des signataires des rapports. Dans certains cas, notamment lorsque les noms d'informateurs ou de profiteurs de guerre sont cités, nous avons décidé de ne conserver que les initiales, et cela afin de préserver les descendants.

Les documents sont présentés selon leur libellé initial. Mais nous en avons harmonisé la typographie et rectifié à l'occasion les fautes de frappe ou d'orthographe pour une meilleure compréhension du lecteur. Les coupes sont indiquées ; les ajouts sont placés entre crochets.

Notons que ce travail ne vise évidemment pas à l'exhaustivité. Tous les départements français n'ont pu être cités : ce livre reproduit une sélection de notes parmi des centaines de milliers de rapports rédigés à cette époque. Dans certaines villes, notamment en Normandie, des registres entiers ont disparu avec les bombardements de la Libération. Et, à l'occasion, certaines pages ont été opportunément arrachées avant l'arrivée des troupes alliées ou de celles de la France libre...

Enfin, il nous faut souligner que les rapports sélectionnés ici n'ont pas vocation à passer en revue les principaux événements qui ont marqué une région, un département ou une commune sous l'Occupation. Ils n'ont d'autre ambition que de rappeler le quotidien des Français, y compris lorsqu'ils évoquent des faits pouvant apparaître anecdotiques ou secondaires au regard des drames survenus entre 1940 et 1945.

Méthodologie

La plupart de ces archives étant ouvertes sans dérogation au terme d'un délai de soixante ans après la date de rédaction de l'acte, elles sont désormais consultables après la délivrance d'une carte de lecteur par le Service historique de la défense [1].

---

1. Château de Vincennes, BP 107, 00481 Armées. Site Internet : servicehistorique.sga.defense.gouv.fr

I

La gendarmerie et les Juifs

Rafles et déportation

Comment imaginer aujourd'hui la bataille qui fit rage, en 1956, au festival de Cannes pour la sortie de *Nuit et Brouillard* d'Alain Resnais ? L'affiche du film osait montrer une photo du camp d'internement de Pithiviers, dans le Loiret. Au premier plan, la silhouette d'un gardien, reconnaissable à son képi : un gendarme. Cette photo sonnait comme un scandale, une gifle donnée à l'institution.

Il aura fallu attendre soixante ans, le temps nécessaire à l'ouverture des archives au grand public, pour que les passions s'apaisent. Le temps est venu de « regarder notre histoire en face » : en 2005, le général Guy Parayre, directeur général de la gendarmerie, invitait ses troupes à réexaminer le rôle de la maréchaussée pendant l'Occupation. Une manière de reconnaître que tout n'avait pas été dit, que tout n'avait pas été écrit sur cette page la plus sombre de l'arme.

Comme toutes les administrations françaises à cette époque, la gendarmerie met en œuvre, dès 1940, la politique de Vichy, et notamment les lois dirigées contre les francs-maçons et les Juifs. Le personnel, composé de plus de quarante mille militaires à l'époque, est en effet « épuré », soumis aux lois discriminatoires du 3 octobre 1940, puis du 2 juin 1941, encore plus restrictives que

17

les précédentes. On exige ainsi de chaque gendarme qu'il complète une fiche de renseignements de « non-appartenance à la race juive » (modèle n° 1) ou d'« appartenance à la race juive » (modèle n° 2). Selon les études menées par le lieutenant Benoît Haberbusch, du Service historique de la défense, trente et un hommes, la plupart ayant le grade de simple gendarme, sont déclarés juifs [1]. Une infime minorité, donc. Le plus grand nombre sert en Algérie, dans la 19ᵉ légion. Le lieutenant Guetta, en poste à Cannes, connaîtra un sort hors du commun. Révoqué, il est arrêté par les Italiens le 5 juin 1943 alors qu'il participe à un réseau de résistance dans les Alpes-Maritimes. Il échappe de très peu à la déportation. Interné en Italie, Guetta est livré à la Gestapo en mars 1944. Cinq mois plus tard, il attend, à Drancy, d'être déporté lorsque Paris est libéré... Réintégré dans la gendarmerie, l'officier miraculé terminera sa carrière comme général.

À partir de 1942, la gendarmerie apparaît clairement engagée dans la politique de collaboration. Police à statut militaire, principalement présente dans les campagnes, elle devient l'un des rouages essentiels et efficaces de ce que les nazis appellent la « solution finale ». Les travaux de Serge Klarsfeld montrent que soixante-seize mille Juifs, hommes, femmes mais aussi enfants – de nationalité étrangère pour les deux tiers d'entre eux –, ont été déportés depuis la France au cours de la Seconde Guerre mondiale. Ils sont seulement deux mille cinq cent soixante-quatre à être revenus des camps de la mort. Par ailleurs, quatre mille personnes environ sont décédées dans les camps ou ont été exécutées sommairement.

---

1. Benoît Haberbusch, actes du colloque « La gendarmerie, les gendarmes pendant la Seconde Guerre mondiale », *Revue de la Société nationale de l'histoire et du patrimoine de la gendarmerie* (2006).

Les gendarmes ont pour mission d'arrêter les « Israélites », notamment lors des grandes rafles de l'été 1942. À Paris, les 16 et 17 juillet, les interpellations sont confiées très majoritairement à la police. Les gendarmes fournissent un appui ponctuel, particulièrement en banlieue. Mais ils sont chargés de faire respecter l'ordre public au vélodrome d'Hiver, le fameux Vél'd'Hiv, situé dans le XVe arrondissement, comme le révèlent les communiqués confidentiels du 14 juillet planifiant l'opération. Les gendarmes seront en revanche en première ligne lors des arrestations massives qui se déroulent en zone libre le 26 août 1942.

Dans les camps d'internement, deuxième étape vers l'extermination, les gendarmes sont encore présents, comme à Pithiviers, à Beaune-la-Rolande, dans le Loiret, ou à Drancy, dans l'actuelle Seine-Saint-Denis, pour ne parler que des plus célèbres d'entre eux. À Drancy, on en compte jusqu'à deux cents. Les rapports le montrent clairement : les Allemands se méfient de ces gardiens, dont plusieurs se sont laissé corrompre, en acceptant de transmettre du courrier contre rémunération. Le SS Aloïs Brunner reprendra le contrôle de Drancy le 2 juillet 1943. « Avec brutalité », constatent les derniers militaires français présents. Certains s'étaient eux aussi laissés aller à des sévices sur les internés, comme le capitaine Marcelin Vieux, chargé de la garde intérieure du camp du 1er juillet jusqu'à la fin du mois de septembre 1942. Il rudoyait les internés à coups de cravache, intimidait les enfants, harcelait les femmes. Son comportement sadique finit par alerter sa hiérarchie, qui le rappela et le sanctionna. Mais il fallut attendre la plainte d'anciens internés pour que s'ouvre un procès pénal.

Les gendarmes, enfin, escortent les convois, généralement de mille ou mille cent personnes, hommes, femmes et enfants, qui partent vers une « destination inconnue » jusqu'à la frontière allemande, située alors en Moselle. Ils doivent s'assurer que les wagons plombés ont été correctement fermés par les agents de la SNCF. Leurs terribles archives racontent en détail, et dans un jargon administratif glaçant, la préparation de ces « ramassages » et les conditions des « transfèrements de Juifs ». Mais un certain malaise transparaît entre les lignes de plusieurs rapports. Les ordres, eux-mêmes, apparaissent contradictoires. « Agir fermement mais sans brutalité », demande-t-on à Bourg-en-Bresse (Ain). « Les traiter avec humanité, les fouiller minutieusement et retirer toutes les armes, éviter à tout prix les évasions et les suicides », répond-on en écho à Lyon (Rhône). « L'opération doit être menée sans pitié », tranche-t-on dans le Maine-et-Loire. « Il s'agit d'arrêter tous les Juifs étrangers sans distinction d'âge, de sexe, d'état de santé » et de remettre tous les objets en or (alliances exceptées) aux SS...

Certains officiers mentionnent de terribles scènes, comme à Beaune-la-Rolande : « Ce capitaine leur ayant fait part, un peu trop tôt peut-être, qu'elles allaient être séparées de leurs enfants, il s'est produit de la part des femmes internées [...] des scènes violentes de lamentation tournant au désordre. »

Les rapports de l'époque éclairent l'attitude de la population française vis-à-vis des familles de confession juive. Parfois, l'antisémitisme latent s'exprime au grand jour, comme sur les murs de Bourbon-l'Archambault (Allier), où une main anonyme a écrit : « Ici, ville juif les bains – son parc – ses eaux – ses Juifs. » Face aux situations qu'ils décrivent, que pensent réellement les officiers de gendarmerie ? À Tulle, l'un d'eux ne prend pas la peine de masquer ses sentiments profonds : « Dans les villes, ils sont considérés, avec juste raison, comme des parasites. »

Une conscience troublée

Mais les gendarmes sont sans doute les premiers parmi la population française à remarquer la panique des internés en partance pour l'Allemagne. Et même à évoquer la politique d'extermination systématique qui se dessine à l'Est. Ainsi, dès le 16 août 1942, un simple adjudant en poste au camp des Milles, près d'Aix-en-Provence, adresse une note sans ambiguïté à sa hiérarchie. Un rapport prophétique : « Les internés, dit-il, craignent une exécution massive s'ils sont envoyés en Allemagne. Ils ont une telle peur de cette déportation que des couples préfèrent se donner la mort... »

Témoins de ces terribles instants, mais rouages essentiels du système mis en place, certains gendarmes ne cachent pas leurs troubles de conscience. Il y a à cela au moins trois raisons. Humanitaire, d'abord. Certes, avant la guerre, ils avaient l'habitude d'escorter les suspects présentés à la justice, mais cette fois ils encadrent une tout autre population, parfois des familles entières. Technique, ensuite. Ils n'ont jamais considéré ce travail d'escorte, long et pénible, comme gratifiant. De prestige, enfin, ce qui n'est pas la moindre des choses pour un militaire. La hiérarchie comprend très vite l'impopularité d'une telle mesure. En appliquant avec zèle la doctrine nazie, la gendarmerie risque d'écorner encore un peu plus son image en étant assimilée aux troupes allemandes. Les hommes des escortes notent d'ailleurs la réprobation grandissante des populations au passage des convois : « La majorité du public, mal renseignée à ce sujet, ne semble pas les approuver, estimant que ces mesures sont imposées par l'Allemagne. » Pour résumer les choses froidement, les gendarmes ont le sentiment qu'ils seraient plus « utiles » au relèvement du pays dans d'autres « tâches ».

Les rapports de l'époque ne révèlent évidemment rien des actions de résistance individuelle pour sauver des vies. Tout juste trouve-t-on la trace d'évasions réussies, difficilement explicables sans complicité. Que dire, ainsi, de cette femme qui parvient si facilement à prendre la fuite, un jeune enfant dans les bras ? Les deux militaires chargés de l'escorte expliquent benoîtement à leur hiérarchie qu'ils avaient, à ce moment-là, le dos tourné...

À Paris, un officier, le capitaine Quivaux, commandant les brigades d'Exelmans, fait prévenir discrètement des familles de la rafle qui s'annonce et des préparatifs au Vél'd'Hiv. En 1941, à Drancy, Camille Mathieu fournit de la nourriture, du courrier et des faux papiers aux internés. Il sera révoqué. D'autres, comme Marcellin Cazals, l'un des huit gendarmes français reconnus comme « Justes » par Israël, hébergeront des familles recherchées au sein même de leur caserne, avec les risques que cela suppose. Selon son fils, Claude Cazals, lui-même colonel de gendarmerie à la retraite, l'un des pionniers de la recherche historique sur cette période, « le culte de l'obéissance aux ordres et à la loi a pesé très lourd dans les comportements [1] ».

L'obéissance aux ordres. Au nom de ce principe, dans les « brigades frontières » de Haute-Savoie, les gendarmes arrêtent les familles qui tentent illégalement de gagner Genève et d'échapper ainsi à la nasse. Les procès-verbaux qu'ils rédigent, comme à Collonges-sous-Salève en fin d'année 1942, figurent parmi les documents les plus émouvants – et les plus éprouvants – que nous ayons eu à consulter...

---

1. Lire à ce propos Claude Cazals, *La Gendarmerie sous l'Occupation* (1991) et *La Gendarmerie et la Libération* (2001), Éditions La Musse.

La nasse de Collonges-sous-Salève

L'encre s'efface. Le papier pelure s'étiole. Mais le lecteur de ce procès-verbal bascule d'un coup dans le huis clos de l'interrogatoire. On croirait entendre le cliquetis de la machine à écrire. Le 12 décembre 1942, dans la petite « brigade de gendarmerie-frontière » de Collonges-sous-Salève, en Haute-Savoie, le maréchal des logis-chef Georges Kree et le gendarme Jean Viremouneix commencent leur audition. Et deux fantômes refont surface.

Il est 16 heures. Dehors, le jour a déjà cédé la place au crépuscule. Joseph Garfunkel et son fils Siegfried ont compris depuis longtemps qu'ils ne gagneraient pas Genève, îlot de sécurité dans le maelström de la Seconde Guerre mondiale. Le refuge est distant d'une quinzaine de kilomètres seulement, mais, pour eux, c'est la fin du voyage. Deux jours plus tôt, Joseph et Siegfried se sont fait prendre par des douaniers allemands qui contrôlent l'endroit depuis l'invasion de la zone libre. L'homme et l'adolescent ont été remis aux gendarmes français. La nasse de l'administration française se referme donc, comme sur des dizaines d'autres avant eux.

Depuis l'été, les habitants de Collonges-sous-Salève assistent à un triste spectacle. Celui-ci rappelle les scènes vues au lendemain de la débâcle, lorsque des soldats, évadés des camps allemands, cherchaient à regagner la France depuis la Suisse. En 1942, avec la mise en place de la « solution finale » par l'Allemagne nazie, les flux s'inversent. Cette fois, on fuit. Des couples et des familles entières, de confession juive, comme les Garfunkel, tentent de passer la frontière, d'atteindre cette pointe avancée de Suisse qu'est Genève. Ils se mêlent aux voyageurs et essaient de sauver leur vie. Les grandes rafles de l'été (en juillet à Paris, en août en zone libre), puis l'invasion de la zone libre, le 11 novembre, accélèrent le rythme. Une partie de la misère humaine chassée d'Europe du Nord par l'avancée nazie transite désormais par ce bout de France.

Joseph et Siegfried

Les Garfunkel sont là, sous nos yeux, dans la sécheresse du procès-verbal. Le père et le fils se ressemblent jusqu'à leur coiffe, un béret basque pour chacun. Joseph, un commerçant de quarante-cinq ans, né en Pologne, « de nationalité polonaise et de race juive ». « 1,69 m, précise le rapport. Cheveux et sourcils châtain foncé, yeux bleus, nez busqué, front découvert, visage ovale, teint bronzé, porte des lunettes. » Seules protections contre le froid, un « complet gris foncé à rayures noires, pardessus gris foncé à chevrons, brodequins noirs ». À travers sa fouille se dessine une vie : 7 325 francs d'économies, quarante-sept coupons-réponse internationaux à 7 francs. Est-ce la peur de ces hommes en uniforme ? Le fils, treize ans, frappe par la blancheur du visage : « cheveux et sourcils châtains, yeux marron, nez busqué, visage ovale, teint pâle, veste en courtil gris, pantalon en treillis bleu, pardessus gris à rayures noires et blanches, souliers noirs ». Leur crime ? Avoir tenté de se soustraire à l'assignation à résidence imposée par les lois de Vichy.

Joseph détaille les événements qui l'ont conduit jusqu'ici depuis que sa famille a fui Leipzig en septembre 1939, puis Anvers en mai 1940. Direction la France, où la guerre les rattrape. « Le 12 juin 1942, poursuit-il, j'ai été astreint à résider à Mornant (Rhône), Hôtel de la gare, par décision de monsieur le préfet du Rhône. Au mois de septembre 1942, ayant appris que allions être arrêtés et conduits en Allemagne, j'ai quitté Mornant avec ma femme et mes deux enfants et je me suis réfugié à Lyon. Depuis l'occupation de la zone libre par les troupes allemandes, je ne me sentais plus en sécurité à Lyon et j'avais décidé depuis quelques jours de me réfugier en Suisse avec mon fils Siegfried, âgé de treize ans. Ma femme est restée à Lyon avec notre fille, âgée de douze ans, 80, rue Rabelais, chez Mme B. », précise-t-il. Le 10 décembre, à 6 heures, le père et le fils ont sauté dans un train et pris un bus qui les a conduits à Saint-Julien-en-Genevois, où ils sont arrivés vers 13 heures. « Nous avons attendu la nuit dans cette ville, puis, vers 21 heures, nous nous sommes dirigés vers Collonges, avec l'intention de franchir la frontière franco-suisse », reconnaît Joseph. Là, assure-t-il, il a sympathisé avec un Français : « J'affirme que le jeune homme rencontré hier soir à proximité de Collonges nous était totalement inconnu. » L'itinéraire des Garfunkel se brise au bas d'une page. Le 12 décembre, le père et le fils sont présentés au procureur de la République de Saint-Julien-en-Genevois. On leur reproche d'avoir tenté de se soustraire à leur assignation à résidence et d'avoir tenté de franchir illégalement la frontière. Les archives de la brigade perdent leur trace. Pour retrouver Joseph, il faut se plonger dans d'autres listes, celles du mémorial de la Shoah. Transféré à Drancy, il est déporté le 4 mars 1943, à Maidanek, par le convoi n° 50. Les registres, eux, ne mentionnent pas le sort de Siegfried.

Qui est leur guide, l'inconnu du bus qui a pris le risque de les conduire en Suisse ? Les gendarmes l'interrogent.

Albert Mathias Huglin, « chauffeur de chaudière », sans domicile fixe, se présente comme « berger ». Le 10 novembre, raconte-t-il, il rend visite à un « compatriote », à pied. « En arrivant au lieu-dit Pont-de-Combe, à proximité de Collonges, vers 22 heures, j'ai rencontré un homme paraissant être de nationalité étrangère, accompagné d'un enfant de douze ou treize ans. L'homme m'a demandé où il pourrait franchir la frontière franco-suisse, en m'expliquant qu'il était juif polonais et désirait se rendre en Suisse avec son fils. [...] Je me suis mis en route vers Bossey, suivi à quelques mètres par les deux étrangers. [...] J'affirme que je n'ai pas cru faire quelque chose de répréhensible en indiquant à des étrangers le chemin pour aller en Suisse. Ces derniers, qui grelottaient de froid, me faisaient pitié. » Avisé de la situation, le procureur donne pour consigne de le remettre en liberté, aucune infraction ne pouvant être retenue contre lui. Le « berger » a eu chaud : peu après sa libération sans autre forme de procès, le secrétaire en chef du service des douanes allemandes déboule à la brigade, à 17 heures. Furieux, il exige des explications sur la libération du « passeur ». Lors de son arrestation, ses hommes avaient en effet trouvé sur lui une fausse carte d'identité, au nom de Roger Arauda. Un document que les douaniers allemands ont apparemment omis de remettre dans les temps aux enquêteurs français... L'erreur a sauvé Huglin.

Les brigades de gendarmerie-frontière, créées en septembre 1936 pour lutter notamment contre l'infiltration des espions, sont chargées de contrôler, selon la formule consacrée, les « personnes étrangères au pays »[1]. Les sept

---

1. Voir à ce propos « Espaces savoyards, frontières et découpages », actes du XXXIXe congrès des sociétés savantes de Savoie, Archamps, 14 et 15 septembre 2002, particulièrement l'intervention de M. Bernard Mouraz.

gendarmes travaillant à Collonges ne disposent d'un poste téléphonique que depuis le premier trimestre 1942. Ils patrouillent, à pied ou à bicyclette, le long de la route nationale 206 ou vérifient les identités à la descente du bus qui relie Annecy à Thonon-les-Bains. Leur mission n'a pas changé : comme à l'époque du Front populaire, ils sont garants de l'intégrité de la frontière. Mais les lois qu'ils sont chargés d'appliquer sont désormais celles d'un gouvernement de collaboration. La grande majorité des voyageurs israélites en infraction, c'est-à-dire pris en « flagrant délit d'infraction à résidence » selon les articles 1 et 2 de la loi du 9 novembre 1942, ou porteurs de faux papiers, sont placés en garde à vue. On avise le procureur de Saint-Julien-en-Genevois, le préfet de la Haute-Savoie et on expédie une copie des procès-verbaux aux archives de la compagnie. Les « délinquants » sont méthodiquement entendus. Les gendarmes ont-ils des états d'âme ? Leurs rapports ne laissent rien transparaître.

M. et Mme « Klain »

Les enquêteurs l'ont vite compris : les fugitifs empruntent, depuis Lyon, des itinéraires très balisés. Ils mettent leurs pas dans ceux des filières qui se chargent de leur procurer de faux documents. Maurice Klain, employé de commerce, né en Pologne mais établi en France depuis seize ans, pensait avoir fait le plus dur en obtenant une carte d'identité contrefaite. Mais son accent l'a trahi lors d'un contrôle en gare d'Archamps (Haute-Savoie), à l'arrivée du train de 14 h 37, le 2 octobre 1942. Les trois personnes qui l'accompagnaient, son épouse, son beau-frère et sa belle-sœur, sont interpellées également. Les gendarmes signalent une scène poignante lors de la garde à vue : « Nous mentionnons que les fausses cartes d'identité de Français délivrées à ces étrangers ont été déchirées par la nommée Klain, née Klein, Martha. Cette dernière s'est emparée desdites pièces alors qu'elles étaient déposées sur le bureau de notre brigade et les a déchirées avant qu'on ait pu intervenir. » Cette tentative désespérée pour détruire les preuves du « délit » ne les sauvera pas. Comme beaucoup de fugitifs arrêtés en Haute-Savoie, les deux couples seront envoyés vers le camp de Rivesaltes.

Willi et son « infirmière »

Écoutons maintenant le témoignage de Willi Wolfradt, « réfugié allemand », « de race juive », âgé de cinquante ans. Arrivé en France en avril 1933, il était assigné à résidence à Chambon-sur-Lignon (Haute-Loire), lorsque, en cette fin de décembre 1942, il tente de gagner la Suisse avec sa femme, Jeanne, un sac tyrolien sur l'épaule. Il n'en fait pas mystère devant les enquêteurs : « Je me disposais à chercher un coin favorable pour passer clandestinement la frontière lorsque vous m'avez interpellé. » Il avait en sa possession une carte d'identité au nom de Robert Woorhoeven portant sa photo. Qui la lui a fournie ? « La carte d'identité que je vous ai présentée est fausse, mais je ne tiens pas à donner le nom de la personne qui me l'a établie, rétorque-t-il. Je reconnais être de race juive mais certifie être de confession protestante. Je précise que la demoiselle trouvée en ma compagnie n'a reçu aucune rétribution de ma part. Et si elle s'est chargée de nous piloter jusqu'à la frontière, c'était uniquement pour nous rendre service. »

La demoiselle en question, « 1,72 m, cheveux châtains, forte corpulence, veste noire, robe grise, souliers jaunes en daim », a été arrêtée, elle aussi. La voici devant nous.

Elle se nomme Geneviève Pittet. Elle a vingt-quatre ans. « Je suis venue à Collonges dans le but de rechercher une maison où l'on pourrait placer des enfants sous-alimentés », assure celle qui se présente comme une infirmière. Elle est arrivée à Lyon le 20 décembre. Là, « des personnes, dont je ne tiens pas à dévoiler l'identité, m'ont chargée de piloter jusqu'à la frontière suisse un homme et une femme de nationalité allemande. [...] J'affirme que si j'ai servi de guide à ces personnes, c'est dans un but tout à fait désintéressé. » Les gendarmes, intrigués, consignent cependant qu'elle dispose d'une forte somme d'argent pour l'époque, très exactement 11 831,50 francs.

Geneviève a-t-elle été remise en liberté à la fin de cette procédure ? C'est probable. Il s'agit, sans doute, de la femme qui, cinquante ans plus tard, se verra décerner le titre de « Juste des nations » sous le numéro de dossier 5960. L'association Yad Vashem ne nous ayant pas fourni d'éléments précis sur son état civil, il n'est pas possible de l'affirmer avec certitude. Mais nos recherches laissent peu de place au doute. La famille Veil a ainsi témoigné que, le 25 décembre 1943, une certaine Geneviève Pittet a aidé leur fils, Antoine, à franchir la frontière à pied, depuis Saint-Julien-en-Genevois. Trois autres membres de la famille Veil auront la vie sauve, passant par le même itinéraire. Dès l'avant-guerre, la jeune femme, protestante, avait rejoint la Cimade, un mouvement d'aide aux réfugiés. Tous les fugitifs n'auront pas cette chance, car tous les Français n'ont pas le même comportement que Geneviève. Loin s'en faut.

Le Terminus à Collonges

Les hôtels de la région constituent autant de haltes quasi obligatoires, mais dangereuses, pour les candidats à l'émigration. Certains fugitifs se jettent ainsi dans la gueule du loup. Si des commerçants acceptent de fermer les yeux, d'autres signalent les allées et venues suspectes. On apprend ainsi dans un rapport daté du 7 octobre 1942 que la tenancière du restaurant Le Terminus à Collonges-sous-Salève alerte discrètement les pandores de la présence d'un couple nouvellement descendu dans l'établissement. « L'Israélite Weil Godefroi », soixante-trois ans, et sa femme, Rose, quarante-huit ans, sont arrêtés et transférés au camp de Rivesaltes...

L'Hôtel du mont Salève, tenu par Auguste P., devient pour beaucoup le refuge d'une nuit, l'ultime étape avant la Suisse. Les paysans du coin ne sont pas dupes. Ils ont bien remarqué le manège. L'un d'eux, un cultivateur, à qui les passants demandent régulièrement l'adresse, confie aux gendarmes : « À mon avis, il s'agit d'Israélites envoyés à l'Hôtel du mont Salève par une bande organisée et dont M. P. fait partie. [...] Ce n'est que depuis que les Juifs ont été recherchés par la police française que j'ai vu venir à l'hôtel de P. un si grand nombre d'étrangers. » L'informateur, dont le nom n'est pas cité dans la procédure, évalue ce nombre à une centaine. À la fin du mois d'octobre 1942, le réseau tombe. « Soupçonnant que des Israélites se trouvaient à l'intérieur de l'établissement, nous avons fait irruption dans la cuisine », relatent les gendarmes. Là, ils démasquent Pit Van der Berg, un étudiant hollandais muni de faux papiers et porteur de 600 dollars américains. Le patron, Auguste P., proteste de sa bonne foi et feint l'étonnement : « J'affirme que je n'ai jamais eu connaissance que des Israélites aient consommé ou mangé dans mon établissement. J'affirme également n'avoir jamais facilité le passage clandestin de la frontière. » Mais, interrogé de nouveau quelques jours plus tard, l'homme craque après trois heures d'audition serrée. À leur tour, un bûcheron, Léon R., et un ouvrier agricole, Henri M., passeront aux aveux. Le 30 octobre 1942, à 9 heures, débute la longue confession de l'hôtelier P. « Il y a un mois, alors que l'exode des Israélites allait croissant, plusieurs de ces derniers se sont présentés dans mon établissement. [...] Mon épouse a accepté de leur donner un repas. Je me suis mis en quête d'un passeur. Je me suis rendu chez R. Léon [...]. Si j'ai souvenance, ces étrangers lui ont versé 3 000 francs. R. m'a remis 500 francs. Deux autres fois, j'ai fait demander R. Au cours de sa dernière prise de personnes chez moi, R. s'est brouillé avec ma femme car il ne voulait rien verser pour l'hébergement des Israélites concernant le dernier groupe. R. devenait défectueux, j'ai dû faire appel à M. Henri. » Le paiement répond toujours au même rituel. Les Juifs « laissaient l'argent sur la table et celui-ci était partagé dès le retour du passeur chez moi. La première expédition qu'a faite M. nous a rapporté 1 000 francs chacun. » D'autres passages suivent. « En résumé, je crois avoir touché au cours de ces expéditions de Juifs en Suisse une somme totale variant entre 5 000 et 6 000 francs. »

Au passage, les gendarmes épinglent le restaurateur pour « grattage et surcharge de son registre », ainsi que pour avoir majoré le prix de son menu. Les enquêteurs détaillent leurs investigations dans une procédure de quatorze pages. Elle porte encore aujourd'hui cette mention manuscrite, provenant probablement d'un supérieur : « Très bon travail. »

Les passages de frontière génèrent décidément une véritable économie parallèle en cette terrible année 1942. « J'ai eu l'impression que l'argent intéressait beaucoup plus nos passeurs que la réussite de notre passage », lâche Szandla

Gasman devant les gendarmes qui l'ont arrêtée avec ses deux filles, Frederica, dix-huit ans, et Eugénie, quatorze ans. La mère de famille relate les conditions de sa rencontre, inopinée dit-elle, avec un représentant en tracteurs, dans un café. « Notre guide nous a fait savoir qu'il se voyait dans l'obligation de nous faire verser 40 000 francs. J'ai trouvé la somme exagérée et j'ai obtenu après bien des explications que la somme soit réduite à 38 000 francs », se souvient-elle avec dégoût. Entendu à son tour, l'homme reconnaît avoir touché l'argent mais affirme « n'avoir agi tout d'abord que dans l'intention de rendre service à ces gens ». Le 16 septembre 1942, six jours seulement après leur interpellation, Szandla et sa fille Eugénie sont parquées dans le convoi n° 33 pour Auschwitz. Les registres ne mentionnent pas ce qu'est devenue Frederica.

L'indic

Au fil des pages jaunies, qui menacent de se déchirer à chaque lecture, se dessine une triste chronique villageoise. Grâce à l'aide d'un informateur, les gendarmes montent un flagrant délit, un vrai guet-apens. Le 28 août 1942, en pleine nuit, les militaires planquent près du réseau de fils de fer barbelés qui marque la frontière franco-suisse. Ils savent ce qu'ils cherchent. « À 0 h 15, nous avons vu venir de la direction de Collonges et se diriger vers les fils de fer barbelés placés à l'extrême frontière les quatre personnes signalées. » Il y a Siegfried Lichtenstein, ainsi que Hermann, Charlotte et Liliane Wilzig. La peur est si forte que Charlotte s'évanouit. « Le mari de la malade, qui se trouvait avec nous, a demandé de bien vouloir mander un docteur, ce qui a été fait, à ses frais », précise le rapport. Souffrant apparemment d'une crise d'angine de poitrine, l'épouse est conduite à l'hôpital de Saint-Julien. La course, évidemment, est réglée par le mari. Hermann raconte son périple aux gendarmes. Le 27, vers 8 heures, les Wilzig prennent un taxi à Grenoble pour Annecy. Au Buffet de la gare, leur guide arrive vers 13 heures, tenant dans sa main un mouchoir. Le signal convenu. Ensemble, ils prennent le bus pour Saint-Julien et gagnent à pied Collonges, où ils font une halte chez un couple d'horlogers. « M. C., horloger, nous donne à manger, explique-t-il. À ce moment-là, un homme est entré pour acheter un réveil. Nous avons eu, cet homme-là et moi, un entretien au cours duquel il m'a déclaré qu'il m'accompagnerait, ainsi que ma famille, jusqu'à l'extrême frontière. » Les Wilzig l'ignorent encore : cette rencontre « fortuite » a signé leur perte.

L'homme « providentiel » qui s'est présenté chez l'artisan C. se nomme Robert B., vingt-trois ans. Les gendarmes ont consigné son témoignage. Selon son procès-verbal, Mme C. est venue trouver B., une quinzaine de jours plus tôt, pour lui proposer une « forte rétribution » afin de servir de passeur. « Je n'ai pas cru devoir refuser catégoriquement à cette dame. [...] Je désirais savoir avant tout ce qu'il se passait au domicile de cette femme. Ma qualité de SOL [Service d'ordre légionnaire, ancêtre de la Milice française] me dictait ce devoir afin de pouvoir renseigner les services de police sur les agissements des époux C. », s'enflamme B. Le « devoir », apprend-on, a donc conduit le délateur à la caserne. Les archives ne disent rien de la discussion qui s'engage à l'abri des regards. « Après l'accord fait avec les gendarmes, poursuit B., je suis revenu chez les C. et je leur ai déclaré qu'il fallait redoubler de prudence. [...] Ma déclaration a porté ses fruits car les Juifs ont pris peur. [...] Ces gens m'ont alors invité à les faire franchir immédiatement la frontière. » Et les gendarmes d'ajouter ce commentaire : « Nous mentionnons d'autre part que le dénonciateur nous a priés de ne pas divulguer son état civil, dans la mesure du possible, ayant, disait-il, quelques nouveaux tuyaux. »

Au total, au cours du deuxième semestre 1942, les archives de la brigade frontière de Collonges-sous-Salève relatent l'arrestation d'une dizaine de passeurs et d'une cinquantaine de personnes de confession juive. Des hommes et des femmes de toutes extractions, souvent originaires de Pologne ou des Pays-Bas. On y croise une femme de lettres et une lingère, un ingénieur et des commerçants. Des enfants aussi. Les deux plus jeunes s'appelaient René et Mario. Ils avaient deux et six ans.

RÉGION CENTRE

ALLIER

Les murs de Bourbon-l'Archambault

Rapport du capitaine Besson, commandant la section de gendar-merie de Montluçon, sur une propagande antisémite à Bourbon-l'Archambault

Les menaces antisémites sont latentes dans la population française. Elles s'expriment parfois au grand jour, comme sur les murs de Bourbon-l'Archambault, dès l'hiver 1940.

Montluçon, le 3 décembre 1940

Dans la nuit du 22 au 23 novembre, des papillons de 10 centimètres de côté ont été collés sur les murs de la mairie et d'autres immeubles de la localité de Bourbon-l'Archambault. L'inscription, en lettres capitales écrites au crayon indélébile, était la suivante :

« ICI, VILLE JUIF LES BAINS – SON PARC – SES EAUX – SES JUIFS. »

Le 29 novembre, M. Heymann, ex-directeur d'usine à Strasbourg, réfugié à Bourbon, a trouvé collé sur la porte de son immeuble un papillon portant l'inscription :

« ICI, LE GHETTO. »

Rapport du capitaine Breda, commandant la section de gendarmerie de Montluçon, sur la découverte de tracts anti-Juifs

Avril 1941

Le 19 avril 1941, une vingtaine de tracts anti-Juifs ont été apposés en différents endroits de l'agglomération de Bourbon-l'Archambault.

Exemples de slogans : « Chassons les Juifs », « Les Juifs en Palestine », « À quel prix les Juifs payent-ils le beurre ? », « Vous aurez du beurre si les Juifs sont chassés ».

Quatre de ces tracts visent plus particulièrement M. Heymann, réfugié du Bas-Rhin, délégué du groupe de réfugiés à Bourbon-l'Archambault et qui s'occupe des questions qui y sont liées à la mairie :

« HEYMANN doit être chassé de la mairie.

Non ! HEYMANN ne doit pas rester à la mairie. »

Il existe à Bourbon-l'Archambault un nombre assez important de Juifs. Ces derniers sont impopulaires et détestés par la majorité de la population.

Rapport du capitaine Lefèvre, commandant la section de gendarmerie de Montluçon, sur l'état d'esprit de la population

Montluçon, le 20 août 1942

Il a été constaté l'arrivée de Juifs qui ont passé vraisemblablement clandestinement la ligne de démarcation. Ils se réfugient chez d'autres Juifs, notamment à Néris-les-Bains et Bourbon-l'Archambault.

Rapport de l'adjudant-chef Lafay, commandant provisoirement la section de gendarmerie de Montluçon

Montluçon, le 1er septembre 1942

Un certain nombre d'Israélites étrangers ayant franchi clandestinement la ligne de démarcation ou résidant en France depuis 1936 ont été rassemblés et groupés au Camp du textile à Montluçon. Ils ont été ensuite dirigés sur la zone occupée pour être remis aux autorités allemandes.

Les Israélites français et étrangers en résidence dans le département de l'Allier sont invités par décision préfectorale à quitter dans la quinzaine le département.

CHER

Le charnier de Guerry, près d'Avord

Rapport du chef d'escadron Siman, commandant la compagnie de gendarmerie du Cher

Bourges, le 23 février 1943

Il est très rare que la Sûreté allemande demande des services à la gendarmerie et ceux-ci sont habituellement de deux sortes :

– refoulement en zone nouvellement occupée de Français sortant de la prison de Bourges et originaires de cette zone ;

– escorte de Juifs sortant de prison au camp de Pithiviers ou de Beaune-la-Rolande.

Dans l'ensemble, le concours demandé [...] n'est pas de nature à provoquer contre la gendarmerie l'hostilité ou la défiance de la population française.

Rapport du capitaine Cussac, commandant provisoirement la compagnie de gendarmerie du Cher, sur l'état d'esprit de la population

Dans la nuit du 21 au 22 juillet 1944, soixante-seize personnes de confession juive sont arrêtées et conduites à la prison de Bourges. Le 24 juillet, vingt-cinq hommes sont emmenés par les Allemands. À la Libération, en août, on les recherche. À la fin du mois d'octobre, les investigations conduisent finalement à deux puits, près de Saint-Amand-Montrond.

Bourges, le 14 novembre 1944

Entre le 20 et le 25 octobre, les corps de trente-trois Israélites de la région de Saint-Amand-Montrond ont été retirés de deux puits sis à Guerry, près d'Avord. Les conditions particulièrement horribles de la mort de ces personnes ont encore accru la haine de la population contre la Gestapo, et plus encore contre les miliciens.

CORRÈZE

Juifs et « parasites »

Rapports du chef d'escadron Carrot, commandant la compagnie de gendarmerie de la Corrèze, sur l'activité des Israélites en résidence dans le département

En 1941, déjà, on recueille des renseignements sur la population juive. À partir de cette date, le commandant fait un rapport régulier et spécial sur l'activité des Israélites en résidence dans le département. Il ne cache guère son antisémitisme.

Tulle, le 28 octobre 1941

En dehors de l'organisation purement professionnelle, les Israélites du département ne paraissent pas avoir une direction chargée de veiller à leurs intérêts moraux et matériels. À Brive, il existe une synagogue. À Beaulieu, un « centre des éclaireurs israélites » réunit les jeunes filles et les femmes juives de cette résidence. La cheftaine de ces éclaireuses est Mme Gordin, Rachel [...] dont le mari se dit écrivain scientifique.

Les principaux centres de rassemblement sont les suivants :

Brive : 800.

Beaulieu : 120.

Uzerche : 113.

Ussel et Bort : 100.

La gendarmerie et les Juifs

Sont des auditeurs assidus de la radio anglaise.

Des familles israélites assez nombreuses disposent de gros revenus. Elles ont la réputation d'acheter les denrées à n'importe quel prix. À Brive, en particulier, la population les considère comme responsables de la montée du coût de la vie.

À Brive, les Juifs tiennent quelques magasins (alimentation, mercerie, meubles) existant depuis le temps de paix.

On observe deux courants d'opinion à l'égard de la race juive. Les uns se demandent pourquoi le gouvernement ne se débarrasse pas de ces « malfaiteurs publics », qui hier nous ont conduits à la défaite et qui aujourd'hui se livrent au marché noir, capables par ailleurs de faire collusion avec les communistes et les francs-maçons pour renverser le gouvernement. Les autres estiment au contraire qu'ils ont le droit de vivre comme tout le monde. Il faut noter d'ailleurs que bon nombre de paysans et de commerçants sont de connivence avec eux pour leur réserver produits et denrées à des prix particulièrement élevés.

*

Tulle, le 28 janvier 1942

Les Juifs, recevant beaucoup d'argent des États-Unis, achèteraient produits et marchandises à des prix astronomiques dans le but d'« affamer » la population et de provoquer par ce moyen un mouvement de révolte en France.

*

Tulle, le 29 janvier 1942

Dans les villes, ils sont considérés, avec juste raison, comme des parasites. Tout le monde souhaite en être débarrassé, soit par leur incorporation dans des formations spéciales, soit par leur internement dans des camps.

*

Tulle, le 25 mars 1942

À Brive, ils ont considérablement contribué à la crise des logements ;

la population attend depuis plusieurs mois les mesures promises pour les disperser.

La population a très bien accueilli la mesure plaçant les maisons de commerce israélites de la ville de Brive sous le contrôle d'administrateurs.

Quelques Israélites qui étaient sur le point de partir en Amérique ont été retenus en France par l'entrée en guerre des États-Unis.

La mesure qui doit sous peu les astreindre tous à travailler sera accueillie favorablement. On espère qu'étant occupés ils disposeront de moins de temps pour les trafics clandestins.

Rapports du chef d'escadron Carrot, commandant la compagnie de gendarmerie de la Corrèze, au colonel commandant la 12ᵉ légion de gendarmerie

Tulle, le 18 août 1942

J'ai l'honneur de vous rendre compte que, dans la soirée du 17 août, j'ai reçu de monsieur le préfet de la Corrèze une demande de concours pour la garde d'une centaine de travailleurs étrangers de race juive qui, retirés des chantiers et réintégrés au camp de Rosiers-d'Égletons (près d'Égletons), seront dirigés très prochainement sur une autre destination (en zone occupée).

J'ai donné satisfaction à cette demande dans les conditions suivantes : j'ai installé dans ce camp un gradé et neuf gendarmes, prélevés sur les brigades territoriales d'Uzerche, Égletons, Treignac, Seilhac, Corrèze, Lapleau et Masseret (section de Tulle). [...] Sa mission sera de courte durée (jusqu'au 23 août au plus tard) et consiste à empêcher toute évasion ou toute tentative d'attentat criminel.

*

Le 26 août 1942 ont lieu les grandes rafles en zone libre, après celles de la région parisienne, en juillet.

Tulle, le 26 août 1942

J'ai l'honneur de vous rendre compte que, en exécution d'une réquisition délivrée le 25 août 1942 par monsieur le préfet de la Corrèze, la compagnie de la Corrèze a procédé ce jour, à partir de 5 heures :

– à une opération de ramassage de certaines catégories d'Israélites étrangers, exécutée sur l'ensemble du territoire en conformité avec des instructions gouvernementales récentes ;

– au transfèrement de ces mêmes étrangers du lieu de leur résidence au centre d'hébergement départemental installé à l'École nationale professionnelle d'Égletons.

La garde de ce centre est assurée par un poste d'un gradé et de neuf gendarmes qui resteront en place jusqu'au 28 août, date à laquelle les Israélites en question seront dirigés sur le camp de Nexon, probablement par car.

La surveillance du camp d'Auchère, commune de Rosiers-d'Égletons, est toujours confiée à un détachement du groupe mobile de réserve de Tulle, qui y garde un certain nombre de travailleurs étrangers, israélites également, n'ayant pu, faute de wagons, faire partie du convoi parti le 23 août vers la zone occupée, par Tournus (convoi de soixante travailleurs escortés par douze gradés et gendarmes).

Les résultats de l'opération effectuée ce jour par cent vingt gradés et gendarmes pour l'ensemble du département sont les suivants :

Inscrits sur les listes remises par la préfecture : 182.

Conduits au centre d'hébergement : 88.

Sur les trente et un Israélites inscrits sur la liste de Beaulieu, aucun n'a pu être découvert. Ils ont disparu dans les jours ayant immédiatement précédé la date du 26. Parmi ces personnes se trouvaient des jeunes filles appartenant à un centre scout. À Brive, neuf Juifs seulement sur vingt-huit ont pu être découverts.

Il est hors de doute que les intéressés ont eu connaissance du jour J. Le secret n'a été nullement gardé, mais aucun reproche ne saurait être adressé à ce sujet à la gendarmerie.

Rapport du chef d'escadron Carrot, commandant la compagnie de gendarmerie de la Corrèze, sur l'enlèvement de la collection de tableaux Schloss par les Allemands

Le 15 avril 1943, quelques gendarmes sont chargés d'assurer la garde, au château de Chambon, près de

Laguenne, d'une collection d'objets d'art déposés dans ce château occupé par la banque Jordan. Il s'agit de la collection de trois cent trente-trois tableaux de maîtres flamands et hollandais, mise à l'abri dès 1939 et confiée à la banque Jordan. Les Allemands la recherchèrent dès leur entrée en France. Le 10 avril, elle est dérobée par la Gestapo française et des SS allemands. Puis le convoi est arrêté par la gendarmerie sur ordre du préfet de la Corrèze. Mais les gendarmes, chargés de veiller sur ce trésor, reçoivent une étrange visite.

Tulle, le 17 avril 1943

Dans l'après-midi du 16 avril, de soi-disant inspecteurs de la préfecture de police de Paris se sont présentés à la banque en compagnie de MM. Favier, délégué régional aux questions juives de Marseille, et Petit Jean, administrateur de sociétés à Limoges. Une équipe d'ouvriers de la maison Veyres-Périé, déménagements à Tulle, se trouvait sur place, de même que le camion-fourgon n° 2589-RNI. Le chef des policiers, s'adressant à L. Renaud, adjoint au directeur, lui déclara : « Nous sommes de la Gestapo, voici mes papiers. Nous venons enlever les objets juifs qui sont ici. » Après avoir interdit le téléphone, il faisait entreprendre le chargement de vingt-trois caisses scellées. Celui-ci terminé, le fourgon se mettait en route [...]. La collection de tableaux en question, appelée collection Schloss, est estimée à 7 milliards de francs. Les Allemands s'y intéressent de longue date.

CREUSE

Il tente d'écraser un Juif

Rapports du capitaine Chaumet, commandant la section de gendarmerie de Guéret

Guéret, le 24 août 1942

La population de Châtelus-Malvaleix critique les agissements du Dr

M. (Frédéric), agent propagandiste du Parti populaire français, et de M. G. (Germain), industriel, membre du Service d'ordre légionnaire, demeurant tous les deux dans cette commune.

MM. M. et G. effectuent des enquêtes officieuses sur l'origine des personnes en résidence dans la région. Ils seraient chargés par leur groupement d'exercer une surveillance très active sur la population. Ils cherchent notamment à déceler si les personnes venant en vacances dans la région ne sont pas d'origine juive, et se permettent de visiter les colis au départ des autobus.

En juillet dernier, un Juif du nom de Salsebert David, sujet naturalisé français, venu passer ses vacances à Châtelus, a dû quitter cette localité, le Dr M. ayant réussi, pour ainsi dire, à l'expulser du pays. À deux reprises, M. aurait foncé sur lui avec sa voiture automobile et le Juif n'aurait dû son salut qu'à sa promptitude à se garer.

Au commandant de la brigade de Châtelus-Malvaleix qui lui demandait pourquoi il fonçait sur cet Israélite avec sa voiture, le Dr M. a répondu qu'il s'était renseigné auprès de son beau-frère, substitut du procureur d'État à Périgueux, afin de connaître les pénalités qu'il encourait s'il tuait un Juif et qu'il lui avait été répondu que la peine ne serait pas grave. Dans ces conditions, le Dr M. aurait estimé qu'il ne risquait rien.

*

Peu à peu, l'étau se resserre. Certains tentent par tous les moyens d'échapper au sort qui leur est réservé, notamment en falsifiant leurs papiers.

Guéret, le 24 mars 1943

Deux Israélites français en résidence à Ahun, qui avaient falsifié leur pièce d'identité en changeant leur nom patronymique de Samuel en celui de Samirel pour cacher leur situation, et qui d'autre part n'avaient pas observé les prescriptions de la loi du 11 décembre 1942, ont été arrêtés. En prévision de nouvelles opérations de ramassage et pour y échapper, il a été constaté qu'à l'heure actuelle beaucoup de Juifs découchaient. Il s'ensuit que si de nouvelles mesures étaient déclenchées, elles seraient pour le moins autant fructueuses en plein jour que pendant la nuit.

HAUTE-VIENNE

« Ils aimaient mieux la mort que le transfert en Allemagne »

Rapport du chef d'escadron Meunier, commandant la compagnie de gendarmerie de la Haute-Vienne

Limoges, le 4 février 1941

Les commerçants de Limoges se plaignent amèrement de la concurrence déloyale qui leur est faite par les commerçants juifs. Ces derniers sont, paraît-il, très bien approvisionnés et peuvent livrer tout ce que l'on désire à condition que l'on n'exige pas de facture. Les amendes auxquelles ils sont parfois condamnés sont trop faibles et les Juifs en rient. Ils paient et ils continuent. La solution consisterait à fermer le magasin et à saisir les stocks.

Rapport du chef d'escadron Jérôme, commandant la compagnie de gendarmerie de la Haute-Vienne

Limoges, le 28 mai 1941

Quarante-deux étrangers (juifs pour la plupart) ayant franchi clandestinement la ligne de démarcation ont été refoulés en zone occupée.

Il y aurait quarante-cinq mille Juifs dans le département et quinze mille à Limoges. Les vrais Français demandent que ces Juifs soient mis en demeure de s'en aller.

On signale le cas d'un commissaire de police de Limoges, un nommé Schwartz, juif 100 %, et les gens se demandent comment ce fonctionnaire peut librement opérer lorsqu'il est obligé d'intervenir contre un de ses coreligionnaires.

D'autre part, le groupement laitier de la partie nord de Limoges serait dirigé par un chef de bataillon d'aviation en retraite, et ce groupement serait financé par trois Juifs.

Ce qui provoque le malaise que l'on constate à Limoges, c'est que les

Juifs sont partout et que sous le manteau ils désirent ardemment la victoire anglaise, qui serait une victoire juive.

Rapport du capitaine Lotte, commandant provisoirement la compagnie de gendarmerie de la Haute-Vienne, sur l'activité des Israélites

Limoges, le 15 octobre 1941

C'est à Limoges que paraît localisée l'organisation juive du département, sous le couvert du Comité d'accueil de secours pour les Juifs, sis rue Caignole et dirigé par Jetchel (Gaston), commerçant au 32, rue du Clocher, assisté de Cahen, au n° 34 de la même rue, et du rabbin Deutch, 43, avenue Gambetta.

Ce comité semble disposer de sommes très importantes qui lui parviendraient par l'intermédiaire du CAR (Comité d'aide aux réfugiés), 49, rue de la Paix, à Marseille.

Le Dr Epstein, 15, avenue Voltaire, à Limoges, dirigerait la répartition de ces subsides qui se monteraient mensuellement à 200 francs pour le premier membre de la famille et 150 francs pour les autres.

Le regroupement des Juifs a lieu sous les auspices des comités d'accueil, qui, sous le couvert de la charité, les rassemblent dans les centres importants et leur procurent logement et subsides.

En dehors de Limoges, les principaux centres de regroupement sont, dans l'ordre d'importance, Saint-Junien, Bellac, Oradour-sur-Vayres.

Par ailleurs, dans la partie nord du canton de Confolens, les Juifs sont nombreux. À Lessac, au château de la Partoucie, vivent quarante et un Israélites néerlandais groupés en l'Association de secours aux réfugiés néerlandais, dirigée par Balsem (Carel).

Ces Israélites sont pour la plupart d'origine étrangère et ont fui devant l'invasion allemande ; un certain nombre d'entre eux reçoivent des subsides d'Amérique.

L'expulsion des Juifs de la ville de Limoges a satisfait les citadins et mécontenté les ouvriers, petits propriétaires réfugiés des campagnes qui ont vu ainsi s'accroître leurs difficultés pour se loger et se ravitailler.

Les ressources des premiers leur permettent en effet de louer aisément les appartements, de trouver et de payer au prix fort les produits agricoles.

Il y a lieu d'appliquer sans faiblesse et de renforcer encore les diverses mesures prises à leur égard. Le groupement dans des centres surveillés de tous ceux ayant participé de près ou de loin au « marché noir », ainsi que de ceux qui manifestent sous une forme quelconque une activité antinationale, est particulièrement souhaitable.

Rapports du chef d'escadron Rebour, commandant la compagnie de gendarmerie de la Haute-Vienne

Limoges, le 28 janvier 1942

Le franchissement clandestin de la ligne de démarcation par les Juifs étrangers a beaucoup diminué ; en revanche, on peut évaluer à une moyenne de dix par jour les Juifs français qui passent de zone occupée en zone libre et arrivent en Charente.

Les passeurs de la ligne abusent de la situation ; un d'entre eux a violé une femme avant de l'emmener en zone libre. Les prix couramment demandés sont de 1 000 francs par personne pour le franchissement de la ligne.

Des conducteurs de taxis prennent de 800 à 1 000 francs pour le transport jusqu'à Limoges, qui est de 70 à 80 kilomètres. Des procès-verbaux ont été dressés.

*

Limoges, le 17 février 1942

L'institution OSE, abritée au château du Couret (circonscription d'Ambazac), comptera bientôt cent élèves qui pour la plupart ont leurs parents internés dans des camps de concentration.

*

Limoges, le 27 avril 1942

Le 7 avril, soixante-cinq travailleurs étrangers venant de la zone occupée et refoulés par les Allemands ont été dirigés sur Limoges via Périgueux ; ils ont été conduits au camp d'Oradour-sur-Glane par les soins de la gendarmerie.

Rapports du chef d'escadron Terry, commandant la compagnie de gendarmerie de la Haute-Vienne

Une rafle a eu lieu le 26 août 1942. Un certain nombre de personnes recherchées, prévenues de l'opération, ont réussi à fuir.

Limoges, le 27 septembre 1942

Les mesures prises contre les Juifs ont soulevé maintes critiques de la presque totalité de la population, qui pourtant ne les aime pas.

La population approuverait l'internement des Israélites en France libre, mais elle n'admet pas qu'on puisse les remettre à celui qui les a chassés.

Beaucoup de personnes ont suggéré qu'il vaudrait mieux les arrêter tous le même jour que de les appréhender par petits groupes. L'effet moral serait moins néfaste.

*

Limoges, le 21 février 1943

Le mardi 23 février 1943 aura lieu une opération de ramassage d'Israélites étrangers. Cette opération incombe à la gendarmerie.

Le 23 février, à 4 heures du matin, les Israélites figurant sur la liste seront appréhendés à leur domicile par la brigade intéressée. Il y aura lieu de prévenir chaque Israélite qu'il a droit à 30 kilos de bagages. Ils seront conduits à la caserne en attendant le passage des cars qui doivent les transporter à Nexon dans la journée. [...]

Transfèrement au camp de Gurs (Basses-Pyrénées).

Personnel à transférer : deux cent cinquante Israélites.

Moyens : quatre wagons de voyageurs.

*

Limoges, le 23 mars 1943

Les Juifs étrangers vivent dans la crainte d'un nouveau ramassage. Les dernières opérations ont fait naître parmi eux une véritable terreur. Certains ont déclaré qu'ils aimaient mieux la mort que le transfert en Allemagne.

INDRE-ET-LOIRE

Le camp d'internement de nomades de la Morellerie, près d'Avrillé-les-Ponceaux

Rapports du chef d'escadron Gendreau, commandant la compagnie de gendarmerie de l'Indre-et-Loire, sur l'état d'esprit de la population

Tours, le 21 avril 1941

Il n'y a presque plus de réfugiés, exception faite pour les camps de la Lande et de la Morellerie, où sont concentrées deux catégories de réfugiés nomades et juifs soumis à un régime particulièrement surveillé.

*

Tours, le 20 mai 1941

À la Morellerie, commune d'Avrillé-les-Ponceaux, sont internés deux cent vingt-neuf nomades de diverses nationalités. Un poste de vingt gendarmes en assure la garde.

La population juive comprend dans la section de Chinon trois cent vingt-six Juifs, dont trois cent treize internés au camp de la Lande. Dans la section de Tours, une quinzaine de familles groupant quarante personnes.

La gendarmerie et les Juifs

Rapport du capitaine Bouillie, commandant provisoirement la compagnie de gendarmerie de l'Indre-et-Loire

Tours, le 16 août 1941

– Camp de nomades et communistes de la Morellerie :

Deux cent soixante-dix-sept nomades et vingt-sept communistes internés.

Un directeur : M. Renard.

Un médecin, une infirmière, une école, un poste de gendarmerie de vingt-trois hommes.

Baraquements en planches, lits en bois garnis de paille et de couvertures (trois par lit).

Chauffage : trois poêles par baraquement, électricité.

Le camp est clôturé de fils de fer barbelés.

Les internés passent leur temps à nettoyer le camp. Les hommes valides sont de corvée de bois. Tous ces services sont exécutés sous la surveillance de la gendarmerie (de jour et de nuit).

– Camp de la Lande (Israélites expulsés) :

Ils sont quatre cent trente-sept expulsés astreints à résider sur la commune de Monts. Ils doivent se faire pointer chaque jour au poste de gendarmerie du camp entre 8 heures et 10 heures ; sinon, ils peuvent circuler librement sur le territoire de la commune.

Un directeur : M. de la Chapelle, un médecin, une infirmière, quatre gendarmes.

Travaux agricoles, de jardinage.

Ils habitent dans des cantonnements en maçonnerie chauffés au bois. Certains ont leur propre matériel de literie. Trois couvertures par lit ; eau, éclairage électrique.

LOIRE

Rafale de mitraillette à la maison Chawlaski

Rapports du capitaine Grellety, commandant provisoirement la compagnie de gendarmerie de la Loire

Saint-Étienne, le 18 septembre 1942

Les récentes mesures prises contre les Juifs sont très diversement commentées. À ce sujet, les bruits les plus effarants circulent, mais dans l'ensemble ces mesures sont bien acceptées.

*

Saint-Étienne, le 1er mai 1944

Le 26 avril 1944, la police allemande a cerné la maison de Chawlaski, à Beaulieu, commune de Roche-la-Molière. Au premier étage se trouvait Mme Roche, qui, en apercevant une automobile, se montra à la fenêtre. Elle reçut une rafale de mitraillette qui la blessa grièvement à la tête, au ventre et aux cuisses. Une perquisition faite ayant duré jusqu'à douze heures, cette femme n'a pu être transportée au pavillon d'urgence qu'à cette heure.

Le 27 avril 1944, une opération de police faite par la Milice et la Gestapo a amené une trentaine d'arrestations de Juifs à Saint-Alban (Loire).

*

Saint-Étienne, le 31 mai 1944

Six Juifs et une femme de nationalité française, employée au bureau des affaires étrangères à Vichy et en vacances à Noirétable, ont été arrêtés par la police allemande le 24 mai 1944 et transférés à Lyon.

Le 25 mai 1944, des Juifs dont le nombre n'a pu être jusqu'à présent déterminé ont été également arrêtés par la police allemande dans les communes de Montrond-les-Bains et Veauche (Loire). Leur destination demeure ignorée.

LOIRET

Les camps de Pithiviers et de Beaune-la-Rolande

Rapport du général Balley, inspection de la 5ᵉ légion (Loiret et Loir-et-Cher)

Les gendarmes gardent les camps d'internement de Pithiviers et de Beaune-la-Rolande, où sont retenues les familles juives prises dans les grandes rafles de l'été 1942, notamment celle du Vél'd'Hiv à Paris. Ils participent également à la déportation vers l'Allemagne en escortant les convois, sous le contrôle des troupes allemandes. Les gendarmes exécutent mais sont vite dépassés par une telle situation, comme le reconnaît le général Balley.

Le 11 août 1942

Les internements massifs de Juifs qui viennent transiter dans les camps du Loiret pour être dirigés sur l'Allemagne ont créé une certaine émotion dans l'opinion publique. L'autorité administrative, quant à elle, paraît avoir été prise de court, et rien n'était sérieusement préparé dans les centres pour revoir cet afflux d'hommes, de femmes et d'enfants.

Le préfet régional et le préfet délégué étant venus inspecter ces camps au moment de l'arrivée des premiers contingents à Beaune-la-Rolande, le chef d'escadron de gendarmerie retraité R., précédemment chargé du camp de prostituées de Jargeau et passé à Beaune-la-Rolande, à la suite de griefs concernant sa conduite privée envers des internées, fut vivement pris à partie devant des tiers, par ces autorités, pour ne pas avoir pris les dispositions nécessaires. Il dut démissionner sur-le-champ.

Le préfet s'adressant au capitaine C., commandant le détachement de gendarmerie, lui déclara : « Prenez le commandement du camp. Vous êtes désormais placé directement sous mes ordres. Je vous donne carte blanche. » Tels furent les seuls ordres ou instructions reçus par cet officier, qui ne trouva rien à répondre et s'employa comme il put avec les deux lieutenants dont il disposait pour parer au plus urgent.

51

Chronique d'une France occupée

Le capitaine C. m'a déclaré avoir entendu sur le passage des préfets à Beaune-la-Rolande de légers murmures de la part d'enfants poussés par leur mère à réclamer du pain. Il surprit également cette réponse d'un père à son enfant, qui lui demandait, en voyant les autorités, quels étaient ces messieurs : « Ce sont des malheureux. » Les internés avaient dû être entassés à Beaune-la-Rolande, à deux cents personnes dans des baraques faites pour en contenir cinquante. Malgré la présence et le dévouement d'infirmières de la Croix-Rouge et d'assistantes sociales, trois cas mortels de diphtérie sont survenus en vingt-quatre heures parmi les enfants.

Le capitaine C. ayant été relevé dans les fonctions de commandant de camp par le capitaine G., sur l'ordre du commandant de légion, et ce capitaine leur ayant fait part, un peu trop tôt peut-être, qu'elles allaient être séparées de leurs enfants, il s'est produit de la part des femmes internées, en l'absence momentanée de l'officier, parti à Pithiviers avec le commandant de compagnie, des scènes violentes de lamentation tournant au désordre. L'intendant de police, arrivant sur ces entrefaites, crut devoir faire appel à un détachement allemand pour ramener le calme. Le préfet régional m'a entretenu de cet incident.

Les trois officiers de gendarmerie retraités, qui étaient depuis l'origine commandants de camp dans le département du Loiret, ayant dû successivement démissionner, ont été remplacés par deux officiers de gendarmerie active, situation que, pour ma part, j'estime inadmissible et sur laquelle j'ai appelé tout spécialement l'attention de messieurs le préfet régional et le secrétaire général du Loiret. Il m'a été dit en effet par les commandants de légion et de compagnie qu'aucune instruction écrite ne déterminait les modalités du service que les officiers en cause devaient assurer ; qu'ils avaient, entre autres, la gestion d'une caisse noire tenue sans comptabilité sérieuse, alimentée par l'argent saisi sur les internés et qui servait à des fins diverses, notamment à usage de caisse de secours pour le personnel de gardiennage. D'autre part, les officiers de gendarmerie ont été très surpris de la façon dont les agents français de la police antijuive, venus de Paris, ont procédé aux fouilles des internés avant leur départ en Allemagne. Argent, objets, tout est entreposé en vrac sans inventaire et emporté ainsi dans les voitures des policiers, si bien que, et malgré que nos subordonnés ne participent pas eux-mêmes à ces fouilles, un gendarme s'est laissé tenter et s'est approprié quelques menus objets retirés aux internés. Il sera sévèrement puni.

Ces agents de la police antijuive agissent d'ailleurs avec une brutalité que notre personnel réprouve. La gendarmerie ne peut couvrir par sa seule présence, à plus forte raison de son autorité, de telles pratiques. C'est pourquoi il importe de limiter strictement son rôle au maintien de l'ordre et au gardiennage, sans la rendre responsable de la vie intérieure des camps.

Pour les embarquements, effectués par convoi de mille, l'autorité allemande, qui laisse les opérations préliminaires de tri et de séparation des enfants à la charge exclusive de l'autorité française, est présente en gare avec la troupe, où elle prend livraison des internés.

Le commandant de compagnie a vu, à deux reprises, un chef de SS lancer violemment à la tête de femmes un sac roulé en corde, pour les faire taire, car celles-ci criaient parce que leurs bagages étaient restés sur le quai. L'autorité allemande emplit en effet les compartiments d'internés et ne leur laisse embarquer ensuite les bagages que dans la mesure de la place disponible dans chaque compartiment. L'excédent est abandonné sur place.

Les gendarmes français escortent les internés jusqu'à la frontière allemande, sous les ordres d'un officier et de gendarmes allemands. Il est regrettable qu'ils soient chargés de ces services en compagnie de Feld-gendarmes, car la juxtaposition d'uniformes français et allemands pour ces opérations de transplantation d'office de familles dissociées provoque la réprobation muette de la population française. Un officier de la légion, qui a effectué ces services jusqu'à la gare frontière, m'a déclaré que plus on avançait vers l'est, plus on constatait, au passage dans les gares, cette désapprobation manifeste du public français.

Le détachement d'escorte ayant passé les internés à une escorte alle-mande à la première gare sur le territoire du Reich, les gendarmes français ne furent pas autorisés à quitter cette gare en attendant le train du retour, et le chef de gare obligea le commandant de détachement à payer le prix des billets pour les 3 kilomètres de parcours en territoires annexés jusqu'à la ligne frontière, soit 90 francs, que l'officier dut avancer de ses deniers. J'ai invité le commandant de compagnie à chercher, à la première occa-sion, à convaincre le chef régional des SS qu'il serait préférable, pour sauvegarder l'autorité de la gendarmerie auprès de la population française, que celle-ci ne fût pas associée à des gendarmes allemands dans l'exécution de ces transfèrements.

Rapports du chef d'escadron Corbel, commandant la compagnie de gendarmerie du Loiret

Orléans, le 6 août 1942

Les premiers trains d'hébergés israélites partant de Pithiviers ou de Beaune-la-Rolande ont été convoyés par des gendarmes allemands (un officier et trente-cinq gendarmes).

Par la suite, les autorités allemandes ont manqué d'effectifs ; elles ont continué à fournir le commandant de l'escorte avec quatre gendarmes allemands et ont demandé le complément à la gendarmerie française.

L'attention des SS a été attirée sur les inconvénients d'un tel procédé, et il a été admis que ces mesures étaient exceptionnelles.

*

Après la déportation des familles juives, en 1943, le camp de Pithiviers est utilisé pour interner les communistes.

Orléans, le 27 décembre 1943

La présence d'un camp de communistes à Pithiviers ne présente actuellement d'autre inconvénient que d'immobiliser un grand nombre de gendarmes chargés de la garde de ce camp. Les communistes se tiennent bien ; ils attendent avec impatience le jour de la libération, et certains disent qu'un jour viendra où les gendarmes seront à leur tour enfermés dans les camps et gardés par les communistes. [...]

Pendant la période très troublée à tous les points de vue que nous ne manquerons pas de traverser, la gendarmerie aura certainement beaucoup à faire. [...] Cependant, il faut bien admettre que nous aurons autre chose à faire que de nous occuper du camp de communistes de Pithiviers. Or, c'est là que l'effervescence commencera, et sera aussitôt extrême puisque les communistes se trouveront en nombre de plus d'un millier en face des fusils-mitrailleurs servis par des gendarmes venus de la région parisienne.

Il paraît dangereux de laisser un pareil camp à proximité immédiate de Paris. N'y aurait-il pas possibilité de concentrer tous ces indésirables dans une île quelconque où ils ne risqueraient point de nous gêner dans notre action essentielle, qui est le maintien de l'ordre et la sécurité publique ?

PUY-DE-DÔME

Un secret bien gardé par crainte des « fuites et suicides »

Rapport du capitaine Fontfrède[1], commandant provisoirement la compagnie de gendarmerie du Puy-de-Dôme, suite aux précédentes instructions données pour le « ramassage » des Juifs en zone libre

Le 26 août 1942, une grande rafle est opérée en zone libre. Cette fois, contrairement aux opérations menées en juillet en région parisienne, la gendarmerie se trouve très impliquée dans les arrestations. Ce coup de filet a été préparé avec minutie, comme l'atteste ce rapport. Les « Israélites » seront conduits à la mairie de chacune des localités, puis regroupés à Clermont.

---

1. À partir de 1941, Antoine Fontfrède fut l'une des grandes figures de la Résistance. Après avoir tenté de fédérer les réseaux, participé à des parachutages d'armes et aidé les prisonniers évadés, il est arrêté en novembre 1943. On le soupçonne de préparer un attentat contre Laval. Torturé et déporté à Buchenwald, puis à Ellrich, il meurt le 12 avril 1945.

Chronique d'une France occupée

Clermont-Ferrand, le 22 août 1942

Chambon-du-Lac	1 Juif	1 gendarme
Le Mont-Dore	15 Juifs	10 gendarmes
La Bourboule	22 Juifs	12 gendarmes
Herment	35 Juifs	15 gendarmes
Pontgibaud	2 Juifs	2 gendarmes
Saint-Georges-de-Mons	5 Juifs	2 gendarmes
Volvic	5 Juifs	2 gendarmes
Châtelguyon	1 Juif	1 gendarme
Le Vernet-la-Varenne	3 Juifs	2 gendarmes
La Roche-Blanche	1 Juif	1 gendarme
Saint-Nectaire	17 Juifs	9 gendarmes
Luzillat	3 Juifs	1 gendarme
Pont-du-Château	2 Juifs	2 gendarmes
Beauvezet et Randan	5 Juifs	2 gendarmes
Riom	7 Juifs	5 gendarmes
Cayrat	1 Juif	1 gendarme

Les Juifs seront ensuite conduits à Clermont-Ferrand – Camp F. La surveillance doit être assurée sur tout le parcours, simultanément par les gendarmes et un inspecteur de police judiciaire.

Éviter de traiter cette question par téléphone, le secret le plus rigoureux étant exigé sur l'opération envisagée – par crainte des fuites et suicides.

Les gendarmes ne devront pas rôder à l'avance autour des immeubles occupés par les Juifs.

RÉGION EST

AIN

Les enfants juifs d'Izieu

Rapports du chef d'escadron Lanaud, commandant la compagnie de gendarmerie de l'Ain

Bourg, le 25 août 1942

Le chef de brigade de Bourg désignera un gradé et quatre gendarmes qui assureront le 26 la garde des Juifs étrangers rassemblés à la mairie de Péronnas à partir de 6 h 30. Deux gendarmes se tiendront avec eux dans la salle de mairie, deux autres, au bas de l'escalier ou sur la route devant le bâtiment. Les Juifs ne devront pas quitter la salle. Lorsqu'ils auront à satisfaire un besoin naturel, ils seront accompagnés individuellement aux W-C de l'école, faciles à surveiller. Veiller particulièrement aux tentatives de suicide ou d'évasion. Il leur est interdit de communiquer avec l'extérieur (passants, téléphone, lettres). Agir fermement mais sans brutalité.

*

Bourg, le 25 août 1943

J'ai l'honneur de vous faire connaître que parmi la liste jointe à votre lettre [...] treize Israélites ont été arrêtés. Onze ne sont pas mis en arrestation pour les motifs suivants :

Barsky, Yves : parti depuis un mois, adresse inconnue.

Lantz, Philippe : serait à Génissiat, n'a pas encore été découvert.

Rambach, André : parti sans laisser d'adresse.

Murcia Charles : idem.

Cahen, Henri : serait aux environs de Lugny (Saône-et-Loire).

Kerstmann, Bruno : malade atteint de paralysie.

Kape, Abram : parti le 24 août sans laisser d'adresse.

Lennhoff Georges : parti en Suisse.

Reifman, Léon : n'a pas été découvert.

Tilleman, Jacob : parti à Marseille.

Szor, Benjamin : absent de son domicile.

*

Victor Basch, ancien président de la Ligue des droits de l'homme, et sa femme, Hélène, sont assassinés le 10 janvier 1944. Ils sont enlevés et exécutés près de Neyron, par la Milice.

Bourg, le 29 janvier 1944

Le 10 janvier, à Neyron, assassinat par des inconnus des époux Victor Basch, juifs, amenés et exécutés sur place par des terroristes.

Le 5 janvier, à Pont-d'Ain, la police des troupes d'opérations a arrêté le sujet israélite Weil Lazare, de nationalité française, représentant de commerce à Pont-d'Ain.

Le 7 janvier, les autorités allemandes ont procédé à l'arrestation du Dr Bendrihen à Brégnier-Cordon (Ain), de race juive.

*

Bourg, le 28 avril 1944

Le 6 à Izieu, quatre personnes dirigeantes et trente-deux jeunes de la colonie d'enfants réfugiés ont été arrêtés par les troupes d'opérations. Motif : la plupart des enfants seraient de confession juive.

La gendarmerie et les Juifs

Rapport du lieutenant Silvain, commandant la section de gendarmerie de Belley, au sujet de l'enlèvement par les autorités allemandes de la colonie d'enfants réfugiés installée à Izieu

Belley, le 12 avril 1944

Le 6 avril 1944, les autorités allemandes ont procédé à l'arrestation de tous les membres de la colonie d'enfants réfugiés, installée à Izieu. Quatre personnes dirigeantes, dont deux inconnues, et trente-deux enfants ont été transportés pour une destination inconnue.

Les autorités allemandes ont demandé de procéder à l'arrestation de la directrice dès son retour à la colonie. Le receveur des postes a reçu l'ordre de retirer et de déposer à la brigade de gendarmerie de Brégnier-Cordon tout le courrier de la colonie.

Aucune raison d'arrestation n'est connue, mais il est probable que la confession juive de la plupart d'entre eux en est l'origine.

Ziatin	Miren	38 ans	nationalité ignorée
Reifman	Sara	née le 20-08-1907	roumaine
Bulka	Albert	28-06-1939	polonaise
Guigui	Jean-Claude	13-04-1939	française
Krochmal	Liane	25-07-1937	polonaise
Stern	Samuel	22-12-1937	polonaise-juif
Helga	Wolf	18-08-1937	palestinienne
Zuckenberg	Émile	15-05-1938	polonaise
Ben Asayag	Elie	20-11-1933	française
Ben Asayag	Esther	29-04-1931	française
Aronoviez	Nina	28-11-1932	belge
Elert	Léon	19-12-1935	française
Bentitou	Raoul	07-05-1931	française
Ben Asayag	Jacob	06-09-1935	française
Golderberg	Joseph	29-02-1932	française-juif
Golderberg	Henri	30-11-1930	française-juif
Elert	Charles	10-10-1932	française
Markielewiez	Bernard	08-05-1934	française-juif
Halpern	Georges	30-10-1935	autrichienne

Krochmal	Renate	03-09-1935	polonaise
Mermelstein	Paula	10-01-1934	slovaque-juif
Springer	Siegmund	15-03-1936	polonaise
Mermelstein	Marcel	14-01-1937	slovaque-juif
Charbit	Jacques	08-11-1931	espagnole-juif
Adelsheiner	Samé	02-10-1938	allemande-juif
Leiner	Max	26-02-1936	allemande-juif
Ben Guigui	Jacques	10-04-1931	française-juif
Broun	Georges	03-06-1928	française
Choucroun	Sauveur	17-07-1929	siamoise-juif
Szarf	Simon	01-07-1936	française
Szarf	Sara	01-01-1936	française
Ben Guigui	Richard	29-03-1937	française-juif
Reifman-Hevau	Claude	17-07-1933	française
Gamiel	Edmond	18-05-1939	française

JURA

Des évasions sanctionnées

Difficile de différencier les évasions qui relèvent d'un manque d'attention des gendarmes de celles qui correspondent à un geste d'humanité des militaires. L'évasion de cette femme et de son jeune enfant paraît particulièrement troublante.

Rapport du capitaine Maurice, commandant la section de gendarmerie de Lons-le-Saunier

Lons-le-Saunier, le 12 mars 1942

Le 8 mars 1942, le commandant de section a été requis par monsieur le préfet du Jura d'avoir à transférer trois étrangères (et un enfant) de nationalité allemande sur le camp de Rivesaltes (Pyrénées-Orientales) par mesure administrative. Les gendarmes Martin Camille et Ginter Louis de la brigade de Lons-le-Saunier furent désignés pour assurer ce transfèrement, le premier nommé chef d'escorte. Au cours du déplacement, la nommée Perschack Emma s'est échappée en gare de Lyon avec sa fillette âgée de vingt-huit mois. [...] Le gendarme Martin a prévenu aussitôt le commissaire spécial, mais les recherches effectuées ne permirent pas de la retrouver. Le train étant en instance de départ, le transfèrement fut continué avec les deux autres étrangères.

Il ressort des faits ci-dessus mentionnés que le gendarme Martin, chef d'escorte, a commis une faute en ne surveillant pas étroitement les personnes dont il avait la garde. Sans doute, il argue qu'il s'agissait de femmes, qu'elles n'étaient pas en état d'arrestation mais seulement l'objet d'une mesure administrative, que l'affluence était grande. Il reconnaît cependant dans son rapport que lui et son camarade rangeaient leurs bagages lorsqu'elle s'est enfuie, alors que l'un des deux aurait dû obligatoirement assurer la permanence de la surveillance. Une évasion s'est déjà produite le 18 novembre 1941, au cours d'un transfèrement analogue de trois Hollandais à Pontanevaux.

Une punition de quatre jours d'arrêts simples est infligée au gendarme Martin.

Rapports du chef d'escadron Barnouin, commandant la compagnie de gendarmerie du Jura

Lons-le-Saunier, le 25 août 1942

En exécution des prescriptions données par le chef du gouvernement, certains Israélites étrangers doivent être rassemblés et dirigés sur Lyon, camp des travailleurs indochinois à Vénissieux. Le regroupement aura lieu le 25 août à 5 heures. Ces étrangers seront conduits à Lons-le-Saunier et à Saint-Claude selon les modalités fixées par la note jointe.

*

Lons-le-Saunier, août 1942

L'effectif de trois gendarmes était suffisant pour assurer l'escorte de sept personnes. Il s'agissait d'étrangers israélites d'une compagnie de travailleurs reconduits à leur unité.

Les transfèrements soulèvent de graves difficultés car les gendarmes ne peuvent prendre les mesures de sécurité habituelles, notamment l'usage des menottes. Cependant, ils doivent prendre leurs dispositions pour éviter les évasions. En la circonstance, les trois militaires sont fautifs.

Gendarme Mullatier Pierre, huit jours d'arrêts simples :

Étant chef d'escorte, n'a pas su prendre toutes les précautions utiles au transfèrement de sept personnes, objet d'une mesure administrative, ce qui a permis l'évasion de l'une d'elles, qui n'a pu être retrouvée.

Pour les gendarmes Strasbach Xavier et Peltret André : quatre jours d'arrêts simples. Le chef d'escadron demande néanmoins un sursis de six mois.

Rapport de l'adjudant-chef Tissot, commandant provisoirement la section de gendarmerie de Lons-le-Saunier

Lons-le-Saunier, le 21 septembre 1943

L'arrestation dans la section de jeunes gens soi-disant juifs a créé un certain mécontentement parmi la population, étant donné que ceux-ci ont été relâchés aussitôt leur arrivée à Lons-le-Saunier. Il s'agissait en réalité de jeunes gens de bonnes familles, catholiques les plus pratiquantes. Cela aurait pu être évité si, avant de lancer les réquisitions, on avait pris des renseignements sur les intéressés.

Rapport de l'adjudant-chef Triponney, commandant provisoirement la section de gendarmerie de Saint-Claude

Saint-Claude, le 21 avril 1944

À la suite des opérations de police effectuées par les troupes d'opérations du 7 au 19 avril 1944, contre les groupes de réfractaires dans la montagne, les constatations suivantes ont été faites :

À Saint-Claude, le 7 avril, vingt arrestations ont été opérées, celles de Mallar Aron, Mallar Henriette, Mallar Sylvette, Marx Paul, Marx Gérard, tous juifs français, Assael Sélim, Fresko Mishon, Fresko Sara, Fresko Yeshua, musulmans turcs, Zlot Aladar, juif hongrois, Pesso Suzanne et Pesso Messime, juives turques. Toutes ces personnes logeaient à l'hôtel. [...] Le 8, le nommé Vinsterstein David, Juif belge, a été appréhendé.

Rapport du capitaine Nicolas, commandant la section de gendarmerie de Lons-le-Saunier

Lons-le-Saunier, le 1er mai 1944
Le 28 avril, dix-huit arrestations d'Israélites ont été opérées à Gevingey par la police allemande.

MEURTHE-ET-MOSELLE

Le mobilier saisi sert aux autorités occupantes

Rapport du lieutenant Broustal, commandant provisoirement la compagnie de gendarmerie de la Meurthe-et-Moselle

Nancy, le 5 août 1941
Très peu d'Israélites résident dans la circonscription de la section de gendarmerie de Toul. Jusqu'à ce jour, il n'y a guère que les mobiliers des Juifs qui ont fait l'objet de saisies de la part des autorités occupantes locales. Le mobilier saisi est utilisé pour l'ameublement des logements et cercles d'officiers et sous-officiers.

Dans la circonscription de la section de gendarmerie de Longwy, aucun Israélite n'est de retour. Les autorités allemandes s'opposent énergiquement au retour des Juifs.

*

Mars 1944

Les 1er, 2 et 3 mars 1944, les services de police de l'armée d'occupation ont procédé à l'arrestation dans le département d'environ six cents Israélites de toutes nationalités. Ils ont été conduits au camp d'internement d'Écrouves.

RHÔNE

Des curés face aux gendarmes

Rapports du capitaine Doussot, commandant provisoirement la compagnie de gendarmerie du Rhône

Lyon, le 23 décembre 1941

Les réfugiés sont pour la plupart de race juive, beaucoup intriguent, espérant beaucoup d'un changement de gouvernement, mais ils le font avec une grande discrétion. Plusieurs d'entre eux ont déjà été envoyés dans des camps ou astreints à une résidence forcée. Par suite des mesures prises par les autorités occupantes, un grand nombre de Juifs étrangers viennent se réfugier en zone libre.

Le 10 décembre 1941, la section de Lyon, renforcée par les brigades motorisées de Belleville-sur-Saône et d'Anse, a collaboré, conformément aux instructions ministérielles, avec la police lyonnaise à un contrôle des individus suspects. Huit cent quatre-vingts individus (en majorité des sujets israélites) ont été conduits au fort du Paillet pour être présentés devant une commission de criblage.

*

Lyon, le 22 juillet 1942

Quatre-vingt-dix-neuf individus, la plupart juifs étrangers, sont astreints à résidence forcée dans les cantons de Vaugneray, Saint-Symphorien-sur-Coise et Saint-Laurent-de-Chamousset.

La gendarmerie et les Juifs

Rapports du chef d'escadron Bariod, commandant la compagnie de gendarmerie du Rhône

Lyon, le 23 août 1942

Enfin, il y a lieu de signaler qu'une mesure d'épuration a été faite dans le département du Rhône à l'initiative de la préfecture qui a fait grouper et diriger sur le camp de Rivesaltes, où ils sont actuellement internés, sept groupes de nomades (cinquante personnes) qui étaient fixés en plusieurs points du département. Cette mesure a été très favorablement accueillie par la population.

*

La grande rafle d'août 1942 se prépare.

Lyon, le 24 août 1942

J'ai l'honneur de vous faire connaître qu'une opération de regroupement des Juifs étrangers établis dans le département du Rhône aura lieu le 26 août 1942.

Le regroupement des Juifs sera réalisé par la police lyonnaise ; la gendarmerie constituera une force supplétive chargée de prêter main-forte à la police.

Attitude à adopter à l'égard des individus regroupés :

– Les traiter avec humanité, les fouiller minutieusement et retirer toutes les armes, éviter à tout prix les évasions et les suicides.

– Recommander aux intéressés de prendre une ou deux couvertures, du linge de corps, chaussures, savon, couverts (couteau excepté), vivres de réserve, tickets d'alimentation. 50 à 60 kilos de bagages autorisés.

– Les clés des appartements, étiquetées, seront déposées selon le cas au commissariat de police, à la gendarmerie ou à la mairie.

– Prendre toutes les précautions nécessaires et faire surveillances voulues pour qu'il n'y ait pas de pillage dans ces logements.

– Agir sans brutalité, mais avec fermeté et très rapidement.

– En cas de situation exceptionnelle (maladie grave, grossesse caractérisée), on peut surseoir à l'internement.

Les Juifs regroupés sont à conduire directement au fort du Paillet, où ils devront arriver le plus tôt possible dans la matinée et au plus tard avant midi.

*

Lyon, le 31 août 1942

J'ai l'honneur de vous faire connaître que, suivant des instructions verbales reçues de monsieur le préfet régional (intendant de police), les opérations de regroupement des Juifs étrangers commencées dans la journée du 26 août 1942 doivent être poursuivies.

Les recherches toutefois seront faites sur des bases différentes, en ce sens que les brigades, au lieu de rechercher exclusivement les Israélites dont la liste leur a été communiquée, devront identifier tous les Israélites de leur circonscription, en vue de saisir ceux qui sont de nationalité allemande et qui sont venus en France depuis 1936 (depuis 1933 pour les célibataires).

Le terme « Israélite allemand » doit être étendu dans le sens le plus large correspondant à l'ensemble des territoires actuellement conquis par le Reich et comprend, outre les Allemands proprement dits, les ex-Polonais, Dantzigois, Tchécoslovaques, Autrichiens, Lituaniens, etc.

Les Israélites des pays alliés de l'Allemagne : Italie, Roumanie, Bulgarie, Hongrie, etc., ne sont pas justiciables des présentes mesures.

EXCEPTIONS : Sont exemptés les Israélites allemands :

– âgés de plus de soixante-deux ans ;

– les enfants de moins de deux ans et leur famille ;

– les femmes en état de grossesse apparente ;

– les malades hospitalisés ;

– les femmes ayant un conjoint ou un enfant français ;

– les anciens combattants décorés de la Légion d'honneur, de la médaille militaire ou de la croix de guerre.

Tous les Israélites regroupés seront conduits au fort du Paillet (près de Lyon), d'où ils seront ensuite dirigés par convois sur le camp de Rivesaltes.

*

La gendarmerie et les Juifs

Lyon, le 7 septembre 1942
Les Juifs regroupés seront conduits non pas au fort du Paillet, mais au petit dépôt de la Sûreté à Lyon, rue Saint-Jean.

*

Lyon, le 23 septembre 1942
Les mesures de regroupement prises à l'encontre des Israélites d'origine allemande se sont déroulées dans des conditions assez difficiles et ont provoqué diverses réactions dans l'opinion.

L'opération en soi n'a atteint qu'un nombre infime d'Israélites. Malgré les précautions prises pour assurer le secret, la plupart des Israélites de Lyon et des villes environnantes savaient qu'ils allaient être rassemblés (la date même était chuchotée) et se sont enfuis.

Ils ont d'ailleurs bénéficié de nombreuses complicités, non pas que la population manifeste de l'attachement à leur égard. Le Juif est toujours considéré comme l'être cupide qui, abondamment pourvu d'argent, n'hésite pas à se servir du marché noir pour s'assurer le ravitaillement qu'il convoite, voire même pour chercher à s'enrichir davantage.

Mais la nouvelle des traitements inhumains qui ont été infligés à ceux appréhendés par les autorités allemandes en zone occupée, et la perspective de voir abandonner au même sort, malgré les précautions prises par le gouvernement français, ceux provenant de la zone non occupée ont donné naissance à un profond mouvement de pitié à leur égard.

Le clergé a d'ailleurs pris parti ouvertement : lettres pastorales et, dans certains cas, aide effective aux Israélites auxquels il a accordé refuge.

À Francheville, des Israélites sur le point d'être appréhendés par les gendarmes s'étaient enfuis, se sont réfugiés dans la chapelle du domaine de Châtelard, maison de retraite du missionnaire, où les gendarmes à leur poursuite les ont découverts. Le supérieur de l'établissement, au nom du droit d'asile, s'opposa à ce que les gendarmes accomplissent leur mission, ce qui entraîna une démarche du préfet du Rhône auprès du cardinal-archevêque de Lyon.

Finalement, l'autorité ecclésiastique s'inclina devant un mandat de perquisition régulièrement établi.

Je dois ajouter que, au moment de l'exécution du mandat, un religieux demanda à l'officier de gendarmerie qui dirigeait l'opération l'autorisation de dire quelques mots aux Israélites, autorisation qui lui fut accordée. Les paroles prononcées par le prêtre, uniquement inspirées par des sentiments de miséricorde et de charité chrétienne, furent absolument dégagées de toute allusion politique.

*

Lyon, le 24 octobre 1942

À la suite des mesures de regroupement prises par le gouvernement à leur égard, à la fin du mois d'août 1942, certains Israélites étrangers sont passés en Suisse, souvent munis de fausses cartes d'identité, et guidés par des « passeurs » leur faisant franchir clandestinement la frontière. Parmi ces fausses cartes d'identité ainsi employées, on en a découvert qui portaient le cachet du commissariat de l'hôtel de ville de Lyon et un cachet de la préfecture du Rhône. Une enquête menée par la section de gendarmerie de Lyon a amené l'arrestation de deux individus, mais l'auteur principal a pu s'enfuir.

On signale que des fausses cartes d'identité auraient été vendues 5 000 francs l'une, et que les passeurs dans la région d'Annemasse demanderaient 10 000 à 15 000 francs pour chaque individu franchissant la frontière [1].

Rapport du chef d'escadron Bariod, commandant la compagnie de gendarmerie du Rhône

À la fin de 1942, des mesures préventives sont prises contre les individus « suspects » dans le département. Beaucoup d'étrangers autres qu'israélites sont arrêtés et envoyés dans des camps.

---

1. Voir aussi, à ce propos, le début du chapitre, consacré à la brigade frontière de Collonges-sous-Salève, en Haute-Savoie.

La gendarmerie et les Juifs

Lyon, le 23 décembre 1942

Les éléments simplement suspects, en dehors des militants et propagandistes communistes et gaullistes [...] se tiennent toujours sur la plus grande réserve ; ils ne se livrent à aucune activité concertée, la seule dangereuse pour le maintien de l'ordre public. Malgré cela, des cas assez nombreux d'internements administratifs sont à relever au cours du mois à l'égard d'étrangers suspects :

– 22 pour la section de gendarmerie de Lyon ;
– 7 dans l'arrondissement de Villefranche-sur-Saône ;
– 4 à Givors.

Ces étrangers sont transférés au camp du Vernet (hommes) et à Brens (femmes).

Une vaste affaire de trafic de cartes d'identité, falsification de pièces d'état civil et passage clandestin de la frontière franco-suisse par des Israélites étrangers a été découverte et deux « passeurs », le Juif algérien Nakache et le nommé Vella, sont arrêtés, ainsi qu'un intermédiaire, le Juif polonais Selignana. Deux autres passeurs sont identifiés, mais ils sont en fuite. Les personnes qui ont procuré les cartes d'identité n'ont pu être découvertes, mais il a été prouvé que l'appariteur de la mairie de Caluire, le nommé Monnureil, avait fait délivrer quelques fausses cartes d'identité.

Rapport du capitaine Valincourt, commandant provisoirement la compagnie de gendarmerie du Rhône

Lyon, le 23 janvier 1943

Les Juifs français ou étrangers sont mécontents de l'apposition de la mention « JUIF » sur leurs pièces d'identité.

Rapports du chef d'escadron Bariod, commandant la compagnie de gendarmerie du Rhône

Lyon, le 20 février 1943

Les recherches faites en exécution des instructions particulières que j'ai données n'ont pas abouti à des résultats suffisants.

Chronique d'une France occupée

En exécution de la réquisition de monsieur le préfet régional, tous les Israélites allemands ou originaires des pays conquis par le Reich, âgés de dix-huit à soixante-cinq ans, sont à regrouper pour être conduits au camp de Gurs. Sont à exempter ceux ayant des enfants français et ceux ayant servi dans l'armée française. Leur rassemblement doit avoir lieu au commissariat spécial à Lyon, 31, rue du Bœuf, pour demain dimanche 21 février avant 17 heures.

Je précise qu'il ne s'agit pas d'arrêter seulement ceux dont les noms nous ont été communiqués, mais bien tous ceux qui se trouvent dans la situation ci-dessus indiquée.

*

Lyon, le 24 février 1943

À signaler qu'une nouvelle opération de regroupement portant sur deux cent cinquante Israélites étrangers a été effectuée à Lyon. Malgré les efforts déployés par les services de police et de la gendarmerie, quatre-vingts seulement ont pu être découverts et transférés au camp de Gurs.

En fait, la plupart d'entre eux vivent dans un état de crainte continuelle et prennent le maximum de précautions pour éviter d'être surpris. La plupart de ceux astreints à résidence n'ont jamais paru dans leur résidence d'assignation.

*

Lyon, le 22 septembre 1943

Le gouvernement avait décidé une convocation générale des Israélites français et étrangers les 23 et 24 août 1943 pour le recensement en vue du STO [Service du travail obligatoire]. Un article de presse leur enjoignant de se présenter au service de la main-d'œuvre à Lyon a attiré leur attention et beaucoup ont changé de domicile et n'ont pu être regroupés.

SAÔNE-ET-LOIRE

« Des sommes absolument scandaleuses » pour le franchissement de la ligne de démarcation

Rapport du chef d'escadron Vial, commandant la compagnie de gendarmerie de la Saône-et-Loire, sur la situation générale dans le département [1]

Mâcon, le 28 octobre 1941

Masehia et Waron, tous deux israélites, de nationalité turque, sont arrivés de Paris depuis le début du mois et se sont installés à Charrette, en vue d'échapper, paraît-il, aux mesures appliquées à leurs coreligionnaires de zone occupée. Les indices recueillis sur leur compte, et en particulier la fréquence des expéditions de colis en zone occupée par voie ferrée, ont permis à la gendarmerie de supposer que les intéressés pouvaient se livrer à un trafic illicite sur des articles de bonneterie. [...] À la suite d'une surveillance particulièrement active, les intéressés pouvaient être surpris le 25 octobre dernier en flagrant délit de transport d'articles de bonneterie. Une perquisition faite par le commandant de la section de Louhans amenait la découverte de :

– 300 à 400 douzaines de paires de bas de soie,
– 3 lingots d'or,
– 5 pièces de 20 dollars en or,
– 1 pièce de 100 francs en or,
– 89 pièces de 20 francs en or.

L'affaire est en cours actuellement, et l'inventaire des marchandises et valeurs saisies n'est pas terminé. Un procès-verbal sera adressé incessamment aux autorités habituelles.

---

1. Le chef d'escadron Vial coordonnera les actions de résistance de bon nombre de gendarmes appartenant à sa compagnie. Voir notamment à ce propos les chapitres consacrés à la Résistance et à la Libération.

Rapports du chef d'escadron Vial, commandant la compagnie de gendarmerie de la Saône-et-Loire

Mâcon, le 22 août 1942

Il est signalé, sans que la chose ait pu être vérifiée, que certains passeurs, profitant de la situation faite aux Juifs de zone occupée, seraient spécialisés dans le passage clandestin de cette catégorie de voyageurs. Des sommes absolument scandaleuses : 2 000 francs pour le franchissement du Doubs, 5 000 à 8 000 pour le voyage Paris zone libre, 30 000 à 40 000 pour le voyage Belgique zone libre, seraient réclamées par ces passeurs sans scrupules. Une surveillance spéciale est prescrite en vue de vérifier ces renseignements, et surtout en vue de mettre fin aux agissements honteux et déloyaux.

*

Mâcon, le 19 février 1943

Le ramassage d'un certain nombre de Juifs étrangers étant prescrit par le préfet en vue de leur conduite au camp de Gurs dans la journée du 20 février 1943, les opérations se déroulent de la façon suivante.

Les Juifs désignés ci-dessous :

Laear Lothaire, droguiste à Charnay-lès-Mâcon,

Friedlingstein Maurice, négociant à Salornay-sur-Guye,

Margulies Louis, mécanicien à Varennes-le-Grand,

Steiner Max, manœuvre à Mazille,

[...] seront arrêtés par les brigades intéressées ce soir, 19 février 1943, à 23 heures.

Laear sera conduit aussitôt à l'hospice départemental dans une chambre réservée aux Juifs arrêtés. [...] Les autres Juifs arrêtés seront gardés à vue dans mes brigades en attendant le ramassage d'une camionnette de la régie, dans la matinée du 20 février.

RÉGION ÎLE-DE-FRANCE

PARIS

La rafle du Vél'd'Hiv et le camp de Drancy

En cet été 1942 se prépare, minutieusement et dans le plus grand secret, la grande rafle du Vél'd'Hiv. Le 2 juillet 1942, René Bousquet, secrétaire général à la police française, a en effet proposé à Karl Oberg, chef des polices allemandes en France, de faire arrêter vingt mille Juifs étrangers en zone occupée et dix mille en zone libre. Dès le 10 juillet, à 18 h 10, une note de service de la préfecture de police signale que « des Israélites ont quitté clandestinement leur domicile pour la province ». Les surveillances « aux portes de Paris, aux abords des gares et sur les quais » ont donc été renforcées : « Tous les Juifs non porteurs d'insignes [l'étoile jaune] ou quittant les départements de Seine et Seine-et-Oise sans autorisation seront internés selon les règlements en vigueur. »

La nasse se referme. Les 16 et 17 juillet, à Paris et en banlieue, douze mille huit cent quatre-vingt-quatre personnes, dont quatre mille cinquante et un enfants, sont arrêtées. Les gendarmes et gardes de Paris (garde républicaine)

mobilisés pour l'opération ne participent que ponctuelle-
ment aux interpellations, majoritairement opérées par la
police. En revanche, ils sont chargés d'assurer l'ordre aux
abords du vélodrome d'Hiver, dit le Vél'd'Hiv, situé boulevard de Grenelle (XVe), où sont parqués, dans une chaleur torride, hommes, femmes et enfants. Puis, à partir du
dimanche 19 juillet, ils opèrent le « transfèrement » de cette
population dans des trains au départ de la gare d'Austerlitz.
Alertés par les notes de service, un certain nombre de policiers et de gendarmes ont prévenu des familles entières.

La rafle répond à des règles très codifiées, comme
l'attestent les ordres du général Guilbert, chef de la gendarmerie de la région parisienne. Ils sont diffusés via la
note I. 357/3 du 14 juillet 1942.

Rapport du général Guilbert, chef de la gendarmerie de la région parisienne

Le 14 juillet 1942

Les 16 et 17 juillet prochains, des opérations d'arrestation et de rassemblement de Juifs étrangers auront lieu, dans la Seine, sur l'ordre des
autorités occupantes.

Les détails de ces opérations sont précisés dans la consigne ci-jointe,
dont je souligne le caractère secret.

La gendarmerie de la région parisienne ne participera à ces opérations
que pour les points suivants :

1 – Arrestations

En principe, elles seront faites dans les arrondissements et les circonscriptions de banlieue par les gardiens ou inspecteurs en tenue et en civil.

La note prévoit cependant le renfort de vingt gendarmes
aux Lilas, vingt-cinq à Montreuil et quinze à Vincennes.

[Les militaires sont] destinés soit à entrer dans la composition des
équipes spéciales d'arrestation (main-forte – ces équipes comprenant

généralement des gardiens ou inspecteurs en civil), soit à la garde des centres primaires de rassemblement.

2 – Garde du centre de rassemblement du vélodrome d'Hiver

La mission principale de la gendarmerie est d'assurer, sous sa responsabilité, la garde, tant à l'intérieur qu'à l'extérieur, du vélodrome d'Hiver, qui est le centre de rassemblement principal des Juifs arrêtés.

Le chef d'escadron Heurtel (Paris sud-ouest) a reçu dans la journée du 13 des instructions verbales pour reconnaissance et prise de contact avec les autorités intéressées (commissaire du XVᵉ et service juif de la préfecture de police : M. François et M. Tulard).

Le chef d'escadron Heurtel prendra toutes dispositions pour que la mission dévolue à la gendarmerie soit pleinement remplie. [La gendarmerie] n'est chargée que de la garde intérieure et extérieure et du maintien de l'ordre à l'intérieur.

Le service devra être mis en place le 16 juillet à 7 h 30, heure à laquelle les premiers contingents de Juifs arrêtés commenceront à arriver des arrondissements.

Le 14 juillet 1942, toujours, à 20 h 30, tombe un message urgent, référencé I/363/3. Il précise les conditions de la garde du Vél' d'Hiv. Des reconnaissances seront menées le lendemain, 15 juillet, dans l'après-midi, au 6, boulevard de Grenelle.

Le détachement sera installé à demeure au vélodrome d'Hiver et ne sera pas relevé avant la fin du service. Il est à prévoir que celui-ci sera long : plusieurs jours, peut-être même deux à trois semaines.

Tenue de maintien de l'ordre avec képi – emporter les casques, les objets de sûreté, le manteau de pluie en sautoir. Transporter sur place trois cent vingt literies.

*

Les familles arrêtées les 16 et 17 juillet dans l'opération du Vél' d'Hiv et les internés juifs du camp de Drancy sont massivement déportés en cet été 1942.

Les ordres du général Guilbert sont stricts. Ils sont codifiés dans une note de quatre pages en date du 18 juillet 1942.

> Le 18 juillet 1942
>
> Sur ordre des autorités allemandes, et d'entente avec le préfet de police, le transfèrement des Juifs récemment internés au camp de Drancy et au vélodrome d'Hiver aura lieu, avec le concours de la gendarmerie, sur diverses destinations dans les conditions suivantes :
>
> 1 – Drancy
>
> Gare Bourget-Drancy (avenue Marceau), environ mille Juifs tous les deux jours à partir du dimanche 19 juillet.
>
> 8 h 55, arrivée frontière Novéant (près de Metz), à 19 h 57.
>
> La mission de la gendarmerie est d'accompagner le train depuis la gare du Bourget-Drancy jusqu'à la frontière.

Le convoi est surveillé par un officier et une vingtaine de gendarmes français, plus un officier et huit soldats allemands.

Les gendarmes s'installent dans un wagon de voyageurs. Les captifs sont enfermés dans des wagons de marchandises. « Scellés », précise la note. Le chef du détachement doit d'ailleurs « bien vérifier si la fermeture des wagons a été convenablement effectuée par la SNCF ».

En ce qui concerne les familles du Vél'd'Hiv, un train de mille personnes quitte chaque jour, à partir du 19 juillet, la gare d'Austerlitz pour les camps de Beaune-la-Rolande et de Pithiviers, dans le Loiret. Pour rejoindre la gare, les captifs sont entassés dans des autobus, escortés par la police. Cette opération prend fin le 22 juillet.

> Le chef d'escadron Heurtel, commandant le détachement de la garde du vélodrome d'Hiver, assurera avec ses effectifs la police pour l'embarquement en autobus à la porte du Vélodrome, le commissariat du

XVe arrondissement étant chargé du maintien de l'ordre dans les rues aux abords.

La mission de la gendarmerie est de convoyer chaque train à destination des gares de Pithiviers ou de Beaune-la-Rolande.

Un commandant de brigade plus vingt-quatre gradés et gendarmes
Paris Austerlitz, 8 h 45.
Beaune-la-Rolande, 12 h 07.
Paris Austerlitz, 11 h 05.
Pithiviers, 13 h 22.

Les gendarmes prennent place dans des voitures de 3e classe. Quant aux Juifs, ils « seront embarqués dans les wagons de marchandises qui seront fermés et plombés ». Le chef de détachement « vérifiera la bonne fermeture des wagons d'internés (effectuée par la SNCF) ».

Tout l'été, la gendarmerie tient un triste échéancier. Pendant le mois d'août, les déportations continuent à un rythme soutenu depuis Drancy. 24 juillet, « 1 110 Juifs » ; 27 juillet, « 1 110 Juifs » ; 29 juillet, « 1 110 Juifs » ; 10 août, « 1 110 Juifs » ; 12 août, « 1 110 Juifs » ; 14 août, « 1 000 Juifs » ; 17 août, « 1 000 Juifs » ; 19 août, « 1 000 Juifs » ; 21 août, « 1 000 Juifs » ; 24 août, « 1 000 Juifs », idem les 26, 28 et 31 août...

DRANCY

Les gendarmes sont chargés de l'ordre public à Drancy. Certains d'entre eux se laissent tenter par la corruption et se lancent dans le trafic. Les Allemands, excédés, exigent plus de discipline et de rigueur. Une situation illustrée par cet incident, dont fit les frais le gendarme M., à la fin de juin 1942 et dont les archives de la gendarmerie d'Île-de-France conservent encore la trace.

M. François, de la brigade motorisée de Drancy, était arrêté par la police allemande alors qu'il était venu en civil à Paris et qu'il était entré en relation avec la famille d'un interné du camp de Drancy.

Il était apparemment surveillé de longue date. Le militaire sortait d'un café lorsqu'il a été arrêté le 21 juin 1942.

Il a avoué avoir transporté du courrier et avoir accepté de faire passer clandestinement un paquet pour une importante somme d'argent. D'autres gendarmes semblent compromis.

Une punition résultant de son « manque de conscience professionnelle » lui est infligée le 11 juillet 1942 pour « trafic de correspondance et de cigarettes entre un interné et la femme de celui-ci ». Il écope de soixante jours d'arrêt.

Il est à noter que les autorités allemandes ne nous ont rendu le gendarme M. que sur promesse d'une sanction exemplaire, qu'elles se proposent d'ailleurs d'aggraver par la suite si elles la jugent insuffisante.

[Les services de police allemands sont] excédés des manquements constatés dans le service de garde du camp tant de la part des éléments de police civile que de la part des gendarmes. [...] Ils étaient décidés à sévir impitoyablement pour faire un exemple.

En l'occurrence, « prélever » dix gendarmes pour les envoyer en Allemagne.

Un autre gendarme écope de vingt jours d'arrêt pour « évasion d'un interné administratif ».

La grogne gagne la base. Certains n'hésitent pas à demander une contrepartie financière pour... la pénibilité du travail. En avril 1942, un capitaine la relaie par écrit et rédige cette note sur une « indemnité mensuelle garde des camps » :

La gendarmerie et les Juifs

La gendarmerie fait partie du service de surveillance visé à l'arrêté ministériel du 10 février 1942. Elle est responsable des évasions [sic] et assure un service particulièrement pénible. Il ne serait pas équitable de verser l'indemnité mensuelle de 250 francs au personnel civil qui ne s'occupe à Drancy que de la gestion et de l'administration du camp et de la refuser aux gendarmes qui assument la mission la plus ingrate.

En juin 1943, les autorités allemandes prennent le camp de Drancy. Qui passe sous la coupe du SS Aloïs Brunner.

RÉGION OUEST

CHARENTE

« Une grande pitié parmi la population »

Rapport du chef d'escadron Fourment, commandant la compagnie de gendarmerie de la Charente, à monsieur le préfet de la Charente

Angoulême, le 24 mai 1941

La situation de tous les Israélites étrangers domiciliés dans le département et figurant sur la liste que vous m'avez transmise a été examinée.

Aucun de ces Israélites ne rentre nettement dans une des trois catégories que vous indiquez comme pouvant justifier actuellement une mesure d'internement.

Toutefois, je crois pouvoir vous transmettre les rapports concernant ceux qui sont sans ressources et qui, ne vivant que des indemnités qui leur sont allouées, peuvent, en un certain sens, être considérés comme en surnombre dans l'économie nationale.

Il s'agit des nommés :

Tabak Salomon, Wajsmann Herz, Hirsch Adolphe, Koper Maftula, Edelmann Michel, Levy Heinmann, Driewiecki Sigismond, Adler Eugène, Zaglz Szmul, Guterbaum, Kawa Charles, Storper Léon, Bordine Simon, Tauskik.

En ce qui concerne les époux Tauszik que vous m'avez signalés spécialement, ils disposent de ressources suffisantes pour vivre et ont obtenu une succession de prolongations de séjour en France depuis décembre 1939. Rien ne me permet de les classer parmi ceux qui doivent être internés.

Rapport du chef d'escadron Moser, commandant la compagnie de gendarmerie de la Charente

Angoulême, le 21 octobre 1942

L'arrestation massive des Juifs a provoqué une grande pitié parmi la population, aussi bien rurale que citadine. De jeunes enfants, âgés de sept et huit ans, confiés par leurs parents juifs à de proches voisins, ont été recueillis par ceux-ci avec générosité.

Les arrestations de Juifs ont mis en évidence la pénurie des moyens mis à la disposition de la gendarmerie (transports très insuffisants). Le contraste était pénible avec l'organisation parisienne, qui disposait, à l'arrivée du train, de sept autocars, d'une voiture de liaison, de trois motocyclettes et d'essence pour ainsi dire à volonté.

Rapport du capitaine Poirier, commandant la section de gendarmerie de Cognac, sur l'arrestation d'une famille de ressortissants polonais par le service de sûreté allemand

Cognac, le 29 mai 1943

Le 28 mai 1943, le service de sûreté allemand a arrêté une famille de Polonais présumée juive. Il s'agit de :

– Kerszenblat Nockyn, né le 3 mai 1905 à Solec (Pologne) ;

– sa femme, née Silderberg, Rynoka, née le 10 mai 1903 à Varsovie (Pologne) ;

– sa fille Ida, née le 30 novembre 1926 à Paris (XIe) ;

– son fils Jacques, né le 6 janvier 1936 à Paris (XIIe).

Ces quatre personnes ont été conduites à la brigade de gendarmerie de Cognac, qui a été requise verbalement par le service susvisé de les garder à vue. Le commandant de section a fait remarquer aux policiers allemands que la gendarmerie française opérait habituellement les missions de cette nature sur réquisition de monsieur le préfet. Il recevait verbalement l'ordre formel d'exécuter.

Le 29 mai 1943, à 8 heures, le service de sûreté allemand d'Angoulême a donné l'ordre par téléphone au commandant de brigade de Cognac de transférer à Angoulême les quatre personnes et de les déposer à la maison d'arrêt.

Les enfants Kerszenblat possèdent la qualité de Français.

Il semble que les avantages réservés aux ressortissants français pourraient être accordés aux deux mineurs.

Rapport du capitaine Poirier, commandant la section de gendarmerie de Cognac

À la Libération, les gendarmes doivent rendre des comptes. Dans une lettre anonyme et un rapport établi par un militaire autrefois sous ses ordres, l'adjudant B., commandant la brigade de Jarnac, est, entre autres, accusé de s'être mal comporté lors d'arrestations de Juifs en janvier 1944. Son capitaine répond et conteste les faits.

Cognac, le 27 décembre 1944

C'est inexact. Les Israélites n'ont pas été arrêtés à leur domicile, à 3 heures, comme le prévoyaient les instructions, mais invités, à partir de 6 heures, à se rendre à la caserne de gendarmerie. Ils y arrivèrent entre 9 et 11 heures. Au nombre d'une vingtaine, ils ne purent être conservés dans le bureau de la brigade, qui ne mesure que 3 mètres sur 2,85 mètres et est meublé de trois tables, trois chaises et de deux meubles, mais le commandant de brigade s'occupa de leur chauffage et de leur alimentation. La liberté qui leur fut laissée fut telle que quatre d'entre eux, d'une même famille, en profitèrent pour s'enfuir.

LOIRE-INFÉRIEURE (LOIRE-ATLANTIQUE)

Une Hongroise dont le fils de onze ans est laissé à la garde de la propriétaire

Rapport du capitaine Persuy, commandant la section de gendarmerie de Nantes, au commandant de la brigade

Nantes, le 21 novembre 1940

Objet : concentration de nomades

Les deux familles Brillant-Maupois et Weiss, soit en tout dix personnes, seront conduites par vos soins samedi 23 novembre 1940 au camp des Forges à Moisdon-la-Rivière. Une remorque bâchée de la maison Drouin se trouvera à cet effet à votre disposition samedi 23 novembre et rendue à 8 heures à la gendarmerie de Pont-Rousseau.

Rapport du chef d'escadron Lecomte, commandant la compagnie de gendarmerie de la Loire-Inférieure, à Monsieur le préfet

Nantes, le 16 juillet 1942

J'ai l'honneur de vous informer que les gendarmes détachés auprès de la police de sûreté allemande le 15 juillet sont allés accompagner les militaires allemands de la GFP [Geheime Feldpolizei] opérant des arrestations de Juifs.

– À Gorges :

Une Hongroise, nom inconnu du gendarme, habitant le bourg chez Mme Gauthier, évacuée de Paris depuis deux ans, ayant un fils âgé de onze ans laissé à la garde de la propriétaire.

– À Mauves :

Les intéressés : Rosenfeld, palestinienne, Popper, apatride, Luski et Gorrecka, polonaises, n'ont pas été trouvés à leur domicile.

Un gendarme resté à chacune des maisons Barthélémy et Ker Simone, où ils habitaient, gardent la maison à vue pour opérer leur arrestation en cas de retour.

MAINE-ET-LOIRE

« L'opération doit être menée sans pitié »

Rapport du lieutenant-colonel Chambon, commandant la compagnie de gendarmerie du Maine-et-Loire, aux commandants de section

Angers, le 7 octobre 1942

À la suite d'instructions données par le Führer et le maréchal Goering, il a été décidé que dans tous les territoires occupés d'Europe tous les Juifs seront arrêtés, à l'exception de ceux de nationalité française. En ce qui concerne le Maine-et-Loire, les opérations d'arrestation seront effectuées par les forces de police françaises avec l'aide et sous le contrôle des SS.

La gendarmerie se chargera des arrestations en dehors d'Angers, et la police municipale, dans cette ville.

Ces dispositions doivent être mises à exécution le vendredi 9 octobre, à 7 heures du matin.

Il s'agit d'arrêter tous les Juifs étrangers sans distinction d'âge, de sexe, d'état de santé. L'opération doit être menée sans pitié.

Les Juifs étrangers seront arrêtés à leur logement. Ils ne pourront prendre avec eux que les objets indispensables : deux couvertures, [...] de souliers, les objets de toilette, des denrées périssables, [...] personnel[1].

Dès l'arrivée, il faudra enlever à chacun sa carte d'alimentation, la carte de textiles, ses papiers d'identité, son argent, ses objets de valeur, tout ce qui est en or en particulier (laisser toutefois les alliances). Ramasser de même toutes les clés.

Tous ces objets de valeur seront déposés dans une enveloppe portant le nom de leur propriétaire. Les enveloppes seront remises aux SS le vendredi 9 à 22 heures dernière limite.

---

1. Les passages entre crochets sont illisibles, des morceaux du document ayant été arrachés.

La porte des logements sera fermée par les soins de la police, et la clé, placée dans l'enveloppe dont il est question ci-dessus.

Si des Juifs sont propriétaires de bétail, ce bétail sera pris en charge et nourri par les soins du maire intéressé. Les volailles et les lapins seront distribués aux voisins.

Suit la liste des personnes à arrêter, qui porte encore aujourd'hui des mentions au crayon à papier selon que la personne a été interpellée, est en fuite ou a disparu.

– Section d'Angers :

Schlablin Clara	les Rosiers	arrêtée
Gurwiez Girrsz	Ponts-de-Cé	en fuite
Kern Achille	Villévêque	en fuite
Kern Deny	-d-	en fuite
Lerich Rose	Ponts-de-Cé	arrêtée

– Section de Cholet :

De Lecuw Isabelle	36, rue Wilson, à Cholet	arrêtée
De Lecuw Max Meyer	-d-	arrêté

– Section de Saumur :

Abraham Albert	Chênehutte-les-Tuffeaux	arrêté
Abraham, née Stein	-d-	arrêtée
Abraham Lina, née Zahl	-d-	arrêtée
Scheida, née Laks	Saumur, 9 rue Beaurepaire	disparue
Bloch Alice, née Berheim	Saumur, 16 rue Bougoin	arrêtée
Bomersl Marc		arrêté
Boudrion Bouca, née Behar	Saumur, 25 rue Saint-Jean	arrêtée
Plotschenko Fanny, née Sienitsky	Saumur, 31 rue Saint-Jean	en fuite
Schwab Emma	Distré	arrêtée
Schwab Lazare	-d-	arrêté
Strauss Alfred	Saumur, rue de Bordeaux	en fuite
Strauss Laure, née Volff	-d-	en fuite
Strauss Théophile	-d-	en fuite

Warech Brandla,
    née Rosenfeld   Vihiers   arrêtée

– Section de Baugé :		
Feuer Goerschen	Noyant	arrêté
Feuer Golde, née Vitercer	-d-	arrêtée
Moscovici Jean-Claude	Vernoil	arrêté
Moscovici Liliane	-d-	arrêtée
Moscovici Louise, née Schwarz	-d-	en fuite

– Section de Segré :		
Basch Ernst, née Polna	Dorannes, quai des Moulins	arrêtée
Basch Selma, née Mouvy	-d-	arrêtée
Kaufmann Louis	Segré, 1 quai du Tribunal	décédé
Wazl Frajgla, née Lampel	Châteauneuf	à l'hôpital d'Angers
Wazl Hélène	-d-	arrêtée
Zwetschkenbaum Maria, née Siegfried	-d-	arrêtée
Zwetschkenbaum Régine	-d-	arrêtée

Pour le cas où des individus refuseraient de marcher, demander au maire réquisition de transport.

VENDÉE

Trente et une personnes à destination de Drancy

Rapport du chef d'escadron Chevillard, commandant la compagnie de gendarmerie de la Vendée

La Roche-sur-Yon, le 31 janvier 1944

Arrestations opérées par les Allemands :

Le 7 janvier : Gillaizeau Justicien, propriétaire à Dompierre-sur-Yon,

pour avoir hébergé un Juif. Blumenfeld Philippe, commerçant de nationalité juive, hébergé chez le précédent.

**Rapports du chef d'escadron Chevillard, commandant la compa-
gnie de gendarmerie de la Vendée, au commandant de section de
gendarmerie de La Roche-sur-Yon**

La Roche-sur-Yon, le 1er février 1944

Mission : sur réquisition du préfet de la Vendée en date du 1er février
1944, un détachement composé de trente et une personnes doit être
transféré par voie ferrée de La Roche-sur-Yon à Drancy.

Le départ est fixé pour le 1er février 1944 à 3 h 45.

Escorte : un adjudant, chef d'escorte, un maréchal des logis-chef et
neuf gendarmes.

Durée probable du trajet : trois jours (emporter les vivres nécessaires).

*

La Roche-sur-Yon, le 5 février 1944

Par note en date du 30 janvier 1944, monsieur le préfet de la Vendée
prescrivait l'arrestation de tous les Juifs en résidence en Vendée. Or, ce
haut fonctionnaire me fait connaître ce jour qu'un certain nombre de Juifs
se trouvent encore dans le département. En conséquence, je vous prie
de bien vouloir faire effectuer d'urgence des recherches en vue d'identifier
cette catégorie d'individus.

VIENNE

« Des scènes de séparation particulièrement pénibles »

Rapports du capitaine Raiffaud, commandant provisoirement la compagnie de gendarmerie de la Vienne

Poitiers, le 19 mai 1941

À Poitiers se trouve un camp de cinq cents nomades placés là par ordre des autorités allemandes. La garde et la surveillance en sont assurées par la gendarmerie française. Les nomades ne font rien, sauf quelques petits travaux de nettoyage du camp.

À Rouillé est en construction un camp qui doit servir à placer neuf cents internés sur ordre des autorités françaises. La garde et la surveillance en seront assurées par un corps spécial de gardiens.

*

Poitiers, le 16 juin 1941

Dans une affaire récente de vol, où étaient mêlés les quarante Juifs étrangers d'une commune, l'auteur n'a pu être retrouvé. Par contre, l'un d'eux a été pris pour trafic illicite en police économique au moment où il allait partir. Tous ces Juifs amenés dans le département par les Allemands seraient mieux dans un camp de concentration.

Rapport du capitaine Lissarrague, commandant provisoirement la compagnie de gendarmerie de la Vienne

Poitiers, le 19 juillet 1941

Trois cent quarante Juifs étrangers déjà internés dans le département de la Gironde ont été placés au camp de nomades de la route de Limoges à Poitiers.

Rapports du chef d'escadron Lissarrague, commandant la compagnie de gendarmerie de la Vienne

Poitiers, le 31 octobre 1942

Un service exécuté sur réquisition de monsieur le préfet régional, dans la nuit du 8 au 9 octobre (arrestation d'environ cent Juifs étrangers), a été peu goûté des sous-officiers qui y ont participé, en raison des scènes de séparation particulièrement pénibles, entre parents et enfants.

*

Poitiers, le 30 novembre 1942

Cent deux Juifs étrangers, arrêtés sur ordre des autorités d'occupation, dans les départements de la région de Poitiers, ont été transférés à Drancy le 12 novembre 1942.

Rapport du chef d'escadron Lefèvre, commandant la compagnie de gendarmerie de la Vienne

Poitiers, le 29 janvier 1944

À la demande des autorités allemandes et sur réquisition de monsieur le préfet de la Vienne en date du 29 courant, il sera procédé le 31 janvier 1944 à l'arrestation de tous les Juifs résidant dans le département.

Les arrestations commenceront le 31 courant à 0 heure et devront être terminées dans un délai de trois heures.

Toutes les personnes arrêtées seront transportées par car réquisitionné au camp de la route de Limoges. Les commandants de section désigneront cinq gendarmes qui accompagneront le véhicule.

Cent vingt-sept personnes de confession juive sont visées par ce « ramassage » dans le département.

RÉGION SUD-EST

BOUCHES-DU-RHÔNE

Ils étaient fixés sur leur sort : exécution massive

Rapport de l'adjudant-chef Iriart, commandant la brigade d'Aix-en-Provence

Avril 1942

Les étrangers ont, en apparence, une attitude correcte. [...]

De nombreux Israélites sont réfugiés à Aix. Ils disposent de fortunes considérables et dépensent sans compter. Effectuant des achats à n'importe quel prix, ils échappent aux restrictions alimentaires et vestimentaires, et la répression, en la matière, s'avère difficile sinon impossible. Ils sont parmi les meilleurs clients du casino, dont les bénéfices ont augmenté dans de fortes proportions [...]. Les gens repliés à Aix disposent de moyens considérables, dont ils laissent une partie plus facilement dans les lieux de plaisir qu'en effectuant des versements au Secours national ou aux différentes œuvres.

Rapport de l'adjudant Filip, commandant la brigade d'Aix-en-Provence, sur des suicides et tentatives de suicide au camp des Milles

Il s'agit de l'un des textes les plus poignants et les plus énigmatiques de cette période, perdu au milieu des kilomètres d'archives que conserve la gendarmerie. Un simple adjudant est confronté à la détresse des populations juives, internées au camp des Milles, une ancienne tuilerie, située entre Aix-en-Provence et Marseille, dans les Bouches-du-Rhône.

Lorsque la guerre éclate, l'endroit sert d'abord à regrouper les ressortissants allemands et autrichiens résidant dans le midi de la France. Après la défaite, sa vocation change. Débarquent ici des anciens des Brigades internationales d'Espagne et des Juifs étrangers venant d'Europe de l'Est. En août et septembre 1942, après les grandes rafles de l'été, le camp compte jusqu'à deux mille cinq cents hommes, femmes et enfants.

Le 16 août, alors que la « solution finale » est lancée, l'adjudant Filip, commandant la brigade d'Aix, écrit noir sur blanc ce que beaucoup pressentent : l'internement en France n'est qu'une étape vers une extermination systématique. La hiérarchie dispose alors d'éléments plus que troublants sur les risques encourus par les déportés, parfois des familles entières. L'attention de l'adjudant est attirée par la détresse des internés. Son rapport n° 101/4 évoque en une dizaine de lignes des « suicides et tentatives de suicide au camp des Milles ».

Le 16 août 1942

À la suite du récent regroupement des étrangers internés au camp des Milles, la majeure partie de Juifs allemands, en vue de leur acheminement pour une destination inconnue, probablement pour la Pologne, deux de ces internés, un docteur et son épouse, sont décédés, à l'hôpital d'Aix-en-Provence, à la suite de l'absorption d'un narcotique quelconque.

D'autre part, dix tentatives de suicide, sept hommes et trois femmes, ont eu lieu dans le même camp, à savoir : six par absorption d'un narcotique et quatre par taillades au poignet.

D'après les vagues renseignements recueillis, il résulte que ces étrangers étaient fixés sur le sort qui leur était réservé, à leur arrivée à destination, c'est-à-dire exécution massive.

À ce jour, six cent quarante étrangers internés au camp des Milles sont partis pour destination inconnue.

Le premier train, le 2 août 1942, à 8 h 30.

Le deuxième train, le 13 du même mois à 6 h 40.

La « destination inconnue » évoquée dans la note de l'adjudant Filip est en réalité Drancy, dans l'actuelle Seine-Saint-Denis, puis Auschwitz.

*

En août, les arrivées continuent.

Dans la journée du 26 août, la police locale d'Aix-en-Provence a conduit vingt et un Israélites au camp des Milles. [Parmi eux] se trouvaient de nombreux enfants.

[Les convois partent vers le nord.] Les Israélites appartenant aux nationalités allemande, autrichienne, tchécoslovaque, polonaise, etc., internés au camp des Milles le 25 août 1942 et jours suivants, au nombre de six cents environ, ont été embarqués en gare des Milles, le 2 septembre 1942, pour une destination inconnue.

*

Après l'invasion de la zone libre, le camp se vide. Il ne reste bientôt que des murs presque vides. Comme l'indique ce rapport.

Le 17 novembre 1942

Les internés du camp des Milles, au nombre de vingt-deux, ont été dispersés le 12 novembre dans les divers groupes de travailleurs étrangers de la région, à savoir La Ciotat, Miramas, Salon-de-Provence et Arles. Il en est de même du personnel qui assurait la garde. Actuellement, il ne reste au camp des Milles que le commandant du camp. Ce dernier aurait reçu, paraît-il, de Vichy l'ordre de mettre les locaux du camp à la disposition des troupes allemandes.

DRÔME

« Son devoir de chef d'escorte était de rester avec ses hommes dans le wagon à bestiaux »

Rapports du chef d'escadron Raffort-Deruttet, commandant la compagnie de gendarmerie de la Drôme

Les déportations, dans des wagons à bestiaux, se font dans une chaleur étouffante. Quelques gendarmes veulent laisser une porte ouverte pour laisser passer un peu d'air. L'un d'eux est sanctionné par son chef direct, qui lui reproche les risques d'évasion.

La punition est finalement annulée par le patron de la compagnie, qui soutient le geste du gendarme.

Valence, le 11 septembre 1942

Le transfèrement des Israélites, effectué le 25 août, a eu lieu par une chaleur tropicale, et la décision prise par le maréchal des logis-chef Heinis de maintenir presque fermé le wagon à bestiaux où se trouvaient les prisonniers et leur escorte était de nature à leur infliger des fatigues et même des souffrances qui ne peuvent se justifier par le souci d'éviter des évasions. Une des portes du wagon étant fermée, l'autre pouvait rester ouverte sans danger, puisqu'il y avait cinq gendarmes pour la garder !!!

Si le maréchal des logis-chef Heinis était si soucieux d'éviter des évasions, son devoir de chef d'escorte était de rester avec ses hommes dans le wagon à bestiaux, et non de faire le trajet dans un wagon de voyageurs, d'où il n'avait aucune possibilité d'intervenir en cas d'incident survenu en cours de route.

*

Dans la région de Saint-Vallier, le 29 août 1942, quatre affiches manuscrites et cinq inscriptions murales protestant contre l'arrestation des Israélites ont été découvertes par la gendarmerie.

Valence, le 24 septembre 1942

Les récentes opérations de ramassage des Juifs étrangers sont diversement commentées. La majorité du public, mal renseignée à ce sujet, ne semble pas les approuver, estimant que ces mesures sont imposées par l'Allemagne. Le Juif, contre lequel la plupart des Français réclameraient des mesures de défense, devient le martyr, victime du régime nationaliste.

Un bon nombre des Israélites à arrêter, mis au courant soit par la radio étrangère, soit par des amis bien placés, avaient déjà quitté leur résidence quand les gendarmes chargés de les arrêter s'y présentèrent.

*

Valence, le 24 février 1943

Les mesures de rigueur concernant les Israélites, et en particulier les rafles, causent une violente indignation dans toutes les classes de la société. Les Juifs font figure de martyrs et tous les torts qui leur étaient antérieurement imputés sont oubliés.

*

Valence, le 29 mars 1944

Ont été arrêtés par les troupes d'opérations :

95

Le 2 mars, M. et Mme Welger et leur fille, MM. Erblich et Hersels, de confession juive, habitant Montélimar.

*

Valence, le 30 mai 1944

Le 20 mai, vers 12 heures, une dizaine de policiers en civil accompagnés d'une dizaine de soldats allemands ont effectué une opération de police à Buis-les-Baronnies, au cours de laquelle ils ont effectué les arrestations ci-après :

Walh Andrée, Walh Léon, Unick Charles, Declaves Maurice, Carcassonne Édouard, Carcassonne Gilberte, Geismard Andrée, Lheimann Maurice, Angel Elie, Widonsky Simon, Voog Armand, Lyon André, Lyon Mayer, Franck Robert.

Toutes ces personnes de race juive étaient réfugiées ou de passage à Buis-les-Baronnies. Les motifs de l'arrestation ainsi que la destination donnée aux personnes saisies sont inconnus.

VAR

« Une opération de ramassage de certaines catégories d'Israélites étrangers »

Rapport de la compagnie du Var

À Draguignan [date non déterminée]

En exécution des instructions de monsieur le préfet régional, il sera procédé le 26 août courant, à la pointe du jour, par les forces de gendarmerie à l'arrestation des Israélites étrangers entrés en France après le 1er janvier 1933 et appartenant à certaines catégories qui seront précisées plus loin.

Ces indésirables doivent être dirigés sur le camp d'Aix-les-Milles.

Les étrangers arrêtés sont ceux qui sont de nationalité allemande, autrichienne, tchécoslovaque, polonaise, estonienne, lituanienne, lettone, dantzigoise, sarroise, russe (soviétique et blancs).

[...]

Tous doivent être arrêtés sauf : les vieillards de plus de soixante ans (les membres de leur famille seront regroupés, ils peuvent opter pour les suivre) ; les pères et mères d'enfants de moins de deux ans (leurs enfants de moins de seize ans ne sont pas regroupés, ceux de plus de seize ans le sont) ; ceux dont le conjoint est aryen et leurs enfants [...].

Je précise que sont regroupés : ceux qui ont servi sous nos drapeaux ou les drapeaux ex-alliés ainsi que les prestataires ; ceux qui se disent catholiques ou protestants mais qui sont juifs aux termes de la loi du 9 juin 1941.

– Entrés en France entre le 1ᵉʳ janvier 1933 et le 1ᵉʳ janvier 1936

Ceux qui sont assignés à résidence et leur famille.

Ceux qui sont dans les compagnies de travailleurs étrangers et leur famille.

Ceux qui sont dans des camps d'internement et leur famille.

– Quelle que soit la date d'entrée en France

Ceux qui ont été poursuivis ou qui ont fait l'objet de mesures administratives pour marché noir ; les détenus pour ce motif ne sont pas regroupés.

RÉGION SUD-OUEST

BASSES-PYRÉNÉES (PYRÉNÉES-ATLANTIQUES)

Un trafic « nettement exagéré » par les dénonciateurs

Rapport de l'adjudant Pouzac, commandant la brigade de gendarmerie d'Arudy, sur les agissements des Juifs étrangers résidant dans la circonscription de la brigade

Arudy, le 15 juillet 1941

Soixante-quatre Israélites étrangers en résidence dans les communes de la circonscription.

Logement dans des hôtels de pension, chez des particuliers la plupart du temps.

Au total, vingt-huit dans des hôtels ou pensions de famille et trente-quatre chez des particuliers. [...]

Dès les premiers jours de leur arrivée dans la région, ces Israélites, pour la plupart permissionnaires du camp de Gurs, ont été signalés à la brigade comme achetant directement à la ferme des produits pour leur consommation personnelle, notamment du fromage, des œufs et de la volaille.

La brigade a exercé aussitôt une surveillance très active qui, si elle n'a pas permis de recueillir des faits précis permettant de dresser procès-verbal, en raison de la méfiance et de la façon adroite dont les étrangers opéraient, a cependant eu pour effet d'arrêter leurs agissements.

Il semble d'autre part que le trafic auquel ils se seraient livrés a été nettement exagéré par les dénonciateurs. Il est vrai qu'étant oisifs ces étrangers font journellement des promenades sur le territoire des communes où ils sont en résidence assignée, ce qui ferait supposer à certains qu'ils cherchent à s'approvisionner.

Ces étrangers ne se fréquentent qu'entre eux et constituent une sorte de colonie sans contact avec la population locale.

Rapport du chef d'escadron Colinet, commandant la compagnie de gendarmerie des Basses-Pyrénées

Pau, le 29 septembre 1944

Deux centres de séjour surveillé ont été constitués dans le département pour les personnes faisant l'objet d'arrêtés d'internement :

Au camp d'Idron, près de Pau, et au camp de Beyris, à Bayonne.

À l'heure actuelle : six cent quatre-vingt-treize personnes ont été arrêtées par la police et la gendarmerie et conduites dans ces centres.

DORDOGNE

Réfugié à Pressignac

Rapport du chef d'escadron Candille, commandant la compagnie de gendarmerie de la Dordogne, sur la situation dans le département pendant le mois de juillet 1940

Le 28 octobre 1940

Il ne reste plus dans la Dordogne que les réfugiés de la zone interdite et les Juifs, alsaciens en particulier. Ces derniers sont surtout nombreux à Périgueux – jusqu'ici leur comportement n'a pas donné lieu à de sérieux griefs.

Après la Libération, la direction demande aux brigades de recenser leurs actions de résistance. Voici deux cas où la gendarmerie a aidé à la protection des Juifs.

Rapports du capitaine Levraut, commandant provisoirement la compagnie de gendarmerie de la Dordogne, sur la participation de la gendarmerie de la compagnie à la Résistance

Périgueux, le 29 janvier 1945

Israélites : aucun d'eux signalé. Plusieurs ont reçu de la gendarmerie des pièces leur permettant de se déplacer et de se camoufler.

Ex. : le Dr Rozenblum, réfugié à Pressignac, reçut du chef de brigade de Lalinde les pièces qui lui ont permis de gagner l'AFN [l'Afrique du Nord] en 1943.

*

Périgueux, le 29 janvier 1945

Mai 1944 : l'Israélite Helsinski est recherché par la Milice – le gendarme Racine lui donne asile dans son propre logement.

GIRONDE

Rapport de la compagnie de Gironde

Bordeaux, le 11 janvier 1944

Dans la nuit du 10 au 11 janvier courante et pendant la journée du 11, les brigades de gendarmerie de la compagnie ont procédé au rassemblement des Juifs du département et à leur dépôt à la synagogue de

Bordeaux. Cette mesure a été ordonnée par monsieur le préfet régional sur instructions transmises par le gouvernement.

La liste des personnes en question a été remise au chef d'escadron commandant la compagnie au cours d'une conférence qui s'est tenue le 10 janvier dans la soirée à l'intendance de police sous la présidence de monsieur l'intendant général.

L'opération a porté sur un total de deux cent une personnes sans distinction de nationalité.

Quatre-vingt-une personnes ont été conduites à Bordeaux.

Trois étaient parties sans laisser d'adresse.

Neuf étaient malades, ou hospitalisées, ou décédées.

Pas d'incident à signaler.

Tous ces Juifs quitteront Bordeaux dans la journée du 12 janvier pour le camp de Drancy.

Le convoi du 12 janvier 1944 fut l'un des éléments retenus par l'accusation lors du procès de Maurice Papon. L'ancien secrétaire général de la préfecture de Gironde a été condamné à dix ans de réclusion pour « complicité de crime contre l'humanité ».

LOT-ET-GARONNE

Des « logements médiocres loués très cher »

Rapport du chef d'escadron Godalliez, commandant provisoirement la compagnie de gendarmerie du Lot-et-Garonne

Agen, le 29 octobre 1940

Les Juifs étrangers repliés en zone libre, aisés pour la plupart, achètent ou louent à gros prix des immeubles et des appartements, ce qui gêne considérablement les officiers, sous-officiers et fonctionnaires nouvellement affectés, qui, de condition de fortune plus modeste, sont obligés de se contenter de logements médiocres loués très cher. Il serait utile d'interdire à ces étrangers le séjour dans les villes de garnison et les villes importantes, où leur présence et leur activité possible sont plus difficilement contrôlables. L'achat des propriétés devrait également leur être interdit.

TARN-ET-GARONNE

« Ne pas confondre les Juifs avec les condamnés de droit commun »

Rapport du chef d'escadron Hiriart, commandant la compagnie de gendarmerie du Tarn-et-Garonne, à monsieur le lieutenant-colonel commandant provisoirement la 17ᵉ légion de gendarmerie à Toulouse

Le 10 novembre 1942

Malgré les recommandations qui viennent d'être renouvelées d'avoir à surveiller étroitement les individus transférés, un détenu administratif vient de s'évader.

L'Israélite Zylberberg a profité de la première négligence commise par le gendarme Piquemal pour sauter du train.

Une évasion est toujours, pour le gendarme qui l'a rendue possible, une faute grave.

Il convient toutefois de tenir compte :

– de la part de fatalité qui a permis cette évasion ;

– du fait que la loi du 10 août 1942, réprimant l'évasion des internés administratifs, n'a été portée à la connaissance du personnel que le 8 novembre. Les fascicules du Mémorial sont, en effet, arrivés à la compagnie le 4 novembre et l'évasion s'est produite le 2.

Or, il s'agit de l'internement administratif d'un Israélite, mesure qui prolonge celle appliquée le 26 août dernier à tous les Israélites étrangers venus en France après 1936.

En cette circonstance, la consigne étroite donnée aux gendarmes était de « ne pas employer d'objets de sûreté à moins de tentative d'évasion ou de rébellion ».

Le 2 novembre, le gendarme Piquemal était donc en droit de ne pas mettre les objets de sûreté à l'Israélite. Cette mesure de faveur, dont jusqu'ici les Israélites ont été les seuls bénéficiaires et qui s'accorde bien avec la consigne donnée et rappelée d'agir envers eux avec humanité, a toujours été pleinement approuvée par monsieur le préfet du Tarn-et-Garonne, qui entend ne pas confondre les Juifs avec les condamnés de droit commun.

Autrement dit : si le gendarme Piquemal n'avait pas mis les fers à Zylberberg et que l'évasion se fût produite dans les mêmes conditions et circonstances, je ne punirais pas ce gendarme.

Mais il a placé les objets de sûreté aux poignets de l'Israélite et il devient alors impardonnable. Compte tenu de ce qui précède et aussi de son excellente manière de servir, je transforme en six jours d'arrêt de rigueur la punition infligée par le lieutenant Tanvier et propose le libellé suivant : « Au cours du transfèrement d'un Israélite interné administratif, a relâché sa surveillance, ce qui a permis l'évasion. »

Avec le lieutenant Tanvier, je demande l'indulgence pour ce gendarme.

J'avise monsieur le préfet qu'à l'avenir tous les internés administratifs seront transférés les chaînes à la main. [...]

En somme, il n'y a plus de distinction à faire entre les condamnés de droit commun et les internés administratifs.

II

La gendarmerie et la Résistance

Courber l'échine ou résister

L'œil de Vichy : les gendarmes, présents dans les endroits les plus reculés du territoire, sont chargés de lutter contre la Résistance. Pandores et maquisards sont « au contact », engagés dans une drôle de guerre aux fronts mouvants. La maréchaussée ne dispose pas d'unités spécialisées, à l'image de celles de la police ou des services allemands, mais elle collecte de précieux renseignements au cours de ses patrouilles. Elle est ainsi la première à s'alarmer de la présence de camps de réfractaires. Les brigades sont alertées des crashs d'avions alliés ou des parachutages d'armes. Elles mènent des enquêtes après chaque acte de sabotage.

Malgré une haine très répandue du « Boche », héritée de 14-18, on ne remet guère en cause la légitimité de la politique conduite par le maréchal Pétain. Ces militaires ont d'ailleurs juré « fidélité à la personne du chef de l'État », promettant de lui obéir « en tout ce qu'il commande pour le bien du service et le succès des armes de la France ». Le portrait de Pétain orne les murs des brigades.

Idéologiquement, les gendarmes sont finalement à l'image de l'opinion française, légaliste au début de la guerre, de plus en plus réservée ensuite, enfin sympathisante de la Résistance. « Après une période d'adhésion sans faille à Pétain est venue la période du doute, et enfin l'heure des ruptures », analyse Claude Cazals.

Mais, contrairement au boulanger, au paysan ou à l'ouvrier, le gendarme est dès le début de l'Occupation nécessairement impliqué puisqu'il est garant de l'ordre et doit faire appliquer la loi. La plupart des brigades tentent, malgré tout, de conserver une certaine neutralité. Au fil des notes et des rapports des officiers, on retrouve cette valse-hésitation, ce désir de ne pas aller « trop loin » tout en respectant les ordres. Dans ces conditions, le premier acte de résistance consiste à ne rien voir. Voici un exemple parmi d'autres daté du 9 mars 1943 : le lieutenant Théret, chef de détachement de service à la gare d'Orsay, à Paris, avertit ses hommes qu'il ne verrait pas un seul réfractaire et qu'il comptait sur chacun d'eux pour faire comme lui et se conduire en bon Français. Certains s'abriteront d'ailleurs derrière les usages administratifs et militaires pour refuser d'obéir aux Allemands. Le commandant de la compagnie de gendarmerie de l'Isère écrit ainsi dans un rapport : « Des policiers allemands ont exigé de la brigade locale l'arrestation d'individus dont ils présentaient la photo. Après avoir reçu des instructions du commandant de la section de Grenoble, le chef de brigade a répondu qu'il ne pouvait faire cette opération pour le compte de la police allemande. Convoqué par la Gestapo de Grenoble, le commandant de section de cette ville a maintenu son point de vue, en insistant sur les points suivants.

1. La ville de Voiron présentait un commissariat de police. C'est à celui-ci, et non à la gendarmerie, qu'une telle demande devrait être faite.

2. Les brigades de gendarmes ne peuvent être actionnées que par leur chef direct.

3. Les personnes arrêtées par la gendarmerie française ne peuvent être remises aux autorités allemandes. »

Mais une telle « neutralité » se révèle rapidement impossible à tenir. À partir de 1943, la collaboration se radicalise et, parallèlement, les maquis montent en puissance. Témoin cette note secrète, du 8 octobre 1943, émanant d'un responsable de la compagnie de l'Isère : « À la suite de renseignements récents obtenus sur la situation des groupes de réfractaires signalés dans le massif montagneux du Vercors [...], une opération est envisagée dans cette région par les autorités administratives. Elle nécessitera un rassemblement important de forces. » Un rapport qui préfigure un épisode essentiel de l'histoire de la Résistance. Le Vercors sera l'objet, en juin et juillet 1944, d'une offensive particulièrement meurtrière de l'armée allemande. Les terribles combats livrés dans cette forteresse naturelle se sont soldés par la mort de plusieurs centaines de résistants et de civils (lire p. 676).

En 1943, une décision du gouvernement de Vichy vient profondément modifier la donne. Les lois sur le Service du travail obligatoire, le fameux STO, mettent la gendarmerie en porte-à-faux et posent un cas de conscience à de nombreux militaires. Le 16 février 1943, le gouvernement Laval décrète en effet que tous les hommes nés entre 1920 et 1922 et en état de travailler doivent participer, en Allemagne, à l'effort de guerre. Cette décision place la gendarmerie dans une position très délicate. Un responsable militaire l'exprime parfaitement, le 23 septembre 1943 : « Des questions comme le STO, où le gendarme est en opposition permanente avec l'unanimité d'une population qui lui avait marqué jusqu'alors de la sympathie, donnent au gendarme l'impression qu'il entre en lutte contre l'ensemble du pays. Il en résulte pour lui un malaise qu'il surmonte difficilement. [...] Pour beaucoup de gens, par ailleurs parfaitement honorables et autrefois bienveillants à l'égard du gendarme, celui-ci n'est plus maintenant que le recruteur de l'Allemand. Celui dont la venue est accueillie avec crainte, et parfois même avec haine. »

Le gendarme, très implanté dans la population, se trouve contraint de pourchasser les enfants de personnes qu'il côtoie quotidiennement. Les « réfractaires » ou « insoumis » viennent gonfler les effectifs des maquis. Les recenser revient à entrer en confrontation directe avec la Résistance. Dans un rapport rédigé le 22 mars 1943 – un mois après l'avènement du STO – par le chef d'escadron Calvayrac, commandant la compagnie de Haute-Savoie, on relève en effet l'une des premières apparitions du terme « maquis ». L'officier tire le signal d'alarme. « Dans les derniers rapports mensuels sur l'état d'esprit des populations, j'ai signalé que l'immense majorité des habitants de la Haute-Savoie était hostile au STO. Les défections ont été particulièrement nombreuses dans la région de Cluses [...], de nombreux jeunes gens ont abandonné leur domicile, leur travail, leur famille pour prendre le maquis. » Dans un premier temps, les gendarmes tentent de négocier avec les jeunes résistants, en montant jusqu'à leurs chalets pour leur demander de redescendre dans la vallée. Face à leur refus, les troupes lancent une opération militaire.

À partir de cette période, les confrontations se multiplient, comme dans l'Yonne, où les gendarmes, intervenant en flagrant délit lors d'une attaque à main armée, tuent un agresseur. Il s'agit d'un résistant, et son organisation met la tête du tireur à prix. Les personnels des brigades sont la cible de maquisards. Des officiers sont assassinés. Des patrouilles tombent dans des accrochages. Un responsable de la Corrèze relate une véritable bataille rangée qui eut lieu le 21 janvier 1944, lorsqu'un détachement de Tulle se trouva brusquement en face de six « terroristes » armés qui leur barraient la route et ouvraient le feu. « Le gendarme S. n'a eu qu'une idée : sortir de la voiture automobile pour utiliser le pistolet-mitrailleur dont il était porteur, donnant ainsi à ses jeunes camarades un bref exemple de courage tranquille et d'abnégation. » D'où une proposition pour l'obtention de la Légion d'honneur... La donne change. Joseph Darnand est nommé secrétaire général au maintien de l'ordre à la fin de 1943. Le fondateur de la Milice française, une organisation dont s'est toujours défiée la gendarmerie, entend impliquer de plus en plus la maréchaussée dans la traque des maquisards. Ceux qui font preuve de « faiblesse » dans cette activité sont passibles de sanctions, notamment s'ils sont désarmés par les « terroristes ».

La gendarmerie, elle, compte peu de fanatiques des thèses nazies dans ses rangs. Les collaborateurs les plus zélés sont plutôt animés par un anticommunisme viscéral. L'exemple le plus connu, comme nous le verrons dans le chapitre consacré à la Libération et à l'épuration, reste celui du lieutenant Fleurose, qui sévit contre les réseaux dans le Pas-de-Calais. Il sera jugé, condamné et fusillé après la guerre.

Les actes de résistance apparaissent eux aussi comme des choix individuels. Les estimations les plus hautes font état du passage à la Résistance de douze mille gendarmes sur les quarante mille hommes de l'arme. Encore faut-il prendre en compte le moment de cet engagement : ces chiffres correspondent à la période comprise entre juin et août 1944. La gendarmerie ne dispose pas, en tout cas, de réseaux spécifiques capables d'œuvrer depuis Londres. Point de gendarmerie de la France libre pendant la guerre (sauf en Algérie à partir de 1943), ce qu'on lui reprochera à la Libération. « L'étroite surveillance de l'occupant et le loyalisme du haut commandement rendaient impossible la constitution d'une résistance autonome », observe Claude Cazals.

Très tôt, pourtant, des gendarmes se rebellent contre l'occupant. Des hommes courageux rejoignent, dès 1940, la Résistance. Certains, dont on retrouvera l'histoire au fil des documents, sont aujourd'hui célébrés par l'arme. Le chef d'escadron Jean Vérines, par exemple, qui participera, dès août 1940, au réseau gaulliste Saint-Jacques. Il recrutera le capitaine Albert Morel. Tous deux seront arrêtés en 1941, torturés, puis transportés en Allemagne, où ils seront fusillés deux ans plus tard.

Un autre gendarme va sauver l'honneur du corps, le chef d'escadron Maurice Guillaudot. Il deviendra après la guerre la figure de proue de la Résistance au sein des « hommes en bleu ». On découvre, là aussi, les incroyables rapports que cet ancien héros de la guerre de 14-18 a l'audace d'écrire à sa hiérarchie. Pour preuve, cette note du 8 janvier 1942 : « Quand les circonstances le permettront, il sera nécessaire de relater les services abusifs et déshonorants que les préfets ont voulu imposer à notre arme. » Il va encore plus loin, déclarant prophétiquement : « De cette situation nouvelle, on peut conclure qu'un officier de gendarmerie digne de ce nom est désormais placé devant le dilemme suivant : ou courber l'échine et accepter sans sourciller d'accomplir les besognes les plus viles qui nous déshonoreront pour longtemps vis-à-vis de la population, ou résister pour sauvegarder la dignité de l'arme et être automatiquement sacrifié sans aucune compensation. »

Parallèlement à ce langage officiel de fermeté, Guillaudot mène dans l'ombre une action beaucoup plus radicale. Sous le pseudonyme de Yodi, il participe à la Résistance au sein du réseau Action, rattaché au Mouvement de la France combattante. Il ne cesse, dès lors, de jouer un rôle de premier plan dans tous les maquis de l'Ouest. Dénoncé, il est arrêté le 10 décembre 1943. Il ne parle pas sous la torture et les nazis le déportent au camp de Neuengamme. Il en reviendra miraculeusement vivant en avril 1945, puis il sera fait compagnon de la Libération par le général de Gaulle. Mais sa carrière dans l'arme est stoppée. En 1947, à l'heure où les grandes grèves dans les usines menacent de paralyser le pays, il est un temps soupçonné de tremper dans un complot d'extrême droite, le Plan bleu, destiné à s'emparer du pouvoir en cas de putsch communiste[1]. Il quittera peu après la gendarmerie.

L'ensemble du corps va finalement payer un très lourd tribut aux combats contre les troupes allemandes. Selon les chiffres officiels, dix officiers et trois cent vingt-huit sous-officiers ont été fusillés. Vingt-deux officiers et quatre cent trente et un sous-officiers ont disparu en Allemagne, déportés dans des camps de concentration. Près d'une centaine ont été tués lors des combats de la Libération.

La nouvelle direction cherche à justifier l'action des troupes sous l'Occupation pour faire taire les critiques qui s'expriment désormais ouvertement. La circulaire du 13 novembre 1944 exige que les personnels des brigades recensent les « services rendus à la cause de la Libération depuis le 25 juin 1940 ». Ces documents, dont bon nombre sont reproduits ici, livrent un éclairage précieux sur la période. Mais les historiens ont appris à les considérer avec prudence. Dans cette période troublée, chacun est en effet tenté de réécrire l'histoire à son avantage. Certaines actions sont réellement exceptionnelles, comme celles du sous-lieutenant Le Bras, qui « a franchi clandestinement plus de cent fois la ligne de démarcation » et qui, du 2 au 7 août 1944, a capturé « trois cent sept prisonniers allemands » et récupéré « plusieurs tonnes d'armes et de matériels divers : trois canons, quarante-huit mitraillettes lourdes et FM [fusil mitrailleur], quatorze mortiers, vingt-huit voitures... » D'autres, dans l'ombre, ont accompli des exploits moins spectaculaires mais tout aussi efficaces. Certains peuvent

---

1. *Le Plan bleu – 1947, un complot contre la République*, de Jean-Marie Augustin, Geste Éditions, 2006.

encore en témoigner, comme l'ancien colonel Raymond Laporterie, qui, dès 1942, a rempli des missions clandestines pour le compte des services anglais. Un témoignage inédit : Raymond Laporterie ou l'évidence de résister...

« Impossible de vivre sous la botte »

À quatre-vingt-seize ans, Raymond Laporterie, épais cheveux blancs et voix de jeune homme, raconte avec verve sa Résistance. L'ancien colonel de gendarmerie, un temps sous-préfet à la Libération, se souvient de tous les détails, comme si le temps s'était arrêté.

En 1936, le jeune Raymond, âgé de vingt-cinq ans, s'engage dans la gendarmerie. Officier de réserve après six mois passés à Saint-Cyr, il est affecté dans la « mobile ». Le lieutenant Laporterie est versé en 1940 dans une unité combattante, le 21ᵉ tirailleur algérien. Comme des milliers de soldats, il est fait prisonnier le 30 juin, détenu jusqu'au 23 août 1941, dans deux camps en Allemagne. Mais il a la chance d'en sortir rapidement car, à la demande des Allemands, des officiers de gendarmerie sont réexpédiés en France pour « maintenir l'ordre dans la zone occupée »... La gendarmerie manque alors de chefs. Laporterie en profite pour rentrer chez lui à la fin de l'été 1941. Il bénéficie même d'une permission pour aller voir sa femme et ses enfants en Bretagne, sa région d'origine. Dans le train entre Rennes et Saint-Lô, il fait une étrange rencontre. Alors que le convoi s'ébranle, un homme ouvre brusquement la porte du compartiment où il se trouve, seul. L'inconnu, qui l'avait visiblement repéré, lui lance : « Mon lieutenant, vous portez l'uniforme d'officier français. Seriez-vous prêt à continuer la guerre contre les Allemands ? »

Laporterie, surpris, hésite. Il songe bien sûr à un piège, à un « mouton » à la solde des « Boches ». Mais il prend le risque. Il répond qu'il est « prêt à aider »... « Bien, répond l'inconnu, dans ce cas, je vous recontacterai très vite. Je travaille pour les services secrets anglais, l'IS [Intelligence Service]. À bientôt ! » Et il s'empresse de descendre à l'arrêt suivant, Granville. Le jeune lieutenant est inquiet. Il se demande s'il n'est pas tombé dans un piège et s'attend à tout moment à être arrêté. Mais rien ne vient. Au contraire, il est nommé adjoint au commandant du département des Côtes-du-Nord (aujourd'hui Côtes-d'Armor), à Saint-Brieuc. Une promotion. Un mois plus tard, son planton lui signale qu'un civil désire lui parler. « Il vous connaît », précise le gendarme. Laporterie reconnaît aussitôt l'homme du train. « Je suis chargé par Londres de localiser les unités allemandes dans le département. Pouvez-vous m'aider ? »

Bien sûr que Laporterie peut être utile. Son commandant l'a chargé d'inspecter toutes les casernes du département afin de déterminer les travaux à effectuer. Chance supplémentaire : on lui a confié une voiture de service avec un laissez-passer permanent, le précieux Ausweiss, mais sans chauffeur. Il est donc libre de circuler à sa guise, une situation idéale pour remplir sa mission.

À la question : « Pourquoi avez-vous accepté ? », l'ancien colonel répond aujourd'hui sans hésiter : « Je ne pouvais pas dire non. Je ne supportais pas que mon pays vive sous la botte allemande. Il fallait agir. »

Tout en se livrant à l'inspection des casernes de son département, il note soigneusement l'emplacement des troupes d'occupation. Il reporte ensuite ces informations sur une carte, qu'il remet à l'homme de Londres. En réalité, il s'agit d'un instituteur, qui travaille depuis le début de la guerre pour l'Intelligence Service. Celui-ci loue une petite chambre au premier étage d'un bistrot. Le gendarme y passe tous les matins prendre son café et dépose les documents dans une cache pratiquée sous une marche creuse de l'escalier. Mais Laporterie va plus loin. Très rapidement, il dispose d'une source d'information nouvelle. Une source en or ! En visitant les gendarmeries, il sonde l'opinion des militaires. Il demande ainsi à un brigadier de Lamballe, qu'il sent « favorable » :

« Comment ça se passe avec les Fritz ?

– On est servis, répond l'adjudant, ils ont réquisitionné l'ancienne école normale d'instituteurs pour en faire un centre de formation des chefs de chars d'assaut. »

Une révélation qui fait dresser l'oreille à Laporterie. Justement, la belle-sœur du gendarme est employée dans le centre comme femme de ménage. Tous les soirs, elle vide les poubelles dans les salles de cours. Le gendarme « enrôle » aussitôt cette Bretonne patriote, qui lui remet quotidiennement les papiers récupérés dans les corbeilles. L'officier obtient ainsi des informations sensibles sur les nouveaux engins blindés de l'armée, les Tigres. Renseignements très précieux car les Américains mettent au point à l'époque leurs nouveaux chars d'assaut.

Le petit réseau fonctionne parfaitement jusqu'à ce terrible matin du 13 mai 1942. Ce jour-là, Laporterie constate, en s'approchant du café, qu'il grouille de soldats : les Allemands fouillent les clients et les lieux. Le gendarme passe son chemin, l'air le plus naturel possible, mais il comprend que le réseau est grillé et qu'il est en danger. L'après-midi même, à 14 heures, Laporterie est convoqué à la Kommandantur. Ce n'est pas inquiétant en soi. Lorsque son chef est absent, le lieutenant rencontre, deux ou trois fois par semaine, le capitaine allemand pour évoquer des affaires de service. Les deux officiers entretiennent d'ailleurs des rapports courtois. Mais, dès qu'il pénètre dans le bâtiment, Laporterie sent le piège se refermer sur lui. Le capitaine, gêné, le conduit dans un autre bureau où l'attendent des hommes de la Gestapo. Le gendarme se croit perdu. En fait, les Allemands ne disposent d'aucun élément précis contre lui. Ils n'ont pas découvert la planque de l'escalier. La Gestapo lui explique seulement qu'un « terroriste » fréquente, selon des témoignages, le même café que lui. Elle veut savoir s'il a remarqué quelque chose ou s'il possède des renseignements sur cet endroit... Laporterie fait l'étonné. Oui, il connaît bien ce bistrot. Il y prend tous les jours son café. Non, il n'a rien remarqué d'anormal, peut-être certains clients se livrent-ils au marché noir, mais, rien de sérieux... Il est libéré au bout de deux heures d'interrogatoire.

Il apprend alors que son « contact », sans doute dénoncé, a été interpellé, à 6 heures du matin. Mais les Allemands n'ont rien trouvé, et le résistant – dont la vie de Laporterie dépendait – ne parlera pas sous la torture. L'instituteur sera fusillé le mois suivant, dans l'enceinte de la forteresse de Saint-Servan, près de Saint-Malo, sans avoir prononcé une parole. Pendant plusieurs jours, le café est surveillé, mais Laporterie, lui, ne sera pas inquiété. Dès lors, pour des raisons de prudence, il ne participe plus directement à un réseau, mais entretient des contacts réguliers avec des membres de la Résistance. Il livre, par exemple, des informations à un inspecteur des Renseignements généraux, membre de la Résistance, à Nantes : il le prévient à l'avance de la date de certaines rafles.

Laporterie, prudent, se méfie aussi de sa propre hiérarchie. « Le commandement, explique-t-il, ne voulait rien savoir. Quand on me demandait d'arrêter un réfractaire, un résistant ou un Juif, comme par hasard je ne trouvais jamais personne. Mais on ne m'a jamais fait aucun reproche. Je ne parlais à personne de mes activités clandestines, ni à mes chefs ni à mes subordonnés. Je prenais mes risques tout seul. »

En juin 1942, nouvelle promotion, Raymond Laporterie est nommé commandant de la section de Lannion, toujours dans les Côtes-du-Nord, une zone ultrasensible. Tout le littoral, de Dunkerque à Bayonne, est sous contrôle militaire renforcé. Le mur de l'Atlantique est en pleine construction. Le gendarme doit surveiller les convois ferroviaires de la ligne Paris-Brest, qui pénètrent dans la zone côtière interdite.

Plus la guerre avance, plus la Résistance s'organise. Laporterie est en contact permanent avec trois maquis. Mais, en décembre 1943, il est de nouveau sollicité directement. Le même scénario se répète. Un civil se présente à la gendarmerie et demande à lui parler « seul à seul ». L'officier comprend et l'entraîne dans le pavillon qu'il occupe, à proximité de la caserne, avec sa femme et ses trois enfants. « Mon lieutenant, j'irai droit au but car je suis pressé, annonce le résistant. Je ne viens pas par hasard, je sais que vous avez déjà travaillé pour l'Intelligence Service. Je reprends contact car nous avons besoin de vous. Mais, avant, je vais vous prouver que je ne suis pas un introduit [un traître]. Dites-moi une phrase d'environ dix mots, n'importe laquelle, elle passera, jeudi prochain, à la radio de Londres, à 17, 19 et 21 heures... Que voulez-vous entendre ? » Laporterie, sidéré, se souvient qu'une amie de sa femme doit leur rendre visite. Il propose : « Henriette se fera un plaisir de venir déjeuner dimanche midi. » Deux jours plus tard, l'officier, ému, entend son message sur les ondes de la BBC.

Sa loyauté établie, l'agent explique à Laporterie ce qu'on attend de lui. Depuis la tentative de débarquement, à Dieppe, en 1942, les Allemands ont renforcé la surveillance des côtes françaises, et en particulier les embouchures de la Seine et de la Somme. Or, c'est là qu'une frégate anglaise établissait régulièrement une liaison avec les maquis français. L'IS cherche donc un autre point de rencontre et elle pense à l'Île-Grande, en Bretagne nord. Il lui faut un homme de confiance, qui peut circuler sans attirer l'attention et recevoir régulièrement un messager de Londres. Laporterie accepte sans hésiter et devient chef du secteur Morlaix-Lannion-Paimpol. Son rôle consiste à attendre la nuit à un point convenu de la côte. L'agent anglais, qui a traversé la Manche à bord d'une vedette rapide de la Royal Navy, est largué à 1 kilomètre de la côte, à bord d'un canot pneumatique. Il rejoint Laporterie à la rame. Les deux hommes échangent des courriers et l'Anglais retourne à la vedette, qui l'attend au large. L'embarcation, qui met quatre heures pour traverser la Manche, repart à toute vitesse dans la nuit. Une traversée incroyablement dangereuse, car les Allemands, bien sûr, surveillent attentivement les côtes.

Pourtant, à sept reprises à partir de janvier 1944, Laporterie accomplit sa mission. Il quitte la gendarmerie, seul, à bord de son véhicule de service. À l'approche du littoral, il dissimule sa voiture, troque son uniforme contre un vieil habit de pêcheur et attend dans une crique tranquille...

L'IS lui demande alors de s'impliquer davantage dans les réseaux. Il rencontre le responsable du réseau Alibi, un pharmacien, surnommé « le Potard », qui s'occupe de la coordination entre plusieurs mouvements de la Résistance. Il lui confie le poste radio. Une vingtaine de fois en quelques mois, toujours tout seul, le gendarme communique trois fois par jour avec Londres, en émettant de sa voiture de service. Son véhicule de fonction lui permet de changer en permanence de lieu et d'éviter d'être repéré par les appareils de détection allemands.

« Mes collègues, raconte-t-il aujourd'hui, qui me voyaient partir et revenir à des heures impossibles, se doutaient bien de quelque chose. Mais personne ne m'a jamais trahi... » Preuve supplémentaire de la Résistance « passive » de certains gendarmes.

La situation devient pourtant de plus en plus tendue. Laporterie est alors l'acteur d'une histoire rocambolesque qui illustre les difficultés rencontrées par les résistants jouant double jeu. Lors d'un contrôle de routine, à l'arrivée d'un train, les collègues de Laporterie blessent et arrêtent un clandestin, ce qui place l'officier dans une situation difficile vis-à-vis du maquis.

Les faits sont cités dans une note que lui adresse, à l'époque, son subordonné, l'adjudant-chef Le Peltier. Le 21 janvier 1944, vers 13 heures, les gendarmes de la brigade de Plouaret contrôlent un individu à bicyclette et vérifient son état civil, a priori en règle. Ils le fouillent sans rien trouver d'anormal, jusqu'à ce qu'ils découvrent des armes cachées dans un paquet placé sur le porte-bagages. Le cycliste prend la fuite. Les gendarmes ouvrent le feu et l'atteignent d'une balle dans les reins. Il est transporté à l'hôpital. La carte d'identité se révèle fausse. Le rapport suivant précise que « l'homme se nomme Jean Le Jeune, dit Émile, né le 17 avril 1921, à Plévin (Côtes-du-Nord), recherché par la police comme auteur de nombreux attentats, et remplit les fonctions de chef de compagnie de l'organisation Francs-tireurs et partisans. Les armes ci-après ont été inventoriées dans le paquet transporté sur le porte-bagages de sa bicyclette : une mitraillette de fabrication anglaise ou américaine avec deux chargeurs, deux pistolets de fabrication allemande, calibre 8 millimètres, deux revolvers de fabrication française, modèle 1892, cinq grenades chargées, et cent dix cartouches de mitraillette et vingt-cinq de pistolet. »

« En réalité, se souvient Laporterie, c'était un membre très important de l'armée secrète. Un ancien lieutenant de la marine marchande dont la mission consistait à coordonner l'action des maquis du Nord. S'il parlait, c'était une catastrophe. Il ne fallait absolument pas qu'il tombe entre les mains des Allemands. Seulement, ils avaient été informés en même temps que moi de son arrestation et ils m'ont aussitôt réclamé le prisonnier. Une seule solution : gagner du temps pour préparer son évasion. Je réponds à la Gestapo que l'homme se trouve à l'hôpital de Lannion, sérieusement blessé et dans l'incapacité d'être interrogé. "Dès que son état s'améliore, vous pourrez le récupérer..." Mais ses propres camarades ne vont pas me faciliter la tâche. »

Le soir de l'accrochage, les maquisards, remontés contre les gendarmes qui ont tiré sur leur chef, tentent en effet de prendre la caserne d'assaut ! Vers 1 heure du matin, ce 21 janvier, ils attaquent le bâtiment au cri de « gendarmes salopards ! » et l'entourent de bottes de paille afin d'y mettre le feu...

Laporterie doit alors négocier avec eux. Il leur explique qu'il fait partie de la Résistance, mais qu'il n'a rien pu faire pour éviter l'action de ses hommes. Maintenant, il va tout mettre en œuvre pour faire libérer leur camarade. Une dizaine de jours plus tard, le médecin de l'hôpital l'avertit que l'état du blessé s'améliore de jour en jour. « Bientôt, il sera guéri et moi, je ne pourrai plus le garder. Alors, ou vous le faites s'évader très vite ou je suis obligé de vous le livrer... » Le gendarme rend compte aux responsables du maquis, qui décident de monter aussitôt l'opération. Trois hommes, déguisés en infirmiers, se présentent à l'hôpital, chloroforment et ligotent le policier et le gendarme de faction devant la chambre et s'emparent du prisonnier. Le résistant, libéré, s'évanouit dans la nature. Et pour cause, les barrages, dressés pour l'arrêter, sont mis en place par Laporterie lui-même ! L'officier rend compte à sa hiérarchie de cette évasion dans un rapport – qui ne manque pas de sel – daté du 9 mars 1944 : « Six individus armés de mitraillettes ont fait irruption à l'hôpital de Lannion et, après avoir désarmé le poste de surveillance (un gendarme, un agent), ont réussi à s'emparer en la personne d'un détenu dangereux, l'ont fait sortir de l'hôpital et monter dans une voiture automobile. Elle a aussitôt démarré vers le centre-ville, où elle a été perdue de vue... »

Seulement les Allemands, furieux, ne l'entendent pas de cette oreille. Ils arrêtent le policier et le gendarme qui surveillaient le blessé, persuadés de leur complicité dans l'évasion. (Ce qui est faux, car Laporterie ne les avait pas prévenus.) Les deux hommes vont être détenus pendant plusieurs mois, semble-t-il, dans un camp du Loiret, avant d'être relâchés, échappant de peu à une déportation en Allemagne.

En août 1944, Lannion est libéré et le commissaire de la République de Rennes nomme Laporterie sous-préfet, chargé de rétablir l'ordre dans la ville. Sa carrière dans la préfectorale sera, cependant, de courte durée... Le 20 août, son officier traitant de l'Intelligence Service, tout juste débarqué sur le sol français, lui déclare : « La guerre n'est pas encore finie, on a encore besoin de toi. » Du coup, Laporterie démissionne et s'embarque à bord d'un sous-marin, qui le récupère à Arromanches pour l'emmener à Londres. Après quatre heures de traversée et une course en voiture à travers la campagne, l'officier de gendarmerie se retrouve dans la capitale anglaise, face à des responsables des services secrets britanniques.

Il apprend qu'il va être parachuté dans l'est de la France, en pleine Bresse, entre Dole et Louhans. Réceptionné par les maquis, il devra identifier les unités allemandes qui refoulent vers le Nord. Une mission de renseignement dans laquelle il excelle.

Laporterie profite de son court séjour à Londres pour rencontrer d'autres responsables de la gendarmerie engagés, comme lui, dans la Résistance. Il croise ainsi le capitaine Demettre, un ancien membre de la Direction générale, recruté en 1942, à Alger, par l'un des grands patrons du contre-espionnage français, Paul Paillole, lui-même issu de la gendarmerie.

Après sa mission dans l'Est, où il a fait jonction avec l'armée américaine du général Patton, Laporterie se rend à Paris, où il rencontre une poignée de responsables installés au siège de la direction de la gendarmerie, boulevard de la Tour-Maubourg. Il se souvient de l'ambiance qui y règne lors de son arrivée le 1er novembre 1944. « Ils n'étaient pas très nombreux, raconte-t-il, amusé. Une dizaine, tout au plus, chargés de réorganiser tout le corps. » Laporterie trouve l'atmosphère détestable : « Un vrai panier de crabes, se souvient-il. Tous les clans étaient représentés. Et, finalement, les gendarmes résistants, surtout ceux qui ont, comme moi, travaillé avec les Anglais, étaient mal vus. Alors, un peu écœuré, je suis reparti en Allemagne dans la zone occupée par les Anglais, où je servais dans la prévôté, comme officier de liaison avec l'armée britannique. En fait, j'arrêtais les Français qui se trouvaient en situation irrégulière et je les ramenais à Lille afin qu'ils soient jugés. On trouvait un peu de tout, des anciens collabos, des pro-Allemands engagés dans la Légion des volontaires français, des voyous en fuite, des soldats perdus, des gens venus pour le STO qui ne voulaient plus rentrer. De tout. » Il en récupérera plus de deux mille cinq cents en l'espace de deux ans !

En 1946, il réintègre la gendarmerie territoriale et sera nommé capitaine à Corbeil, aujourd'hui dans l'Essonne. Ce modeste, fait chevalier de la Légion d'honneur, finira sa carrière comme colonel à Metz. Fier de ce qu'il a fait, même si son nom ne figure pas en haut de page des livres d'histoire.

RÉGION CENTRE

ALLIER

L'arrestation de deux agents français de la Gestapo de Moulins infiltrés

Rapport mensuel du chef d'escadron Lefavader, commandant la compagnie de gendarmerie de l'Allier

Montluçon, le 14 août 1941

Le 7 août 1941, la brigade de gendarmerie d'Huriel a appréhendé un parachutiste qui était équipé de matériel anglais, se disant Tandon Gérard, trente ans, officier français du 5ᵉ bureau, envoyé en mission en Angleterre par le gouvernement français la veille de l'armistice.

Il a été découvert à Saint-Désiré, venant de Grande-Bretagne par avion britannique. Il a été conduit à l'état-major du département de l'Allier.

Rapport du capitaine Lefèvre, commandant la section de gendarmerie de Montluçon, sur l'état d'esprit de la population

Les nombreux départs d'ouvriers français en Allemagne provoquent des remous parmi la population.

Montluçon, le 23 janvier 1943

Le 6 janvier 1943, un départ important était prévu pour 13 h 45. Au moment du départ du train, la foule, évaluée à deux mille personnes, a pénétré dans la gare par toutes les issues et a empêché le départ du train à l'heure prévue. Les manifestants ont été refoulés hors de la gare après l'intervention des détachements allemands armés. Plusieurs arrestations de manifestants ont été opérées ; ceux-ci, au nombre de vingt, ont été internés à Saint-Paul-l'Eyjeaux (Haute-Vienne). Par la suite, des départs ont eu lieu sans incident et régulièrement.

Quelques ouvriers ont quitté leur domicile et n'y paraissent plus de crainte d'être appréhendés au titre de la réquisition. La population s'inquiète de plus en plus de ces départs massifs, on ne parle plus de « relève » mais de « déportation ». Personne ou à peu près ne croit à la relève, car peu ou très peu de prisonniers rentrent à ce titre dans la région.

Rapport du capitaine Lefèvre, commandant la section de gendarmerie de Montluçon

La brigade de Montluçon ouest apprend que des individus suspects habitent dans un logement situé près du camp de Villars à Montluçon. Le gendarme Ducros y surprend trois hommes et une femme. Ils sont encombrés de valises et refusent d'en ouvrir une sous prétexte qu'elle contient le linge sale de la femme. Le gendarme y découvre une mitraillette, cinq revolvers et divers explosifs. Alors qu'il invite les intéressés à le suivre, l'un d'entre eux s'enfuit.

Les trois autres sont identifiés comme ayant participé à un attentat commis le 13 mars 1943 à Saint-Étienne : Giron Gabriel, Abt Pierre et Simon Éva.

Ils sont aussi détenteurs de plusieurs plaques de cuivre destinées à faire des faux cachets.

Montluçon, le 13 avril 1943

Les individus arrêtés sont en liaison avec des communistes de Montluçon et de la région. L'un d'eux a révélé qu'ils faisaient partie du premier groupe de Francs-tireurs et partisans qui s'organisent à Montluçon et dans la région.

Rapports de l'adjudant-chef Salmanad, commandant provisoirement la section de gendarmerie de Montluçon, sur l'atterrissage forcé d'un avion britannique et le parachutage vraisemblable de personnel, d'armes et de munitions

Montluçon, le 23 juillet 1943

Le 23 juillet, à 3 h 30, un avion quadrimoteur de bombardement d'origine britannique a fait un atterrissage forcé dans un champ de céréales au lieu-dit La Tuilerie, commune de Saint-Sauvier. Appelée par le maire à 6 heures, la gendarmerie est intervenue sur les lieux. Deux aviateurs grièvement blessés ont reçu les secours d'un médecin local. Un troisième, déjà décédé, a été retrouvé près de l'appareil. La gendarmerie a gardé l'avion jusqu'à l'arrivée des troupes d'opérations à 10 h 30.

Quatre autres aviateurs, au dire de l'un des blessés, auraient été parachutés quelques instants avant l'accident dans les environs immédiats.

Des battues ont été organisées par une vingtaine de gradés et gendarmes de la section de Montluçon. Ils ont découvert dans l'étang de la Romagère, commune de Saint-Sauvier, des coffres ayant pu contenir des armes, munitions, matériels. L'étang a été vidé. Six autres coffres ont été trouvés.

Après les premiers secours organisés par la gendarmerie, les deux blessés ont été enlevés par les autorités allemandes au cours du transfert à l'hôpital militaire de Montluçon.

Ils ont été transportés à Clermont-Ferrand.

*

Montluçon, le 26 juillet 1943

Les obsèques de l'aviateur britannique mort le 23 juillet et déposé à la morgue de l'hôpital ont rassemblé de nombreuses personnes. Dès le 24 au matin, un nombreux public a défilé à l'hôpital. De nombreuses

127

personnes portaient des fleurs sur le cercueil. Il semble donc que la population montluçonnaise ait été alertée par une organisation souterraine. Au moment de la levée du corps par les autorités allemandes, deux à trois mille personnes étaient présentes. Les honneurs militaires ont été rendus par un piquet des troupes d'opérations. Deux couronnes allemandes ont été déposées sur le cercueil, tandis que les fleurs offertes par les habitants restaient sur place. Ces faits ont provoqué une vive réaction de la foule, laquelle a entonné la Marseillaise et a même proféré des cris hostiles contre l'Allemagne. Se ruant sur les fleurs, la foule s'en est emparée et les a emportées en suivant le cortège au cimetière. Pendant la nuit suivante, les couronnes déposées sur la tombe par les troupes d'opérations ont été lacérées par des inconnus.

Rapport du chef d'escadron Lefavader, commandant la compagnie de gendarmerie de l'Allier, sur l'état d'esprit de la population

Dans le département, une épidémie arrive à point nommé pour servir d'excuse à l'arrêt des départs.

Montluçon, le 27 août 1943

En ce qui concerne le STO [Service de travail obligatoire], l'interruption des départs en raison de l'épidémie de poliomyélite a apporté une détente. Mais dans tous les milieux on considère que cette épidémie est bénigne et la reconnaissance va aux autorités locales, qui exploiteraient l'épidémie pour faire obstacle aux départs en Allemagne. Les nombreux articles paraissant journellement dans la presse tout en rassurant la population semblent superfétatoires.

Rapport du capitaine Walmetz, commandant la compagnie de gendarmerie de l'Allier, sur la participation de la gendarmerie à la Résistance

À la Libération, les gendarmes doivent se justifier. La direction générale demande aux brigades la liste des faits de résistance.

La gendarmerie et la Résistance

Moulins, le 13 janvier 1945

– STO :

Dans les circonscriptions des brigades de Chevagnes et Dompierre, après accord avec le directeur du STO de Moulins, M. Bardot, presque tous les réfractaires ne sont pas signalés et sont pourvus de fausses cartes de travail, leur permettant d'échapper au départ pour l'Allemagne.

En juillet 1943, des réfractaires sont signalés à la Milice dans les bois de l'Assise, à La Prugne (Allier). M. Sartin, brigadier des eaux et forêts, est soupçonné de leur donner asile et de cacher des armes. Le maréchal des logis-chef Meyrieux, commandant la brigade de Mayet-de-Montagne, chargé d'enquêter, soutient dans son rapport n° 46/4 du 10 juillet 1943 qu'il n'existe ni réfractaires ni armes cachées dans la région. Il connaissait pourtant l'existence réelle d'un maquis de réfractaires dans les bois de l'Assise.

– Gaullistes et maquis :

En mai 1944, le chef de la Gestapo de [illisible] adresse des reproches au commandant de la section locale en lui précisant que « l'action de la gendarmerie paraît solidaire des terroristes ».

Le 28 janvier 1944, la brigade du Donjon est avisée de l'enlèvement des tickets d'alimentation des communes de Saint-Léger-sur-Vouzance et de Chassenard. L'adjudant Charbonnier et les gendarmes Trumault, Giraux, Vigneau et Gouranton font une enquête et identifient les auteurs, qui sont des membres de la Résistance. Ils se taisent.

Dans la nuit du 15 au 16 août 1944, le maquis établit de nombreux barrages sur la route nationale 154 entre Saint-Didier-en-Donjon et Lapalisse. Un convoi d'Allemands et de miliciens ayant rencontré un premier barrage vers le Donjon arrête l'adjudant Charbonnier et les gendarmes Carton, Papougnot, Vigneau et Thue de la brigade de cette localité, et les emmène comme otages. Questionnés par la Gestapo, ces militaires ne renseignent pas les Allemands et affirment qu'il n'y a pas de maquis dans la région.

– Israélites :

En novembre 1943, les époux Rader de Paris, Israélites recherchés par la Gestapo, se réfugient au hameau du Ponsat, commune de Château-sur-Allier. Ils demandent à la gendarmerie de ne pas les signaler, ce qu'elle fait.

Chronique d'une France occupée

En mars 1944, une famille israélite de six personnes se réfugie à Vallon sous de faux noms, pour échapper aux Allemands. Sa présence est dénoncée à la sous-préfecture de Montluçon, qui réclame une enquête au commandant de la brigade de Vallon. Ce gradé fournit des renseignements erronés à ce sujet, puis par la suite favorise le changement de résidence de la famille en cause, de concert avec son commandant de section. Cette famille échappe ainsi à la Gestapo.

Le 15 mars 1943, Mme Petruska, Israélite polonaise dont le mari a été arrêté, demande au maréchal des logis-chef Meyrieux, commandant la brigade du Mayet-de-Montagne, les moyens de se soustraire elle-même aux recherches. Sur ordre de ce gradé, le gendarme Evano lui établit un sauf-conduit pour Grenoble, ce qui lui permet de passer en Suisse par la suite.

Le 30 avril 1944, à minuit, l'adjudant Rousset et les gendarmes Salles et Gentilhomme de la brigade de Bourbon-l'Archambault, de patrouille, rencontrent sur la route nationale 143 deux hommes armés de pistolets qui déclarent faire partie de la Résistance. Après un minutieux examen à la brigade et contrôle des dires des intéressés (car, à cette époque, des pièges étaient tendus aux gendarmes par la Gestapo), ils sont laissés libres et leurs armes leur sont rendues.

En mai 1944, le maréchal des logis-chef Meyrieux, commandant la brigade du Mayet-de-Montagne, étant de service externe, apprend du milicien F., actuellement en fuite, qu'il est sur le point de mettre la main sur le maquis de Chateldon. Rentré à la résidence, ce gradé s'empresse de signaler ce fait à M. Mercier, ingénieur TPE au Mayet-de-Montagne, organisateur de la Résistance dans la région, qui prend aussitôt les mesures utiles.

Le 15 mars 1944, deux agents français de la Gestapo de Moulins (V., alias Robert, et M.) venus à Dompierre pour s'infiltrer dans le mouvement local de résistance sont dépistés et arrêtés par le maréchal des logis-chef Fajole.

– Parachutages :

De septembre 1943 à août 1944, des parachutages nombreux sont effectués dans les circonscriptions des brigades d'Hérisson, Vallon-en-Sully et Huriel. Tous les militaires de ces brigades sont au courant des

130

faits et sont employés par les éléments de résistance pour surveiller les routes et effectuer des liaisons entre les groupes.

D'autres faits sont mentionnés. Ainsi, dans la nuit du 22 au 23 juillet 1943, comme nous l'avons vu, un avion anglais s'écrase dans un champ à Saint-Sauvier (Allier). Un aviateur est tué. Deux autres blessés graves restent sur les lieux. Cinq autres sont transportés à Montluçon chez des particuliers. La brigade d'Huriel et le commandant de la section de Montluçon permettent cette opération de secours, ainsi que le ramassage des armes parachutées.

Les gendarmes de la brigade du Donjon, voisine de la ligne de démarcation, renseignent les personnes désirant passer d'une zone à l'autre et favorisent les passages de lettres. Le rapport détaille les conditions de l'évasion, en septembre 1943, du général de Lattre de Tassigny, incarcéré à la prison de Riom. La femme et le fils de l'officier réussissent à faire passer une scie au prisonnier. Plusieurs gendarmes affectés à la garde de l'établissement détournent le regard...

– Évasions :

Le 2 septembre 1943, lors de l'évasion de la maison d'arrêt de Riom du général de Lattre de Tassigny, ce dernier est reconnu par les gendarmes Tombel et Ducourneau, détachés à Riom et effectuant une patrouille au moment où il partait en voiture automobile. Ces gendarmes n'agissent pas et se taisent lors de l'enquête.

À la suite de cette évasion, le gendarme Courset, de service à la maison d'arrêt, rejoint le même jour un groupe de résistance. Arrêté peu après par les Allemands, il est déporté en Allemagne.

En octobre 1943, l'Israélite Sclarswtz Paul, du Mayet-de-Montagne, reçoit une convocation pour se rendre à Montluçon au titre du STO. Le commandant de la brigade locale lui conseille de s'absenter trois jours, ce qu'il fait. À sa rentrée, la convocation est devenue caduque par suite de modifications apportées à l'âge de départ des Israélites. M. Sclarswtz échappe ainsi au STO et sans doute à la déportation en Allemagne.

– Avertissements ou asiles donnés à des Français ou étrangers recherchés :

Dans les premiers mois de l'année 1944, plusieurs Israélites traqués dans les villes par la Gestapo, ou par ordre de Vichy, viennent se réfugier dans les hôtels de Bourbon-l'Archambault. Ils sont invités par la brigade, après entente avec les hôteliers, à ne pas remplir les bulletins de voyageurs. En effet, à plusieurs reprises, la Gestapo s'est présentée à la brigade pour compulser les bulletins de voyageurs remis par les hôteliers.

Le 30 octobre 1943, l'adjudant Charbonnier et le gendarme Carton rencontrent dans une ferme isolée deux hommes et une femme armés disant appartenir à la Résistance, traqués par la Gestapo et ayant participé à des sabotages. Après renseignements pris auprès des chefs locaux de la Résistance, le commandant de brigade les remet en liberté et donne leurs armes aux chefs locaux de la Résistance.

Courant 1943, l'adjudant Légal et les gendarmes Dufour et Beaume reçoivent à la brigade la visite de commissaires et inspecteurs des Renseignements généraux de Vichy, venus pour procéder à l'arrestation du chef de bataillon Colliou, chef de la Résistance de l'Allier et de la Loire. Le commandant de brigade, connaissant le refuge de cet officier supérieur, lui envoie aussitôt les gendarmes Dufour et Beaume, qui le préviennent du danger. Il a le temps de prendre la fuite.

L'adjudant Josselin, commandant le peloton motorisé de Saint-Germain-des-Fossés, donne asile du 18 décembre 1943 au 27 août 1944 à un jeune Israélite recherché comme otage par la Gestapo.

En juin 1943, le gendarme Goujan, qui garde des réfractaires (une vingtaine) détenus à l'école Balzac, à Montluçon, avec d'autres gendarmes, leur donne les indications nécessaires pour s'évader, ce qu'ils font.

Au début de mars 1944, le chef Duriaud et le gendarme Maudoux découvrent des hommes de la Résistance du groupe Alice au moulin Maillant, commune du Breuil. Ils les invitent à changer de refuge en raison de la présence dans les parages des fils R., membres de la Milice et de la Gestapo. Le 23 mars 1944, le moulin où résidait ce groupe est détruit par une expédition d'Allemands et de miliciens.

En août et septembre 1944, plusieurs gendarmes rejoignent les FFI (Forces françaises de l'intérieur) et participent à la libération de la région.

– Camouflage d'archives :

De 1940 à 1944, le casernement de la brigade du Mayet-de-Montagne abrite deux camions d'archives des services généraux de l'administration centrale de l'armée de l'air. D'autres caisses sont déposées dans le grenier du gendarme Gauzère.

Rapport du capitaine Walmetz, commandant la compagnie de gendarmerie de l'Allier, sur les agissements antinationaux reprochés au maréchal des logis-chef Siffert, commandant la brigade d'Ébreuil

À la Libération, certains gendarmes se retrouvent sur la sellette. Ainsi, le 25 mai 1945, on reproche au maréchal des logis-chef Siffert d'avoir « procédé à l'arrestation de deux réfractaires au Service du travail obligatoire, lors d'une opération de police effectuée sous sa direction le 26 juin 1943, à Lalizolle (Allier), après avoir promis quelques jours auparavant à M. Henri T., qui l'avait mis au courant du lieu où se trouvaient ces réfractaires, de le prévenir si des recherches les concernant avaient lieu. Ces deux réfractaires auraient, par la suite, été déportés en Allemagne », peut-on lire dans le rapport du capitaine Walmetz.

Or, selon l'enquête, la situation n'est pas aussi simple qu'elle n'y paraît.

« Jusqu'au 26 juin 1943, la brigade de gendarmerie d'Ébreuil, placée sous les ordres du maréchal des logis-chef Siffert, n'avait jamais procédé à l'arrestation de réfractaires au Service du travail obligatoire, pourtant nombreux dans une région assez accidentée, où abondent les fermes isolées propres à leur servir de cachettes », continue le rapport.

Certaines déclarations de témoins prouveraient même qu'il leur aurait rendu des services importants. Mais, le 23 juin 1943, le commandant de la compagnie, après avoir blâmé la carence des commandants de brigade en matière de recherche des réfractaires, leur ordonna une opération de vingt-quatre heures commandée par Siffert.

« Le gradé en cause, contrairement à ses habitudes, ne fit pas au préalable prévenir les intéressés. Les gendarmes du groupement ne furent pas avertis à l'avance de la raison qui motivait leur rassemblement. Dès son arrivée à Lalizolle, le gendarme Gélin, de la brigade d'Ébreuil, qui appartenait au groupement, avisa de sa propre initiative M. Barbart, secrétaire de mairie, du but de l'opération, mais il était trop tard pour que tous les réfractaires puissent être prévenus par les soins de M. Barbart. D'après ce dernier, c'est toutefois grâce à l'initiative du gendarme Gélin que des arrestations plus nombreuses n'eurent pas lieu. »

Le maréchal des logis-chef Siffert est néanmoins connu pour avoir conseillé à des jeunes astreints au STO de ne pas partir en Allemagne, pour les avoir cachés dans des fermes, prévenus avant des arrestations, avoir servi d'agent de liaison entre eux et leur famille. Il a aussi appartenu à un organisme de renseignements dénommé BCRA Groupe Ajax – réseau Mibro Mégas-Zey, au service du général de Gaulle, et a rendu des services à la Résistance.

CHER

« Ne rien voir, ne rien entendre et laisser faire »

Rapport du chef d'escadron Vacher, commandant la compagnie de gendarmerie du Cher, sur la situation du pays

L'officier signale de nombreux cambriolages dans les mairies (vol des cartes d'alimentation, cachets et tampons, certificats médicaux), mais aussi des vols à main armée chez de riches particuliers ou dans des débits de tabac. Un maquis est à l'origine de ces attaques. Les responsables de la police et de la gendarmerie sont menacés par le comité du Cher du Front national :

Bourges, le 30 novembre 1943

Le maire et ses adjoints, le commissaire de police et le capitaine de gendarmerie de Vierzon viennent de recevoir par la poste une lettre les qualifiant de « vils collaborateurs » responsables de l'exécution de patriotes et voués de ce fait aux foudres du tribunal du peuple chargé de juger les traîtres. Suivent des menaces de suppression pure et simple s'ils ne changent pas radicalement d'attitude et ne donnent pas en conséquence des conseils à leur personnel. Une seule consigne, ne rien voir, ne rien entendre et laisser faire.

Rapport du capitaine Bachelard, commandant provisoirement la compagnie de gendarmerie du Cher

Vierzon, le 27 décembre 1943

Le 3 décembre, vers 19 heures, treize individus armés de pistolets et de mitraillettes ont fait irruption dans les locaux d'habitation de la ferme du Plessis, isolée à 1 500 mètres au nord-est de Jouet-sur-l'Aubois. Sous la menace de leurs armes, ils se sont fait servir un copieux dîner arrosé de vingt-cinq bouteilles de vin et de 2 litres d'eau-de-vie. Ils ont ensuite contraint la jeune fille, Mlle R., âgée de trente-deux ans, à danser avec eux.

Ensuite, les malfaiteurs, plus ou moins ivres, s'employèrent à briser tout le mobilier et à mettre la maison au pillage.

Enfermée dans sa chambre, Mlle R. dut, durant plus de deux heures, subir les pires violences de la part de ses agresseurs, pendant que son père était sauvagement frappé à coups de crosse de pistolet et à coups de poing. Terrifiée et toujours sous la menace des armes, Mlle R. remit ensuite une somme de 350 000 francs, huit pièces d'or de 20 francs et quelques bijoux. Répandant alors sur les débris de meubles l'essence qu'ils avaient apportée avec eux, les agresseurs s'enfuirent après avoir mis le feu et en tirant plusieurs rafales de mitraillette.

M. R., qui reconnaît plus tard certains de ses agresseurs en ville, prévient la gendarmerie, qui en interpelle deux, âgés de vingt ans. Ils contestent toute implication.

Les deux jeunes gens déclarent vivre seuls dans des cabanes forestières de la région de Beffes, Marseille-lès-Aubigny, dont ils refusent de donner l'emplacement. Les aveux de ces deux « terroristes » arrêtés par la brigade de Jouet-sur-l'Aubois le 13 décembre permirent de déterminer avec assez de précisions l'emplacement du campement occupé par une bande puissamment armée, opérant depuis plusieurs mois dans toute la région de Jouet-sur-l'Aubois.

Une opération permet aux gendarmes de découvrir le campement dans une carrière depuis longtemps inexploitée. Il pouvait abriter une quinzaine d'hommes.

Le chef d'escadron Vacher, commandant la compagnie de gendarmerie du Cher

À Bourges, le 1ᵉʳ mars 1944, l'officier annonce que la bande Moreau-Petit-Clery, qui sévissait depuis plusieurs mois (attentats à main armée, sabotages, cambriolages), a été détruite partiellement. Mais les attentats continueront. La caserne de Saint-Martin-d'Auxigny sera même attaquée le 22 mai 1944, les deux gendarmes présents étant surpris pendant leur repas en famille. De même le lendemain, à la brigade de Neuvy-sur-Barangeon.

CORRÈZE

Quarante et un morts chez les « réfractaires » lors d'un accrochage avec les Allemands

Rapport du chef d'escadron Carrot, commandant la compagnie de gendarmerie de la Corrèze

Tulle, le 4 mai 1943

En ce qui concerne la perception de feuilles de tickets d'alimentation à la mairie de Tulle au nom de certains défaillants de la relève, jusqu'à ce jour, une seule personne s'est présentée à la mairie de Tulle avec la carte d'alimentation d'un défaillant ; il s'agit de la mère du sieur Pouyet Georges, demeurant n° 3 rue des Portes-Chanac à Tulle.

À Tulle, les ouvriers de la manufacture et de l'usine de la Marque se cotisent chaque mois, à l'insu de la direction, paraît-il, pour venir en aide à leurs camarades défaillants. Le montant des cotisations était, dit-on, jusqu'à ces derniers temps, collecté par M. Bricouleix, domicilié avant son arrestation au n° 13 de l'avenue Victor-Hugo à Tulle.

À Saint-Privat, la brigade de gendarmerie a arrêté un défaillant, le nommé Audrerie René, qui a déclaré s'être réfugié à Castres, où la mairie lui délivra les tickets d'alimentation auxquels il avait droit.

Chronique d'une France occupée

Rapports du chef d'escadron Hilaire, commandant la compagnie de gendarmerie de la Corrèze

Tulle, le 27 septembre 1943

Le lâche et récent assassinat de quatre de ses meilleurs camarades a produit une fâcheuse impression et a eu une répercussion douloureuse. Le gendarme se sent menacé. Il craint les représailles des gens du « maquis », dont l'audace s'accroît chaque jour.

On apprend plus tard (le 3 novembre 1943) que ces militaires ont été tués le 14 septembre 1943, vraisemblablement par des membres du groupe Lucien Sampaix : ils refusaient de se laisser désarmer.

En ce moment en Corrèze, c'est la guérilla avec toutes ses surprises.

La condamnation à des peines de travaux forcés et la récente évasion des bandits armés qui avaient commis l'agression de la brigade d'Arlanc[1] ont produit une terrible impression. Le personnel en déduit qu'il n'est pas défendu suffisamment, que les peines infligées à des criminels de cette envergure sont notoirement inefficaces et qu'il conviendrait de se montrer plus sévères contre ceux qui assassinent lâchement et sciemment les défenseurs de l'ordre établi.

Si les attentats se multiplient, si l'audace des bandes armées s'accroît, si l'insurrection armée se dessine ouvertement, si l'émeute grandit, ce n'est pas certes de sa faute [la gendarmerie]. Depuis le 1er juillet 1943, en effet, elle a procédé à l'arrestation de soixante-dix-huit hors-la-loi.

Elle a donné de nombreux renseignements précis sur le refuge des groupements illégaux, qui ont permis aux forces supplétives d'entreprendre des opérations qui ont été couronnées de succès. C'est presque elle seule qui collecte les informations précieuses contre les hors-la-loi. [...]

La gendarmerie évolue dans un milieu hostile qui n'approuve pas son action contre les défaillants et les terroristes. Elle n'a plus l'estime et la

---

1. À ce propos, voir plus loin les rapports de la compagnie de gendarmerie du Puy-de-Dôme, page 160.

confiance de la population, qui ne la suit pas dans l'application de la loi visant cet objet. Elle est isolée. Le discours du préfet à l'occasion des obsèques des trois gendarmes de la brigade de Tulle n'est pas fait pour soutenir ses efforts. Il était précisé que « le patriotisme ne saurait excuser l'assassinat préventif, ni justifier des meurtres aussi absurdes que lâches ». Puis que « les gendarmes ne faisaient pas partie des forces employées à la recherche des réfractaires ». Ces phrases ont été remarquées par le personnel, qui a été désagréablement surpris que de telles considérations équivoques puissent être prononcées en public par une telle autorité.

*

Tulle, le 20 novembre 1943

Attentats constatés : quarante, en augmentation sur la période précédente.

L'expédition allemande contre une bande armée effectuée dans la région de Donzenac le 15 novembre 1943, et qui a abouti à la mort de dix-huit Français et à l'arrestation de dix-sept autres, a produit une très grosse impression dans la région. Toutefois, peu de commentaires se font en public.

*

Tulle, le 4 décembre 1943

Population : quoiqu'une certaine partie d'entre elle commence à réprouver les attentats terroristes, elle réprouve les mesures ordonnées pour les recherches et non seulement ne fait rien pour aider les forces de police, mais encore applaudit aux exploits de « maquisards ».

Exemple : le 1er décembre, après la scène de Seilhac, où une bande armée a réussi à désarmer, en plein jour, une brigade de gendarmerie, la très grande majorité de la population s'est rangée sur le pas des portes pour applaudir des deux mains le défilé de la bande.

*

139

Tulle, le 11 janvier 1944

Le personnel a été éprouvé par la mort violente de cinq d'entre eux dans le dernier trimestre – celle du maréchal des logis-chef Dufour, tué en service ; isolé au milieu d'une population indifférente et franchement hostile qui applaudit à ses difficultés, attaqué dans ses casernes (quatre attaques en trois mois), il a l'impression de constituer avec ses familles, pour beaucoup de gens, un ensemble proscrit, épié, constamment menacé.

La brigade n'est plus la maison où l'on va chercher conseil et aide, mais une maison où il est parfois compromettant de se rendre. [...] L'officier de gendarmerie reste un officier français. Cela est mis en doute par trop de gens ; d'autres le plaignent, aucun ne l'envie. Lui et ses hommes apparaissent généralement comme au service de forces occultes, et cette altération de la vérité, cette mise en marge de la société française lui sont particulièrement pénibles.

Rapport du chef d'escadron Hilaire, commandant la compagnie de gendarmerie de la Corrèze, au préfet de la Corrèze

L'action répressive de la gendarmerie est contrecarrée par la Résistance, très bien renseignée...

Tulle, le 15 janvier 1944

Le 19 décembre 1943, j'ai eu l'honneur de vous transmettre un bulletin secret de renseignements provenant du capitaine commandant la section de Tulle.

Or, le 12 janvier 1944, il m'a été rapporté de source très sûre, émanant d'une personne désireuse de garder l'anonymat, que M. Rebeyrotte, cultivateur aubergiste demeurant au lieu-dit Macchali, commune de Gimel, en bordure de la route nationale 678, avait reçu le 4 janvier la visite d'un homme correctement vêtu, de vingt-cinq à trente ans, se disant membre d'une organisation de résistance, venu spécialement de Tulle à l'effet de l'informer que la Gestapo et la gendarmerie française, au courant de ses agissements supposés au profit des réfractaires, étaient à la veille de l'arrêter et qu'en conséquence il avait reçu mission de le mettre en garde contre ce danger.

La gendarmerie et la Résistance

Cet inconnu avait une mission identique à remplir auprès de Mme Broussoles, demeurant au Listre, ainsi qu'auprès d'une troisième personne, objet d'une mesure d'internement administratif mais dont le nom est ignoré.

Il demeure que le contenu du bulletin de renseignements précité a dû, chez quelque destinataire officiel, trouver un écho favorable aux intérêts des groupements illégaux visés, qui se sont empressés de contrecarrer l'action prévisible des forces de police.

Rapport du chef d'escadron Hilaire, commandant la compagnie de gendarmerie de la Corrèze

Tulle, le 29 janvier 1944

Le 28 janvier 1944, à 21 heures, le poste de l'hôpital de Tulle est attaqué par quatorze individus armés ; malgré la riposte des gardiens, trois détenus ont été libérés.

Le 27 janvier 1944, une patrouille de cinq gendarmes de la brigade de Meymac est attaquée par une cinquantaine d'individus armés, entre Soudeilles et Darnets ; les gendarmes sont désarmés.

Le 11 janvier 1944, un individu achète une paire de chaussures, sous menace de mort, à Lubersac.

Le 11 janvier 1944, le cadavre du nommé A. est découvert à Palisse (canton de Neuvic), assassiné par des francs-tireurs.

Le 20 janvier 1944, à Brive, vol sous menace de mort d'un film de propagande allemande.

Attaques à main armée contre :
- Les mairies : 20 (du 28 décembre au 27 janvier).
- Les caisses publiques : 8.
- Les débits de tabac : 40 (du 23 décembre au 27 janvier).
- Les entrepôts de marchandises, de denrées et de matériel : 7.
- Les chantiers de jeunesse, les groupes de travailleurs : 3.
- Les postes de guet, de douanes : 1.
- Les prisons.

141

Rapport de la compagnie de gendarmerie de la Corrèze

Tulle, février 1944

Le 21 février 1944, à 13 heures, un détachement comprenant le chef d'escadron commandant la compagnie de la Corrèze, deux officiers, six gradés et un gendarme quittait Tulle à destination de la brigade territoriale de Lapleau, dont les militaires avaient été désarmés la veille. [Ils prennent place dans deux véhicules.] Vers 14 h 15, en arrivant au lieu-dit La Sanguinière, la première voiture, à la fin d'un tournant, se trouvait brusquement en face de six terroristes armés d'armes automatiques qui barraient la route. [...] Après quelques secondes d'hésitation, les terroristes ouvraient le feu simultanément sur les deux voitures cependant que les occupants se jetaient dans les fossés de la route et ripostaient. [Les résistants se protègent dans une sapinière.] Le gendarme Sermadieras n'a eu qu'une idée : sortir de la voiture automobile pour utiliser le pistolet-mitrailleur dont il était porteur, donnant ainsi à ses jeunes camarades un bref exemple de courage tranquille et d'abnégation. [Il tente de se protéger sous la voiture.] Là, sans une plainte, il a attendu la fin de l'action.

D'où une proposition pour l'obtention de la croix de chevalier de la Légion d'honneur.

Rapport du chef d'escadron Hilaire, commandant la compagnie de gendarmerie de la Corrèze

Pas moins de treize attaques contre les forces de police sont recensées du 29 janvier au 24 février 1944.

Tulle, le 28 février 1944

Le 29 janvier 1944, à 1 500 mètres de Treignac, attaque d'un groupe de GMR [groupes mobiles de réserve/ministère de l'Intérieur] et de l'escadron 6/3 de la garde : trois tués, six blessés. Réfractaires : deux tués.

Le 29 janvier 1944, attaque du poste de bouclage de gendarmerie de

Meymac : deux gendarmes blessés, dont un grièvement ; celui-ci meurt le 30 janvier 1944.

Le 3 février 1944, attaque de la caserne de Larche et du Dr L., chef départemental de la Milice. Les malfaiteurs enlèvent des armes. Un des assaillants est tué et deux autres sont blessés par le docteur.

Le 16 février 1944, à Larche, le même docteur est attaqué à son domicile par des individus non dénombrés. La Milice tire, pas d'accident de personnes. La bande se retire.

Le 16 février 1944, au Moulin-de-Lafarge, commune de Beyssenac, accrochage entre forces de police allemandes et réfractaires ; ceux-ci laissent quarante et un cadavres sur le terrain, plus treize prisonniers. Les réfractaires auraient riposté.

La réponse des troupes d'occupation aux agissements du maquis est massive et sanglante. Elle prend pour cible les habitants de tout le département, comme le montre le rapport suivant.

Rapport du capitaine Battu, commandant provisoirement la compagnie de gendarmerie de la Corrèze, sur les opérations de police conduites par les troupes d'opérations du 4 au 8 avril 1944

Tulle, le 8 avril 1944

Pendant les journées du 4, 5 et 6 avril, toutes communications téléphoniques interurbaines ont été interrompues.

La gendarmerie a été tenue à l'écart des opérations – à Tulle, notamment, les autorités allemandes avaient interdit aux brigades toute activité.

Les renseignements qui ont pu être recueillis permettent d'établir un premier bilan approximatif des opérations ci-dessus :

– arrestations maintenues : 341 ;

– nombre d'exécutions : 46 ;

– nombre d'immeubles incendiés et dévastés : 54.

Ils ne font pas état des arrestations opérées dans les centres de Tulle et de Brive.

De source autorisée, le total des arrestations opérées s'éléverait à trois mille, dont la moitié aurait été maintenue.

Parmi les personnes arrêtées, on compte Mme Teyssier-d'Arfeuil, épouse du colonel Teyssier, en retraite au Château du [illisible], commune de Chaumeil (Corrèze) ; le maréchal des logis-chef Bléhaut, de la brigade d'Objat.

Parmi les personnes exécutées, on signale le maire et le secrétaire de mairie du Lonzac (Corrèze).

CREUSE

Le STO en question

Rapport du capitaine Chaumet, commandant la section de gendarmerie de Guéret

Dans la Creuse comme ailleurs, le départ des jeunes gens pour l'Allemagne est très mal vécu. Le système de désignation est présenté comme injuste.

Guéret, le 24 mars 1943

Le 16 mars dernier, le Dr Rochat, de Genouillac, me déclarait que son fils était parti en Allemagne parce qu'il avait été porté sur une liste d'oisifs par le commandant de la brigade de Châtelus-Malvaleix et qu'il tenait ce renseignement de monsieur le préfet de la Creuse en personne. Pour le Dr Rochat, c'est le maréchal des logis-chef Gardrat qui est l'auteur de la désignation de son fils.

Il semble bien que le procédé employé pour les désignations gagnerait à être modifié. Si celles-ci étaient tirées au sort parmi tous les jeunes gens sans exception, les critiques visant les nombreuses exceptions constatées ne pourraient se manifester.

HAUTE-VIENNE

Il se noie pour échapper au STO

Rapport du capitaine Anglade, chargé de l'expédition des affaires de la compagnie de gendarmerie de la Haute-Vienne

Limoges, le 8 août 1942

J'ai l'honneur de vous faire connaître que le tract « lettre d'un groupe de gendarmes et d'agents de police patriotes à tous leurs collègues de France et des colonies » a été envoyé sous enveloppe à des militaires nommément désignés des brigades de Saint-Junien, Rochechouart, Bellac et Le Dorat.

À noter aussi que ce tract n'a été envoyé qu'aux gradés et gendarmes appartenant depuis plusieurs années aux brigades intéressées.

Rapports du chef d'escadron Terry, commandant la compagnie de gendarmerie de la Haute-Vienne

Limoges, le 27 octobre 1942

L'annonce du départ d'ouvriers français pour l'Allemagne conformément à la loi du 4 septembre écoulé a provoqué le 13 octobre à 18 h 30, sur la place du Champ-de-Juillet, une manifestation de protestation qui a groupé environ trois mille personnes. L'ordre n'a pas été troublé et il n'y a eu aucun incident.

Le 20 octobre de 16 heures à 16 h 30, les ouvriers et ouvrières de l'usine métallurgique Perrier-Dardanne ont cessé le travail en signe de protestation contre la relève, dix de leurs camarades ayant été désignés.

Aux ateliers Gnome et Rhône, les conférenciers (Sicard et Ferrand) se sont présentés comme « camarades ». Par des auditeurs, il leur a été demandé s'ils étaient partisans de la relève. Sur leur réponse affirmative, il leur a été répondu : « Pourquoi ne partez-vous pas ? »

*

Limoges, le 27 novembre 1942

Un ouvrier de La Rivière (commune de Champagnac) s'est noyé parce que désigné pour un prochain départ.

Rapport du chef d'escadron Lotte, commandant la compagnie de gendarmerie de la Haute-Vienne

À propos des départs des jeunes gens pour l'Allemagne.

Limoges, le 23 mars 1943

Le calme a été à peu près complet sauf le 8 à Limoges et le 11 à Saint-Sulpice-Laurière.

En gare de Limoges, les jeunes gens ont entonné qui la Marseillaise, qui l'Internationale après être montés dans les wagons. D'autres criaient « Laval au poteau », « Hitler au poteau », « Vive Joseph », désignant Staline par ce dernier cri. Après le départ du train, entre Limoges et Puy-Imbert des jeunes gens ont tiré le signal d'alarme, faisant arrêter le train qui a dû revenir en gare de Limoges pour découpler les freins automatiques. Il en est reparti à 22 heures avec un retard de une heure trente.

À Saint-Sulpice, où le train s'était arrêté pour prendre une centaine de jeunes gens venant de la Creuse, quelques énergumènes sont descendus. Ils ont frappé le chef de train, un représentant de la préfecture de la Creuse, un représentant du bureau de placement allemand et deux gendarmes de la brigade de Saint-Sulpice-Laurière. Ils ont ensuite jeté sur la voie une brouette métallique et un chevalet pour retarder le départ.

Rapport du chef d'escadron Terry, commandant la compagnie de gendarmerie de la Haute-Vienne

Le maréchal des logis-chef Lorinquer a été tué en service dans la nuit du 9 au 10 mai 1943 à la suite d'une réunion de partisans communistes qui se tenait au village du

146

Châtenet, commune de Saint-Denis-des-Murs, chez le dénommé Demichel.

Limoges, le 27 mai 1943

L'auteur du crime n'est autre que l'instigateur de cette réunion, l'ex-instituteur Guingouin. La facilité avec laquelle il recrute des adhérents démontre que le mécontentement ne fait que croître.

Une pièce dactylographiée découverte à Saint-Léonard, chez le jeune Poutissou, apporte la certitude que les armes destinées à cette organisation devaient être procurées par l'Angleterre et parachutées par avion.

L'ensemble des opérations de police menées à la suite du meurtre du maréchal des logis-chef Lorinquer ont abouti à l'arrestation d'une dizaine de personnes qui avaient soit des relations directes avec Guingouin, soit des sympathies pour le mouvement.

Rapports du chef d'escadron Lotte, commandant la compagnie de gendarmerie de la Haute-Vienne

Limoges, le 26 juin 1943

Les familles dont les jeunes sont réellement partis voient avec jalousie certains se débrouiller. Elles allèguent que des sursis ont été trop facilement accordés.

Il a été signalé que plusieurs jeunes gens qui se sont présentés au Service du travail obligatoire à Limoges ont été mal reçus ; on les a fait attendre ou on les a mal renseignés ; souvent, on leur a dit de rentrer chez eux et de revenir le lendemain ou quelques jours après. Certains animés de la meilleure volonté sont allés deux ou trois fois à Limoges. En partant, ils emportaient des provisions, qui du fait de leur renvoi se gaspillaient. Quelques-uns, après être rentrés chez eux dans ces conditions, ne sont pas revenus à Limoges et ont attendu que les gendarmes aillent leur dire qu'il fallait absolument partir. Le manque d'ordre dans les services du STO a fait critiquer l'administration et par ricochet le gouvernement.

*

Limoges, le 26 août 1943

Parmi les recensés pour le STO, des classes 1939-1940-41-42 sont parties pour l'Allemagne depuis le 20 juillet :

Haute-Vienne : 199

Dordogne :   70

Corrèze :   18

Creuse :   5

                = 292.

*

Limoges, le 26 août 1943

Des bandes de terroristes tous vraisemblablement réfractaires au STO et dirigés par des éléments étrangers, espagnols pour la plupart, tentent de semer la terreur dans le pays en menaçant les paysans et en sabotant les matériels de battage.

Le nombre des attentats est tel qu'il est à supposer que des individus autres que les défaillants conduits par des terroristes y prennent part. Il y a tout lieu de penser que des individus qui paraissent vivre paisiblement dans leur village ou bourgade y participent. En effet, dans certains cas, l'état des lieux est parfaitement connu, et on emprunte des itinéraires qui donnent la certitude que, souvent, il y a au moins un guide.

INDRE-ET-LOIRE

Gendarme pour échapper au STO ?

Rapport du chef d'escadron Blanc, commandant la compagnie de gendarmerie de l'Indre-et-Loire

Tours, le 5 juillet 1944

L'attitude d'un jeune gendarme, déserteur ces jours derniers (Foisy), confirme ce qui a été dit à plusieurs reprises, à savoir que certains gens n'étaient venus dans la gendarmerie que pour se « camoufler » en attendant des jours meilleurs ou l'occasion propice pour disparaître.

LOIRE

« L'Allemagne est, et demeure, l'ennemi numéro 1 »

Rapports du chef d'escadron Brunel, commandant la compagnie de gendarmerie de la Loire

Réactions après le discours du président Laval prononcé à la radio le 22 juin.

Saint-Étienne, le 27 juin 1942

Les patrons qui payent leurs ouvriers au salaire normal alors que les heures de travail sont réduites accueillent favorablement l'appel lancé par le président.

Les paysans ne croient pas à la parole allemande et ne comptent pas sur le retour des prisonniers agriculteurs.

Quant aux ouvriers, ils sont très inquiets car ils craignent de se voir contraints un jour d'aller travailler en Allemagne. Ils préféreraient travailler pour les Allemands dans nos usines de France.

D'une façon générale, on interprète le besoin de main-d'œuvre de l'Allemagne comme une faiblesse et l'on craint que notre collaboration n'augmente la durée des hostilités.

Le passage du discours du président qui a produit le plus de stupéfaction est celui où il fait allusion à la victoire de l'Allemagne, car, pour l'immense majorité des Français, l'Allemagne est, et demeure, l'ennemi numéro 1. La population ne croit guère à une franche réconciliation. [...]

À Saint-Étienne, le recrutement des ouvriers pour aller travailler en Allemagne fonctionne sans incident. Le nombre de contrats souscrits à cette occasion serait encore assez élevé (à noter que 10 % seulement des volontaires sont français, le reste étant constitué par des Nord-Africains, des Italiens et des Polonais).

Chronique d'une France occupée

*

Saint-Étienne, le 17 octobre 1942

Le 24 septembre 1942, à 0 h 30, six parachutes de matériel ont été lancés par un avion inconnu, présumé anglais. Le matériel, consistant en armes, munitions et explosifs, a pu être saisi. À la suite de cette affaire, huit arrestations pour complot contre la sûreté de l'État ont été opérées. Il s'agit de personnes habitant la région de Montbrison. Cet événement a produit dans la population un mouvement de curiosité d'abord et de crainte ensuite.

*

Saint-Étienne, le 27 avril 1943

Le 29 mars 1943, le départ de Roanne d'un train de jeunes gens se rendant en Allemagne a donné lieu aux incidents ci-après : vers 14 h 15, au départ de Charlieu, les jeunes gens ont agité un drapeau français et un drapeau américain pendant que quelques partants chantaient l'Internationale dans le « car » les transportant.

*

Le 20 mai 1943, la brigade de Boën-sur-Lignon a arrêté René B. (dix-neuf ans) pour abus de confiance.

Saint-Étienne, le 22 mai 1943

Au cours de l'interrogatoire qui s'ensuivit à la brigade, interrogatoire repris le lendemain 21 mai par le commandant de compagnie, l'intéressé a prétendu que, parti de Roanne le 16 mai, il s'est rendu à pied sur la montagne dite Madeleine, où, dit-il, il savait pouvoir rencontrer des jeunes gens qui se trouvaient dans son cas, c'est-à-dire refusaient de partir travailler en Allemagne. Et, de fait, arrivé à la Loge des Gardes, il aurait été arrêté par deux hommes à qui il se serait fait connaître en donnant le mot d'ordre du jour. Ceux-ci l'auraient conduit auprès d'un groupe de vingt-cinq jeunes gens, où il aurait reçu la meilleure hospitalité.

Au cours du repas qui lui aurait été servi, il aurait appris que ces jeunes gens constituaient un poste d'avant-garde assurant la protection d'un véritable camp comprenant trois cents autres jeunes gens tous hostiles au travail en Allemagne. Cette troupe, qui serait bien encadrée et aurait comme chef un sous-lieutenant, recevrait l'essentiel de son ravitaillement en vivres par des avions survolant la région périodiquement. Elle serait très bien équipée : chaussures neuves et de bonne qualité, et armes (mitraillettes, pistolets avec munitions correspondantes). De temps à autre, des groupes de cinquante seraient enlevés par camions et transportés par étape en Haute-Savoie.

Rapports du capitaine Bechet, commandant la compagnie de gendarmerie de la Loire

Saint-Étienne, le 27 septembre 1943

Au cours de la nuit du 25 au 26 septembre 1943, dix-sept attentats ont été perpétrés, dont un a causé la mort du gendarme Lardenois Arthur, de la brigade de Lorette. Les autres n'ont occasionné que des dégâts matériels. Explosion d'un engin placé à la devanture d'un magasin à Lorette. Les gendarmes Lardenois et Ruel, en patrouille, venaient d'apercevoir l'engin. Ils s'en approchaient pour l'enlever ou le désamorcer au moment où il a éclaté. Le gendarme Lardenois fut tué sur le coup. Le gendarme Ruel est indemne.

*

Saint-Étienne, le 23 octobre 1943

Le 26 septembre 1943 à Saint-Étienne, trente détenus politiques s'évadent de la maison d'arrêt avec la complicité d'un gardien auxiliaire qui les a armés de mitraillettes et de revolvers Colt.

Le 1er octobre 1943 à Saint-Étienne, 7, rue du Président-Wilson, agression par deux individus armés de revolvers et de matraques contre M. B., employé à l'office de placement allemand. M. B. est blessé et sa femme est tuée.

Le 30 septembre 1943, quarante-neuf tracts ont été trouvés rue du Maréchal-Pétain à Lorette. Ils étaient libellés comme suit : « Fonctionnaires, de votre attitude dépend votre vie. Miliciens, SOL [Service d'ordre légionnaire], vous avez trahi, gare aux abatis. »

*

Saint-Étienne, le 23 novembre 1943

Le 27 octobre, à Saint-Bonnet-les-Quarts, meurtre d'un milicien et d'un agent de service allemand.

Le 5 novembre, attentat contre M. N., légionnaire, dentiste à Montbrison, matraqué et blessé mortellement d'un coup de pistolet.

Rapports du chef d'escadron Bechet, commandant la compagnie de gendarmerie de la Loire

De fin novembre à fin décembre, onze attentats sont recensés contre des particuliers dans le département.

Saint-Étienne,le 23 décembre 1943

Le 27 novembre, attentat à la mitraillette contre une épicerie à Saint-Étienne. Une fillette de cinq ans est tuée.

Le 9 décembre, le secrétaire de la fédération régionale des mineurs de la Loire est tué à coups de pistolet à La Ricamarie, après avoir reçu une lettre de menaces.

*

Saint-Étienne, le 28 janvier 1944

Le 19 janvier 1944, à la suite d'une information judiciaire ouverte contre X par la police de sûreté de Vichy (Allier), en collaboration avec la brigade de gendarmerie de Boën-sur-Lignon (Loire), une perquisition a été effectuée au domicile de Roche Augustin, seize ans, né le 19 mars 1927 à Arthun (Loire), cultivateur au lieu-dit Le Châtel, commune d'Arthun. Au cours de la perquisition, il a été découvert une importante correspondance ayant trait à un complot communo-terroriste. Elle était adressée au jeune Roche par un nommé Fully Georges, domicilié 17, avenue Président-Faure à Saint-Étienne[1]. Les lettres saisies ont trait à la constitution de groupes de résistance, recherche et engagement de membres pour ces groupes, instruction en ce qui concerne l'activité des groupes de résistance, propagande à entreprendre, recherche d'armes, recherche et assassinat des traîtres, sabotage des voies ferrées, etc.

Le jeune Roche, en fuite, n'a pu être arrêté. Trois de ses complices, Fully Georges, Fully père et un nommé Rivert, employé au journal la Tribune à Saint-Étienne, ont été arrêtés dans cette ville, le 19 janvier 1944.

*

Saint-Étienne, le 31 janvier 1944

Le 22 janvier 1944, la brigade de Noirétable (Loire) a procédé à l'arrestation de A. (Lucien), né le 17 octobre 1923 à Firminy (Loire), pupille de l'assistance publique de la Loire, en vertu d'un mandat d'arrêt.

Au cours de son interrogatoire, A. a déclaré :

« Le jour de mon départ à Saint-Thurin, c'est-à-dire le 8 novembre 1943, je me suis rendu à Saint-Étienne chez Mme Bréal pour lui donner des nouvelles de son fils. Dans le train, j'ai rencontré un homme inconnu de moi avec lequel j'ai lié conversation. Je lui ai dit venir d'Espagne et avoir l'intention de rejoindre un groupe de résistance. Il m'a indiqué qu'il en existait un à Autun (Saône-et-Loire). Je me suis rendu de suite dans ce dernier lieu, où je n'ai trouvé aucune trace d'existence de ce prétendu groupe. Ayant appris qu'il pouvait y avoir un groupe de résistance à Saint-Brisson (Nièvre), je m'y suis rendu. Là, j'ai rencontré des membres de cette organisation et leur ai manifesté le désir d'adhérer à leur organisme. Ils m'ont conduit dans les bois au lieu-dit Forêt-Chenuesis, à 4 kilomètres environ de Saint-Brisson, où était installé le groupe. Ce dernier, fort de cinquante-deux unités, est cantonné dans des abris souterrains faits en planches et parfaitement invisibles de l'extérieur. Chaque membre est

---

1. Georges Fully connaîtra un destin hors du commun. Déporté à Dachau, il se spécialisera dans la médecine après la Libération. Devenu médecin général des prisons, il sera assassiné lors d'un attentat commis à son domicile parisien le 20 juin 1973. Un colis piégé lui avait été adressé par la Poste. L'affaire n'a, à ce jour, pas été élucidée.

armé d'une mitraillette et d'un revolver et pourvu de munitions. Ce matériel est parachuté par des avions alliés. La nourriture est assurée par nos soins. En ce qui concerne la viande, le boucher Clémendot, de Saint-Brisson, nous a ravitaillés pendant une huitaine de jours. Par la suite, nous avons arrêté et délesté de quelques têtes de bétail des camions chargés d'animaux provenant de réquisitions, ceci sous la menace de nos armes et dans un rayon de 100 kilomètres. Le pain est amené dans des sacs par la route de Montsauche à Saulieu. Les légumes sont pris dans les fermes environnantes. Quant au vin, il est soustrait sous la menace des armes aux partisans de la collaboration. Pour effectuer nos déplacements, nous utilisons quatre véhicules automobiles volés à des collaborateurs, dont un à un Italien de Moux (Nièvre). Ces véhicules sont dotés de fusils-mitrailleurs d'origine française installés aux portières et prêts à faire feu. Ces véhicules sont remisés tantôt dans des fermes abandonnées, tantôt dans les bois.

« Le groupe s'est livré à maintes expéditions, notamment à l'attaque de plusieurs mairies, de débits de tabac, à des vols d'automobiles, d'essence, de bicyclettes, au sabotage de deux botteleuses à l'aide d'explosifs et à l'assassinat de partisans de la collaboration. Pour ma part, j'ai participé à la destruction de deux botteleuses et à l'attaque d'un débit de tabac.

« Je sais qu'il existe d'autres groupes de résistance dans la région, notamment à Nevers et à un endroit dénommé L'Horme. [...] Dans le groupe, j'ai le sobriquet de Mistral. »

*

Saint-Étienne, le 2 juin 1944
Le 26 mai 1944, vers 12 h 15, le capitaine Arthaud, commandant la section de Montbrison, a été tué à coups de pistolet à Panissières alors qu'il interpellait un individu suspect. Atteint par une balle de pistolet de fort calibre, cet officier a été tué net. Son meurtrier, profitant de l'émoi causé par l'attentat, a réussi à s'enfuir.
Le 29 mai 1944, à 21 h 20, le maréchal des logis-chef Gérardin, commandant la brigade de Panissières, détaché pour sa sécurité à la section de Montbrison à la suite de menaces de mort, a été tué à coups

de mitraillette et de pistolet par deux individus à 40 mètres de la caserne de gendarmerie alors qu'il revenait de prendre son repas en ville. Atteint de plusieurs projectiles à la tête et à la poitrine, ce gradé a été tué net.

LOIRET

Les gendarmes « font preuve de beaucoup d'abnégation mais il ne faudrait pas exagérer »

Rapports du chef d'escadron Corbel, commandant la compagnie de gendarmerie du Loiret

Le Loiret apparaît relativement épargné par les attaques à main armée, du moins en comparaison avec d'autres départements. Mais, çà et là, des « hors-la-loi » sévissent avec plus ou moins de réussite...

Orléans, le 27 décembre 1943

Le 11 décembre 1943 vers 20 h 15, quatre individus armés et masqués se sont présentés à la ferme de L'Huilerie, commune de Breteau (Loiret), chez M. Jarret et ont demandé 200 000 francs. Ce dernier ayant déclaré ne pas avoir d'argent, l'un d'eux a dit : « Erreur, on s'est trompés, vous n'êtes pas sur la liste. » Puis ils sont partis à bicyclette en direction de Bléneau (Yonne).

*

Les gendarmes se sentent impuissants face à ces bandes d'individus mieux armés qu'eux.

Orléans, le 14 janvier 1944

Chargés de maintenir l'ordre, ils ont un armement inférieur à celui des malfaiteurs. Ils font preuve de beaucoup d'abnégation mais il ne faudrait pas exagérer. Chaque brigade devrait être dotée d'une mitraillette au minimum.

Rapport du capitaine Guisiano, commandant provisoirement la compagnie de gendarmerie du Loiret

Orléans, le 28 avril 1944

Le 24 avril, vers 0 h 30, une attaque à main armée a été dirigée contre les mairies de Guignonville et de Greneville-en-Beauce (Loiret). Les auteurs, membres des FTP [Francs-tireurs et partisans], au nombre de deux vraisemblablement, dont un opérant et l'autre faisant le guet, se sont fait remettre :

– à Guignonville, tous les tickets d'alimentation du mois d'avril, les cartes de textile, de savon et trois cachets de la mairie ;

– à Greneville, tous les coupons semestriels, les cartes récentes, les tickets spéciaux pour suppléments, ceux de textile, ainsi que tous les tickets restant du mois d'avril et deux cachets de la mairie. Les tickets d'alimentation du mois de mai, étant déposés chez le maire, n'ont pas été emportés.

Ces individus ont laissé dans chaque mairie une réquisition, émanant de l'état-major de l'armée secrète, prescrivant au secrétaire de mairie de ne pas prévenir, sous peine de mort, la gendarmerie avant qu'il se soit écoulé un laps de temps de trois heures.

Les gendarmes croient savoir que, dans certains cas, ce genre d'action est à mettre au compte d'individus venant du département voisin, l'Yonne.

NIÈVRE

Les affrontements entre miliciens et résistants terrorisent la population

Rapports du chef d'escadron Meygret-Collet, commandant la compagnie de gendarmerie de la Nièvre, sur une opération de police effectuée par des miliciens francistes à Moux

Nevers, le 28 février 1944

Les 15 et 17 février 1944, des miliciens francistes du groupe Bucard ont procédé, dans la région de Montsauche, à des opérations répressives, au cours desquelles cinq réfractaires et une personne de Moux ont été tués. Le chef des miliciens, grièvement atteint au cours de l'engagement, est mort des suites de ses blessures.

Les renseignements recueillis permettent d'établir qu'une relation certaine existe entre cette opération et des événements antérieurs qui se sont déroulés dans le département de l'Yonne.

Le 18 janvier 1944, six individus, armés de mitraillettes et de pistolets, font irruption au domicile des époux K., demeurant à Saint-Léger-Vauban (Yonne).

Les époux K., Alsaciens réfugiés dans l'Yonne depuis 1939, vivent très aisément et entretiennent des relations suivies et amicales avec les autorités occupantes, auprès desquelles Mme K. intervient souvent en faveur des habitants de la région.

Après avoir volé une voiture, les individus coupent les fils du téléphone, menacent les époux et pillent l'appartement. Selon les gendarmes, il s'agit de Jean-André Cambon, le chef, d'un certain Roguier, d'un ex-commis boulanger de Saint-Léger-Vauban et d'un quatrième se disant de Tonnerre (Yonne). Mme K. leur tient tête. Le lendemain, à 14 heures, Roguier et X, de Tonnerre, se présentent de nouveau chez eux.

Apprenant que ni la police française ni la police allemande n'ont été prévenues, ils disent : « Vous avez bien fait, sans quoi on vous descendait. »

Le commando répare le téléphone et restitue trois montres en or. Roguier demande alors à Mme K. d'intervenir auprès des autorités allemandes en faveur de son père, détenu à Fresnes !

Des miliciens assurent la protection des K., qui sont ensuite conduits le 30 janvier à Auxerre, protégés par des militaires allemands.

Dans la nuit du 3 au 4 février, une quinzaine d'individus armés attaquent le domicile des K., absents, le moulin de Ruère, et enlèvent M. T., soupçonné de connivence avec la milice.

Le 7 février, une opération menée par la section de gendarmerie de Château-Chinon permet de découvrir dans une forêt, à proximité de Saint-Brisson, circonscription de la brigade de Montsauche, un camp très important, susceptible d'héberger cent vingt à cent cinquante hommes.

Le 13 février, vers 20 heures, une dizaine d'individus en civil, armés de mitraillettes et de pistolets (des miliciens) et accompagnés de trois soldats allemands, arrêtent à Dun-les-Places (Nièvre) deux jeunes gens de la localité : Modoski (Jean), dix-neuf ans, et Lasserre (Marcel), dix-neuf ans également, qu'ils emmènent à Saint-Léger-Vauban.

Ils sont torturés pendant leur interrogatoire.

Le 15 février, des miliciens en civil se font passer pour membres de la Résistance auprès de commerçants de Montsauche et se font remettre des paquets de tabac, une camionnette et 220 litres d'essence.

Un engagement se produit à 2 kilomètres à l'ouest du hameau de Chassagnes, commune de Moux. Quatre réfractaires sont tués à l'entrée de leur cabane, ainsi que Lavault, qui est particulièrement criblé de balles. Le chef des miliciens est blessé d'une balle dans le ventre.

Le 17 février 1944, avant 7 heures, les miliciens, cette fois en uniforme (chemise bleue, culotte bleue), armés de mitraillettes, se présentent à Dun-les-Places, où ils procèdent à l'arrestation de MM. Blandin, boucher hôtelier, et Lafontaine, cultivateur.

L'action des miliciens à Moux et à Montsauche a toutes les apparences d'une opération punitive faisant suite à l'enlèvement du milicien T.

Elle a causé dans la région de Montsauche une émotion considérable, jetant un trouble certain et persistant parmi la population qui craint maintenant et les terroristes et les miliciens. Le village a été pendant plusieurs jours en état de siège, les habitants terrorisés se cadenassant dans leurs demeures.

Il n'a pas été possible de vérifier si les miliciens étaient régulièrement chargés d'une mission officielle de police ; ils n'ont présenté aucun papier aux autorités françaises à ce sujet, leur seul argument visible étant leurs armes, dont ils n'hésitaient pas à se servir.

Rapports du chef d'escadron Meygret-Collet, commandant la compagnie de gendarmerie de la Nièvre

Nevers, le 10 mai 1944

Depuis un mois environ, le personnel des brigades de Prémery et Lormes était soupçonné par la Sicherheitspolizei et la Feldgendarmerie d'avoir des accointances compromettantes avec les éléments des groupes de résistance.

Le 9 mai 1944, j'ai été convoqué à la Feldkommandantur pour envisager la dispersion immédiate de tout le personnel de ces deux brigades. J'ai demandé et obtenu un léger sursis en promettant de proposer moi-même les sanctions et d'apporter les mutations nécessaires.

En conséquence, pour éviter que des mesures plus graves soient prises par l'autorité occupante, j'ai l'honneur de proposer la dispersion immédiate de tout le personnel de ces deux brigades dans les délais les plus courts (huit à dix jours au maximum).

*

Peu avant la Libération, la gendarmerie ne fait plus le poids face aux maquisards. Son action se limite à celle du renseignement.

Nevers, le 3 juin 1944

Les forces terroristes semblent redoubler d'activité dans l'arrondissement de Château-Chinon par rapport au mois précédent (vingt-huit attentats ont été commis contre dix le mois dernier).

Quelques bandes fortes, nombreuses, bien équipées et bien armées, ont été identifiées dans les bois de l'arrondissement de Château-Chinon, et il semble que dans cette région on se trouve devant un regroupement de forces diverses. Les marchandises emportées par ces individus sont presque toujours payées.

Des opérations menées par des effectifs importants de l'armée d'occupation, notamment à Arleuf et à Blismes, n'ont guère donné de résultats (deux tués à Arleuf) et les pertes subies sont aussi fortes que les résultats obtenus.

Toutes les bandes repérées paraissent appartenir au Conseil national de la Résistance et sont certainement en liaison entre elles (cela depuis peu, semble-t-il). Il a été noté d'une façon presque certaine, quoique non confirmée, la présence parmi elles d'individus venant de Lozère et de Haute-Savoie.

PUY-DE-DÔME

« Le débarquement anglo-américain sur le sol français est escompté à brève échéance »

Qui se cache derrière la plume du patron des gendarmes dans le Puy-de-Dôme ? Antoine Fontfrède, né à Billom le 16 avril 1899, a, très jeune, combattu les Allemands au front lors de la Première Guerre mondiale. Après un détachement au Liban, il est de nouveau affecté en métropole. Il prend provisoirement la tête de la compagnie du Puy-de-Dôme, en avril 1942, avant de devenir chef d'escadron en septembre de la même année. Ses rapports dénoncent l'égoïsme des Français, l'enrichissement et les inégalités dues au marché noir. Dans l'ombre, il agit pour « l'avenir du pays ». L'homme a fait le choix de résister et tente de fédérer des réseaux très morcelés dans ce département. Il camoufle des armes, aide Mendès France à s'évader, le 21 juin 1941. Fontfrède est finalement arrêté le 1er octobre 1943 par la Gestapo. Il est torturé puis déporté à Buchenwald, où il meurt en avril 1945.

Rapport du chef d'escadron Fontfrède, commandant la compagnie de gendarmerie du Puy-de-Dôme

L'affaire d'Arlanc marque les esprits des gendarmes et de la population. Un groupe de maquisards investit par surprise la brigade d'Arlanc pour délivrer six des leurs (des réfractaires) pris la veille. Un gendarme est tué (Martinet), deux autres sont blessés. Le procès provoquera la consternation dans la gendarmerie car le jugement sera considéré comme peu sévère envers les accusés, qui, lors de leur transfert à la centrale d'Eysses, seront libérés par un autre maquis[1].

Clermont-Ferrand, le 28 juin 1943

À la suite de l'inqualifiable agression d'Arlanc, certains ont prétendu que la gendarmerie avait tout d'abord tiré sur les assaillants, venus à la caserne pour négocier la libération des leurs arrêtés le matin du 9 juin

---

1. Lire à ce propos le livre de Claude Cazals, *La Gendarmerie sous l'Occupation, op. cit.*

161

1943. La réaction de la population a été nettement défavorable à la gendarmerie. La population est convaincue que les défaillants sont de bons Français qu'il faut protéger – que le STO a été établi par le gouvernement pour plaire aux Allemands.

Le déploiement des forces de police dans la région d'Ambert a produit une très grosse impression, de même que les arrestations opérées parmi les personnes complices des défaillants.

Après l'affaire d'Arlanc, les personnes indiquées ci-après ont été arrêtées pour complicité :
– Dérigon, père et fils, de Novacelles ;
– Daragon de Saint-Sauveur ;
– Paul, instituteur à Doranges ;
– Godinèche, percepteur d'Arlanc ;
– Mendrock-Richard et Neymack de Saint-Sauveur.

Un couvre-feu a été imposé à Clermont-Ferrand. Le capitaine Kerhervé, commandant la section d'Issoire, a été appréhendé par la police allemande le 16 juin 1943. L'officier travaillait pour la Résistance : il s'occupait de la réception des parachutages et effectuait des missions de liaison avec Londres.

Rapport du capitaine Rouanes, commandant provisoirement la compagnie de gendarmerie du Puy-de-Dôme

Clermont-Ferrand, le 16 août 1943

Une opération effectuée le 9 août, dans la région d'Isserteaux, a permis de capturer un important matériel d'armement et d'explosifs, abandonné en hâte par des éléments traqués par la gendarmerie. Il s'agit vraisemblablement d'un groupement terroriste ou similaire. Cette affaire et la découverte d'une mitraillette dans une automobile à Arlanc semblent indiquer que des groupements hors la loi se tiendraient dans la région sud-est du Puy-de-Dôme.

Rapports du chef d'escadron Fontfrède, commandant la compagnie de gendarmerie du Puy-de-Dôme

Fontfrède, membre de l'Organisation de résistance de l'armée (ORA) ne prend même plus la peine de cacher ses sentiments profonds à sa hiérarchie.

Clermont-Ferrand, le 26 août 1943

Le débarquement anglo-américain sur le sol français est escompté à brève échéance. Les jeunes astreints au STO, protégés par la majorité de la population, convaincus de la fin prochaine de la guerre, sont de plus en plus résolus à rester en France.

Les actes dits « terroristes » se multiplient mais ces méfaits sont commentés avec le sourire, certaines personnes semblent même les approuver. La population estime que chaque refus de partir en Allemagne atteint le potentiel de guerre de cette nation. Aussi est-elle complice des défaillants soit par la fourniture du ravitaillement, soit en accordant le gîte et le guet.

*

Voici l'un des derniers rapports de l'officier supérieur, avant son arrestation. Il porte sur des exactions allemandes.

Clermont-Ferrand, le 28 septembre 1943

Le drame de Ceyssat, au cours duquel des réfractaires furent abattus par la police allemande, et les nombreuses arrestations par les autorités allemandes creusent chaque jour le fossé déjà profond qui sépare la population française et les Allemands.

Malgré les coups de filet opérés contre les maquisards, les attentats se multiplient. Du 24 août au 23 septembre 1943, on en compte vingt-six.

Chronique d'une France occupée

Rapports du capitaine Rouanes, commandant provisoirement la compagnie de gendarmerie du Puy-de-Dôme

Les maquisards sont parfois prêts à tout pour récupérer l'un des leurs.

Clermont-Ferrand, le 28 octobre 1943
À Châtelguyon, le commissariat de police a été attaqué par une bande composée d'une vingtaine d'individus masqués et armés de mitraillettes. Enlèvement d'un réfractaire arrêté la veille.

Le 21 octobre 1943, quatre terroristes se sont présentés à l'hôpital de Thiers à 12 h 45 et ont délivré l'un des leurs en traitement dans cet hôpital ; l'agent de police chargé de la garde a été mis en joue, désarmé et gardé sous la menace de trois terroristes. Le blessé a été transporté sur un brancard et placé dans une voiture qui stationnait devant l'hôpital.

*

Clermont-Ferrand, le 27 novembre 1943
Le 17 novembre 1943, le nommé Urbain F., trente-trois ans, gérant de succursale des économats du centre à Issoire, a disparu de son domicile. Tout laisse supposer, d'après les premiers éléments de l'enquête, qu'il a été enlevé par quatre individus inconnus, en automobile. F. faisait partie de la Milice.

Nuit du 6 au 7 novembre 1943, inscription sur la façade de l'hôtel de ville à Arlanc des noms des personnes soupçonnées comme étant affiliées avec la Gestapo et comme traîtres.

*

Dans le département, les attentats plus ou moins graves se multiplient : cinquante-cinq de fin novembre à fin décembre 1943. Sabotages, assassinats mais aussi vols à main armée.

164

La gendarmerie et la Résistance

Clermont-Ferrand, le 26 décembre 1943

Le 29 novembre 1943, à 16 h 30, quatre individus armés de pistolets se sont présentés chez M. Batteux, garagiste à Manzat, et se sont fait remettre 85 litres d'essence. Ils se sont enfuis en automobile sans payer. Ils sont inconnus.

Le 14 décembre 1943, vers 22 heures, deux individus armés de revolvers se sont présentés au débit de tabac de la gare des Ancizes et se sont fait remettre 30 kilos de tabac. Ils ont remis en échange une enveloppe contenant la somme de 10 000 francs, et un papier où était inscrit les mots « la Résistance ».

*

Clermont-Ferrand, le 8 janvier 1944

Beaucoup de gendarmes sont inquiétés comme s'ils se sentaient traqués. Placé dans une situation extrêmement délicate, entre des éléments de la population qui ne comprennent pas toujours ses actes et l'autorité occupante, le gendarme a l'impression qu'il court immédiatement le risque d'être abattu par des terroristes ou arrêté par la police allemande. Enfin, il se demande ce que l'avenir lui réserve et s'il ne sera pas plus tard victime de représailles.

L'arrestation récente des adjudants Robinet, Dessapt, Dupont et Frobert, du gendarme Coulon, ainsi que celle de l'ex-adjudant Gauthier à Issoire donnent aux gendarmes l'impression qu'ils ne bénéficient d'aucune garantie contre une telle mesure, même injustifiée, et sont à la merci de la moindre dénonciation, même anonyme. Il en résulte une véritable *psychose* de l'arrestation.

Rapports du chef d'escadron Durieux, commandant provisoirement la compagnie de gendarmerie du Puy-de-Dôme

Clermont-Ferrand, le 3 avril 1944

Le 8 mars 1944, un détachement de troupes allemandes se rendait au cinéma et circulait à Clermont-Ferrand, rue Montlosier. À un endroit où la rue est en contrebas, deux grenades furent lancées sur le détachement. [...] Vingt-quatre soldats allemands furent blessés, dont quatre grièvement.

Au cours des représailles qui durèrent deux heures, trois immeubles de la place de la Poterne furent incendiés. Les Allemands interdirent aux pompiers de prêter leur concours aux sinistrés.

– Deux personnes furent tuées et trois, blessées par la fusillade allemande.

– Le cadavre d'une femme fut découvert dans sa maison incendiée.

– Une autre femme se cassa les jambes en sautant de la fenêtre de sa maison en flammes.

– Quatre-vingts à cent personnes qui se trouvaient à proximité des lieux de l'attentat ont été arrêtées par la police allemande.

– Couvre-feu mis en application à Clermont-Ferrand et sa banlieue, puis étendu à tout le département.

*

Tous les moyens sont bons pour échapper au STO, même intégrer la gendarmerie, qui apparaît pour certains comme un refuge.

Clermont-Ferrand, le 8 avril 1944

Certains gendarmes stagiaires, venus dans l'arme pour échapper aux obligations du STO, ne servent pas avec conviction. Ils ne possèdent ni la foi du gendarme, ni la volonté de s'adapter à leurs nouvelles fonctions.

Plusieurs de ces mauvais serviteurs préfèrent abandonner la gendarmerie et revenir dans la vie civile. Liés par contrat pour trois années de service dans l'arme, ils ont offert une démission inacceptable. Découragés et poussés par un très mauvais esprit, ces gendarmes continuent à mal servir et paraissent s'ingénier à commettre des actes d'indiscipline graves, avec l'espoir d'être révoqués et rendus à la vie civile.

*

Clermont-Ferrand, le 2 juin 1944

La situation, avant la Libération, devient incontrôlable. La gendarmerie relève près de deux cent cinquante « attentats » pour le seul mois de mai dans le département.

Rapport du capitaine Rouanes, commandant provisoirement la compagnie de gendarmerie du Puy-de-Dôme

Clermont-Ferrand, le 28 octobre 1943

Le 12 octobre 1943, vers 9 heures à Clermont, quatre faux gendarmes se sont présentés à la maison d'arrêt de Clermont munis de pièces paraissant régulières et ont libéré les terroristes Janthial, Leclanche et Gance.

Rapport du chef d'escadron Durieux, commandant provisoirement la compagnie de gendarmerie du Puy-de-Dôme

Clermont-Ferrand, le 3 avril 1944

Le 1er mars 1944, à 13 h 30, la police allemande a arrêté à la brigade de Volvic les gendarmes Vivier et Paulze. Ont été incarcérés à Clermont-Ferrand, avec un certain nombre de personnes appréhendées le même jour, au même lieu, à la suite d'un incident avec les réfractaires, au cours duquel des coups de feu furent échangés.

YONNE

Meurtres, braquages et règlements de comptes

Rapports du capitaine Poiret, commandant la section de gendarmerie de Joigny

Joigny, le 11 février 1943

Le 11 février 1943, à 6 h 30, le garde des communications Frontini Albert, demeurant à Migennes (Yonne), a découvert, fixée à un poteau télégraphique près du passage à niveau du chemin de fer départemental, rue Maurice-Berthot à Migennes (Yonne), une affiche écrite au crayon bleu sur une feuille de papier commercial (format 27 x 41). Elle était ainsi rédigée :

« JEUNES, NE PARTEZ PAS EN ALLEMAGNE

GAGNEZ LES CAMPAGNES ET LES BOIS

167

Chronique d'une France occupée

PASSEZ À LA LUTTE ARMÉE
CONTRE LES BOCHES ET LES VALETS POLICIERS DE LAVAL
LA LIBERTÉ VOUS APPELLE
AUX ARMES, CITOYENS, FORMEZ VOS BATAILLONS,
QU'UN SANG IMPUR ABREUVE NOS SILLONS
GUERRE À L'ENNEMI POUR QUE VIVE LA FRANCE
SIGNÉ : LE FRONT NATIONAL DE L'YONNE
LES COMITÉS POPULAIRES DE LA FRANCE COMBATTANTE »

*

Joigny, le 24 août 1943

Depuis le début du mois, une bande organisée jette le désarroi chez les cultivateurs de la région par ses actes de terrorisme.

Une certaine nervosité règne chez les cultivateurs, qui toutes les nuits détachent leurs chiens, se lèvent à la moindre alerte et font le tour de leur exploitation, armés de fourches. Certains même couchent sur leurs meules.

Le 24 août, à 2 h 30, les habitants de la ferme du Petit Bois à Saint-Privé étaient réveillés par le feu qui dévorait le matériel de l'exploitation. Pendant que le personnel s'employait à sauver les machines, le propriétaire s'est affaissé, touché par un coup de feu ; il est mort sans pouvoir fournir le moindre renseignement. Les quatre ouvriers ne peuvent donner aucun détail, ils n'ont aperçu personne dans l'obscurité.

Au cours de la même nuit, vers 3 heures, M. Bréby, propriétaire au hameau des Vivravos, commune de Saint-Denis-sur-Ouanne (Yonne), a entendu ses chiens aboyer. Il est sorti avec ses deux fils, armés d'une fourche. À peine dehors, M. Bréby s'est écroulé, touché par une balle dans le bas-ventre ; l'un des fils recevait une balle dans la cuisse. Peu de temps après, en sortant pour aller prévenir la gendarmerie, le second fils recevait lui aussi une balle, dans la main gauche. M. Bréby est mort peu après, les deux fils ont été transportés à l'hôpital de Montargis.

Les battages dans cette ferme étaient terminés depuis le 21 courant, mais la locomobile, la batteuse et la presse étaient encore dans la cour ; on suppose que les agresseurs venaient pour incendier ce matériel.

La gendarmerie et la Résistance

*

Auxerre, le 2 novembre 1943

Le 29 octobre 1943, Mme Dupont, couturière, et M. Gauchot, forgeron, domiciliés à Ligny-le-Châtel, ont reçu chacun une lettre manuscrite postée à Ligny-le-Châtel, le même jour à 11 heures. Ces lettres qui émanent du comité de résistance invitent leurs destinataires à évacuer leurs logements en raison de ce que les immeubles voisins, appartenant à M. G. Marcel, mécanicien, et B. André, rentier, vont être détruits. MM. G. et B. sont considérés par le comité de résistance comme des partisans de la collaboration franco-allemande.

*

Joigny, le 2 décembre 1943

Le 30 novembre 1943 à 22 h 30, deux individus masqués et armés de revolvers se sont présentés au débit de tabac Deslins à Marchais-Beton (Yonne) et se sont fait remettre vingt-six paquets de tabac et cinquante de cigarettes, qu'ils ont payés. Ils sont partis ensuite après avoir déposé une certaine somme dans le tronc destiné aux prisonniers de guerre.

*

Joigny, le 31 décembre 1943

Le 29 décembre, vers 18 heures, M. P., cafetier à Cheny (Yonne), sa femme et sa fille âgée de vingt-deux ans ont été tués à coups de mitraillette, dans leur débit de boissons. Le malfaiteur a d'abord tiré une rafale, d'un geste il a invité les trois consommateurs qui se trouvaient dans la salle à sortir, puis il a achevé son œuvre de mort.

*

Joigny, le 11 janvier 1944

Le 6 janvier 1944, M. Couturier Pierre, maire de la commune de La Ferté-Loupière (Yonne), a reçu par la voie postale une lettre personnelle ainsi rédigée :

« RÉSISTANCE FRANÇAISE

« Monsieur,

« Vous êtes prié de faire savoir à tous les cultivateurs de votre commune qu'ils ne livrent sous aucun prétexte leurs chevaux à la réquisition, sinon des sanctions seront prises sur leurs personnes et sur vous-même.

« Faites insérer cette lettre dans les placards et tous les lieux d'affichage », signée par une croix de Lorraine.

*

Joigny, le 12 janvier 1944

Le 7 janvier 1944 à 21 h 45, trois individus porteurs de cagoules leur recouvrant toute la figure, dont l'un était armé d'un revolver de fort calibre, se sont présentés à la ferme de la Cour Chaillot, commune de Saint-Privé (Yonne). Sous la menace, ils ont invité le fermier à leur remettre la somme de 80 000 francs. Ce dernier ayant répondu qu'il ne possédait pas cette somme, ils ont demandé 50 000 francs. Le fermier ayant dit qu'il n'avait que le contenu de son portefeuille et l'ayant remis aux malfaiteurs, ceux-ci se sont emparés de 5 à 6 000 francs en billets.

Pendant que le premier malfaiteur faisait le guet à la porte, le deuxième a tenu en respect les membres de la famille du fermier qui étaient rassemblés à la cuisine, le troisième s'est fait accompagner par le fermier et est allé visiter les meubles de la chambre à coucher ; il a découvert quelques centaines de francs en coupures de 100, 50 et 20 francs et s'en est emparé. Les trois malfaiteurs se sont retirés en invitant le fermier à ne pas sortir de chez lui avant le lendemain à 6 heures.

[Le 8 janvier, les gendarmes finissent par retrouver les malfaiteurs.] Des deux jeunes gens arrêtés, l'un a avoué avoir participé à l'agression, l'autre a reconnu être l'indicateur du coup, c'est un ancien domestique de la ferme.

*

Joigny, le 8 février 1944

Depuis le mois de juin 1943, les actes de terrorisme ont pris dans la section un développement toujours croissant. En juin et juillet, ils se sont

170

limités à quelques incendies, vols de titres de rationnement et sabotages. En août, la série de meurtres a commencé, en octobre, les vols de tabac, en novembre, le vols à main armée chez des particuliers et exceptionnellement dans les caisses publiques ont fait leur apparition.

a) Meurtres : toutes les personnes assassinées depuis août 1943 sont accusées par la rumeur publique d'avoir été des agents de renseignements pour les troupes d'occupation et de vivre largement des sommes versées par celles-ci en récompense de leurs dénonciations.

C'est ainsi que le sujet italien C., mortellement blessé d'un coup de feu le 3 septembre 1943, est accusé d'une dénonciation faite à la Feldkommandantur quelques jours avant sa mort.

La rumeur publique dit que V. Charles, tué le 29 août 1943 à Joigny d'un coup de feu, avait dénoncé plusieurs personnes qui ont été arrêtées, et qu'il allait de temps à autre se faire enfermer à la maison d'arrêt pour parler aux détenus et répéter ensuite leur conversation aux autorités allemandes.

La famille P., assassinée à Cheny, était accusée de refuser des denrées aux habitants de la commune, la femme disant qu'elle les conservait pour les troupes d'occupation. La jeune fille aurait été fiancée à un officier allemand ; elle était employée au dépôt de Laroche, où elle avait la réputation de rechercher des renseignements à communiquer.

La famille M., assassinée à Aillant-sur-Tholon le 30 décembre, était réputée dénonciatrice. La population prétend que M. allait même ouvertement communiquer ses renseignements par téléphone aux autorités allemandes.

Le rôle joué par M. P., tué à Joigny le 15 janvier 1944, est moins clair, mais il recevait beaucoup de militaires allemands, chassait avec eux, avait une autorisation de port d'armes, touchait de forts contingents d'essence qu'il revendait très cher (90 francs le litre, dit-on).

Il est à remarquer que jamais un meurtre n'a été suivi de vol, même quand la victime portait beaucoup d'argent sur elle.

b) Vols de tickets : les vols de tickets sont commis sous le couvert de la Résistance. Il semble cependant, suivant les quelques renseignements recueillis, que des organisations de trafiquants de la banlieue parisienne envoient des groupes qui opèrent dans la région, les tickets volés étant destinés à être revendus. [...]

171

c) Vols de tabac : ils sont aussi commis sous le couvert de la Résistance, mais de nombreux mauvais sujets, même résidant dans la région, se rassemblent la nuit venue pour attaquer les débits de tabac. Là, comme ailleurs, les malfaiteurs trouvent de la complaisance de la part des débitants et de la population.

Certains débitants dont la réserve a déjà été volée ne distribuent pas toute la décade afin d'en conserver un petit stock à remettre en cas d'attaque.

Deux malfaiteurs se présentent dans un débit et exigent la remise du tabac disponible. Quatre hommes qui jouaient aux cartes dans la même salle regardent l'opération d'un air indifférent et n'interviennent pas.

Dans un autre débit, un malfaiteur, après s'être fait remettre le tabac, ne sait pas démonter sa mitraillette pour la replacer dans un sac ; c'est un consommateur qui obligeamment la lui démonte.

d) Vols à main armée : le premier vol à main armée contre particulier a eu lieu le 16 novembre 1943. Ils se sont très rapidement multipliés. Il semble que les auteurs ne se présentent pas n'importe où ; la plupart du temps les victimes sont réputées avoir réalisé de gros bénéfices en marché noir, trafic clandestin, ou la rumeur publique les accuse de ne vendre aucun de leurs produits à la population pour les réserver exclusivement aux troupes d'occupation, qui dans certains cas venaient les prendre une fois par semaine à l'aide de camions.

*

Joigny, le 10 février 1944

Le 8 février 1944, vers 21 heures, trois individus masqués et armés d'une mitraillette et de poignards se sont présentés chez M. Sassiat, au hameau de Vaugenets, commune de Béon (Yonne). Le propriétaire n'étant pas chez lui, les seules femmes présentes se sont mises à pousser des cris. Les gendarmes de Joigny, rentrant de tournée et passant à proximité, se sont immédiatement portés sur les lieux. Devant la ferme, ils se sont subitement trouvés face à face avec trois individus qui étaient au milieu d'une dizaine de personnes. Ayant invité celui qui tenait la mitraillette à lever les mains, celui-ci a esquissé le geste de mettre les gendarmes en joue. L'adjudant Deschamps a aussitôt fait usage de son pistolet et l'individu s'est écroulé ; les deux autres se sont enfuis.

L'affaire fait grand bruit dans les rangs de la Résistance, qui reproche à l'adjudant Deschamps son comportement.

Une affiche manuscrite, placée à la poste de Joigny le 15 février, le met en cause. Elle est intitulée : « La vérité sur le meurtre d'un jeune Français à Vaugenets par le gendarme Deschamps de la brigade de Joigny. »

« Nous n'avons pour le moment ni le temps ni les moyens de diffuser la vérité sur l'assassinat de Vaugenets ; il faut néanmoins que vous sachiez la vérité.

« À la suite de nombreuses plaintes relatives au prix de vente exagéré du beurre et des œufs à la ferme Sassiat (800 francs le kilo de beurre, 120 francs et plus la douzaine d'œufs), trois jeunes gens se sont présentés pour demander au propriétaire de cesser ce trafic et le mettre en garde sur les conséquences qui pourraient en résulter ; ces observations ont été accueillies par des insultes et des hurlements ("au voleur", "à l'assassin", etc.), dans le but d'ameuter les voisins ; à ce moment passaient deux gendarmes, dont Deschamps. À leur vue, et les voyant sortir leur revolver, les jeunes gens leur crièrent : "Attendez, on va vous expliquer !" Les gendarmes s'approchèrent et c'est alors qu'à bout portant, sans avis et sans explication, le gendarme Deschamps abattait un jeune Français dont le seul crime était d'avoir voulu faire cesser un trafic illicite. Le plus tragique dans cette histoire, c'est que le gendarme, qui se ravitaillait en vivres chez le père de sa victime, avait certainement reconnu celle-ci et savait très bien qu'il n'avait affaire ni à un bandit, ni à certains individus dont l'activité ne vise que le cambriolage des mairies et des bureaux de tabac pour la revente au marché noir ; ce sont ceux-là que le gendarme Deschamps devait poursuivre, et non des Français qui se sacrifient pour que les travailleurs, les pauvres gens, les vieillards et les infirmes puissent se procurer ce que les profiteurs et certains collaborateurs trouvent si facilement à coups de billets.

« La victime n'est pas des nôtres, mais nous nous inclinons bien bas devant elle ; ce que ces jeunes gens ont accompli, nous l'aurions fait si

173

nous en avions eu connaissance, en prenant certaines précautions supplémentaires.

« Nous en profitons pour dire à tous : n'agissez pas isolément, vous êtes trop souvent impulsifs, et aussi souvent inexpérimentés, ralliez les groupes de résistance, ne faites rien sans ordre, en restant isolés, vous risquez d'être entraînés et de vous livrer à des actes interdits et contraires à l'esprit de résistance ; être un résistant, ce n'est pas être un gangster, la Résistance doit être sans peur mais aussi sans reproche, plus tard nous devrons rendre compte de nos actions ; retenez bien que deux sentiments contraires, et qui pourtant pour nous se complètent, doivent guider toutes nos actions : l'amour de la patrie et la haine de l'envahisseur et des traîtres.

« Quant à vous, gendarme Deschamps, nous savons que vous avez reçu pour votre exploit les félicitations de votre capitaine, peut-être les aurez-vous aussi du SS Darnand, mais ce que nous pouvons vous certifier, c'est que, quel que soit le lieu où vous vous trouverez, l'heure de la justice sonnera ; en attendant, soyez assuré du mépris de 95 % des Français. »

Cette affiche est signée de deux croix de Lorraine.

*

Joigny, le 24 février 1944
Mme D. a été tuée à la fenêtre de sa chambre à Saint-Aubin-sur-Yonne vers 19 h 30. Son mari n'est pas sorti de son domicile avant le lendemain à 9 heures ; les voisins ont entendu le coup de feu mais ne sont pas sortis.

Aucun menuisier de la résidence n'a voulu faire le cercueil de la victime, il a fallu en réquisitionner un dans la commune voisine à Cézy. Le convoi mortuaire n'a été suivi que par une seule personne, la femme de ménage de la victime.

*

Joigny, le 25 février 1944
Le 24 février 1944, vers 3 h 30, quatre individus armés de mitraillettes, mousquetons et revolvers ont abattu à leur domicile au hameau des Frei-

neaux, commune de Prunoy (Yonne), P. Henri, chiffonnier, et sa concubine, P. Jeanne. Des cartons portant les inscriptions suivantes ont été découverts sur le corps des victimes :

Au recto : « La Résistance punit les pillards » ; au verso : « Les femmes des pillards qui pratiquent ne sont pas épargnées, avis aux amateurs ».

Deux balles de revolver ont été trouvées dans une des deux poches de P. ; 6 300 francs ont été découverts sur sa femme.

*

Joigny, le 4 mars 1944

Le 28 février 1944, le cheminot interprète H. Félix, cinquante ans, demeurant à Laroche-Saint-Cydroine (Yonne), était tué à coups de feu, à 300 mètres environ au nord de ce village.

Les obsèques étaient fixées au 2 mars, à 15 heures. À 11 heures, M. Nicaise, maire de Laroche-Saint-Cydroine, avisait la gendarmerie que des inconnus avaient, pendant la nuit, enlevé un brancard du corbillard de façon à le rendre inutilisable et, d'autre part, qu'il avait reçu une lettre de menaces relative aux obsèques.

La lettre portait un drapeau anglais et disait :

« Monsieur le Maire,

« Il est bien entendu que le corbillard de la commune ne devra pas servir au transport funéraire de l'espion allemand H., et ceci sous votre responsabilité. Nous vous conseillons l'emploi d'un tombereau, ou si vous craignez pour vous, abandonnez votre place.

« L'IS en permanence dans la région. »

Au corbillard était accrochée une pancarte portant les mots : « Pour un homme : oui ; pour un traître : non ».

M. Vieaux, curé de Laroche-Saint-Cydroine [...], ayant décidé de passer outre aux menaces, la cérémonie eut lieu à l'heure indiquée. À défaut de corbillard rendu inutilisable, le corps fut transporté dans une charrette hippomobile.

*

Joigny, le 24 avril 1944

Au cours de la nuit du 21 au 22 avril, un ou plusieurs individus ont pénétré dans l'église de Villiers-sur-Tholon (Yonne) et ont enlevé la corde de la cloche. Ils ont placé une pancarte portant l'inscription suivante : « Les cloches françaises ne sonnent pas pour les traîtres », signé les FTP. Les auteurs de cet acte ont sans doute voulu faire allusion à M. M. Léon, gardien de la paix, demeurant à Poigny, se mariant le dit jour, avec Mlle T. Augusta, infirmière à Joigny, domiciliée à Villiers-sur-Tholon, où devait avoir lieu la cérémonie nuptiale.

*

Joigny, le 10 mai 1944

Le 5 mai 1944, quatre jeunes gens masqués et armés de mitraillettes se sont promenés dans les rues de la commune de Bassou (Yonne), entre 20 heures et 20 h 30. Après avoir détérioré le taxiphone de la poste, ils sont partis en direction de Bonnard et ont arrêté sur la route nationale 6 un automobiliste qu'ils croyaient être chargé de rapporter le tabac destiné à la recette buraliste de cette commune.

Le 8 mai, la brigade de Migennes ayant réussi à identifier un des jeunes gens, le capitaine commandant la section a organisé, avec le concours du peloton spécial demandé d'urgence, une opération qui a permis l'arrestation des quatre jeunes gens auteurs de cette démonstration armée, tous domiciliés à Migennes et Cheny. Il s'agit d'un groupe de FTP. Un autre jeune homme faisant partie du groupe mais n'ayant pas participé à la démonstration a également été appréhendé, ainsi qu'un cultivateur, demeurant à Clichy (Yonne), qui cachait les armes du groupe.

*

Les meurtres de collaborateurs peuvent déclencher des représailles allemandes.

Joigny, le 13 mai 1944

Le 13 mai 1944, les autorités d'occupation ont procédé à environ quarante arrestations dans la commune de Brienon (Yonne). Parmi les per-

176

sonnes arrêtées figurent le maire, ses deux adjoints et des notables. Tous ont été transportés à Auxerre.

Le motif de ces arrestations massives est ignoré. On suppose qu'elles seraient la conséquence de l'assassinat de deux personnes de la commune qui étaient réputées collaboratrices, assassinat qui a été perpétré le 26 avril 1944, vraisemblablement par des membres de la Résistance.

RÉGION EST

AIN

Les gendarmes entre deux feux

Rapports du chef d'escadron Lanaud, commandant la compagnie de gendarmerie de l'Ain

Bourg, le 24 mars 1943

Sous l'influence de la radio étrangère, la jeunesse française est sous le coup d'une exaltation, qui n'a d'ailleurs rien de patriotique, mais qui risque d'avoir de graves conséquences pour l'avenir du pays.

*

Bourg, le 24 avril 1943

Le 26 mars 1943, une opération de police a été effectuée en vue d'appréhender un groupe de jeunes défaillants à la loi du 16 février 1943 signalés comme s'étant rassemblés à la ferme Revers, commune de Sonthonnax-la-Montagne. Trois pelotons de gendarmerie ont été requis à cet effet. Ces derniers ont été découverts et mis en état d'arrestation pour être conduits au fort de Paillet à Lyon : le chef de groupement, sept chefs d'équipe, deux jeunes défaillants.

179

Le 17 avril 1943, la Feldgendarmerie de Bourg a appréhendé, à Arbigny, trois Lyonnais qui se trouvaient à 1 heure du matin au lieu où un avion avait atterri clandestinement au cours de la nuit précédente.

Rapport du capitaine Vercher, commandant provisoirement la compagnie de gendarmerie de l'Ain

Bourg, le 24 mai 1943

Le 11 mai 1943, un homme surpris au moment où il émettait des messages avec un poste de TSF dans les dépendances d'un café à Loyettes a été tué par des policiers allemands. La tenancière de l'établissement a été arrêtée.

Rapport du chef d'escadron Lanaud, commandant la compagnie de gendarmerie de l'Ain, au capitaine commandant la section de gendarmerie de Belley

Gendarmes et miliciens entretiennent souvent des rapports conflictuels.

Bourg, le 26 mai 1943

Le chef départemental de la Milice française de l'Ain vient de porter à ma connaissance les informations suivantes concernant la brigade de Saint-Rambert :

1 – Le personnel de cette brigade ferait montre d'une hostilité marquée à l'égard de la Milice. À plusieurs reprises, les tracts du modèle joint ont été ramassés ou décollés par la gendarmerie avec un zèle incompréhensible, car le caractère national de ces documents ne pouvait laisser subsister le moindre doute.

2 – L'adjudant aurait demandé à un jeune homme de Saint-Rambert s'il « connaissait les voyous qui avaient collé ces papillons pour leur tirer les oreilles et leur administrer quelques bonnes calottes ».

180

3 – Par contre, l'inscription suivante : « À bas la Milice, vendue, au poteau. Vive la Résistance » existerait depuis une quinzaine de jours sur la façade d'une cité appartenant aux filatures de la Schappe. La brigade ferait mine d'ignorer cette inscription.

4 – Il existerait, dans la région de Saint-Rambert, des défaillants au Service du travail obligatoire qui ne seraient pas recherchés par la gendarmerie avec le zèle voulu.

5 – Enfin, les gendarmes Rollet, Richard, Royot, Grillon et Brachet afficheraient des sentiments nettement antinationaux, de même que leur ancien chef, le maréchal des logis-chef Demary.

Rapports du capitaine Vercher, commandant provisoirement la compagnie de gendarmerie de l'Ain

Bourg, le 21 août 1943

La Milice fait preuve d'une assez grande activité sur certains points du département. Les derniers événements qui se sont produits à Saint-Rambert et Tenay (arrestations par les autorités allemandes, attentats terroristes) ont acquis à cette formation une hostilité très marquée de la part de la population. L'opinion publique est convaincue que toutes les arrestations ont pour point de départ la Milice. Il est à craindre que cette hostilité passive ne se transforme un jour en représailles sanglantes.

*

Bourg, le 21 septembre 1943

Le 29 août à 0 heure, la gendarmerie de Logis-Neuf, en embuscade, a contrôlé deux cyclistes, porteurs l'un de tracts d'inspiration gaulliste, l'autre d'un engin explosif destiné à commettre un attentat contre un milicien. Leur interrogatoire a permis de découvrir une organisation locale terroriste composée de sept personnes des communes de Ferrex et Vonnas (Ain), appartenant aux mouvements de résistance unis. Ces sept personnes ont été arrêtées.

Le 9 septembre, apposition de papillons à Pont-d'Ain dénonçant comme collaborateurs certaines personnalités, dont le maire et l'adjudant de gendarmerie commandant la brigade locale.

Le 29 août, à l'entrée de Pont-d'Ain, explosion d'un engin à l'arrière de la voiture automobile occupée par le général d'armée D. et appartenant à M. B., chef départemental de la Légion française des combattants. Dégâts matériels importants. Le général D., légèrement blessé, a pu rejoindre son domicile.

Rapport du chef d'escadron Lanaud, commandant la compagnie de gendarmerie de l'Ain

Bourg, le 23 novembre 1943

Dans la nuit du 16 au 17 octobre, à Saint-Rambert, inscriptions menaçantes à l'égard de membres de la Milice. Ces inscriptions peintes au goudron étaient accompagnées de dessins représentant une tête de mort avec tibias et une potence.

Le 6 novembre, 2 340 kilos de cordeau détonateur et de mèche lente appartenant et destinés à l'usine Kinsmen à Seyssel (Ain) ont été volés dans la gare de cette localité.

Le 11 novembre à Oyonnax, cent cinquante à deux cents jeunes gens des groupes de résistance, en armes, ont défilé devant le monument aux morts, après avoir neutralisé le bureau de poste, interrompu les communications téléphoniques et désarmé quelques agents de police, auxquels ils ont rendu leurs armes après leur courte manifestation.

Le 30 octobre, à 22 heures, à Contrevoz, un attentat par explosif a été perpétré sur la maison d'habitation du président de la légion. Pas d'accident.

Le 30 octobre, entre 22 et 24 heures, à Saint-Germain-de-Joux, des jeunes gens des groupes de défaillants venus dans deux camions ont volé environ 10 tonnes de fromage et 140 kilos de beurre stockés dans les caves de M. Reynier, marchand de fromages. Préjudice causé évalué à 477 000 francs.

La gendarmerie et la Résistance

Rapports du capitaine Demazières, commandant provisoirement la compagnie de gendarmerie de l'Ain

Bourg, le 23 décembre 1943

Le 6 décembre, vers 16 h 30, trois individus armés ont contraint les époux P., tenanciers de l'Hôtel du Jura à Nantua, à se dévêtir et à effectuer, presque nus, un circuit de 600 à 700 mètres à travers les rues de Nantua. Ils ont ensuite été emmenés, en voiture et dans cette tenue, à Oyonnax, où semblable promenade a eu lieu.

Le 14 décembre, une opération de police a été effectuée à Nantua et Oyonnax par les troupes d'opérations. M. Allante, adjoint au maire de Nantua, M. le capitaine Vercher, commandant la section de gendarmerie de Nantua, M. le Dr Mercier, de Nantua, et environ cent cinquante hommes de dix-huit à quarante ans ont été arrêtés et emmenés par les troupes d'opérations, à la suite des incidents de l'affaire P., du 6 décembre.

À Oyonnax, M. Maréchal, maire démissionnaire, M. Santhonnax, faisant actuellement fonction de maire, et M. Rochaix, industriel à Arbent, ont été pris à leur domicile par les troupes d'opérations.

Le capitaine Vercher, commandant la section de Nantua, est donc accusé de proximité lors de l'agression du couple de collaborateurs. Un avis émanant des troupes allemandes, placardé dans les rues de Nantua, informe que les otages « séjourneront jusqu'à la fin de la guerre dans un camp de concentration en Allemagne ». Vercher sera libéré en mars 1944.

*

Bourg, le 23 décembre 1943

Le 24 novembre, vers 16 h 30, assassinat du milicien B., restaurateur à Marlieux.

Le 4 décembre, vers 16 heures, assassinat de M. P., restaurateur à

183

Villieu, et tentative de meurtre contre Mme G., commerçante en papeterie à Rillieux.

Dans la matinée du 14 décembre, à Oyonnax, M. Maréchal, maire démissionnaire, M. Santhonnax, faisant fonction de maire, et M. Rochaix, industriel à Arbent, ont été découverts à proximité de la ville, tués par des balles provenant d'armes automatiques.

Dans l'après-midi du même jour, le cadavre de M. le Dr Mercier, de Nantua, a été découvert à proximité de Maillat, en bordure de la route nationale 84. Il avait été tué par des balles provenant d'armes automatiques.

Les 20 et 21 novembre, à la suite de nombreux vols commis dans la région par des individus armés, une opération de police a été effectuée dans la région de Granges. Une expédition composée de trois escadrons du 1er régiment de la garde, soixante GMR [groupes mobiles de réserve] et vingt inspecteurs venus de Lyon a été dirigée contre le pic de Granges. Aucun réfractaire n'a été rencontré au cours de l'exploration, mais un camp dont l'évacuation paraissait récente a été découvert.

*

Bourg, le 29 janvier 1944

Le 30 décembre 1944, à 1 kilomètre au nord-est des Neyrolles, sur la route nationale 84, un guet-apens a été tendu aux forces de police détachées à Nantua. Elles ont été accueillies par des tirs d'armes automatiques. Au cours de l'agression, il y eut deux morts et plusieurs blessés.

Le 3 janvier à Don, près d'Artemare (Ain), attaque à main armée du poste de gendarmerie chargé de la surveillance du centre hippique et vol de l'armement du personnel.

Le 15 janvier, à Seyssel (Ain), attaque à main armée de la caserne de gendarmerie. Enlèvement du commandant de brigade et de tout l'armement du personnel.

Le 15 janvier, à 14 h 30, sur la route nationale 84 à Cerdon (Ain), une bande d'individus armés de pistolets et de mitraillettes ont attaqué une voiture dans laquelle se trouvaient deux militaires allemands, dont un officier. Ce dernier a été blessé de deux balles dans la poitrine. L'intervention rapide de la gendarmerie a permis d'empêcher qu'il ne soit achevé. Le chauffeur, non blessé, a été fait prisonnier par les agresseurs, et la voiture, emmenée. Cette attaque a causé une très grosse émotion à Cerdon.

Le 24 janvier, à 13 h 30, au sommet de la côte de Sylans, à 6 kilomètres de Nantua, cinq militaires de la Feldgendarmerie stationnée à Nantua, transportés dans deux automobiles civiles requises et se dirigeant sur Bellegarde, ont été attaqués par un groupe d'individus armés d'armes automatiques. Trois Allemands ont été tués, ainsi que l'un des deux chauffeurs civils, M. Chatenoud, de Bellegarde. Vive émotion aux Neyrolles.

*

Bourg, le 1er février 1944

Le 29 janvier, à 14 heures, à Bellegarde, quatre individus armés de mitraillettes ont pénétré à l'hôtel de Paris et ont ouvert le feu sur un consommateur, le nommé Denis G. Ce dernier a été tué et son cadavre, emmené en automobile par les agresseurs.

Rapports du chef d'escadron Lanaud, commandant la compagnie de gendarmerie de l'Ain

Bourg, le 4 février 1944

Le 3 février 1944, vers 12 heures, le capitaine Vauban, commandant la section de Belley, a été enlevé à Ruffieu (Ain) par une bande armée et emmené par cette dernière en direction d'Hotonnes.

[La veille, des coups de feu avaient été échangés entre des militaires allemands et des maquisards près de Ruffieu. Le capitaine Vauban et le sous-préfet s'étaient rendus sur les lieux pour procéder à l'enquête. Il y avait eu sept morts du côté des maquisards. Une ferme avait été incendiée par les Allemands.]

L'affaire éclaircie, vers 12 heures, le capitaine me donnait par téléphone de la cabine de Ruffieu les premiers éléments de son enquête.

Le capitaine Vauban était sur le point de terminer son message lorsque subitement la communication était interrompue. Je rappelais mais en vain. Vers 13 heures, j'apprenais par le facteur receveur de Ruffieu que la communication avait été coupée à la suite de l'irruption subite dans la

185

cabine d'une bande de jeunes gens armés de mitraillettes qui avait emmené le capitaine. [...]

Sept ou huit jeunes gens, armés de mitraillettes [...], s'élancent hors du véhicule en criant : « Haut les mains, pas un geste ou nous tirons ! »

Les assaillants demandent : « Où est le capitaine Vauban ? Nous voulons le capitaine. » Pas de réponse. Trois hommes s'élancent alors en direction de la cabine téléphonique et s'y engouffrent. Le capitaine Vauban, seul, en train de téléphoner est immédiatement réduit à l'impuissance et conduit sous la menace des mitraillettes jusqu'à la voiture des terroristes. Vainement, monsieur le sous-préfet tente de parlementer avec le chef de la bande, qui se borne à répondre qu'il a reçu mission d'enlever le capitaine et qu'il exécute l'ordre donné. Toutefois, il assure qu'il ne sera fait aucun mal à l'officier, qu'il emmène, dit-il, pour l'interroger.

*

Bourg, le 15 février 1944

Le capitaine Vauban, commandant la section de Belley, a réussi à s'évader le 6 février 1944, après quatre jours de captivité dans diverses fermes du plateau de Retord.

Aussitôt après son arrestation au bureau de poste de Ruffieu, le capitaine Vauban avait été emmené en automobile, une cagoule sur la tête et solidement encadré, dans un village de la région, probablement Hotonnes. Le même soir vers 20 heures, il était conduit à pied en pleine montagne dans une ferme isolée où il retrouvait d'autres prisonniers du « maquis », en particulier le maréchal des logis-chef Chazallet, commandant la brigade de Seyssel, enlevé au cours d'une attaque de sa caserne dans la soirée du 15 janvier 1944. Il devait rester dans cette ferme jusqu'au 5 à midi, heure à laquelle, se sentant menacés par les troupes allemandes qui effectuaient depuis le matin même une vaste opération de police dans la région, les réfractaires, au nombre de quatre-vingts environ, décidèrent de se replier avec leurs prisonniers sur une ferme de la haute montagne. C'est ainsi que la colonne marcha de midi à 21 heures.

Le lendemain soir 6 février, à 17 heures, le groupe réduit à une trentaine se remettait en route à travers la montagne enneigée pour gagner un nouveau refuge.

La gendarmerie et la Résistance

Bien décidé à s'évader, le capitaine avait fait part de son projet au maréchal des logis-chef Chazallet et lui avait offert de tenter sa chance en même temps que lui. Il est bien évident que l'opération envisagée comportait de nombreux risques graves. Outre celui résultant de l'emploi des armes par les individus préposés à leur garde, ces derniers ayant fait savoir que tout prisonnier tentant de s'évader serait immédiatement abattu, il y avait en particulier le danger de se trouver isolé dans une région très montagneuse, absolument inconnue et recouverte d'une épaisse couche de neige (50 centimètres environ), loin de toute agglomération, sans nourriture et sans vêtements suffisants pour se protéger contre une température extrêmement basse. Il y avait lieu de redouter enfin la rencontre d'autres éléments dissidents, nombreux dans cette région.

Le maréchal des logis-chef Chazallet ayant jugé l'opération trop incertaine, le capitaine Vauban mettait seul son projet à exécution [1].

Profitant d'un allongement de la colonne qui s'était remise en marche le 6 vers 17 heures pour se replier sur un troisième gîte, l'officier parvenait à fausser compagnie à ses gardiens. Après s'être attardé quelques instants en queue de colonne en faisant mine de relacer ses chaussures, le capitaine faisait demi-tour et, autant de peur de s'égarer que pour éviter de laisser dans la neige fraîche des empreintes de pas qui l'auraient certainement fait découvrir, il s'élançait sur la piste même laissée par la colonne. Après une course d'environ une demi-heure, le capitaine s'enfonçait dans les bois.

Le hasard l'amenait épuisé, après plusieurs heures de marche effectuées la nuit, dans un terrain très accidenté et complètement inconnu dans le village de Craz, d'où l'officier pouvait, grâce au secours d'une personne sûre connue de lui, se reposer un peu et préparer son retour à Belley. Le 7 dans la matinée, le capitaine Vauban, à qui l'on avait prêté des vêtements civils, parvenait à Seyssel et, de là, à sa résidence, où il devait immédiatement s'aliter en raison d'une grave bronchite contractée pendant sa captivité. En vue d'éviter toute action de représailles à son égard, les mesures nécessaires étaient immédiatement prises par le commandement pour l'hospitaliser loin de Belley.

---

1. Le maréchal des logis-chef Chazallet réussira, lui aussi, à s'évader. Voir, à ce propos, le rapport du 29 février 1944, p. 188.

Chronique d'une France occupée

*

Bourg, le 27 février 1944

Le 3, à Hauteville, attaque à main armée du domicile de M. H., chef de la milice d'Hauteville, meurtre du beau-père de ce dernier, M. M., et enlèvement des miliciens C., D. et A.

Le 23 février 1944, Mme C., demeurant à Sathonay-Village, a été trouvée assassinée à son domicile. Sur son corps a été trouvé un papier signé du Comité exécutif terroriste lyonnais. [...]

Pendant la période du 5 au 14 février, une vaste opération de police a été effectuée par les troupes allemandes dans de nombreuses communes des arrondissements de Belley et Nantua. La circulation et les communications téléphoniques ont été interrompues. De très nombreuses perquisitions ont été effectuées. Plusieurs personnes ont été fusillées (vingt-neuf). De nombreuses arrestations ont été opérées (trois cent quarante-quatre). Des fermes ont été incendiées (soixante-trois).

Du 5 au 10 février, arrestation par les Allemands de l'adjudant Bertrand, des gendarmes Grillon, Rollet (Saint-Rambert), du maréchal des logis-chef Pfirsch, des gendarmes Traffey, Limosin et Rousset (Brenod), de l'adjudant-chef Maréchal, de l'adjudant Donet, du maréchal des logis-chef Barbe et des gendarmes Vernet et Oviste (Nantua).

*

Bourg, le 29 février 1944

Enlevé par une bande armée qui a attaqué sa caserne le 15 janvier 1944, le maréchal des logis-chef Chazallet, commandant la brigade de Seyssel, a réussi à s'évader le 8 février 1944, après trois semaines de détention dans divers refuges de la haute montagne.

Cette évasion s'est exécutée à la faveur du désarroi qui régnait, de plus en plus marqué dans le camp des réfractaires depuis le 5 février, jour où a commencé dans la région de Bugey la vaste opération de police exécutée dans le département par les troupes allemandes. (Il a été interrogé sur son activité concernant la recherche des réfractaires au STO [Service de travail obligatoire] mais n'a pas été maltraité.)

*

Bourg, le 1ᵉʳ mars 1944
Le 28 février, vers 21 heures, huit individus se disant du « maquis » se sont fait remettre de l'essence, de l'huile et divers accessoires auto par Barnet, garagiste à Vonnas. Ils ont payé la totalité des marchandises accaparées.

*

Le gendarme Charles est accusé par sa hiérarchie d'avoir donné des renseignements à des « inconnus ».

Bourg, le 8 mars 1944
Ainsi, grâce à son mutisme, le gendarme Charles a permis à cette bande de malfaiteurs d'opérer pendant une dizaine de jours dans la région et d'y commettre un certain nombre de méfaits. Les liaisons qu'il a eues avec ces individus dans les jours qui ont suivi leur installation à Bâgé n'ont pu être précisées. Elles sont douteuses.
Par inconscience, a indiqué à un jeune homme qu'il connaissait peu et à un officier qu'il ne connaissait pas une ferme isolée inhabitée, qu'il a su par la suite servir de pied-à-terre provisoire à un petit groupe de francs-tireurs.

Le commandant de compagnie propose qu'il soit éliminé de l'arme.

*

Bourg, le 10 mars 1944
Le 3 mars 1944, la brigade de Vonnas, réduite à un maréchal des logis-chef et deux gendarmes, met en état d'arrestation trois terroristes

189

surpris par elle en train de cambrioler un débit de tabac de la résidence. Elle s'empare, avant qu'ils aient eu le temps de s'en servir, de deux mitraillettes, d'un pistolet chargé et d'une grenade dont ils étaient porteurs. Puis le chef de brigade, tout seul, met en échec quatre autres terroristes armés de mitraillettes qui tirent sur lui plusieurs rafales sans l'atteindre. Ce gradé ouvre alors le feu à l'aide de son mousqueton, blesse grièvement un des malfaiteurs et saisit sur lui une mitraillette.

Le 8 mars 1944, les brigades d'Injoux et de Bellegarde découvrent un dépôt d'armement très important, aménagé depuis peu dans une ferme : une centaine de mitraillettes, une cinquantaine de fusils, vingt sacs de cartouches et des grenades. Elles s'en emparent après avoir échangé plusieurs coups de feu avec une dizaine de terroristes armés de mitraillettes. [...]

Au début de l'après-midi, l'action de la gendarmerie française se poursuit en liaison avec les troupes allemandes arrivées sur les lieux. Trois gendarmes français, qui servent de guides aux troupes d'opérations, sont soumis à nouveau au feu des terroristes. L'un d'eux est à côté du lieutenant de gendarmerie allemand au moment où ce dernier est gravement blessé. L'officier, commandant le détachement allemand, félicite la gendarmerie française pour son attitude courageuse et demande le nom des trois gendarmes précités en vue de leur faire adresser des compliments.

*

Bourg, le 29 mars 1944

Le 17 mars, à 4 h 30, à Serrières-sur-Ain, canton d'Izernore, un barrage routier composé de vingt-trois gradés et gendarmes a été attaqué par soixante terroristes puissamment armés. Au cours de l'engagement, un gendarme a été blessé, un terroriste a été fait prisonnier. Un important matériel de guerre a été saisi.

*

Durant le mois d'avril, cinquante sabotages sont recensés, ainsi que quarante attaques à main armée.

La gendarmerie et la Résistance

Bourg, le 28 avril 1944

Le 7 avril, à Pont-d'Ain, assassinat par arme à feu de l'adjudant Francon, commandant la brigade de cette localité.

Le 22 avril, à Vésines (Ain), tentative de meurtre par arme à feu de M. L., vice-président de la section locale des combattants.

Pendant la période du 8 au 20 avril 1944, de vastes opérations de police ont été effectuées par les troupes allemandes dans de nombreuses communes de l'arrondissement de Bourg et Nantua. Au cours de ces opérations, qui ont été dirigées contre les groupes de résistance du « maquis » et contre les populations : cent quatre-vingt-onze personnes arrêtées, quatre-vingt-huit immeubles incendiés, vingt personnes fusillées.

Rapport du capitaine Demazières, commandant provisoirement la compagnie de gendarmerie de l'Ain

Bourg, le 11 mai 1944

Le 20 mars 1944, au cours d'un engagement de la gendarmerie avec des terroristes, les gendarmes B. et R. ont fait preuve d'un manque de cran manifeste. Ils n'ont pas osé faire usage de leurs armes, et c'est le personnel de la brigade de Tenay, venu en renfort, qui a dispersé les bandits.

Enfin, le gendarme R. est beau-frère du chef départemental de la Milice et cette parenté crée un certain malaise dans la caserne. Le gendarme Olivier a appris qu'il figurait sur une liste de suspects à arrêter par la Gestapo. Il s'attend à être appréhendé d'un jour à l'autre.

*

Bourg, le 28 mai 1944

Le 20 mai, les troupes d'opérations accompagnées de la Milice française ont perquisitionné à l'abbaye de Notre-Dame-des-Dombes, commune du Plantay. Motif : recherche d'armes. Au cours de l'opération, cinq personnes ont été arrêtées et deux autres tuées.

Personnes tuées : Neyret Pierre, Louis [...], en religion, père Amédée, Cordier Octave [...], en religion, père Maurice.

Personnes arrêtées : Vodenik Jean, en religion, père Hermann, Saint-clair Viraud, élève prêtre, Routa Georges, élève prêtre, Perrin Maurice, Buiret Jean.

Après la Libération, dans l'Ain, comme partout en France, les rapports rendent compte des actes de résistance des gendarmes. « Pantouflards » et collaborateurs sont stigmatisés...

Rapports du capitaine Vercher, commandant provisoirement la compagnie de gendarmerie de l'Ain

Bourg, le 15 novembre 1944

Le gendarme Vollerin Albert, de la brigade de Bellegarde, a eu une activité clandestine remarquable au point de vue de la Résistance. Avec un esprit d'abnégation total, connaissant la nature des représailles qu'il encourait, il n'a cessé, depuis mai 1943, de remplir des missions périlleuses en faveur des réfractaires, tantôt en les prévenant des opérations projetées contre eux par les Allemands, tantôt en établissant et transportant des documents relatifs à la Gestapo, ou en les faisant ravitailler à des moments critiques.

En février 1944, se sachant recherché par la Gestapo, il se cache et continue néanmoins avec une ténacité incroyable à s'occuper de la Résistance. C'est ainsi qu'à cette époque il participe à diverses opérations de parachutage ayant pour but de ravitailler le maquis. Il organise lui-même le transport des conteneurs jusqu'aux camps.

Objet d'un déplacement d'office à la compagnie de la Loire en mars 1944, il regagne alors les FFI [Forces françaises de l'intérieur] à Charix. (Proposition d'avancement.)

*

Bourg, le 16 novembre 1944

Le gendarme P., quelles que soient les excuses qu'il invoque, a commis une faute grave, qu'il importe de sanctionner.

Il n'avait que deux alternatives :
– obéir à ses chefs,
– rentrer à la Résistance.

Il a préféré bifurquer sur la voie la plus facile du pantouflard, à son aise chez lui, pendant que ses camarades, au maquis ou à leur poste, couraient les risques de la situation du moment. Il invoque le cas de conscience. S'il avait écouté sa conscience, il aurait compris que, lorsqu'il s'agit de chasser l'ennemi, il faut prendre position et non se « camoufler » comme il l'a fait, ne rendant aucun service au pays. Son exclusion s'impose.

*

Bourg, le 14 décembre 1944

Le gendarme L. a incontestablement travaillé contre les éléments de la Résistance, et il a dû être le cauchemar de tous les patriotes de sa circonscription. Il aurait pourtant dû comprendre où était son devoir et suivre les autres gendarmes de la résidence, qui servaient la bonne cause, au lieu d'obéir aveuglément aux ordres de Vichy et de faire preuve, à l'occasion, d'initiative personnelle.

Rapport du capitaine Vercher, commandant provisoirement la compagnie de gendarmerie de l'Ain, sur la participation du personnel de sa compagnie à la Résistance

Bourg, le 17 janvier 1945

Cent quatre-vingt-sept officiers, gradés et gendarmes, ont combattu dans les rangs des FFI ; sept sont morts, trois sont blessés.

Dans la nuit du 15 au 16 mars 1944, les gendarmes Monnier et Rouget sont désignés pour effectuer un barrage contre le maquis à Izernore, au cours d'une opération effectuée par d'importantes forces de milice et GMR. Ces gendarmes préviennent les chefs du maquis et les dirigent sur un chemin exploré par eux auparavant.

Le 21 novembre 1943, une opération de police fut montée aux Granges. Le préfet régional Angeli et l'intendant de police Cussonac y assistaient. Prévenu de cette opération, le capitaine Vercher, commandant la section de Nantua, s'entendit avec les chefs du maquis et fit échouer l'opération.

Le 20 janvier 1944, les gendarmes Berger et Marcilly appréhendent les Algériens B. Toumi et B. Raba, informateurs de la Gestapo, et les remettent à la Résistance.

En novembre 1943, remise par le gendarme Vollerin de la liste des agents de la Gestapo résidant à l'hôtel Terminus à Bellegarde. Ce gendarme recherché par la Gestapo doit être muté.

Début 1944, la brigade de Châtillon-sur-Chalaronne donne aux chefs du maquis l'identité d'un individu appartenant à la Milice et à la Résistance et ayant conduit une opération contre le maquis à Saint-Trivier-sur-Moignans.

En août et septembre 1940, le gendarme Tribillon, alors de garde au camp de Vénissieux, favorisa l'évasion de Juifs sur le point d'être déportés en Allemagne.

Le 14 décembre 1943, le capitaine Vercher, commandant la section de Nantua, est arrêté par la Gestapo et interné en Allemagne. Il a été libéré le 24 mars 1944.

Le 8 décembre 1944, sont arrêtés par la Gestapo et internés en Allemagne : le maréchal des logis-chef Pfirsch, le commandant de la brigade de Brenod, les gendarmes Limosin, Traffey et Rousset de la brigade de Brenod.

Le 10 février 1944, sont arrêtés par la Gestapo et internés en Allemagne : l'adjudant-chef Maréchal, l'adjoint au commandant de la section de Nantua, l'adjudant Donet, commandant la brigade de Nantua, le chef Barbe, de la brigade de Nantua, le gendarme Vernet, idem, les gendarmes Chevalon et Oviste.

DOUBS

Le passage de la ligne de démarcation

Rapport du sous-lieutenant Artus Edgar, commandant la section de gendarmerie de Pontarlier

Pontarlier, le 8 janvier 1945

Du 23 juillet 1940 au 8 octobre 1941, le personnel de la section assura sous les ordres de l'adjudant-chef Jacques la surveillance de la ligne de démarcation dans le secteur Ardon-Châtelneuf (Jura). Des centaines de personnes passaient avec leur aide dans les deux sens (militaires évadés d'Allemagne, civils recherchés par les autorités allemandes, Juifs, etc.). Depuis 1942, la brigade de Morteau a dirigé sur la frontière suisse de nombreux Belges, Hollandais, Juifs de toutes nationalités. Fin octobre 1943, un aviateur canadien a été remis à des passeurs pour être dirigé sur la Suisse. En décembre 1943, deux Juifs hollandais ont été conduits à la frontière suisse par les soins du gendarme Bardot, de la brigade de Montbenoit.

En mars 1944, les gendarmes Comte et Perruche ont arrêté deux individus, dont l'un était aviateur américain. Après qu'ils furent jugés et condamnés pour la forme par le tribunal de Pontarlier, ils furent hébergés avec l'aide du gendarme Perruche, puis dirigés sur l'Espagne.

HAUTE-SAVOIE

« On peut se demander ce que feront à la longue tous ces oisifs »

Rapport du chef d'escadron Calvayrac, commandant la compagnie de gendarmerie de la Haute-Savoie

Un rapport visionnaire. On constate l'une des toutes premières apparitions du terme « maquis » pour cette période dans les archives de la gendarmerie. Or, le mot a pour ces militaires un sens très précis : il renvoie à la Corse, où ils ont longtemps été engagés pour rechercher des « bandits » et ont subi des pertes considérables. Dans un environnement hostile, Corse ou Haute-Savoie, l'interpellation de personnes recherchées s'avère une tâche très délicate. Le chef d'escadron Calvayrac alerte sa hiérarchie. Il pressent que la constitution de groupes de réfractaires au STO, de plus en plus importants et travaillés par les idées communistes, représente une menace pour la stabilité des campagnes.

Annecy, le 22 mars 1943

Dans les derniers rapports mensuels sur l'état d'esprit des populations, j'ai signalé que l'immense majorité des habitants de la Haute-Savoie était hostile au STO. Les défections ont été particulièrement nombreuses dans la région de Cluses, à tel point que, sur trois cent quatorze ouvriers désignés dans l'arrondissement de Bonneville, cinquante à peine ont été découverts. Tous les autres ont gagné des chalets de montagne, où ils vivent ravitaillés par les paysans. Au début du mois de mars [...], de nombreux jeunes gens ont abandonné leur domicile, leur travail, leur famille pour prendre le maquis.

Un officier de gendarmerie décide de se faire une idée par lui-même. Le 3 mars, il se rend dans un chalet près de Draillant. Il trouve environ vingt jeunes, « en majorité étrangers au pays », armés de deux Mauser, de deux fusils de chasse et de plusieurs pistolets et revolvers. Le 8 mars au matin, le préfet se rend sur place pour rencontrer les « maquisards » avec les gendarmes !

Calvayrac raconte : « Dans le chalet, nous aperçûmes un ravitaillement assez important, quelques munitions et nous pûmes lire affichées aux murs des consignes précises – horaires de la journée, menus, plan de défense... Et tous ces placards portaient en tête la mention "Groupe Vaillant-Couturier". »

Un peloton de gendarmerie est alors chargé d'isoler les chalets en bloquant les routes « de façon à entraver le ravitaillement des rebelles ». Le 12 mars, les militaires notent de nombreux retours de jeunes dans leurs familles. Puis des escadrons de la garde arrêtent une soixantaine de personnes, qui sont conduites à Annecy. « Il n'y eut pas de coups de feu, pas d'incidents, pas de résistance violente. »

Dans le même rapport, Calvayrac note que mille quatre-vingts convocations ont été remises dans le département ; or, seulement cent dix jeunes sont partis en Allemagne, alors que mille sept cents seraient montés au maquis.

Les incidents sont-ils terminés ? « Au risque de passer pour un pessimiste, je réponds sans hésitation NON. En effet [...], les agriculteurs sont tous, ou presque, revenus à leur domicile, mais les ouvriers, les employés, tous les astreints au Service du travail obligatoire, les meneurs communistes, etc., où sont-ils ? [...] On peut se demander ce que feront à la longue tous ces oisifs et la vie qu'ils mèneront [afin de] continuer ce qu'ils appellent leur résistance. »

JURA

Les maquisards trinquent avec leur victime et promettent de rendre l'argent après la guerre

Rapports du chef d'escadron Barnouin, commandant la compagnie de gendarmerie du Jura

Lons-le-Saunier, le 23 mars 1943

On constate un certain malaise causé par les fréquents départs pour l'Allemagne et le Service obligatoire du travail. Malaise qui s'est même traduit par une manifestation assez sérieuse à Saint-Claude. La foule, mille deux cents personnes environ, prenant prétexte d'une réunion de la Milice, qui n'a pas non plus la faveur du public, a extériorisé des sentiments peu favorables à la relève. Un service d'ordre assez important (trois pelotons de gendarmerie, un groupe mobile de réserve) a été organisé. Le calme a été très rapidement ramené.

*

La recherche des défaillants n'est pas une priorité pour certains gendarmes.

Le 16 août 1943, le commandant de section étant en service et le maréchal des logis-chef secrétaire étant en permission, le gendarme Fernet Jean, secrétaire du commandant de section, a reçu une communication téléphonique de la brigade de Bletterans qui rendait compte de ce qu'un défaillant du Service du travail obligatoire devait se trouver à Lons-le-Saunier, où il pourrait être appréhendé. Ce militaire n'a pas pris l'initiative qui s'imposait, et surtout n'a pas rendu compte au commandant de section lors de sa rentrée.

Le gendarme Fernet reçoit un avertissement.

*

Lons-le-Saunier, le 16 septembre 1943
[Le commandant de section est réveillé par le bruit d'une forte explosion.]
Peu après, il apprenait qu'il s'agissait d'un attentat perpétré contre la porte de l'escalier donnant accès au parc intérieur de la préfecture, aux appartements de monsieur le préfet du Jura, situés au premier étage. L'explosif a été placé contre le montant de la porte. Il a arraché complètement celle-ci et a provoqué le bris de nombreuses vitres de la façade. [...]
Dans le parc, à proximité de la porte, un rectangle de papier fort a été trouvé. Il portait : « Un avertissement amical des volontaires pour le STO », en lettres manuscrites.

La gendarmerie et la Résistance

Rapports de l'adjudant-chef Tissot, commandant provisoirement la section de gendarmerie de Lons-le-Saunier

Lons-le-Saunier, le 26 septembre 1943

Le 25 septembre 1943, à 22 h 20, un engin dit « plastic » a explosé au pied de la porte d'entrée du magasin d'épicerie de M. d'A. (Roch), 14, rue des Salines à Lons-le-Saunier. [...]

Mobile de l'attentat : ce négociant a un fils, Antoine, poète-écrivain, qui, à la suite d'une convocation, est parti travailler à Cassel (Allemagne) en juillet dernier. M. d'A. Antoine a fait à un journaliste de la ville ses impressions plutôt favorables sur son séjour en Allemagne ; il lui a parlé notamment du travail à l'usine et du confort au camp. Ses impressions viennent de faire l'objet d'un article qui a été inséré dans le journal l'Effort des 25 et 26 septembre 1943, sous le titre « Un jeune écrivain devenu mécanicien en Allemagne parle des camps de travailleurs français ».

*

Lons-le-Saunier, le 29 septembre 1943

Le 28 septembre 1943, à 21 h 45, la gendarmerie d'Orgelet était prévenue que M. P. (Jules), trente-quatre ans, cultivateur à Onoz (Jura), venait d'être victime d'un attentat par au moins deux individus inconnus. Ceux-ci, dissimulés derrière un poteau en bois supportant le balcon de la maison P., tirèrent trois balles de revolver en direction de M. P. au moment où il sortait dehors pour se rendre dans sa chambre à coucher. Une balle l'atteignit au ventre, nécessitant son transport immédiat à l'hôpital de Lons-le-Saunier. M. P. décédait après l'opération. [...]

Mobile du crime : M. P. était chef de trentaine à la Milice.

*

Lons-le-Saunier, le 13 octobre 1943

Le 13 octobre 1943, vers 2 h 45, le cadavre de l'instituteur V. (Michel), vingt-neuf ans, en fonction à Cuisia (Jura), a été trouvé sur le chemin de grande communication n° 2, à 200 mètres à l'ouest du village, par son beau-père, M. G., demeurant avec lui. M. V. était milicien depuis un an environ.

Rapports du capitaine Nicolas, commandant la section de gendarmerie de Lons-le-Saunier

Lons-le-Saunier, le 28 octobre 1943

Le 27 octobre 1943, vers 17 h 30, un habitant de Commenailles (Jura) se rendant à Lons-le-Saunier a trouvé sur le bord de la route, à environ 4 kilomètres de cette ville, le cadavre d'un homme tué par une rafale de mitraillette.

Il s'agissait de C. (Pierre), né le 12 janvier 1915, milicien à Lons-le-Saunier, qui se rendait chez ses parents à Nance.

*

Une deuxième tentative d'assassinat est perpétrée contre M. J., le 6 novembre 1943.

Lons-le-Saunier, le 6 novembre 1943

Vers 7 h 30, il se rendait à l'écurie lorsqu'il se trouva face à face avec deux individus masqués qui le menaçaient de deux revolvers. M. J. referma la porte et s'enfuit en appelant au secours. Les deux agresseurs se lancèrent à sa poursuite. À ce moment, M. Schaeffer Albert, âgé de vingt et un ans, domestique chez M. J., se présenta à la porte de la cuisine et, voyant les terroristes aux trousses de son patron, tira dans leur direction deux coups de pistolet sans les atteindre. Ceux-ci ripostèrent par deux coups de revolver. Le domestique se retira à l'intérieur de la cuisine. Les terroristes, passant devant la porte, tirèrent encore un coup de feu, auquel Schaeffer répondit par un coup de pistolet. Ils s'éloignèrent ensuite à travers prés, en marchant au pas, l'un d'eux poussant une bicyclette. [...]

Le revolver utilisé par Schaeffer est celui du milicien C.

*

La gendarmerie et la Résistance

Lons-le-Saunier, le 7 décembre 1943

Le 6 décembre 1943, vers 22 heures, à Voiteur, chef-lieu de canton, quatre individus armés d'une mitraillette et de trois pistolets se sont fait remettre le tabac détenu par M. Malfroy Raoul, buraliste. Celui-ci a été payé 15 000 francs, somme qui représente la valeur du tabac.

Avant de partir en automobile, les agresseurs ont demandé à consommer une bouteille de vin jaune (château-chalon) qu'ils ont également payée – 150 francs. Le débitant a été invité à trinquer avec eux, ce qu'il a accepté de faire.

Les auteurs de l'attentat sont vraisemblablement des réfractaires.

*

Lons-le-Saunier, le 18 décembre 1943

Le 17 décembre 1943, vers 19 h 30, cinq individus masqués et armés de pistolets se sont présentés chez M. Tournier, fromager à Digne, canton de Saint-Amour, et se sont fait remettre une somme de 10 000 francs. Ils l'ont menacé de représailles s'il prévenait la police. Sur les instances du maire de la commune, M. Tournier s'est enfin décidé à prévenir la gendarmerie le 18 décembre vers 14 h 20. Il s'agit vraisemblablement de bandits de droit commun qui profitent de la situation pour se faire passer pour des réfractaires et rançonnent la population.

*

Lons-le-Saunier, le 21 décembre 1943

À Ablay, le 21 décembre, entre 0 et 2 heures, des individus en voiture tourisme ont pillé l'annexe de la colonie de vacances du Rosaire, à Paris.

Un inventaire sommaire des objets volés peut seulement être dressé : quarante à soixante draps, des linges de toilette, trois ou quatre pot-au-feu de 1 à 18 litres, douze à seize casseroles émaillées ou en aluminium, de la vaisselle (assiettes, verres), une vingtaine de cuvettes et de brocs. Ils ont laissé une pancarte portant ces mots : « Merci le maquis ». [...]

Il s'agit vraisemblablement de réfractaires.

Chronique d'une France occupée

*

Lons-le-Saunier, le 23 décembre 1943

Le 20 décembre 1943, vers 19 h 30, une quinzaine d'individus masqués et armés de mitraillettes et de revolvers ont cerné le hameau de Merlis, commune d'Orgelet. Trois d'entre eux ont fait irruption chez M. Frelin Henri, cultivateur au dit lieu. Sous la menace des armes, ils ont sommé M. Frelin de leur remettre la somme de 100 000 francs, sous prétexte qu'il avait fait du marché noir. Ils ont déclaré que si cette somme n'était pas remise dans un délai de « cinq minutes » le propriétaire serait tué sur-le-champ et sa maison, incendiée. L'intéressé, ne possédant pas cette somme, a dû emprunter chez les dix habitants du hameau pour réunir l'argent demandé. Cette opération a été effectuée par M. Frelin, accompagné de deux autres malfaiteurs, pendant que le troisième gardait les autres membres de la famille.

Une somme de 112 000 francs ayant été ainsi recueillie, les malfaiteurs n'ont pris que 100 000 francs, laissant le reste à la victime, qui, pour sa part, a donné 20 à 25 000 francs. Le surplus a été donné par les familles suivantes :

Poly (Nestor), Racaud (Léon), veuve Gerboin-Chavet (Auguste), Busillet (Victor), Forestier (Albert), Clerc (Albert) et Poly (Victor).

Les 12 000 francs laissés par les malfaiteurs ont été remis par la suite aux personnes ci-dessus par M. Frelin. Ce dernier, étant la seule personne visée par ces individus, remboursera la totalité dès qu'il aura les fonds nécessaires.

Les malfaiteurs se sont ensuite restaurés chez la victime, à qui ils ont déclaré que la famille serait tranquille, sous réserve de ne pas porter plainte, et que cette affaire ne devait pas être publiée dans la presse, ni par tout autre moyen, sinon ils reviendraient brûler la maison.

M. Frelin, se considérant la seule victime, a refusé de porter plainte et a insisté pour que la gendarmerie garde le silence sur cette affaire, cela afin d'éviter des représailles qui lui causeraient un préjudice irréparable. [...]

[Les malfaiteurs] ont promis de rembourser la somme après guerre et, en outre, ont ajouté qu'ils faisaient partie de la Résistance. Ils ont fait signer par la victime un papier dans lequel elle reconnaît (sous la menace des armes) avoir fait du marché noir.

Rapport du capitaine Hubert, commandant la section de gendarmerie de Saint-Claude

Saint-Claude, le 20 janvier 1944
Copie d'un tract découvert dans la commune de Viry.
« AVIS À LA POPULATION
« Plusieurs réfractaires se trouvent actuellement dans la région. Leur intention bien déterminée est d'y demeurer jusqu'à nouvel ordre. En conséquence, il est recommandé à chacun de ne poser aucune question et de ne donner aucun renseignement à qui que ce soit sur lesdits réfractaires et sur leur activité. Il est inutile de rappeler à quelles sanctions s'exposerait un trop curieux ou un trop bavard. De tels délits en temps de guerre sont assimilés à de l'espionnage ou à de la traîtrise.
« Nous ne saurions assez inviter au calme la population si, le cas échéant, une opération de police vichyssoise ou allemande était effectuée. Que chacun demeure chez lui et fasse en sorte de tout ignorer. De votre passivité peut dépendre votre salut. Votre complicité ne connaîtrait qu'un châtiment : LA MORT. »

Rapports du capitaine Nicolas, commandant la section de gendarmerie de Lons-le-Saunier

Lons-le-Saunier, le 2 mars 1944
Le 1er mars, vers 17 heures, à Thoirette, deux soldats de la Luftwaffe rejoignaient à pied une piste de repérage située à l'ermitage de Coisia lorsqu'ils furent appréhendés par cinq ou six individus armés et en camion. Sommés de se rendre, l'un d'eux tenta de résister. Après un échange de coups de feu, ce dernier fut assez sérieusement blessé. Il fut enlevé avec son camarade par la bande, qui prit la route nationale 436 en direction de Corveissiat (Ain).

203

Chronique d'une France occupée

*

Lons-le-Saunier, mars 1944

Le 8 mars, vers 0 heure, un détachement de la police allemande s'est rendu à Alièze (hameau des Rippes). Des renseignements très succincts ont seulement pu être recueillis sur l'engagement qui s'ensuivit. Vers minuit, une grenade explosive était jetée par la fenêtre des époux Michel, occupant en partie une maison. Mme Michel, blessée, sortait avec son mari. Tous deux étaient invités à se réfugier chez les voisins, puis autorisés à prendre leurs papiers et leurs valeurs.

Un combat s'est ensuite engagé, jusqu'à 10 heures du matin, entre des éléments armés occupant l'autre partie de la maison et les forces de police. Aucun habitant du village, n'ayant été témoin oculaire du combat, n'a pu donner de précisions. Les terroristes se seraient battus jusqu'à la dernière cartouche. Ils ont été retrouvés au nombre de dix. Leurs corps étaient calcinés et empilés, cinq devant la porte d'une grange, cinq devant la porte d'une étable, un bidon d'essence se trouvant à proximité. Il est possible qu'ils aient été passés par les armes, puis le feu aurait été mis à l'immeuble.

Une vingtaine d'individus armés ont enlevé un des corps calcinés et, vers minuit, ont réveillé le curé d'Orgelet. Ils ont déposé le cadavre à l'église en disant : « Nous venons d'Alièze. Nous ramenons un cadavre, voulez-vous faire le nécessaire pour l'enterrer ? »

*

Lons-le-Saunier, le 13 mars 1944

À la suite de recherches effectuées dans la section de Lons-le-Saunier, les brigades de Saint-Amour et Beaufort viennent de procéder à l'arrestation de deux dangereux terroristes nommés Monnet Gabriel et Ripin Arthur. Sur message téléphoné, la brigade voisine, de Cuiseaux (Saône-et-Loire), procédait à l'arrestation de deux autres membres de la bande, nommés Reynaud Pierre et Eijemann Marcel. Un cinquième membre a été tué le 7 février par la police allemande à Beaufort (Soldener Alphonse), vraisemblablement parce qu'il tentait de s'enfuir.

Le nommé Monnet Gabriel, arrêté le premier, a reconnu que la bande a participé à deux vols de tabac, à Loisia, chez Mme Gay, et à Montagna-le-Reconduit, chez M. Richard Félix, ainsi qu'à l'extorsion de fonds à Cuiseaux : 40 000 francs à M. Rathier et 30 000 francs à M. Beauvivre en décembre 1943. Les terroristes ont pu prendre part à des attentats sur la voie ferrée car certains étaient requis permanents.

Rapports de l'adjudant-chef Triponney, commandant provisoirement la section de gendarmerie de Saint-Claude

Saint-Claude, le 21 avril 1944
À la suite des opérations de police effectuées par les troupes d'opérations du 7 au 19 avril 1944, contre les groupes de réfractaires dans la montagne, les constatations suivantes ont été faites :
Le 9 à 11 heures, le rassemblement de tous les hommes de dix-huit à quarante-cinq ans sur la place du Pré fut ordonné. Il était indiqué que tous ceux de cet âge trouvés à leur domicile après 11 heures seraient fusillés sans jugement. Après examen de la situation de tous les présents, au nombre de deux mille environ, trois cent sept furent retenus et embarqués par train spécial le lendemain à 11 heures à destination de Lyon.
Vers 19 h 30, le jeune Lugard Jean, étudiant à Saint-Claude, figurant parmi les trois cent sept hommes retenus, était tué de plusieurs coups de feu pour avoir frappé un officier allemand. Le même jour, Mlle Lorge, infirmière, était arrêtée pour insulte envers l'armée allemande.

*

Saint-Claude, le 26 avril 1944
Du 6 au 19 avril 1944, opération de police menée par les troupes d'opérations. Au cours de celle-ci, quatre-vingts personnes ont été arrêtées sur le territoire de la circonscription de la section de Saint-Claude. En outre, les personnes dont les noms suivent ont été fusillées :
MM. Perrin Lucien et Perrier Étienne, demeurant à Larrivoire, MM. Burdet René et Michalet Lucien, demeurant à Choux, MM. Monneret Robert et Joly Fernand, demeurant à Villard-Saint-Sauveur, M. Perrier

Henri, demeurant à Chevry, M. Patel Gaston, demeurant à Molinges, M. Augier Léon, demeurant à Vaux-lès-Saint-Claude.

Après le départ des troupes d'occupation, les cadavres de cinq jeunes réfractaires ont été découverts à Chevry, six autres à Villard-Saint-Sauveur, lieu-dit Sur-le-Mont, trois à Longchaumois. Il s'agit des nommés : Thévenin Paul, Atti Roger et Brozzoni René, de Saint-Claude ; Sigaud Roger, de La Cluse (Ain) ; Collot Camille, de Poyans (Haute-Saône) ; Joz Armand, de Cuttura (Jura) et Granger Joanny, de Miribel (Ain). En outre, les cadavres de MM. Martin Lucien, Super Jean, de Grande-Rivière, et celui de Charton Paul, de Chaux-des-Prés, ont été retrouvés sur le territoire de la commune de Longchaumois.

Rapport de l'adjudant-chef Tissot, commandant provisoirement la section de gendarmerie de Lons-le-Saunier

Lons-le-Saunier, le 26 avril 1944

Du 13 au 25 avril, les troupes allemandes ont effectué des opérations de police dans les cantons de Lons-le-Saunier, Orgelet, Arinthod, Clairvaux et Saint-Julien. Au cours de celles-ci, onze personnes ont été tuées et une, blessée. Les forces de police ont procédé à cinquante-trois arrestations, quelques personnes ont été remises en liberté deux ou trois jours après. Dix-sept bâtiments à usage d'habitation et de culture, dont deux châteaux, ont été brûlés. De plus, quatre maisons sont démolies. Par suite de ces opérations qui avaient pour but la recherche des terroristes, la circulation a été interrompue, ainsi que les communications téléphoniques et postales.

Rapports du capitaine Nicolas, commandant la section de gendarmerie de Lons-le-Saunier

Lons-le-saunier, le 29 avril 1944

Le 28 avril 1944, vers 4 heures du matin, la police allemande a procédé à l'arrestation du maréchal des logis-chef Bodevin Félix, qui a été transféré à Lons-le-Saunier. Le gendarme Lamanthe, planton, a été arrêté dans les mêmes conditions. Le gendarme Scheibel, ayant entendu que la police allemande demandait avec insistance l'ouverture de la porte, a pris la fuite. Sa femme a été arrêtée à sa place, laissant trois enfants en bas âge. Le commandant de compagnie et le commandant de section se sont rendus le 28 avril à 10 heures auprès du chef de la police de sûreté pour connaître les motifs de l'incarcération des deux militaires. Il a été répondu que le gendarme Scheibel était en liaison avec un groupe de résistance, mais rien ne permet de croire que le fait est exact.

*

Lons-le-Saunier, le 20 mai 1944

Le 19 mai 1944, à 15 h 30 à Senaud (Jura), trois individus armés de pistolets se sont présentés au domicile de M. M. Anthelme, quarante-huit ans, cultivateur, et lui ont demandé s'il était le syndic du pays. Sur sa réponse affirmative, l'un des individus a dit : « Je suis le chef de la police du maquis, j'ai l'ordre de vous tuer. » Ils ont tiré trois coups de feu de revolver sur lui et sont partis, le laissant mort.

Rapport de l'adjudant-chef Tissot, commandant provisoirement la section de gendarmerie de Lons-le-Saunier

Lons-le-Saunier, le 27 mai 1944

Le 25 mai 1944, vers 0 h 30 à Conliège, cinq individus armés, dont quatre avec des mitraillettes et un avec un revolver, se sont présentés au domicile de M. Banderier Henri, boucher, en disant être de la police allemande. Ils ont tenu en respect M. Banderier avec leurs armes et fouillé l'appartement. Ils ont découvert le sac contenant l'argent, soit environ 300 000 francs en billets de banque, qu'ils ont emporté. Pris de soupçons sur la qualité des individus en question, M. Banderier a demandé aux services de police allemands si réellement il avait eu affaire à des agents appartenant à celle-ci. Il lui a été répondu qu'aucune opération n'avait été faite par elle à Conliège au cours de la nuit précédente.

**Rapports du capitaine Nicolas, commandant la section de gendar-
merie de Lons-le-Saunier**

Le 27 mai 1944, vers 0 h 15, la brigade de Saint-Julien
est attaquée et maîtrisée par une trentaine de maquisards
armés.

Lons-le-Saunier, le 28 mai 1944

L'un des agresseurs, paraissant le chef, s'adressant au commandant
de brigade et aux gendarmes réunis, leur reprocha sur un ton violent qu'ils
faisaient trop de service, en particulier en matière de contrôle des identités, que s'ils continuaient ainsi ils reviendraient à trois cents avec des
canons s'il le fallait. Vers 1 heure du matin, la bande se disposant à partir,
le commandant de brigade insista pour faire comprendre que la gendarmerie avait une mission et qu'elle ne faisait qu'exécuter les ordres reçus.
Il reçut l'ordre de ne rien dire de ce qui s'était passé, mais il ne prit aucun
engagement à ce sujet, précisant qu'il faisait son devoir.

*

Lons-le-Saunier, le 28 mai 1944

Le 23 mai 1944, le gendarme Mourot Pol, chef d'escorte, assisté du
gendarme Ejarque, de la brigade territoriale de Lons-le-Saunier, [...] devait
assurer le transfèrement d'un individu nommé Baud Raymond, défaillant
au STO. Ils devaient prendre le train de 7 h 39. Ce dernier ayant un retard
annoncé de une heure environ, les deux gendarmes quittèrent le quai n° 1
à hauteur du Buffet de la gare, où les voyageurs étaient peu nombreux et
où la surveillance serait plus aisée.

Vers 8 h 10 environ, le gendarme Mourot s'était éloigné d'une dizaine
de mètres. Il se trouvait au bord de la voie et tournait le dos au détenu
afin, prétend-il, d'assurer une surveillance plus lointaine en décelant les
manœuvres éventuelles de complices. S'étant retourné, le chef d'escorte
n'aperçut plus le nommé Baud et demanda aussitôt ce qu'il était devenu.
Le gendarme Ejarque a répliqué qu'il l'avait vu se déplacer en direction
de son père et n'y avait pas prêté attention, et que, trompant leur
confiance, il avait dû se rendre au Buffet. Des recherches effectuées dans

le Buffet par ces deux gendarmes, puis à bicyclette par le gendarme Mourot, restèrent sans résultat.

*

Saint-Claude, le 30 mai 1944

Le 29 mai 1944, vers 2 heures, la gendarmerie était prévenue que des individus étaient en train de commettre un cambriolage chez M. Laperrière, Transports à Saint-Blaise, commune de Saint-Claude. [Alors que les gendarmes s'apprêtaient à s'y rendre, on les prévient que les malfaiteurs sont déjà partis. Un gendarme qui était sorti aperçoit un camion en stationnement, vers l'église du Sacré-Cœur, autour duquel se trouvent de nombreux individus armés. Il rentre aussitôt prévenir la caserne.] Une patrouille de cinq hommes fut alors dirigée sur le lieu de stationnement du camion. Arrivée à hauteur de l'Hôtel du Globe, elle fut arrêtée par les sentinelles allemandes. [...] Au même moment, le bruit de véhicules automobiles était perçu dans la rue du Pré. [...] Les gendarmes se portaient immédiatement vers le deuxième poste allemand installé au bas de la rue Victor-Hugo. Chemin faisant, les occupants du premier véhicule ouvraient le feu sur les soldats allemands, lesquels venaient d'être rejoints par les gendarmes français. La riposte du poste allemand fut immédiate, mais à leur tour les occupants du deuxième véhicule, qui suivait le premier, ouvraient un feu nourri sur les militaires allemands et français.

Un sous-officier allemand fut tué, deux soldats furent blessés, ainsi qu'un gendarme français.

[Les gendarmes constatent ensuite que l'entrepôt des tabacs a été cambriolé par ces individus. Puis ils entendent une vingtaine d'explosions provenant de la gare. Un autre groupe de cinquante personnes était en train de faire sauter deux locomotives, ainsi qu'une quinzaine de cœurs d'aiguillage et de la plaque tournante ; les civils chargés de la garde ayant été ligotés.] Ces événements ont produit une vive émotion parmi la population civile de Saint-Claude et, par crainte de représailles de la part des autorités allemandes, beaucoup d'habitants ont quitté dès lundi matin la ville pour aller à la campagne.

MEURTHE-ET-MOSELLE

Que tout soit mis en œuvre pour obtenir leur grâce

Rapports du chef d'escadron Sergent, commandant la compagnie de gendarmerie de la Meurthe-et-Moselle

Nancy, le 6 décembre 1943

Le 17 décembre, la police allemande de Nancy a arrêté huit Français de la région de Toul soupçonnés d'appartenir à un groupe de résistance. Au cours d'une perquisition faite le même jour dans le clocher de l'église d'Ochey, les policiers allemands auraient découvert cinq fusils-mitrailleurs, trois fusils de guerre et les munitions correspondantes.

*

Janvier 1944

Le 29 janvier, vers 11 heures, un inconnu s'est présenté à la mairie de Roville-devant-Bayon sous prétexte d'une demande de bons de vêtements. Brusquement, cet individu a sorti un revolver d'ordonnance et, sous cette menace, a obligé le secrétaire de mairie à lui remettre une soixantaine de feuilles de rationnement qui se trouvaient sur la table.

Le 28 janvier, vers 19 h 30, trois individus masqués, dont un armé d'un pistolet, se sont présentés au bureau de tabac de Petitmont tenu par Mme Claude. Ils ont demandé la livraison de tout le tabac en dépôt. La mère de la buraliste, ayant réussi à sortir dans la rue, a crié : « Au secours », ce qui a déterminé le départ immédiat des trois malfaiteurs avant la remise du tabac. Ils se sont enfuis à bicyclette.

La gendarmerie et la Résistance

Rapport du chef d'escadron Olivier, commandant la compagnie de gendarmerie de la Meurthe-et-Moselle, sur l'arrestation par les autorités d'occupation de deux gradés de la brigade territoriale de Longuyon

Nancy, le 9 avril 1944

Le 24 mars 1944, l'adjudant-chef Clerc (Pierre, Émile, Martial), commandant la brigade territoriale de Longuyon, et le maréchal des logis-chef Soukmann (André), adjoint au commandant de la brigade territoriale de Longuyon, étaient arrêtés à leur domicile (caserne de gendarmerie) par des inspecteurs de la Sicherheitsdienst-Kommando de Briey.

Ces deux gradés furent conduits à la maison d'arrêt de Briey et mis au secret. Le 31 mars, ils furent dirigés sur la prison Charles III à Nancy.

J'ai pu m'entretenir avec le commissaire principal Anziger, de la Sicherheitspolizei de Nancy, chargé de l'enquête sur l'inculpation qui pesait sur nos subordonnés. Ce fonctionnaire m'a déclaré que l'adjudant-chef Clerc avait commis des actes particulièrement graves. Il faisait selon lui partie du groupe de résistance de la région et aurait reçu en gare de Longuyon vers le 20 janvier 1944, des mains d'un terroriste venu de Paris, un colis d'explosifs destinés au sabotage des locomotives du dépôt de Longuyon. Ce commissaire a ajouté que Clerc, ayant prêté aide et assistance à un « terroriste » qu'il était de par ses fonctions chargé d'arrêter tant par les lois allemandes que françaises, serait inévitablement condamné à mort par le tribunal de guerre allemand. Les faits reprochés à Soukmann sont moins précis. Il semble que ce gradé sera poursuivi pour avoir eu connaissance de l'activité de son chef et n'avoir rien dit. Son cas ne paraît donc pas désespéré. [...]

Son sang a été malheureusement plus fort que sa raison et il n'a pu résister aux multiples appels de son entourage. La défense des intéressés a été confiée à Me Laverny, avocat à la cour d'appel de Nancy, spécialisé dans ce genre de causes. J'ai l'honneur de demander que de pressantes démarches soient faites auprès des autorités occupantes pour que la peine capitale ne soit pas prononcée contre ces deux gradés, ou que d'ores et déjà tout soit mis en œuvre pour obtenir leur grâce.

RHÔNE

« Tuer tous ceux qui aideraient les "gens du maquis" »

Rapport du capitaine Doussot, commandant provisoirement la compagnie de gendarmerie du Rhône

Lyon, le 22 juillet 1942

La relève :

L'allocution radiodiffusée prononcée par le chef du gouvernement le 22 juin 1942 a tout d'abord déconcerté et étonné la population de toutes les classes sociales, à l'exception peut-être des gros industriels, déjà prévenus de l'orientation gouvernementale sur les points traités par le chef du gouvernement.

Nombre d'ouvriers français dirigés sur l'Allemagne :

Agglomération lyonnaise : mille deux cent soixante-cinq départs environ.

Dans l'agglomération lyonnaise, il s'agit essentiellement de Nord-Africains, manœuvres sans spécialité de moralité et opinions mal définies, deux Russes et quarante-sept Français (dont cinq, de bonnes moralité et réputation, sont des spécialistes de Rhodiaceta et des Tubes de Bessèges ; les quarante-deux autres sont des métallurgistes et manœuvres de moralité douteuse et d'opinions variées).

Rapports du chef d'escadron Bariod, commandant la compagnie de gendarmerie du Rhône

Lyon, le 23 août 1942

Les départs d'ouvriers français pour l'Allemagne ne donnent même plus lieu à de nombreux commentaires. Cependant, la cérémonie organisée à Compiègne lors de la rencontre du train d'ouvriers partant pour l'Allemagne avec celui des prisonniers rapatriés a produit une certaine impression.

Néanmoins, l'opinion publique s'est étonnée de ce que le nombre de prisonniers libérés n'ait pas été publié et a conclu que ce nombre n'était sans doute pas en rapport avec celui des ouvriers partis en Allemagne.

La gendarmerie et la Résistance

Les ouvriers, eux, manifestent quelques inquiétudes à la pensée que si le nombre des volontaires n'est pas suffisant des désignations d'office, peut-être, seront faites. Au cours du mois, le nombre de départs a été de cinq cent quarante-cinq, en trois convois. À part quelques exceptions, tous ces ouvriers venaient de Lyon.

*

Lyon, le 24 octobre 1942

13 octobre : la grève a d'abord éclaté le 13 octobre 1942, à 10 heures, aux ateliers de la SNCF à Oullins. Les ouvriers des ateliers d'Oullins ont cessé le travail à la suite de l'affichage d'une liste de trente-sept ouvriers désignés pour aller travailler en Allemagne. Le mouvement de grève a gagné dans la même journée le dépôt de la SNCF à Lyon, La Mouche, Vaise et Vénissieux. Le total des ouvriers en grève était alors de cinq mille environ.

[Le 14 octobre, le dépôt de la SNCF de Givors-Badan se met en grève à son tour. Les grévistes – cent soixante-dix environ – sont expulsés des chantiers par la gendarmerie et la police. Une soixantaine d'arrestations ont été opérées dans le personnel cheminot de Lyon et Givors.]

Outre de nombreuses petites entreprises, la grève a atteint les grandes industries ci-après.

Berliet : 1 000 grévistes sur 5 800 ouvriers.

Sigma : 700 sur 880.

Somua : 750 sur 900.

Aciéries de Longwy : 115 ouvriers (totalité).

[Les grèves ont pris fin le 19 octobre.] À l'occasion de ce mouvement de grève, le premier à proprement parler depuis la guerre, les ouvriers se sont montrés hésitants. À part une minorité qui pensait revivre les jours de 1936, la plupart se rendaient bien compte de la gravité de leur geste. Mais on sentait également qu'ils hésitaient à désobéir aux mots d'ordre qui leur avaient été donnés.

L'attitude de fermeté qui a été adoptée en l'occurrence par les autorités responsables et par la force publique a été la seule qui convenait pour éviter une plus grande extension des mouvements (deux cents arrestations non maintenues et soixante et un internements à Fort-Barreaux).

Les mesures de recrutement de la main-d'œuvre ont eu pour résultat immédiat de décider un grand nombre de jeunes gens des milieux les plus divers (ouvriers, cultivateurs, étudiants) à contracter un engagement dans l'armée. [...]

Le voyage hebdomadaire du chef de famille ou de la famille même en bicyclette ou par chemin de fer pour trouver du ravitaillement à l'extérieur est devenu une pratique courante. Certains s'imposent en fin de semaine un trajet à bicyclette de 100 à 150 kilomètres pour trouver les produits les plus divers (légumes, fromages, pommes de terre).

L'esprit de collaboration n'a fait aucun progrès, au contraire. Et la crainte qu'ont toutes les familles, non seulement dans le monde ouvrier mais dans l'ensemble de la population, de voir un des leurs contraint de partir en Allemagne accentue le sentiment d'hostilité à l'égard de ce pays, qui, à l'heure actuelle, a moins de sympathie que jamais.

*

Lyon, le 23 décembre 1942

Les attentats par explosifs sont toujours nombreux. Trois explosions ont blessé légèrement des personnes civiles. Ces attentats dirigés sur des immeubles ou fonds de commerce appartenant aux membres de la légion ou au siège d'organismes de rapprochement franco-allemand ne causèrent généralement que des dégâts matériels peu importants. Ils semblent surtout destinés à frapper l'opinion publique.

30 novembre : explosion au restaurant Tony à Lyon, fréquenté par les officiers allemands, et au magasin Paris-Vogue à Lyon, rue Romarin.

5 décembre : explosion au bureau de la Légion française des combattants, rue Paul-Bert à Lyon.

9 décembre : tentative d'incendie au cinéma Palace à Lyon, rue de la République, la veille d'une séance réservée aux familles d'ouvriers partis en Allemagne pour la relève ; trois foyers d'incendie rapidement éteints furent découverts par le veilleur de nuit à 2 h 30 et 5 heures du matin. Des dispositifs de mise à feu, d'origine anglaise, furent retrouvés dans la salle.

Le 30 novembre, le nommé Vantorhoudt, surveillant à la maison d'arrêt de Lyon, a tenté de favoriser l'évasion d'une trentaine de détenus anglais, dont le capitaine Scheppard, officier arrêté au mois de juillet 1942, à Anse, après atterrissage par parachute. Vantorhoudt avait déjà réussi à garrotter un autre surveillant, mais l'intervention d'autres surveillants a fait échouer cette tentative d'évasion.

*

Dix attentats sont dirigés contre les troupes allemandes, du 25 février au 20 mars 1943.

Lyon, le 24 mars 1943

25 février : une grenade est jetée à Bron sur un groupe de soldats allemands accompagnés de femmes travaillant pour l'administration allemande à la base de Bron : deux soldats et une femme blessés.

20 mars : un engin est déposé sur la fenêtre d'un local occupé par des militaires allemands à l'Hôtel des Postes, place Antonin-Poncet à Lyon. Un militaire allemand apercevant l'engin le jette sur la rue où il explose, blessant deux passants français.

En raison de ces nombreux attentats, le couvre-feu est établi à Lyon, à compter du 22 mars, pour une période indéterminée.

*

Lyon, le 7 juillet 1943

Les opérations effectuées depuis plusieurs semaines dans le département de la Saône-et-Loire avaient amené à penser que des réfractaires au Service du travail obligatoire s'étaient déplacés vers le département du Rhône aux confins de la Saône-et-Loire. Par ailleurs, les informations recueillies par la gendarmerie des deux départements spécialement en vue de rechercher les auteurs de l'agression contre la mairie de Romanèche (vols de titres d'alimentation en juin 1943) situaient les réfractaires par groupes :

a) dans les hameaux de Brunaize-la-Grange-au-Bois et Prévessin ;

b) en campement dans les bois de Cenves.

Pour la réduction de ces groupes, une opération a été effectuée le 6 juillet 1943 par la gendarmerie du Rhône et la gendarmerie de Saône-et-Loire. [...] Aucun groupe n'a été découvert.

*

Lyon, le 24 août 1943

Deux grenades explosent à quelques minutes d'intervalle, l'une à proximité du domicile de M. D., maire de Saint-Forgeux, l'autre devant l'habitation de M. C., président de la section de la légion de la même commune. Ces attentats constituent un acte de vengeance contre ces deux personnalités, soupçonnées par les militants des « groupes de résistance » d'avoir provoqué l'arrestation par la police allemande d'un réfugié, présumé gaulliste. Ces attentats font d'ailleurs suite à une lettre de menaces adressée à M. D. par le « comité de résistance ».

*

Lyon, le 20 septembre 1943

Je vous prie d'attirer l'attention du personnel sur les conséquences particulières de l'attentat commis dans la nuit du 17 au 18 septembre 1943 à Lyon contre deux gardiens de la paix, dont l'un a été tué. Les terroristes auteurs de l'attentat ont pris aux gardiens de la paix leur uniforme et leurs pièces d'identité dans le but évident de s'en servir pour mettre en action de faux agents.

*

Lyon, le 22 septembre 1943

30 août : cinq réfractaires, armés de mitraillettes, font irruption dans la salle de distribution des titres d'alimentation de la mairie de Quincie. L'un d'eux tue un enfant de treize ans. Ils prennent la fuite après avoir dérobé les titres.

Un poste de barrage de gendarmerie établi sur instructions du commandant de compagnie arrête trois des auteurs de l'agression au nord de Lamure-sur-Azergues, à 15 kilomètres du lieu de l'attentat. L'un des agresseurs est porteur des titres d'alimentation.

*

La gendarmerie et la Résistance

Lyon, le 23 octobre 1943

Un grave attentat est commis le 12 octobre 1943 à 22 h 30 à Lyon. Une grenade a été jetée contre un tramway transportant de nombreux Allemands. Une quinzaine d'entre eux ont été blessés, dont plusieurs grièvement. [...] À la suite de cet incident, le couvre-feu à Lyon a été fixé à 20 heures jusqu'au 19 octobre 1943.

Le 21 octobre, à 18 h 30, un attentat a été commis à Lyon à proximité du fort Montluc contre la voiture cellulaire transportant les personnes arrêtées par la police allemande. Le conducteur a été tué, un convoyeur, blessé. Les détenus ont réussi à s'enfuir. Les auteurs de cet audacieux attentat n'ont pas été retrouvés.

Les auteurs de cet « audacieux attentat » sont très certainement Lucie Aubrac et son groupe de résistance. Ce jour-là, pour libérer son mari, Raymond, arrêté avec Jean Moulin, à Caluire, la jeune femme met au point une opération commando. Le camion allemand qui transporte Raymond et une vingtaine de prisonniers est pris d'assaut sur le boulevard des Hirondelles.

*

Les Allemands tiennent les gendarmes pour responsables des échecs de leurs opérations de recherche des réfractaires.

Lyon, le 31 décembre 1943

Le chef de la Sicherheitspolizei de la région de Lyon, auprès de qui je suis intervenu à cette occasion (arrestation d'un gendarme), m'a affirmé catégoriquement sa volonté de tuer tous ceux qui aideraient les « gens du maquis ». Pour qui voudrait confondre « impuissance » et « aide », il serait facile de justifier les mesures les plus rigoureuses.

*

Lyon, le 29 janvier 1944

Trente et une attaques armées au cours du mois de janvier 1944 contre mairies, caisses publiques, débits de tabac, particuliers, forces de police, membres de la Milice, Allemands.

7 janvier 1944, 20 h 30 : découverte du cadavre de M. S., sénateur de l'Isère, tué par coup de feu dans la nuque.

Rapport du capitaine Doussot, commandant provisoirement la compagnie de gendarmerie du Rhône

Lyon, le 30 mars 1944

Le 1er mars 1944, entre 0 heure et 7 heures, sur le talus de la route départementale au lieu-dit Le Recret, commune de Pollionnay, le cadavre de la femme D., demeurant à Lyon, assassinée à coups de pistolet et d'instrument tranchant. Elle avait été vue en dernier lieu avec des membres des troupes d'occupation.

Le 9 mars 1944, vers 15 heures, six individus armés de mousquetons et de mitraillettes ont dérobé sous la menace de leurs armes 350 kilos de tabac transportés dans une camionnette convoyée par MM. Berrad et Simnet de Villefranche-sur-Saône à l'approvisionnement des recettes buralistes du canton de Tarare. [...] Contraints immédiatement de prendre place dans une voiture intérieure stationnant à proximité. Après avoir eu les yeux bandés et avoir été ligotés, MM. Berrad et Simnet ont circulé jusqu'à 19 heures sur un itinéraire qu'il ne leur a pas été possible d'indiquer. Ensuite, ils ont été déposés au point de départ, où un cycliste passant à cet endroit les a libérés de leurs liens. Là, ils ont retrouvé la camionnette vidée de son contenu.

Rapports du chef d'escadron Bariod, commandant la compagnie de gendarmerie du Rhône

Lyon, le 29 avril 1944

Le 6 avril, le nommé G. Joseph, marchand de journaux à Régnié (Rhône), est trouvé assassiné dans sa chambre. Des papiers écrits au crayon indiquent qu'il s'agit d'une exécution des groupes de résistance. Auteurs non identifiés.

Le 20 avril 1944, vers 20 h 30, deux voitures automobiles montées par des hommes revêtus de l'uniforme de l'armée d'occupation ont amené au lieu-dit Daudin, commune de Dardilly (Rhône), six personnes âgées de vingt-cinq à trente-cinq ans et les ont abattues avec des mitraillettes. Les victimes n'ont pu être identifiées. Les auteurs de cet acte sont inconnus.

*

Lyon, le 2 mai 1944

Le 30 avril 1944, vers 0 h 30, une trentaine d'individus dont deux femmes, tous masqués de foulards et armés de mitraillettes, ont fait irruption dans l'usine de produits chimiques Coignet, située route d'Heyrieux à Lyon. Après avoir rassemblé le personnel dans un local (huit ouvriers, deux surveillants, le sous-directeur et un ingénieur) et coupé les fils des appareils téléphoniques, les terroristes ont placé des bombes aux points vitaux de l'usine. Un incendie s'est déclaré, un dépôt abritant 250 tonnes de phosphore brûle encore actuellement. Dégâts importants. Pas de victime.

*

Lyon, le 30 mai 1944

Le 21 mai, vers 1 heure, à Corcelles (Rhône), les époux J. ont été tués dans leur logement par plusieurs balles d'armes à feu tirées par des inconnus venus en automobile et ayant pénétré dans la maison par effraction. M. J. était trésorier de la section locale des combattants.

Le 15 mai, à 22 heures, sept ou huit individus masqués dont deux armés de mitraillettes ont pénétré chez M. Burnichon, cultivateur à Dracé (Rhône), et se sont emparés de 20 000 francs, qu'ils ont brûlés en présence du propriétaire, disant que cet argent provenait du marché noir.

*

Chronique d'une France occupée

Lyon, le 2 juin 1944

Le 26 mai 1944 à Anse (Rhône), les papillons ci-joints ont été trouvés collés sur les murs. Les uns portaient : « Taisez-vous, une parole peut causer la mort de plusieurs combattants français et la vôtre ensuite. Les FFI. » Les autres, simplement une croix gammée et « signé Adolphe HITLER ».

Le 31 mai 1944, vers 15 h 30, quatre individus armés de pistolets se sont présentés au bureau de tabac tenu par M. Quincal à Saint-Didier au Mont-d'Or (Rhône) et se sont fait remettre la totalité du tabac détenu, soit 16,84 kilos. Ils ont déclaré au débitant qu'ils lui solderaient le montant par mandat-poste.

Dans la nuit du 29 au 30 mai à Villefranche (Rhône), une quinzaine d'individus armés de mitraillettes ont pénétré dans l'hôtel Ma Campagne, où plusieurs personnes festoyaient. Ils ont tué quatre hommes et une femme, blessé grièvement une autre femme et fait sauter l'immeuble. Un officier allemand et un interprète sont parmi les victimes.

Arrestations opérées :

Terroristes : 0.

Communistes : 0.

Réfractaires : 0.

Criminels de droit commun : 13.

Mandats : 43.

Rapport du capitaine Doussot, commandant la compagnie de gendarmerie du Rhône, sur la participation de la gendarmerie à la Résistance

Lyon, le 20 janvier 1945

En avril 1944, la Gestapo préparait une expédition dans la région de Villefranche, contre les Israélites. Le gendarme Boullet, de la brigade de Beaujeu, prévient les Drs Friedmann et Hambourg, qui purent échapper à cette opération avec leur famille.

Le 11 décembre 1943, les Allemands à l'effectif d'une compagnie organisèrent une expédition contre le maquis se trouvant sur le territoire de la brigade de Lamure-sur-Azergues. Ils se rendirent à ladite brigade, où le maréchal des logis-chef Fréchet et le gendarme Perret s'absentèrent à leur arrivée plutôt que de leur donner des renseignements ou de les aider dans leurs recherches. Mécontents, les Allemands arrêtèrent et déportèrent en Allemagne le gendarme Martin, qui n'avait pu leur échapper.

Dès juillet-août 1940, un service de renseignements, devenu plus tard le réseau Andromède, était en liaison directe, par poste émetteur clandestin, avec le Comité français de Londres.

Le capitaine Doussot, commandant la compagnie de gendarmerie du Rhône, principal agent de renseignements dudit service, fut chargé de donner toutes indications sur le mouvement des armées d'occupation, sur les agissements des agents de la Gestapo et des principaux collaborateurs, et sur l'attitude de la population vis-à-vis du comité de Londres. En 1942-1943, il participe à l'installation de postes émetteurs, à la protection des agents venant de l'Angleterre et des Français traqués par la police en raison de leurs sentiments gaullistes, et à la communication des principaux ordres reçus par son service. [...]

Le gendarme Vincent, de la brigade de Mornant, fit fonctionner un poste émetteur clandestin, installé dans la caserne même. Dénoncé et arrêté par la Gestapo, il réussit à s'échapper. Blessé au cours d'une poursuite mouvementée, il fut pris par la police allemande. Ce gendarme est actuellement déporté en Allemagne. Le 17 avril 1943, l'adjudant Badoux, chargé d'enquêter sur des atterrissages d'avions anglais dans les prairies de Joux, fit un procès-verbal témoignant du contraire. Des déclarations affirmatives des femmes du voisinage furent passées sous silence.

SAÔNE-ET-LOIRE

« Chaussés de bottes en caoutchouc dans le but évident de ne faire aucun bruit »

Message chiffré passé au commandant de section de gendarmerie de Louhans, le 16 octobre 1943, à 19 heures

Quarante-deux gardes sont mis à votre disposition ce soir à 21 heures pour tendre sept embuscades, en principe vers Frontenaud, Bruailles,

Simard, Mervans, Authumes, Verdun et Frontenard. Emplacements précis à choisir par vos soins. Faire renforcer chaque poste par deux gendarmes.

Rapport du capitaine Lacroix, commandant provisoirement la compagnie de gendarmerie de la Saône-et-Loire, à monsieur le colonel commandant la légion du Lyonnais

Mâcon, le 26 novembre 1943

Les gendarmes Jomain et Chabas étaient à leur poste lorsqu'ils ont été victimes de l'agression des terroristes puisqu'ils effectuaient, comme leur chef de poste le leur avait prescrit, une ronde entre le filet protège-mine et le barrage. Bien que la nuit fût claire, ils n'ont pas remarqué la présence des individus qui les ont attaqués par surprise avant qu'ils aient eu le temps d'esquisser un seul geste de défense. Aucun des requis civils ni des gendarmes de garde sur la rive droite de la Saône n'a été témoin de cette agression. Les gendarmes Jomain et Chabas ont été bâillonnés et ligotés. Il était donc impossible à qui que ce soit d'intervenir pour empêcher l'accomplissement de l'acte de sabotage préparé.

Message chiffré passé au commandant de section de gendarmerie de Louhans, le 18 décembre 1943, à 2 h 45

Bande de terroristes hameau des Bordes entre Saillenard et Fontaine-roux. Opération de jour 7 heures par garde Lons. Faire immédiatement barrage sur route donnant accès.

Rapport du chef d'escadron Vial, commandant la compagnie de gendarmerie de la Saône-et-Loire, sur un service effectué le 19 décembre 1943 dans la région de Beaupaire

Objet : demande verbale de monsieur le préfet de la Saône-et-Loire.

L'opération de police menée le 19 décembre 1943, à 7 heures, par la garde dans la région de Saillenard (hameau des Bordes) aurait échoué par suite du manque de précautions prises par les gendarmes ayant indirectement participé à l'opération. Les barrages auraient été mis en place trop tôt (4 heures) et l'éveil aurait été, de ce fait, donné aux terroristes. Le lieutenant commandant la section de Louhans se serait rendu personnellement avant l'opération sur les lieux où devaient se trouver les terroristes. Ces accusations sont particulièrement graves car elles font peser sur la gendarmerie une lourde responsabilité, celle de l'échec de l'opération. En outre, elles semblent accuser le lieutenant d'avoir donné l'éveil aux terroristes recherchés. Les faits méritent d'être rétablis dans leur juste proportion.

Rapport du chef d'escadron Vial, commandant la compagnie de gendarmerie de la Saône-et-Loire, sur la situation générale dans le département

Mâcon, le 23 décembre 1943

Le 29 novembre 1943, à Prayes, commune de Chissey-lès-Mâcon, quatre gendarmes allemands en service ont été attaqués par une bande de terroristes. Parmi eux, on compterait un tué, deux blessés graves et un disparu, le Feldwebel commandant la Feldgendarmerie de Mâcon. La voiture de tourisme WH n° 451.248 a également disparu. Elle a été retrouvée quelques jours plus tard par la gendarmerie française. À la suite de cet incident, des détachements allemands se sont installés à Cluny, Lugny, Sennecey-le-Grand et Tournus. Des arrestations et de nombreuses perquisitions ont été opérées dans la région.

Rapport du chef d'escadron Vial, commandant la compagnie de gendarmerie de la Saône-et-Loire, sur l'attaque menée le 20 janvier 1944 par des terroristes armés contre la caserne de Montret

Mâcon, le 5 février 1944

Le 20 janvier 1944, dans l'après-midi, sept terroristes très sérieusement armés ont pénétré par surprise à l'intérieur de la caserne de Montret (Saône-et-Loire) et ont dérobé deux mousquetons et vingt-cinq cartouches, deux pistolets et cinquante-quatre cartouches. [...] Vers 14 heures, quatre individus d'allure jeune et décidée, armés chacun d'une mitraillette, faisaient irruption dans le bureau et intimaient aux deux gendarmes présents l'ordre de lever les mains. [...] En sortant du bureau sous la garde vigilante des agresseurs, les gendarmes Deplanque et Matto constataient que trois autres individus également armés de mitraillettes étaient en surveillance, l'un à la porte du bureau, les deux autres en face de la caserne, à proximité d'une voiture automobile Citroën traction avant en stationnement. Presque tous étaient chaussés de bottes en caoutchouc dans le but évident de ne faire aucun bruit au cours de leurs opérations.

Message chiffré passé au commandant de section de Louhans, le 11 février 1944

Bureau PTT Saint-Martin-en-Bresse menacé pour journées 12, 13 et surtout 14 février. Prendre liaison avec receveuse et intensifier surveillance. Vérifier signaux alerte.

Rapport du capitaine Lacroix, commandant provisoirement la compagnie de gendarmerie de la Saône-et-Loire, à monsieur le colonel commandant le légion de gendarmerie du Lyonnais

Mâcon, le 25 mars 1944

J'ai l'honneur de vous rendre compte de ce que, d'après certains renseignements recueillis de bonne source, le gendarme Cholière (Gilbert), de la brigade de Saint-Germain-du-Bois, aurait été arrêté à Saint-Albain (Saône-et-Loire), le 22 mars 1944, par un détachement de [Groupe mobile de réserve] stationné à Mâcon, au cours d'une opération contre un groupe de cinq terroristes en train de cambrioler l'école. La voiture saisie contenait un lot important d'explosifs. Les agresseurs étaient armés de mitraillettes. Ce militaire fait l'objet d'un signalement numéro 1 en date du 2 décembre 1943 pour désertion.

Rapport de l'adjudant-chef Finelle, commandant provisoirement la section de gendarmerie de Louhans

Louhans, le 15 septembre 1944

Le rapport n° I/4 a été enlevé du registre le 4 juin 1944 par le commandant de section, par crainte que ce registre ne tombe entre les mains des Allemands ou des miliciens, car ce rapport traitait de propos défavorables tenus par le commandant de la brigade de Saint-Martin-en-Bresse à l'encontre de miliciens.

VOSGES

« Il jouait au Sherlock Holmes »

Rapport du capitaine Picot, commandant la section de gendarmerie d'Épinal, sur l'arrestation du personnel de la brigade de gendarmerie de Xertigny par l'autorité occupante

Le 4 juin 1944

Le 1er juin 1944, à 7 h 30, tout le personnel de gendarmerie présent à la brigade de Xertigny a été arrêté par l'autorité occupante. Il s'agit du commandant de brigade et de cinq gendarmes. [...]

Les motifs de ces arrestations ne sont pas connus, mais il semble qu'il s'agisse d'une affaire de résistance, dont un ou deux gendarmes pourraient avoir été au courant indirectement et qu'ils n'auraient pas signalée.

D'ailleurs, ces opérations ont été opérées de manière concomitante avec celles de nombreuses personnes de la région d'Épinal, Hadol, Uriménil, Xertigny, Bellefontaine et Raon-aux-Bois. Elles ont été faites par la Feldgendarmerie et des militaires allemands sur l'ordre de la Sicherheitspolizei Aussenstelle d'Épinal.

Le personnel arrêté a été incarcéré à la prison militaire d'Épinal, caserne de la Vierge ; il y est tenu au secret.

Cette opération a causé une certaine émotion dans la région de Xertigny.

Rapport du capitaine Picot, commandant la section de gendarmerie d'Épinal, sur la candidature pour l'avancement à titre exceptionnel du gendarme Joyeux, de la brigade d'Épinal

Novembre 1944

Le gendarme Joyeux [...] a servi très activement la cause de la Résistance dès septembre 1940 par sa participation :

– à des évasions de prisonniers,

– par la fabrication et la distribution de fausses cartes d'identité,

– par le recrutement de nombreux jeunes gens pour leur permettre d'échapper aux départs en Allemagne,

– par sa participation à la création d'un mouvement de résistance dans les Vosges,

– par son affiliation à des services de renseignements et son activité soutenue dans cette branche.

Rapport du capitaine Picot, commandant la section de gendarmerie d'Épinal, sur l'aptitude à l'avancement du gendarme Joyeux, de la brigade d'Épinal

Le 28 novembre 1944

Le gendarme Joyeux Paul, Jules, Georges a été affecté à la brigade d'Épinal, le 10 janvier 1941. Âgé de trente et un ans, il a accompli dix ans, huit mois et dix-sept jours de service dont huit ans, trois mois et vingt-sept jours dans l'arme, mais en réalité à peine deux ans de brigade, du 22 août 1940 au 1er août 1942, à une époque où la gendarmerie, à la suite de la débâcle de 1940, était en zone occupée en pleine réorganisation avec des effectifs et un encadrement très réduits. Je l'ai eu sous mes ordres du 21 novembre 1941 au 31 juillet 1942. [...]

Je l'ai apprécié comme bon élément [...], compte tenu de son zèle et de son dévouement, et je l'ai noté comme tel en 1942 en précisant néanmoins : « Instruction élémentaire moyenne, peu d'expérience de l'arme, esprit curieux, a plutôt besoin d'être freiné et guidé. »

Le 1er août 1942, à la création du service de diffusion et fichier de la compagnie, il a été affecté à ce service comme secrétaire. [...] À partir du 1er août 1942, le gendarme Joyeux ne dépendait donc plus de la section.

[En 1943,] j'appris indirectement et très discrètement que le gendarme Joyeux avait en dehors de son service une activité dont ses camarades manifestaient d'ailleurs quelque étonnement et même quelque émotion : il recevait à la caserne et dans son logement de nombreuses personnes non connues. [...]

En mars 1944, au cours d'une enquête effectuée à la suite d'un attentat (affaire Vial à Thaon), j'apprenais que le gendarme Joyeux était en danger d'être dénoncé aux Allemands comme membre d'une organisation de résistance ; il en fut prévenu aussitôt discrètement, s'absenta de nouveau [comme en janvier et février 1944] et disparut quelques mois.

Au titre de l'année 1944, je jugeai de mon devoir de signaler l'état mental de ce gendarme : il est hors de doute qu'à cette époque le gendarme Joyeux, qui se savait en danger, d'ailleurs réel, ne se trouva pas dans un état normal ; il jouait au Sherlock Holmes, abordait ses camarades avec un doigt sur la bouche, ne parlait qu'à voix basse [...]. J'ai cru voir dans ce comportement une surexcitation mentale due aux événements. [...]

Il est certain qu'après la Libération la détente s'est produite, et que le gendarme Joyeux ne présente plus de signe de tension cérébrale qui le caractérisait au cours de l'été dernier.

RÉGION ÎLE-DE-FRANCE

PARIS

Rapport du capitaine Caillier, commandant provisoirement le 3ᵉ groupe à pied de la légion de la garde républicaine de Paris

Le 10 octobre 1941, le chef d'escadron Jean Vérines, l'un des premiers gendarmes à avoir rejoint la Résistance, est arrêté. Cet officier, en poste à la garde républicaine, puis en tant que commandant militaire des Invalides, à Paris, s'était enrôlé dans le réseau Saint-Jacques. Déporté en Allemagne, à Düsseldorf, puis à Cologne, il est fusillé en octobre 1943.

Paris, le 10 octobre 1941

J'ai l'honneur de vous rendre compte de ce que ce matin, 10 octobre 1941, à 8 h 30, je me trouvais dans le bureau du groupe avec le chef d'escadron Vérines.

Le garde Lartigau, de la 10ᵉ compagnie, secrétaire du 3ᵉ groupe, présentait les pièces à la signature du commandant, lorsque deux officiers (un capitaine et un sous-lieutenant) de la Gestapo, accompagnés de quatre soldats allemands, sont entrés dans le bureau.

Les officiers, le pistolet au poing, ont dit : « Monsieur le commandant Vérines, nous avons l'ordre de vous arrêter. » Puis ils ont vérifié rapidement si le commandant n'était pas porteur d'armes. Une perquisition a été effectuée par les soldats allemands dans la table du commandant (sans résultat). Pendant ce temps, le commandant Vérines m'a prié de prévenir dès que possible sa famille, le colonel commandant la légion et monsieur le général Mariaux.

Les officiers ont ensuite rangé leur pistolet dans l'étui et le commandant Vérines a été librement emmené dans une voiture allemande qui attendait devant la porte de la caserne. Avant leur sortie du bureau, les soldats allemands ont relevé l'identité du garde Lartigau. Ces soldats se sont ensuite rendus au domicile particulier du commandant Vérines, où une perquisition a été effectuée. J'ai appris par la suite que les mêmes officiers susvisés étaient déjà venus demander le commandant Vérines la veille, à 15 h 15. Ils ont dit au garde Lartigau qu'ils désiraient se renseigner auprès du commandant Vérines pour loger des soldats allemands à la caserne.

RÉGION NORD

AISNE

Descamps arrêté

Copie d'une feuille simple intitulée : « Chef d'escadron Descamps »

Le chef d'escadron Henri-Clotaire Descamps figura parmi les pionniers de la Résistance dans l'Aisne, au sein du groupe Vérité française de Soissons, rattaché au réseau Musée de l'homme. En novembre 1941, il est trahi.

Né en 1906, sorti de Saint-Maixent en 1933, le chef d'escadron Descamps fut affecté en 1936 comme lieutenant à la 13e compagnie de la garde républicaine. Il commanda alors le peloton 452. En 1939, il est détaché aux corps francs et s'y distingue. Il accède en 1940 au grade de capitaine. Il est fait prisonnier quelques mois plus tard, puis relâché en 1941. Il se rend alors à Soissons, retrouve quelques camarades. Il devient immédiatement membre du réseau Vérité française. Il rejoint à nouveau Valenciennes, contacte ses amis et ses subordonnés, avec qui il organise des centres de parachutages, et prend part activement à des actions clandestines et courageuses.

Mais le 21 novembre 1941 [il s'agirait en réalité du 25 novembre], dans la nuit, la Gestapo cerne sa maison. Il est blessé et emmené.

Il ira à Fresnes, sera condamné à mort au mois de mai 1942 par [un morceau de la feuille est déchiré]. Un jour, pourtant, il sera conduit en Allemagne et fusillé le 5 décembre 1942.

Par décret du 20 mai 1947, portant nomination de l'ordre de la Légion d'honneur, le chef d'escadron Descamps reçoit la citation suivante :

« Chef d'escadron des Forces françaises de l'intérieur, magnifique officier animé du plus pur patriotisme et du plus récent ardent désir de servir.

« Dès juin 1941, a participé effectivement à la résistance à l'Occupation.

« Membre du groupe Vérité française, en devient rapidement l'âme, le conseiller et le chef moral en organisant des centres de parachutages ainsi que les sabotages de la machine ennemie. Arrêté par la Gestapo et condamné à mort, a gardé le silence malgré les tortures les plus effroyables, préservant ainsi de la mort de nombreuses vies de patriotes. »

Déporté par la suite, il a finalement été exécuté le 5 décembre 1942.

Rapport du chef d'escadron Le Dall, commandant la compagnie de gendarmerie de l'Aisne, sur l'arrestation par les Allemands du capitaine Descamps, commandant la section de gendarmerie de Soissons

Le 25 novembre 1941

Le capitaine Descamps a été arrêté le 25 novembre 1941, à 7 h 30, par la police secrète allemande. Cette arrestation a eu lieu dans les conditions suivantes :

Le capitaine, en tenue légère (pyjama), sciait du bois dans la cour de la gendarmerie lorsqu'il vit entrer quatre ou cinq Allemands casqués. L'on ne sait si ces derniers l'interpellèrent ou au contraire si, rien qu'à leur vue, ses réflexes agirent. En tout cas, cet officier s'enfuit par le jardin pour chercher à entrer dans son appartement en passant par la buanderie.

Les Allemands firent alors usage de leurs armes et tirèrent une dizaine de coups de pistolet sans atteindre le capitaine.

La caserne étant cernée par une dizaine de policiers allemands, il fut néanmoins rapidement appréhendé.

On le fit alors entrer dans son appartement pour qu'il se mît en tenue mais [...] il aurait encore tenté de s'évader, et, les policiers allemands intervenant, le capitaine se serait heurté contre un mur et se serait fait une ecchymose à une pommette et une luxation à une épaule.

Il a alors été maîtrisé et mis de force dans une voiture.

Dans le même temps, Mme Descamps était également appréhendée et emmenée dans la même voiture que son mari.

Prévenu dès 8 h 45, je me suis rendu aussitôt à Soissons. À mon arrivée, j'ai trouvé un gendarme allemand à la porte de l'appartement du capitaine Descamps et appris que Mme Descamps y était revenue pour prendre du linge et des effets destinés à son mari. [...]

Mme Descamps ne s'expliquait pas l'événement. [...]

Je me suis rendu à la sous-préfecture puis à la Feldgendarmerie [...].

Je suis revenu à la gendarmerie de Soissons. [...]

J'ai appris que le capitaine Descamps était très sportif et qu'il servait de conseiller technique pour des jeunes gens de l'Union athlétique soissonnaise. Plusieurs de ceux-ci venaient le voir à la gendarmerie. Ces allées et venues auraient-elles paru suspectes et le capitaine aurait-il été la victime d'une dénonciation ? Je ne sais.

PAS-DE-CALAIS

Le parti communiste vient de « subir un coup mortel »

Rapport de la section de gendarmerie de Lens au sujet de la répression de l'activité communiste

Le 28 février 1942

Dans la nuit du 23 au 24 février 1942, quarante gradés gendarmes sous mes ordres ont cerné, vers 3 heures du matin, la cité des Acacias, à Montigny-en-Gohelle (Pas-de-Calais), au petit jour ; cinquante visites domiciliaires furent effectuées.

Cette opération permit d'appréhender à son domicile, où il était subrep-

233

ticement de passage, un nommé Farriaux Ernest, communiste notoire en fuite depuis octobre 1941.

Farriaux, longtemps interrogé, révèle les auteurs de l'activité communiste à Montigny. Dès lors, l'affaire prit l'ampleur désirée et quinze membres de cette organisation furent appréhendés, confondus et arrêtés pour recrutement, propagande, distribution de tracts...

Farriaux révèle en outre par quelles complicités il put échapper aux recherches de la police lors de la fuite en octobre 1941, et l'organisation qui lui avait permis de gagner Paris sans encombre. Dès lors, cinq receleurs (dont trois cafetiers) furent arrêtés à Hénin-Liétard. Et trois cheminots communistes qui, en gare de Lens, se chargeaient des départs vers Paris, furent aussi arrêtés à Lens.

Ces arrestations, au nombre de vingt-trois, constituent une épuration nouvelle et sensible. Les investigations continuent.

Rapport de la section de gendarmerie de Lens au sujet de la répression de l'activité communiste et du terrorisme dans le secteur

Le 27 avril 1942, à 13 h 30, les gendarmes de la brigade de Pont-à-Vendin interpellaient deux cyclistes suspects. Ceux-ci prirent la fuite en protégeant leur retraite à coups de pistolet. Les gendarmes ripostèrent et les poursuivirent pendant 3 kilomètres et purent arrêter les deux individus traqués dans une impasse.

Le premier, Régnier Émile, illégal communiste en fuite, a avoué six sabotages dans la région et l'assassinat du chef Porion Mansier à Drocourt il y a environ un mois, avec un nommé Chavatte Oswald, terroriste armé, qui a été arrêté par les gendarmes de Rouvroy et qui a avoué ce meurtre et nombre de sabotages. Les révélations de Régnier ont en outre permis de découvrir un stock d'armes et de munitions vers Hénin-Liétard (cent soixante-six cartouches de dynamite, quatre fusils, mille cartouches de fusil anglaises et françaises).

Le deuxième, Delobelle Lucien, illégal communiste en fuite, a avoué avoir participé à la tentative d'assassinat d'un gendarme et d'un agent de

234

police au pont Maudit le 14 avril 1942. C'est lui qui a tiré sur le gendarme sans l'atteindre grièvement...

D'ores et déjà, on peut affirmer que le parti communiste dans la région du Pas-de-Calais vient, après les opérations déjà citées en référence, de subir un coup mortel. Les responsables régionaux arrêtés sont de cet avis. Le 9 mai 1942 [...] d'autres arrestations sont à prévoir. Le secteur de Carvin vient d'être bien nettoyé.

Le 21 mai : le bilan des résultats obtenus dans la répression menée des terroristes et subversives à Lens [...] depuis le 3 janvier 1942 est de trois cent quarante arrestations, dont celles de trente saboteurs et criminels (terroristes proprement dit).

Rapports du lieutenant Delavault, commandant la section de gendarmerie

Le lieutenant Delavault a reçu le tract suivant le 9 juin 1943.

« Citoyen,

« Le comité du Front national a pris connaissance de votre activité, qui n'est nullement celle d'un Français digne de ce nom. Alors que certains trafiquants du marché noir réalisent impunément des fortunes scandaleuses sur la misère et les souffrances du peuple laborieux, la majorité des Français résistent courageusement à l'oppression barbare et sanguinaire de l'occupant hitlérien.

« Vous vous faites l'auxiliaire des Boches [...] en les aidant à traquer sans merci ceux qui ne veulent pas se laisser déporter dans les bagnes industriels d'outre-Rhin, pour forger des armes contre la France et ses alliés.

« Alors que les bourreaux à croix gammée, avec la complicité du gouvernement fantoche de Vichy, rêvent d'envoyer les jeunes Français quelque part sur le front de l'Est faire la relève des cadavres allemands [...], vous poussez l'ignominie jusqu'à exiger que vos subordonnés vous amènent les jeunes patriotes enchaînés comme de vulgaires assassins. [...]

235

« Nous tenons à vous mettre en garde sur les conséquences qui résulteraient de votre action en faveur de l'ennemi, action comparable à celle d'un espion, qui est susceptible de vous attirer le jour de la Libération des représailles non seulement pour vous mais pour votre famille. À moins que d'ici là les circonstances n'exigent que nous prenions des mesures plus radicales à votre égard.

« Le comité du Front national de lutte
pour l'indépendance de la France »

Cet envoi serait la conséquence de la recherche par la gendarmerie, les 20 et 21 mai, de jeunes gens convoqués au titre du Service du travail obligatoire et qui n'avaient pas répondu aux convocations qui leur avaient été adressées.

*

Le 13 septembre 1943

Le 8 septembre, la Kreiskommandantur de Valenciennes a adressé à la brigade de Le Quesnoy l'ordre d'arrêter un nommé Abraham René, né le 14 avril 1923, domicilié à Poix-du-Nord, réfractaire au Service du travail organisation Todt ; la brigade de Le Quesnoy a expédié cette pièce à celle de Bousies.

Abraham, étant de la classe 1943, ne tombe pas sous le coup de la loi du 16 février 1943.

Pour semblable cas, l'emploi de la gendarmerie française met celle-ci dans une situation délicate.

Il est contraire aux conventions passées et j'estime que dans le cas présent il doit y avoir erreur.

*

Le 20 octobre 1943

Dans la nuit du 19 au 20 octobre 1943, des cambrioleurs se sont introduits par effraction dans la mairie d'Anor. Ils ont soustrait :

– 3 738 cartes de pain,

– 3 361 cartes de viande,
– 40 cartes pour femmes enceintes,
– 25 cartes pour régime malades,
– 100 cartes pour familles nombreuses,
– 50 cartes de textile,
– le cachet de la mairie.

*

Le 25 octobre 1943

Le 22 octobre 1943 à 18 h 45, trois individus masqués et armés de pistolets ont fait irruption par effraction dans le bureau de poste de Glageon.

Ils ont ligoté et bâillonné les deux dames employées avec des lanières de fouet, puis se sont emparés d'une somme de 195 431,10 francs et, en partant, ils ont dit : « Cet argent est destiné aux réfractaires. »

SEINE-INFÉRIEURE (SEINE-MARITIME)

Un contrôle qui tourne mal

Rapport de l'adjudant-chef Tourte, commandant provisoirement la section de gendarmerie de Rouen, sur une tentative de meurtre sur l'adjudant Roy et le gendarme Mairesse, de la brigade de Petit-Quevilly

Rouen, le 14 mai 1942

Le 12 mai 1942, à 23 h 45, l'adjudant Roy, commandant la brigade de Petit-Quevilly, accompagné du gendarme Mairesse, effectuaient un service de nuit dans les communes de Petit et Grand-Quevilly.

Au cours d'un stationnement sur la route nationale 138, au lieu-dit le Carrefour-du-Calvaire [...], ils ont été amenés à contrôler un piéton qui venait de Rouen.

Ils ont sommé ce piéton de s'arrêter en déclinant leur qualité. À la troisième sommation, cet individu s'est arrêté et s'est dirigé vers les gendarmes. L'adjudant Roy a demandé ses papiers à cette personne, qui lui a présenté sa carte d'identité. Il lui a fait remarquer qu'il n'avait pas d'Ausweiss pour circuler à cette heure. Il lui a posé d'autres questions, auxquelles il a répondu, entre autres : « Je suis instituteur et je me rends chez un collègue à Grand-Quevilly. »

L'allure de cette personne, particulièrement la tenue et les réponses évasives, ont intrigué davantage les deux policiers. Ils ont voulu palper ses vêtements, mais à ce moment cet individu a sorti un pistolet et a fait feu aussitôt.

Le gendarme Mairesse a eu son ceinturon éraflé du côté droit par la balle et l'adjudant Roy, qui voyait l'arme dirigée vers lui, a reculé d'un pas, se trouvant près du trottoir a fait un faux pas et a chancelé, mais n'a pas été touché aussitôt par le coup de feu. Le gendarme Mairesse a saisi l'individu par le bras, mais étant embarrassé par sa lampe électrique il n'a pu le maintenir et l'agresseur a réussi à s'enfuir.

Dans la lutte, le portefeuille de cet homme est tombé de sa poche et a été retrouvé par les gendarmes, ainsi que la douille et la balle.

[Les papiers contenus dans le portefeuille ont permis de l'identifier ; il s'agit de Chatel Fernand, instituteur à Bléville, âgé de vingt et un ans, né à Mosnay, dans l'Indre, le 17 décembre 1920.]

De l'enquête, il résulte que ce fonctionnaire avait quitté son poste et n'a pas reparu depuis la fin des fêtes de Pâques. Les recherches ont été effectuées par tous les services de police aussitôt alertés, mais n'ont pas encore abouti à son arrestation. Un mandat d'arrêt a été aussitôt délivré.

Rapport du capitaine Dugravit, commandant la section de gendarmerie de Rouen, sur l'arrestation de cinq individus pour terrorisme

Rouen, le 26 janvier 1944

Dans la nuit du 24 au 25 janvier 1944, la mairie de Déville-lès-Rouen a été visitée par plusieurs individus, qui n'ont réussi qu'à dérober quelques tickets et bons sans valeur et des fournitures de bureau. La brigade de gendarmerie de Déville, rendue sur les lieux, a relevé des empreintes de pas et des empreintes digitales. Le capitaine commandant la section a alerté les brigades voisines, qui ont effectué des patrouilles.

La gendarmerie et la Résistance

Le 26 janvier, à 10 heures, une patrouille de la brigade de Maromme a identifié un nommé Génin sur la route de Montigny. Cet individu était porteur de trois revolvers. Il fut arrêté aussitôt sans résistance. Le capitaine commandant la section prit à 11 heures la direction de l'enquête. Génin avoua être un des auteurs du cambriolage de la mairie de Déville et indiqua qu'il avait rendez-vous à 12 h 30 chez un nommé Duboc, à Déville-lès-Rouen, coauteur du cambriolage, pour remettre les armes au responsable. Duboc fut arrêté à son domicile immédiatement ; mais le responsable, qui était présent, n'a pas pu être arrêté.

Ces deux individus, longuement interrogés, en particulier sur la teneur de carnets trouvés sur eux, commencèrent à parler et à avouer faire partie d'une bande du parti de la Résistance du Front patriotique. Devant l'ampleur des révélations, le capitaine commandant la section fit appel à monsieur le commissaire-chef de la sûreté de l'agglomération rouennaise, qui, avec quelques inspecteurs, poursuivit l'enquête en collaboration avec la gendarmerie.

Le refuge du chef de bande et le lieu de réunion du groupe furent indiqués comme étant chez un nommé Gratigny à Barentin. Une visite domiciliaire exécutée sans délai en sa présence révéla que cet individu était réfractaire au STO [Service du travail obligatoire] et vivait sous deux identités. Il fut arrêté et confronté avec les individus cités ci-dessus.

Cette confrontation permit de connaître un autre complice : le nommé Dumontier, qui fut arrêté par les soins de la police de sûreté de Rouen [...].

Dans la nuit du 25 au 26 janvier, après de nombreuses vérifications et un interrogatoire des individus arrêtés, il apparaît que le nommé Le Pilier, employé à la mairie de Barentin, faisait partie de cette bande et avait procuré à Gratigny une fausse carte d'identité ; il fut arrêté et avoua, non sans difficulté.

Le chef de bande est un nommé Marcel qui vit sous la fausse identité de Lesage Jean ; c'est un réfractaire du STO. Il vit depuis quinze jours chez Gratigny. Il n'y est pas rentré le 25 au soir et doit être en fuite. Son identité exacte est recherchée dans la Somme, d'où il serait évadé de prison.

SOMME

Du grabuge au Café l'Évêque

Rapport du capitaine Mahot, commandant la section de gendarmerie d'Abbeville, au sujet de coups de feu tirés sur des membres de l'armée allemande

Abbeville, le 17 mars 1944

Le 15 mars 1944, vers 17 h 10, deux policiers allemands et un interprète venus d'Abbeville se sont présentés au domicile de Mme Thoron, demeurant café L'Évêque, à Saint-Valéry-sur-Somme, soi-disant pour y contrôler des individus suspects.

Dès leur arrivée chez cette personne, deux hommes qui se trouvaient à l'intérieur de la maison ont tiré des coups de revolver sur les policiers, blessant grièvement l'un d'eux [...]. Ils se sont ensuite enfuis dans un bois, où ils n'ont pu être découverts malgré les recherches effectuées par la troupe. À la suite de cette agression, les autorités occupantes ont procédé à l'arrestation de Mme Thoron et d'un nommé Raimond, demeurant à Saint-Valéry. Le but de cette descente de police est ignoré.

La gendarmerie locale n'a été avisée des faits que le 16 courant, par la rumeur publique.

Rapport du capitaine Mahot, commandant la section de gendarmerie d'Abbeville, sur un vol de 15 000 francs

Le 21 mai 1944

Le 17 mai 1944, vers 0 heure, deux individus non armés, se disant de la Résistance, se sont présentés chez Mme Descamps-Billeret, au hameau de La Mollière, commune de Cayeux-sur-Mer (Somme).

Sous menaces verbales, ils se sont emparés d'une somme de 15 000 francs, de huit paires de draps, de 1 livre de beurre et de cinq andouilles.

Ces mêmes individus se sont également présentés, le 18 mai, vers 1 heure, chez M. Descamps, beau-frère de Mme Descamps, demeurant au même lieu, où ils ont réclamé de l'argent, sans succès. Ils se sont ensuite retirés après avoir frappé M. Descamps au visage.

RÉGION OUEST

CHARENTE

« Il est difficile de trouver une pagaille mieux organisée » que le STO

Rapports du chef d'escadron Moser, commandant la compagnie de gendarmerie de la Charente

Angoulême, le 30 juillet 1942

Dans la nuit du 27 au 28 juillet 1942, le service de sûreté allemand et la Feldgendarmerie opérant en liaison avec la police spéciale (commissaire spécial Tramond Bernard, de La Rochelle, commissaires et inspecteurs de Bordeaux) dans la circonscription de Cognac ont procédé à diverses arrestations. Trois gendarmes français, de la section de Cognac, ont pris part à l'opération sur demande de l'officier allemand. Il s'agissait d'arrêter des saboteurs et des personnes les hébergeant ou les soutenant. La police, qui avait obtenu des précisions auprès d'individus arrêtés à Bordeaux, a procédé à l'arrestation de quatorze personnes :

– quatre à Cognac : famille Valina et le jeune Renou, neveu des Valine ;

– trois à Saint-André (près Cognac) : famille Pateau et un jeune homme qu'elle hébergeait ;

– six à Sainte-Sévère (près Cognac) : famille Guillon et deux personnes (un homme et une femme) qu'ils hébergeaient ;

241

– une à Saint-Laurent (près Cognac).

Parmi ces personnes, sept étaient spécialement recherchées et deux étaient armées de pistolets. Toutes ont été identifiées et interrogées à la Feldgendarmerie par la police spéciale allemande et française.

*

Angoulême, le 21 décembre 1942

Les départs massifs des ouvriers pour l'Allemagne et sur les côtes provoquent un certain malaise.

Il semble que ceux-ci donnent lieu à certains abus. À Barbezieux, plusieurs jeunes gens ont obtenu des sursis paraissant injustifiés. La population estime que ces délais ont eu lieu sur intervention de groupements collaborationnistes. Un des requis, qui d'ailleurs a obtenu un sursis d'un mois, a reçu la proposition, paraît-il pour éviter son départ, d'entrer dans la Gestapo (renseignement fourni par l'intéressé lui-même). Par contre, ont été inscrits sur la liste un réformé à 100 % ainsi que plusieurs jeunes gens requis et partis en Allemagne depuis plusieurs mois. Une femme de prisonnier, possédant une fabrique de chaussons importante avant la guerre et en activité réduite depuis, a vu partir son unique employé spécialisé. L'usine a dû fermer.

Rapport du capitaine Poirier, commandant la section de gendarmerie de Cognac

Cognac, le 12 février 1943

Le 12 février 1943, de 5 heures à midi, des arrestations ont été opérées dans la région Cognac-Saintes par les polices régionales de Poitiers et de Bordeaux agissant de concert avec la police de sûreté allemande. L'opération a été menée par une quinzaine de commissaires ou inspecteurs et une vingtaine de militaires allemands disposant d'une dizaine de véhicules automobiles. Dix gendarmes de la section y ont participé, à la suite d'un ordre du service de sûreté allemand, transmis pour exécution par le chef d'escadron commandant la compagnie de gendarmerie de la Charente. Une vingtaine de personnes ont été amenées à la maison d'arrêt de Cognac. Treize grenades et un revolver sans munitions ont dû être découverts à Germignac (Charente-Maritime). Il devait s'agir de répression contre les menées communistes ou gaullistes. L'expédition a causé une certaine émotion dans la région en raison des moyens mis en œuvre et du nombre d'arrestations opérées. Elle n'est pas la première de cette nature. Deux autres paraissant à peu près de même importance ont eu lieu en juillet et août 1942.

Rapports du chef d'escadron Moser, commandant la compagnie de gendarmerie de la Charente

Angoulême, le 13 juillet 1943

J'ai l'honneur de vous rendre compte de ce que j'ai reçu une réquisition de monsieur le préfet de la Charente, en date du 2 juillet 1943, à l'effet d'appréhender et conduire sans délai, au Service du travail obligatoire à Angoulême, trente-neuf travailleurs qui ne se sont pas présentés à la date fixée pour leur départ en Allemagne. Tous ces défaillants étaient à rechercher dans les localités où il n'existe pas de police locale. Sur ce nombre :

– vingt ont été appréhendés et conduits au Service du travail obligatoire,

– trois travaillent déjà en Allemagne,

– trois sont inconnus des autorités dans les communes indiquées,

– deux se trouvent dans d'autres départements (adresse connue),

– deux sont partis pour une destination inconnue,

– neuf sont partis de chez eux à la date fixée pour leur départ en Allemagne, et on a tout lieu de supposer qu'ils sont effectivement partis avec le convoi.

*

Juillet 1943

Le Service du travail obligatoire jouit, si l'on peut dire, d'un certain manque de prestige. Il est vrai qu'il est difficile de trouver une pagaille mieux organisée. Les bureaux ne semblent pas organisés, le personnel semble incompétent et de nombreuses erreurs sont commises.

À Saint-Angeau (section de Ruffec), Lagarde André a été conduit au

STO [Service du travail obligatoire] sur ordre. Il a été reconnu qu'on ne lui avait jamais envoyé de convocation. Invité quelques jours après à se représenter, il s'y est rendu seul. La mention « Pour l'Allemagne » a été apposée sur sa carte de travail, sans qu'il soit soumis à la visite médicale. Quelques jours plus tard, il figurait sur la liste des défaillants. Appréhendé et conduit au STO, il a été reconnu qu'il n'avait jamais reçu de convocation et il a été dirigé sur l'hôpital afin d'y passer la visite.

Des artistes, des musiciens de cabaret exercent toujours leur métier. Il eût été préférable d'envoyer tous ces musiciens inutiles en Allemagne, où ils auraient pu être employés comme manœuvres.

Rapports du capitaine Poirier, commandant la section de gendarmerie de Cognac

Cognac, le 9 février 1944

M. V., maire de Touzac (Charente), qui avait découvert dans sa commune, le 7 février 1944, un stock de matériel parachuté et en avait avisé la gendarmerie, a été enlevé le 8 février 1944, à 20 h 45.

Cinq individus à l'accent étranger, en voiture automobile, se disant de Bordeaux, et les chefs de la police de sûreté allemande d'Angoulême se sont présentés à son domicile. Sur leur demande, il a accepté de les accompagner à l'endroit où le matériel avait été découvert. Depuis, M. V. n'a pas reparu à son domicile. Une enveloppe trouvée devant chez lui porte l'inscription : « V. a trahi. Il a payé. »

*

Cognac, le 10 février 1944

Le corps de M. V., maire de Touzac, a été découvert le 9 février 1944, à 15 h 30, sur le territoire de la commune de Touzac, à la lisière du bois Cailleau, à 1 kilomètre du lieu où était rangé le matériel parachuté. La victime a été tuée d'une douzaine de balles de mitraillette. Dans les plis de sa veste, il y avait un bout de papier portant la même inscription que l'enveloppe trouvée devant chez lui : « V. a trahi. Il a payé. »

M. V. était réputé collaborateur.

*

Cognac, le 5 juin 1944

Par sympathie pour les délinquants ou par crainte de représailles, la partie saine de la population ne veut donner aucun renseignement. Pour arriver aux résultats qu'elles obtiennent, les troupes d'occupation doivent avoir recours aux dénonciations rétribuées.

CHARENTE-MARITIME

Le camp de communistes

Rapports du chef d'escadron Favre, commandant la compagnie de la Charente-inférieure, au lieutenant colonel de la 18ᵉ légion de gendarmerie de Bordeaux

Le 13 juillet 1941

J'ai l'honneur de vous rendre compte sur réquisition préfectorale, en date du 10 juillet 1941, que la compagnie de la Charente-inférieure fournit les services suivants, au compte des autorités d'occupation.

I – Section de la Rochelle

Garde d'un camp de communistes à Aytré (effectifs quatre hommes de jour, quatre hommes de nuit)

II – Section de Rochefort

Garde de poste d'émission de TSF des autorités d'occupation de Thairé, brigades d'Aigrefeuille (quatre hommes de permanence)

III – Section Jonzac

Garde d'un camp de communistes à Jonzac (effectifs deux hommes).

Ceci sans préjudice de la garde du camp espagnol de Montendre et de la Pallice et du camp de séjour surveillé de Saint-Martin en Ré [...].

J'ai proposé la concentration de tous les communistes détenus dans le seul camp de Saint-Martin en Ré, où il existe déjà un centre de séjour surveillé pour communistes gardés par la gendarmerie.

CÔTES-DU-NORD (CÔTES-D'ARMOR)

Une famille décimée par les « terroristes »

Rapports de l'adjudant-chef Le Peltier, commandant provisoirement la section de gendarmerie de Lannion

Lannion, le 21 janvier 1944

Le 18 janvier 1944, vers 18 h 30, deux jeunes gens se sont présentés chez M. C., garagiste à Ploumilliau, auquel ils ont reproché d'être responsable d'arrestations récentes opérées par les Allemands. Ils ont giflé M. C. et l'ont frappé à la tête d'un coup de crosse de pistolet. Ils se sont ensuite présentés chez monsieur le maire de Ploumilliau, où ils ont été rejoints par deux acolytes. Ils ont entraîné le maire dans un bureau et trois d'entre eux l'ont menacé en lui mettant chacun un revolver près de la tête. Le magistrat n'ayant opposé aucune résistance, ils ont mangé chez lui et sont partis sans rien emporter. La terreur des deux victimes a été telle qu'ils n'ont pas osé aviser les services de police ou de gendarmerie, permettant ainsi aux terroristes de s'enfuir en toute sécurité.

*

Lannion, le 26 janvier 1944

Le 25 janvier 1944, vers 14 h 30, M. T. François, propriétaire, maire de la commune de Trélévern, a été tué à coups de revolver sur la voie publique, au moment où il quittait sa propriété à bicyclette pour se rendre au bourg.

Note : il semble bien que M. T. ait été victime de terroristes ou francs-tireurs en raison de sa sympathie pour l'Allemagne souvent remarquée.

La gendarmerie et la Résistance

Rapports du lieutenant Laporterie[1], commandant la section de gendarmerie de Lannion, sur un triple assassinat terroriste à Trébeurden

Lannion, le 11 mai 1944

Dans la nuit du 8 au 9 mai 1944, vers minuit, trois individus masqués et armés de revolvers se sont présentés au domicile de M. D., cinquante et un ans, cultivateur à Trébeurden. Ils ont réussi par leurs menaces à obtenir l'ouverture de la maison. À peine M. D. avait-il ouvert sa porte qu'il était abattu de deux coups de feu tirés à bout portant. Une des filles de la victime, Mlle Louise D., vingt ans, arrivant au secours de son père, a été abattue près de ce dernier par plusieurs coups de feu. Une autre fille D., Anna, vingt et un ans, a été mortellement blessée au moment où elle cherchait à s'enfuir chez des voisins et est décédée quelques minutes plus tard.

Mme D. et deux enfants plus jeunes ont réussi à s'enfuir sans être atteints.

*

Lannion, Le 25 juillet 1944

Le 23 juillet 1944, à 7 h 45, le corps de M. Le L. de R. Florent a été découvert sur le bord d'un chemin vicinal à Plufur, la tête traversée de trois balles de pistolet. Il a été trouvé dans une poche de vêtement sur le cadavre un papier portant l'inscription suivante : « Mort en traître. Approuvé comme agent de la Gestapo et le même sort est réservé à ses camarades. »

---

1. Pour la biographie du lieutenant Laporterie, se reporter au début du chapitre, p. 112.

Chronique d'une France occupée

Rapport du capitaine Bumat, commandant la section de gendarmerie de Dinan, sur le maréchal des logis-chef Michel Pierre, commandant la brigade de Plancoët, proposé pour l'avancement

Dinan, le 12 novembre 1944

Il a été dénoncé quatre fois aux autorités allemandes pour propagande antiallemande et gaulliste : une fois en 1941 par L. de Plancoët, deux fois en 1942 par D., maire de Pleslin, et F. de Lancieux, et au début de 1944 par G. de Plancoët. [Mais il n'a pas été arrêté par les Allemands faute de preuves. Trois de ses dénonciateurs sont sous les verrous.]

Dès le début de 1943, il a remis au chef de la Résistance de Plancoët, actuellement le commandant Hector, deux revolvers et deux cents cartouches qu'il avait cachés chez lui. La réunion des chefs de la Résistance de Plancoët se tenait souvent chez lui. Michel n'a pas hésité à distribuer les consignes et tracts de la Résistance, qu'il tapait lui-même à la machine.

Il a conseillé aux jeunes de ne pas partir en Allemagne et les prévenait lorsqu'ils faisaient l'objet de recherches. Par contre, il facilitait le recrutement des membres de la Résistance.

Il a aussi couvert le parachutage d'officiers et de 12 tonnes d'armes avec un poste émetteur (le 2 juillet 1944). Il aidait à la surveillance des routes pendant le transport des armes en recrutant les militaires de la brigade. À une autre occasion, il a prêté une tenue de gendarme à un homme de la Résistance chargé d'une opération.

Le 3 août, il a participé au déclenchement des opérations avec les FFI [Forces françaises de l'intérieur], a fait prisonnier un officier allemand et son chauffeur. Vingt-quatre prisonniers allemands ont été gardés à la caserne alors que Plancoët n'était pas encore libéré.

La gendarmerie et la Résistance

Rapport du capitaine Bumat, commandant la section de gendarmerie de Dinan, sur le gendarme Le Mener Henri, de la brigade de Caulnes, proposé pour l'avancement

Le gendarme Le Mener a rejoint le groupe de résistance MLN (Mouvement de libération nationale) dès sa formation, environ dix-huit mois avant la Libération, à Caulnes.

Dinan, le 12 novembre 1944

Toute son action dans la gendarmerie a été basée sur le principe de sabotage des ordres émanant des Allemands. Il n'a pas arrêté de réfractaires, qui ont trouvé un abri sûr sur la circonscription de Caulnes.

Dans la période précédant la Libération, il a pris contact avec tous les groupes de résistance voisins : groupe Étienne Carrier, stationné à Plouasne, Tréfumel et Le Quiou, groupe Moreau-Lebranchu, stationné à Plumaudan, groupe Mahe, stationné à Broons.

Le 2 août 1944, jour de l'arrivée des Américains, il a pris le commandement de la première section des FFI et s'est battu contre les Allemands, en a fait prisonniers...

Idem pour le gendarme Garin Eugène, de la brigade de Caulnes, qui faisait partie de la Résistance. Il transportait des armes, surveillant les abords d'un point où avait lieu un parachutage. Il a aussi déplacé deux parachutistes français dans le canton voisin.

Le 3 août 1944, il a pris la tête de la 2e section des FFI de Caulnes.

Rapport du lieutenant Dupont, commandant la section de gendarmerie de Lannion, sur la participation de la gendarmerie à la Résistance

Lannion, le 5 janvier 1945

Le 31 mai 1943, l'adjudant Buan (brigade territoriale Mur-de-Bretagne) identifie un aviateur américain « descendu » avec son appareil et qui se dirige vers l'Espagne. Il l'héberge, le restaure et assure sa conduite jusqu'à Paris, où il sera remis à une organisation spécialisée dans le rapatriement des aviateurs alliés abattus.

Le 9 mars 1944, le maréchal des logis-chef Delacroix et les gendarmes Creismeas et Hamon (brigade territoriale de Plestin-les-Grèves) font une perquisition négative chez une fabricante de fausses cartes d'identité destinées aux réfractaires.

Le 27 mars 1944, le gendarme Jouannet (BT [brigade territoriale] de La Roche-Derrien), devant conduire les Allemands chez un homme à arrêter, arrive à faire prévenir celui-ci, qui prend la fuite au bon moment.

Le 9 mars 1944, les gendarmes Dincuff et Thomas (BT Lézardrieux) refusent de prendre part à un barrage ayant pour but l'arrestation d'un détenu (aujourd'hui commandant FFI) qui venait de s'enfuir de l'hôpital de Lannion. L'adjudant Le Picard, ayant fait lever le barrage sans ordre, fut puni de dix jours d'arrêt de rigueur.

Au mois de juin 1944, la gendarmerie dut fournir du personnel pour la constitution de peloton devant entrer en lutte contre le maquis du Morbihan. Un certain nombre de gendarmes de la section refusèrent de partir ou quittèrent leur poste plutôt que d'obéir aux ordres des Allemands. Ce sont les gendarmes Jaglin, Philippe, Masson, Hamelin, Le Gall.

En janvier 1944, l'adjudant Buan réussit après enquête à identifier un agent de la Gestapo. Il est signalé immédiatement à la Résistance et abattu par celle-ci.

En juin 1944, les gendarmes Dincuff et Hamelin (BT Lézardrieux), au service de la mission parachutiste Frédéric, participent à la protection du personnel parachuté et aux parachutages d'armes destinées au maquis du département.

Le 9 mars 1944, le gendarme Botcazou (BT Tréguier), de garde auprès d'un patriote détenu à l'hôpital de Lannion, laisse fuir son détenu délivré par des camarades et simule un chloroformage pour détourner les soupçons. À la suite de cet incident, Botcazou est arrêté par les Allemands, puis interné pendant trois mois au camp de Pithiviers[1].

Le 27 mars 1944, le gendarme Dollo (BT Tréguier), de garde auprès

---

1. Lire à ce propos le témoignage de Raymond Laporterie en introduction du chapitre, p. 112.

de quelques détenus politiques à Lannion, sert d'agent de liaison entre ces détenus et la Résistance locale, qui vient délivrer les prisonniers quelques jours plus tard.

Le 28 février 1944, le gendarme Colin (BT Plouaret) alerte, en parlant en breton, un homme qui va être arrêté par la Gestapo.

Rapport du capitaine Bumat, commandant la section de gendarmerie de Dinan, sur la participation des brigades de la section à la Résistance

Dinan, le 7 janvier 1945
– STO :
Plus de six cents réfractaires très bien connus par les gendarmes vivaient en toute tranquillité sur l'arrondissement. Certains gendarmes les ont aidés à se camoufler. Ainsi la brigade de Plancoët leur a fourni de nombreuses fausses cartes d'identité.
– Maquis :
En août 1943, un maquis se constitue à Plédéliac et, en raison des imprudences qu'il commet, fait parler de lui jusqu'à Saint-Brieuc. La gendarmerie commence à détourner l'attention en parlant de scouts ; la Gestapo commençant à enquêter, grâce aux liaisons prises dès le début, le CB [commandant de brigade] de Jugon prévient le chef du maquis, qui peut faire partir son personnel fin septembre, juste la veille d'une action de force par les Allemands.
En novembre 1943, le maire de Saint-Méloir dénonce aux Allemands un maquis qu'il y a dans sa commune. Un seul jeune homme est arrêté ; les autres peuvent disparaître grâce au dévouement de la brigade de Plélan-le-Petit, qui arrive à faire disparaître à la barbe des Allemands tous les objets compromettants, et même des armes.
– Israélites :
En juillet 1943, le nommé Nawi, domicilié à Broons, a été dénoncé à la Gestapo comme Juif. La Gestapo qui vient le chercher ne le trouve pas parce qu'il a été prévenu par les gendarmes.
Un ménage d'Israélites, les époux Bibergel Abraham, tailleurs, originaires de Lublin (Pologne), domiciliés à Paris, sont venus se réfugier vers

la fin de 1942 à la Ville-es-Cutté en Plouasne et font part de leur situation à la brigade d'Évran, qui ensuite les protège.

Depuis 1941, la famille israélite Grambert, à Caulnes, dont le fils était camouflé à Plumaugat, a toujours reçu l'appui de la brigade de Caulnes.

ILLE-ET-VILAINE

Des gendarmes dans les pelotons d'exécution

Rapports du chef d'escadron Métayer, commandant la compagnie de gendarmerie d'Ille-et-Vilaine

En février 1944, Joseph Darnand, secrétaire général au maintien de l'ordre, impose aux gendarmes de participer aux pelotons d'exécution des cours martiales. Ce qui crée un véritable choc parmi ces troupes. Certains, comme ici le maréchal des logis-chef Gouazic, paraissent dans l'incapacité de tirer. Ils s'exposent à des sanctions.

Rennes, le 28 mars 1944

Objet : punition du maréchal des logis-chef Gouazic

Le 12 mars 1944, à 6 h 15, le capitaine commandant la section de Rennes m'a rendu compte de l'absence du maréchal des logis-chef Gouazic au rassemblement du personnel commandé pour l'exécution de la sentence d'une cour martiale.

J'ai immédiatement fait convoquer ce gradé à mon bureau en vue de recevoir ses explications.

Je me suis trouvé en présence d'un homme au teint blême, aux yeux hagards, présentant par ailleurs des signes d'une agitation très marquée. Après avoir vainement tenté de le calmer, je lui ai demandé la raison de son attitude. À chaque question, il m'a répondu invariablement : « Je voudrais bien participer à ce service, mais je ne peux pas, je ne peux pas, je ne m'en sens pas la force. »

Après intervention du chef de légion, le maréchal des logis-chef Gouazic a accepté de remplir sa mission, puis, revenant sur sa décision, a regagné son logement. Sur nouvelle intervention de ma part, il a enfin consenti à prendre place dans la camionnette destinée au transport du personnel.

Bien que ce gradé ait été, après examen médical, reconnu indemne de toute tare ou affection organique, il se trouvait le 12 mars 1944 dans un état de déficience physique caractérisé, tantôt par une agitation très marquée, tantôt par un état voisin de la prostration. Quoi qu'il en soit, son comportement au cours de cette affaire, tout en l'empêchant de remplir sa mission, a produit sur le personnel une impression des plus fâcheuses doublée d'un malaise certain.

Bien noté, jamais puni, le maréchal des logis-chef Gouazic a jusqu'ici donné satisfaction.

Tenant compte des considérations ci-dessus exposées, je porte à dix jours d'arrêt de rigueur la punition qui lui est infligée et ai l'honneur de proposer le libellé suivant :

« Commandé de service pour l'exécution de la sentence d'une cour martiale, a, par suite d'une sensibilité excessive qu'il n'a pu dominer, été victime d'une défaillance physique qui l'a empêché de remplir sa mission, donnant ainsi à ses subordonnés le spectacle d'un gradé sans volonté et sans énergie. »

J'estime, en outre, que le maréchal des logis-chef Gouazic n'est plus à même de remplir toutes les missions actives demandées au personnel de la gendarmerie.

*

Puis, dans le rapport n° 18/4 (sur la même affaire), le 1ᵉʳ avril 1944 :

Tenant compte des considérations ci-dessus exposées, notamment de l'effort fait par ce gradé pour dominer sa sensibilité excessive, je ne lui inflige aucune punition. Toutefois, j'estime qu'il n'est pas en mesure de remplir toutes les obligations imposées au personnel de la gendarmerie. En conséquence, j'ai l'honneur de proposer son élimination de l'arme par la mise à la retraite d'office.

Chronique d'une France occupée

*

Rennes, le 8 avril 1944

Parmi les nombreuses missions extraordinaires confiées à cette dernière il en est une qui semble lui répugner particulièrement ; il s'agit de l'exécution des sentences des cours martiales. Bien que la gendarmerie n'ait pas une tendance marquée à s'apitoyer sur le sort de criminels de droit commun, elle souhaiterait que leur exécution soit confiée à des formations spéciales.

Le rôle joué par la gendarmerie en cette matière, mal connu des populations, laisse subsister un certain doute dans les esprits quant à la régularité de l'action de l'arme. La demi-ignorance dans laquelle est tenu le public à ce sujet porte un grave préjudice à son bon renom.

Un exemple : à la suite de l'exécution de trois criminels, le 12 mars 1944, au polygone de Rennes, plusieurs versions ont circulé sur l'emploi de la gendarmerie ; la plus commune est la suivante :

« Le 11 mars 1944, les gendarmes ont arrêté trois terroristes ; las sans doute de voir ces derniers commettre des attentats et non moins las de leur courir après, ils les ont jugés, condamnés à mort et fusillés le lendemain ! »

Il est évident que le secret des exécutions capitales est bien difficile à garder, tout au moins quand elles ont lieu sur un polygone à proximité d'une ville ; il serait donc souhaitable qu'elles se fassent à l'intérieur d'une prison, d'une caserne ou dans un bâtiment quelconque.

Rapport du capitaine Dufossey, commandant la section de gendarmerie de Rennes

Rennes, le 3 mai 1944

Le 30 avril 1944, vers 11 heures, les gendarmes Demeure et Lepreux, à la recherche de trois individus, auteurs d'une attaque à main armée, les rencontrent sur la route et les interpellent. Apercevant une crosse de mitraillette qui dépasse d'une musette, les gendarmes crient : « Haut les mains » et mettent leurs adversaires en joue. Le gendarme Demeure s'empare de la musette. La phase critique de l'opération semblait à ce moment achevée. Les deux gendarmes, pistolet au poing, face aux trois individus bras levés, étaient incontestablement les maîtres de la situation. C'est à ce moment que se place une incompréhensible défaillance du gendarme Lepreux. Il avait en face de lui un seul des trois individus, le gendarme Demeure s'occupant des deux autres, un (celui de la musette) déjà désarmé, l'autre en voie de l'être.

Lepreux laisse alors son prisonnier s'écarter. Il le voit s'élancer sur Demeure, ne tente absolument rien, et qui plus est il abandonne son camarade et s'éloigne. Le gendarme Demeure roule par terre et dans cette lutte inégale, un contre trois, il devait naturellement succomber, blessé à la tête et au côté...

Le gendarme Lepreux, rejoint quelques instants après par un des trois individus, lui remettait son arme.

Rapport du lieutenant Broustal, commandant provisoirement la section de gendarmerie de Rennes

Rennes, le 5 septembre 1944

Il est incontestable que l'ex-adjudant-chef T. a fait embaucher quelques jeunes gens à la garde des points sensibles pour leur éviter leur départ en Allemagne. Il est possible qu'une partie de l'argent qu'il recevait de P., chef de service à la garde des points sensibles, et dont il n'ignorait pas la provenance suspecte (déclaration de P.), ait été employé à soudoyer les fonctionnaires allemands du STO ; quoi qu'il en soit, cette affaire de détournement de fonds est actuellement à l'instruction du cabinet n° 1 à Rennes. L'ex-adjudant-chef T. n'a pas encore été convoqué par le magistrat, mais il est probable qu'il sera inculpé de recel.

Malgré les services rendus à la Résistance et les dangers qu'il a encourus de ce fait, il n'en reste pas moins vrai que si cet ex-gradé était condamné pour recel de fonds détournés, son honorabilité serait atteinte et rendrait impossible sa réadmisssion dans l'arme.

LOIRE-INFÉRIEURE (LOIRE-ATLANTIQUE)

« Il aurait eu, au cours d'un interrogatoire, une défaillance cardiaque [...]. Avant son arrestation, il jouissait d'une excellente santé »

Le capitaine Riou, commandant la section de gendarmerie de Nantes

L'officier signale, le 13 novembre 1941, que des tracts appellent à la vengeance suite à l'exécution de quarante-huit otages, le 21 octobre 1941, à Nantes et à Châteaubriant. Il s'agit d'une répression consécutive à l'assassinat du Feldkommandant de Nantes.

Parmi eux, Guy Môquet, le fils d'un député communiste[1].

Rapport du capitaine Riou, commandant la section de gendarmerie de Nantes, sur des arrestations d'otages avec le concours de la gendarmerie française

Le 23 février 1942, le commandant de section a reçu l'ordre par la Feldgendarmerie d'envoyer des gendarmes connaissant bien la circonscription pour participer à un service, sans plus d'explications. Il a dû s'exécuter.

Nantes, le 25 février 1942

Vers 22 h 30, un adjudant-chef allemand, muni d'une liste de personnes à appréhender, a consulté les gendarmes et inspecteurs français et a groupé ces personnes par itinéraire. Ensuite, tous se sont transportés à la Feldkommandantur, où des équipes de policiers allemands (gen-

---

1. Voir p. 273, le département de la Vendée.

darmes et agents de la GFP [Geheim Feldpolizei] ont été constituées avec pour chacune un gendarme ou un inspecteur français comme guide. Le guide indiquait la route et le domicile des individus à arrêter. Son rôle s'est borné à cela et, en ce qui concerne les gendarmes, ils n'ont pas eu à intervenir au cours des arrestations.

Les opérations se sont terminées vers 5 heures du matin ; trente et une personnes ont été arrêtées, dont dix-sept communistes anciens ou connus actuellement comme tel, un Italien antifasciste, un membre du parti socialiste ouvrier et paysan, un syndicaliste, deux Juifs et neuf inconnus de la gendarmerie.

Rapports du capitaine Riou, commandant la section de gendarmerie de Nantes

Nantes, le 18 mai 1942

Le 16 mai 1942, à 23 heures, un attentat a été commis contre l'immeuble occupé par le colonel d'administration en retraite P. et dont celui-ci est propriétaire (Pont-Rousseau).

Le colonel P. avait fait partie du groupe Collaboration de Nantes. Cette adhésion était connue de la population, le colonel ne s'en cachant pas. Il en avait démissionné.

Quoi qu'il en soit, le colonel et Mme P. s'étaient attiré de nombreuses haines, concrétisées par l'envoi de lettres anonymes et l'apposition de papillons sur leur habitation où ils étaient qualifiés de traîtres, de vendus, etc., et étaient menacés de mort. Il ne fait pas de doute qu'ils ont été l'objet d'un attentat parce que partisans de la collaboration franco-allemande.

*

Le 1er août 1942, les gendarmes de Pont-Rousseau découvrent des placards collés sur le mur de clôture de l'école des filles.

Nantes, le 1er août 1942

Une feuille arrachée vraisemblablement d'un cahier d'écolier et sur

257

laquelle était écrit à la main et à l'encre en caractères d'imprimerie le texte suivant :

« Où sont les terroristes ?

« Les terroristes sont ceux qui ont fusillé les cinquante otages de Nantes et de Bordeaux et qui continuent à fusiller des patriotes. Nous luttons pour la liberté de notre pays, pour ne pas rester sous le joug des oppresseurs qui veulent nous maintenir dans l'esclavage. Nous faisons nôtres les paroles de Saint-Just prononcées le 24 avril 1793 : "La France ne fait point la paix avec un ennemi occupant son territoire."

« Un groupe de patriotes »

Rapport de l'adjudant-chef Gillion, commandant provisoirement la section de gendarmerie de Nantes

Nantes, le 18 septembre 1942

Recrudescence de certains éléments du parti communiste dits « terroristes » dont le fait le plus marquant est l'irruption de trois individus dans le cabinet de monsieur le juge d'instruction au palais de justice de Nantes, pour l'évasion du terroriste Hervé et par le meurtre d'un magistrat et la blessure d'un agent de police.

Rapports du capitaine Riou, commandant la section de gendarmerie de Nantes

Nantes, le 24 octobre 1942

Le 22 octobre 1942, à 10 heures, mille cent ouvriers de l'établissement national d'Indret, à Indre, ont cessé le travail en manière de protestation contre la désignation de cent cinquante de leurs camarades pour aller travailler en Allemagne.

*

Nantes, le 8 janvier 1943

Au cours de la nuit du 5 au 6 janvier 1943, des individus ont soustrait

de la carrière de La Roche-Balue, en Bouguenais, exploitée par l'entreprise Dodin, n° 4 rue Pasteur à Nantes :
- 62 kilos d'ablonite (explosif de sécurité) ;
- 1 252 détonateurs ;
- 500 mètres de mèche lente noire ;
- 25 détonateurs électriques ;
- 1 grosse boîte de biscuits caséinés.

[Le gardien était exceptionnellement absent, car malade, et n'avait pas été remplacé.]

L'un au moins des cambrioleurs connaissait parfaitement l'état des lieux. Après avoir pénétré, à l'aide de fausses clés, dans un bureau, fracturé les tiroirs et enlevé une grosse boîte de biscuits caséinés, les voleurs sont passés dans un atelier voisin, ont fracturé une des armoires qui y étaient disposées pour s'emparer de divers outils, se sont munis de crics, pinces, leviers, etc., et se sont attaqués aux portes de la poudrière.

Au moyen de deux brouettes prises à la carrière, les cambrioleurs ont transporté leur butin aux abords du village de La Pagerie, distant de 500 mètres de la carrière, et ont disparu, abandonnant les brouettes, sans qu'il ait été possible jusqu'à présent de déterminer quels étaient les moyens de transport dont ils disposaient.

*

Nantes, le 6 février 1943

Le gendarme Gouard Léon, de la brigade d'Indre, a été arrêté par la Feldgendarmerie et incarcéré au quartier allemand de la maison d'arrêt de Nantes le 4 février 1943. Ce gendarme, étant détaché pour le maintien de l'ordre dans le Pas-de-Calais, était entré en relation avec des individus insuffisamment connus de lui et avait tenté de leur vendre un pistolet automatique et des cartouches non réglementaires qu'il détenait irrégulièrement, à l'insu de ses chefs hiérarchiques. Ces individus, arrêtés peu après pour vols, avaient rapporté aux gendarmes enquêteurs la proposition de vente du pistolet par Gouard, ce qui avait entraîné la mise aux arrêts de celui-ci et l'établissement par le commandant de section d'un rapport dont un exemplaire avait été adressé aux autorités allemandes [...].

Le gendarme Gouard, après avoir été longuement interrogé par un Feld-webel de la Feldgendarmerie en présence du commandant de la brigade de Nantes et de moi-même, a été incarcéré au quartier allemand de la maison d'arrêt à la fin de l'après-midi.

Les deux individus déclarent que le gendarme voulait leur vendre un pistolet pour tuer des Allemands et aider les Anglais. Gouard a nié ces propos, ajoutant que c'étaient ces hommes qui lui avaient dit qu'ils dési-raient être armés pour pouvoir avoir des « bottes » et qu'à aucun moment il n'avait été question des Anglais. Le chef de la Feldgendarmerie m'a déclaré que cette affaire était très grave, que le gendarme risquait d'être condamné à mort et qu'il serait traduit devant le tribunal de la Feldkom-mandantur 518 à Nantes.

*

Nantes, le 21 janvier 1944

Le 20 janvier 1944, à 19 h 20, la voiture automobile postale, durant le service entre Châteaubriant et Nantes, a été attaquée par un groupe de cinq hommes dont deux au moins étaient armés, sur la RN 137, au lieu-dit des Marais, à 1 kilomètre au sud-est de Treillières (Loire-Infé-rieure).

Les terroristes ont simulé un accident de la circulation. L'un d'eux était couché en travers du milieu de la route, pendant qu'un autre agitait une lampe de poche. Le conducteur de la voiture postale, sans méfiance, s'est donc arrêté. Aussitôt, l'individu qui tenait la lampe et un troisième débou-chant du bas-côté de la route ont sauté sur les marchepieds et ont menacé chacun des occupants du véhicule d'un pistolet en criant : « Haut les mains ! » Ils ont ensuite intimé l'ordre au conducteur de remettre sa voiture en marche et l'ont obligé à s'engager dans un chemin de terre tout proche dans lequel il a parcouru une centaine de mètres.

Le paquet volé contenait 280 000 francs.

*

La gendarmerie et la Résistance

L'officier rédige deux notes sur les conditions de l'arrestation d'un gendarme résistant, Willy Pelletier, membre du mouvement Défense de la France. Le 7 mars 1944, ce dernier participe au sabotage du carburant destiné aux sous-marins allemands. Il est arrêté le 3 mai par la Gestapo. Et meurt des suites des tortures subies pendant son interrogatoire.

Nantes, le 4 mai 1944

Le 3 mai 1944, vers 9 h 45, le gendarme Pelletier Willy, de la brigade de Chantenay (Loire-Inférieure), a été arrêté [...].

Dans l'après-midi, le chef [de la Sicherheitspolizei] m'avisait par téléphone que ses services avaient arrêté un de mes gendarmes, coupable de relations avec le maquis du Morbihan. Un peu plus tard, je me suis rendu à la police de sûreté, où le chef m'a déclaré que le gendarme Pelletier entretenait des relations épistolaires avec le maquis du Morbihan, qu'il lui fournissait des renseignements nuisibles à la sécurité de l'armée allemande, que des lettres rédigées de sa main et qui ne laissaient aucun doute sur la nature de son action avaient été saisies, et qu'enfin il avait passé des aveux. Il n'apparaît cependant pas que son cas soit considéré comme extrêmement grave, puisque le chef de la police de sûreté n'envisage que l'internement du gendarme dans un camp de concentration. Enfin, il m'a semblé que la police allemande tendait à lier cette affaire à celle ayant amené récemment l'arrestation d'une douzaine de membres du corps urbain de police de Nantes qui auraient constitué un groupe de résistance.

*

Nantes, le 16 mai 1944

Le gendarme Pelletier Willy, de la brigade de Chantenay, est décédé à l'hôpital Broussais, de Nantes, entièrement occupé par les autorités allemandes, le 10 mai 1944, à 21 h 30.

Arrêté par la police de sûreté allemande le 3 mai 1944, il aurait eu,

261

au cours d'un interrogatoire, une défaillance cardiaque qu'il n'aurait pu surmonter.

Avant son arrestation, il jouissait d'une excellente santé.

MAINE-ET-LOIRE

« Opérer avec un peu plus de douceur » contre les réfractaires

Rapport du lieutenant Fauvet, commandant la section de gendarmerie de Segré, à propos des réfractaires

Segré, le 24 juin 1943

Il serait nécessaire d'opérer avec un peu plus de douceur à leur égard.

Beaucoup d'entre eux sont signalés comme réfractaires alors qu'ils n'ont jamais reçu de convocation leur prescrivant de se présenter à tel ou tel endroit. Évidemment, ils sont aussitôt recherchés par les brigades, découverts loin de leur résidence, de leur famille, la plupart du temps à leur travail, et conduits aussitôt à la JOFTA [Jeunesse ouvrière française travaillant en Allemagne] à Angers.

Les gendarmes responsables ne peuvent bien entendu les laisser libres après leur découverte, et ces jeunes gens partent ainsi sans avoir la possibilité d'embrasser leur famille (femme, enfants, parents, etc.) ni même d'emporter avec eux le nécessaire.

Rapport de l'adjudant-chef Dalloux, commandant provisoirement la section de gendarmerie de Saumur, sur l'arrestation de personnes civiles par l'autorité occupante

Saumur, le 9 octobre 1943

Au cours de la nuit du 8 au 9 octobre 1943, les services de police allemands ont procédé à de nombreuses arrestations de citoyens français en résidence sur le territoire de la circonscription. Parmi ceux-ci, onze résidents à Saumur ou sa banlieue et dix-huit dans les communes de Bagneux, Saint-Lambert-des-Levées, Saint-Hilaire, Saint-Florent, Montreuil-Bellay, Doué-la-Fontaine et Montfort. D'autres, momentanément retenus, ont été relaxés après une détention de quelques heures.

Les personnes arrêtées [...] représentent les diverses branches de la société : commerçants, industriels, ouvriers, fonctionnaires, journalistes, retraités et cultivateurs.

Les motifs d'inculpation sont inconnus.

Rapport du capitaine Viala, commandant la section de gendarmerie de Saumur

Saumur, le 17 janvier 1944

À la suite de l'arrestation et de l'incarcération de plusieurs militaires de la section de Saumur par les autorités occupantes, ces dernières ont exigé le remplacement intégral du personnel. Les affectations ont été prononcées en deux temps : 1er et 15 novembre 1943. À cette dernière date, l'effectif de la section était complètement renouvelé. Sur les soixante-dix gradés et gendarmes qui le composaient, vingt-trois étaient sur injonctions allemandes mutés hors légion ou mis à la retraite ; neuf obtenaient leur changement de résidence pour la Mayenne et trente-huit recevaient une affectation provisoire aux forces de gendarmerie de Paris nord-ouest à Courbevoie, où ils se trouvent encore, plus de deux mois et demi après le début de la mise à exécution des mesures prescrites par l'autorité allemande.

Rapport du chef d'escadron Ficini, commandant la compagnie de gendarmerie du Maine-et-Loire, au préfet délégué

L'officier rapporte les incidents survenus dans le département après le rassemblement au centre d'hébergement d'Angers des jeunes gens de la classe 1943 astreints au Service du travail obligatoire.

263

Angers, le 26 janvier 1944

Personne n'a compris pourquoi des jeunes gens n'ayant jamais été convoqués ont été rassemblés d'autorité et sous escorte. La grande bienveillance dont a fait preuve la gendarmerie en la circonstance n'a pas suffi à calmer l'émotion produite, et il m'a été rendu compte qu'on a pu voir la population faire une escorte d'honneur aux jeunes gens, à qui étaient distribués largement vivres et paroles d'apitoiement. D'un point de vue plus particulier, la population paysanne se croyait à l'abri du Service du travail obligatoire en ce qui concerne la classe 1943. [La plupart des jeunes gens étaient des cultivateurs.] De fait, l'arrêté d'internement administratif que vous avez bien voulu me délivrer en garantie de l'opération à exécuter ne repose pas sur une base légale, et c'est seulement l'extrême urgence et le caractère menaçant de la situation qui ont pu permettre exceptionnellement la mise à exécution [...].

Il m'apparaît qu'il convient d'éviter à tout prix le retour d'une semblable opération de police. Je me trouverai contraint à l'avenir de subordonner l'exécution de pareilles mesures à l'approbation du colonel commandant la légion.

Rapport du lieutenant Fauvet, commandant la section de gendarmerie de Ségré, sur deux exécutions capitales opérées à Angers, le 7 juin 1944

Le 7 juin à 1 heure du matin, le lieutenant Fauvet a été emmené à Angers sur ordre du colonel pour exécuter un service très important. C'est là qu'il a découvert qu'il devait commander un peloton d'exécution composé de gendarmes (vingt-huit gendarmes et deux adjudants).

Segré, le 14 août 1944

L'un des condamnés avant de mourir cria : « Vive la France ! Vive le général de Gaulle ! »

L'autre ne prononça aucune parole mais ne voulut pas avoir les yeux bandés.

J'apprenais par la suite que les quatre membres de la cour martiale s'appelaient Viennot, Hulot, Foucault et Sontag.

Rapport du capitaine Viala, commandant la section de gendarmerie de Saumur, sur les circonstances de l'arrestation par les Allemands du capitaine Royer, commandant la section de gendarmerie de Saumur

À Saumur, la Résistance s'organise très tôt, notamment grâce au réseau Parahr, qui tire son nom de l'initiale des prénoms de ses principaux animateurs. Le commandant de la section de gendarmerie de Saumur devient le chef militaire de l'organisation. À la mi-juillet 1943, celle-ci assure la réception d'un parachutage d'armes, grâce aux brigades de Montreuil-Bellay et de Doué-la-Fontaine. Mais les premières arrestations se succèdent. D'abord celle, à Bordeaux, d'un lieutenant en liaison avec Londres, puis celle de Royer, convoqué à la Feldkommandantur, le 17 septembre 1943. Les suspects sont torturés les uns après les autres. On insinue que leurs camarades ont avoué. Condamné à mort, le capitaine Royer implore le tribunal d'accorder la vie sauve à ses hommes. Transféré en Allemagne, il est finalement libéré par l'armée américaine, le 12 avril 1945. Dans ce rapport, son successeur, dans la gendarmerie comme dans la Résistance, le capitaine Viala, détaille les conditions de l'arrestation de Royer...

Saumur, le 21 décembre 1944

Le capitaine Royer, commandant la section de gendarmerie de Saumur, a été arrêté dans la nuit du 17 au 18 septembre 1943 par la Feldgendarmerie sur ordre de la Sicherheitspolizei en même temps qu'un certain nombre de personnalités de l'arrondissement soupçonnées par l'ennemi de militer dans des organisations de résistance.

Effectivement, le capitaine Royer avait mis sur pied avec l'aide de

M. Renard, sous-directeur du centre de séjour surveillé de Montreuil-Bellay (Maine-et-Loire), un groupe de résistance chargé plus particulière-ment d'assurer la protection et l'organisation des opérations de parachutage, ainsi que le stockage et l'entretien des armes réception-nées. Cet officier était en relations étroites avec les membres principaux de la Résistance saumuroise : M. Raimbault, chef reconnu, et M. Ancelin, ex-procureur de la République, qui recevaient eux-mêmes des directives d'un lieutenant de cavalerie agissant de liaison avec Londres.

L'étude de documents découverts au domicile du major allemand le Dr Holzapfel, [...] de Saumur, agent secret de la Sicherheitsdienst, révèle que cet officier nazi était parfaitement renseigné sur l'activité résistante de la plupart des membres influents de l'organisation clandestine. Il se serait douté que des parachutages d'armes avaient lieu dans les plaines de Brossay et Méron, près de Montreuil-Bellay, et aurait demandé à M. Trémeau, alors sous-préfet de Saumur, si le capitaine Royer surveillait bien ce qui se passait très souvent la nuit dans cette région. Ces paroles, qui constituaient un avertissement significatif du danger qu'il courait, auraient été rapportées au capitaine par le sous-préfet lui-même.

MORBIHAN

Les services abusifs et déshonorants

Rapport du chef d'escadron Guillaudot, commandant la compagnie de gendarmerie du Morbihan

Guillaudot entretient des relations exécrables avec les préfets, qu'il considère aux ordres des Allemands. Il ne se prive pas de l'écrire.

Vannes, le 8 janvier 1942

Depuis ce moment, les exigences les plus invraisemblables des auto-rités d'occupation furent acceptées par les préfets pour être transmises à la gendarmerie pour exécution.

La gendarmerie et la Résistance

Quand les circonstances le permettront, il sera nécessaire de relater les services abusifs et déshonorants que les préfets ont voulu imposer à notre arme. Je ne peux pour l'instant qu'en citer un entre dix. Le préfet d'Ille-et-Vilaine, pour satisfaire une réquisition allemande, me demanda un jour de placer des gendarmes sur les principales artères de Rennes en vue de confisquer les vélos des cyclistes de passage ; je lui opposai un refus formel en lui indiquant que, sous mes ordres, la gendarmerie n'accomplirait jamais une telle besogne ; les cycles furent alors achetés dans le commerce.

Le préfet se vengea.

À l'occasion d'un incident de service d'ordre où toute la responsabilité lui incombe, ce haut fonctionnaire réclama mon déplacement d'abord et ma révocation ensuite ; devant la résistance de la délégation générale, il n'hésita pas à se servir des Allemands en affirmant que si satisfaction ne lui était pas donnée, l'autorité militaire allemande se proposait de m'incarcérer en vue de ma comparution devant un tribunal militaire, ce qui était faux, je l'ai appris par la suite.

De cette situation nouvelle, on peut conclure qu'un officier de gendarmerie digne de ce nom est désormais placé devant le dilemme suivant : ou courber l'échine et accepter sans sourciller d'accomplir les besognes les plus viles qui nous déshonoreront pour longtemps vis-à-vis de la population, ou résister pour sauvegarder la dignité de l'arme et être automatiquement sacrifié sans aucune compensation. On répondra : « Tout est question de tact, il y a la manière de s'y prendre, il faut être souple, diplomate, etc. »

Quand il s'agit de dignité, d'honneur, de propreté il n'y a pas deux manières, une seule donne des résultats, celle qui consiste à parler sans détours et sans peur [...]. Vis-à-vis des troupes d'occupation, on obtient davantage en parlant net et énergiquement qu'en se livrant au léchage de bottes.

267

Rapport du chef d'escadron Guillaudot, commandant la compagnie de gendarmerie du Morbihan, à monsieur le préfet du Morbihan

Le chef d'escadron Maurice Guillaudot, qui commande les gendarmes du Morbihan, établit un réseau de renseignements pour le compte de la Résistance. Dans la clandestinité, il répond au nom de code de Yodi[1]. Un certain M. Bellœil sous-entend que tous les gendarmes du Morbihan sont gaullistes. Guillaudot se plaint auprès du préfet.

Vannes, le 11 mai 1942

Les appréciations de M. Bellœil sur mon compte me laisseraient totalement indifférent si elles n'avaient pas pour effet de me déconsidérer vis-à-vis de mes subordonnés.

Au point de vue patriotisme, je ne crois pas non plus avoir de leçon à recevoir de ce monsieur : blessé quatre fois, cité six fois, mutilé de guerre à 60 %, fait chevalier et officier de la Légion d'honneur par le maréchal Pétain.

Avant de saisir mes chefs de cet incident, j'ai l'honneur de vous prier, monsieur le préfet, de vouloir bien m'accorder un entretien à ce sujet.

Rapports du chef d'escadron Guillaudot, commandant la compagnie de gendarmerie du Morbihan, sur le terrorisme dans le département du Morbihan

Guillaudot rapporte de très nombreux actes criminels de fin juin 1943 à mi-septembre 1943 : cambriolages de cartes de ravitaillement dans les mairies, incendies de fermes et de magasins...

Vannes, le 15 septembre 1943

Tous ces actes sont commis par des bandes organisées dirigées par

---

1. Voir p. 112, au début du chapitre.

des membres du parti communiste. Au début, ils ont consisté en cambriolages de mairies pour assurer les cartes d'alimentation nécessaires à la vie des réfractaires et des membres des organisations, puis les incendies ont commencé chez les cultivateurs ayant réalisé de gros bénéfices avec les troupes d'occupation. De nombreux réfractaires se sont laissé embrigader dans ces organismes, croyant sincèrement faire œuvre de patriotisme en châtiant les profiteurs de la défaite ; on a vu par exemple une bande allumer l'incendie d'une ferme avec tous les billets de banque que le propriétaire venait de lui remettre.

*

Dans leur lutte contre le « terrorisme », les gendarmes sont confrontés au mutisme des paysans qui, suite à la recherche des réfractaires, ne veulent plus parler. Ils ont aussi peur des représailles de leurs agresseurs.

Le 8 octobre 1943

Puisque les paysans ne voulaient rien dire par peur des représailles, il s'agissait de leur faire peur davantage que leurs agresseurs. Le capitaine Gauffenic en arriva donc, pour obtenir un premier renseignement, à mettre son pistolet sous le nez d'un cultivateur, puis il fit publier dans une commune que des otages seraient pris parmi la population à une heure déterminée si certains coupables n'étaient pas dénoncés. Le procédé fut salutaire : en quelques heures, les langues se délièrent et de nombreuses arrestations (quinze) furent conduites avec la dernière énergie.

Rapport du chef d'escadron Guillaudot, commandant la compagnie de gendarmerie du Morbihan, sur la lutte entreprise contre le terrorisme dans le département du Morbihan

Il s'agit du dernier rapport confidentiel écrit par Guillaudot avant son arrestation le 10 décembre 1943. Rappelons qu'il est l'un des chefs de la Résistance gaulliste dans le département. Il se livre ici à un périlleux exercice visant à justifier son action.

Vannes, le 13 octobre 1943

Au cours des premiers mois de la lutte entreprise contre le terrorisme, la gendarmerie s'est trouvée en face de deux obstacles de taille : le terrain, les gens.

Le terrain : Dans un pays aussi coupé et boisé que la Bretagne, les patrouilles et embuscades de nuit, tout en fatiguant à l'extrême le personnel, n'ont donné aucun résultat. On a vu par exemple des meules de paille flamber à 200 mètres d'une patrouille en embuscade depuis plusieurs heures.

Les gens : Depuis la recherche des réfractaires, les paysans braqués refusent systématiquement tout renseignement à la gendarmerie et, craignant d'autre part les représailles de leurs agresseurs, ne préviennent pas ou que tardivement les gendarmes des actes criminels dont ils viennent d'être victimes. [...]

J'ai tenu à interroger personnellement quelques-uns des bandits arrêtés. Les aveux et confidences obtenus au cours de ces interrogatoires semblent précieux pour notre arme ; les voici :

Le mouvement de résistance actuellement le plus actif et le plus dangereux est le Front national, à tendance nettement communiste. Ses groupements procèdent depuis quelques mois à un recrutement intensif, sans considération de la qualité des membres recrutés. Des repris de justice sont ainsi enrôlés et, dès qu'ils sont armés, ils n'hésitent pas, contrairement au reste aux ordres de leurs chefs, à se livrer au banditisme, pour se procurer l'argent nécessaire à une vie plus large.

Les membres de ces groupements, qui touchent chacun 1 000 francs par acte de sabotage réussi, ne craignent qu'une force de police : la gendarmerie.

Dans toutes les autres polices, le Front national a placé de ses membres. La gendarmerie est restée à peu près impénétrable en raison de la discipline militaire qui règne parmi le personnel logé en caserne. Il m'a été confié que de gros efforts sont actuellement tentés pour faire entrer dans notre personnel des membres du Front national et que des résultats sont déjà acquis [...].

La gendarmerie et la Résistance

Lorsque les membres d'un groupement de résistance procèdent de nuit à un acte de sabotage, ils opèrent de la façon suivante. L'équipe qui travaille et qui n'est armée que de pistolets est protégée par un ou plusieurs groupes armés de mitraillettes. Ces groupes, en ce qui concerne la gendarmerie, ont reçu l'ordre de ne jamais tirer les premiers sur les gendarmes, mais de riposter de toutes leurs armes automatiques dès que les gendarmes ouvrent le feu.

Il semble qu'il y aurait intérêt à prévenir le personnel de ces dispositions, qui devrait, lorsqu'il se rencontre de nuit en force insuffisante avec une équipe de saboteurs, tenter de la disperser en se faisant connaître sans ouvrir le feu. De cette façon, l'acte criminel serait empêché ou rapidement réparé et le massacre de notre personnel, évité.

Dans la lutte actuellement engagée dans ce département entre les forces de gendarmerie et les terroristes, si des résultats appréciables sont déjà obtenus : vingt arrestations, cessation complète des incendies, régression des actes de pillage, renseignements importants recueillis, c'est grâce à l'action personnelle très active des commandants de section. [...]

J'ai l'honneur de demander à nouveau qu'un effort soit fait d'urgence pour allouer à la compagnie du Morbihan un contingent exceptionnel d'essence pour permettre à son personnel de poursuivre sans arrêt la lutte actuellement engagée et dont les premiers résultats permettent tous les espoirs.

Rapports du chef d'escadron Cambray, commandant la compagnie de gendarmerie du Morbihan

Vannes, le 1er avril 1944

Dans la journée du 31 mars 1944, la Sûreté allemande s'est présentée dans différentes casernes de la compagnie et a procédé aux arrestations des militaires ci-après :

– Guillo Théophile, lieutenant, commandant la section de Ploërmel ;

– Guillo André, adjudant, commandant la brigade territoriale de Pontivy ;

– Nicolas Ange, adjudant, commandant la brigade d'Hennebont ;

– Brifre Joseph, adjudant, commandant la brigade de Questembert ;
– Jaffre Emmanuel, gendarme de la brigade de Sarzeau.

Le chef d'escadron Guillaudot a lui-même été arrêté le 10 décembre 1943. Il a été déporté. Les gendarmes de son réseau sont arrêtés les uns après les autres.

*

Vannes, le 25 mai 1944

Aujourd'hui 25 mai 1944, les arrestations suivantes ont été effectuées par les autorités d'occupation sur le territoire de la section de gendarmerie de Lorient :
– adjudant-chef Redien, commandant la brigade d'Auray ;
– adjudant Le Cam, commandant la brigade de Plouay ;
– maréchal des logis-chef Raison, commandant la brigade de Bubry ;
– maréchal des logis-chef Fouasson, commandant la brigade de Carnac.

Le capitaine Bertrand, commandant la section de Lorient, avait été arrêté dans la journée du 23 mai 1944.

Rapport du chef d'escadron Cambray, commandant la compagnie de gendarmerie du Morbihan, au commandant de la section de gendarmerie de Lorient

Vannes, le 25 mai 1944

Le maréchal des logis-chef Le Bert, commandant la brigade de Quiberon, chef d'une escorte chargée du transfèrement de vingt-quatre réfractaires au Service du travail obligatoire, a laissé évader d'un autocar transportant les personnes et l'escorte huit réfractaires. Après avoir organisé les recherches, il est rentré à la gendarmerie vers 19 heures, où il a reçu l'ordre de ne pas s'absenter. Vers 19 h 30, il a communiqué à deux gendarmes qu'il se rendait à un bureau de la main-d'œuvre allemande. Or, à 21 h 30, il n'est pas revenu à la gendarmerie.

L'ordre est donné de le rechercher, de le désarmer et de l'escorter à la gendarmerie de Vannes.

VENDÉE

Un parachute tombe à Risquetout

Rapport du chef d'escadron Pentel, commandant la compagnie de gendarmerie de la Vendée

La Roche-sur-Yon, le 20 octobre 1941

Il y a lieu de rechercher très activement le nommé Jaffre ou Jaffray, qui serait soupçonné d'avoir assassiné, hier soir, 19 octobre 1941, à Nantes, le commandant d'armes allemand de la place de Nantes.

Un épisode dramatique de l'Occupation. Après l'offensive de la Wehrmacht contre l'URSS, à l'été 1941, le pacte germano-soviétique vole en éclats. Les jeunesses communistes harcèlent les soldats allemands. Un commando de trois personnes venues de Paris réussit à tuer Karl Hotz, le Feldkommandant de Nantes. Les représailles contre les otages sont terribles : vingt-sept sont tués à Châteaubriant, ainsi que vingt et un à Nantes et au Mont-Valérien, près de Paris. Parmi eux, le jeune Guy Môquet, dix-sept ans, fils d'un député communiste...

Rapport du chef d'escadron Chevillard, commandant la compagnie de gendarmerie de la Vendée, aux commandants de sections de gendarmerie

La Roche-sur-Yon, le 21 janvier 1944

Le préfet de la Vendée m'informe ce jour qu'un départ de requis pour le STO est prévu demain 22 janvier. Il demande instamment que la gendarmerie fasse tout son possible pour que le contingent de la Vendée soit fourni.

Il s'est plaint que quelques brigades de la compagnie ne semblent pas apporter un zèle suffisant dans la recherche des défaillants et m'annonce que des responsabilités seront établies à brève échéance à ce sujet. J'ignore encore les brigades qui peuvent être visées par ces mesures, mais d'ores et déjà je vous demande d'intervenir énergiquement auprès de votre personnel pour qu'aucune faute ne puisse lui être reprochée.

Rapports du chef d'escadron Chevillard, commandant la compagnie de gendarmerie de la Vendée

La Roche-sur-Yon, le 8 avril 1944

Dans la nuit du 6 au 7 avril 1944, des inscriptions ont été faites au moyen de goudron sur le magasin d'électricité du nommé C., commerçant à Challans. Ces inscriptions sont les suivantes : « C. au poteau. Le STO réclame C. C. en Allemagne. » D'un côté, deux croix de Lorraine, de l'autre, une croix gammée avec deux croissants.

*

La Roche-sur-Yon, le 19 avril 1944

Le 18 avril 1944, vers 12 h 30, un parachute anglais auquel était attachée une caisse est tombé à 6 kilomètres au sud de Rocheservière (Vendée), près du hameau de Risquetout, même commune. Des soldats allemands qui travaillaient aux environs se sont rendus sur les lieux, où ils ont fait aussitôt des recherches qui n'ont donné aucun résultat. La Feldgendarmerie, prévenue par ces soldats, s'est transportée sur les lieux et, après avoir recherché ce matériel, elle a découvert, chez quatre particuliers des villages de Risquetout et La Petite-Sorinière, les débris du parachute que les habitants s'étaient partagés et ensuite cachés. Seule la caisse n'a pu être découverte. La Feldgendarmerie a alors arrêté onze personnes de ces hameaux, qui ont été conduites à La Roche-sur-Yon. Les faits ci-dessus ont été portés à la connaissance de la gendarmerie française à 19 h 30, au cours d'un service dans ces villages effectué par deux gendarmes de la brigade de Rocheservière, qui ont été mis au courant par la Feldgendarmerie présente sur les lieux.

*

La Roche-sur-Yon, le 30 avril 1944

Les 7 et 10 avril, le chef d'escadron commandant la compagnie, le capitaine commandant la section de Fontenay-le-Comte et son adjudant-chef adjoint ont reçu chacun une lettre anonyme les invitant à modérer leur zèle en ce qui concerne la recherche des réfractaires et les menaçant de sanction s'ils persévéraient dans leur activité.

VIENNE

Des aveux sous la torture

Rapports du chef d'escadron Lissarrague, commandant la compagnie de gendarmerie de la Vienne

Poitiers, le 31 octobre 1942

Le recensement des ouvriers et les départs pour l'Allemagne causent un véritable malaise dans la population ouvrière. Les demandes d'engagement pour l'armée d'armistice affluent, de nombreux dossiers sont en instance. À la seule brigade de Châtellerault, trente-trois demandes d'engagement ont été accueillies entre le 10 et le 20 octobre.

Des départs assez importants ont eu lieu pour l'Allemagne : deux cents à la manufacture de Châtellerault, vingt-cinq aux usines Rocher à Cenon, divers, cent cinquante environ. D'autres sont attendus, les ouvriers mécaniciens notamment, ayant été convoqués pour signer leur contrat.

*

Poitiers, le 30 novembre 1942

Le 26 novembre vers 15 heures, une liste comprenant cent noms d'ouvriers de la manufacture d'armes de Châtellerault désignés pour aller travailler en Allemagne a été affichée dans l'établissement. Aussitôt, les ouvriers se sont déployés dans les ateliers pour répandre la nouvelle. Le travail a cessé pendant une demi-heure. La Marseillaise et l'Internationale ont été chantées. Le travail a repris sur injonction du directeur allemand.

*

Poitiers, le 30 janvier 1943

Les désignations massives pour l'entreprise Todt provoquent un malaise de plus en plus grand parmi la population, qui y voit plutôt une déportation qu'une collaboration ouvrière. Elle constate que la main-d'œuvre ainsi requise est utilisée sans tenir compte de la véritable profession des ouvriers. Le travail s'exécute au ralenti dans bien des cas, donnant aux ouvriers l'impression que leur présence serait beaucoup plus utile dans les emplois qu'ils occupaient précédemment.

D'autre part, la population murmure de plus en plus sur la désinvolture avec laquelle les désignations sont faites et sur les relations qui permettent à certains de se faire exempter au moment du départ. On cite le cas de certains célibataires de vingt-cinq ans ou de jeunes mariés sans enfants qui restent au foyer alors que des pères de trois enfants de plus de quarante ans sont obligés de partir.

*

Poitiers, le 31 mars 1943

Le 4 mars, des jeunes gens du canton de Couhé, recensés le matin, se sont réunis et, précédés du drapeau tricolore, se sont rendus au monument aux morts, où ils ont déposé une gerbe et chanté la Marseillaise. Le même jour, à Lusignan, les jeunes gens de la commune de Jazeneuil, également recensés le matin, ont frappé et blessé un nommé M., de Lusignan, qui leur avait fait des observations sur leur attitude. M. M. passe pour collaborateur. À la suite de cet incident, sept jeunes gens ont été arrêtés par la police allemande.

La gendarmerie et la Résistance

Rapport du chef d'escadron Lefèvre, commandant la compagnie de gendarmerie de la Vienne

À partir du 20 août, une rumeur persistante se propage dans la ville de Poitiers : les cinq jeunes gens accusés de l'assassinat du Dr Guérin ont été l'objet de mauvais traitements par la police française. L'un d'eux ayant dû être hospitalisé. À l'occasion du transfèrement, le 31 août 1943, par les gendarmes des cinq jeunes gens à la prison de Fresnes, la rumeur semble se confirmer. Les militaires témoignent.

Poitiers, le 13 septembre 1943

Un gradé me rapporta qu'au cours du voyage les accusés se plaignirent entre eux des sévices graves qu'ils avaient endurés par la police française dans les jours qui suivirent leur arrestation. Invités par ce gradé à mieux peser leurs paroles qui pouvaient porter atteinte à la considération de la police, l'un d'eux, nommé Gauthier, protesta et fit en substance le récit suivant :

« Pour nous faire avouer, les policiers usèrent à notre égard de moyens insoupçonnés : non seulement nous fûmes battus à coups de poing et de pied sur toutes les parties du corps, mais j'ai été moi-même suspendu par les poignets à deux reprises différentes. Au cours de la première, qui dura près de cinq heures, je fus battu à coups de cravache. Ayant perdu trois fois connaissance, les policiers me ramenèrent au sol chaque fois et je ne reprenais mes sens que sous les coups de pied qui m'étaient décochés alors que j'étais allongé à terre, puis j'étais à nouveau hissé par les poignets, les pieds à 30 centimètres du sol. N'ayant pas avoué, je fus soumis à une torture identique le lendemain matin et au bout de trois heures, ne pouvant plus endurer les supplices qui m'étaient infligés, j'entrais dans la voie des aveux. D'autre part, j'ai été descendu dans une cave, vêtu seulement d'un short, et les policiers m'aspergeaient d'eau froide avec une casserole dans le but d'obtenir mes aveux.

« Quatre d'entre nous ont subi des traitements analogues, le cinquième seul a avoué rapidement, ayant eu connaissance que les quatre autres avaient passé des aveux complets.

« Par ailleurs, depuis le jour de notre arrestation, c'est-à-dire le 5 août, nous avons eu les mains enchaînées en permanence, nuit et jour. Pendant les neuf premiers jours, nos mains furent maintenues derrière le dos. Un de nos camarades de cellule devait nous dévêtir pour nous permettre de satisfaire nos besoins. Une seule fois et pendant une demi-heure environ, nos chaînes furent enlevées, à l'occasion d'une visite de notre avocat. Un de mes camarades malades, ayant demandé à être admis à l'infirmerie pour une visite médicale, a reçu de nombreux coups de poing comme réponse. Tous, nous portons encore les traces des traitements subis.

« Je précise qu'à l'instruction les juges sont restés corrects avec nous et que nous n'avons jamais osé nous plaindre des traitements inhumains que les policiers nous ont infligés, et ceci par l'unique crainte de représailles. »

À l'énoncé de ces faits, j'ai immédiatement donné l'ordre formel au personnel de l'escorte de conserver le secret le plus absolu sur ce qu'il avait pu entendre.

Rapport du capitaine Baustert, commandant provisoirement la compagnie de gendarmerie de la Vienne

Poitiers, le 28 septembre 1943

Un officier supérieur des troupes d'occupation a déclaré récemment que 90 % des gendarmes étaient gaullistes. Il ne nous appartient pas d'apprécier la valeur de cette allégation, mais il ne faut pas oublier que le gendarme, recruté principalement à la campagne et vivant journellement avec des cultivateurs, pense et réagit comme ces derniers. Le gendarme n'est pas sensible à la propagande d'où qu'elle vienne, officielle ou non, mais il juge d'après ce qu'il voit.

Rapport du capitaine Bignonneau, commandant la section de gendarmerie de Poitiers

Poitiers, le 16 octobre 1943

Le 15 octobre 1943, M. R. Pierre, cultivateur et marchand de marée,

La gendarmerie et la Résistance

à Neuville-de-Poitou, a remis au commandant de la brigade de gendarmerie une lettre de menaces avec enveloppe qu'il venait de recevoir.

Elle vise M. R., sa femme et sa fille, ainsi que le gendarme C., de la brigade de Neuville, qui, dans la nuit du 12 au 13 juillet 1943, a fait usage de son arme pour tirer sur quatre terroristes qui se disposaient à incendier des wagons de fourrage stationnés en gare de Neuville. Trois de ces terroristes ont été arrêtés et exécutés par les autorités d'occupation. Ce sont Fontanot, de Châtellerault, Quintard Roger et Ouvrard Daniel, de Neuville.

Ci-joint, copie de la lettre :

« Attention aux traîtres et aux dénonciateurs.

« Huit patriotes sont tombés, deux que vous connaissiez. Par votre faute, Pierre R., par celle de votre ami C., votre femme et votre fille sont complices avec VOUS. Notre JEUNESSE sera vengée. Vous avez tué nos fils. Nous tuerons votre fille. Nous la ferons souffrir comme ils ont souffert. Vous avez encore des amis. Mais combien d'ennemis !! ! Le public vous montre du doigt. Les camarades de votre fille la fuient. Tous les Neuvillois sont contre vous. Les patriotes sont plus forts que les BOCHES.

« ATTENTION, l'heure est proche. N'essayez pas de vous cacher, nous vous retrouverons, MOUCHARDS que vous êtes. Indignes d'être français.

« MORT à tous les mouchards et aux dénonciateurs.

« Baissez la tête, vous êtes coupables.

« LE COMITÉ de la Résistance de Neuville-de-Poitou »

Au recto : « VENGEONS DANIEL ET ROGER. »

RÉGION SUD-EST

BOUCHES-DU-RHÔNE

L'emploi abusif de la gendarmerie

Rapport du chef d'escadron Fabre, commandant la compagnie de gendarmerie des Bouches-du-Rhône, sur l'arrestation de monsieur le sous-préfet d'Arles et de sa famille par la police allemande

Marseille, le 21 avril 1943

Le 21 avril 1943 à 4 h 35, les services de la Feldgendarmerie d'Arles se présentaient simultanément à la sous-préfecture, au commissariat central d'Arles et à la gendarmerie. Dans le même temps, le central téléphonique d'Arles était occupé par des soldats allemands d'opérations.

Ayant pénétré à l'intérieur de la caserne de gendarmerie, deux gendarmes allemands armés d'une mitraillette s'installaient auprès du téléphone et prévenaient le commandant de brigade de rester à l'intérieur de la caserne, de ne point téléphoner et ne point avertir le commandant de section, logé en ville.

Par ailleurs, le commissariat central était occupé, les gardiens, désarmés et le commissaire de police, M. Roullin, arrêté à son domicile.

À la sous-préfecture, les gendarmes allemands, accompagnés d'un commissaire de police allemand, arrêtaient monsieur le sous-préfet d'Arles, Mme de Vallières, leur fils Hervé, ainsi que le concierge de la sous-préfecture, chauffeur de monsieur le sous-préfet.

Toutes les communications téléphoniques étaient et sont encore coupées avec l'extérieur.

Vers 7 h 30, la gendarmerie était évacuée par les services de la Feldgendarmerie ; il n'y avait pas eu d'incident.

Le commissariat central restait occupé jusqu'à 11 heures et le personnel désarmé, gardé à vue.

À 11 h 15, le commandant de section informait le lieutenant-commandant de la Feldgendarmerie de son intention d'en référer directement à son chef, en raison de la rupture des communications téléphoniques. À 11 h 30, une perquisition était opérée à la sous-préfecture en présence de monsieur le sous-préfet d'Arles, à l'exclusion de toute autre personne.

Quelques personnes d'Arles, dont il est impossible de préciser les noms et le nombre, étaient également arrêtées par la police allemande.

De l'enquête à laquelle s'est livré le commandant de section, il résulte que la Feldgendarmerie a exécuté des ordres venus de Paris et qu'il lui est impossible de donner d'autres précisions.

Avant de quitter la sous-préfecture, Mme de Vallières, dont le mari est apparenté au maréchal de France, a demandé que le chef de l'État soit prévenu par les soins de la gendarmerie.

Rapport du chef d'escadron Fabre, commandant la compagnie de gendarmerie des Bouches-du-Rhône, aux commandants de section des gendarmeries d'Aix et d'Arles

Marseille, le 30 mai 1943

Une importante opération de police doit être faite le 1er juin, à partir de 4 heures, dans le Vaucluse, en vue de s'emparer de réfractaires au STO [Service du travail obligatoire], qui ont pris la montagne, où ils ont été encadrés par d'anciens miliciens espagnols.

Pour la bonne réussite de cette opération, il est nécessaire que le secret absolu soit gardé et que les exécutants ne soient informés qu'au tout dernier moment.

La gendarmerie et la Résistance

Rapport du chef d'escadron Baron, commandant la compagnie de gendarmerie des Bouches-du-Rhône, sur un emploi abusif de la gendarmerie

Le 20 mars 1944

L'intervention de la gendarmerie en ce qui concerne le STO est fixée par les textes suivants :

La gendarmerie peut être chargée de la remise éventuelle des convocations à la demande des préfets dans les localités dépourvues d'une police d'État. Elle est chargée de la recherche des seuls réfractaires sur arrêtés d'internement spéciaux délivrés par les préfets.

Un texte rappelle le caractère impératif de la délivrance de l'arrêté d'internement avant toute recherche.

Depuis le début de mars, une commission franco-allemande siège à Aix, 13, rue Chabrier, et, sous son action, la gendarmerie a été obligée d'exécuter des services nettement illégaux et abusifs.

– Le 9 mars 1944, le commissariat central d'Aix adresse au commandant de la section de cette localité une note relative à la convocation de onze personnes domiciliées à Lambesc. Sur instruction de la commission citée plus haut, les intéressés doivent être arrêtés et conduits à la police d'État le 13 mars à 9 heures. En fait, il s'agit d'ouvriers parfaitement en règle, objets d'une mutation. Il est procédé dans ces conditions pour éviter qu'ils ne prennent la fuite.

Devant l'illégalité du service demandé, le commandant de section intervient, en vain d'ailleurs, auprès de la commission franco-allemande. Il ne peut rencontrer le sous-préfet, en déplacement à Marseille, et m'adresse un rapport.

Le commissariat central n'est pas qualifié pour saisir un commandant de section dans des conditions semblables. Vu l'urgence, toutefois, je ne retourne pas ce document et le transmets à la légion après avoir normalisé la procédure en téléphonant à l'intendant de police délégataire des pouvoirs de police du préfet. Ce fonctionnaire me fait connaître qu'il n'y a qu'à s'incliner devant ces exigences et exécuter.

À la suite de l'intervention du général inspecteur, le préfet régional m'a adressé une réquisition, mais ce document est illégal, abusif.

Cette réquisition présente en particulier un caractère général et ne se réfère qu'à des convocations alors qu'en l'occurrence il s'agissait d'arrestations.

– Le 13 mars un service semblable se rapportant à trois arrestations est exécuté.

– Le 15 mars à 18 h 50, le commandant de la section d'Aix me rend compte que la police allemande lui avait demandé de faire arrêter deux ouvriers, l'un à Trets, l'autre à Gardanne. Je lui prescris de refuser, ce qu'il fait.

– Dans la soirée du 17 mars, la même commission convoque à la mairie de Peyrolles le commandant de la brigade de cette localité et lui prescrit de notifier quatre-vingt-quatre avis de mutation à des habitants de la circonscription avec retrait des cartes d'alimentation des intéressés.

Le commandant de section se fait adresser ces avis, que la commission ne veut reprendre, disant s'entendre avec l'office de la main-d'œuvre à Marseille. Le commissaire central fait connaître par écrit à la commission allemande qu'il ne pourra à l'avenir transmettre des avis de mutation à la gendarmerie, ces pièces devant être adressées par l'autorité administrative.

– Le 18 mars dans la matinée, le commandant de section d'Aix me demande des instructions au sujet de la notification de ces mutations, signées d'ailleurs par le chef départemental du STO. Je lui prescris d'exécuter ce service [...] : je ne soulève pas d'objection en ce qui concerne le retrait des cartes d'alimentation, puisque à la suite du conflit du 9 mars les intéressés mêmes ont été arrêtés, ce qui n'est pas demandé cette fois.

Déjà, l'après-midi du 15 mars, à la suite d'une communication téléphonique avec un officier allemand au cours de laquelle ce dernier avait fait preuve d'une insistance véhémente sous la menace d'un incident, j'ai dû prescrire au commandant de la brigade de Saint-Chamas de donner aux autorités allemandes le contrôle nominatif de son personnel.

La gendarmerie et la Résistance

Rapport du capitaine Hameurt, commandant la section de gendarmerie d'Aix-en-Provence, sur l'activité au service de la Résistance et de la Libération du gendarme Bouvet Henri, proposé pour la médaille de la Résistance française

Aix-en-Provence, le 15 novembre 1944

Permissionnaire à Saint-Agrève, le 9 juin 1944 il s'est joint à un groupe de FFI [Forces françaises de l'intérieur] ardéchois et il a assuré pour le compte de la Résistance le contrôle des trains et des étrangers. Il a pris part à une expédition pour la prise de Dunières, Haute-Loire ; à la bataille de Cheylard (Ardèche) contre les troupes de SS allemandes. Il a rejoint la 17e compagnie de FFI et a exercé les fonctions de sous-officier instructeur. Le 10 juillet, il a pris part à l'attaque de Tournon, à la prise de Saint-Péray et de Granges-les-Valence. [...]

Le gendarme Bouvet est âgé de vingt-trois ans. [...] Il est assez bien noté depuis son admission dans l'arme.

Rapport du capitaine Hameurt, commandant la section de gendarmerie d'Aix-en-Provence, sur l'activité au service de la Résistance et de la Libération de l'adjudant Amory Georges, commandant la brigade de Trets, proposé pour la médaille de la Résistance française

Aix, le 15 novembre 1944

L'adjudant Amory a rendu depuis le 15 août 1942 des services importants à la cause de la Résistance et de la Libération. Il a renseigné les groupes de résistance de la région, dont il a favorisé l'existence dans la clandestinité. Il a encouragé les jeunes gens à se soustraire au STO et a transmis des lettres destinées à des Israélites recherchés par la Gestapo. L'adjudant Amory a dissimulé des armes, des munitions et des explosifs et il a favorisé les parachutages.

Le 20 août 1944, il a participé avec le groupe de résistance Bastard à la recherche des agents ennemis et des prisonniers allemands.

L'adjudant Amory comptera, au 31 décembre 1944, dix-huit ans, six mois et huit jours de services militaires.

Rapport du capitaine Hameurt, commandant la section de gendarmerie d'Aix-en-Provence, sur les services rendus par le personnel de sa section à la cause de la Résistance et de la Libération

Aix, le 13 janvier 1945

Du 25 juin 1940 au 21 août 1944, le maréchal des logis-chef Galtier et les gendarmes Benoît et Barbezier, de la brigade de Septèmes, ont résisté aux exigences de l'ennemi, en négligeant d'accéder aux demandes de concours formulées par les autorités allemandes et la Gestapo en ce qui concerne la recherche de réfractaires. [...]

Le maréchal des logis-chef Gin Estier a facilité la fuite de l'Israélite Pfeiffer, demeurant au Tholonet, et a été l'objet d'une mesure d'internement ordonnée par les autorités allemandes.

De même, les Juifs Astruc et Ackermann ont été protégés par les militaires de la brigade d'Aix.

Le 16 juin 1944, lors d'une perquisition générale à Trets par les troupes de SS allemands et la Gestapo, l'adjudant Amory refuse de donner la liste des communistes et suspects du canton.

Il a falsifié des certificats de travail pour éviter le départ en Allemagne des jeunes gens.

CORSE

Guet-apens dans l'Ospedale

Rapport du lieutenant Venandet, commandant la section de gendarmerie de Bonifacio, sur un attentat contre les troupes allemandes d'occupation dans la circonscription de la brigade de Porto-Vecchio

Le 4 septembre 1943

Le 1er septembre 1943, vers 10 heures, sur la route forestière Porto-Vecchio-Zonza, à 2 kilomètres au sud du hameau de l'Ospedale, des rafales de mitraillette étaient tirées par des inconnus sur des soldats allemands se trouvant à bord d'un camion. L'un d'eux était tué et les trois autres occupants, blessés. Les agresseurs n'ont pas été retrouvés.

Les investigations opérées aussitôt par les autorités allemandes et italiennes amenaient à la découverte sur les lieux de l'attentat d'un certain nombre d'étuis de cartouches de mitraillette américaine et d'un chargeur vide correspondant à ces cartouches.

L'exploration poursuivie peu après à travers le maquis environnant amenait la découverte d'une tente abritant des vivres, du matériel divers (mais pas d'armes) et des documents.

Ces derniers étaient constitués par des listes d'une part et des reçus d'autre part.

Les listes indiquaient les noms et prénoms de personnes de la région de Porto-Vecchio, soit cinquante noms environ. Ces noms étaient réunis par groupes de quatre ou cinq unités.

L'ensemble de ces documents permettait d'établir l'existence d'une organisation clandestine dont la découverte, selon le mot du lieutenant de carabiniers italiens Mercorio, chargé de l'enquête, faisait passer au deuxième plan l'attentat commis sur les militaires allemands.

Au total, quarante-cinq personnes arrêtées au hameau et dans les environs. [...]

Conduites à Zonza à des fins ignorées. L'attentat et ses conséquences ont causé une profonde émotion dans la région.

Rapport de l'adjudant Bully, commandant la brigade de gendarmerie de Petreto-Bicchisano, sur la conduite, la moralité et l'attitude politique de Giacomini Charles

Le 16 septembre 1944

Giacomini Charles est né le 23 juin 1916 à Zicavo ; il est fils de Joseph-Marie et d'Annonciade, née Giacomini ; il demeure à Petreto chez ses parents depuis huit ans environ, date à laquelle son père a obtenu sa retraite de cantonnier-chef des ponts et chaussées.

L'intéressé est marié à une Française d'origine, dont la famille demeure à Fozzano ; il est père d'un enfant.

La conduite, la moralité, l'attitude politique de Giacomini Charles sont au-dessus de tout éloge ; il s'agit d'un ardent patriote qui, engagé volontaire pour cinq ans, a été blessé au cours de la guerre 39-40, fait prisonnier et a été rapatrié par suite de sa blessure.

Dès que sa santé le lui permit, il travailla dans l'illégalité ; dès qu'il vit son pays occupé par les Italiens, qu'il détestait, il se livra à une propagande ouverte contre les traîtres et contre la déportation en Allemagne des jeunes gens de l'île ; à la suite de cela, un mandat d'arrêt fut lancé contre lui. Il fut un des premiers de son village à gagner le maquis et à entrer en lutte ouverte contre l'oppresseur. Il tint le maquis pendant toute la durée de l'occupation italienne, sa conduite fut magnifique. Nommé chef militaire responsable pour le canton de Petreto, il organisa son groupe avec intelligence et lutta avec vaillance jusqu'à l'armistice. Ce vaillant patriote a été décoré de la croix de guerre 1943 et a été l'objet d'une citation pour sa belle conduite dans la Résistance.

À son grand regret, il n'a pu reprendre les armes avec l'armée de la Libération : son état de santé laissant fort à désirer, il a été réformé. Il y a quelques mois, il a obtenu l'emploi de contrôleur au ravitaillement général à Ajaccio et se trouve actuellement en congé pour maladie.

Ce jeune homme ne possède aucun bien par lui-même, par contre ses parents vivent dans l'aisance ; il est fils unique.

En résumé, Giacomini Charles appartient à une très bonne famille ; l'intéressé a eu une conduite exemplaire dans le passé, tant de dévouement à la patrie mérite tous les éloges.

Rapport du capitaine Rossi, sur les services rendus à la cause de la Résistance et de la Libération lors des opérations du 13 septembre au 5 octobre 1943

Corse, le 6 janvier 1945

L'action des militaires de la brigade, tous résistants, a été la suivante :

– Adjudant Blanquefort :

Sans arrêt au cours des opérations se déplace et dirige son personnel sur les divers points et renseigne sur les positions allemandes (situation, effectifs, armement). Les résultats sont immédiatement transmis au corps de débarquement et au service des Renseignements généraux.

Récompense : félicitations écrites du commandant de compagnie le 8 juin 1944. [...]

– Gendarme Poletti :

Le 10 décembre 1943, vers 10 heures, il se joint à un groupe de patriotes pour attaquer un convoi allemand devant traverser Levie et aller sur Porto-Vecchio. Il distribue des armes et participe à l'opération, infligeant des pertes aux Allemands. Le 11 septembre 1943, vers 14 heures, il apprend qu'un convoi se dirige sur Levie. Il avise les patriotes, se joint à eux et prend part au combat, au cours duquel il est blessé.

Récompense : citation à l'ordre du corps d'armée, avec attribution de la croix de guerre 1943, avec étoile de Vermeil, le 15 décembre 1943.

Rapport du chef d'escadron Drieux, commandant le groupe de Bastia, sur l'action du groupe pendant l'occupation de l'île par les troupes étrangères

Bastia, le 20 janvier 1945

– Section de Bastia :

Le maréchal des logis-chef Denis, de la brigade de San-Gavino-di-Tenda, en accord avec les membres de la Résistance de la région, a favorisé les débarquements d'armes dans le désert des Agriates pendant le mois d'août 1943.

Ce gradé a ravitaillé trois jeunes requis pour le Service du travail obligatoire, qui, recherchés par la police italienne au sujet d'une découverte d'armes, gardaient le maquis.

– Section de Vescovato :

Au cours des mois de juillet et août 1943, le gendarme Blanc de la brigade de Vescovato, utilisant l'automobile de la section, a transporté, pour le compte de la Résistance, un appareil de TSF et des armes qui avaient été parachutées dans la région.

Opérations de guerre.

– Section de Bastia :

Le 14 septembre 1943, à 9 heures : en présence du commissaire central et de l'officier de paix, le major allemand Gnamm, chef des SS, prend trente gradés et gendarmes comme otages, avec l'avertissement suivant : au moindre incident de l'un des gendarmes avec les troupes allemandes, les vingt-neuf autres seraient fusillés.

Le 24 septembre 1943, à 15 heures, des caisses de produits pharmaceutiques déposées en gare sont soustraites au pillage des soldats allemands et mises en lieu sûr par les soins de la gendarmerie.

– Section de Piedicroce :

Le 17 septembre 1943, vers 15 heures, une compagnie allemande prend d'assaut le village de Piedicroce, défendu par un bataillon d'Italiens.

L'adjudant Mercier et les gendarmes Capiaux-Tregaroit, Coatrieux-Venturi et Raynaud, de la résidence, restèrent à leur poste pendant l'action.

Menacés par des mitraillettes ennemies et sommés de tirer sur les Italiens qui se trouvaient encore là, ils ont refusé énergiquement. [...]

Sur les ordres du lieutenant Patout, ont favorisé le départ de quatre patriotes tombés aux mains des Allemands et confiés par ces derniers à la gendarmerie, et refusé de livrer des soldats italiens cachés par des civils[1].

– Brigade de Castellare-di-Casinca :

Le 17 septembre 1943, les gendarmes Bourcey et Guidicelli ont guidé les troupes de choc pour exécuter un coup de main au cours duquel deux camions allemands chargés de troupes furent détruits. Le 20 septembre, avec les francs-tireurs, ils ont participé à l'attaque d'un convoi allemand, où une trentaine de soldats furent tués.

Récompenses : citations à l'ordre du régiment, avec attributions de la croix de guerre 1943, avec étoile de bronze.

---

1. Cette situation où des Allemands tirent sur des Italiens, jusque-là alliés, peut sembler surprenante. En réalité, dès le 8 septembre, le chef de l'insurrection en Corse, l'officier de gendarmerie Paulin Colonna d'Istria, a obtenu le ralliement des troupes italiennes (lire p. 669, le récit du soulèvement de la Corse).

DRÔME

Pas de quartier dans le Diois

Rapports du chef d'escadron Roussel, commandant la compagnie de gendarmerie de la Drôme, sur l'activité du parti de l'ex-général de Gaulle

Valence, le 19 décembre 1940

L'activité antinationale de ce parti s'est nettement accentuée depuis le 15 novembre 1940.

Les anciens agents diplomatiques de Tchécoslovaquie et de Pologne interviennent auprès de leurs ressortissants anciens militaires pour les faire partir en Angleterre. Ceci est confirmé par les arrestations faites dans le sud de la France.

Cette action est facilitée par les trop nombreux offices divers de renseignements ou d'assistance (centres de réfugiés, d'accueil, etc.) organisés sur notre sol.

Parmi eux les comités de la Croix-Rouge polonaise sont à signaler. Sous leur activité bienfaisante se cachent des agissements secrets ayant pour but l'acheminement d'anciens militaires polonais en Angleterre. [...] Tout fait suspect doit immédiatement être signalé : c'est un devoir national.

Enfin, il est à noter que les consulats du Portugal, du Brésil et surtout des États-Unis facilitent les voyages vers Gibraltar, Tanger ou Lisbonne de toutes personnes (de toutes nationalités) qui manifestent le désir de s'y rendre. En dernier lieu, il convient de surveiller les agissements de l'Armée du Salut, dont certaines activités sont bizarres en cet ordre d'idées.

*

La compagnie semble particulièrement bien renseignée sur les activités des communistes. Ces derniers sont surveillés de près. Les gendarmes ont ainsi connaissance des conseils donnés aux militants pour la diffusion des tracts et journaux.

Valence, le 25 mars 1941

« QUELQUES CONSEILS DONNÉS AUX MILITANTS COMMUNISTES POUR LA DIFFUSION DES TRACTS ET JOURNAUX

« Trop de camarades sont arrêtés.

« Ne jamais garder le matériel chez soi.

« Il vaut mieux jeter anonymement deux cents tracts dans une rue que d'en remettre dix à des gens qui vous connaissent.

« La répartition et la diffusion doivent suivre immédiatement l'impression.

« Se méfier des filatures policières mais ne pas jeter des coups d'œil inquiets : garder une attitude naturelle.

« Les inscriptions murales doivent être simultanées, faites par plusieurs, sous surveillance de deux camarades. Se débarrasser tout de suite du matériel.

« Pas de bavardages (famille, enfants, au travail, au bistrot).

« Ne jamais se vanter. Ne jamais citer de noms ou de pseudonymes.

« Les mécontentements sont à utiliser : des femmes sûres doivent se mêler aux queues devant les magasins, pour exciter et lancer des slogans utiles.

« Les nouvelles cellules sont de trois membres au maximum.

« Sont particulièrement travaillés :

« – les magasins à prix unique

« – les démobilisés, les rapatriés, les prisonniers libérés

« – les camps (compagnons, jeunes)

« – la légion des combattants

« Des ordres confidentiels du parti communiste recommandent :

« – le port du béret (au lieu de la casquette)

« – d'éviter le port du foulard

« – de se reconnaître en portant dans le gousset du veston un crayon genre écolier. »

La gendarmerie et la Résistance

Rapports du chef d'escadron Raffort-Deruttet, commandant la compagnie de gendarmerie de la Drôme

Valence, le 24 août 1942

Quant au départ des ouvriers pour l'Allemagne, il se fait au milieu d'une indifférence à peu près générale. Le nombre des volontaires est d'ailleurs faible en ce qui concerne le département de la Drôme. À la date du 20 août, le nombre d'ouvriers partis pour l'Allemagne est de :

– 50 hommes et femmes pour l'arrondissement de Valence,

– 42 hommes et femmes pour le reste du département,

soit au total 92 hommes et femmes.

*

Valence, le 24 mars 1943

À l'occasion des départs pour l'Allemagne :

Les 9 et 10 mars 1943, de sérieuses manifestations ont eu lieu à Romans. En vue de protester contre les départs, la foule s'est portée en masse à la gare. Les manifestants, au nombre de deux mille environ, se sont opposés au départ d'un train qui a ainsi subi un retard de deux heures. Des actes de sabotage ont été commis sur la voie ferrée Valence-Grenoble, des vitrines d'immeubles appartenant à des membres du PPF [Parti populaire français] ont été brisées par des pierres. De nombreux cris de « À bas les gendarmes, Laval au poteau » ont été poussés par la foule. Les forces supplétives de police et de gendarmerie rassemblées en hâte ont pu rétablir l'ordre le 10 mars dans l'après-midi ; une vingtaine d'arrestations ont été effectuées. Dans la nuit du 11 au 12 mars, quarante arrestations préventives ont été opérées dans le but d'éviter le retour des manifestations des 9 et 10.

Il ne semble pas exagéré de dire que l'animosité des habitants risque de se transformer à brève échéance en une véritable haine contre les dirigeants français et allemands, responsables de ces départs forcés. Cette situation pénible augmente le nombre de ceux qui mettent leurs espoirs dans une prochaine intervention anglo-américaine, seule capable, d'après eux, d'arrêter l'application des mesures de contrainte dont souffre le pays et d'amener la libération du territoire.

La récente obligation faite aux hommes de dix-sept à soixante-cinq ans de participer à la garde des voies ferrées est un autre sujet de mécontentement. Ce service n'est assuré que très imparfaitement ; les intéressés se considèrent eux-mêmes en danger du fait qu'ils ne sont pas armés et ne pourraient pas s'opposer efficacement à toute tentative de sabotage de la part d'individus armés et spécialement chargés de missions destructives.

Rapport du capitaine Henry, commandant provisoirement la compagnie de gendarmerie de la Drôme

Montélimar, le 23 avril 1943

À Montélimar, le 20 mars 1943, à la gare, après le départ du train de 18 h 02, de nombreuses personnes qui étaient venues accompagner les jeunes gens désignés pour le travail obligatoire en Allemagne ont pris à partie et injurié trois soldats italiens qui étaient descendus du train. Voulant s'interposer, un inspecteur de police de Montélimar a été frappé par des jeunes gens. Le commandant italien de la place a alors fait sortir une patrouille composée d'une vingtaine d'hommes. Cette troupe a, devant la foule, chargé ses armes en s'avançant en formation déployée face au public.

Rapport du capitaine Tridon, commandant provisoirement la compagnie de gendarmerie de la Drôme

Valence, le 24 septembre 1943

Le 2 septembre 1943, la brigade de Tain a découvert une importante imprimerie clandestine exploitée par quatre communistes notoires, nouvellement fixés dans la commune de La Roche-de-Glun. Après arrestation de trois de ces individus (deux hommes et une femme), le quatrième a tué de deux balles de pistolet le gendarme Terrail de la brigade territoriale de Tain. Le meurtrier, sérieusement blessé lui-même, a pu être arrêté quelques heures plus tard, après intervention d'un important renfort de gendarmerie et de police.

Le 22 août 1943, le colonel en retraite D., président communal de la Légion des combattants de Buis-les-Baronnies, a été abattu à coups de revolver par un inconnu. Transporté d'urgence dans une clinique d'Orange (Vaucluse), il est décédé le soir même.

Rapports du chef d'escadron Raffort-Deruttet, commandant la compagnie de gendarmerie de la Drôme

Valence, le 23 octobre 1943

À Grand-Serre, le 19 octobre, un détachement allemand d'environ deux cent cinquante hommes a perquisitionné dans plusieurs immeubles pour y rechercher des réfractaires au STO. Les troupes allemandes ont également procédé à des recherches dans une forêt voisine où un camp de réfractaires avait été découvert par l'autorité française le 18 août 1943.

Toutes ces investigations étant restées infructueuses, le commandant du détachement allemand a fait procéder à l'arrestation de douze personnes de la localité, dont le maire et l'adjudant Hustache, commandant la brigade de Grand-Serre.

Un avis publié à la mairie sur l'ordre du commandant du détachement allemand faisait connaître que le maire et l'adjudant de gendarmerie étaient arrêtés pour n'avoir pas signalé en temps voulu l'existence du camp de réfractaires.

*

Au cours du mois, quarante-sept attentats « terroristes » sont recensés.

Valence, le 24 novembre 1943

Le 23 octobre, M. P., propriétaire à Châtillon-en-Diois, considéré comme participant au recrutement de la Milice, a été assassiné à son domicile à coups de revolver par deux terroristes.

Le 25 octobre, à 12 h 10, à Romans, des inconnus ont assassiné à coups de revolver l'agent de police S., accusé par la rumeur publique d'être en relation avec la Gestapo.

Chronique d'une France occupée

Le 27 octobre, à 3 h 30, à Saint-Vallier, la vitrine du magasin de M. C., rue de Verdun, a été brisée par le jeune Decorme Aimé, dix-huit ans, céramiste, identifié le même jour au cours de l'enquête de la gendarmerie locale. Cet individu, ancien adhérent au parti communiste, a été écroué à Valence, ainsi que son complice Git Gilbert, dix-huit ans, également céramiste à Saint-Vallier, arrêté en vertu d'un mandat d'amener du juge d'instruction de Valence. M. C. est légionnaire, son fils est milicien.

Le 30 octobre, à 21 h 15, à Valence, chemin de la Forêt, explosion d'un engin au domicile de Mme C., employée comme interprète par les troupes d'occupation. Une personne légèrement blessée. Dégâts matériels assez importants.

Le 10 novembre, à 23 h 20, à Saint-Vallier, un engin allumé a été découvert devant l'habitation de M. Saint-B., coiffeur, membre de la Milice, et a pu être désamorcé avant l'explosion.

Le 17 novembre, à 19 h 15, à Portes-lès-Valence, le chef local de la Milice, M. G. Henri, contremaître à la SNCF, a été tué par deux balles de pistolet 9 millimètres, tirées dans la tête, sur le chemin qu'il suivait pour rentrer à son domicile. [...]

Enfin, l'assassinat d'un milicien, d'un légionnaire ou d'un gendarme soulève moins de désapprobation et de critiques qu'un attentat contre la voie ferrée causant des perturbations dans la circulation des trains, ou l'explosion d'une bombe devant un immeuble provoquant un bris général de vitres dans le voisinage.

*

Valence, le 27 décembre 1943

Un fait qui s'est produit au cours du mois à Vassieux-en-Vercors peut être cité dans le présent rapport car il est significatif de la triste mentalité actuelle des populations. Un président de commission d'achat du ravitaillement a pu être assassiné par un bandit agissant seul, en plein jour, en présence de la commission et au milieu d'une dizaine de paysans venus livrer leurs animaux à la réquisition. Le bandit a tiré plusieurs coups de revolver sur sa victime, puis l'a poursuivie en la frappant avec un couteau et a fini par lui trancher la gorge. Aucun des assistants n'a esquissé le moindre geste d'intervention. Tous se sont enfuis. Le cadavre du président est resté abandonné dans une ruelle jusqu'à l'arrivée de la gendarmerie, qui a même eu beaucoup de peine à trouver une simple bâche pour recouvrir le corps du malheureux. Quant à l'enquête, son résultat a été absolument négatif.

Le 27 novembre, à la suite d'une opération infructueuse contre un groupe de réfractaires supposés campés à Chaudebonne, les troupes allemandes ont incendié une ferme et deux bergeries. Elles ont pris soixante-cinq moutons, quinze chèvres, deux porcs, une paire de bœufs, des lapins et diverses denrées. Elles ont arrêté le maire de la commune et le propriétaire de la ferme incendiée, ainsi qu'un brigadier forestier de passage.

Le 13 décembre, à 14 heures, au cours d'un barrage installé par la brigade de Die, sur demande de l'autorité allemande, un camion de terroristes se présente au barrage. Des coups de feu sont échangés. Les terroristes réussissent à forcer le barrage et tuent le gendarme Beaupère, qui s'était réfugié dans une maison voisine.

Le 22 décembre, à 6 h 30, un train de troupes allemandes a déraillé sur la ligne Gap-Valence, entre Pontaix et Vercheny, à la suite d'un déboulonnement de rail. Une dizaine de wagons ont été renversés sur la voie. Un incendie a éclaté, activé par l'explosion de munitions contenues dans les wagons. Il y aurait au moins six morts et une quarantaine de blessés.

Le 23 décembre, à 16 heures, le cadavre de M. Trappier, domicilié à Saint-Martin-en-Vercors, a été découvert à proximité de Beauregard-Barret. Le cadavre est traversé de plusieurs balles de pistolet. La victime était connue pour ses tendances gaullistes.

*

Valence, le 4 février 1944

Comme suite au télégramme de monsieur le préfet régional (intendant de police) de Lyon en date du 1er février 1944 que vous m'avez transmis le 2 février, j'ai l'honneur de porter à votre connaissance que j'ai fait procéder par la brigade de gendarmerie intéressée à des recherches discrètes en vue d'obtenir des renseignements sur le camp de réfractaires signalé près de Vesc, par monsieur l'intendant de police de Marseille. Il résulte des renseignements recueillis que ce camp existe depuis une quinzaine de jours.

Il se trouve dans une ferme abandonnée appartenant à M. Alaise, cultivateur à Vesc, et située à 2,5 km environ à l'est du chef-lieu de la commune de Vesc, près d'une tour en ruines. On y accède par un chemin rural partant de Vesc et longeant la rive droite du ruisseau La Versanne, jusqu'au hameau de Luc, et de là par un sentier muletier long de 5 à 600 mètres. L'effectif du groupe campé à cet endroit serait d'une trentaine d'hommes, armés de pistolets et de mitraillettes.

Rapports du capitaine Tridon, commandant provisoirement la compagnie de gendarmerie de la Drôme

Valence, le 29 février 1944

Dans la soirée du 21 février et la matinée du 22 février, une opération d'épuration a été effectuée par les troupes allemandes dans la circonscription de la brigade de Séderon (Drôme).

– Au cours de cette opération : trente-deux réfractaires ont été tués dans un camp qui venait de s'établir à Izon-la-Bruisse (Drôme). Les corps ont été transportés le 23 à l'église d'Eygalayes et inhumés le 24.

– À Séderon : interdiction à la population de sortir des domiciles du 21 février à 21 heures jusqu'au lendemain matin. Rassemblement de tous les administrés masculins à la mairie de Séderon et gardés à vue le 22 février de 8 à 14 heures. Perquisition au domicile d'une dizaine de personnes. Aucune arrestation parmi la population de cette localité.

– À Barret-de-Lioure : les forces allemandes, en se retirant de Séderon en direction de Sault (Vaucluse), ont rencontré trois jeunes gens de Barret-de-Lioure (Drôme) à 1 kilomètre de ce village. Ces derniers se sont enfuis à l'approche des Allemands, qui les ont pris pour des réfractaires et fusillés.

Au cours de l'opération d'Izon-la-Bruisse, la gendarmerie de Séderon a été occupée par les troupes allemandes du 21 février à 20 heures au 22 à 14 heures. Le gendarme Gamonet (Jean-Roger) de ladite brigade a été fusillé le 22 février à 13 h 30 par les Allemands, sous prétexte d'être allé au camp d'Izon.

*

La gendarmerie et la Résistance

Valence, le 29 mars 1944

Le 21 mars, à 11 h 30, à Valence, deux faux gendarmes et deux faux inspecteurs de police ont réussi, en produisant une fausse réquisition, à se faire remettre par le gardien-chef de la prison le terroriste Goguey-Muetton, vingt-deux ans, détenu pour tentative de meurtre et détention d'explosifs.

Le 7 mars 1944, le nommé Vermast, blessé lors d'un engagement entre la gendarmerie et les terroristes, a été enlevé de l'hôpital de Romans par une vingtaine d'individus armés de mitraillettes et de pistolets. Les quatre gendarmes chargés de la garde de ce prisonnier ont été désarmés.

Le 23 mars, à 22 heures, quatre individus masqués et armés ont pénétré de force dans l'hôpital complémentaire du Valentin à Valence et se sont rendus dans les chambres occupées par quatre miliciens blessés. Après échange de coups de feu entre eux et les miliciens alités, ils ont disparu sans avoir été identifiés. Un seul milicien a été blessé au cours de l'affaire.

Le 9 mars, vers 20 h 30, une dizaine d'individus armés et masqués, la plupart vêtus de l'uniforme des chantiers de jeunesse, enlèvent de leur maison M. V., trente-cinq ans, et sa femme, trente-deux ans, fermiers à Valaurie. Leur fille, âgée de treize ans, est retrouvée le lendemain matin, ligotée sur son lit. Aucune trace des époux V. n'a été découverte depuis le rapt. Le 11 février, ces mêmes personnes avaient été victimes d'un attentat par explosifs contre leur ferme.

*

Certains groupes de réfractaires, sans doute bien renseignés, disparaissent mystérieusement à la veille d'opérations...

Valence, le 8 avril 1944

J'ai l'honneur de vous faire part de ce que l'opération de police projetée pour le 12 avril 1944 dans la région de Tersanne est devenue sans objet, le groupement recherché ayant disparu.

Chronique d'une France occupée

Rapports du chef d'escadron Raffort-Deruttet, commandant la compagnie de gendarmerie de la Drôme

Valence, le 18 avril 1944

Le 16 avril 1944, d'importantes forces du maintien de l'ordre, comprenant des formations de la Milice française, de la garde, des groupes mobiles de réserve et des inspecteurs de la police nationale, ont commencé une série d'opérations de police dans le département de la Drôme. À cette occasion, les formations de la Milice se sont livrées, à l'égard de la gendarmerie locale, aux actes ci-après :

À Tain-l'Hermitage, vers 9 h 30, une trentaine de miliciens armés de fusils-mitrailleurs et de mitraillettes ont cerné les casernes de la brigade territoriale et de la brigade motorisée, ont désarmé le personnel présent et l'ont transporté à la caserne de gendarmerie de Tournon (Ardèche). [...]

Aux explications qui leur ont été demandées sur les motifs de leurs agissements, les chefs miliciens ont répondu qu'ils n'avaient aucun grief particulier à formuler à l'égard des militaires des brigades de Tain, mais que la « neutralisation des brigades de gendarmerie était une mesure de principe prise systématiquement au début de toutes les opérations de police afin d'assurer le secret de ces opérations ».

*

Valence, le 29 avril 1944

Le 30 mars, un engagement a eu lieu dans la commune d'Allan entre les troupes d'opérations et une petite bande de réfractaires. À la suite de cette opération, sept jeunes ont été fusillés sur la place publique d'Allan ; le cadavre d'un autre jeune y a été amené par les Allemands et deux autres ont été découverts dans les bois par la gendarmerie de Montélimar.

*

Valence, le 5 mai 1944

La désertion du gendarme stagiaire Clachet semble être une conséquence des actes arbitraires auxquels les forces de la Milice se sont livrées le 16 avril à l'égard de la gendarmerie de la région, en particulier contre les brigades de Tain et de Tournon.

Le gendarme Clachet, dont l'esprit faible et pessimiste était déjà très impressionné par les bruits lancés par les propagandes étrangères et colportés par les populations au sujet d'un éventuel internement des gendarmes en cas de débarquement anglo-saxon sur le territoire français, a vu, dans les agissements de la Milice, un prélude à cette action contre notre arme.

Il ne semble pas cependant que le gendarme Clachet se soit borné à prendre la fuite pour se soustraire aux risques de la situation à venir. Le fait qu'il ait emporté ses armes et notamment son mousqueton laisse supposer que ce militaire a rejoint une des bandes dissidentes réfugiées dans les montagnes voisines.

*

Valence, le 20 mai 1944

Depuis que des opérations de police ont été effectuées dans le massif du Vercors par les forces du maintien de l'ordre, des bandes de terroristes, fortement armés, qui étaient réfugiées dans ce massif, se sont déplacées vers le sud. Elles se sont jointes à celles qui existaient déjà dans le Diois et le Nyonsais. De nombreux attentats sont commis dans ces régions. Par ailleurs, des bandes, également bien armées, venant du département du Vaucluse, opèrent fréquemment dans la région de Nyons.

Il m'apparaît donc nécessaire de considérer comme zone troublée le territoire de la section de Die et de Nyons en entier. À cette zone, il y a lieu d'ajouter la circonscription de la brigade de La Chapelle-en-Vercors, appartenant à la section de Romans[1].

*

---

1. Sur les atrocités commises dans le Vercors par les troupes allemandes, le lecteur pourra se reporter au chapitre consacré au chaos de la Libération, p. 679.

Au mois de mai 1944, on compte cent quarante-neuf attaques à main armée, cambriolages de mairies ou de magasins, de caisses publiques, vols de voitures et de camionnettes, d'essence, d'habillement dans les chantiers de jeunesse notamment, règlements de comptes contre les miliciens et les collaborateurs...

Valence, le 30 mai 1944
Dans la nuit du 8 au 9 mai, assassinat par armes à feu de M. C. Pierre, hôtelier, M. G., docteur en médecine, M. P. Émile, comptable, sa femme, née S. Marie, et de Mme veuve B., née E., Marie, retraitée, tous domiciliés à Nyons, par une bande de terroristes armés non identifiés. Toutes ces personnes étaient signalées comme appartenant à la légion, à la Milice ou sympathisantes avec ces dernières.

Le 26 avril à Châtillon-Saint-Jean, MM. M. et O. ont été attaqués à leur domicile par cinq individus armés. M. O. a été blessé. Il a tué un de ses agresseurs et blessé un autre. Transporté à l'hôpital de Roman, M. O. a été tué au cours de la nuit, ainsi que Mme O., qui était au chevet de son mari. M. O. était réputé partisan de la collaboration.

Le 9 mai, à La Chapelle-en-Vercors, M. B., cultivateur, est trouvé mort à son domicile, tué de plusieurs balles. La victime aurait eu des relations avec la Milice lors de l'opération de police effectuée dans le Vercors.

Le 16 mai, vers 22 heures, deux individus armés et masqués se sont emparés de 34 000 francs, deux montres et un collier en or chez M. Beroule, propriétaire à Pierrelatte. Ces individus avaient commencé à lui chauffer les pieds pour lui faire dire où se trouvait son argent.

*

L'affaire suivante illustre l'isolement des brigades de montagne.

Le gendarme Tribout est seul à la brigade de Bourdeaux, en train de téléphoner.

Valence, le 31 mai 1944
La fenêtre du bureau donne sur la rue principale du village ; son rebord

inférieur est à 60 centimètres du sol ; elle n'a pas encore été barreaudée ni grillagée, car à Bourdeaux les matériaux sont rares et aucun artisan n'a consenti à poser des barreaux ou un grillage sans fourniture de bons monnaie matière.

Le gendarme Tribout entend tout à coup la cloche d'appel de la porte d'entrée. Levant la tête, il aperçoit devant la fenêtre, à moins de 1 mètre de lui, sept individus qui le couchent en joue : quatre avec des mitraillettes, trois avec des fusils ou mousquetons.

Les malfaiteurs, qui veulent s'emparer des tickets d'alimentation de la commune de Bourdeaux, somment le gendarme Tribout d'ouvrir le portail de la caserne. Le gendarme refuse. Les bandits se ruent contre la fenêtre qu'ils brisent à coups de crosse et pénètrent dans le bureau. Le gendarme leur échappe en passant sous la table, sort du bureau en emportant ses armes, ferme à clé la porte du local et va se poster dans le couloir au pied de l'escalier intérieur, comme le prescrit le plan de défense de la caserne. Pendant ce temps, les malfaiteurs, qui sont en tout une vingtaine, forcent le coffre de mobilisation où étaient déposés les tickets d'alimentation, le pistolet de la vacance, des munitions et le cachet de la brigade, et emportent le tout. Le coup de main a duré environ dix minutes. Les individus s'enfuient au moyen de trois voitures dont ils disposent. [...]

Dans la nuit du 29 au 30 mai, la caserne de Bourdeaux a été attaquée à nouveau par cinq individus armés et masqués. Les agresseurs ont été repoussés par le maréchal des logis-chef Proust, qui a tiré sur eux toutes les cartouches de son chargeur de pistolet et croit avoir blessé l'un des bandits.

ISÈRE

« 141 attentats, 37 tués, 113 blessés »

Rapport de la compagnie de l'Isère

Grenoble, le 8 octobre 1943

À la suite de renseignements récents obtenus sur la situation des groupes de réfractaires signalés dans le massif montagneux du Vercors (groupes assez importants, difficile à dénombrer en raison du mutisme complet de la population), une opération est envisagée dans cette région par les autorités administratives. Elle nécessitera un rassemblement important de forces.

Rapport de la compagnie de l'Isère

Décembre 1943

Le 3 décembre 1943, à Voiron, des policiers allemands ont exigé de la brigade locale l'arrestation d'individus dont ils présentaient la photo. Après avoir reçu des instructions du commandant de section de Grenoble, le chef de brigade a répondu qu'il ne pouvait faire cette opération pour le compte de la police allemande. Convoqué par la Gestapo de Grenoble, le commandant de section de cette ville a maintenu son point de vue en insistant sur les points suivants :

1. La ville de Voiron présentait un commissariat de police. C'est à lui, et non à la gendarmerie, qu'une telle démarche devrait être faite.

2. Les brigades de gendarmes ne peuvent être actionnées que par leur chef direct.

3. Les personnes arrêtées par la gendarmerie française ne peuvent être remises aux autorités allemandes.

En conclusion de cette entrevue, ordre a été donné à la brigade de Voiron de rechercher les individus signalés comme terroristes. Et, en cas de découverte, de les traduire devant la justice française.

Rapport du capitaine Piozin, commandant provisoirement la compagnie de gendarmerie de l'Isère, sur les agissements nuisibles au relèvement du pays de la population civile au cœur du mois de décembre 1943 (mention « très secret »)

Grenoble, le 27 décembre 1943

Une question préoccupe actuellement de façon assez vive tous les milieux, c'est le Service du travail obligatoire. La mesure de clémence prise à l'égard des réfractaires, les autorisant à rester dans leurs foyers et à retourner à l'économie générale du pays, a été accueillie avec un scepticisme général, chacun restant persuadé que cette mesure est un piège destiné à remettre plus facilement l'exportation en masse des jeunes travailleurs au début de 1944. Aussi, peu de résultats ont été obtenus.

Dès maintenant, le bruit circule avec insistance que le nombre de travailleurs ainsi destinés à l'Allemagne pour 1944 est de cinq cent mille.

Rapport du capitaine Piozin, commandant provisoirement la compagnie de gendarmerie de l'Isère, à monsieur le préfet

Grenoble, le 28 décembre 1943
Tableau récapitulatif des attentats contre :
[extraits]
– les voies ferrées : 16 – 5 tués,
– lignes de transfert d'énergie électrique : 10,
– établissements industriels : 32,
– locaux d'habitation ou des personnes visées par les terroristes : 20,
– mairies, déposition tickets d'alimentation : 9,
– des personnes : 97 – 23 tués,
– dépôts de matériels de l'armée : 2 – 9 morts.

Total : 141 attentats, 37 tués, 113 blessés légers.

Deux des auteurs de l'attaque à main armée de la rue Barruel à Pressins ont été arrêtés sur les indications de la brigade de Pont-de-Beauvoisin, par la brigade des Aveniers.

Quatre des auteurs de l'attaque à main armée de la ferme Rival à Paladru ont été arrêtés par la police de Grenoble sur les indications de la brigade de Saint-Geoire-en-Valdaine.

Rapport du capitaine Piozin, commandant provisoirement la compagnie de gendarmerie de l'Isère

Grenoble, le 30 décembre 1943
Par négligence, étant chef de poste à ce barrage, n'a pas veillé à l'exécution des consignes et des ordres donnés, ce qui a permis l'agression

par surprise d'un groupe de terroristes. A été désarmé ainsi que les gendarmes de service avec lui, sans pouvoir esquisser le moindre geste de résistance. A ainsi porté gravement atteinte à la considération de la gendarmerie.

En conséquence, je porte à dix jours d'arrêt de rigueur la punition infligée par le capitaine, commandant de groupement. Le gendarme Raynold, chef de poste, sera suspendu de ses fonctions pour une durée de trois mois.

La faute de ces gendarmes consiste dans le fait qu'ils se sont laissé surprendre. S'ils avaient exécuté strictement les ordres donnés et vérifié chaque individu sous la protection des armes, cette surprise aurait été impossible.

Mais, malgré de nombreuses observations, les gendarmes, trop souvent enclins, par paresse et négligence, à faire fi des mesures de précaution indispensables dans les circonstances actuelles, risquent leur vie et ne remplissent pas la mission qui leur est confiée.

La façon dont le poste de barrage a été désarmé a ridiculisé la gendarmerie. Des sanctions sérieuses sont donc nécessaires.

RÉGION SUD-OUEST

BASSES-PYRÉNÉES (PYRÉNÉES-ATLANTIQUES)

Morts à la frontière

Rapport de l'adjudant Calonne, commandant la brigade de gendarmerie d'Artix

Artix, le 26 juillet 1942

Dans l'après-midi du 15 juillet, sur la route nationale 117 à Artix, près de la place du marché : deux tracts.

« OUVRIER FRANÇAIS, VA TRAVAILLER EN ALLEMAGNE

« Tu forgeras les chaînes de la France

« Tu seras un otage de plus

« Tu seras une victime de plus des bombes alliées

« Vingt mille morts à Cologne en une seule nuit [...]

« Pendant ce temps, Laval libéré des hantises des barricades ouvrières, aidé par sa police, pourra servir le traître

« OUVRIER FRANÇAIS, VA TRAVAILLER EN ALLEMAGNE

« LIBÉRATION ! »

Rapports du capitaine Vincent, commandant la section de gendarmerie d'Oloron, sur des tentatives de franchissement clandestin de la frontière pyrénéenne

Le 11 mai 1943

Dans la nuit du 9 au 10 mai 1943, les douaniers allemands de la région d'Eaux-Bonnes ont abattu trois personnes de sexe masculin de nationalité française au lieu-dit Les Granges, environ 2 000 mètres à vol d'oiseau au sud-sud-est de Laruns.

Sur les trois victimes, l'une, tuée sur le coup, a été laissée sur place, les deux autres, grièvement blessées, transportées à l'hôpital mixte de Pau.

Les faits se sont déroulés dans les conditions suivantes :

1. Le 10 mai, à 3 h 20, le commandant de la brigade de gendarmerie de Laruns était informé par deux douaniers allemands qu'un homme paraissant grièvement blessé avait été trouvé au lieu-dit La Passerelle-de-Pont. Ils avaient transporté le blessé dans une maison à proximité de l'usine du Hourat [...]. Avec l'aide des deux douaniers, la victime était transportée chez le Dr Briol, à Laruns, où le commandant de brigade constatait la présence d'un autre blessé grave, soigné par les Drs Briol et Rolland. [...] Les deux praticiens décidaient d'évacuer les deux victimes sur l'hôpital de Pau [...].

Peu après 4 h 30, le chef de service des douanes d'Oloron (douanes allemandes) se présentait à la caserne de gendarmerie et déclarait au commandant de brigade qu'un homme originaire d'Aste-Béon (vraisemblablement le passeur d'un groupe composé d'une vingtaine de personnes tentant de franchir la frontière) avait été tué au-dessus de Laruns, mais qu'il interdisait jusqu'à nouvel ordre de s'approcher du corps, gardé par les douaniers allemands.

2. À 5 h 30, le commandant de brigade rendait compte, par téléphone, au commandant de section à Oloron. Ce dernier se rendait sur les lieux à 7 h 30 et, devant l'interdiction faite par les douaniers de s'approcher du corps, attendait le retour du chef de service allemand. Celui-ci, arrivé vers 9 heures, déclarait dans la nuit, vers 0 h 15, un homme montant de la vallée par un sentier vers la route des Eaux-Bonnes, rencontrait une patrouille allemande et engageait une conversation avec les douaniers.

Quelques minutes après, l'un des chiens de la patrouille décelait à 30 mètres environ une présence insolite dans la haie est du sentier. À ce moment, se voyant découverts, une vingtaine d'hommes environ quittaient leurs abris et tentaient de fuir en descendant vers la vallée, après avoir abandonné sur le terrain une partie de leurs sacs de montagne. Les douaniers tiraient alors deux coups de fusil en direction du groupe, tuant un homme et blessant gravement un autre. Entre-temps, l'interlocuteur des douaniers disparaissait en direction des Eaux-Bonnes. [...]

À proximité de la haie, de nombreuses traces attestent le passage d'un groupe d'hommes jalonné par des objets épars : quatre bâtons de montagne, quatre sacs, un couteau poignard (objets saisis par les autorités allemandes). [...]

De l'enquête faite par le commandant de section, il résulte que le frère du tué ignorait tout des préparatifs de l'entreprise. Seule la veuve de la victime était dans le secret et, de l'aveu fait spontanément à 11 heures par une amie de la famille, il aurait agi pour la première fois afin de rendre service.

D'après le constat médico-légal de décès fait par le Dr Briol, il s'agit de Borie Jean-Baptiste, né le 26 février 1917 à Aste-Béon et domicilié à Laruns, rue Barthèque.

*

Le 19 août 1943

Le 17 août 1943, les douaniers allemands du poste installé au col des Moines ont abattu au fusil, à proximité du col, un jeune homme dont l'identité est : Cantal Serge, René, Henri, étudiant, né le 24 janvier 1922 à Charenton-le-Pont (Seine), demeurant 39, rue des Écoles à Charenton-le-Pont.

Le 17 août, vers 1 heure, une patrouille de douaniers découvrait à une trentaine de mètres du poste un homme qui se dirigeait vers la frontière en rampant.

En dépit de l'avertissement donné sous forme d'un coup tiré en l'air et des sommations immédiatement faites, l'homme avait continué sa progression. C'est donc à ce moment que le feu aurait été ouvert sur l'inconnu, qui fut tué sur le coup.

Rapport du capitaine Vincent, commandant la section de gendarmerie d'Oloron, sur une lettre de menaces reçue par la brigade territoriale d'Artix

Oloron, le 3 février 1944

Le 20 janvier 1944, le commandant de la brigade territoriale d'Artix a reçu dans un pli adressé à lui-même une lettre de menaces visant le personnel de la brigade. Ce pli contenait un bulletin intitulé « Consignes d'Alger » (le fait énoncé dans la lettre est contraire à la vérité).

Copie de la lettre :

« Nous avons appris que l'un de vos gendarmes s'est vanté en gare de Lacq que le jour où un réfractaire au travail forcé en Allemagne se trouverait devant lui il ferait feu.

« Nous vous avisons que vous avez souvent devant vous des réfractaires au STO [Service du travail obligatoire], que vous ne connaissez pas, mais sachez qu'en revanche eux ont connaissance de tous vos faits et gestes, et vos PEAUX sont en danger.

« RÉSISTANCE »

DORDOGNE

Rapports du capitaine Levraut, commandant provisoirement la compagnie de gendarmerie de la Dordogne, sur la participation de sa compagnie à la Résistance

Périgueux, le 29 janvier 1945

Beaucoup de gendarmes se sont entretenus pour procurer aux jeunes du STO des fausses cartes d'identité.

En 1943, la brigade de Vergt, ayant reçu les listes de recensement pour le STO des seize communistes du canton concernant les classes

1939-40-41-42, les détruisit en les portant retournées sur les listes d'envoi de pièces.

Cette attitude de la gendarmerie n'échappa cependant pas aux Allemands. C'est ainsi qu'en juillet 1943 le lieutenant-colonel allemand commandant l'état-major de liaison n° 730 de Périgueux s'est plaint au commandant de compagnie de l'attitude hostile de certaines brigades dans leurs rapports avec la Feldgendarmerie.

Se sont spécialement signalées dans cette tâche de camouflage des jeunes les brigades de Nontron, Mareuil, Bussière-Badil, Saint-Pardoux, Thenon et Montpon.

*

Périgueux, le 29 janvier 1945

Toutes les brigades connaissaient l'emplacement des camps du maquis [...] ; ceux-ci n'ont jamais été signalés [...] malgré les instructions formelles.

Le 3 août 1943, la Gestapo arrivait à Lalinde et procédait à des arrestations – les militaires de la brigade prévenaient aussitôt les dirigeants de la Résistance et les groupes installés dans la forêt voisine de Liorac, qui changèrent immédiatement de secteur. L'opération menée le lendemain par les troupes allemandes restait infructueuse.

*

Périgueux, le 29 janvier 1945

De nombreuses personnes recherchées par la police allemande ou celle de Vichy ont été averties et aidées par les brigades.

Exemples :

– Février 1944 : la brigade de Saint-Astier prévient le commandant Vernois d'une rafle imminente faite par les Allemands.

– En 1942 : la brigade motorisée de Mussidan (deux gendarmes) rencontre deux aviateurs anglais ; ils les renseignent sur les moyens de gagner l'Espagne.

GIRONDE

Opérations contre les réfractaires

Rapport du chef d'escadron Joliot, commandant la compagnie de gendarmerie de Gironde

Bordeaux, le 28 juin 1943

La population voit avec dépit partir en Allemagne la belle jeunesse de France, alors que la terre manque de bras.

Les mesures récentes pour le recensement et l'envoi en Allemagne des jeunes classes sont franchement impopulaires. Malgré tout, il y a très peu de réfractaires.

La majeure partie de la population ne croit plus à la relève et devient de plus en plus hostile à la collaboration.

Rapport du capitaine Garbe, commandant la section de gendarmerie de Libourne, sur une opération de police par des troupes d'occupation et les arrestations effectuées au cours de celle-ci

Le 6 avril 1944

Le 4 avril 1944, dans la nuit, d'importantes unités des TO [troupes d'occupation] ont cerné et isolé les communes de Montpon, Échourgnac, Saint-Barthélémy-de-Bellegarde, Eyguières (Dordogne nord).

Des barrages de troupes placés sur toutes les voies d'accès ont interdit toute circulation. Les communications téléphoniques ont été interrompues avec l'extérieur.

Au cours des opérations de police qui ont suivi dans les communes précitées, tous les hommes adultes, rassemblés, ont dû justifier de leur situation et de leur identité. Des visites domiciliaires ont eu lieu pour la recherche des suspects. Les arrestations suivantes ont été effectuées :

– Montpon : 6 habitants de la localité (classes 1942 et 1944).

– Échourgnac : 8 cultivateurs ou commerçants locaux, plus un nombre inconnu d'étrangers de la localité.

– Saint-Barthélémy-de-Bellegarde : 1 personne (le maire).

– Eyguières : 4 personnes (le maire, le secrétaire de mairie, plus deux jeunes gens).

Le 5 avril 1944, à 7 heures, l'ex-maréchal des logis-chef Mignon, déserteur de la gendarmerie et objet d'un signalement n° 1, a été découvert et arrêté à Échourgnac, son ancienne brigade, où il avait cherché refuge au cours de la nuit chez un commerçant. [...]

À Échourgnac, dans la nuit du 5 au 6 avril 1944, une jeune fille qui entretenait des relations avec les groupes du maquis a été arrêtée par la Feldgendarmerie.

Rapport du capitaine Garbe, commandant la section de gendarmerie de Libourne, sur l'arrestation par les autorités allemandes du gendarme Colombet, de la brigade de gendarmerie d'Échourgnac

Le 8 avril 1944

Le 8 avril 1944, le gendarme Colombet Sylvain, de la brigade d'Échourgnac (Dordogne zone nord), a été arrêté par la police allemande au poste de garde du camp d'internement de Mérignac-Beaudésert, où il était détaché.

Ce gendarme est soupçonné de complicité avec les réfractaires par les autorités allemandes. Né le 2 novembre 1908, il est marié et père de deux enfants âgés de treize et quatorze ans.

Rapport du lieutenant Fradin, commandant la section de gendarmerie de La Bastide

Octobre 1944 [gouvernement provisoire]

L'adjudant Ley, affecté à la brigade de Lormont le 1er décembre 1942, a déployé une très grande activité en faveur de la Résistance.

Il a fait l'objet d'une commission rogatoire en date du 4 mars 1942, de la 16e division militaire à Montpellier, pour agissements gaullistes.

Au cours de l'année 1943, ce gradé a fait cacher des réfractaires du STO.

D'août 1943 à la Libération, Ley appartenait au groupe de résistance Aristide, et a rendu d'appréciables services et fourni des renseignements qui ont permis aux membres de ce groupe de se soustraire à la Gestapo. Par ailleurs, sa surveillance a permis le transport d'armes provenant des parachutages.

Au moment de la Libération, le 28 août 1944, avec l'aide des FFI [Forces françaises de l'intérieur], dont il était le chef, Ley a capturé vingt prisonniers de guerre. [...]

En conséquence, ce gradé mérite son inscription au tableau d'avancement.

HAUTE-GARONNE

Interroger « surtout les ennemis »

Rapport du lieutenant Roche, commandant la section de gendarmerie de Villefranche, aux commandants de brigade de la section

Villefranche, le 9 août 1943

Le colonel rappelle que malgré les ordres donnés il a constaté que les recherches des réfractaires du STO ou à la relève ne sont pas faites avec tout le soin et l'activité nécessaires.

Les gendarmes enquêteurs se contentent d'interroger le père, la mère, les maires de la commune ou un notable. Tout cela se traduit par du travail saboté, que le colonel n'admet plus.

Il faut interroger les voisins du recherché, surtout les ennemis, le curé, le facteur, et surtout les parents des jeunes gens déjà partis en Allemagne.

De ce qui précède, il faut que chaque chef de brigade veille à l'application de ces prescriptions.

La gendarmerie et la Résistance

Rapport du capitaine Cussac, commandant la section de gendarmerie de Muret, sur l'arrestation d'individus appartenant à un groupe de résistance

Muret, le 6 janvier 1944

Le 5 janvier 1944, la brigade de gendarmerie de Carbonne tenait un barrage au passage à niveau n° 35, sur la route nationale 125, de Toulouse à Bayonne, territoire de la commune de Marquefave.

À 12 h 30, une voiture Citroën s'est présentée au barrage. Avec les précautions en vigueur, le maréchal des logis-chef Joube, les gendarmes Delmas, Ferrage et Subra ont vérifié la situation des cinq personnes de ce véhicule. Deux d'entre eux, sujets étrangers, étaient dépourvus de toute pièce d'identité. Procédant aussitôt à la fouille de la voiture, les gendarmes constatèrent qu'elle renfermait dans la malle arrière, et entre les deux sièges, des ballots assez volumineux et des sacs contenant des tenues de chantier de jeunesse ainsi que des chaussures.

La voiture et ses occupants ont été gardés à vue jusqu'à la fin du service, c'est-à-dire treize heures. [...]

Les objets suivants étaient découverts :
- 6 paires de brodequins en bon état,
- 7 chandails neufs,
- 8 pantalons courts en toile kaki,
- 3 capotes,
- 7 bérets verts,
- 1 bâche,
- 6 sacs tyroliens neufs,
- 6 kilos de sucre,
- 4 paquets de pâtes alimentaires,
- 4 grenades étrangères genre FI,
- 2 revolvers 1892 chargés.

Interrogés, deux de ces individus, les nommés Baby Jean, vingt-trois ans, chauffeur, et Regagnon Jean, vingt-quatre ans, vaguemestre, ont déclaré être employés tous deux à l'entreprise méridionale des bois et forêts, à Toulouse. Ils ont prétendu avoir été chargés de conduire aux environs d'Aspet les trois autres passagers et leurs bagages : Anglade Adolphe, vingt ans et réfractaire au STO, Cherchno, quarante-trois ans, et

Mikalovitch, vingt-deux ans, de nationalité russe, se disent évadés d'un camp de prisonniers en Allemagne. Aucune précision n'a pu être obtenue en ce qui concerne la personne ayant donné l'ordre d'exécuter cette mission.

Ces trois individus devaient rejoindre un groupe de résistance en vue de se soustraire à l'emprise des autorités allemandes, alors que Baby et Regagnon devaient rejoindre Toulouse, leur mission terminée. Tous ont affirmé ne pas connaître le contenu des sacs. [...]

Les individus ont été conduits sous escorte à Toulouse dans la matinée du 6 janvier 1944.

Rapport du capitaine Cussac, commandant la section de gendarmerie de Muret, sur une agression contre des douaniers allemands

Muret, le 7 juin 1944

Le 7 juin 1944, à 17 heures, deux autocars de la SNCF assurant le transport des voyageurs de Saint-Girons à Boussens arrivaient à la gare de cette localité. Cent personnes environ en descendaient, et parmi celles-ci se trouvaient six douaniers allemands. La plupart des voyageurs se trouvaient sur le quai, dans l'attente du train en direction de Toulouse. Subitement, une fusillade intense éclatait, trois individus armés de mitraillettes tiraient sur les douaniers allemands, qui ripostèrent aussitôt.

À la faveur de l'affolement produit, les trois terroristes prenaient la fuite en direction du village de Boussens sans être inquiétés. Un douanier a été tué ; deux autres personnes très légèrement blessées ont continué leur voyage, elles n'ont pu être identifiées. Il ressort que l'un des terroristes aurait été blessé au bras.

LANDES

Il « a été abattu à coups de mitraillette. Ce fut la seule victime »

Rapport de la compagnie de gendarmerie des Landes

À l'automne 1943, les Allemands réussissent à « retourner » un maquisard en arrêtant sa famille.

Mont-de-Marsan, le 27 novembre 1943

Le 1er novembre 1943, une bande d'environ quinze hommes, actuellement en fuite, a abattu à coups de mitraillette, dans les bois près de Le Houga (Landes), le ressortissant français C. Roland [...]. La bande était composée de réfractaires dont le lieu de stationnement habituel est inconnu [...]. Le nommé C. faisait, à l'origine, partie de ce groupement. Ayant appris que les autorités d'occupation avaient arrêté une partie de sa famille, il s'est constitué prisonnier entre les mains des autorités allemandes de Bordeaux, espérant ainsi obtenir la libération de ses parents. Il a consenti, par la suite, selon un plan mis sur pied avec les autorités, à entrer en contact avec ses camarades réfractaires. C'est ainsi que le 1er novembre 1943, vers 16 h 15, il s'est rendu dans la forêt landaise avec les policiers allemands et a été abattu à coups de mitraillette. Ce fut la seule victime.

LOT-ET-GARONNE

Mort d'un curé de campagne

Rapport de la brigade de Marmande

Le 17 février 1943

Dans la nuit du 15 au 16 février, des inscriptions à caractère antinational ont été effectuées sur quelques piliers de la halle du marché à Duras (Lot-et-Garonne).

Ces inscriptions représentent une potence à laquelle est suspendue une personne ; au sommet de cette potence, les trois lettres « SOL » [Service d'ordre légionnaire] ont été écrites. L'ensemble constitue un dessin haut de 50 centimètres, exécuté à la craie de façon grossière, et dont le sommet est situé à 1 mètre du sol environ. Les potences sont encadrées par deux petites croix gammées.

Tous ces dessins ont été faits sur les piliers de la halle les plus rapprochés du magasin de M. D., marchand de tissus à Duras, qui est chef capitaine adjoint à la milice SOL du canton de Duras.

C'est la première fois qu'un fait de ce genre se produit à Duras.

Rapport du sous-lieutenant Bergès, commandant provisoirement la section de gendarmerie de Marmande, sur la participation de personnel de la section de gendarmerie de Marmande à la Résistance

[Date non déterminée]

Le 19 septembre 1943, au moyen d'une fausse carte d'identité, le maréchal des logis-chef Laburthe, de la brigade de Miramont, a camouflé chez un particulier le réfractaire au STO Lamand Anthony, recherché par l'office de placement allemand du Pas-de-Calais.

En octobre 1942, le gendarme Lovat, de la brigade de Lauzun, avertit deux Israélites des recherches dont ils font l'objet : ces derniers partent à temps et évitent l'arrestation.

Rapport de la gendarmerie de Marmande du 15 février 1944

Assassinat de l'abbé L. le 13 février 1944, curé de Loubès-Bernac, tué au lieu-dit de Saute-Lèvre, commune de Soumensac, alors qu'il allait y célébrer la messe. Mort par rafales de mitraillette tirées à une distance de 8 mètres. Il avait soixante-cinq ans, trente ans de magistère et était aussi secrétaire de mairie. Il passait pour « collaborationniste » fervent et était très discuté.

La gendarmerie et la Résistance

Rapport de la gendarmerie d'Agen

Agen, février 1944

Attaques à main armée contre la mairie de Boé, cambriolée dans la nuit du 27 au 28 janvier 1944 – quelques cartes d'alimentation ont été dérobées.

La mairie de La Croix-Blanche a été cambriolée dans la nuit du 27 au 28 janvier 1944 – cent soixante-dix-sept cartes d'alimentation en blanc et une centaine de feuilles de tickets ont été enlevées.

M. D., propriétaire à Fals, a été abattu par une rafale de mitraillette tirée par un inconnu, le 16 février 1944, vers 19 h 30. L'enquête n'a pas permis jusqu'à ce jour d'identifier l'agresseur. La victime ne faisait partie ni de la Milice, ni de la légion, mais passait pour être « collaborateur irréductible ».

Compte-rendu de la gendarmerie d'Agen pour la période du 19 mars au 18 avril 1944

Le 1er avril 1944 à 9 heures, trois individus se sont présentés au domicile particulier de la secrétaire de mairie de Moirax, qui, sous la menace de leurs armes, leur a remis les tickets d'alimentation du mois en cours de la commune, soit :
- 254 cartes de pain,
- 475 de viande,
- le même nombre de denrées diverses,
- 78 cartes de lait,
- 60 états nominatifs.

Rapport de l'adjudant-chef Perret, commandant la section de gendarmerie de Marmande, sur l'arrestation par la police allemande du commandant de brigade et de trois gendarmes de la brigade de Bouglon

Le 21 avril 1944

Le 21 avril, vers 8 h 30, sept militaires portant l'uniforme de l'armée allemande et deux civils portant un brassard jaune sur lequel figuraient deux signes ou lettres en rouge, probablement les lettres SS, sont arrivés en camion automobile devant la caserne de gendarmerie de Bouglon. [...]

Le maréchal des logis-chef Riu, commandant la brigade, les gendarmes Goulaouic Jean-Marie, Bidart François et Bounichou Henri ont été arrêtés. Ces arrestations ont jeté un vif émoi parmi la population.

Le 9 mars 1944 avait lieu à Romestaing, circonscription de la brigade de Bouglon, une réunion d'une dizaine d'individus paraissant appartenir à l'armée de la Résistance. [...] Elle avait pour but de faciliter, paraît-il, le départ de deux aviateurs américains qui s'étaient lancés en parachute de leur avion en détresse.

Ces aviateurs, en réalité deux policiers allemands, provoquèrent une opération de police, à l'issue de laquelle un gendarme (Laurent Partarrieu) [...] fut arrêté par la police allemande.

Rapport de l'adjudant-chef Maury, commandant provisoirement la section de gendarmerie d'Agen

Le 8 juin 1944

Dans l'après-midi du 7 juin, à la suite de perquisitions, des armes ont été découvertes par les troupes d'occupation chez divers habitants de Saint-Pierre-de-Clairac, canton de Puymirol. Huit personnes ont été arrêtées et fusillées sur-le-champ.

III

Vie quotidienne et marché noir

À l'épreuve de la guerre

Les militaires de la gendarmerie sont les greffiers de ces temps troublés. Ils scrutent, notent, renseignent et analysent. Répartis en brigades à travers tout le pays, y compris dans les zones les plus reculées, ils doivent en effet rendre compte mensuellement et confidentiellement à leur hiérarchie de « l'état d'esprit de la population » face à la politique conduite, depuis Vichy, par le chef de l'État et par son gouvernement. Vague d'anglophobie après la destruction d'une partie de la flotte française par les troupes britanniques à Mers el-Kébir (plus de mille deux cents morts), perplexité après l'entretien Hitler-Pétain à Montoire-sur-le-Loir, le 24 octobre 1940, espoir de défaite allemande après la déroute du Reich à Stalingrad, en février 1943.

L'évolution des mentalités

De ce point de vue, leur travail s'apparente à celui des Renseignements généraux. Les commandants de compagnie, à l'époque les « patrons » de département, font remonter du terrain les réactions de « Français moyens », pris dans leur diversité sociale – cafetiers, femmes au foyer, agriculteurs, médecins, ouvriers...

Schématiquement se dessinent trois périodes. Après le choc de la défaite, en juin 1940, la France, sonnée, remet son destin entre les mains du vieux maréchal Pétain, héros de la guerre 14-18. Puis, avec les premiers actes de résistance à l'été 1941, suivis d'exécutions d'otages, la majorité de la population se réfugie dans une attitude attentiste, d'autant que les conditions de vie demeurent très dégradées. Enfin, le rejet de la propagande vichyste devient évident : l'hostilité au régime se fait de plus en plus criante, notamment depuis la mise en place du Service du travail obligatoire. Le point crucial, celui où l'opinion française bascule, se situe probablement au cours de l'hiver 1942-1943. « Si l'on traçait un graphique grossier de l'opinion publique entre 1940 et 1944, on verrait que la quasi-totalité de la population était pour Pétain en juin 1940 et pour de Gaulle en août 1944, le point d'intersection de ces deux courbes, l'une décroissante, l'autre ascendante, se situant après l'occupation de la zone libre en novembre 1942 », résume l'historien Robert O. Paxton dans *La France de Vichy – 1940-1944*[1].

N'attendons pas des analyses reproduites dans les pages suivantes une photographie précise de l'évolution des mentalités. Elles ne relèvent pas d'une démarche scientifique. Rapport de gendarmerie n'est pas parole d'Évangile : on peut bien sûr douter de l'objectivité de leurs rédacteurs, ayant, comme tout fonctionnaire, prêté serment au maréchal Pétain. De plus, pour être admis dans l'arme, les postulants ne doivent pas être « susceptibles de professer des idées extrémistes ou subversives (communistes, antinationales ou antigouvernementales) ». Les rédacteurs sont donc

---

1. Le Seuil, 1999.

enclins à transmettre ce que la hiérarchie attend d'eux : des nouvelles rassurantes. Mais, après tout, ces notes détaillées valent tout autant que les articles d'une presse muselée ou de combat. D'autant que, plus souvent qu'on ne l'imagine, des officiers s'octroient une grande liberté de plume, surtout s'ils servent en zone libre avant l'invasion de novembre 1942. Ils n'hésitent pas, ainsi, à dépeindre une situation contrastée, voire à développer ou à relayer des thèses très hostiles au gouvernement de Vichy. Tel ce savoureux propos de comptoir : « Pétain ? Un fumier. »

Il est parfois difficile de déterminer ce qui correspond à une observation fine des mentalités et ce qui traduit le sentiment profond de l'auteur. Que penser de cet officier qui relève l'hostilité grandissante à l'égard des autorités, la haine vis-à-vis des troupes allemandes et italiennes ? À la section de Lyon (Rhône), le capitaine Flouquet ne mâche pas ses mots. « La population fait preuve de plus en plus de lassitude et d'énervement. Par principe, elle critique toutes les initiatives du gouvernement et prête une oreille bienveillante à toutes les nouvelles diffusées par la radio anglaise ou dissidente. Elle considère l'Allemand comme l'ennemi numéro 1 », écrit l'officer le 20 juillet 1943. À cette date, les Allemands occupent tout le territoire métropolitain, et à Lyon, dans la ville où l'auteur rédige ces lignes, la Gestapo de Klaus Barbie torture les résistants dans les sous-sols de l'École de santé militaire. Quelques semaines plus tard, le gendarme se montre pourtant encore plus clair : « Les événements de Sicile et de Russie remplissent d'espoir la population qui croit voir se préciser une proche libération. Les nouvelles des bombardements des villes italiennes sont accueillies avec un sourire de satisfaction [...]. Les nouvelles données par la presse française sont de moins en moins prises au sérieux. » Ce rapport de gendarmerie, bras armé de la révolution nationale de Vichy, ressemble à un pamphlet, distribué sous le manteau par la Résistance. Et pour cause : les états de service du gendarme nous apprennent que Flouquet est, à cette époque déjà, un agent de renseignements d'un réseau gaulliste.

Au printemps 1942, l'adjudant-chef Iriart, commandant la brigade d'Aix-en-Provence (Bouches-du-Rhône), commente le « bombardement des côtes françaises et de la région parisienne par la RAF », la Royal Air Force. « On déplore de nombreux morts, mais il est certain que la majorité des Français voit dans l'action des Anglais une nécessité de la guerre. Sans être gaullistes, beaucoup ont la conviction que le relèvement de la France ne s'opérera que par la victoire anglaise, pour laquelle ils admettent les moyens entraînant des pertes de vies humaines dans la population française. » En juin 1942, à Limoges, un chef d'escadron résume les sentiments des habitants après le discours de Laval : « Les gens de tous les milieux ne se cachent pas pour critiquer de façon acerbe les paroles prononcées, et surtout la phrase "Je souhaite la victoire de l'Allemagne". La collaboration n'a jamais été aussi impopulaire qu'en ce moment. »

Grande bouffe et marché noir

Dans ce contexte, se nourrir reste l'obsession des Français, gendarmes compris. Certains « ont perdu jusqu'à 20 kilos de leur poids de 1940 », se plaint un officier en septembre 1943. Dans un pays exsangue, asservi économiquement par l'Allemagne, se nourrir demeure une préoccupation de tous les instants. Les gendarmes ne s'y trompent pas qui, dans presque tous leurs comptes-rendus, établissent un parallèle entre moral des Français et conditions d'approvisionnement, entre marché noir et « activités antinationales ». Dès la fin de 1940, et surtout au cours de l'année 1941, le ravitaillement devient un enjeu de stabilité politique. Or, l'alimentation demeure chaotique jusqu'en 1947. Pendant l'Occupation, on estime à environ 1 500 calories la ration quotidienne moyenne. Elle se révèle sans doute inférieure dans les villes, plus confrontées que les campagnes à la pénurie de nourriture. À titre de comparaison, un rapport de l'OCDE (Organisation de coopération et de développement économiques) daté de 2005 montre qu'en France on consomme en moyenne 3 654 calories par jour...

La propagande de Vichy impute volontiers cette situation au blocus anglais, alors que bon nombre de Français la mettent sur le compte de l'occupation allemande et italienne. Les rapports mensuels des gendarmes consacrent une large part à la lutte contre le marché noir. Preuve de l'importance de ce nouveau sport national : il figure souvent dans la rubrique « agissements nuisibles au relèvement du pays ».

Dans les Alpes-Maritimes, un département confronté à un afflux de population à la suite de l'invasion, « les prix s'envolent et [...] les denrées non rationnées tels le vin, le chocolat, les pommes subissent des hausses de prix allant jusqu'à 380 % pour les tomates, et ce, dès octobre 1941 », rappelle Rémi-Numa Stevelberg, auteur d'une étude spécifique sur les conséquences du rationnement[1]. Les animaux sont particulièrement exposés, et on ne compte plus les « disparitions » en pleins champs de génisses ou de canards, couvés comme des pierres précieuses. L'arrestation de résistants, à Caluire, parmi lesquels figure Jean

---

1. Rémi-Numa Stevelberg, « Les gendarmes et la population des Alpes-Maritimes face au rationnement et au marché noir », *Revue de la société nationale d'histoire et du patrimoine de la gendarmerie*, actes du colloque « La gendarmerie, les gendarmes pendant la Seconde Guerre mondiale », 2006.

Moulin apparaît, en quelques lignes, dans la rubrique « divers », entre un vol de coupons et une « recrudescence sensible des vols dans les jardins »...

Un gigantesque marché parallèle se met en place, des campagnes vers les villes, avec ses combines et ses profiteurs. Certaines scènes ne dépareraient pas dans le film *La Traversée de Paris* : le directeur des pompes funèbres de Saint-Ouen se fait pincer dans le Loiret avec « une quantité importante de denrées » dans son corbillard, transformé en garde-manger roulant. Les gendarmes, à l'occasion, se laissent tenter, comme le souligne le chef d'escadron Rejou, commandant la compagnie de la Saône-et-Loire. Il explique à sa hiérarchie la raison d'une punition infligée à l'un de ses hommes : « A compromis sa dignité et son indépendance en se rendant chez un individu jouissant d'une bonne réputation, mais qui s'est révélé, à la suite d'une affaire judiciaire, un dangereux terroriste, pour participer au dépeçage d'un veau abattu clandestinement par son propriétaire et dans le but de ravitailler sa famille »...

Les rapports de gendarmerie soulignent le profond désarroi de populations réduites aux dernières extrémités, allant parfois jusqu'à la prostitution, pour survivre. Le 9 avril 1941, le gendarme Guernet, commandant de poste à Blainville-sur-Orne (Calvados), fait le constat suivant : « La débauche de femmes de soldats prisonniers existe partout où les troupes sont cantonnées. Des filles de moins de vingt ans se livrent également à la prostitution. » Il poursuit, fataliste : « Ces délits présentent une certaine difficulté à être relevés sans créer d'incidents » étant donné la présence des Allemands au côté de certaines femmes... La difficulté grandissante des déplacements représente une autre préoccupation majeure pour les Français. D'où le nombre élevé de vols de vélos, véritable fléau dans les campagnes.

Partiales souvent, drôles par instants, lumineuses à l'occasion, ces nouvelles de la France occupée présentent un avantage de taille : ces baromètres de l'opinion ont été rédigés en un temps où les instituts de sondage n'existaient pas.

RÉGION CENTRE

ALLIER

Dans la salle d'un restaurant, un tableau proclame : « Fidélité à la République sociale »

Rapport du capitaine Lefèvre, commandant la section de gendarmerie de Montluçon, au commandant de la brigade de gendarmerie de Doyet

Certains Français ne craignent pas d'exposer leurs opinions.

Montluçon, le 27 août 1941

Je suis avisé que dans la salle du restaurant Lepée à Doyet sont apposés deux tableaux ; l'un représente les conscrits de la classe 1909 avec l'inscription suivante : « Fidélité à la République sociale », avec drapeau rouge, et l'autre représente les conscrits de la classe 1922 avec l'inscription suivante : « L'Internationale des travailleurs », avec trois drapeaux rouges.

Vous inviterez le propriétaire de ce restaurant à vouloir bien enlever ces deux cadres, s'ils représentent bien les gravures désignées ci-dessus.

Rapport du capitaine Lefèvre, commandant la section de gendarmerie de Montluçon, sur l'état d'esprit de la population

Montluçon, le 25 février 1942

Les familles de prisonniers s'impatientent de plus en plus sur le sort des leurs en captivité et continuent à se priver pour leur envoyer des colis de victuailles. Les lettres qui parviennent des camps sont toutes empreintes de lassitude et même de désespoir. Beaucoup de Français auraient cru que le régime de la collaboration aurait fait libérer de nombreux prisonniers.

Rapport du capitaine Perrin, commandant la section de gendarmerie de Moulins

D'autres opposants au régime ont recours à des moyens plus subtils pour faire passer leur message. Les gendarmes remarquent que les communistes utilisent de plus en plus des voitures pour lancer leurs tracts... sur le chemin des écoliers.

Moulins, le 5 juin 1942

Procédés de diffusion de tracts

Les distributions de tracts au moyen d'automobiles semblent avoir de plus en plus la faveur des dirigeants communistes. Un nouveau procédé de diffusion est également employé qui consiste à répandre les tracts et autres publications sur les chemins habituellement suivis par les écoliers ou dans les dépendances : cours de récréation, préaux, etc., voire à l'intérieur des établissements scolaires. Les enfants ramassent ces tracts et les apportent à leurs familles, ou même, ainsi qu'il est arrivé dans plusieurs cas, en font la distribution par manière de jeu, sans avoir naturellement conscience du caractère délictueux de leur geste.

Vie quotidienne et marché noir

Rapport de l'adjudant-chef Lafay, commandant provisoirement la section de gendarmerie de Montluçon, à propos des volontaires pour le travail en Allemagne

Montluçon, le 14 juillet 1942

Les espoirs qu'avait fait naître la collaboration sont totalement effacés, et l'appel lancé dans le discours du chef du gouvernement aux ouvriers de France ne paraît pas avoir été accueilli très favorablement par les ouvriers sérieux et travailleurs. Le premier départ de Montluçon d'ouvriers à destination de l'Allemagne, le 9 juillet 1942, comprenait cinquante-deux ouvriers, y compris une femme.

Rapport du capitaine Lefèvre, commandant la section de gendarmerie de Montluçon

Montluçon, le 22 juillet 1942

L'appel fait pour que des ouvriers français partent en Allemagne a causé une grosse surprise, car personne ou à peu près ne croit à la libération de prisonniers. L'opinion générale est que l'Allemagne ne libérera que des malades ou les prisonniers dont la capacité de travail est nulle.

À Montluçon, centre ouvrier, on ne compte jusqu'à présent que soixante départs pour l'Allemagne. Parmi ce nombre, il faut comprendre une cinquantaine d'Algériens.

Rapport du chef d'escadron Lefavader, commandant la compagnie de gendarmerie de l'Allier, sur l'état d'esprit de la population

Montluçon, le 25 décembre 1943

Le 17 décembre 1943, vers 7 heures, un groupe de deux cents soldats allemands venus en camions de Roannes a fouillé les villages de Goutaudier et Fayots, commune de Saint-Nicolas-des-Biefs, pour chercher des réfractaires. Après un interrogatoire sévère, des perquisitions, la troupe est repartie vers Roannes, à 11 heures, emportant sans payer dix poules, des lapins, un porc de 150 kilos, un poste de TSF, une montre, une somme de 40 000 francs, après avoir incendié une grange contenant 10 000 kilos de paille et procédé à l'arrestation de huit personnes en situation régulière.

CHER

Les agriculteurs doivent « faire un détour de 10 kilomètres »

Rapport du chef d'escadron Muret, commandant la compagnie de gendarmerie du Cher, sur l'installation de systèmes défensifs le long de la ligne de démarcation (côté zone occupée) mis en place par les Allemands

Bourges, le 29 avril 1941

1. Une clôture en fils de fer barbelés a été installée sur une longueur de 2 kilomètres, en bordure du chemin vicinal allant du bourg de Trouy à celui de Plaimpied, et longeant le bois dit de Faitin.

2. Un barrage défensif fait avec des épines d'une certaine hauteur barre le chemin vicinal ordinaire n° 3 au lieu-dit Les Beaux-Vents, territoire de la commune d'Ignol. Ce chemin était très fréquenté entre Ignol et Croisy. Les cultivateurs sont obligés pour aller dans leurs champs de faire un détour de 10 kilomètres pour se présenter au poste de douane allemand.

3. Entre Ignol et la limite est du département, quinze chemins et une dizaine d'entrées de champs sont barrés par des chevaux de frise et autres petites défenses accessoires. Les cultivateurs doivent faire de grands détours.

Enfin, je crois devoir signaler que le fil de fer a été prélevé sur place par arrachage des clôtures de certaines prairies.

Aucune pose de mines permanentes ou temporaires n'a, à ma connaissance, été effectuée à ce jour.

Rapport du chef d'escadron Muret, commandant la compagnie de gendarmerie du Cher, à monsieur le préfet du Cher

La préfecture et l'instruction secrète de monsieur l'inspecteur général délégué de la Direction générale de la police nationale à Paris ont demandé au chef d'escadron de rechercher Maurice Thorez.

Bourges, le 13 septembre 1941

J'ai l'honneur de vous faire part que Maurice Thorez, qui circulerait sous le faux nom de Monteil Georges, a été jusqu'à ce jour recherché infructueusement dans tout le département du Cher occupé.

Rapport du capitaine Chevillard, commandant provisoirement la compagnie de gendarmerie du Cher, sur le concours prêté par la gendarmerie aux services du contrôle économique

Bourges, le 16 juin 1942

La présence d'un civil à côté de gendarmes n'est pas bien vue de la population. Il faut ajouter à cela que dans la plupart des cas le contrôleur s'excuse auprès des personnes arrêtées en disant : « Ce sont les gendarmes qui m'ont forcé la main. »

En résumé, j'ai l'honneur de proposer de rendre la gendarmerie complètement indépendante de cet organisme du contrôle économique.

CORRÈZE

Du je-m'en-foutisme en classe de philo

Rapport du capitaine Ressot, commandant provisoirement la compagnie de gendarmerie de la Corrèze

Tulle, le 25 novembre 1940

La déportation des populations françaises d'Alsace-Lorraine a suscité une certaine émotion. Elles ont été bien accueillies en Corrèze, sauf à Chartier-Ferrières, où le sous-préfet de Brive et le maire ont dû intervenir pour contraindre Mme Rougier à en loger quelques-uns.

Rapports du chef d'escadron Cabanie, commandant la compagnie de gendarmerie de la Corrèze

Tulle, le 10 décembre 1940

Les premiers froids rendent cependant anxieuses les personnes qui n'ont pas une quantité de charbon suffisante pour faire face aux dures périodes qui s'annoncent.

Dans la région d'Ussel, le bois pourrait avantageusement remplacer le charbon mais, le prix de vente imposé ayant été abaissé, le paysan se bute. Il aime mieux garder son bois plutôt que de le vendre à un prix inférieur à celui qu'il estimait raisonnable.

Selon les gendarmes, le mécontentement des populations confrontées aux premières restrictions représente un terreau favorable à la propagande communiste.

Des indices permettent de croire que le parti communiste va profiter des restrictions et des taxations pour redoubler d'activité. Il est évident que le terrain sur lequel il se place pour exercer sa propagande lui est favorable lorsqu'il invite les gens à comparer comment ils vivaient autrefois et comment ils vivent aujourd'hui, en se gardant bien de faire remarquer qu'entre-temps nous avons été vaincus.

Les légions d'anciens combattants qui se forment paraissent être entièrement favorables au nouvel État français et leurs membres peuvent nous être utiles soit pour découvrir les propagandistes communistes, soit pour atténuer leur activité.

*

Tulle, le 21 décembre 1940

Les nombreuses mutations d'officiers supérieurs et subalternes et de gendarmes qui viennent d'être ordonnées ont affecté très vivement le moral des intéressés. Sans aucune explication, sans aucun préavis, cette mesure a été prise et a donné lieu à toutes sortes d'interprétations. Certains y ont vu une décision disciplinaire.

Il n'est pas rare d'entendre des officiers et sous-officiers ainsi déplacés dire que, lorsque, dans un ménage, on veut se passer des services d'un valet ou d'une femme de chambre, on lui donne huit jours et on ne lui cache pas pourquoi on le congédie, alors que pour eux leur déplacement a été brutal et inexpliqué.

Malgré la pénurie de wagons de chemin de fer, malgré la pénurie de carburant, malgré la mauvaise saison, on a déplacé un millier d'officiers et de gendarmes.

Les modifications apportées au régime intérieur de la France sont favorablement accueillies, mais le remplacement de M. Laval par M. Flandin dans les conseils de gouvernement a été diversement commenté. Si M. Laval était un vice-président du Conseil sûr depuis cinq mois, on ne comprend pas qu'il ait été évincé au profit d'un ancien président du Conseil qui s'est surtout caractérisé par son télégramme de félicitations au Führer au moment du traité de Munich.

*

Si, selon le chef d'escadron, le maréchal Pétain est toujours vénéré, la population garde l'espoir d'une victoire anglaise.

Tulle, le 11 janvier 1941

On peut évaluer approximativement à 70 % le nombre des personnes qui souhaitent en leur for intérieur la victoire de l'Angleterre sur les puissances de l'Axe et qui ne croient pas en une collaboration possible, efficace, durable entre la France et l'Allemagne.

Malgré les essais de brouillage des émissions radiophoniques anglaises, nombreuses sont les familles qui écoutent tous les jours difficilement mais religieusement les communiqués anglais et la propagande de l'ex-général de Gaulle.

Chronique d'une France occupée

*

Tulle, le 26 janvier 1941

Le bois est taxé 100 francs le stère à Tulle et 70 francs à Égletons. Il en résulte que les commerçants d'Égletons aiment mieux transporter leur bois à Tulle, où, même en tenant compte du coût du transport, ils réalisent des bénéfices à la vente. Les boulangers d'Égletons éprouvent de ce chef de sérieuses difficultés pour s'approvisionner au taux imposé.

Les légumes sont taxés à un prix plus élevé à Brive qu'à Tulle. Aussi, des particuliers de la région de Tulle se groupent pour faire transporter leurs légumes sur le marché de Brive.

Rapports du capitaine Ressot, commandant provisoirement la compagnie de gendarmerie de la Corrèze

Tulle, le 1er février 1941

M. Spinasse Charles, maire d'Égletons (Corrèze), conseiller général, député, ancien ministre, se livrerait, selon certaines rumeurs, à une propagande contre le gouvernement du maréchal Pétain.

Il y a quelques jours, il aurait dit dans un café de Rosiers-d'Égletons, s'adressant à trois ou quatre personnes, qu'il fallait suivre M. Pierre Laval plutôt que le maréchal Pétain.

M. Spinasse et M. Peschadour, député de Tulle, auraient projeté une réunion de propagande dans un café de Tulle pour le 2 février. À cet effet, des bulletins de convocation auraient été distribués à leurs amis.

*

Tulle, le 26 février 1941

Une épidémie de scarlatine sévit depuis fin janvier à l'école professionnelle d'Égletons.

On a constaté quelques suicides dans les campagnes, surtout par pendaison.

Vie quotidienne et marché noir

Rapport du capitaine Loison, commandant provisoirement la compagnie de gendarmerie de la Corrèze

Tulle, le 26 mars 1941

Les travailleurs manuels se plaignent de l'insuffisance de la ration de pain.

Le pain vendu dans l'arrondissement d'Ussel a, paraît-il, un goût détestable. Certains pensent que cela provient, en particulier, de la qualité de la farine livrée par la minoterie de Bort.

Rapport du capitaine Ressot, commandant provisoirement la compagnie de gendarmerie de la Corrèze

Tulle, le 26 avril 1941

Le livre de Léon Blum sur le mariage aurait une grande faveur parmi la jeunesse féminine d'Ussel, qui le lirait, souvent malgré l'interdiction des parents.

Rapport du capitaine Loison, commandant provisoirement la compagnie de gendarmerie de la Corrèze

Tulle, le 18 juillet 1941

Les marchés du département sont normalement approvisionnés en légumes frais ; par contre, les œufs, volailles et lapins ont complètement disparu. Les producteurs semblent les conserver pour la consommation familiale, suppléant ainsi au manque de viande de boucherie. Certains autres n'osent les apporter aux marchés, craignant de commettre une infraction quelconque à une réglementation touffue et sans cesse mouvante qu'ils ne connaissent pas bien.

Rapports du chef d'escadron Carrot, commandant la compagnie de gendarmerie de la Corrèze

Le doute s'installe peu à peu dans l'esprit des gendarmes...

Tulle, le 13 août 1941

Bien que se trouvant souvent dans une ambiance « gaulliste », les gendarmes ne se laissent pas contaminer. Néanmoins, il faut bien reconnaître que la collaboration avec l'Allemagne ne les enthousiasme pas, n'en comprenant pas tous les bienfaits.

*

Tulle, le 25 août 1941

Le retour à la vente libre est réclamé. Le fromage, aliment recherché par le travailleur manuel, fait aussi défaut. « Et pourtant, s'écrient les gens, il ne manque pas... Allez dans le Cantal, vous en trouverez, mais on préfère le laisser pourrir... »

*

Certaines denrées, comme le tabac ou le vin, sont « sacrées ». En les rationnant, le gouvernement prend le risque de l'impopularité.

Tulle, le 11 septembre 1941

On ne comprend pas pourquoi non plus les « vauriens » des camps de jeunesse boivent du vin, alors que « ceux qui gagnent leur pain à la sueur de leur front » doivent se contenter de l'eau pure. À Égletons, nombreux sont les paysans et les ouvriers qui, à cause du manque de vin, critiquent le gouvernement. « C'est fait exprès, disent-ils, pour nous faire souffrir... On revient à l'ancien temps ! »

Enfin, la vente libre du vin à appellation contrôlée soulève de vives critiques.

D'autres, comme le chef d'escadron Carrot, y voient un avantage pour la stabilité des familles...

Tulle, le 27 octobre 1941

La privation de vin et d'alcool a été souvent salutaire : la pénurie de tabac, pourtant si critiquée, n'a pas déplu à de nombreuses mères de famille. C'est le beau côté des restrictions.

L'attentat contre M. Laval, interprété comme une manifestation contre la politique de collaboration, a suscité des commentaires de ce genre : « Il n'a que ce qu'il mérite ! Attention au second ! »

Les critiques laissent parfois place au découragement.

[...] On constate un certain découragement. On pense aux prisonniers qui devront subir un nouvel hiver. On se rend compte que la guerre germano-russe n'est pas sur le point d'être terminée. Le serait-elle que cela n'apporterait encore pas la décision. « Après la Russie, ce sera l'Iran, les Indes, etc. » Et, pendant ce temps, les Anglais attendent dans leur château fort. Ce n'est pas eux qui crèveront de faim. Le blocus ne joue pas pour eux. Ils perdent bien des bateaux, mais ils ont hérité de la flotte norvégienne. La population est méfiante et beaucoup de personnes, stratégiquement, ne prennent pas clairement de position arrêtée.

Industriels : beaucoup sont pour le Maréchal, quoique gaullistes.

Magistrats municipaux : dans l'ensemble sont favorables au gouvernement, mais certains se tiennent dans l'expectative : « Qui sait ! Il faut avoir un pied dans chaque camp ! Le vent peut tourner. »

Enfin, beaucoup de fonctionnaires se gardent bien de manifester, quand elles existent, leurs bonnes dispositions à l'égard du gouvernement. Ce serait « se compromettre ».

*

Tulle, novembre 1941

L'hostilité sourde d'une grande partie de la population à l'égard du gouvernement peut s'expliquer comme suit :

341

Il y a tout d'abord le terrain psychologique, la mentalité politique d'avant-guerre qui ne paraît guère avoir changé depuis les événements. On sait en effet qu'en Corrèze les tendances dominantes étaient des tendances radicales ou d'extrême gauche.

Il y a ensuite la misère, c'est-à-dire les restrictions de toutes sortes, en particulier les restrictions alimentaires. Et l'on rend le gouvernement responsable de cet état de choses.

Il y a par-dessus tout la propagande anglaise, qui continue à empoisonner l'esprit public. A priori, on croit tout ce que dit Londres. On l'écoute avec avidité. Quant à la radio française, on ne veut même pas l'entendre ; c'est, dit-on, ni plus ni moins que la radio allemande.

Il y a enfin et surtout peut-être l'action occulte de ceux qui ne désarmeront jamais, c'est-à-dire celle des francs-maçons, des Juifs, des communistes.

*

Tulle, le 27 février 1942

La jeunesse manque toujours de dynamisme. Scepticisme et « je-m'enfoutisme » caractérisent l'état d'esprit des élèves de philosophie au lycée de Tulle.

*

Un adjudant de la brigade de Bort est accusé par la population du canton de participer au marché noir.

Tulle, le 2 juin 1942

L'adjudant Domine a reconnu qu'il s'était procuré irrégulièrement, dans la région de Bort, d'octobre 1941 à mars 1942, certaines quantités de produits alimentaires, soit 78 kilos de pommes de terre et 48 kilos de farine de sarrasin, destinées à la consommation familiale.

L'examen des procès-verbaux rédigés depuis mai 1941, date de son arrivée à Bort, ne révèle aucune « répression tracassière ».

Une perquisition a été faite dans le logement de ce militaire : elle n'a amené aucune découverte de stocks de produits soumis au rationnement. C'était plutôt la pauvreté en tout et pour tout.

Il est à retenir à la décharge de ce gradé :

Qu'il fait preuve d'un très large esprit de tolérance à l'égard de la population du canton de Bort en ce qui concerne le ravitaillement familial ; si, les 22 et 23 mars derniers, il a dressé procès-verbal à des personnes venues du Cantal en Corrèze pour s'y approvisionner en pommes de terre, c'était surtout dans le but d'éviter la sortie de ce produit à destination d'un département qui n'use pas de réciprocité envers la Corrèze.

*

Dans plusieurs villes du département, les habitants ont tenu à commémorer le 11 novembre.

Tulle, le 13 novembre 1942

À Brive : vers 18 h 30, deux mille curieux se sont trouvés rassemblés aux abords des places Thiers et Gambetta. Au moment de l'arrivée de véhicules des troupes d'occupation, des huées et des coups de sifflet ont été poussés. Une arrestation a été opérée.

Une tentative de dépôt de gerbe au monument aux morts a été faite vers la même heure. Un petit cortège de cinquante personnes a été dispersé et les deux porteurs de la gerbe ont été appréhendés.

Vers 20 h 30, un groupe de deux cents personnes environ ont chanté la Marseillaise et crié : « Le SOL [Service d'ordre légionnaire], au poteau », boulevard du Salan.

Vers 21 heures, un groupe de manifestants a crié : « À bas Hitler » devant l'hôtel de Bordeaux, où logeaient des officiers allemands.

À Objat : à 11 heures, le maire et quatre personnes ont déposé une gerbe au monument aux morts. Fort de cet exemple, un groupe a déposé une gerbe au même monument, vers 18 h 30 ; rapidement, trois ou quatre cents curieux se sont rassemblés. Une minute de silence a été observée et le rassemblement s'est dispersé dans le plus grand calme.

Le maire semble devoir être suspendu.

À Ussel : avant midi, deux cents personnes environ, par groupes très dispersés de deux à quatre personnes, empruntant l'avenue Thiers, sont passées en se découvrant et sans le moindre cri devant le monument aux morts, situé à quelque distance en bordure de cette artère. Ils ont été suivis dans leur démarche par trois cents ouvriers de l'usine de Montupet, vers midi, et trois cents cheminots de la gare d'Ussel à 18 h 30.

À Neuvic : vers 14 heures, on a reconnu M. Queuille, ancien ministre et ancien maire de la localité, qui, accompagné de sa petite-fille, âgée de quatre ans, a fait déposer par celle-ci un bouquet de chrysanthèmes au pied du monument aux morts, tout en se tenant lui-même à quelque distance.

CREUSE

Prix de l'évasion : 18 francs d'autobus, 96 francs de train

Rapport du capitaine Chaumet, commandant la section de gendarmerie de Guéret

Un gendarme évadé d'un stalag reprend du service en zone libre et demande à être remboursé des frais de transport...

Guéret, le 27 mai 1941

Le gendarme Vergnal Auguste, de la brigade de Dun-le-Palleteau, qui s'est évadé alors qu'il se trouvait en captivité en Allemagne, a supporté des frais de transport pour rentrer en zone libre.

Ce militaire, qui était gendarme prévôtal à la 58ᵉ division d'infanterie, a été fait prisonnier par les Allemands, le 23 juin 1940, près de Toul (Meurthe-et-Moselle), et emmené au stalag XII D à Trèves (Allemagne), d'où il s'est évadé le 20 septembre 1940.

Au moment de son évasion, le gendarme Vergnal était sous la surveillance de gardiens. C'est en se glissant parmi des prisonniers s'en allant en corvée à l'extérieur du camp qu'il a réussi à s'évader.

Arrivé à Nomeny (Meurthe-et-Moselle), il a pris dans cette localité un

344

autobus à destination de Nancy, et à Nancy il a pris un train pour Dijon et Lyon.

Soit, indique le rapport, 18 francs d'autobus et 96 francs de train, de Dijon à Lyon, l'évadé du Stalag ayant voyagé gratuitement dans un wagon de marchandises.

HAUTE-VIENNE

« Certains gradés et gendarmes ont perdu jusqu'à 20 kilos de leur poids de 1940 »

Rapport du chef d'escadron Fabre, commandant la compagnie de gendarmerie de la Haute-Vienne

Dans le département, l'activité économique est médiocre.

Limoges, le 5 décembre 1940
À Saint-Léonard par exemple, une fabrique de porcelaine emploie soixante ouvriers, au lieu de cent soixante en temps normal. La Société des papeteries Navarre a cinquante ouvriers inoccupés sur un effectif ordinaire d'une centaine.

La gendarmerie, après l'élimination de certains de ses membres, se réorganise et doit s'adapter aux nouvelles règles du jeu.

Le gouvernement peut compter sur la gendarmerie ; la question du loyalisme ne se pose pas pour elle. J'ai largement commenté à tous [les gendarmes des brigades] les paroles du général Huntziger : l'armée que nous ont laissée les Allemands est une armée de maintien de l'ordre, dont la seule raison d'être est de défendre les institutions qui s'élaborent. Ceux qui ne voudraient pas accepter de se faire les soldats de cette cause n'ont

qu'à s'en aller. Qu'ils ne s'étonnent pas d'être chassés s'ils sont découverts. Je suis sûr d'avoir été compris.

Rapports du chef d'escadron Meunier, commandant la compagnie de gendarmerie de la Haute-Vienne

Limoges, le 31 mars 1941

La cour d'appel de Limoges, au cours de son audience du 14 mars
1941, a, en matière de hausse illicite, prononcé les condamnations suivantes :

– Pour avoir vendu du saucisson au prix de 64 francs le kilo au lieu de
50 francs, Mme veuve P., quarante-huit ans, charcutière aux halles cen-
trales, a été condamnée à 300 francs d'amende et à l'insertion du jugement. Sur appel du ministère public, la cour la relaxe quant au délit de
hausse illicite mais retient celui de spéculation ; elle réduit la peine à
100 francs d'amende, maintient l'insertion du jugement.

– Déjà condamnée deux fois pour hausse illicite, Mme Barrault, épicière avenue de Juillet, a vu sa peine portée à huit jours de prison avec
sursis, 500 francs d'amende et insertion du jugement.

– Pour avoir vendu du collier de bœuf à un prix excessif, Mme Renée N.,
épouse G., vingt-neuf ans, a été condamnée à 15 francs d'amende. La
cour élève la peine à 100 francs et à l'affichage de l'arrêt à la porte de la
boucherie.

*

Limoges, le 28 avril 1941

La population manifeste assez ouvertement sa sympathie pour la cause
anglaise. Un nouveau slogan circule actuellement à Limoges : « Pour
chasser le vert-de-gris, employer le brillant "de Gaulle". »

Le concours agricole qui s'est déroulé la semaine dernière à Limoges
a obtenu un succès incontestable. Mais il est à craindre que les manifestations de cette nature se retournent contre nous. En effet, les Allemands
ne se sont pas privés de filmer le défilé des animaux reproducteurs, aussi

les inquiétudes se manifestent chez les éleveurs, qui en redoutent maintenant la réquisition.

Rapports du chef d'escadron Jérôme, commandant la compagnie de gendarmerie de la Haute-Vienne

Limoges, le 28 mai 1941

En raison de sa tenue, la gendarmerie éprouve des difficultés pour le contrôle des prix sur les foires et marchés ; des agents en tenue civile auraient beaucoup plus de succès. Par ailleurs, le fait que plus de la moitié des gendarmes ne connaît pas le patois limousin est préjudiciable à la répression, car seul le patois est employé pour les transactions sur les champs de foire de la circonscription.

*

Limoges, le 28 juin 1941

Les frontaliers sont assez vexés de certaines mesures prises à leur égard par les Allemands telles que fouilles, désharnachement des chevaux, déboulement des guidons de bicyclettes : ils voient dans ces procédés des brimades à leur égard.

Rapport du capitaine Lotte, commandant provisoirement la compagnie de gendarmerie de la Haute-Vienne

Limoges, septembre 1941

La plupart des épiciers de la région de Confolens se plaignent de leur fournisseur, M. V., de Chabanais, chargé du ravitaillement ; on lui reproche de ne pas donner le poids sur la marchandise livrée. À un commerçant de Lessac après la distribution du sucre et de l'huile, il lui manquait 1 kilo sur chacune de ces denrées ; le même fait s'est produit à Abzac. Sur la reprise des tickets contre la marchandise soumise à restrictions, il n'opérerait pas de façon très honnête ; c'est ainsi qu'à un commerçant qui lui donne 100 kilos de tickets de sucre il fait toujours sauter quelques kilos, ce qui paraît indiquer qu'il garde par-devers lui le reliquat récupéré sur chaque épicier.

Rapports du chef d'escadron Rebour, commandant la compagnie de gendarmerie de la Haute-Vienne

Limoges, le 29 novembre 1941

Le 26 novembre à Limoges, au marché de la place Carnot, des personnes auraient attendu de 9 heures à 14 heures pour obtenir un morceau d'oie, les gésiers étant vendus, paraît-il, à raison de 10 francs la pièce, ce même jour, au marché de la place du Poids-Public, une marchande ayant plusieurs oies à vendre les offrait à raison de 1 000 à 1 200 francs pièce.

Les ménagères qui attendent pendant plusieurs heures leur tour aux halles et chez les fournisseurs se plaignent amèrement de ce que, lors de la sortie des ateliers et usines, elles soient primées par une grande quantité de femmes exhibant des cartes de priorité ; de nombreuses personnes renoncent à ce moment à attendre plus longtemps et rentrent chez elles les mains vides.

Des femmes fardées et manifestement oisives exhibent des cartes de priorité pour être servies de suite ; il semble ressortir que de nombreuses personnes utilisent des cartes qui ne leur appartiennent pas et qui leur sont prêtées complaisamment par les véritables bénéficiaires après usage pour leur propre compte.

*

Limoges, le 19 décembre 1941

À Folles, dans la nuit du 2 au 3 décembre, le mât servant à la montée des couleurs a été scié et le drapeau, jeté aux W-C.

*

Vie quotidienne et marché noir

Limoges, le 28 janvier 1942

Le système du troc est pratiqué par de nombreux boulangers, notamment dans la région de Rochechouart ; les frais de mouture et de panification ne sont pas payés en espèces. Le paysan apporte par exemple 80 kilos de blé au boulanger et a droit en contrepartie à 65 kilos de pain. Le boulanger livre les 80 kilos de blé au minotier, qui lui rend en échange 65 kilos de farine ; le cultivateur limousin est attaché à ce mode de rétribution et le boulanger qui n'accepte pas le troc perd une partie de sa clientèle.

*

Limoges, le 12 février 1942

Un gendarme de Saint-Germain-les-Belles a fait une fugue le 1er février 1942 et s'est tué le lendemain dans une commune voisine en se tirant une balle de revolver dans la tête.

*

Limoges, le 19 février 1942

La situation empire à Saint-Junien dans la ganterie, le nombre d'heures de travail diminue. Les produits sont écoulés en zone occupée à des prix très élevés ; les patrons gantiers réalisent des bénéfices considérables tandis que certains ouvriers mégissiers ne gagnent que 280 francs par quinzaine.

*

La population souffre du manque de ravitaillement et s'offusque des gaspillages.

Limoges, le 27 mars 1942

À Marthon, 400 kilos de châtaignes saisis le 27 novembre 1941 et 390 kilos de noix saisis les 17 décembre et 6 janvier sur ordre des services de ravitaillement sont toujours aux lieux de dépôt. Ces fruits moisissent ou pourrissent, l'effet produit est des plus fâcheux.

À Vieux-Cérier, 120 kilos de riz ont été bloqués chez un épicier ; cette marchandise sera rapidement impropre à la consommation si elle n'est pas mise aussitôt en vente.

*

Limoges, le 27 avril 1942

À Saint-Yrieix, on signale que des jeunes gens porteraient à la boutonnière ou à la ceinture et comme signe de ralliement la nouvelle pièce de 20 centimes sur laquelle sont imprimées en relief les lettres A de G, auxquelles ils donneraient la signification « Avec de Gaulle ».

*

Limoges, le 26 juin 1942

Les appréhensions qu'avait fait naître l'arrivée au gouvernement du président Laval et qui s'étaient atténuées à la suite de quelques mesures judicieuses n'ont fait que croître depuis son allocution du 22 juin. Les gens de tous les milieux ne se cachent pas pour critiquer de façon acerbe les paroles prononcées, et surtout la phrase « Je souhaite la victoire de l'Allemagne ». La collaboration n'a jamais été aussi impopulaire qu'en ce moment.

La jeunesse a trop tendance à oublier la gravité de l'heure, elle critique ouvertement l'interdiction d'organiser des bals et ne respecte pas cette interdiction. Les infractions signalées deviennent si nombreuses que la gendarmerie sera bientôt absorbée par cette seule répression. L'augmentation des sanctions et la saisie des instruments seraient à coup sûr des mesures efficaces.

Rapports du chef d'escadron Terry, commandant la compagnie de gendarmerie de la Haute-Vienne, sur l'état d'esprit du personnel

Limoges, le 25 septembre 1942

Dans l'ensemble, le personnel ne se révèle ni germanophile ni anglophile. Il est heureux de voir l'Allemagne aux prises avec la Russie et de constater l'âpreté de la lutte entre ces deux nations. Aucune sympathie pour le gaullisme ne s'est fait jour, mais on absout les Anglais et on espère qu'ils nous délivreront des Allemands.

*

Limoges, le 27 octobre 1942

Des enfants vont à l'école très mal vêtus, et certaines familles, au cours de l'hiver, seront dans l'obligation de les garder au foyer.

Rapport du chef d'escadron Terry, commandant la compagnie de gendarmerie de la Haute-Vienne, à propos des troupes allemandes

Limoges, le 26 décembre 1942

À Saint-Yrieix, le 18 décembre, ils ont contraint par intimidation un cultivateur à leur vendre un veau, qu'ils ont abattu aussitôt d'un coup de revolver. Accompagnés d'un civil français leur servant d'interprète, ils ont acheté dans des conditions analogues une vache, un agneau, deux porcs à Moissannes.

Rapports du chef d'escadron Lotte, commandant la compagnie de gendarmerie de la Haute-Vienne

Les forces de police reçoivent des menaces et subissent des pressions. Les troupes commencent à douter du maréchal Pétain.

Limoges, le 26 août 1943

Rochechouart : le 9 août, distribution à Saint-Mathieu d'exemplaires du journal Libération n° 30 du 1er juillet 1943. Un article de cette publication s'adressait aux policiers et était encadré au crayon rouge avec la mention « À bon entendeur, salut ».

On parle de moins en moins du Maréchal. L'attachement envers lui, presque unanime au début, est toujours allé en diminuant et continue sa régression. De nombreuses personnes auraient désiré que ses messages aient été des ordres appuyés d'une forte autorité.

L'idée qui domine dans le public est que, si nous manquons de tant de choses, c'est que l'occupant prélève une trop grosse part.

*

Limoges, le 23 septembre 1943

L'effort physique fourni par le personnel est considérable (transfèrements, services de nuit très nombreux, etc.). Les mesures de rationnement se font durement sentir. Certains gradés et gendarmes ont perdu jusqu'à 20 kilos de leur poids de 1940 et ont une résistance amoindrie.

INDRE-ET-LOIRE

Un enfant de deux ans tué par une sentinelle allemande

Rapports du chef d'escadron Gendreau, commandant la compagnie de gendarmerie de l'Indre-et-Loire, sur l'état d'esprit de la population

Tours, le 21 avril 1941

Malgré le retour à la terre de certains citadins, l'agriculture manque encore de main-d'œuvre. Le manque d'essence, de chevaux, d'outillage agricole, d'engrais entrave également l'action des agriculteurs. La récolte de 1941 sera aussi mauvaise que celle de l'an passé.

Malgré cela, des fortunes de plusieurs millions ont été acquises en zone occupée par certains mercantis sans scrupules, en exploitant la misère de la population laborieuse ou par leur commerce avec les Allemands. Il conviendrait de leur faire rendre gorge. On ne peut pas admettre que les uns se ruinent alors que les autres s'enrichissent.

*

Vie quotidienne et marché noir

Tours, le 20 mai 1941

Une femme, A., ex-professeur au collège de Chinon, condamnée par le tribunal militaire de la XVe région, le 16 mai 1940, à cinq ans de prison et 1 000 francs d'amende pour publication d'informations de nature à exercer une influence fâcheuse sur l'esprit de l'armée et des populations, est employée à la mairie de Chinon au service des cartes d'alimentation. Le maire prétend qu'elle lui serait imposée par l'autorité d'occupation. La présence de cette femme est très critiquée par la population.

La propagande faite par la radio étrangère est écoutée avec intérêt par 80 % environ de la population, qui souhaite et espère la victoire anglaise.

Du 10 au 11 mai, un drapeau allemand a été enlevé et remplacé par un drapeau gaulliste tricolore avec la croix de Lorraine. L'auteur doit être très jeune puisque le drapeau n'a pu être atteint et que, pour le faire disparaître, on a dû scier l'arbre.

[À propos d'un cultivateur.] Il voit avec irritation les marchands de bestiaux, chevaux en particulier, réaliser des fortunes scandaleuses à leur détriment. On cite des négociants de Toulouse et de Carcassonne qui, endettés avant 1939, sont à la tête de plusieurs millions.

La viande fait défaut, les prix pratiqués accusent une augmentation de 80 à 100 % sur ceux pratiqués au printemps 1940.

Chaussures	120 francs en 1940	250 à 280 francs en 1941
Costume d'homme	800 francs	1 600 à 1 800 francs
Carottes	1,50 F le kilo	4,50 F le kilo
Épinards	2,50 F le kilo	10 francs le kilo
Volaille	16 francs le kilo	35 francs le kilo
Viande de boucherie	80 % environ	
Beurre	18 francs le kilo	39 francs le kilo
Bois	de 45 à 60 francs le stère	120 à 150 le stère
Vin	1,80 F	3,25 F

La proportion des véhicules marchant à l'essence reste de 70 %. Cependant, on s'occupe de remplacer l'essence, trop rare, par le gaz et l'acétylène.

Le gendarme est soumis à des règlements et à des risques que ne connaissent pas ceux de la zone libre.

Exemples : le chef de Neuillé-Pont-Pierre a été incarcéré pendant vingt-quatre heures sans nourriture à la maison d'arrêt de Tours à cause d'un manque de liaison entre les officiers de passage et la Feldkommandantur de Tours. Prétexte : ne pas avoir indiqué un dépôt de poudre dans une cave de sa circonscription. Or, ce dépôt avait été déclaré plusieurs fois.

Le gendarme Guérin, de Château-Renault, a été emprisonné pendant huit jours sans aucun motif. Simplement parce qu'il portait le nom d'une personne recherchée.

Il existe à Langeais un centre rural de jeunesse, le centre Jean-Mermoz. Leur influence est mauvaise sur les adolescents du pays, leur attitude en ville est déplorable.

Les communes situées à la ligne de démarcation souffrent plus que les autres du fait de l'Occupation. Elles doivent loger de forts contingents de troupes et les réquisitions y sont très lourdes. Le ravitaillement y est difficile.

*

Tours, le 18 juin 1941

L'opinion publique est profondément émue par les événements de Syrie, qu'elle suit avec anxiété. Le public ne réalise pas que nous ayons pu être attaqués sans motifs par les Anglais. Il accepte mal que des Français soient dressés les uns contre les autres dans cette partie de l'empire. [Des combats ont opposé en Syrie les forces françaises fidèles à Vichy et des unités britanniques épaulées par des combattants ralliés à de Gaulle.]

Les Français, dans leur grande majorité, demeurent hostiles à l'idée de collaboration, dont ils redoutent la contrepartie.

Les seuls partisans de la collaboration se rencontrent parmi l'élite, qui l'est non par sympathie mais par raison et esprit de soumission envers le Maréchal.

De nombreux incidents ont lieu à proximité de la ligne de démarcation, ce qui n'améliore pas l'image des Allemands. Ceux-ci reçoivent pourtant de nombreuses lettres de dénonciation...

À Saint-Pierre-des-Corps, un enfant de deux ans qui jouait à proximité d'une rame de wagons a été tué par une sentinelle allemande qui par trois fois a tiré sur lui. Cet accident a produit une impression très défavorable parmi la population.

Le 1er juin, vers 16 heures, le jeune Ondet, vingt-deux ans, de Manthelan, « minus habens », a été blessé d'un coup de fusil par un douanier allemand. Il se trouvait en zone occupée lorsqu'il a été atteint par une balle qui lui traversa la jambe droite. Cet incident s'est produit à 4,5 km de la ligne de démarcation.

Il est honteux de constater le nombre important de lettres anonymes adressées aux autorités allemandes. Certains mauvais Français profitent de la situation pour assouvir leur haine et dénoncer pour des motifs futiles leurs compatriotes aux allemands.

Un nouvel exemple de fortune soudaine qui agace les gendarmes : l'histoire de ce boucher de la région de Tours.

Ainsi, M. G. [...] possède une propriété à Ballan et à Joué-lès-Tours, où il a un nombreux bétail. Lorsque la réquisition agit à Joué-lès-Tours, M. G. conduit son bétail à Ballan, commune limitrophe. Et, inversement, il le renvoie à Joué-lès-Tours quand on réquisitionne à Ballan. Il revend ensuite très cher des bêtes aux paysans qui ont besoin de regarnir leurs écuries. La réquisition achète à 4 000 francs. M. Gautron les livre au paysan à 7 000 francs.

Rapport du capitaine Bouillie, commandant provisoirement la compagnie de gendarmerie de l'Indre-et-Loire

Tours, le 16 août 1941

Les éléments hostiles à l'ancien Front populaire souhaitent une défaite russe qui mettra fin au communisme, mais ils espèrent que l'Allemagne sera très affaiblie par sa défaite. Ils redoutent cependant que cet affaiblissement entraîne une victoire trop facile des Anglais, et craignent dans ce dernier cas un retour au pouvoir des Juifs et des francs-maçons. Ils espèrent que, la Russie étant abattue, l'Allemagne et l'Angleterre s'affaibliront dans une lutte sans merci à la faveur de laquelle la France pourra se relever et finalement se sauver elle-même.

Une sourde colère commence à gronder dans les milieux populaires. On accuse les pouvoirs publics d'indifférence, et le gouvernement d'avoir accumulé un tel nombre de lois et décrets qu'il est impossible de s'y reconnaître, mais de n'avoir jamais réalisé la révolution nationale maintes fois annoncée.

Rapport du capitaine Bouillie, commandant provisoirement la compagnie de gendarmerie de l'Indre-et-Loire, à propos de la vie des prisonniers dans les stalags, travaillant en Kommando (prisonniers ayant accepté de travailler)

[Date non déterminée]

Ces militaires travaillent dans les usines et dans les fermes par effectif variable de cinq à deux cents. Ils sont nourris au Kommando (même nourriture qu'au camp en ce qui concerne les usines) ; la nourriture est meilleure dans les fermes.

Ils ne sont rappelés que très rarement au camp et pour des motifs tels que maladie, punition, rapatriement.

Nourriture – l'exemple suivant a été pris d'après les dires d'un prisonnier venant du stalag XII D (Trèves) :

– à 7 heures : un demi-litre de café ;

– à 11 heures : pommes de terre et choux ;

– à 15 heures : café, une boule de pain pour cinq, un peu de beurre et de confiture.

Dans les Kommandos agricoles, les prisonniers prennent leur nourriture avec leur employeur.

Colis dit « Pétain » :

Les prisonniers restés dans les camps se les partageraient et revendraient les marchandises à leurs camarades à des prix exagérés.

Vie quotidienne et marché noir

Aux dires de certains prisonniers, des militaires restant dans les camps auraient réalisé des petites fortunes, variant entre 30 et 50 000 francs, au détriment de leurs camarades. Ces opérations se feraient clandestinement et parfois avec la complicité des sentinelles.

Conséquence : de l'animosité entre prisonniers travaillant dans les Kommandos et ceux restés au camp.

Rapports du chef d'escadron Gendreau, commandant la compagnie de gendarmerie de l'Indre-et-Loire

Tours, le 19 septembre 1941

Les autorités occupantes s'intéressent trop visiblement au parti du RNP [Rassemblement national populaire]. La population marque une hostilité très nette à l'égard de ce groupement. Le siège de la RNP est à Tours, au 88 de la rue de Grammont.

Le 3 août 1941, une femme de Saint-Antoine-du-Rocher ayant par besoin acheté une volaille le double du prix taxé signalait ce fait à la gendarmerie. Cette femme a été condamnée par le comité de surveillance des prix à une amende de 500 francs. Si l'on veut avoir des agents de renseignements, il faudrait éviter de les punir.

Les populations deviennent nerveuses. On téléphone pour un vol de noisettes ou de pommes.

*

Tours, le 20 décembre 1941

Le 20 novembre 1941, la brigade de Langeais a saisi un camion de la SNCF transportant en fraude 3 000 kilos de haricots, 1 000 kilos de rutabagas, quatre oies, une dinde et 25 kilos de miel, le tout acheté au-dessus de la taxe. Les auteurs de ce trafic ont été arrêtés et déférés au parquet de Chinon malgré les interventions du préfet de l'Aube. À la stupéfaction générale, les trois individus ont été remis en liberté et se promenaient le lendemain dans la ville de Langeais. L'opinion publique en conclut que la sévérité de la répression est réservée aux petits fraudeurs alors que les gros peuvent opérer en toute tranquillité à l'abri de puissants protecteurs.

LOIRE

« Cahier du témoignage chrétien » contre les « principes nazis »

Rapports du chef d'escadron Guérin, commandant la compagnie de gendarmerie de la Loire

Saint-Étienne, le 1ᵉʳ septembre 1940

Le ramassage dans les fermes du beurre, des œufs, de la volaille, par les rafleurs de diverses catégories (cheminots de la SNCF, cyclistes, camionnettes et voitures hippomobiles) et à des prix souvent supérieurs aux prix taxés, met une légère ombre au tableau réconfortant des paysans. D'autres attendent les cultivateurs sur les routes et interceptent la marchandise entre la ferme et les marchés. Les paysans y trouvent leur compte : rémunération supérieure des produits, suppression ou économie des frais de transport à la ville voisine. Par contre, les marchés, bien moins approvisionnés, souffrent de ces procédés. Les prix taxés sont sans effet. Les prix varient à l'infini.

*

Saint-Étienne, le 2 octobre 1940

L'effectif des ouvriers travaillant dans les mines est revenu à vingt mille ouvriers, comme avant guerre. Ces ouvriers font neuf heures de travail par jour, soit cinquante-quatre heures par semaine.

Métallurgie : les effectifs des ouvriers travaillant en usines sont devenus identiques à ce qu'ils étaient en mai 1939, soit trente-cinq mille à trente-sept mille ouvriers.

Notons cependant que l'activité de ces usines ne sera maintenue que si elles peuvent être alimentées en matières premières. À l'heure actuelle, nos usines vivent de leurs stocks ; il y en a pour un mois ou deux au plus.

Vie quotidienne et marché noir

*

Saint-Étienne, le 23 octobre 1940

La dissolution des sociétés secrètes et le nouveau statut des Juifs n'ont produit de forte impression que dans les milieux commerçants ou chez les Français moyens et cultivés.

*

Saint-Étienne, le 23 décembre 1940

Parallèlement au développement des menées antinationales, l'épuration des suspects a été poussée d'une façon particulièrement active, et c'est ainsi que pendant le mois écoulé dix Français suspects ont été dirigés au camp de Rive, dix-sept autres sur le camp de Saint-Germain-les-Belles, et douze suspects étrangers sur le camp du Vernet ; vingt-trois individus ont été inculpés de reconstitution de parti dissous et mis à la disposition de l'autorité judiciaire.

Bien que résidant dans des camps, ces suspects s'efforcent de rester en liaison avec leurs camarades non encore éloignés du département. C'est ainsi que périodiquement, pour des raisons de santé ou famille, certains d'entre eux obtiennent des permissions exceptionnelles qu'ils mettent à profit pour contrôler et stimuler l'activité de leurs agents et sympathisants locaux. L'action néfaste de ces permissionnaires est indéniable.

À noter enfin la situation exceptionnelle de la région stéphanoise, qui jouit d'un standard de vie bien supérieur à celui des autres régions de la zone libre.

Rapports du capitaine Grellety, commandant provisoirement la compagnie de gendarmerie de la Loire

Saint-Étienne, le 18 février 1941

Les facteurs de l'administration des PTT ont reçu cette année, fin janvier, des calendriers représentant sept ou huit sujets différents, dont quatre portraits du maréchal Pétain. Ces portraits du Maréchal figuraient pour 65 % dans le nombre total des envois.

S'agissant de l'accueil fait par le public à la représentation de ces calendriers, des renseignements recueillis après enquête, il ressort que ceux du Maréchal étaient demandés de préférence aux autres, avec insistance même, par la majorité des habitants des quartiers du centre de Saint-Étienne et de la banlieue stéphanoise (quartiers ouvriers). Aucun calendrier portant la photographie du maréchal Pétain n'est resté pour compte aux facteurs de ces quartiers. Si la proportion avait été plus élevée, leur distribution totale aurait été néanmoins assurée sans difficulté.

*

Saint-Étienne, le 31 mars 1941

Dans les villes, surtout à Saint-Étienne, le ravitaillement en viande s'avère très difficile. Les pommes de terre font presque entièrement défaut. Les légumes verts ne font qu'une apparition timide et sont hors de prix. Les matières grasses et les fromages sont très rares. Seul le ravitaillement en lait et le pain peut être considéré comme acceptable. Il paraît actuellement difficile d'envisager de nouvelles restrictions, surtout au point de vue alimentation.

*

Saint-Étienne, le 18 avril 1941

Les gens constatent que d'un département à l'autre il existe une véritable barrière douanière. Telles denrées produites en grosse quantité dans l'un et qui feraient besoin dans l'autre, et vice versa, ne peuvent franchir cette barrière. Les mesures de rationnement sont appliquées dans le département voisin avec plus de libéralité. En résumé, le principe des vases communicants n'est pas appliqué. Chaque département travaille pour son compte, et pourtant il ne faut pas oublier que « ventre affamé n'a pas d'oreilles ».

Vie quotidienne et marché noir

Rapports du chef d'escadron Brunel, commandant la compagnie de gendarmerie de la Loire

Saint-Étienne, le 16 janvier 1942

À signaler la diffusion dans les milieux catholiques d'une brochure ayant pour titre « Cahier du témoignage chrétien », dont les conclusions tendancieuses paraissent avoir pour but de jeter le trouble dans les esprits. Nettement anticollaborationniste, cette brochure utilise habilement des extraits des discours du pape, de Radio Vatican et des principes de l'Église pour s'opposer au triomphe des principes nazis et critiquer indirectement la politique du Maréchal.

*

Saint-Étienne, le 26 janvier 1942

Le contrôle de l'abattage familial est parfois difficile. Le cultivateur déclare deux porcs. Il en tue un clandestinement, en achète aussitôt un autre, et en présente toujours deux. Cette pratique lui permet non seulement de se ravitailler, mais aussi de tirer un bon profit des jambons et morceaux de porc vendus en cachette.

*

Saint-Étienne, le 22 mai 1942

Les conditions d'hygiène dans lesquelles vivent les individus incarcérés à la prison de Saint-Étienne-Bellevue, où pullulent en quantité les parasites, ont provoqué une vive indignation. On a signalé le fait que plusieurs personnes libérées portaient jusque dans les sourcils des « poux » appelés communément « morpions ».

*

Saint-Étienne, le 15 juillet 1942

Le 14 juillet vers 18 h 30, une manifestation populaire s'est produite place du Peuple à Saint-Étienne. Vers 19 h 15, la foule massée pouvait être évaluée à deux mille cinq cents personnes. Des cris « À bas la légion, à bas Laval » ont été entendus.

La police a procédé à quatorze arrestations, dont trois femmes ; trois seulement ont été maintenues. À 20 heures, le calme était revenu.

*

Saint-Étienne, le 18 décembre 1942

Dans la nuit du 4 au 5 décembre, à la suite d'un attentat contre un militaire à Saint-Martin-la-Plaine, les officiers allemands ont fait arrêter par leurs soldats tous les hommes de seize à soixante ans. Cette opération fut pour la troupe l'occasion de voler argent, vivres et de se livrer à des brutalités. Une femme fut grièvement blessée à la tête d'un coup de crosse.

De plus, certains soldats se présentent dans les fermes et, sous la menace, se font livrer des légumes, vin et viande. Des actes de ce genre se sont produits à Saint-Julien-en-Jarez, à Saint-Genis-Terrenoire et à L'Horme. Lors de l'arrivée des troupes, la population ne leur était nullement hostile, elle faisait même tous les efforts pour faciliter leur installation. À la suite de ces incidents, rares sont les gens qui comptent sur une collaboration sincère.

*

Saint-Étienne, le 27 janvier 1943

472 procès-verbaux pour trafics illicites ont été dressés au cours du mois contre 525 le mois précédent. La brigade de La Pacaudière a saisi à la gare de cette localité 33,330 kilos de viande de porc salé expédiés à Lyon dans une caisse sous la dénomination « moteur compresseur ».

Rapport du chef d'escadron Béchet, commandant la compagnie de gendarmerie de la Loire

Saint-Étienne, le 23 novembre 1943

L'ouvrier, sous-alimenté, mal chauffé et vêtu, crie misère au seuil d'un hiver qui s'annonce rigoureux. La lassitude, le mécontentement et la crainte des bombardements et des attentats s'emparent de tous les esprits. Cependant, on dirait que l'habitude existe aussi pour ces sentiments et, en ville comme à la campagne, on pense aux réjouissances ; les salles de spectacle sont combles. Ceux qui demandent des salaires plus élevés sont des habitués des pâtisseries, des cafés et des cinémas. La défaite paraît oubliée et l'on croit refaire une France neuve et meilleure sans sacrifices, avec le seul appui de l'étranger.

Rapport de la compagnie de gendarmerie de la Loire

Saint-Étienne, le 2 juin 1944

Le 26 mai 1944, à 10 h 15, la ville de Saint-Étienne a été bombardée par des avions anglo-américains, ainsi que les communes de La Talaudière et Terrenoire. Jusqu'à ce jour, mille cadavres ont été retirés des décombres. Le nombre de blessés s'élève à plus de mille.

LOIRET

Un garde-manger maquillé en corbillard

Rapport du capitaine Brugière, commandant provisoirement la compagnie de gendarmerie du Loiret

Les Allemands sont soucieux de faire régner l'ordre lors des premières semaines de l'Occupation en faisant pression sur les populations civiles.

Orléans, le 23 août 1940

À Montargis : dans la nuit du 11 au 12 août, un fil téléphonique a été coupé à Montargis. Le 12 août, l'autorité allemande a exigé quatre otages, qui ont été détenus au tribunal de commerce de Montargis ; ces otages ont été libérés le 17 août dans la soirée.

À Cléry-Saint-André : une sentinelle de l'armée allemande ayant signalé avoir perçu un coup de feu tiré pendant la nuit, sur la commune de Dry, six otages ont été pris dans cette commune et emprisonnés du 6 au 12 août.

Rapports du chef d'escadron Corbel, commandant la compagnie de gendarmerie du Loiret

Orléans, le 19 avril 1941

La section de Montargis a arrêté, le 29 janvier 1941, le directeur des pompes funèbres de Saint-Ouen (Seine) qui transportait vers Paris dans son fourgon mortuaire une quantité importante de denrées.

*

Orléans, le 28 mai 1943

La région de Patay-Artenay a reçu trois cents réfugiés (deux cents à Patay, cent à Artenay), se décomposant ainsi :

– 53 hommes,
– 118 femmes,
– 129 enfants (moins de quatorze ans).

Ces réfugiés viennent de la région de Cherbourg. Ils ont été bien accueillis par la population. Ils ont été logés dans des maisons inhabitées ou mis dans les familles.

Un certain nombre a cherché du travail (chez les hommes), dans les fermes principalement ; ce nombre va grandissant.

D'autres travaillent bénévolement chez les personnes qui les logent. Les relations avec la population sont cordiales pour l'instant. Tout le monde s'efforce d'adoucir leur sort.

Les années de guerre se suivent et le problème des restrictions se fait de plus en plus sentir. S'habiller devient un luxe pour certains Français.

Bien des gens ne peuvent plus s'habiller ni se chausser. Des mamans ne peuvent apprendre à marcher à leurs bébés faute de petits souliers à mettre aux poupons. Et encore, l'été, on peut se passer de bas, voire même de chaussures, mais l'hiver ?

Les jeunes gens n'osent se marier, ne pouvant se constituer un trousseau quelconque ; les futurs mamans appréhendent les naissances, se demandant dans quoi elles envelopperont leur petit.

*

Orléans, le 29 juin 1943

[Le ravitaillement] est un des cauchemars journaliers de tout le monde. Orléans est un centre de production maraîchère. En temps normal, il y avait en cette saison des montagnes de choses, notamment des petits pois. Cette année, comme l'an passé d'ailleurs, ce légume a fait une timide apparition, puis plus rien. Que sont-ils devenus ? Les mauvaises langues prétendent que les fabricants de conserves raflent tout sur le marché à des fins pas très avouables.

Même chose pour les fruits rouges : fraises et cerises. Olivet déversait des tonnes et des tonnes de cerises sur Orléans. Cette année, quelques maigres envois sont parvenus au marché. Le reste est parti Dieu sait où.

Un autre scandale est celui du vin. Beaucoup de ménages, faute de ressources, ne peuvent prendre leur vin « appellation contrôlée ». Par contre il existe dans le commerce du vin de 180 à 200 francs la bouteille qui peut être vendu sans limitation de quantité. Tout le monde n'est pas millionnaire, et cela fait dire que les restrictions sont dirigées contre le peuple, à qui l'on veut faire payer son bien-être des années d'avant-guerre, tandis que le riche peut encore trouver tout à souhait.

*

La fin de la guerre n'est plus très loin. En février 1943, les troupes allemandes ont été stoppées à Stalingrad. La Corse est libérée. Les Alliés combattent en Italie mais rencontrent une forte résistance. Qui, demain, sortira vainqueur de ce conflit mondial ? La population s'interroge.

Chronique d'une France occupée

Orléans, le 27 décembre 1943

Il y a quelques mois, tout le monde applaudissait aux victoires des Russes ; l'Allemand était le seul ennemi dont chacun souhaitait la défaite par n'importe quel moyen. [...] On ne méconnaissait certes pas le péril bolcheviste, mais ce péril ne viendrait qu'après la défaite allemande. On aurait le temps de voir.

On note actuellement un revirement assez net. Certes, il serait puéril de nier que la grande majorité de la population ne désire pas la victoire anglo-américaine. Mais on commence à entrevoir que cette victoire marchera de pair avec la victoire des Russes, et les esprits commencent à être inquiets. On note une certaine tendance à prendre des gages vis-à-vis des éléments extrémistes dans le cas où ceux-ci deviendraient ultérieurement les maîtres.

*

Dans les airs, la bataille fait rage en ce début d'année 1944. Au sol, on dénombre des victimes, soldats ou civils.

Orléans, le 29 janvier 1944

Chutes d'avions : le 7 janvier 1944, un avion allemand est tombé accidentellement sur le territoire de la commune de Césarville ; les occupants ont été tués sur le coup.

Le 7 janvier 1944, un avion quadrimoteur américain a été abattu en combat aérien sur le territoire de la commune de Vrigny-aux-Bois ; cinq occupants tués, un blessé, les autres en fuite.

Le 7 janvier 1944, un avion américain et un avion allemand sont tombés à Trainou ; quatre Américains tués et un blessé, un Allemand tué.

Le 16 mars 1944, vers 16 h 30, un avion d'origine anglaise a chuté dans un champ [...] à 1 kilomètre à l'ouest de Malesherbes, après avoir heurté et coupé un poteau téléphonique. Dans sa chute, l'appareil a écrasé, sur la route, une voiture automobile transportant deux personnes : M. Châtealain Marceau, quarante et un ans, hôtelier [...] à Malesherbes, et M. Lomobard Léopold, quarante et un ans, représentant de commerce, DMT à Buthiers (Seine-et-Marne).

Vie quotidienne et marché noir

*

Orléans, le 29 mars 1944

Dans la nuit du 3 au 4 février 1944, vers 23 h 30, un avion d'origine inconnue a laissé tomber deux caisses et deux engins de forme cylindrique contenant probablement des armes, au lieu-dit Le Chemin-Neuf, à environ 300 mètres au sud-ouest d'Escrennes (Loiret).

Ce matériel a été enlevé aussitôt par des automobilistes, des empreintes de roues ayant été relevées à proximité du point de chute. Les recherches n'ont donné aucun résultat.

*

La région d'Orléans subit ses premiers bombardements. Les gendarmes ne sont pas épargnés.

Orléans, le 31 mai 1944

Trois bombes lancées par avion sont tombées à Orléans, rue des Carmes et rue d'Illiers, le 11 mai 1944, vers 14 h 30, sur des maisons de commerce. Il y a eu quarante-six morts, trente et un blessés hospitalisés et autant de blessés légers ; douze immeubles entièrement détruits et inhabitables [...] ; soixante-deux familles ont été sinistrées, donnant un total de deux cent cinq personnes sinistrées.

Le 22 mai 1944, entre 2 h 15 et 2 h 30, un autre violent bombardement de la même aviation a eu lieu sur la gare d'Orléans et ses environs. Des bombes sont tombées éparses sur tous les coins de la ville. Le nombre des victimes est très élevé (cent trente). [...] L'adjudant comptable Maltet, sa femme et ses deux filles sont tués, le lieutenant comptable Marsy et sa femme sont blessés, un de leurs enfants est tué. Un adjudant comptable, un maréchal des logis-chef comptable et un maréchal des logis-chef secrétaire ont leur logement complètement détruit ; plusieurs autres gradés ont le leur sérieusement endommagé.

PUY-DE-DÔME

« Seules des sanctions graves, la peine de mort incluse, seraient de nature à faire réfléchir les amateurs de profits scandaleux »

Rapports du capitaine Fontfrède, commandant provisoirement la compagnie de gendarmerie du Puy-de-Dôme

Clermont-Ferrand, le 27 janvier 1942

Répression des trafics clandestins

Le 14 janvier 1942, à la suite d'une surveillance discrète de plusieurs mois et d'éléments recueillis confidentiellement, les brigades de Thiers et Courpière ont découvert quatre centres d'abattage clandestins d'animaux de boucherie. Trois centres travaillaient sur une grande échelle.

Plus de cinquante animaux abattus ont été avoués par les auteurs et ce chiffre est certainement inférieur à l'existant. Depuis près d'un an, le marché de Thiers était ravitaillé clandestinement chaque semaine. Les recherches sont en cours. Deux arrestations ont été opérées, cinquante personnes sont impliquées dans cette affaire. Cette façon de procéder est la conséquence du rationnement trop faible en viande et de l'existence de cheptels trop conséquents.

*

Clermont-Ferrand, le 27 mars 1942

L'hostilité des ouvriers à l'œuvre de redressement national est évidente. L'ouvrier offre une résistance passive. Exemple : la quinzaine du Secours national n'a eu aucun succès dans le milieu ouvrier, qui n'a pas voulu verser, prétextant qu'il ignorait où allait cet argent.

À la fabrique Thiers-Issard, à Thiers, les ouvriers ont refusé leur obole, mais ils ont ouvert spontanément une collecte pour leurs camarades prisonniers.

368

Rapport du capitaine Fontfrède, commandant provisoirement la compagnie de gendarmerie du Puy-de-Dôme

Une partie de la population reste hostile à la politique de la collaboration.

Clermont-Ferrand, le 20 juillet 1942

Le 14 juillet 1942, à 18 heures, environ huit cents manifestants se sont réunis place de Jaude à Clermont-Ferrand. Ils ont chanté la Marseillaise et poussé des cris hostiles contre la légion, l'Allemagne et son chancelier. Ils ont été dispersés par la police d'État. Il y a eu quelques arrestations.

Les manifestants semblent avoir obéi aux indications de la radio de Londres.

Rapports du chef d'escadron Fontfrède, commandant la compagnie de gendarmerie du Puy-de-Dôme

Clermont-Ferrand, le 28 décembre 1942

Voici à titre d'indication les prix les plus couramment pratiqués :

– Dindons : 80 francs le kilo poids vif.

– Poulets : 60 francs.

– Œufs : 80 francs la douzaine.

– Beurre : 100 francs le kilo.

Dans les restaurants, les spéculations sur la faim des clients se font de plus en plus nombreuses. Elles portent sur les suppléments qui sont cédés à des prix scandaleux ; c'est ainsi qu'un bifteck de 80 à 100 grammes se vend jusqu'à 30 francs. Le client aux moyens limités ne peut qu'en être irrité.

Seules des sanctions graves, la peine de mort incluse, seraient de nature à faire réfléchir les amateurs de profits scandaleux.

Chronique d'une France occupée

Le marché noir déchaîne les passions.

Dans un compartiment de chemin de fer, entre Lezoux et Pont-du-Château, avaient pris place plusieurs femmes d'ouvriers, quand montent trois cultivateurs porteurs de 50 litres d'huile en plusieurs bonbonnes. Au cours de la conversation, les femmes se mirent à critiquer l'égoïsme des paysans. Une âpre discussion s'engage au cours de laquelle une femme renverse une bonbonne d'un coup de pied. Seule l'arrivée à Pont-du-Château mit fin à cette altercation et permit aux cultivateurs de se soustraire à la colère des femmes.

*

Clermont-Ferrand, le 28 décembre 1942
De faux bruits ont par ailleurs circulé dans l'arrondissement d'Ambert sur la réquisition par les troupes d'opérations des porcs destinés à l'abattage familial. Le but, facile à déceler, semble avoir été d'exciter la population rurale contre les forces allemandes. Résultat : certains cultivateurs ont procédé à un abattage prématuré de leurs bêtes ; d'autres ont vendu des porcelets de 18 à 20 kilos à des citadins qui les ont abattus.

*

Clermont-Ferrand, le 27 mars 1943
D'autre part, la réglementation semble subir de graves entorses dans l'industrie hôtelière, en particulier dans les grands établissements, tels que le Café de Paris, place de Jaude à Clermont-Ferrand. D'après des on-dit, on peut facilement faire dans des cabinets particuliers un repas pour 500 francs comprenant une tranche de jambon, un filet de saumon, des pommes sautées, une entrecôte grillée, un morceau de fromage et un fruit. L'addition est présentée sur papier libre et reprise au consommateur dès règlement ; les seuls tickets exigés sont des tickets de pain.

*

Clermont-Ferrand, le 27 avril 1943

M. Chevalier, de Saint-Martin-des-Olmes, a livré sept veaux en 1942. Il vient d'être imposé pour la livraison d'une truie et d'un autre veau. La truie est en état de gestation et le seul veau possédé était destiné à remplacer une vache livrée récemment au ravitaillement. Mme veuve Malvieille, de Champetières, a deux fils prisonniers de guerre en Allemagne. Elle vient d'être imposée pour la livraison de 1 300 kilos de pommes de terre à prélever sur la prochaine récolte. Cette personne vit seule et sème environ 400 kilos de pommes de terre. La récolte totale n'atteindra pas la quantité imposée.

À Dore-l'Église, de petits cultivateurs récoltant à peine pour eux et leur famille se sont vu imposer 1 400 kilos de pommes de terre, par le syndic, M. B.

Par ailleurs, de gros propriétaires, parents du syndic, ne livrent rien à la réquisition.

M. B. agit avec partialité, son influence est néfaste vis-à-vis des producteurs, parce qu'il réalise dans ses réquisitions et impositions un bénéfice personnel vivement critiqué par tous.

*

Le capitaine Berger, commandant la section de gendarmerie de Riom, arrête une automobile pour en contrôler les occupants lorsque...

Clermont-Ferrand, le 26 mai 1943

À ce moment sont descendus deux civils, qui se sont présentés au capitaine Berger comme agents de la police allemande. Le capitaine leur a demandé leurs pièces d'identité, ce qu'ils ont fait aussitôt.

À leur tour, les policiers ont demandé au capitaine de justifier lui-même de son identité. Le capitaine s'y est refusé, disant que son uniforme de capitaine de gendarmerie le dispensait de présenter toute pièce.

Les deux policiers ont alors invité le capitaine Berger à prendre place dans la voiture et l'ont conduit au siège de leur service, 2 bis, avenue de Royat, à Chamalières. Prévenu, le chef d'escadron donnera toute garantie quant à l'identité du capitaine, qui sera libéré.

Chronique d'une France occupée

*

Clermont-Ferrand, le 28 mai 1943

Un certain nombre de personnes se préoccupent davantage des profits scandaleux qu'elles peuvent tirer de la situation, plutôt que de l'avenir du pays. L'égoïsme n'est plus caché ; chacun cherche à profiter de la situation actuelle, à s'enrichir et surtout à vivre le mieux possible. Peu importe la dépense, il suffit de trouver à acheter. La division entre Français existe ; elle s'accentue et constitue une menace pour l'avenir du pays.

*

Clermont-Ferrand, le 28 juillet 1943

Le manque de vivres produit un effet désastreux sur le moral de la population ouvrière. On signale beaucoup de décès chez les enfants et les vieillards à partir de l'âge de soixante ans environ. Un amaigrissement important est constaté chez les personnes vivant à la journée et chez les petits fonctionnaires. Par contre, les commerçants et patrons d'usines se portent bien : ils peuvent acheter, troquer et vivre mieux que par le passé.

*

Voici l'un des derniers rapports du patron des gendarmes dans le Puy-de-Dôme. Quelques jours plus tard, il sera, à son tour, arrêté par la Gestapo [1].

Clermont-Ferrand, le 28 septembre 1943

Le 10 septembre, la police allemande a procédé à Issoire à l'arrestation de vingt-deux personnes (hommes et femmes). Aucun motif n'a été invoqué. Au cours de cette opération, une Juive, d'origine polonaise, a été tuée. Parmi les personnes arrêtées, il y a des Juifs, d'anciens francs-maçons et des ex-communistes. De nombreuses personnes, alertées dès le début des opérations, se sont enfuies dans les campagnes et bois environnants, semant la panique sur leur passage.

---

1. Lire à ce propos le chapitre « La gendarmerie et la Résistance », p. 160.

RÉGION EST

AIN

Lynchés pour avoir uriné sur le camion d'un forain italien

Rapports du chef d'escadron Geus, commandant la compagnie de gendarmerie de l'Ain

Bourg, le 3 octobre 1940

Les cultivateurs ont gagné ce qu'ils ont voulu et peut-être davantage qu'ils n'espéraient. Le pouvoir d'achat des humbles s'est ainsi considérablement réduit, et il faut prévoir qu'il est possible avec les justes mesures de rationnement que les cultivateurs aient « tué la poule aux œufs d'or ».

« On ne sait pas ce qu'on mangera cet hiver », « On ne sait pas si le prisonnier reçoit son paquet », voilà les deux phrases que l'on entend souvent.

*

Bourg, le 3 novembre 1940

Entre le 1er septembre et le 20 octobre, la compagnie de gendarmerie de l'Ain a dressé quatre cent trente-quatre procès-verbaux pour : non-affichage des prix, vente de denrées avariées, vente et achat à des prix supérieurs à la taxe, achat ou vente sans tickets, stockages clandestins, vente du bétail contrairement aux arrêtés, délits de coalition, etc. Une quinzaine d'arrestations ont été effectuées, dont les douze bouchers et charcutiers de Belley, ces derniers pour délit de coalition et fermeture de leur établissement.

*

Bourg, le 19 novembre 1940
[Le personnel] a pour le maréchal Pétain et son œuvre une vénération sans limites. Au cours d'une conférence récente que je faisais aux commandants de brigade de la section de Nantua, il m'est arrivé de voir « péter » des larmes dans les yeux de mes auditeurs quand je leur parlais du maréchal Pétain, de son œuvre, de sa foi ardente dans les destinées du pays et de la collaboration que nous devions apporter sans réserve à ses directives.

*

Bourg, le 3 décembre 1940
L'industrie des matières plastiques touche la région d'Oyonnax, et ce regain de travail est particulièrement heureux dans ce canton durement intoxiqué par le communisme. Le « virus » ne trouve plus ainsi un terrain propice à sa propagation.

*

Bourg, le 3 mars 1941
Dans le courant du mois de février, il a été conduit à Nexon (Haute-Vienne) neuf internés administratifs. On continue ainsi une épuration en profondeur, qui atteint à peu près actuellement tous les anciens suspects ou les meneurs communistes.

*

Bourg, le 1er mai 1941
On comprend mieux maintenant le rôle qu'ont pu jouer en France tous

ces étrangers qui prétendaient avoir fui le régime politique de leur pays d'origine ; les uns se disant Juifs persécutés ; les autres, Sarrois attachés à la France, certains, ennemis du nazisme et du fascisme.

C'est ainsi qu'un appelé V. Rudolph, se disant ancien médecin sarrois, ayant quitté sa région d'origine parce que ennemi de l'Allemagne, éleveur de volailles à Sathonay, ayant l'habitude pendant la guerre de s'attabler seul dans les cafés de Sathonay à une table voisine de militaires, comprenant parfaitement le français et le parlant un peu, vient d'être interné à Argelès comme indésirable. Deux jours après, il s'évadait et revenait dans la circonscription de Montluel (Ain), où il s'était fixé depuis peu. Il était muni d'un sauf-conduit de la commission d'armistice allemande de Lyon, plaçant V. sous la protection des autorités du Reich. Voilà comment cet homme était l'ennemi de l'Allemagne.

Un deuxième cas s'est présenté ce mois-ci. Il concerne un Italien. Il s'agit d'un appelé C., né le 8 juillet 1903 à Montluel (Italie), résidant à Ferney-Voltaire. Individu particulièrement suspect durant la guerre, avait fait l'objet de rapports de la gendarmerie. Le 22 avril, il passait la ligne de démarcation à Lancrans, muni d'un sauf-conduit délivré par le commandant de la section de Gex pour aller à Lyon en compagnie d'un Allemand nommé Reiser Karl. Ce dernier avait un sauf-conduit contresigné par les autorités françaises de Paris. Or, C. avait été interné lors de la déclaration de guerre de l'Italie. Revenu à Ferney-Voltaire, il y a entretenu et y entretient de très bonnes relations avec l'occupant. Toutes les portes lui sont ouvertes par l'intermédiaire du gendarme traître G. Il a obtenu à vil prix une quantité considérable de ciment abandonné par l'armée française, qu'il revend aux habitants de la région à raison de 25 à 27 francs le sac.

*

Bourg, le 30 juin 1941

Le prix des légumes et des primeurs les rende inaccessibles aux pauvres gens. D'autre part, il a été constaté que des commerçants semblent s'opposer discrètement à l'arrivée de quantités suffisantes de légumes pour toute la population afin de maintenir les prix qui leur procurent un bénéfice important. Cette manœuvre a été déjouée à Oyonnax.

Chronique d'une France occupée

*

Bourg, le 24 décembre 1941

Une des affaires importantes de trafic illicite et marché noir d'Oyonnax a été jugée par le tribunal correctionnel de Nantua le 10 décembre 1941. Les prévenus ont été condamnés assez sévèrement :

- Trois à dix-huit mois de prison et 12 000 francs d'amende.
- Un à deux ans de prison et 12 000 francs d'amende.

Une vingtaine d'autres prévenus dans la même affaire ont été condamnés à des peines d'amende variant de 200 à 500 francs.

Les grossistes sont nécessaires, mais il est incontestable que pour beaucoup la marge de bénéfice est trop élevée car ils opèrent par grosses quantités. Ainsi à Cerdon, il m'a été affirmé que les vins devaient être obligatoirement livrés à un grossiste d'Ambérieu, qui les revend ensuite avec un bénéfice net de 150 francs par hectolitre aux débitants ou consommateurs de Cerdon même.

*

Bourg, le 24 février 1942

Un nouveau genre d'infraction a été également constaté, basé sur les tolérances du colis familial. Il a été verbalisé contre un industriel de Villeurbanne qui, prétextant avoir cent ouvriers ayant droit chacun à 50 kilos de légumes, avait acheté 5 tonnes de rutabagas directement à un producteur de la région de Saint-Trivier-sur-Moignans.

*

Bourg, le 24 avril 1942

Le 1er avril, une trentaine de femmes d'employés de la SNCF à Ambérieu se sont présentées en groupe à la mairie dans le but de protester contre la délivrance de beurre et de chocolat par un épicier de la ville, tandis que le gérant de la coopérative de la SNCF se refusait à délivrer la même marchandise, n'ayant pas reçu d'instructions.

Le même jour, à 14 heures, soixante femmes se sont à nouveau présentées à la mairie d'Ambérieu pour présenter des revendications au point de vue ravitaillement général et demander pour quelles raisons les journaux avaient annoncé la diminution de la ration de pain dans le département alors que cette diminution n'était pas prévue dans d'autres départements.

Le lendemain 2 avril, environ quatre-vingts femmes se sont rendues à la mairie de Lagnieu pour demander l'augmentation des rations de pain, distribution de légumes secs, etc.

*

Bourg [date non déterminée]

La projection des films allemands tels que « La Vie des prisonniers dans les camps » provoque des critiques. D'après des prisonniers rapatriés ou évadés de différents stalags, ces films ont été tournés dans un but de propagande allemande et ils seraient de nature à tromper l'opinion française. Il aurait été constaté que ce film projeté en zone non occupée comporterait en particulier la préparation de distributions aux prisonniers français de jambon, saucisson, pain, etc., alors qu'en réalité ces victuailles n'étaient que factices. Pour éviter de froisser l'amour-propre des prisonniers rentrés dans leurs foyers, il serait souhaitable que la projection de films de ce genre soit interdite.

Rapport du capitaine Vercher, commandant provisoirement la compagnie de gendarmerie de l'Ain

Bourg, le 24 août 1942

La région de Trévoux, qui, dans le département de l'Ain, fournit un important contingent de denrées alimentaires à d'autres régions voisines, se plaint d'être littéralement « sucée » par les populations riches des agglomérations de Lyon et de Villefranche, ce qui fait une double participation au ravitaillement de ces régions, et ceci sous le couvert des colis familiaux et des tolérances pratiquées.

Rapports du chef d'escadron Lanaud, commandant la compagnie de gendarmerie de l'Ain

Bourg, le 24 septembre 1942

À Tenay, notamment, la population, n'ayant perçu en douze jours que 1 kilo de carottes par personne, a dû s'alimenter avec des fruits. [...] Dans l'ensemble, la production des jardins s'épuise rapidement et, dans un avenir prochain, la population devra vivre des seuls arrivages provenant des répartitions.

*

Bourg, le 6 octobre 1942

Le maréchal des logis-chef Curdy, commandant la brigade de Brenod, n'avait pas été invité officiellement à assister à la cérémonie légionnaire du 30 août. C'est un fait, mais cette raison ne saurait être invoquée pour justifier son comportement.

Cette cérémonie organisée en l'honneur des morts de deux guerres avait été portée à la connaissance de la population par voie d'affiches. Le chef de brigade ne l'ignorait donc pas. Son devoir était de s'y rendre, comme l'ont d'ailleurs fait les autres autorités locales, qui n'avaient pas davantage reçu d'invitation officielle.

Au lieu de cela, avec une insouciance inadmissible et une incompréhension totale de son rôle, ce gradé est allé jouer aux boules, et qui plus est à une trentaine de mètres du monument aux morts devant lequel se déroulait la cérémonie. Il ressort de l'enquête qu'une boule a été projetée violemment contre une planche et a troublé la manifestation. Ceci prouve que le jeu n'a pas été interrompu pendant toute la durée de la cérémonie. Je ne crois pas que cette boule ait été projetée volontairement en signe d'hostilité. Ce serait véritablement navrant.

*

Bourg [date non déterminée]

Au cours de la tournée, ce militaire [le gendarme Gury] a accepté de divers particuliers plusieurs consommations (vin, alcool, liqueurs) qui lui

378

ont été offertes. Il a accepté de se restaurer chez une personne inculpée de fraude alimentaire et sur laquelle il avait à enquêter.

*

Bourg, le 24 janvier 1943

L'assassinat de l'ex-amiral Darlan, après avoir ému l'opinion, est vite passé à l'arrière-plan. Sa brusque disparition n'a pas surpris outre mesure l'opinion publique. Son attitude a toujours été discutée et sa fin tragique paraît avoir ramené le calme dans beaucoup d'esprits.

*

Bourg, le 11 février 1943

Depuis un certain temps, la gendarmerie est appelée à constater de nombreux vols de volailles, lapins, animaux de basse-cour, veaux, moutons, etc., particulièrement dans les arrondissements de Belley et Nantua. Des constatations faites, il résulte que la plupart de ces vols sont commis par des militaires des troupes d'opérations italiennes qui stationnent dans la région. Pour certains de ces méfaits, aucun doute n'est possible, soit que les militaires en cause aient été vus en train d'enlever le produit de leurs vols, soit en raison des empreintes de chaussures tout à fait caractéristiques relevées sur les lieux.

Tout récemment, dans la nuit du 7 au 8 février, la gendarmerie vient de saisir dix-sept lapins volés par trois soldats italiens.

Mais tous les militaires incriminés, même surpris en flagrant délit, refusent de donner leur nom et ne peuvent être poursuivis.

*

Bourg, le 24 mars 1943

Le 20 février, la police allemande a procédé à l'arrestation de sœur Poulain, supérieure de l'hospice de Grey, commune de Corbonod.

Chronique d'une France occupée

*

Bourg, le 30 mars 1943

Le 22 mars 1943, vers 19 heures, le commandant de brigade de gendarmerie de Chalamont était prévenu que des individus tentaient de s'emparer de matériel automobile entreposé dans certaines fermes de la région de Chalamont et Châtillon-la-Palud. À l'arrivée des gendarmes, ils s'étaient enfuis dans deux voitures automobiles immatriculées 9925 PGI et 981 NH4.

Des vérifications d'identité effectuées et des déclarations de témoins recueillies, il résulte que les occupants de la voiture 981 NH4 sont quatre Français qui travaillent pour le compte des autorités d'opérations : M. Alexandre, B. Jean, B. René et D. Francis.

Ceux-ci se présentent dans les fermes où ils croient savoir que du matériel automobile est entreposé. Soit par intimidation, soit en se faisant passer pour gaullistes, ils se renseignent sur l'existence de ce matériel. Interviennent alors les occupants de l'autre voiture, qui sont des Allemands appartenant à une commission de Lyon dont le chef serait un nommé R., habitant l'Hôtel Terminus, chambre 65. Il a été opéré de la sorte à la ferme des Croix, appartenant à M. Bernard, et à la ferme Le Mollard, appartenant à M. Archeny, à Châtillon-la-Palud, où des camions ont été officiellement enlevés par des militaires allemands. [...]

Par ailleurs, le bureau allemand de placement à Lyon a fait connaître à ce même officier [le commandant de section de Trévoux] que ces jeunes gens n'étaient pas à considérer comme défaillants pour aller travailler en Allemagne et qu'une attestation leur serait remise à ce sujet.

*

Bourg, le 7 avril 1943

Le 3 mars 1943, vers 11 h 45, une quinzaine de jeunes gens de Sault-Brénaz, venus à Lagnieu pour y passer la visite médicale prévue par l'arrêté préfectoral du 25 février 1943, ont l'idée stupide d'aller, à l'issue des opérations de la commission, uriner contre un camion garé depuis de longs mois devant la demeure de R., marchand forain italien, propriétaire dudit véhicule. Voyant dans le comportement de ces jeunes gens une manifestation dirigée contre lui en tant que ressortissant italien, ce dernier croit devoir porter ces faits à la connaissance de l'autorité militaire italienne stationnée au dépôt de Leyment, tandis que sa femme va solliciter l'intervention de la brigade de gendarmerie de Lagnieu.

[Un officier italien vient protester à la mairie en disant que si de pareils faits se reproduisaient, il ferait relever le maire de ses fonctions et occuper la gendarmerie.]

Vers 21 h 45, R., accompagné d'une dizaine de soldats italiens en armes, fait irruption dans l'Hôtel du Rhône à Sault-Brénaz, où un groupe de jeunes gens ayant participé aux opérations de recensement du matin achevaient de dîner. R. désigne ceux qui, selon lui, ont uriné le matin contre son camion. L'un d'eux, qui refuse de montrer ses papiers, reçoit un coup de poing et un coup de crosse. Aussitôt désignés, ces jeunes gens, au nombre de huit, sont saisis brutalement et jetés dans une camionnette qui les emmène en direction de Villebois. Le véhicule stoppe soudain en un lieu désert entre Sault-Brénaz et Villebois. Les jeunes gens sont lynchés puis abandonnés sur place. Tous sont plus ou moins contusionnés. L'un d'eux, qui paraît avoir reçu un coup de crosse, est même assez sérieusement blessé à la tête.

En repassant à Sault-Brénaz, les Italiens tentent d'arrêter deux autres jeunes mais en sont empêchés par la population.

Le 4 mars, vers 18 h 30, un rassemblement d'une centaine de curieux s'était formé à hauteur du domicile de ce ressortissant italien qui était assis en compagnie de sa femme sur le pas de sa porte ; deux gendarmes en provoquent immédiatement la dispersion. Le même soir, à 22 h 30, le bruit d'une détonation se fait entendre en direction de l'immeuble R. Les gendarmes sortent en hâte de leur caserne. À leur arrivée sur les lieux, ils apprennent par R. lui-même qu'un engin explosif vient d'être lancé en direction de son camion.

*

Des gendarmes sont sanctionnés pour des violences lors d'une garde à vue.

Bourg, le 12 mai 1943

De l'enquête effectuée, il ressort nettement que le nommé G. et la femme P. sont des personnes peu recommandables et que leur arrestation a été bien accueillie par l'ensemble de la population. Mais il n'en est pas moins vrai que pour obtenir les aveux de ces deux inculpés les gendarmes enquêteurs ont employé des procédés inadmissibles pour des militaires de l'arme. La faute commise est d'autant plus grave que les sévices exercés dépassent largement ceux du vulgaire passage à tabac. Les circonstances de temps et de lieu, la nuit à des heures très avancées, au bureau, dans le logement du gendarme Vadot, à la buanderie, voire dans la rue, à l'intérieur de la caserne, dénotent une cruauté inavouable, exercée particulièrement sur une femme sans défense, bestiale peut-être, sans moralité, je le concède, mais femme quand même.

Le fait d'avoir coupé les moustaches de l'inculpé G. ne s'explique pas et relève d'une dépravation sans nom.

Le gendarme Vadot est puni de dix jours d'arrêt de rigueur.

Rapport du capitaine Vercher, commandant provisoirement la compagnie de gendarmerie de l'Ain

Bourg, le 24 mai 1943

À Tenay, où aucun légume n'avait été livré depuis plusieurs mois, des épinards sont arrivés en telle abondance que des commerçants ont été obligés de jeter de grandes quantités de ce légume très périssable et devenu impropre à la consommation après plusieurs jours de stockage.

Dans la région de Trévoux, le répartiteur des viandes est fortement pris à partie. On lui reproche notamment de fournir à un industriel local travaillant pour les troupes d'opérations des bovins de toute première qualité, et de livrer aux détaillants servant la population des bêtes squelettiques à peine propres à la consommation.

Le 2 mai 1943, deux douaniers allemands en service à Châtillon-de-Michaille ont giflé deux femmes de la localité parce qu'elles ne pouvaient présenter leur carte d'identité. Les deux Allemands, en état d'ivresse, ont ensuite menacé deux gendarmes qui étaient venus sur les lieux.

Rapport du chef d'escadron Lanaud, commandant la compagnie de gendarmerie de l'Ain

Bourg, le 21 juin 1943

Une commission de contrôle italienne s'est étonnée de découvrir un drapeau britannique dans le magasin d'une brigade de gendarmerie. L'explication a été bien facile à fournir : il s'agissait en effet des drapeaux que le gouvernement avait, en 1938 lors de la venue en France des souverains anglais, donné l'ordre d'arborer aux côtés des pavillons français. À la demande de monsieur le préfet de l'Ain, il a été décidé que ce drapeau serait brûlé immédiatement par le commandant de brigade. Je vous prie de vous assurer qu'aucun drapeau britannique n'est plus en dépôt dans les brigades de votre section.

HAUTE-SAVOIE

La population « déteste les Italiens »

Rapport du capitaine Valet, commandant provisoirement la compagnie de gendarmerie de la Haute-Savoie, sur l'état d'esprit du personnel

Le 22 septembre 1943

Sans faire de politique, gradés et gendarmes commentent entre eux les événements extérieurs. La capitulation de l'Italie a incontestablement fait plaisir au personnel, qui, à l'image de la population haute-savoyarde, déteste les Italiens.

JURA

Une rançon pour les otages

Rapports du chef d'escadron Rosanvallon, commandant la compagnie de gendarmerie bis du Jura

L'élimination de l'arme de certains gendarmes par le régime de Vichy est mal vécue pour ceux qui sont visés.

Lons-le-Saunier, le 13 novembre 1940

J'ai l'honneur de vous rendre compte que le 12 novembre 1940, au moment où l'adjudant Petitgirard, commandant la brigade de Bois-d'Amont, repliée à Lajoux, lui notifiait le dossier établi en vue de son élimination de l'arme, le gendarme Peigney (Gilbert, Eugène, Gabriel) s'est écrié : « J'en sais assez, je sais ce qu'il me reste à faire, ma décision est prise, en fait l'observation à formuler par écrit, mes gosses n'existeront plus demain, et plus personne de la famille. »

À la suite de ces menaces, ce gendarme a été gardé à vue dans la chambre de discipline de la section. Puis il a été hospitalisé pour mise en observation au point de vue mental.

*

Lons-le-Saunier, le 3 décembre 1940

Dans la région de Chaussin, les cultivateurs se plaignent de ne pouvoir écouler leurs porcs d'élevage dans la partie occupée du département. La nourriture de ces animaux devient difficile car ils sont en trop grand nombre.

*

Vie quotidienne et marché noir

Lons-le-Saunier, le 14 décembre 1940

La majeure partie de la région des postes de la ligne de démarcation est couverte d'une couche de neige, variant de 0,50 à 1,50 mètre d'épaisseur, et le froid atteint 15 degrés au-dessous de zéro. Le ravitaillement est difficile pour ces postes qui pendant quelques jours n'ont pu s'approvisionner que difficilement en pain. Les effets d'habillement commandés depuis plusieurs mois sont toujours attendus avec impatience. [...] Ils font la comparaison entre le matériel et les effets mis à leur disposition avec ceux dont sont dotés les militaires des postes allemands, peau de mouton, effets de laine, bottes de tranchées.

Rapport du capitaine Nicolas, commandant la section de gendarmerie de Lons-le-Saunier

Lons-le-Saunier, le 28 février 1941

Seules les dénonciations permettent de connaître les transactions illicites sur le bétail. Les bouchers locaux autorisés à acheter à l'écurie revendent les bêtes à leurs collègues de la ville. Les sanctions sont du ressort du tribunal de simple police, par suite, nettement insuffisantes ; les courtiers se flattent même de n'être pas gênés par celles-ci (une amende de 2 francs, 82 francs tous frais compris n'est pas à comparer avec le bénéfice de 1 000 francs qu'ils réalisent sur une paire de bœufs).

Rapport du chef d'escadron Rosanvallon, commandant la compagnie de gendarmerie bis du Jura

Lons-le-Saunier, le 22 mars 1941

Le maréchal des logis-chef commandant la brigade de Pont-du-Navoy rend compte que le 21 courant, à la suite de menaces proférées par des jeunes gens de Champagnole contre une sentinelle allemande, cette dernière aurait lancé contre eux une grenade.

À la suite de cet incident, plusieurs personnalités de Champagnole auraient été arrêtées comme otages, entre autres :

– M. le Dr Guyon,

– M. Goussot, directeur de l'école primaire supérieure,
– M. Ripotot, hôtelier,
– M. Carré, industriel,
– M. Prost-Boucle, industriel.

[...] Une rançon dont le montant n'a pas encore été fixé serait demandée à la ville de Champagnole en échange des otages.

Rapport du capitaine Nicolas, commandant la section de gendarmerie de Lons-le-Saunier

Depuis 1940, les gendarmes assurent la sécurité du maréchal Pétain à Vichy [1].

Lons-le-Saunier, le 20 mai 1941

Aucun militaire de la section n'étant volontaire pour faire partie de la compagnie de garde personnelle du maréchal Pétain, j'ai l'honneur de proposer le gendarme Gautheron André, de la brigade motorisée de Selliers (Jura).

Rapport du chef d'escadron Rosanvallon, commandant la compagnie de gendarmerie bis du Jura

Lons-le-Saunier, le 30 mai 1941

Quelques éléments, peu nombreux et semblant appartenir surtout à la jeunesse des lycées et collèges, se dévoilent par l'apposition de nuit en un très petit nombre de points, dans les localités de Saint-Claude et Poligny, de « V » et de croix de Lorraine, que les propriétaires d'immeuble et les municipalités font disparaître sur l'invitation de la police et de la gendarmerie.

---

1. Voir le chapitre 5, consacré au maréchal Pétain, p. 703.

Vie quotidienne et marché noir

Rapport du chef d'escadron Barnouin, commandant la compagnie de gendarmerie du Jura

Lons-le-Saunier, le 29 juillet 1941

Les légumes sont rares dans la région de Saint-Claude et l'on voit des attroupements à la porte des magasins de primeurs. La raréfaction du vin cause un certain malaise, surtout dans la population agricole, qui, à cette époque de l'année (moisson, fenaison), en fait ordinairement une grosse consommation. On s'étonne que les ivrognes puissent en trouver à volonté dans les débits alors que les paysans ne peuvent s'en procurer.

Rapports du capitaine Nicolas, commandant la section de gendarmerie de Lons-le-Saunier

Lons-le-Saunier, le 27 septembre 1941

Le vendredi 26 septembre, à 21 h 50, j'ai pu entendre dans d'excellentes conditions le poste clandestin qui s'intitule Radio France. Le speaker s'est élevé contre la condamnation à mort d'un député communiste d'Amiens (Jean Cathelas) par le tribunal de Paris, puis il a critiqué la soi-disant dictature du maréchal Pétain et de l'amiral Darlan, et a parlé du voyage du chef de l'État à Annecy et à Chambéry. Le poste émet les mardis (et non mercredis), vendredis et dimanches dans la bande de 37 mètres entre 21 h 40 et 21 h 55. L'audition était très bonne et s'est terminée par la Marseillaise.

J'estime qu'il pourrait s'agir d'un poste anglais camouflé, mais seuls des recoupements par écoute en des points éloignés pourraient donner des indications sur le lieu de stationnement de l'émetteur.

*

Lons-le-Saunier, le 18 novembre 1941

Il se dessine un certain désir de la majeure partie de la population de voir l'Angleterre sortir victorieuse de l'issue de la lutte. Un événement récent l'a démontré dans certaines mesures, c'est-à-dire l'inhumation

387

d'un aviateur anglais le 10 novembre 1941 à Courlaoux (Jura), et a permis de constater que cette nation jouit encore de la sympathie des Français.

*

Lons-le-Saunier, le 17 janvier 1942

Il est cependant un terme qui choque l'oreille de tous les Français, c'est celui de « collaboration ». Chacun sait qu'il faut se plier à la loi du vainqueur, mais la population juge qu'il ne faudrait pas l'afficher en manchette dans les journaux ou à la radio. Toute idée de collaboration militaire est encore plus énergiquement critiquée.

*

Lons-le-Saunier, le 21 janvier 1942

La qualification « appellation contrôlée » donnée aux vins récoltés dans les communes de la section a donné lieu à de véritables marchés noirs. Depuis le déblocage de ces vins, des acheteurs résidant en zone occupée se sont présentés chez les récoltants de la région, offrant 25 francs le litre pour les vins blancs et 20 francs en moyenne pour les vins rouges. La totalité de la récolte de 1941 a été ainsi vendue. Il y aurait lieu que ces vins soient taxés pour ramener leur prix à leur valeur réelle. Il est à noter qu'avant la guerre les cours des vins dont il est parlé ci-dessus variaient de 3 à 5 francs le litre.

*

Lons-le-Saunier, le 21 avril 1942

Un fait curieux également : les cultivateurs n'ont pas le temps de venir vendre leurs produits au marché. Il est en outre interdit d'acheter directement à la ferme. Le fonctionnaire des campagnes, le facteur, le gendarme sont donc placés dans l'obligation de commettre une infraction s'ils veulent que leur famille mange quelques œufs au même titre que tous les autres Français.

Rapports du chef d'escadron Barnouin, commandant la compagnie de gendarmerie du Jura

Lons-le-Saunier, le 24 juillet 1942

On doit signaler deux manifestations le 14 juillet 1942 à 18 h 30, une à Lons-le-Saunier, une à Poligny. La première réunissait cinq ou six cents personnes, qui se sont rencontrées sans cortège devant le monument aux morts, où une gerbe a été déposée, puis devant le monument de Rouget de Lisle, où la Marseillaise a été chantée. La foule s'est ensuite dispersée rapidement. La police locale n'est pas intervenue. La deuxième comprenait une cinquantaine de personnes qui ont fait de même devant le monument aux morts de Poligny. Le commissaire, chef de service des Renseignements généraux, qui était sur les lieux n'a pas cru devoir intervenir si ce n'est pour faire saisir un buste en plâtre de la République que les manifestants avaient l'intention de placer sur un socle.

*

Lons-le-Saunier, le 24 septembre 1942

Dans les villes, les arrivages de légumes et fruits sont toujours insuffisants. D'autre part, la sécheresse persistante n'a permis qu'une maigre récolte dans les jardins familiaux, aussi la situation est-elle délicate, surtout à Saint-Claude, où une manifestation a eu lieu le 8 septembre 1942 devant la sous-préfecture (quatre cents personnes environ s'étaient rassemblées). Des mesures ont été prises immédiatement par le service de ravitaillement, mais peut-être eût-il été préférable de ne pas attendre la manifestation.

*

Lons-le-Saunier, le 13 novembre 1942

Des isolés de Clairvaux et des communes environnantes ont apporté des fleurs. Vers 11 h 30, une trentaine de personnes se sont groupées devant le monument. Le commandant de réserve Bouchand aurait demandé une minute de silence.

Saint-Amour : vers 19 heures, cinquante personnes dissimulées dans l'obscurité ont laissé passer la patrouille de gendarmes ; se sont rapidement groupées et ont disparu aussitôt après avoir déposé, ou plutôt jeté des fleurs.

*

Lons-le-Saunier, le 23 novembre 1942
Ravitaillement :
Voici à titre d'exemple les quantités attribuées à une famille de trois personnes pour un mois (Saint-Claude) : 4 kilos d'épinards, 2 kilos de poireaux, 4 kilos de salade, 1,200 kilo de poisson, 750 grammes de pâtes, 250 grammes de confiture.

Rapports du capitaine Nicolas, commandant la section de gendarmerie de Lons-le-Saunier

Lons-le-Saunier, le 20 avril 1943
Une certaine animosité règne dans la commune de Saint-Amour entre le personnel de la SOL-Milice [SOL : Service d'ordre légionnaire] et une certaine partie de la population. Dans la nuit du 3 au 4 avril, trois jeunes gens ont souillé diverses devantures de magasins et des portes d'habitation de membres de la Milice, ainsi que le panneau de la légion, situé à la sortie nord de Saint-Amour. L'enquête effectuée a permis de découvrir les auteurs de cet acte, trois jeunes gens dont deux sont incarcérés à Lons-le-Saunier, le troisième ayant fait l'objet d'un arrêté d'interdiction de séjour dans les départements de la région de Lyon (en raison de son jeune âge).

*

Lons-le-Saunier, le 13 juillet 1943
Le 13 juillet 1943, à 1 h 15, plusieurs avions non identifiés mais vraisemblablement de nationalité anglaise ont survolé la région de Lons-le-Saunier, venant de la direction nord-ouest et se dirigeant du côté sud-est. À leur passage sur le territoire de la commune de Cressia, Jura, un ou

plusieurs appareils ont laissé tomber une centaine de bombes incendiaires, la plupart de 6 centimètres de diamètre et 25 centimètres environ de longueur, quelques-unes un peu plus grosses. Six maisons d'habitation et de culture ont été touchées, quatre sont entièrement détruites, les deux autres ont subi d'importants dégâts. Une seule personne a été blessée peu gravement par la chute d'une pierre. [...] Les pertes peuvent être évaluées à 1 200 000 francs environ.

La région est assez souvent exposée à ce genre d'incidents. Les avions alliés en détresse qui se dirigent vers l'Italie sont en effet obligés de lâcher leurs bombes.

Rapport du capitaine Hubert, commandant la section de gendarmerie de Saint-Claude

Saint-Claude, le 22 novembre 1943

Le 21 novembre dans la matinée, il a été constaté qu'un certain nombre d'inscriptions avaient été faites dans le courant de la nuit, en divers endroits.

Il est possible de lire sur la mairie « À bas les traîtres ». Sur la maison du maire : « Tu es vendu, tu es pendu », et sur la maison du garde champêtre, « Ici, la Gestapo ».

Ces inscriptions sont faites à l'aide de peinture rouge et elles sont accompagnées de croix de Lorraine et de « V ».

Rapport du capitaine Nicolas, commandant la section de gendarmerie de Lons-le-Saunier

Le moral des gendarmes et officiers se révèle de moins en moins bon.

Lons-le-Saunier, le 19 décembre 1943

Les diverses administrations usent et abusent du personnel de l'arme, qui est employé à toutes les fins. Le métier est très dur et dangereux, et il est certain qu'une partie assez importante du personnel quitterait l'arme si la possibilité lui en était offerte. La gendarmerie remplit actuellement un rôle très ingrat. Il est à craindre que, malheureusement, le calme ne revienne pas immédiatement avec la fin du conflit. [...]

Il est nécessaire de noter que l'arrestation récente d'un commandant de section voisin par les autorités d'occupation et sa déportation en Allemagne a provoqué un certain découragement. Ce dernier aurait été rendu responsable d'événements auxquels il était totalement étranger.

MEURTHE-ET-MOSELLE

Pillage à Longwy

Rapports du lieutenant Broustal, commandant provisoirement la compagnie de gendarmerie de la Meurthe-et-Moselle

Nancy [date non déterminée]

Pendant le mois de juillet et jusqu'au mois de décembre 1940, le pillage était organisé d'une façon méthodique à Longwy. Presque toutes les nuits, des camions ou camionnettes militaires étaient chargés de mobilier, de linge, etc., provenant de maisons, dont les habitants n'étaient pas rentrés et partaient pour une destination inconnue.

De jour, des unités pénétraient dans n'importe quel immeuble, principalement les maisons bourgeoises, et, sous prétexte de cantonnement, emmenaient tout le beau mobilier dans d'autres maisons et, de là, ailleurs, etc., pour enfin être amené définitivement hors de la localité. Des camions chargés de matelas ont été emmenés ainsi au cours de la période précitée, tant par la troupe que par l'organisation Todt, qui réparait les ouvrages d'art de la région de Longuyon.

Des objets mobiliers de toute nature ont été pris même chez l'habitant, qui, bien souvent menacé, a dû laisser partir ce qui lui appartenait sans recevoir de bons de réquisition.

Fin septembre 1940, des soldats ont emmené de la caserne de gendarmerie de Longuyon et de plusieurs maisons du pays, sous la menace du revolver, des sommiers.

À part ce pillage effectué sur une vaste échelle à Longuyon, il y a eu le pillage individuel des soldats allant en permission ou ailleurs. La gendarmerie de Longuyon en a surpris des centaines entrant et sortant de maisons ou magasins la nuit et emportant un paquet. C'était surtout le linge et les chaussures fines qui étaient recherchées.

Le commandant de brigade de Longuyon, ayant signalé plusieurs faits de pillage par des Allemands civils ou militaires, a été traité de « chien de Français » par un commandant de place.

*

Nancy, le 5 août 1941

À Jarville, deux employés de la SNCF ont été arrêtés et détenus pendant plusieurs jours, pour vols au préjudice des troupes d'occupation.

M. Dardaine Auguste, maire de Manoncourt-sur-Seille, est détenu à la maison d'arrêt allemande de Nancy depuis cinq semaines.

À Frouard, un jeune homme a été arrêté pour avoir craché sur une croix gammée tracée au mur.

Mme Kessler, demeurant à Jœuf, et l'Algérien Amara de la même localité, ont été arrêtés pour avoir (d'après l'autorité d'occupation), de connivence avec le maire de Manoncourt-sur-Seille, facilité le passage de Lorrains en zone libre.

*

Nancy, le 5 août 1941

Dans plusieurs communes de la circonscription de Toul, les Allemands ont prescrit un recensement de toutes les personnes rentrées de zone libre depuis l'Occupation (Colombey notamment).

Ces personnes furent convoquées à la Kommandantur, où on leur a

393

fait préciser l'endroit par lequel elles avaient réussi à franchir la ligne de démarcation. Cette opération a eu lieu il y a trois mois environ.

*

Nancy, le 5 août 1941

Toutes les fermes de la circonscription de Longwy et dont les propriétaires ou fermiers ne sont pas de retour ont été réquisitionnées par les autorités d'occupation. Des chefs de culture ont été installés dans les villages et, à l'aide de prisonniers de guerre, ils exploitent ces fermes. Si un cultivateur rentre, il est obligé d'entreprendre des démarches sans fin, et il lui est répondu que ses terres lui seront rendues après la récolte.

À Longuyon, une quantité de maisons ont été considérées comme réquisitionnées, alors qu'il n'a jamais été remis de bon de réquisition. La pratique courante de l'armée d'occupation étant que toute maison dont le propriétaire est absent lui appartient ainsi que son contenu. Les gens n'avaient qu'à revenir, disent-ils, or, ce sont eux qui les empêchent de rentrer.

Une femme de Longuyon a été mise à la porte de son logement, parce que ce logement convenait pour faire un cantonnement. Elle a ensuite été obligée de quitter son deuxième logement pour le même motif, puis encore une troisième fois. À ce moment, elle a refusé et la troupe lui a mis tout son mobilier dehors pour l'obliger à partir.

*

Nancy, le 14 août 1941

Il y a quelque temps, dans une compagnie voisine, un jeune homme, se disant alsacien, s'est présenté dans une brigade et a demandé aux gendarmes des renseignements pour rejoindre la zone libre. Aucune précision ne lui a été donnée à ce sujet. Cependant, un des gendarmes, désirant avoir des nouvelles d'un parent se trouvant en zone libre, a indiqué à cet Alsacien l'adresse de son parent. Cela a suffi pour que, trois jours après, ce gendarme fût mis en état d'arrestation par l'autorité allemande. Le lendemain, quatre autres gendarmes subissaient le même sort, mais, faute de preuves, furent relâchés le soir même.

Vie quotidienne et marché noir

*

Nancy, le 23 octobre 1943

L'industrie est entièrement sous la tutelle de l'occupant et n'a plus aucune possibilité de faire quoi que ce soit de sa propre initiative. Les mines travaillent à plein rendement avec une partie de la main-d'œuvre fournie par les prisonniers russes. Les hauts-fourneaux de Jœuf, qui devaient reprendre leur activité le 15 octobre, ne fonctionnent encore pas, les ouvriers ne montrant aucun empressement pour la remise en état d'un matériel qui doit servir à l'Allemagne.

*

Nancy, le 6 décembre 1943

Si l'on croit ranger certains gestes dans les faits de propagande anti-nationale, il convient de signaler la pose de drapeaux tricolores dans la nuit du 10 au 11 novembre :

– à l'usine de Pompey,

– auprès des monuments aux morts de Pagny-sur-Moselle et d'Arna-ville.

Le 27 novembre, un lieutenant-colonel allemand accompagné de deux officiers s'est présenté au curé de Mars-la-Tour et a demandé qu'on lui remette une lettre autographe de Napoléon III, déposée au musée Faller de Mars-la-Tour, afin de l'envoyer au musée de Metz. Le prêtre s'est vu dans l'obligation de donner la lettre.

Rapports du chef d'escadron Olivier, commandant la compagnie de gendarmerie de la Meurthe-et-Moselle

Nancy, le 30 avril 1944

20 tonnes de poissons arrivées en gare de Nancy le 25 ont dû être jetées par suite de la décomposition avancée de la marchandise (quinze jours de voyage). Il en est de même pour les légumes. Plusieurs tonnes de choux-fleurs expédiées de Bretagne sont arrivées inconsommables dans la proportion des deux tiers.

*

Nancy, le 30 mai 1944

Les fonderies de Pompey ont fermé du 10 au 16 mai 1944 par manque de charbon. Cent quarante ouvriers ont été licenciés. Les autres ont repris leur travail au ralenti le 17 mai.

RHÔNE

« Les Boches ne joueront pas »

Rapports du chef d'escadron Bergognon, commandant la compagnie de gendarmerie du Rhône

Lyon, le 10 octobre 1940

Dans la gendarmerie, où l'on eut toujours le culte de la patrie et de l'armée, on ne pouvait que voir avec satisfaction instaurer un régime national, qui donne à l'ordre et à l'autorité la place qui leur revient.

*

Lyon, le 30 octobre 1940

L'ex-maire de Vénissieux, Romand, qui se trouvait en résidence forcée à Saint-Symphorien-sur-Coise et dont les agissements suspects avaient été signalés par la brigade de cette résidence, a été mis en état d'arrestation sur mandat d'arrêt de monsieur le juge d'instruction de Lyon.

La recherche, le rassemblement et le transfèrement de nombreux ressortissants étrangers, en majorité allemands, destinés à des camps d'internement, s'exécutent avec toute la diligence possible, mais au milieu de nombreuses difficultés (instructions émanant de différentes autorités, contrordres, arrestations ou transfèrements différés, mauvais vouloir des intéressés, qui se cachent, changent d'adresse, réclament des visites médicales...).

Vie quotidienne et marché noir

Propagande communiste :

L'opération que vient de réussir la Sûreté lyonnaise et qui a permis de découvrir un certain nombre de meneurs ainsi que leur installation d'imprimerie clandestine paraît devoir contrarier sérieusement cette action sournoise.

Le secrétaire départemental pour le Doubs du parti communiste, Jacquemard Marius, et le secrétaire de la section communiste de Besançon, Nicod Léon, qui se trouvaient incarcérés à la maison d'arrêt de la Butte à Besançon et qui avaient été refoulés par les autorités allemandes, ont été arrêtés par la gendarmerie de Lyon.

Rapports du chef d'escadron Rabouhams, commandant la compagnie de gendarmerie du Rhône

Lyon, le 27 mai 1941

À noter seulement, un incident au Bourg-de-Thizy, le 14 mai 1941 : cent cinquante à deux cents ménagères ont protesté au marché contre la réglementation relative à la vente des fromages.

*

Lyon, le 24 juin 1941

Tarare : le 17 juin, le nommé B. (Jean), âgé de dix-huit ans, domicilié chez ses parents, hameau de Sabatix (Thizy), a été arrêté par des inspecteurs de la police de surveillance du territoire, à la suite de l'interception d'une lettre par le contrôle postal, dans laquelle il demandait « au chancelier Hitler la faveur de servir dans les rangs allemands pour prouver sa reconnaissance aux armes victorieuses du Reich ».

*

Lyon, le 3 juillet 1941

En exécution d'une communication téléphonique transmise le 3 juillet 1941, à 20 heures, par M. Mauléon, intendant de police, les ressortissants russes, au nombre de cent trente, actuellement au stade municipal de Lyon, seront transférés le 4 juillet 1941 au fort du Paillet, où leur garde sera assurée par deux brigades motorisées de la compagnie de gendarmerie du Rhône.

*

Lyon, le 22 septembre 1941

Une enquête est actuellement en cours, au sujet de l'activité du baron Confalioneri, premier secrétaire de la légation d'Italie à Lyon, sur les sujets italiens de la région, qui seraient invités à se rendre en Allemagne pour y travailler. Les pièces sont établies par la commission italienne d'armistice, et l'Essor maritime français SARL, 54, rue Saint-Jean à Lyon, serait chargé d'acheminer le mobilier de ces ressortissants italiens sur Modane.

Les chefs de famille, et même les épouses, sont contraints de se rendre au café pour y consommer le vin qu'ils ne trouvent pas au foyer.

*

Lyon, le 21 octobre 1941

Sur demande du colonel commandant militaire du département du Rhône, une enquête faite le 20 septembre 1941 sur les agissements de Mlle Perret, institutrice à Villefranche-sur-Saône, qui aurait fait faire à ses élèves des travaux ayant trait à l'union libre, n'a pas démontré ces faits.

Une affaire assez importante de marché clandestin de volailles, œufs, lapins a été découverte par la brigade de Belleville-sur-Saône. Plusieurs coquetiers accaparaient les produits de la région de Monsols au profit de restaurants de Villefranche, Neuville-sur-Saône, Tassin-la-Demi-Lune et Lyon. Cette pratique avait conduit à une raréfaction presque absolue des produits sur les marchés de Villefranche, Belleville et Beaujeu.

Rapport du capitaine Doussot, commandant provisoirement la compagnie de gendarmerie du Rhône

Lyon, le 23 décembre 1941

Le 14 décembre 1941, à Tarare, découverte de douze affiches manuscrites (14 x 19) intitulées : « Pour les Boches, contre la France – Vichy la légion. »

Dans plusieurs centres, les industriels ont organisé des soupes gratuites ou soumises à une redevance minime (1 franc) pour les ouvriers. Cette pratique est suivie notamment à Lyon (usines Gillet, Delle...), Tarare, Thizy, Amplepuis et Cours.

Des séances récréatives en faveur des prisonniers ont eu lieu (Tarare, Thizy) sous le patronage de la légion et la Direction des comités locaux d'entraide aux prisonniers. Ces séances ont obtenu un grand succès.

Sur les marchés, certains maraîchers préfèrent vendre leurs produits à des épiciers plutôt qu'à des particuliers au prix de la taxe. L'épicier achète plus cher et il revend dans son magasin en sous-main sans se préoccuper des cours existants.

Enfin, les ouvriers, fonctionnaires et petits bourgeois souffrent de plus en plus des pratiques de « troc » qui tendent à se généraliser en circuit fermé entre commerçants. La pratique des « petits paquets » préparés à l'avance pour les anciens clients crée des injustices et devrait être supprimée.

À la ville, quelques industriels ou commerçants ont souscrit un « contrat de culture » avec des paysans. Ces derniers travaillent la terre, l'ensemencent et procèdent à la récolte pour une somme déterminée. L'industriel ou le commerçant viennent seulement chercher la récolte, qu'ils distribuent parmi leurs personnels. Cette pratique réalisée dans l'esprit où ces contrats ont été conclu cette année risquerait de faciliter dans l'avenir la fraude à toute réglementation sur la répartition et la circulation des pommes de terre.

Rapports du chef d'escadron Rabouhams, commandant la compagnie de gendarmerie du Rhône, sur les questions d'ordre familial intéressant les militaires alsaciens-lorrains

Lyon, le 16 janvier 1942

Les Allemands occuperaient en Alsace les logements des repliés, expulsés et des familles parties volontairement.

En octobre et novembre 1941, les Allemands auraient procédé à la vente aux enchères des meubles et immeubles des expulsés et repliés originaires d'Alsace et de Lorraine. Des meubles d'une certaine valeur auraient, avant la vente, été emportés à destination de l'Allemagne.

*

Lyon, le 23 janvier 1942

Le 24 décembre dernier, les militaires de la brigade de Belleville-sur-Saône ont eu connaissance que l'usine métallurgique Janin, de la même localité, qui emploie vingt-six ouvriers, avait cessé le travail pendant cinq minutes pour obéir au mot d'ordre de la radio anglaise, en vue de protester contre l'Allemagne. L'enquête faite a permis d'identifier les principaux auteurs et les résultats ont été transmis par P-V aux autorités...

Le dimanche 18 janvier, au cours de la séance de cinéma, en soirée, quelques actualités d'origine allemande ont été passées, en particulier un sous-marin allemand en action dans l'Atlantique. Un certain nombre de spectateurs en ont profité pour manifester par des cris de réprobation et des coups de sifflet.

*

Un rapport du 23 février 1942 signale qu'une inscription a été faite à la craie sur le portail de l'école de tissage, cours de Chartreux à Lyon : « MÉNAGÈRES, RÉCLAMEZ DE QUOI MANGER. »

Le 1er février 1942, à Tarare, deux inscriptions : « SUIVEZ PÉTAIN SI VOUS VOULEZ CREVER DE FAIM » ont été tracées à la craie sur deux portes, boulevard Voltaire.

Une grave affaire de vente de faux tickets de pain a été découverte à Lyon. L'imprimerie clandestine doit se trouver en zone occupée. Le commerce a surtout lieu dans les milieux arabes, les feuilles étant vendues entre 150 et 170 francs. Dix arrestations ont été opérées.

À Givors, le 11 février 1942, une cinquantaine de ménagères, n'ayant trouvé aucune marchandise sur le marché, se sont rendues en groupe à la mairie.

Vie quotidienne et marché noir

À Irigny, le 17 février 1942, une cinquantaine de femmes se sont présentées à la mairie pour protester. Monsieur le maire d'Irigny a accordé audience à quelques ménagères, qui ont exposé leurs revendications ; celles-ci ont pour objet le rattachement de la commune d'Irigny à l'agglomération lyonnaise en ce qui concerne les avantages du ravitaillement.

À Tarare, les deux seuls producteurs de légumes fréquentant le marché ont dû être assistés chacun, jeudi, par la police et la gendarmerie, afin de prévenir le vol de leurs marchandises par la foule des ménagères qui se pressait sur le marché.

À Thizy et à Bourg-de-Thizy, les municipalités établissent des soupes populaires au prix de 4 francs par jour. Une centaine de personnes les fréquentent et, à la suite de commentaires, une discrimination a été faite pour réserver cette faveur aux plus nécessiteux.

Certains habitants ont trouvé une solution au problème de la réglementation en matière de ravitaillement – différence de traitement entre les communes rurales et l'agglomération lyonnaise ; c'est ainsi que beaucoup de personnes de la circonscription de Saint-Genis-Laval ont fait échanger leurs feuilles de rationnement de février à Oullins et à Lyon pour pouvoir bénéficier des suppléments accordés aux habitants de ces cités.

Enfin, beaucoup d'hommes non fumeurs ont la carte de tabac et spéculent soit avec celle-ci, soit avec le tabac. Ceci n'a pas été sans amener des réflexions, plutôt que des protestations, de la part des femmes qui avaient l'habitude de fumer.

Rapports du chef d'escadron Rabouhams, commandant la compagnie de gendarmerie du Rhône

Lyon, le 21 mars 1942

Des ouvrières de Thizy ont tenté de se rendre en Allemagne pour y travailler. Cette tentative a échoué par suite de l'intervention de la police en gare de Lyon, à la formation du convoi.

Le 25 février 1942, vers 10 h 30, une trentaine de femmes sont allées manifester devant l'Hôtel Carlton à Lyon, où siège une commission allemande d'armistice, dans le but de protester contre le manque de denrées.

Chronique d'une France occupée

*

Lyon, le 21 avril 1942

Les Allemands continuent à recruter de la main-d'œuvre malgré les instructions en vigueur. Plusieurs officines existent dans les cafés lyonnais. Elles offrent des avantages exceptionnels qui ne sont pas accordés au moment de la signature du contrat : salaire de 30 à 40 francs l'heure, 900 francs par mois pour la femme restée au foyer et 200 francs par enfant et par semaine.

Les Allemands recrutent également directement par l'intermédiaire des commissions d'armistice, en particulier celle de l'Hôtel Carlton.

*

Lyon, le 21 mai 1942

Le 18 mai, la société de l'orchestre philharmonique de Berlin est arrivée à Lyon pour y donner le même jour, à 20 heures, un concert à la Salle Rameau. Le même jour, à 8 heures, la gendarmerie découvrait un tract dont la copie est donnée ci-dessous :

« Pendant que 1 500 000 des nôtres dépérissent dans les camps allemands,

« Alors que 200 000 tombes sont à peine couvertes,

« À l'heure même où l'on fusille encore nos frères,

« Les bourreaux nous provoquent chez Nous : ça, LYONNAIS, NOUS NE LE TOLÉRERONS PAS.

« TOUS SALLE RAMEAU LUNDI À 20 HEURES

« LES BOCHES NE JOUERONT PAS.

« Les mouvements de résistance »

À 20 h 15, la foule se rassemble derrière les barrages de police et commence à manifester contre les Allemands et contre les personnes qui vont assister au concert. À 20 h 30, la foule se montre de plus en plus pressante et bruyante. Les barrages tenus par les groupes mobiles de réserve des gardiens de la paix paraissent débordés et le commissaire divisionnaire de la Sûreté publique demande l'intervention de la gendarmerie pour dégager les rues et les abords de la place des Terreaux. Des arrestations sont faites, en particulier pour refus de circuler et voies de fait.

À 22 h 40, quelques petites manifestations ont lieu auprès du consulat des États-Unis, puis auprès de l'Hôtel Carlton, où demeure une commission allemande de contrôle.

À 23 heures, une légère manifestation a lieu rue de la République, où interviennent les gardiens de la paix et les gendarmes.

Cinquante-neuf arrestations ont été faites. Les cinquante-neuf personnes arrêtées ont été transférées au fort Barreaux, le 19 mai 1942.

Dans les régions de Lyon et Givors, les difficultés de ravitaillement sont toujours très grandes. À Lyon notamment, on ne trouve guère sur les marchés que des salades et des épinards, souvent en quantité insuffisante.

Rapport du capitaine Flouquet[1], commandant la section de gendarmerie de Lyon

Lyon, 18 juin 1942

La population est profondément déçue. Elle espérait une grosse amélioration du ravitaillement avec le retour de la belle saison [...]. Peu de personnes sont favorables à la collaboration avec les Allemands. Ils reprochent de n'avoir fait aucun geste permettant un rapprochement. Tous les prisonniers sont toujours dans les camps, la France reste divisée en deux parties.

Rapports du chef d'escadron Rabouhams, commandant la compagnie de gendarmerie du Rhône

Lyon, le 21 juin 1942

Le 2 juin 1942, un parachutiste, qui, jusqu'à preuve contraire, doit être de nationalité britannique, a été arrêté par la brigade de gendarmerie

---

1. Pour sa biographie, voir p. 413.

d'Anse dès son atterrissage. Cinq individus suspects qui semblaient attendre le parachutiste ont été arrêtés le même jour.

Le parachutiste était porteur notamment de la somme de 299 000 francs.

*

Lyon, le 22 juillet 1942

Au cours de la nuit du 20 au 21 juin, des individus non identifiés ont brisé, à l'aide d'une grosse pierre, la devanture du quincaillier Brun à Thizy, à l'endroit où était fixé un grand portrait du maréchal Pétain, chef de l'État. Ce portrait a été en partie déchiré.

*

Lyon [date non déterminée]

La mission des différentes forces de police rassemblées [à l'occasion du 14 juillet] était d'empêcher les rassemblements place Carnot, où se trouve la statue de la République, place Bellecour et place de la République notamment. Vers 18 heures, une foule importante de curieux et huit à dix mille manifestants divisés en plusieurs groupes tentèrent d'approcher des points désignés. Les unités de gendarmerie ont alors été utilisées dans ces quartiers pour disperser les rassemblements. Quelques bousculades sérieuses se sont produites. Ensuite la foule s'est peu à peu dispersée dans les différents quartiers de la ville.

Il y a lieu de signaler que l'intervention des SOL ne fut pas comprise par le personnel de la gendarmerie, qui n'a pu être renseigné sur les principes d'emploi de cette nouvelle formation, et leur présence pouvait gêner son action en cas d'intervention énergique.

Rapports du chef d'escadron Bariod, commandant la compagnie de gendarmerie du Rhône

Lyon, le 23 août 1942

À titre de fait particulier, il y a lieu de signaler que le maire de Vaugneray, qui avait pavoisé sa maison particulière aux couleurs anglaises et américaines le 14 juillet, a été révoqué de ses fonctions.

Vie quotidienne et marché noir

*

Lyon, le 25 septembre 1942

Le placement de la gendarmerie sous les ordres directs du chef du gouvernement a d'une façon générale très affecté les autorités militaires, qui non seulement regrettent de ne plus pouvoir commander la gendarmerie, mais aussi ont exprimé leurs craintes que l'arme soit à la longue transformée en une police civile, ce qui équivaudrait à sa perte.

*

Lyon, le 23 octobre 1942

Découverte, le 15 septembre dernier, dans le couloir de la caserne de gendarmerie de Lyon-Brotteaux, d'un tract intitulé « Lettre d'un groupe de gendarmes et d'agents de police patriotes à tous leurs collègues de France et des colonies ».

Rapport du capitaine Flouquet, commandant la section de gendarmerie de Lyon

Lyon, le 20 novembre 1942

[La population est] foncièrement hostile à tout rapprochement avec l'Allemagne. Elle approuve l'attaque de l'Afrique du Nord par les Anglo-Saxons, comptant sur eux pour la libération du territoire [...]. Elle est restée extrêmement digne au moment de l'occupation de la zone libre. Elle a fait preuve de beaucoup de calme. Le passage de grands chefs militaires dans le camp anglo-américain, et en particulier du ministre de la Défense nationale l'amiral Darlan, a jeté le trouble dans l'esprit de beaucoup de personnes pondérées et dévouées au maréchal Pétain. Elle ne sait pas très bien où en est leur devoir.

Rapport du chef d'escadron Bariod, commandant la compagnie de gendarmerie du Rhône

Le 11 novembre donne lieu à des manifestations de commémoration.

Lyon, le 24 novembre 1942

À Amplepuis, une centaine de personnes se sont réunies devant le monument aux morts, où une gerbe de fleurs a été déposée. Les personnes présentes ont chanté la Marseillaise et ont crié notamment : « Vive la liberté, vive de Gaulle, vive Giraud », puis elles se sont réunies devant l'appartement de M. L., chargé de la propagande pour la légion. Quelques cris injurieux ont été lancés. Les nommés Frizon, Vouillon, Giraud et Berthollier, industriels et commerçants de la localité, ont été arrêtés à la suite de cette manifestation.

Les militaires de l'armée de l'armistice éprouvent les sentiments les plus pénibles depuis l'occupation allemande. L'obéissance aux ordres a exigé beaucoup d'abnégation de la part de nombreux officiers, qui estiment que leur devoir était tout autre dès l'instant que les troupes allemandes ont franchi la ligne de démarcation, au mépris des clauses de la convention d'armistice. Tous ressentent une humiliation déprimante à la pensée de l'inaction forcée dans laquelle ils ont été tenus. De plus, tous sont inquiets sur leur situation future. Ils pensent que le gouvernement allemand ne saurait tolérer longtemps l'existence de la force armée française sur les arrières des troupes allemandes, postées face à la Méditerranée. Et beaucoup d'officiers parlent déjà d'une dissolution possible de l'armée de l'armistice.

*

Lyon, le 23 décembre 1942

À Lyon également, une enquête pour trafics de tickets de pain et de cigarettes a permis d'inculper à ce jour six personnes et de prouver que les cigarettes étaient vendues à raison de 80 francs le paquet et les tickets de pain, pour 50 francs le kilo dans différents quartiers de la place du Pont et de la rue Moncey.

Vie quotidienne et marché noir

La démobilisation de l'armée d'armistice imposée dans la hâte a été un nouveau coup porté à la fierté des Français. De plus, l'absence de préparation a provoqué dans les villes de garnison, à Lyon notamment, un désordre momentané mais pénible et le spectacle affligeant de jeunes gens livrés à la rue sans ressources et sans directive. Les autorités administratives ont fait heureusement organiser avec rapidité l'aide et les secours indispensables – groupement dans les centres d'accueil, délivrance d'une petite somme d'argent (50 francs) et de tickets d'alimentation par les mairies de Lyon dès le premier jour de la démobilisation.

[La perte de certains privilèges comme la détention d'armes de chasse alimente les rancœurs des Français.]

Le retrait des armes, et des armes de chasse notamment, prévu par la loi du 3 décembre 1942, est symptomatique à cet égard. De nombreux hommes n'ont livré leur arme qu'à grand regret et avec émotion.

Rapport du capitaine Valincourt, commandant provisoirement la compagnie de gendarmerie du Rhône

Lyon, le 23 janvier 1943

L'augmentation de la ration de vin serait certainement la bienvenue. Toutefois, il est à remarquer que si la ration est faible, bon nombre de gens trouvent encore du vin en quantité bien supérieure à la ration. C'est ainsi que certains travailleurs français partant pour l'Allemagne et rassemblés en gare de Lyon-Brotteaux se présentent en léger état d'ébriété pour ne pas dire davantage. Le vin ne serait donc pas si rare que beaucoup le prétendent.

À Givors, lors du départ momentané des troupes allemandes, M. Marfour, administrateur d'immeubles, aurait constaté la disparition d'objets mobiliers, d'objets d'art et autres d'une valeur de 50 000 francs.

En gare de Badan, les troupes d'occupation se seraient approprié des marchandises, devant les employés chargés de la surveillance.

407

Chronique d'une France occupée

Rapports du chef d'escadron Bariod, commandant la compagnie de gendarmerie du Rhône

Lyon, le 24 février 1943

Plusieurs habitants de Monsols et de Tarare, notamment des industriels, ont reçu par la poste, timbrés de Lyon, à leur adresse personnelle, des papillons sous enveloppe rédigés sur un ton menaçant pour les « collaborateurs ».

À Monsols également, dans la nuit du 5 au 6 février, des papillons portant la croix gammée et la mention « Français, souvenez-vous, ici habite un collaborateur » ont été collés sur les portes de trois habitants du bourg.

Région de Condrieu, Sainte-Colombe :

Les abattages clandestins se multiplient dans cette région. La gendarmerie a été amenée à faire preuve d'une vigilance particulière à ce sujet et a recueilli des doléances des cultivateurs, qui se plaignent que la plupart de leurs bovins livrés au ravitaillement sont déclarés impropres à la consommation aux abattoirs de la Mouche à Lyon.

Ils déclarent que quatre ou cinq jours après l'abattage (délai excessif au regard de la loi) ils sont convoqués aux abattoirs pour s'entendre dire que leur bête a été livrée à l'équarrisseur et recevoir uniquement la somme de 100 francs, montant du cuir qui leur est seul présenté, la viande ayant disparu. Ils prétendent que celle-ci a été recueillie par des trafiquants. Pouvant étayer cette opinion, je signale qu'une affaire d'abattage clandestin portant sur vingt porcelets, découverte dans la banlieue de Lyon, s'est terminée de la même manière. La moitié des animaux ont été déclarés impropres à la consommation, alors que la gendarmerie les avait saisis propres aussitôt après l'abattage.

*

Le 24 mars 1943

La Milice française elle-même semble se constituer péniblement. À signaler qu'à Givors (vingt-cinq mille habitants), le 14 mars dernier, cinquante-sept auditeurs seulement ont assisté à la séance organisée pour sa constitution.

Vie quotidienne et marché noir

*

Lyon, le 23 avril 1943

Par suite des réquisitions massives de chevaux faites au profit des troupes d'opérations dans le département (deux cent cinquante chevaux pour l'ensemble du département), un certain nombre de cultivateurs se sont vus privés de l'élément indispensable pour leur travail. Beaucoup ne peuvent acheter un cheval de remplacement. En effet, les chevaux réquisitionnés, tous de bonne qualité, ont été payés à raison de 25 000 à 50 000 francs, et le prix actuel d'achat d'un bon cheval varie de 60 000 à 90 000 francs.

*

Lyon, le 24 mai 1943

À peine formée, la Milice française fait l'objet de critiques voilées sur son recrutement et ses agissements. Les opérations conduites par la Milice, le 19 avril, dans la région de Saint-Didier-au-Mont-d'Or, qui ont abouti à l'arrestation de quatre militants communistes, et dans quelques restaurants de Lyon, sont maintenant connues d'une partie de la population lyonnaise qui s'en émeut.

Les perquisitions opérées par la Gestapo chez différentes personnes ont été assez nombreuses pendant le mois dans l'agglomération lyonnaise. Plusieurs arrestations ont été opérées parmi les officiers français d'anciens services d'information : le commandant Smidt, les capitaines Missafe, Kaysen, Muler. D'autres se sont échappés.

*

Lyon, le 23 juin 1943

C'est avec une lourde inquiétude que l'on a constaté vers la mi-juin l'arrivée d'effectifs de troupes importants dans le département du Rhône. La population est désagréablement surprise de l'importance des réserves encore à la disposition des autorités allemandes. Elle craint que le stationnement des troupes se prolonge, au détriment du ravitaillement local, car l'opinion communément admise consiste à dire que la région de Lyon constitue une « plaque tournante » bien commode pour le commandant allemand en vue de diriger rapidement des troupes sur un point quelconque des théâtres d'opération.

À Lyon en particulier, on ne trouve aucun légume sur les marchés depuis plusieurs jours : cette carence correspond avec le stationnement d'importants effectifs allemands dans la région.

Le 16 juin, deux employés du tribunal militaire, Roustain Paul et Roy Georges, ont été arrêtés, soupçonnés d'avoir facilité l'évasion d'un détenu du fort Montluc.

Rapports du capitaine Flouquet, commandant la section de gendarmerie de Lyon

L'arrestation à Caluire de Jean Moulin, chargé par de Gaulle d'unifier la résistance intérieure, est évoquée par les gendarmes, au beau milieu d'un rapport général. Elle apparaît en bas de page, dans la rubrique « divers », entre le braquage de la mairie de Saint-Cyr-au-Mont-d'Or et la « recrudescence sensible des vols dans les champs et jardins »... Moulin, torturé par Klaus Barbie, le patron des SS de Lyon, mourra lors de son transfert en Allemagne.

Lyon, le 20 juillet 1943

Le 27 juin 1943, trois individus ont été arrêtés pour vol d'une génisse dans un pré et abattage clandestin (par la brigade de Limonest).

Le 16 juin 1943, la brigade de Suchet a dressé un procès-verbal contre un individu qui vendait des marchandises clandestinement aux prix suivants ; miel : 400 francs, chaussures : 1 950 francs, huile : 575 francs, beurre : 500 francs, chaussettes de coton : 80 francs la paire, tabac : 1 950 francs.

Attitude de la population :

La population fait preuve de plus en plus de lassitude et d'énervement. Par principe, elle critique toutes les initiatives du gouvernement et prête une oreille bienveillante à toutes les nouvelles diffusées par la radio anglaise ou dissidente. Elle considère l'Allemand comme l'ennemi numéro 1. Aussi suit-elle avec intérêt les combats qui se déroulent en Sicile et en Russie. Les principales récriminations portent surtout sur le ravitaillement et les départs obligatoires en Allemagne.

Les Italiens qui s'étaient comportés en « vainqueurs » au moment de l'entrée en guerre de leur pays sont inquiets. Certains craignent des mesures de représailles.

Ravitaillement :

Grosse désillusion chez tout le monde [...], il n'a pas été possible de trouver des petits pois. La plus grosse partie des légumes va aux restaurants [...] ou encore aux collectivités [...]. Par ailleurs, il est certain que les Allemands en prennent une bonne partie. En résumé, de l'avis de nombreuses personnes, l'agglomération lyonnaise est une des régions la plus mal ravitaillée de toute la France. De là à en rejeter la responsabilité sur les autorités, le pas est vite franchi.

Divers :

Le 30 juin 1943, vers 18 h 30, huit individus dont deux masqués se sont emparés des titres d'alimentation de la mairie de Saint-Cyr-au-Mont-d'Or. [Sous la menace de revolver,] cinq cents cartes complètes, mille semestrielles, écoulées dans la région de Grenoble.

Au début du mois de juillet [il s'agit en réalité du 21 juin], la police allemande a fait irruption dans la villa du Dr Dugoujon, située à Caluire, place Castellane, et a opéré à l'arrestation d'un certain nombre de personnes qui assistaient à une réunion. Il s'agissait d'éléments d'un groupement gaulliste. Ont été arrêtés le Dr Dugoujon, le colonel Lacaze (ex-chef de corps du 99e RI), le commandant Schwartzenfield, le lieutenant Aubry, le lieutenant Lassagne, MM. Pariot-Paire et Gilles et Mme Raisin Madeleine, femme d'un commandant de l'armée coloniale.

Il est à signaler une recrudescence sensible des vols dans les champs et les jardins. Malheureusement, par suite des charges imposées, surveillance des ouvrages d'art, contrôle des requis, concours pour le STO [Service du travail obligatoire], les gendarmes ne peuvent pas assurer la surveillance désirable.

*

Août 1943

Les événements de Sicile et de Russie remplissent d'espoir la population qui croit voir se préciser une proche libération. Les nouvelles des bombardements des villes italiennes sont accueillies avec un sourire de satisfaction [...]. Les nouvelles données par la presse française sont de moins en moins prises au sérieux.

Rapport du chef d'escadron Bariod, commandant la compagnie de gendarmerie du Rhône

Lyon, le 24 août 1943

L'internement administratif de huit commerçants ou industriels de la région, effectué parce que les intéressés avaient publiquement chanté la Marseillaise le 14 juillet, a provoqué une certaine émotion, suivie d'une manifestation de sympathie le jour où ces huit personnes ont été transférées, par voiture automobile, de la caserne de Villefranche à Lyon.

Rapport du capitaine Flouquet, commandant la section de gendarmerie de Lyon

On a retrouvé ces inscriptions au vernis noir sur la porte d'entrée de la Milice à Saint-Didier-au-Mont-d'Or : « D., B., M., D., V., l'heure du traître a sonné. »

Un attentat est perpétré contre la confiserie G., 15, rue de l'Arbre-Sec, à Lyon, dont la « propriétaire passe pour une collaboratrice ».

Le capitaine Flouquet s'emporte contre les méthodes du Parti populaire français.

Le 18 septembre 1943

Les opérations de police faites par le PPF [Parti populaire français], sans aucune forme légale et souvent d'une manière brutale, sont critiquées par la majorité malgré la diffusion de vivres, faite avec une publicité tapageuse.

– Attitude face aux troupes d'occupation :

À l'exception de quelques femmes légères ou des commerçants obligés à des rapports commerciaux, la population semble les ignorer. De son côté, le soldat allemand est correct. Par contre, la Gestapo inspire une véritable terreur, les bruits les plus extraordinaires concernant les mauvais traitements et des exécutions ne cessent de circuler [...]. Elle procède à de nombreuses arrestations qui dénotent généralement une délation à la base. [...] Il est généralement difficile de connaître [l'identité] des personnes arrêtées en raison de la façon discrète d'opérer et de la crainte des voisins de signaler le cas. Il arrive souvent que les agents d'exécution s'approprient une partie des affaires des personnes arrêtées.

Dans un rapport du 20 octobre 1943, on apprend que vingt-six attentats ont été perpétrés entre le 18 septembre et le 19 octobre.

Flouquet ne cache guère ses convictions. « La population est profondément déçue. Elle espérait un débarquement cet automne avec l'arrivée des pluies. » Qu'est devenu cet officier de trente-sept ans qui ne fait pas mystère de ses sympathies ? Le 10 novembre 1943, un rapport signale que « le capitaine Flouquet, commandant de la section de gendarmerie de Lyon, qui bénéficiait d'une permission de quinze jours du 26 octobre au 9 novembre 1943 inclus, n'est pas rentré à l'expiration de sa permission. »

En réalité, l'homme a basculé dans la clandestinité, ayant appris son arrestation imminente par la Gestapo. Omer Flouquet est en effet un membre important, un « agent P1 » dans le jargon de la Résistance du réseau Mithridate. Après une tentative de passage infructueuse en Afrique du Nord, traqué par les Allemands, il appuie dans l'ombre les réseaux de renseignements au profit de la France libre, notamment à Nancy. À la Libération, il deviendra officier de sécurité militaire. Puis ce spécialiste de la guerre secrète combattra en Indochine (1947-1949) et en Algérie (1961-1962) avant de prendre sa retraite de colonel en 1963. Il est décédé sept ans plus tard.

Rapports du chef d'escadron Bariod, commandant la compagnie de gendarmerie du Rhône

Lyon, le 23 octobre 1943

La population éprouve une méfiance irréductible à l'égard de la Milice et soupçonne parfois ses adhérents d'être à l'origine des arrestations opérées par les autorités d'opérations. Il semble d'ailleurs que l'activité de cette formation n'est pas contrôlée par les autorités administratives et qu'elle se place délibérément au-dessus des organismes légaux existants. Un fait particulier semble appuyer cette thèse : le 3 octobre, une fête de bienfaisance régulièrement autorisée devait avoir lieu à Francheville. Le 2 octobre, un franc-garde, F., se présente à la brigade de La Demi-Lune en disant que cette fête ne devait pas avoir lieu. Le commandant de brigade rend visite à M. B., chef local de la Milice, pour lui dire que cette fête était autorisée par la préfecture du Rhône. M. B. a répliqué que la Milice peut agir même contre les ordres du préfet si le chef en donne l'ordre.

*

Lyon, le 30 mai 1944

Le 2 mai 1944, entre 0 h 45 et 1 h 30, les usines de construction automobiles Berliet, situées à Vénissieux (Rhône), banlieue lyonnaise, ont été bombardées par des avions anglo-américains.

Victimes : vingt-deux morts et vingt-neuf blessés parmi la population civile.

Dégâts : usine Berliet très éprouvée, principaux ateliers détruits. Cités ouvrières détruites.

Voie ferrée Lyon-Grenoble coupée en plusieurs endroits.

*

Lyon, le 2 juin 1944

[Le 26 mai 1944,] entre 10 h 30 et 11 heures, l'agglomération lyonnaise a été bombardée par de fortes escadrilles d'avions anglo-américains. Les principaux points atteints sont la gare de La Mouche, la gare de La Guillotière, la gare de Vaise. Les quartiers d'habitation situés à proximité de ces gares ont particulièrement souffert. [Idem pour la gare de Perrache, commune de Vénissieux, le quartier Moulin-à-Vent et le quartier de l'industrie à Saint-Rambert-l'Île-Barbe.] À ce jour, on compte plus de six cents morts et sept cents blessés. Le nombre de victimes augmente tous les jours au fur et à mesure que s'effectuent les déblaiements.

SAÔNE-ET-LOIRE

Le milicien ? Un « mouchard de la Gestapo »

Rapport du lieutenant Gras, commandant la section de gendarmerie de Louhans, sur la situation générale

Louhans, le 19 décembre 1941

Criminalité :

Le 7 décembre 1941, un meurtre a été commis à Varennes-Saint-Sauveur. Un cultivateur âgé de soixante-quatre ans tua sauvagement son épouse à coups de hache au cours d'une crise de folie due à l'alcoolisme. Le meurtrier a été arrêté et écroué.

Le 25 novembre 1941, une valise et un petit colis étaient abandonnés en gare de Louhans par un restaurateur lyonnais, M. F., qui s'enfuit en voyant arriver les gendarmes. Les colis contenaient des saucissons, du beurre, de la volaille et une lettre dans laquelle il était question de manœuvres abortives pratiquées sur une demoiselle « G. ». Le commandant de section commença l'enquête, découvrit la jeune fille intéressée et obtint des aveux. Le parquet de Lons-le-Saunier avisé arriva à Louhans le 6 décembre, accompagné d'un médecin légiste. La jeune fille renouvela ses aveux. À la suite de cette affaire, le Dr L., de Louhans, a été écroué le

12 décembre. C'était un spécialiste de l'avortement qui fut inquiété à plusieurs reprises mais qui avait toujours réussi à se tirer d'affaire.

Rapport du chef d'escadron Vial, commandant la compagnie de gendarmerie de la Saône-et-Loire, sur l'état d'esprit de la population

Mâcon, le 20 décembre 1941

À Louhans, le samedi 13 décembre, le cinéma passait un film documentaire sur la guerre de Russie. À un certain passage où on glorifiait l'armée allemande luttant contre des hordes qui se préparaient à envahir l'Europe occidentale et à détruire notre vieille civilisation, des coups de sifflet et des cris nombreux furent poussés [...]. L'effet produit fut certainement l'inverse de celui recherché.

Par ailleurs, on commente avec un air de satisfaction non dissimulée les incidents qui, paraît-il, se produisent en zone occupée entre les troupes d'occupation et celles revenant de Russie. Des incidents de ce genre auraient eu lieu à Beaune et à Besançon.

Rapport du lieutenant Gras, commandant la section de gendarmerie de Louhans, sur des escroqueries commises au préjudice des familles des prisonniers

Louhans, le 11 février 1942

Du 17 janvier au 10 février 1942, deux individus ont été arrêtés à Louhans pour avoir escroqué, ou tenté d'escroquer, des sommes importantes aux familles de prisonniers en leur promettant une libération illusoire.

Exemple :

Le 9 février 1942, le commandant de section apprenait que le nommé B. Fernand avait escroqué une somme de 12 000 francs à Mme Roux, épicière à Louhans, pour faire rentrer son mari prisonnier.

L'enquête entreprise aussitôt révéla que B. avait tenté, mais sans succès, d'escroquer 5 000 francs à Mme Millet, de Chateaurenaud, dont

le fils est prisonnier, et 5 000 francs à Mme Boussuge, bouchère à Louhans, dont le beau-frère est en Allemagne.

[...] B., ex-agent au 65ᵉ régiment d'infanterie, a été démobilisé le
15 octobre 1941 ; il a vécu d'expédients depuis cette date. Il a été déféré
au parquet de Lons-le-Saunier le 10 février 1942.

En conséquence, j'ai l'honneur de proposer :

– qu'une mesure d'internement soit envisagée à son égard,

– que le public soit mis en garde par voie de presse et de radio contre
des manœuvres particulièrement odieuses du fait que les victimes sont
choisies dans la partie de la population la plus touchée par les conséquences de la défaite.

**Rapport du capitaine Ardoin, commandant la section de gendar-
merie du Creusot, sur l'inspection annoncée de la brigade territoriale du Creusot**

Le Creusot, le 19 mai 1943

– Population :

38 500 habitants, dont plus des cinq sixièmes pour le centre du
Creusot.

Population française essentiellement ouvrière très calme et policée.
7 500 ouvriers. [Le nombre 10 000 est rayé et remplacé par 7 500.]
Jeunesse formée dans les écoles spéciales Schneider. Les ouvriers sont
fichés, et les indésirables mis à la porte n'ont aucun espoir de trouver du
travail sur la place, les petits ateliers travaillant pour le compte de l'usine
mère ne pouvant les embaucher. Les indésirables quittent nécessairement
la région.

Population étrangère. 850 étrangers – comprenant des Polonais en
majorité. [Le nombre 2 000 est rayé et remplacé par 850.] Population
peu intéressante, vivant en majeure partie en colonie dans des cantonnements propres, trafiquant de tout.

– Industrie :

Les établissements Schneider du Creusot (hauts-fourneaux, fonderies,
chaudronneries et un unique puits de mine) et du Breuil occupaient en
1940 près de treize mille ouvriers.

417

Les établissements Schneider sont entièrement occupés par les troupes d'occupation. Une mission allemande aux ordres d'un général y est attachée.

– Influence de la relève :

Plus de deux mille cinq cents ouvriers sont partis en Allemagne au titre de la relève.

Rapport du chef d'escadron Vial, commandant la compagnie de gendarmerie de la Saône-et-Loire, à monsieur le colonel commandant la légion du Lyonnais concernant la faute du gendarme P.

Mâcon, le 19 octobre 1943

En cette affaire, le gendarme P., de la brigade motorisée de Mervans, abusant du manque total d'autorité de son chef, prenait l'initiative de modifier l'itinéraire du convoi de camions devant transporter le personnel de la brigade de Mâcon à Cormatin. Le nouvel itinéraire choisi amenait tout le personnel au domicile de ses parents, où, de sa propre initiative, ils prescrivaient un arrêt pour consommer. Tout le personnel, chef compris, entrait au domicile des parents P., mangeait et buvait, tant et si bien que vingt minutes plus tard le gradé et les gendarmes, très gais, reprenaient place dans les camions. À l'arrivée à Cormatin, l'état d'ébriété de P. en particulier était constaté par un assistant des chantiers de jeunesse et par le commandant de brigade, sans doute lui aussi dégrisé. [...]

Considérant que la faute commise par P., à la base d'un scandale qui devait être évité, ne mérite aucune indulgence, je porte à dix jours d'arrêt de rigueur la punition infligée par le commandant de section.

Rapports du chef d'escadron Vial, commandant la compagnie de gendarmerie de la Saône-et-Loire, sur la situation générale dans le département

Mâcon, le 21 octobre 1943

– Agissements nuisibles au relèvement du pays :

La recrudescence des attentats constatés au cours du mois écoulé permet de supposer que des éléments troubles habitant le département servent pour le moins d'indicateurs à des organisations terroristes. Il est difficile maintenant de classer certaines personnes dans la catégorie des suspects. La presque totalité de la population étant hostile aux Allemands, nous sommes arrivés à un point tel qu'il est impossible d'affirmer que les personnes les plus honorablement connues n'ont pas une activité douteuse.

[À la rubrique « attentats commis au cours du mois », entre le 23 septembre et le 21 octobre, on recense pas moins de cinquante-sept actions, dont les suivantes.]

Le 23 septembre 1943, un attentat par déplacement d'un rail a été commis sur la voie ferrée Dole-Chalon, territoire de la commune d'Authumes. Un train de troupes allemandes a déraillé. Cinq officiers auraient été tués. Plusieurs blessés. Un civil français a été abattu par les militaires du convoi pour n'avoir pas obtempéré à leurs sommations.

Le 24 septembre 1943, un attentat par déplacement d'un rail a été commis sur la voie ferrée Dole-Chalon, commune de Verdun-sur-Doubs. Un train de marchandises a déraillé. Dégâts matériels importants.

Le 29 septembre 1943, M. P., demeurant à Lyon, a été blessé d'une balle de pistolet alors qu'il descendait du car à Louhans. Au cours de la poursuite des deux individus auteurs de l'attentat, le commandant de la brigade de gendarmerie de Louhans a été lui-même blessé de deux balles de pistolet.

Le 6 octobre 1943, un attentat par déplacement d'un rail a été commis sur la voie ferrée Paris-Marseille, territoire de la commune de Saint-Ambreuil. Deux trains ont déraillé. Dix personnes ont été tuées et une centaine ont été blessées.

Le 9 octobre 1943, trois terroristes ont attaqué à son domicile M. L., pharmacien à Saint-Germain-du-Bois, blessant grièvement ce dernier de deux balles de pistolet.

Le 12 octobre 1943, M. G., bonnetier à Cluny et chef local de la Milice, a été abattu d'une balle de pistolet, alors qu'il procédait à la collecte de la laine dans la commune de Genouilly, par deux individus non identifiés.

Dans la nuit du 15 au 16 octobre 1943, trois militaires allemands du poste d'écoute de Simard ont été tués pendant leur sommeil dans un local de la cantine scolaire du bourg. Les agresseurs, au nombre de huit, ont tiré de nombreuses rafales de mitraillettes et se sont enfuis dans une voiture automobile en emportant les effets personnels des victimes. [...]

Les recherches effectuées pour découvrir les auteurs de ces attentats sont jusqu'alors demeurées infructueuses.

– Attitude de la population :

La population est toujours très hostile aux occupants. Elle persiste à ne plus considérer le gouvernement actuel de la France comme un gouvernement libre de ses décisions et a tendance à obéir le moins possible aux ordres donnés. C'est ainsi que les réfractaires au Service obligatoire du travail ayant tous quitté leur domicile trouvent auprès des cultivateurs l'aide la plus complète. [...]

Les gens, tous unis, croient fermement agir par patriotisme en s'opposant à l'exécution des décisions gouvernementales. Plus nombreuses sont maintenant les personnes qui commencent à s'effrayer du nombre toujours croissant des attentats terroristes commis sur le territoire français. On évoque maintenant plus facilement la pénible situation de l'Espagne en 1936. Malgré cela, il ne faut pas compter sur ces personnes raisonnables pour obtenir une aide quelconque en vue de mettre un terme à cette action révolutionnaire : le souci de leur propre sécurité est généralement plus puissant que celui de la sécurité générale. [...]

Quant au mouvement milicien, il semble avoir contre lui une hostilité générale. Le milicien est généralement mal considéré car de nombreuses personnes n'hésitent pas à le qualifier de « mouchard de la Gestapo ».

– Commerce :

Depuis le débarquement anglo-américain en Italie, on constate sur certains marchés l'apparition de tissus, laine, bas, etc., dont on n'avait plus vu trace depuis longtemps. Tout porte à croire que les stocks cachés ont commencé à sortir et qu'ils sont encore assez nombreux. Les détenteurs de ces stocks recherchent indiscutablement le coup de commerce de la dernière heure.

*

Mâcon, le 23 décembre 1943

– Agriculture :

La situation des agriculteurs est toujours la plus florissante. Ceux-ci se plaignent cependant du manque de nourriture pour le bétail et les volailles et du manque d'engrais. Le fumier est peu abondant par suite de la rareté de la paille. La conséquence de cet état de choses est que les champs moins fumés produiront moins l'an prochain. Grâce à une fin de saison très favorable, les semis ont très bien levé et sont actuellement assez vigoureux pour supporter les rigueurs de l'hiver. Les semences de colza paraissent plus importantes que l'année dernière. Certains cultivateurs sèment du chanvre et il paraîtrait nécessaire d'encourager cette culture, utile à notre économie nationale.

Rapport du capitaine Bidan, commandant la section de gendarmerie de Mâcon, sur les agissements du lieutenant M., de Lugny

Mâcon, le 24 décembre 1943

Le 23 décembre 1943, au cours d'une inspection à la brigade de Lugny, j'ai appris par la rumeur publique que le nommé M. Robert, trente-cinq ans, lieutenant à la Légion des volontaires français [...] de Montargis, ex-huissier déchu de son emploi pour de nombreuses irrégularités, condamné pour port d'armes prohibées et vol de bois, actuellement en permission à Montbellet pour raison de mariage, se livre à une activité odieuse vis-à-vis des anciens prisonniers et jette le discrédit sur le premier régiment de France dont il porte les écussons.

Il résulte de l'enquête à laquelle je me suis livré :

1) Que M. n'hésite pas à se mettre à la disposition de l'autorité allemande pour l'aider à rechercher et à découvrir les prisonniers évadés.

C'est ainsi que Mme Berthoud, à Lugny, a reçu le 21 décembre sa visite ; il était accompagné de militaires allemands et s'est montré particulièrement cynique et incorrect vis-à-vis de cette femme tandis que la correction d'attitude des troupes d'opérations était soulignée.

Cette façon d'agir s'est renouvelée plusieurs fois.

2) Que M., très orgueilleux, est un exalté très dangereux qui porte toujours son pistolet. Il n'hésite pas à menacer de son arme tous ceux qui n'obtempèrent pas immédiatement à ses exigences, en disant : « Vous ne voulez pas me remettre ce que je vous demande ? Je vais vous faire réquisitionner tout ce que vous avez par un camion de la Wehrmacht ! » Ce fait s'est produit chez une épicière de la localité et dans plusieurs fermes.

3) Que M. est indigne de porter l'uniforme et les attributs du premier régiment de France [...].

En effet, en l'espace de trois mois, en 1939 et 1940, cet individu a fait l'objet de quarante-trois enquêtes de la brigade de Lugny pour abus de confiance et délits assimilés. [...] La présence d'un indésirable d'une aussi triste mentalité devient insupportable.

Il s'est présenté à la brigade en uniforme et armé, mais n'a pas voulu exhiber son titre, disant qu'il ne devait être visé que par le commandant d'armes allemand.

Compte-rendu relatif aux renseignements recueillis par la gendarmerie ou à l'activité déployée par elle au cours du mois d'avril 1944 (extraits)

Mâcon, le 27 avril 1944

– Attaques à main armée contre les mairies :

Le 1er avril 1944, à Saint-Romain-sous-Gourdon, vol par cinq individus armés de trois cents titres d'alimentation du mois d'avril.

Le même jour, à Verdun-sur-le-Doubs, vol par cinq individus armés des titres d'alimentation de la commune.

Le même jour, à Châtenoy-en-Bresse, même opération par quatre individus armés.

Le 4 avril 1944, à La Frette, vol par deux individus armés, au domicile du secrétaire de mairie, d'une partie des titres d'alimentation de la commune.

Le même jour, à Uchizy, vol par un individu armé des titres d'alimentation et du cachet de la mairie.

Le 11 avril 1944, à Saint-Bonnet-en-Bresse, vol en mairie par deux individus armés des titres d'alimentation.

Le 14 avril 1944, à Laives, enlèvement par trois individus armés des tickets d'alimentation et du cachet de la mairie.

Le 24 avril 1944, à Saint-Loup-de-Varennes, enlèvement par deux individus armés des titres d'alimentation de mai.

Le même jour, à Chenôve, vol par cinq individus armés du reliquat des titres d'alimentation d'avril et de l'essence en réserve à la mairie.

Le 25 avril 1944, à Ratenelle, vol par quatre individus armés des titres d'alimentation et d'un poste de TSF en mairie.

Vie quotidienne et marché noir

Le même jour, à Saint-Germain-les-Buxy, vol par trois individus armés des titres d'alimentation du mois de mai.

Le même jour, à La Genête, vol par quatre individus armés des titres d'alimentation de la commune. [Dans le même temps, trente débits de tabac sont braqués.]

– Chutes d'avions :

Le 25 avril 1944, à La Chapelle-Thècle, un avion de nationalité anglaise est tombé après avoir endommagé trois maisons d'habitation et mis le feu à trois meules de paille. Les corps de six aviateurs ont été retirés des décombres de l'appareil entièrement détruit et un septième blessé a été conduit à l'hôpital de Mâcon.

– Parachutages :

Le 19 avril 1944, à Saint-André-le-Désert, huit bidons de 200 litres en tôle provenant d'un parachutage ont été découverts.

Le 20 avril 1944, à Chiddes, découverte de deux bidons d'essence vides de provenance américaine, largués d'un avion.

Dans la nuit du 11 au 12 avril 1944, à Cuiseaux, un parachutage d'armes important a été effectué. Ces armes, découvertes par un groupe de GMR [groupes mobiles de réserve] dans un camion qui les transportait dans la nuit du 13 au 14, n'ont pu être récupérées. À la suite d'un accrochage entre les passagers du camion et les GMR, il y a eu un blessé et un tué parmi les premiers et deux blessés chez les seconds.

– Renseignements relatifs à l'Occupation :

Le 4 avril 1944, vingt et une personnes ont été arrêtées par les troupes d'occupation dans les communes de Montcey, Guerfand, Bey et Damerey.

Le 9 avril 1944, à Iguerande, trois personnes recherchées pour vol au préjudice des autorités allemandes ont été arrêtées par ces dernières.

Au cours de la nuit du 17 au 18 avril 1944, cinq personnes ont été arrêtées par les troupes d'occupation à Châtenoy-en-Bresse.

Le 20 avril 1944, à Saint-Bonnet-en-Bresse, arrestation par les troupes d'occupation de l'instituteur et du receveur des PTT.

Le 22 avril 1944, à Verjux, arrestation par les mêmes de l'instituteur de la commune.

Le 23 avril 1944, à Marcigny, perquisition au domicile du marquis de Vichy, suivie de l'arrestation du marquis et de son fils.

Le même jour, à Semur-en-Brionnais, arrestation, au cours d'opérations de police contre les réfractaires, de l'abbé Goutaudier, curé de Mailly.

Trois autres arrestations isolées sont signalées sur le territoire de la section de Mâcon.

D'autre part :

Le 2 avril 1944, à Huilly, les frères Mathy, cultivateurs, ont été tués à leur domicile par des membres de la Feldgendarmerie.

Le 7 avril 1944, à Serrigny-en-Bresse, un jeune homme non identifié a été tué par des militaires allemands.

Le 21 avril 1944, à Romenay, le nommé Brenot a été grièvement blessé par des militaires allemands effectuant une perquisition alors qu'il cherchait à s'enfuir.

Le 22 avril 1944, à Bresse-sur-Grosne, une voiture automobile transportant deux employés de la voie ferrée est mitraillée par une patrouille allemande. L'un des occupants est tué.

– Divers :

Le 16 avril 1944, à Joudes, un détachement de GMR effectuant un contrôle de la circulation est attaqué par méprise par un convoi de militaires allemands. Un GMR a été tué, un autre, blessé.

Note de service émanant de la compagnie de Saône-et-Loire

Mâcon, le 3 mai 1944

Divers incidents récents ont prouvé que le personnel de la gendarmerie, aux divers échelons de la hiérarchie, n'attache pas une attention suffisante à la protection des documents secrets.

C'est ainsi que, pour la troisième fois depuis le mois de décembre 1943, je suis amené à changer le tableau de clés annexé à la « notice relative aux procédés de chiffrement ». La large diffusion de cette notice est, par elle-même, de nature à augmenter les risques d'indiscrétion que seules une discipline absolue dans l'emploi des moyens de protection réglementaires et une loyauté totale du personnel sont susceptibles d'éliminer.

L'attention de tous sera attirée sur les conséquences extrêmement graves, peut-être même tragiques, qui peuvent résulter, pour le personnel de l'arme et pour les défaillants eux-mêmes, d'une négligence ou d'une indiscrétion.

RÉGION NORD

AISNE

Une vingtaine de Français arrêtés

Rapport du chef d'escadron Le Dall, commandant la compagnie de gendarmerie de l'Aisne, sur l'emploi de la gendarmerie française par les autorités occupantes

Laon, le 22 février 1943

Une vingtaine de ressortissants français ont été arrêtés en 1942 par les brigades de gendarmerie françaises des sections de Laon, Saint-Quentin, Vervins et Soissons sur simple avis téléphoné de la Feldgendarmerie ou de la Sicherheitspolizei et sans qu'il ait été donné connaissance du motif de l'arrestation.

À plusieurs reprises les mêmes brigades ont été chargées de convoquer des ressortissants français en vue de leur comparution devant les Feldgendarmeries.

Tous les officiers de Feldgendarmerie ont déclaré qu'ils ne pourraient rompre avec cette pratique que sur ordre de leurs supérieurs. Seul celui de Château-Thierry n'a jusqu'alors demandé aucun service du genre cité plus haut.

NORD

« Camarade Ferrari [...], nous te vengerons ! »

Rapport du capitaine Meurs, commandant la section de gendarmerie de Lille, au sujet des faits imputés aux gendarmes de Lambersart

Le 19 octobre 1941

Après réception d'une lettre anonyme du 28 septembre concernant les gendarmes de la brigade de Lambersart, le personnel a été interrogé sur les faits signalés :

Le maréchal des logis-chef Polveche a reconnu spontanément et avec beaucoup de franchise avoir reçu de Mme Beharel, hameau de La Miterie, à Lambersart, une demi-livre de beurre au prix de 12 francs dans la première semaine suivant sa rentrée en zone interdite. Mme Beharel aurait cédé cette demi-livre sur la quantité qu'elle se réservait pour elle et simplement pour rendre service.

Le gendarme Druder reconnaît également avoir obtenu à la ferme Cordonnier, rue du Grand-But, à Lomme, plusieurs quarts de beurre, contre paiement mais sans ticket. Les autres gendarmes ont nié formellement avoir sollicité des fermiers de leur circonscription du beurre, des œufs ou même d'autres produits.

Je me suis rendu dans les fermes [...]. Les gendarmes ont été très discrets et n'avaient jamais rien exigé. Le beurre leur a été délivré en faible quantité et contre paiement.

Un avertissement sévère a été donné à tout le personnel au sujet des faits signalés.

Rapport du sous-lieutenant Delavault, commandant la section de gendarmerie de Lille, sur la découverte à Pont-sur-Sambre de tracts de propagande antinationale

Avesnes, le 12 novembre 1941

Trois catégories distinctes :

– « La Vérité » (organe de l'Avesnois du parti communiste) fait mention des otages fusillés à Lille, Nantes et Bordeaux.

– « Le Métallo » (organe illégal de la défense des ouvriers métallurgistes) : les membres du gouvernement y sont violemment critiqués ; il est fait mention de la charte du travail.

– « Ménagères du Nord », au sujet de la libération des femmes du Nord emprisonnées comme otages, demandent « avis aux ménagères pour la destruction des peaux de lapins pour que les Allemands n'aient pas chaud cet hiver ».

Rapport du capitaine Werquin, commandant la section de gendarmerie de Cambrai, sur des faits de propagande antinationale

Début mars 1942

Dans la nuit du 4 au 5 mars 1942, on trouve ces inscriptions sur les murs d'habitations situées le long de la route nationale 39 :

« Ferrari, tombé en héros au service de la France, nous te vengerons ! »

« Camarade Ferrari, lâchement assassiné par les agents hitlériens, nous te vengerons ! »

« Ferrari, jeune héros de la défense nationale, les jeunes patriotes français te vengeront ! »

Rapport du capitaine Meurs, commandant la section de gendarmerie de Lille, sur la distribution de tracts à Houplines

Lille, le 13 mars 1942

Un tract invite les femmes de la commune d'Houplines à se rassembler le samedi 14 mars à 15 heures pour protester contre l'insuffisance de la ration de pois secs, fixée à une demi-livre, alors que, dans les communes urbaines, elle est fixée à 1 kilo.

Rapport de l'adjudant-chef Cholin, commandant provisoirement la section de gendarmerie de Lille, sur une diffusion de tracts émanant d'un comité départemental du Front national de lutte pour l'indépendance de la France

Lille, le 30 octobre 1942

« Notre pays sous la domination étrangère : notre patrie est pillée sans vergogne par les nazis, les produits de notre sol sont systématiquement arrachés à nos paysans pour le plus grand profit des odieux occupants.

« Pour savoir la vérité, écoutez : Radio Londres, Ici Moscou et Radio France. »

Rapport du lieutenant Delavault, commandant la section de gendarmerie d'Avesnes, sur des services exécutés demandés par l'autorité allemande

Avesnes, le 19 février 1943

Brigade de Trélon – locale :

En décembre 1942, la Feldgendarmerie d'Avesnes a demandé téléphoniquement à cette brigade de rechercher Charlier Numa, domicilié à Ohain, soupçonné de détention d'armes. Deux services négatifs ont été exécutés. J'ai fait des représentations à l'officier commandant la Feldgendarmerie.

Rapport du capitaine Feryn, commandant la section de gendarmerie de Lille, sur un incendie de récoltes à Illies

Lille, le 2 novembre 1943

Le 30 octobre 1943, à 22 h 30 à Illies, un incendie a détruit un hangar abritant 400 000 kilos de lin en bottes, deux semoirs, deux moissonneuses et une égraineuse électrique appartenant à M. Carle, ferme de l'Écuelle.

Causes indéterminées, mais en raison des nombreux incendies criminels commis dans la région de Lille on peut présumer qu'il y a malveillance.

PAS-DE-CALAIS

Les mineurs en grève

À Lens, les autorités sont confrontées à de nombreuses grèves de mineurs.

Grève dans la concession des mines de Dourges le 28 mai 1941 (fosses 7, 3, 6 bis et 9)

Le motif exploité, semble-t-il, par les éléments communistes en majorité dans cette région est la décision prise par la Direction des mines de répartir au fond le travail par équipes de trois, au lieu de dix comme précédemment.

Les gendarmes signalent que « trois meneurs communistes » ont été arrêtés par les Allemands.

Le 29 mai 1941

Le matin du 29 mai, les ouvriers de la fosse 21 à Harnes, au nombre de six cent trente et un, se sont mis en grève au fond après la descente. Ils invoquent comme motifs leurs doléances et desiderata :
– Ravitaillement insuffisant en pommes de terre et matières grasses.
– Suppression du commerce noir.
– La fin de la guerre.
Les ouvriers sont invités à reprendre le travail sous peine de sanctions dans le plus bref délai.

Le 30 mai 1941

Il semble de plus en plus que l'on se trouve en présence d'un mouvement largement organisé, et probablement d'origine communiste. Quand des indices de reprise de travail se manifestent en un point, le conflit éclate à côté, et ainsi de suite.

Le 2 juin 1941

Des groupes de femmes sont intervenus en plusieurs endroits pour débaucher les ouvriers. Elles ont été dispersées par les patrouilles de gendarmerie.

Exemple à la fosse 5 des mines de Liévin à Calonne : groupe de cinq cents femmes et enfants.

Les manifestations de ce genre faites exclusivement par des femmes résultent d'un mot d'ordre général [...]. L'attitude de la foule est faite de passivité et d'inertie, mais les rassemblements sont longs à se disperser.

La présence des femmes et les invectives qu'elles adressent impersonnellement aux ouvriers désireux de travailler amènent ceux-ci à faire demi-tour volontairement, sans insister davantage pour travailler.

De plus en plus des mesures énergiques s'imposent à mon sens sous la forme suivante : arrestations préventives des meneurs de grève et agitateurs communistes qui sont connus, et sanctions sévères à leur égard, solution rapide, faute de quoi l'agitation, déjà très sensible, s'accroîtra.

Le 3 juin, les Allemands tirent quelques coups de feu pour disperser la foule.

Le 5 juin 1941, vers 6 h 45, fosse 21 à Harnes : un groupe de six soldats allemands, pour disperser une centaine de femmes, a ouvert le feu (mousqueton). Environ vingt-cinq à trente coups de feu furent tirés, semble-t-il, au-dessus de la foule. Une femme a été grièvement blessée à la jambe : Mme Vandemeulebroucq, trente-quatre ans, demeurant 2, rue Montbéliard, à Harnes. Elle a été hospitalisée et sera probablement amputée.

Le 9 juin, le travail a repris normalement. Il ne reste que quelques grévistes isolés (4 à 5 %).

La fin de la grève doit être attribuée aux mesures prises par l'autorité allemande : arrestations, affiches, fermeture des cafés.

Vie quotidienne et marché noir

Rapport du lieutenant Cartier, commandant la section de gendarmerie de Boulogne-sur-Mer, sur un incident provoqué par le gendarme Correur, de la brigade de Marquise

Le 10 juillet 1941

Le 13 juillet 1941, le gendarme Correur, de Marquise, en permission de douze jours, a été emprisonné à Ambleteuse par les autorités allemandes pour avoir causé du scandale sur la voie publique. Ce gendarme s'était rendu à Ambleteuse, où il consomma dans divers cafés avec plusieurs consommateurs. À 18 heures, il mangea au café Lisse en compagnie des sieurs Dewalle Maurice et Provost Émile (individus peu recommandables), puis tous trois se rendirent au café Bouchet, où ils continuèrent à boire. Le gendarme Correur, ivre, commença à se livrer dans le café à des exhibitions de force, puis se prit de querelle avec un consommateur, qu'il brutalisa et frappa de sorte que celui-ci, pour se libérer, dut se réfugier au café Lisse. Mais Correur alla l'y rejoindre et le gifla de nouveau. Dewalle, qui se trouvait encore avec Correur, voulut s'interposer et le sortir du café, mais il fut également frappé. Sur la voie publique, la querelle reprit à nouveau. Deux policiers allemands qui se trouvaient à proximité intervinrent et emmenèrent les deux hommes au poste.

Le commandant de section s'étant rendu à la Standorskommandantur, il lui fut répondu que Correur serait transféré à Boulogne-sur-Mer pour avoir insulté l'armée allemande. Correur a été relâché le 14 juillet 1941.

Correur prétend n'avoir fait aucune insulte à l'armée allemande. De ses déclarations, il résulte qu'il aurait reproché à la tenancière du café Lisse d'avoir eu un enfant avec un militaire de l'armée d'occupation.

L'autorité allemande reproche le fait suivant : lors de la rixe sur la voie publique, un policier allemand s'interposa et donna l'ordre aux deux combattants de retourner chez eux. Le policier allemand, croyant que Correur n'obtempérait pas, l'arrêta sur-le-champ.

Sa manière de servir est passable, c'est un sujet qu'un chef ne peut jamais abandonner de sa surveillance [...]. Le scandale porte une sérieuse atteinte au prestige et à la considération de l'arme, il a fait montre d'un oubli complet de sa dignité professionnelle.

Huit jours d'arrêt de rigueur.

Chronique d'une France occupée

Rapport du lieutenant Morival, commandant la section de gendarmerie de Saint-Pol-sur-Ternoise, sur une importante affaire de trafic illicite de blé dans la région de Saint-Pol-sur-Ternoise

Le 17 septembre 1941

Le 8 septembre 1941, j'ai appris par une personne désirant conserver l'anonymat qu'une importante quantité de blé avait été achetée à un prix très supérieur à celui fixé par décret (800 francs le quintal au lieu de 290) et enlevée clandestinement, le 6 septembre 1941, sans titre de circulation, par un camion belge immatriculé sous le numéro 586547.

Au cours d'une enquête, trois cultivateurs d'Humerœuille et d'Humières ont reconnu avoir vendu soixante-dix-neuf sacs de blé pesant chacun 80 kilos, à raison de 800 francs le quintal.

Ces trois cultivateurs ont été gratifiés d'un procès-verbal pour infraction à la loi du 21 octobre 1940 sur la législation des prix.

Le 14 septembre 1941, poursuivant leurs investigations, les gendarmes enquêteurs ont réussi à identifier l'acheteur de blé, le nommé D., âgé de quarante-quatre ans, représentant de commerce. Cet individu a reconnu entièrement les faits. D. exerce la profession de courtier et de représentant, en utilisant une Citroën 9 CV immatriculée sous le numéro 692 MD5.

Il ne fait aucun doute que cet individu est un intermédiaire d'une vaste organisation du marché noir en matière de céréales. Tout laisse supposer que le blé a été transporté par camion en Belgique. Ne veut pas dénoncer.

Il a déclaré qu'il consentait à transiger avec les services des contributions indirectes et du contrôle des prix pour la somme de 60 000 francs.

J'ai l'honneur de proposer son internement, par mesure administrative, dans un camp de séjour surveillé. Son retrait de son autorisation de circuler et de son permis de conduire. La saisie de sa voiture automobile.

Rapport moral de la section de Lens en 1941

L'état d'esprit du personnel continue à ne pas être satisfaisant. D'une façon générale : inertie, lassitude, laisser-aller. Les caractères sont aigris, la tenue, la confiance dans les chefs ne sont plus la règle, et le zèle et le feu sacré deviennent des qualités rares.

Raisons multiples :

– la défaite et le maintien de l'Occupation,

– la propagande : vivant au contact d'une population fruste, travaillée par le gaullisme et le communisme, le personnel est l'écho de toutes les chimères et de tous les bobards. Il n'a pas la culture suffisante pour débarrasser son esprit de ces fictions et se réadapter rapidement à la situation nouvelle qui s'est créée en Europe. L'ampleur du problème le dépasse.

Il faut en effet pour comprendre (et l'être humain a besoin de comprendre) se pencher sur les problèmes nouveaux avec des moyens intellectuels que le personnel n'a pas.

À l'heure actuelle, l'arme a trop de servitudes.

Le gendarme est devenu un « bon à tout faire ». Le gendarme doit presque posséder les connaissances d'un juge d'instruction ou d'un procureur [...]. Il doit faire des enquêtes administratives (enquête de l'intendance, du ravitaillement général, du comité des viandes...) ; il doit encore maintenir l'ordre, surveiller les voies ferrées, les pylônes électriques [...]. Beaucoup trop de choses pour qu'elles soient bien faites.

Rapport du chef d'escadron Valogne, commandant la compagnie de gendarmerie du Pas-de-Calais, au capitaine commandant la section de Béthune

Arras, le 23 février 1942

Mme Moreau Cappart, demeurant 32, rue du Creusot, à Bruay-en-Artois, dont le mari est prisonnier de guerre, recevrait clandestinement la nuit plusieurs hommes âgés de vingt à trente ans. Ces visites auraient lieu une fois ou deux la semaine.

Ces individus sont armés (grenades et pistolets), ils changent fréquemment de tenue [...] et se griment. Ils semblent appartenir au milieu anarchiste.

De fausses cartes de pain (ou des cartes volées) auraient été vendues dans ce coron au prix de 135 francs ; ces cartes seraient écoulées par ces individus et par la femme Moreau.

Enfin, un cambriolage de nuit serait en préparation contre le dépôt communal, à Auchel, où seraient stockées des denrées alimentaires. Aucune autre précision n'a pu être obtenue pour l'instant.

Rapport du lieutenant Morival, de la section de gendarmerie de Saint-Pol-sur-Ternoise, sur l'emploi de la gendarmerie par les autorités occupantes

Le 17 juillet 1943

Le 15 juillet 1943, à 20 h 30, la Feldgendarmerie de Saint-Pol-sur-Ternoise m'a ordonné par téléphone de mettre à sa disposition, le 16 juillet 1943 à 8 h 30 à la gare de Saint-Pol, deux gendarmes, à l'effet d'escorter par voie ferrée à Étaples un certain nombre de jeunes gens.

À défaut de réquisition de l'autorité administrative, ou d'un ordre écrit du commandant de compagnie ou du Kreiskommandant d'Arras, et ne disposant plus du temps nécessaire pour faire les représentations auprès de monsieur le préfet et du Kreiskommandant, j'ai immédiatement rendu compte par téléphone au commandant de compagnie du Pas-de-Calais à l'effet de savoir si je devais obtempérer à cet ordre des autorités occupantes. Ayant reçu une réponse affirmative, le service demandé a été exécuté. L'emploi du personnel de la gendarmerie pour exécuter une telle mission n'est pas prévu par aucun texte.

Rapport du lieutenant Morival, de la section de gendarmerie de Saint-Pol-sur-Ternoise, sur l'arrestation par les autorités allemandes de réfractaires au STO

Le 21 juillet 1943

Le 20 juillet 1943, vers 5 h 30, la GFP [Geheime Feldpolizei] d'Arras a fait irruption dans les communes d'Humeroeuille et Bernicourt (Pas-de-Calais) avec une cinquantaine de soldats allemands à l'effet d'y rechercher un certain nombre de jeunes gens appartenant aux classes soumises au Service obligatoire du travail.

À Humeroeuille, quatre jeunes gens ont été arrêtés. Le maire de la commune occupait l'un d'eux comme ouvrier agricole.

À Bernicourt, le maire hébergeait un soi-disant ex-officier français, âgé de vingt-cinq à vingt-huit ans, dans la valise duquel les policiers allemands ont découvert un revolver. Dans cette commune, sept jeunes gens, y compris l'ex-officier, ont été également arrêtés. Dans une vieille maison où couchaient quatre de ces réfractaires, les autorités allemandes auraient découvert deux mitraillettes.

Ces réfractaires au STO [Service du travail obligatoire], soi-disant venus dans les fermes pour coopérer à la moisson, résidaient dans ces communes depuis quelques jours et avaient été placés par le maire de Bernicourt, à qui ils avaient été envoyés par un nommé B., interprète à Liévin, retrouvé assassiné avec son secrétaire à Wailly (Pas-de-Calais), dans la nuit du 17 au 18 juillet 1943.

SEINE-INFÉRIEURE (SEINE-MARITIME)

Quand Radio Paris moque la gendarmerie

Rapport du capitaine Cambray, commandant la section de gendarmerie de Rouen, sur des propos offensants tenus envers le corps de la gendarmerie par la voie de la radio

Rouen, le 24 septembre 1941

Le speaker du poste d'émission de Radio Paris a, dans son émission des nouvelles diffusée le 24 septembre à 12 h 45, tenu à peu près textuellement les propos suivants ; après avoir exposé les dissentiments qui régneraient entre un journaliste du nom de Pertinax et le général de Gaulle, il a ajouté ceci :

« M. Pertinax estime peut-être que l'ex-général de Gaulle n'est apte qu'à devenir un général de gendarmerie car, selon le proverbe, "pour faire un bon gendarme il faut être beau, grand et bête". Toute la gendarmerie, à laquelle il est rappelé "la tâche nationale qui lui est confiée et les espoirs que le gouvernement du Maréchal met dans son action", mérite dans les circonstances actuelles d'être défendue contre des attaques aussi inattendues et des allusions aussi néfastes. »

Chronique d'une France occupée

Rapport du capitaine Cambray, commandant la section de gendarmerie de Rouen, sur une défaillance notoire du groupement de répartition des farines

Rouen, le 13 juillet 1942

En janvier 1942, une enquête a permis de relever cent soixante-cinq infractions pour usage frauduleux ou falsification de tickets de pain allemands.

Cette affaire n'a été que la reprise inopinée et minutieusement exploitée d'éléments connus seulement de la police municipale de Grand-Quevilly, du service de contrôle mobile et du groupement de répartition des farines depuis juillet 1941.

Entre juillet 1941 et janvier 1942 :

– aucune diffusion des éléments constituant les infractions relevées initialement ne fut faite à la gendarmerie,

– aucun contrôle énergique ne fut exercé,

– aucune précision ne fut apportée aux boulangers sous une forme officielle ou une publicité suffisante sur les possibilités d'utilisation des tickets de pain allemands par les consommateurs,

– aucun contrôle efficace ne fut commandé pour la vérification des enveloppes contenant les tickets de pain allemands et renvoyées chaque mois au groupement de répartition des farines par les boulangers.

Cent trente-deux inculpés ont été traduits en mai 1942 devant le tribunal correctionnel à la suite des constatations relevées par la gendarmerie en janvier 1942.

Rapport du capitaine Dugravot, commandant la section de gendarmerie de Rouen, sur un vol commis par des militaires allemands et constaté en flagrant délit par la gendarmerie française

Le 7 novembre 1942

Depuis quelque temps des vols de biscuits et de chocolat étaient commis aux établissements Les Coopérateurs de Normandie, rue d'Eauplet, à Blosseville-Bonsecours.

Une surveillance a été exercée par la brigade de Rouen-Saint-Sever pendant les nuits des 3 et 4 novembre 1942. Le 5 novembre, à 0 h 30, les deux gendarmes de surveillance Strady et Bouquet ont surpris en flagrant délit de vol deux militaires de l'armée d'occupation, qui s'étaient introduits dans le dock de l'épicerie par une fenêtre dont il manquait un carreau. Après une courte lutte et une poursuite, les deux militaires sont arrivés à s'échapper par le même chemin après avoir frappé les gendarmes qui avaient perdu dans la lutte leur lampe électrique. Le gendarme Bouquet a tiré un coup de pistolet en l'air pour attirer l'attention du poste de garde allemand situé à proximité.

La sentinelle allemande a déclaré n'avoir rien vu ni entendu. Un soldat allemand a laissé sur place une paire de chaussons imprégnés de farine.

Le capitaine commandant la section a informé de ces faits la Feld-gendarmerie de la Stadtkommandantur, qui a envoyé immédiatement un adjudant-chef de gendarmerie pour une enquête à la compagnie des boulangers, cantonnée en partie dans l'établissement des Coopérateurs. Cette enquête menée rapidement a permis aux gendarmes français de reconnaître l'un des voleurs. Le gendarme Bouquet a le poignet gauche foulé et le gendarme Strady, l'œil gauche contusionné, sans aucune indisponibilité.

SOMME

Stalag 204

Rapport de l'adjudant Lamblin, commandant provisoirement la brigade de gendarmerie d'Amiens, sur la situation des camps de prisonniers de guerre

Le 3 mai 1941

Dans la circonscription de la brigade, il existe un seul camp de prisonniers de guerre, le stalag 204, à la citadelle d'Amiens.

Les prisonniers sont au nombre de quatre cent soixante et logés dans des bâtiments en dur.

Leurs besoins en vêtements et en vivres semblent satisfaisants.

RÉGION OUEST

CALVADOS

« Il n'y a plus de fautes d'ivresse »

Rapports du gendarme Guernet, commandant de poste de Blainville-sur-Orne

Le 9 avril 1941

La débauche de femmes de soldats prisonniers existe partout où les troupes sont cantonnées. Des filles de moins de vingt ans se livrent également à la prostitution. Ces délits présentent une certaine difficulté à être relevés sans créer d'incidents. Néanmoins, un procès-verbal a été dressé dans le courant du mois de janvier pour excitation de mineur (quinze ans) par ascendant. Les faits nettement établis n'ont donné lieu jusqu'alors à aucune sanction. Les coupables, ayant l'impression très nette que l'enquête n'aura pas de suite, ne se privent pas de continuer leurs agissements honteux.

D'autres jeunes filles, camarades de l'intéressée, font de même. Leurs parents y trouvent une source de profit et ne mettent aucune entrave à leur conduite qui indigne la population honnête.

*

439

Le 10 avril 1941

Les délits présentent une certaine difficulté à être relevés de la part des agents de la force publique étant donné la présence de certaines femmes aux côtés des soldats allemands.

Rapports du capitaine Le Flem, commandant la section de gendarmerie de Lisieux, sur l'état d'esprit de la population

À l'époque où il rédige ces lignes, le capitaine Paul Le Flem a échappé de peu à la mort. Membre d'un réseau de résistance, il a été arrêté par les Allemands le 9 octobre 1941 et déporté. Il a finalement été libéré faute de preuves. Il rejoindra les FFI lors des combats de la Libération.

Le 17 juin 1943

Quelques fautes graves au cours du dernier trimestre ont montré combien le gendarme est accessible aux mouvements d'opinion divers qui agitent la France, combien le trafic et la corruption généralisée à tous les échelons et dans toutes les branches de la société sont un mal contagieux qui a une telle ampleur que le gendarme ne croit pas commettre une faute bien grave en faisant une petite entorse au règlement. C'est la raison pour laquelle :

– Une punition grave a été infligée à un militaire qui s'est laissé aller à accepter à boire avec des jeunes gens nouvellement recensés et à chanter avec eux des chansons révolutionnaires. Il a été révoqué.

– Une punition est actuellement en cours pour avoir transporté sous le couvert de son uniforme 13 kilos de beurre destiné au ravitaillement de sa famille dans la capitale.

*

Le 17 septembre 1943

Il faut reconnaître que pour la question de l'ivresse il y a un gros progrès. Même dans ce pays où il est facile pour un gendarme de se laisser tenter, voir même de respecter les vieilles habitudes qui consistaient à accepter, à chaque arrêt en cours de tournée, la tasse de café et le verre d'alcool, il n'y a plus de fautes d'ivresse. Cette mauvaise habitude a, à peu près, disparu.

CHARENTE

Les Allemands se plaignent : cent hommes souffrent de maladies vénériennes

Rapport du chef d'escadron Fourment, commandant la compagnie de gendarmerie de la Charente

Angoulême, le 20 décembre 1941

Les maires sont surchargés de papiers. Il est possible que leur recrutement devienne difficile. Leur position est en effet délicate, tant en raison des grosses responsabilités qu'ils encourent du fait de l'occupant que du peu d'empressement mis par les administrés pour leur faciliter leur tâche. Sur ces derniers, ils doivent parfois fournir des renseignements défavorables dans des conditions de discrétion insuffisantes. Ils sont aussi chargés de lourdes réquisitions, auxquelles ils cherchent à se dérober.

L'interdiction des transports en commun le dimanche est impopulaire. Elle prive :

– le rural de sa dernière distraction de se rendre en ville ou dans sa famille,

– le citadin d'essayer d'effectuer son ravitaillement familial.

Rapports du chef d'escadron Moser, commandant la compagnie de gendarmerie de la Charente

Angoulême, le 20 mars 1942

La principale question à l'heure actuelle est la réquisition des chevaux par l'armée allemande. Cette réquisition enlève à l'agriculture 12 % de ses meilleurs animaux. Les prix ont varié de 26 000 à 62 000 francs. Les bêtes requises avaient de cinq à dix-sept ans, et même vingt-deux ans. La réquisition des chevaux a fait monter le prix des bœufs de travail. La hausse atteint jusqu'à 10 000 francs la paire.

*

Angoulême, le 20 juin 1942

Certaines mesures ne sont pas très bien comprises du public : le maire d'une commune avait ramassé les pommes de terre réquisitionnées au prix de 134 francs le quintal. En ayant besoin pour la cantine scolaire, il eut l'autorisation d'en prendre, mais ces pommes de terre lui ont alors été revendues, au nom d'un grossiste qui ne les avait jamais vues, au prix de 185 francs le quintal.

Personne ne comprend pourquoi les cerises qui pourrissent sur les arbres tant elles sont abondantes sont taxées 15 francs le kilo.

Certains industriels modifient leur production. Un ingénieur papetier a réduit son personnel à cinq ouvriers, qui, travaillant comme on le faisait il y a cent ans, fabriquent un papier indestructible pour éditions spéciales numérotées. Il a des commandes pour plus d'un an à l'avance ; il a plus de bénéfices que certaines usines de deux cents ouvriers, qui continuent à travailler dans les conditions normales.

*

Angoulême, le 21 décembre 1942

L'invasion de la zone libre fait plutôt plaisir. On estime que cela mettra fin à un certain privilège et permettra à tous les Français d'apprécier l'Occupation.

*

[1943]

En dehors du ravitaillement familial, un trafic important se fait sur toutes espèces de denrées. Nombre de personnes y cherchent la totalité de leurs bénéfices : cent douze douzaines d'œufs, achetées à Ruffec

25 francs la douzaine, étaient destinées à Nice au prix de 25 à 30 francs l'œuf. Un autre délinquant, P. Adrien, de Taizé-Aizie, en Charente (section de Ruffec), achète le beurre dans la Vendée au prix de 100 francs le kilo et le revend 400 francs à Bordeaux. Il a fait 20 000 francs de bénéfice dans sa semaine, d'après sa propre déclaration. Un autre, M. F., de Ruffec, qui gagne 30 000 francs par jour (d'après sa femme), a fait l'objet de quatorze procès-verbaux depuis 1941. Il se vante de faire ce qui lui plaît et d'obtenir tous les laissez-passer désirables.

*

Angoulême, le 21 février 1943

Monsieur l'abbé de Barbezieux disait tout récemment au lieutenant commandant la section de gendarmerie de cette localité qu'il était outré des « combinaisons » malhonnêtes de ses paroissiens, notamment avec les occupants. Quant à ses paroissiennes, il préférait ne pas les juger. Le commandant de l'Ortskommandantur a déclaré au même officier, en ce qui concerne ces dernières, que le quart de son effectif, soit cent hommes environ, avait attrapé des maladies vénériennes à Barbezieux.

Rapport du capitaine Poirier, commandant la section de gendarmerie de Cognac

Cognac, le 6 avril 1943

Le 3 avril 1943, vers 23 h 30, une rixe a eu lieu entre des membres de l'armée d'occupation et des civils français à Julienne (Charente). Des coups de feu ont été tirés par les militaires. Un civil a été blessé.

Deux sous-officiers et six soldats qui appartenaient à une unité cantonnée à Jarnac, actuellement à Angoulême, vinrent dans une salle de noces. Ils y burent plus que de raison en compagnie de deux civils français. En état d'ébriété, ils essayèrent d'assister au bal autorisé par le maire à l'occasion du mariage. Invités à se retirer, ils frappèrent plusieurs personnes à coups de poing et de pied. Un civil se défendit et brisa une bouteille sur la tête de son antagoniste. Un soldat mit son pistolet au poing. Une véritable panique s'ensuivit. Les militaires pourchassèrent les civils qui s'étaient réfugiés dans les logements. Des coups de feu furent tirés par les assaillants à travers les portes et les volets. Le nommé Lenfant Simon [...] fut légèrement blessé d'une balle à l'épaule. Quelques autres civils portent des ecchymoses à la face qui paraissent sans gravité. Les militaires se retirèrent après avoir brisé verres, assiettes, bouteilles, ampoules électriques.

Rapport du chef d'escadron Moser, commandant la compagnie de gendarmerie de la Charente

Juillet 1943

On assiste à un changement très net dans l'attitude de la population. Les gens parlent ouvertement, racontent ce qu'ils savent et surtout ce qu'ils ignorent. Certains se donnent des airs mystérieux, désirant faire croire qu'ils font partie de sociétés secrètes et qu'ils sont particulièrement informés. Des personnes considérées comme les piliers de la collaboration, à Ruffec, tournent complètement casaque et recherchent la fréquentation du lieutenant de gendarmerie, dont ils espèrent la protection ultérieure (invitations, bridges...) ! Ils espèrent l'arrivée des Alliés et parlent déjà des horreurs de l'Occupation. Personne ne croit plus en la victoire allemande.

CHARENTE-MARITIME

Un adjudant infidèle ?

Rapport du chef d'escadron Guin en remplacement du capitaine Louvet, chargé de l'expédition des affaires

La Rochelle, le 11 septembre 1945

Monsieur T. Albert, ancien prisonnier de guerre, forgeron à Muron (Charentes-Maritimes), accuse l'adjudant A. Gabriel d'avoir entretenu pendant sa captivité et a continué à entretenir, malgré son retour, des relations avec son épouse, madame T. épicière à Muron. Monsieur Marchais, président de l'amicale des prisonniers de guerre de Muron, a porté plainte au colonel commandant la légion afin de sauver, si possible, le ménage de son camarade T.

Il a eu connaissance des relations de l'adjudant A. avec madame T. par la rumeur publique et par les confidences des personnes renseignées (monsieur T. en particulier).

Monsieur Bonneau André, maire du Muron, a eu connaissance des relations qu'entretient l'adjudant A. avec madame T. [...]. Monsieur T. a fait des confidences à monsieur Bonneau en manifestant sa surprise, de l'attitude de sa femme à son égard, et en lui faisant part de ses intentions de tout tenter pour retrouver le bonheur dans son foyer. [...] Mais personne, ni les plaignants, ni Madame T., cultivatrice à Muron, également entendue, ne peut donner des précisions, les rencontres ne se produisant pas à Muron où l'adjudant A. ne va que rarement. Il a simplement été constaté, que les absences de madame T. correspondent parfois avec les absences de l'adjudant A. Les jours d'ouverture de la chasse, en 1945, madame T. s'est absentée du Muron et l'adjudant T. s'est absenté de Rochefort. L'adjudant A. affirme n'avoir jamais eu de rapport avec madame T. et déclare que les bruits qui circulent à son sujet sont dénués de tout fondement et sont l'œuvre de personnes jalouses cherchant à le calomnier.

CÔTES-DU-NORD (CÔTES-D'ARMOR)

« Beaucoup de jeunes gens [...] ont rejoint l'Angleterre en utilisant des bateaux de pêche des petits ports bretons »

Rapport du chef d'escadron Tanguy, commandant la compagnie de gendarmerie des Côtes-du-Nord, sur l'état d'esprit du personnel

Saint-Brieuc, le 20 décembre 1940
Les rapports entre les Kommandanturen et les officiers de gendarmerie sont corrects et fort courtois. Une seule chose serait à préciser : un chef

d'escadron de gendarmerie française semble être tenu de saluer le premier un sous-lieutenant allemand. Ceci me semble incompatible avec la dignité de l'officier français et je sais que toute la population marque de la surprise, pour ne pas dire plus, quand elle est témoin de ces faits. Je crois qu'il serait bon de préciser que l'officier français ne doit saluer le premier que des officiers d'un grade au moins égal.

Rapport du chef d'escadron Tanguy, commandant la compagnie de gendarmerie des Côtes-du-Nord, sur l'état d'esprit de la population

Saint-Brieuc, le 19 avril 1941

– Mouvement gaulliste :

Au mois de décembre 1940, un complot de « gaullistes » aurait été découvert par l'autorité allemande dans le département du Finistère, avec ratification dans l'arrondissement de Lannion. Une quinzaine d'arrestations dont une dizaine de jeunes gens ont été effectuées à Lannion et aux environs. Le gendarme Jouan, de Lannion, arrêté par erreur, fut mis hors de cause immédiatement.

Cet incident vient d'avoir son épilogue au conseil de guerre de Brest ; plusieurs condamnations capitales auraient été prononcées (renseignements fournis par le gendarme Jouan, appelé au tribunal à titre de témoin).

– Propagande anglaise et de la France libre :

On peut même dire, sans crainte d'erreur, que dans de nombreuses familles la radio anglaise seule est écoutée et que la population a foi en la victoire finale anglaise, qui assurerait la liberté du pays.

Beaucoup de jeunes gens ont quitté la région et l'on assure qu'ils ont rejoint l'Angleterre en utilisant des bateaux de pêche des petits ports bretons.

– Trafics illicites :

Le marché noir s'opère des Côtes-du-Nord aux départements voisins parce qu'il n'y a pas d'unification de prix entre les départements limitrophes.

Au cours du premier trimestre 1941, deux cent dix procès-verbaux ont été dressés par la gendarmerie.

Mais la répression est trop lente et les peines encourues, trop minimes pour que les délinquants qui font fortune ne soient pas incités à continuer.

Il y a plus. Le plus grand trafiquant du commerce noir, objet de plus de quarante procès-verbaux, poursuivi par le parquet de Guingamp et de Lannion, a été acquitté après démarches de je ne sais qui du service du ravitaillement de Paris.

Effet désastreux : la population n'hésite pas à dire que les petits sont condamnés mais que les gros trafiquants jouissent d'une protection spéciale. Il s'agit du nommé T., commerçant en bestiaux à Guerlesquin.

– Ravitaillement :

La situation des paysans est la plus favorisée. Les agriculteurs réalisent des gains importants. Les produits du sol sont taxés à des prix élevés et un sourd mécontentement grossit chaque jour dans le monde ouvrier et fonctionnaire.

FINISTÈRE

Une baïonnette allemande contre le saint sacrement

Rapport du lieutenant Lambert, commandant la section de gendarmerie de Morlaix, sur des outrages et menaces faits à son égard par un soldat allemand

Morlaix, le 11 octobre 1940

Le 10 octobre 1940, à 20 heures, je me trouvais au restaurant Garion, route de Brest, lorsqu'un soldat de l'armée allemande est entré dans la salle à manger.

Ce militaire, qui était manifestement ivre, a adressé la parole à un homme qui prenait son repas et lui a dit textuellement : « Bonjour, camarade » ; en même temps, il lui a tendu la main.

Ce consommateur n'a pas répondu.

Le soldat insistant pour qu'il lui serre la main et pour éviter un incident, le civil lui a tendu la main droite.

Le soldat a répondu : « Das güt. »

Aussitôt après, ce militaire s'est avancé à ma table et m'a dit : « Ah, officier. Bonjour, camarade. »

Officier français, je n'ai aucune haine pour les soldats de l'armée d'occupation, mais, devant l'état d'ébriété très prononcé de ce militaire, je lui ai demandé de vouloir bien me laisser en paix.

Le soldat m'a tendu la main, que j'ai refusée. Mon refus l'a exaspéré.

Il s'est mis à prononcer en allemand des propos désobligeants à mon égard.

Bien que ne connaissant pas la langue de Goethe, j'ai compris qu'il me traitait de « cochon » et de « sale Français ».

De plus en plus surexcité, ce soldat m'a mis la main sur la tête, a fait mine de sortir sa baïonnette et a dit en un mauvais français : « Coupez cou. » Je n'ai pas répondu ni fait aucun geste. [...] Deux soldats allemands, voyant leur camarade très surexcité, sont intervenus.

Il est regrettable que semblable fait se soit produit, car la gendarmerie, dont je suis le chef pour l'arrondissement de Morlaix, fait le maximum d'efforts pour qu'une étroite collaboration existe entre l'autorité occupante et la force publique française.

Rapport de l'adjudant Woignier, commandant la brigade de gendarmerie de Douarnenez, sur une tentative de viol par un sous-officier allemand

Douarnenez, le 31 octobre 1940

Le 17 octobre 1940, vers 23 heures, un sous-officier allemand a pénétré chez Mme Mescam, vingt-sept ans, épouse d'un maître principal pilote aviateur, et a tenté de violer cette dame. Malgré une lutte acharnée, il n'est pas parvenu à ses fins. Aux cris poussés par Mme Mescam, le sous-officier a été appréhendé par une patrouille allemande de passage. L'enquête a été menée par les autorités d'occupation. L'intéressé a passé ce jour en conseil de guerre à Douarnenez et a été condamné (peine ignorée). La gendarmerie n'a appris ce fait que tardivement.

Vie quotidienne et marché noir

Rapport du maréchal des logis-chef Le Floch, commandant provisoirement la brigade de gendarmerie de Douarnenez, sur un incident survenu à l'église de Douarnenez entre un militaire allemand et l'abbé Derven

Douarnenez, le 23 décembre 1940

Le 21 décembre 1940 à 13 heures, un militaire allemand est entré à l'église de Douarnenez et a enjambé la balustrade de la table sainte. À l'aide de sa baïonnette, il a essayé de faire tomber le saint sacrement exposé sur l'autel. Monsieur l'abbé Derven, prévenu, a invité ce militaire à sortir, et, bien que le prenant par les bons sentiments, cet ecclésiastique a reçu un coup de poing sur l'œil gauche. Maîtrisé, ce soldat a été remis à la douane allemande. Aujourd'hui, 23 courant, sur instructions de la Kommandantur de Douarnenez, la brigade a procédé à une enquête.

Rapport du maréchal des logis-chef Coquet, commandant la brigade de gendarmerie de Landivisiau

Landivisiau, le 23 janvier 1941

Dans la nuit du jeudi 16 au vendredi 17 courant, une pierre a été lancée dans la maison du débit P., brisant un carreau de la fenêtre de la cuisine. À cette pierre était ficelée une enveloppe portant la mention suivante :

« MLLES SÉRAPHINE, MADELEINE, ANGÈLE BOCHES. »

Cette enveloppe contenait une feuille de papier sur laquelle était écrit ce qui suit :

« Mesdemoiselles,

« Mettez-vous bien dans la tête que les Boches déguerpiront pour toujours de notre pays et que le jour de leur départ sonnera l'heure des règlements de comptes. »

Des renseignements recueillis auprès de la population, il résulte que les trois jeunes filles visées par cette lettre auraient des relations avec les militaires allemands. Il est à noter que ces jeunes filles habitent des maisons de commerce fréquentées par les soldats. Cela suffit, à mon avis, à donner corps à des soupçons injustifiés ayant provoqué la jalousie de jeunes gens éconduits, qui se seraient vengés en manifestant ainsi leur mécontentement.

Ce dernier incident ayant été porté à la connaissance des autorités occupantes, celles-ci ont pris les sanctions suivantes :

Dix jeunes gens de Lampaul-Guimiliau, âgés de quatorze à dix-huit ans, sont astreints pendant quinze jours à des travaux de terrassement pour l'armée d'occupation.

D'autre part, j'ai reçu hier un ordre écrit de l'Ortskommandantur de Landivisiau, me prescrivant d'assurer un poste permanent de gendarmes au bourg de Lampaul-Guimiliau pour le maintien de l'ordre.

Rapport du maréchal des logis-chef Sorel, commandant la brigade de gendarmerie de Sizun, sur un incident entre des militaires allemands et des civils

Sizun, le 8 mars 1941

Le 6 mars 1941, à 22 h 30, un incident s'est produit entre des soldats allemands et des civils. Sur la place de la mairie à Sizun, une patrouille de soldats allemands a rencontré deux civils qui circulaient après l'heure fixée. La patrouille ayant intimé à ces hommes l'ordre de s'arrêter, ils se sont enfuis en empruntant une petite rue passant devant l'habitation du Dr Boënnec. Là, des coups de feu ont été échangés de part et d'autre. Il n'y a eu cependant aucune victime.

À la suite de cet incident, trois otages ont été arrêtés. Il s'agit de Messieurs le maire, le curé et le directeur de l'école. Seul monsieur le maire a été remis en liberté presque aussitôt. Les deux autres otages ont été conduits à Landerneau, par les soins de l'autorité allemande. [...] Leur acte accompli, les civils, prenant leurs sabots dans les mains, se sont enfuis vers la campagne. Il n'a pas été possible d'obtenir le moindre renseignement les concernant. Il semblerait cependant que ce geste ridicule soit le fait de jeunes gens inconscients, ne pesant pas la gravité de leur acte. D'actives recherches seront continuées et, en cas de découverte des auteurs, ces derniers feront l'objet d'un procès-verbal.

Vie quotidienne et marché noir

Rapport du maréchal des logis-chef Malinge, commandant la brigade de gendarmerie de Pont-Croix, sur des inscriptions faites à la craie et à la chaux sur le macadam de la route nationale 784 dans la commune de Plouhinec

Pont-Croix, le 25 mars 1941

Le 25 mars 1941, à 14 heures, le maréchal des logis-chef Malinge a été informé téléphoniquement par Mme K., garagiste à Pen-Ar-Marat, en Plouhinec (Finistère), que des inscriptions faites à la craie et à la chaux existaient sur la partie bitumée de la chaussée à hauteur de sa maison d'habitation.

Rendue sur les lieux, la même personne nous fait savoir qu'elle a vu des enfants se servir de craie sur la route et qu'elle avait pu les identifier. Il s'agit des jeunes Le Goff François, Kerivel Henri et Moullec François, du village de Poulgoazec, en Plouhinec (Finistère).

Entre le pont d'Audierne et le hameau de Kervoazec sont écrites les inscriptions suivantes en gros caractères : « Vive de Gaulle, victoire V de C, à bientôt la victoire anglaise. » La lettre « V » figure à proximité des inscriptions, et sur les murs bordant la route, la phrase : « À bas les Boches ! »

Le maréchal des logis-chef Antoine, commandant la brigade d'Audierne, a été prévenu et a fait le nécessaire près de monsieur le directeur des écoles de cette localité pour qu'une sérieuse leçon soit faite aux enfants qui fréquentent le chemin de Poulgoazec.

Monsieur le maire étant absent, M. Le Bras, conseiller municipal de la commune de Plouhinec, et M. Rogel, garde champêtre, ont organisé une équipe à l'effet de laver les inscriptions qui existent sur la route.

Les autorités allemandes ne décolèrent pas devant cette multiplication d'actes de « propagande ennemie ».

Rapport du capitaine Meinier, commandant la section de gendarmerie de Brest, sur des arrestations opérées par l'autorité allemande

Brest, le 29 mars 1941

Le 27 mars vers 22 heures, des patrouilles de soldats allemands ont opéré des arrestations à Brest dans le quartier de Saint-Martin, la place de la Liberté et l'avenue de la Gare.

Plusieurs coups de feu ont été tirés, cinq cents à six cents personnes trouvées sur les trottoirs et dans les couloirs ont été embarquées dans des camions brutalement. Les personnes arrêtées ont été conduites à la Standort, Hôtel Moderne. Les femmes furent relâchées après renseignements d'identité, quelques hommes aussi. Les autres furent internés à la caserne Fautras.

M. Courtin, commissaire central, domicilié au n° 2 rue Villaret-Joyeuse, ayant entendu des bruits dans la rue, descendit de chez lui afin de voir ce qui se passait. Aussitôt sur le seuil de la porte, il fut hissé par des soldats à coups de poing et de pied dans un camion, et a un œil tuméfié. Il fut relâché dans la nuit. [...]

Les autorités d'occupation déclarent que cette rafle est la conséquence d'actes irréfléchis de civils français. Ces représailles ont produit une douloureuse émotion.

Rapport de la Feldkommandantur (V) 752 au préfet du Finistère

Quimper, le 30 mars 1941

Objet : propagande ennemie

Sur l'appel du poste radiophonique de gaullistes en Angleterre, la lettre « V », abréviation du mot français « victoire », a été apposée la nuit en territoires occupés sur les maisons, etc., dans une mesure considérable.

En conséquence, sur l'ordre du commandement militaire en France, je vous invite à faire le nécessaire dans les quarante-huit heures pour que ces « V » disparaissent. Si après l'expiration de ce délai de quarante-huit heures on constate à nouveau la présence de l'initiale « V », la population

tout entière devra s'attendre à l'application des mesures les plus rigoureuses.

ILLE-ET-VILAINE

« Intrigue galante » à la caserne de Rennes

Rapport du chef d'escadron Tanguy, commandant la compagnie de gendarmerie d'Ille-et-Vilaine

Rennes, le 19 septembre 1940
Il est indispensable que les casernes de gendarmerie et de garde mobile soient entièrement laissées à ces services. Or, il arrive que des troupes allemandes de passage occupent des locaux des casernes de gendarmerie et de garde républicaine mobile. Il serait désirable que le commandant en chef de l'administration militaire en France précise de façon très nette que les casernes de gendarmerie et de garde républicaine mobile ne doivent jamais être occupées par les troupes allemandes.

Rapport du capitaine Biteau, commandant la section de gendar-merie de Rennes

Rennes, le 15 mai 1941
Propagande séparatiste :
La propagande du Parti national breton continue ouvertement. Le journal L'Heure bretonne, qui paraît toutes les semaines, critique et attaque de façon très violente le gouvernement du Maréchal[1]. Dans le numéro du 3 mai, le préfet d'Ille-et-Vilaine est nettement pris à partie. Cette campagne de presse fait suite à une série d'inscriptions relevée sur les murs des principaux bâtiments de Rennes.

---

1. Publié de 1940 à 1944, l'hebdomadaire défend les thèses de l'indépendantisme breton avec de forts relents antisémites.

Les dernières inscriptions faites entre le 25 et 27 avril étaient les suivantes :

– Préfecture :

« Ripert, va-t'en ! »

« Vive la Bretagne libre ! »

« Nous sommes fatigués de vous voir, M. Ripert. »

« Plus de diktat pour la nourriture, nous voulons les produits de notre travail. Du pain, du beurre et de la viande pour les Bretons d'abord. »

« Bretons, du courage ! Ayez confiance en nous. »

– Commissariat central :

« Police bretonne. »

– Palais de justice :

« Justice bretonne. »

– Maison centrale :

« Aujourd'hui la Croatie libre, demain la Bretagne. »

« Bretons, gardez les produits de votre travail. »

« À bas les pantins de Vichy. »

« Prison bretonne. Cellule pour Ripert et ses valets. »

Ces inscriptions faites au pinceau avec un produit genre goudron sont très difficiles à faire disparaître.

Rapport du chef d'escadron Thefioux, commandant la compagnie de gendarmerie d'Ille-et-Vilaine

Rennes, le 9 février 1942

En outre, en différents points du département : Montauban, Saint-Servan, Châteauneuf, Châteaubourg, des tracts lancés par les avions de la Royal Air Force au début du mois ont été découverts ; les uns relatent les principaux passages du message du président Roosevelt au congrès du 6 janvier 1942 ; les autres font une comparaison entre les matériels russes et allemands.

Vie quotidienne et marché noir

Rapport du chef d'escadron Thefioux, commandant la compagnie de gendarmerie d'Ille-et-Vilaine, au colonel commandant la 10e légion de gendarmerie

Rennes, le 15 juillet 1942

Sur la demande des autorités françaises, un plan d'évacuation de la ville de Saint-Malo « intra-muros » va être soumis incessamment aux autorités d'occupation. Le plan touchera quatre mille personnes seulement, les administrations et familles de fonctionnaires et employés resteront sur place. Lorsqu'une décision sera prise, des cartes de renseignements, conseillant aux gens de quitter Saint-Malo, seront distribuées. La ville sera répartie en secteurs. Les gens de chaque secteur pourront se rendre dans la résidence de refuge mentionnée sur la carte et percevront l'allocation de réfugié, mais le chef de famille touchera l'indemnité de bombardement.

Rapport du chef d'escadron Thefioux, commandant la compagnie de gendarmerie d'Ille-et-Vilaine

Rennes, le 11 septembre 1942

Deux tentatives de sabotage intéressant la voie ferrée de Rennes à Saint-Malo à enregistrer.

1. Un dispositif à base de cheddite a été découvert, fixé aux rails, le 31 août à 8 heures, sur le territoire de la commune de Betton. Le système d'allumage n'a pas fonctionné ; aucune destruction n'a eu lieu.

2. Un dispositif à base de poudre humide, presque fluide, a été découvert sous une traverse de la voie au lieu-dit Frotu, en Saint-Servan, le 2 septembre à 8 heures. Le système d'allumage n'a pas non plus fonctionné.

Rapport du capitaine Dufossey, commandant la section de gendarmerie de Rennes

Rennes, le 3 mars 1944

Il a été établi à la suite de la découverte d'un abondant courrier que le gendarme Clément, des brigades de Rennes, entretenait depuis quelques mois des relations coupables avec la femme du gendarme F. de ces mêmes brigades, et que le gendarme G., employé du fichier de la compagnie à Rennes, était l'ami et le confident des deux amants.

La lecture des lettres dont il est fait état ci-dessus et que j'ai eues en main, dissipe toute équivoque quant à l'attitude complaisante du gendarme G., chargé en particulier de la transmission discrète du courrier.

Le gendarme G. s'est entremis dans une intrigue galante entre un camarade et la femme d'un autre camarade, et a ainsi manqué aux règles de politesse en usage dans la bonne société et aux rapports de bon voisinage et de cordiale camaraderie de rigueur dans une caserne. Pour ces motifs, je lui inflige une punition de huit jours d'arrêts simples.

LOIRE-INFÉRIEURE (LOIRE-ATLANTIQUE)

Un quadrimoteur anglais à la ferme des Landes

Rapport du lieutenant-colonel Pisson, commandant la compagnie de gendarmerie de la Loire-Inférieure, à monsieur le préfet

Nantes, le 22 mars 1941

Bien que je sache que mon affirmation vous suffit, je joins cependant à cette lettre le bordereau d'envoi d'une somme de 1 650 francs, produit de la vente des portraits du Maréchal faite par mes soins parmi les gendarmes. Tous les gendarmes de votre département ont le portrait dans leur logement et au bureau de chaque brigade.

Rapport du chef d'escadron Lecomte, commandant la compagnie de gendarmerie de la Loire-Inférieure

Nantes, le 30 juin 1941

La propagande communiste est en recrudescence depuis plusieurs mois à Saint-Nazaire-Méan, où les Greiaud, Benize, Durand, Gueno, Genevois, Mahé, Montfort Joseph, pour ne citer que les plus dangereux parmi les dangereux, sont toujours en liberté. Elle s'exerce parmi les ouvriers, les femmes, au café, à l'atelier, dans les « queues » devant les magasins, partout où il est possible de la faire discrètement. Elle est diverse, insidieuse, et beaucoup s'y laissent prendre parce qu'ils sont dépourvus d'esprit critique, de force morale, de volonté.

Cette propagande aurait déjà porté ses fruits parmi les ouvriers de la SNCF, refuge bien connu des extrémistes, où quelques exaltés parleraient de fomenter prochainement un mouvement en faveur de la Russie (M. Penos, secrétaire général de cette usine, a déjà éliminé beaucoup d'extrémistes depuis septembre 1940, mais il n'a pas réussi à supprimer la propagande dans ce milieu).

Rapport du lieutenant Malthète, adjoint au chef d'escadron commandant la compagnie de gendarmerie de la Loire-Inférieure, sur la chute d'un avion anglais sur le territoire de la commune de Grandchamp

Nantes, le 17 octobre 1942

Le 17 octobre 1942, vers 0 h 30, un avion quadrimoteur anglais est tombé et a pris feu sur le territoire de la commune de Grandchamp, à 200 mètres à l'est de la ferme des Landes.

Un blessé grave a été recueilli par Thébaud Henri, cultivateur au village de La Corde, qui, avec l'aide de Guitton Émile, l'a déposé au domicile de ce dernier à la ferme des Landes.

Ce blessé a confié à Thébaud un sachet contenant une petite boussole et 1 100 francs en billets : 600 francs français et 500 francs belges, et une boîte métallique entourée d'une bande de chatterton.

Cinq cadavres presque entièrement carbonisés ont été découverts parmi les débris de l'appareil, qui gisent sur environ 200 mètres de longueur sur quatre champs et pré. Il n'y a que très peu de dégâts aux propriétés.

Des officiers allemands, un major et quatre lieutenants, sont arrivés sur les lieux vers 10 heures. Je leur ai remis les objets et argent de l'aviateur anglais. Ils m'ont déclaré que le blessé et les cadavres seraient enlevés par les soins de l'armée allemande.

Le chef de brigade et un gendarme de Sautron gardent le blessé et empêchent les nombreux curieux de s'approcher de l'appareil.

Rapport du chef d'escadron Lecomte, commandant la compagnie de gendarmerie de la Loire-Inférieure

Nantes, le 24 février 1943

Questions concernant le ravitaillement

Des travailleurs de l'organisation Todt se livrent au trafic du marché noir sur une grande échelle et, sous le couvert du ravitaillement de l'armée allemande, accompagnés d'un militaire allemand en uniforme, ils parcourent les campagnes, opèrent des rafles aux prix forts et se refusent à tout contrôle de la part des gendarmes. Il serait temps d'intervenir pour mettre fin aux agissements de ces individus sans scrupules, professionnels du marché noir. Ce trafic cause un mécontentement général parmi la population.

Aux termes d'une ordonnance du 31 mai 1942 du commandant des forces militaires en France, la gendarmerie n'a pas le droit d'arrêter et de contrôler les véhicules si un passager allemand déclare que ce véhicule est utilisé pour le compte de la puissance étrangère.

En fait, la gendarmerie se trouve complètement désarmée par cette ordonnance, et les trafiquants du marché noir le savent parfaitement qui se font accompagner de soldats ou de membres civils d'organisations allemandes.

Rapports du capitaine Riou, commandant la section de gendarmerie de Nantes

Nantes, le 1er mai 1943

Le 23 avril 1943, deux gendarmes de la brigade des Sorinières, en stationnement au carrefour des routes nationales 137 et 137 bis, aux Sorinières, contrôlèrent une automobile genre « tourisme, commerciale », circulant sur la RN 137 bis et se dirigeant vers Nantes. Ils constatèrent que le véhicule contenait la viande d'une vache entière prête à être livrée à la consommation. Ils contrôlèrent l'identité des deux occupants de la voiture en tenue civile. L'un d'eux remit à l'un des gendarmes une carte de circulation sur les chemins de fer, tandis que le conducteur remettait une carte à l'autre gendarme, puis la lui retirait presque aussitôt et remettait rapidement son véhicule en marche. L'examen superficiel qui avait pu être fait de cette dernière carte faisait ressortir que son détenteur était de nationalité allemande. D'autre part, la carte du passager était restée entre les mains des gendarmes et elle concernerait un nommé M., boucher, 10, rue Kléber, à Nantes.

Le lendemain, les deux gendarmes furent convoqués au siège de la Sûreté allemande pour avoir dérobé cette carte d'identité et voulu dérober celle du policier allemand.

Ils n'eurent aucune difficulté à justifier leur attitude. Le chef de la Sûreté leur fit examiner une voiture afin de préciser si c'était bien celle utilisée le 23 courant par le boucher. La réponse des gendarmes fut affirmative et il fut constaté que le véhicule ne portait ni marques, ni lettres, ni chiffres indiquant qu'elle circulait au profit des autorités allemandes. Avant de quitter les gendarmes, le chef de la Sûreté allemande tint les propos suivants : « Il a eu tort, je lui ai toujours dit que pour ce travail il fallait se mettre en tenue. » Ce propos se rapportait à l'agent de la Sicherheitspolizei qui, la veille, conduisait en tenue civile la voiture automobile en cause.

Le boucher M. est réputé comme un trafiquant de viande de boucherie. Le 20 avril, il avait été l'objet par la même brigade d'un procès-verbal pour achat et abattage d'une génisse dans une ferme. Il serait détenteur d'une carte d'acheteur d'animaux de boucherie pour l'armée d'occupation, qu'il exhiberait aux vendeurs afin de les rassurer quant aux suites possibles de ces trafics.

*

Nantes, le 26 mai 1943

Le 23 mars 1943, une fête, autorisée par le préfet, était organisée au château des Dorices, à Vallet (Loire-Inférieure), au profit des prisonniers de guerre. Vers 22 heures, à l'issue de cette fête et au moment où le président du comité d'entraide aux prisonniers de guerre de la localité recevait une gerbe de fleurs, un soldat allemand intervenait, s'emparait de la gerbe et la jetait à terre. Une bagarre éclatait alors entre quelques civils et ce soldat soutenu par un de ses camarades. Un sous-officier s'interposait pour les séparer. Au cours de la bagarre, un civil était blessé de quatre coups de couteau. Ses jours ne sont pas en danger.

Rapport du chef d'escadron Lecomte, commandant la compagnie de gendarmerie de la Loire-Inférieure, sur l'état d'esprit de la population

Nantes, le 25 juin 1943

Les gendarmes avec leurs maigres appointements font toujours figure de parents pauvres dans la société campagnarde qui s'enrichit constamment. Le coût de la vie est de plus en plus élevé, surtout dans la région côtière, où l'Occupation est dense et où les autorités allemandes utilisent des masses d'ouvriers qui sont très bien payés.

Les gendarmes vivant au milieu de populations qui sont hostiles à la politique de collaboration ne sont pas sans subir quelque peu l'influence de cette ambiance défavorable, mais leur esprit de devoir et de discipline stimulé par les officiers reste prépondérant et l'on peut compter sur leur loyauté. Ils suivent attentivement les événements extérieurs et sont comme beaucoup dans l'attente d'événements importants.

Rapport du capitaine Riou, commandant la section de gendarmerie de Nantes

Nantes, le 28 septembre 1943

Le 23 septembre, la ville de Nantes a subi deux violents bombardements par avions, l'un de 9 h 10 à 9 h 30 environ, le second de 19 h 10 à 19 h 45, l'intensité de celui-ci ayant été particulièrement grande du fait de la succession des vagues d'appareils.

Les destructions sont considérables. De nombreux et violents incendies se sont déclarés, ravageant des rues entières. L'eau a manqué pour les combattre. La partie commerçante de la ville est morte. [Le nombre des victimes dépasserait le millier.]

La population quitte la ville en masse et l'exode atteint même les communes limitrophes. L'eau, le gaz et l'électricité sont coupés.

Le gendarme Neveu Antonin, de la brigade de Saint-Sébastien, de service à Nantes, qui s'était réfugié dans un abri, a été tué. Des débris de son corps ont été retrouvés. Il était marié et père d'un garçon de douze ans.

MAINE-ET-LOIRE

« Qu'est-ce qu'on attend pour retirer les postes de TSF à ces hystériques ? »

Rapport du chef d'escadron Chambon, commandant la compagnie de gendarmerie du Maine-et-Loire, sur des accusations portées contre le secrétaire général de M. Scapini, ambassadeur

Angers, le 23 juin 1941

D'après un renseignement paraissant de source sérieuse, une dame des Deux-Sèvres, dont le nom n'a pas été divulgué, s'est rendue récemment à Paris pour obtenir de M. Scapini, ambassadeur, une audience tenant à faire libérer son beau-frère, ingénieur des travaux publics, actuellement prisonnier de guerre.

Elle raconte avoir été reçue par le secrétaire général de M. Scapini, qui, au cours de la conversation, lui aurait tenu les propos suivants : « C'est une honte d'avoir choisi un aveugle pour être ambassadeur des prisonniers. Les visites des camps de prisonniers de M. Scapini sont une chose ignoble. M. Scapini s'est vendu aux Allemands. Ses rapports relèvent de la pure fantaisie, ils ne sont pas rédigés par lui, mais par les Allemands eux-mêmes. »

Il peut paraître anormal que cette dame ait obtenu de telles confidences à sa première entrevue avec le secrétaire général de M. Scapini.

Mais il s'agit d'une anglophile convaincue, ayant pu prononcer quelques paroles qui ont mis son interlocuteur en confiance.

Rapport du capitaine Royer, commandant la section de gendarmerie de Saumur, sur l'existence possible d'une agence de propagande antinationale

La brigade de Gennes suspecte Mme Pelletier, domiciliée à Saint-Martin-de-la-Place, d'aider des jeunes à quitter le domicile familial pour servir la cause « antinationale ».

Saumur, le 28 juillet 1941
Mme Pelletier effectuerait assez fréquemment des déplacements comportant le passage clandestin de la ligne de démarcation pour se rendre à Loches (Indre-et-Loire), centre considéré comme étant propice au rassemblement des jeunes gens recrutés.

Le capitaine donne ensuite des renseignements sur la situation de la suspecte. C'est la veuve d'un ex-maire de Saint-Martin-de-la-Place, suffisamment riche pour vivre sans travailler, qui reçoit beaucoup de personnes chez elle.

Les jeunes Maingot et Marquet, de Saint-Clément-des-Levées, auraient pu passer en zone libre grâce à Mme Pelletier.

Le capitaine recommande de saisir son courrier et de perquisitionner son domicile.

Rapport du chef d'escadron Chambon, commandant la compagnie de gendarmerie du Maine-et-Loire

Angers, le 19 août 1941
J'ai l'honneur de vous faire connaître que, d'après un renseignement

qui m'est fourni par le capitaine commandant la section d'Angers, le dirigeant du mouvement gaulliste à Angers serait l'abbé Chauvat, rue Blaise-Pascal, à Angers.

La bonne de ce prêtre, qui est anglaise, se livrerait également à une propagande active en faveur du gaullisme.

Rapport du capitaine Royer, commandant la section de gendarmerie de Saumur, sur les interventions abusives et irrégulières effectuées par les agents du service du contrôle économique

Saumur, le 15 juin 1942

Le 17 février 1942, Mme Tracanelli, hôtelière à Vihiers, se plaint au commandant de brigade des agissements de l'inspecteur du contrôle mobile d'Angers, Pierre P. Celui-ci aurait discuté les prix de la pension, refusé de remettre les tickets correspondant aux aliments consommés et aurait pris six œufs sans les payer.

Même refus de donner les tickets au restaurant Péan à Vihiers par M. P.

Saumur, le 17 juin 1942

Le jeudi 11 juin, le service chargé de la distribution des colis aux internés avait découvert dans un camembert un papier donnant des indications sur la constitution de cellules communistes dans le quartier des internés de droit commun. Le colis contenant ce papier avait été déposé par la femme Gauchais, d'où son arrestation. Elle tenait ces indications d'un nommé Mortier, demeurant à Turquant, communiste notoire.

Rapport du lieutenant Fauvet, commandant la section de gendarmerie de Segré

Le mercredi 27 janvier 1943, le jeune Jean Annaix, dix-sept ans, demeurant chez ses parents à Segré, est parti travailler à l'usine électrique de la ville, mais il n'est pas rentré déjeuner. Après recherches, sa famille découvre qu'il est parti en Angleterre.

Segré, le 1er février 1943

Sur la table de sa chambre, dans une courte lettre écrite avant son départ, il indiquait qu'il était parti pour l'Angleterre et il demandait à ses parents de ne pas le faire rechercher. En outre, il leur indiquait qu'il avait été recruté par deux messieurs vêtus d'un pardessus, coiffés d'un chapeau et porteurs d'une serviette, passés à Segré dans le courant de décembre et que ses parents avaient pris pour des contrôleurs du ravitaillement.

M. et Mme Annaix ne croyaient pas ce qu'avait écrit leur fils, mais le 1er février ils ont reçu de lui deux cartes de Bordeaux, datées du 23 janvier 1943, indiquant qu'il avait pris le train à Angers le 28 à 1 h 05 et qu'il était arrivé à Bordeaux à 10 heures, d'où il devait repartir pour Bayonne et l'Espagne afin d'être acheminé sur l'Angleterre ou l'Afrique du Nord. Il disait également avoir perçu une première somme de 5 000 francs pour frais de voyage.

Le jeune Annaix semble avoir été arrêté à la frontière franco-espagnole (col de Sare) au début de février et incarcéré à la prison Maison Blanche à Biarritz.

Rapport du lieutenant Fauvet, commandant la section de gendarmerie de Segré, sur un acte de propagande

Segré, le 30 septembre 1943

Le 29 septembre 1943, à 20 heures, M. P., délégué du RNP, Rassemblement national populaire, pour le département, a présenté gratuitement au Cinéma des variétés à Segré le film Le Président Kruger et a prononcé une allocution lors de l'entracte. Il y avait deux cents personnes. C'est un ami particulier de M. Marcel Déat et ancien secrétaire du Parti socialiste français du Maine-et-Loire. Il a invité les auditeurs à se rallier à la cause du RNP pour aider les Allemands contre les Anglais, à qui il reprochait l'action entreprise contre le Transvaal.

Il a critiqué l'action de la police en général, mais en particulier celle de la gendarmerie, indiquant qu'elle faisait tout son possible pour cacher les réfractaires au STO [Service du travail obligatoire]. Il indiquait même qu'elle leur désignait les fermes où ils pouvaient se cacher [...]. Faisant le procès des personnes qui écoutent la radio anglaise, il a terminé son allocution par cette phrase : « Qu'est-ce qu'on attend pour retirer les postes de TSF à ces hystériques ? »

MANCHE

Rapport de la compagnie départementale de la Manche, à Saint-Lô, sur l'état d'esprit de la population

Le 19 novembre 1941

L'heure n'est pas, à mon avis, comme dans les années d'abondance, où le gendarme pouvait exposer librement ses revendications. Les intérêts de la France doivent passer avant toute réclamation personnelle ou collective. Si, à la suite des événements qui, en juin 1940, nous ont menés à subir l'humiliation la plus profonde dont nous rougissons tous, nous souffrons actuellement dans nos cœurs et dans nos foyers, ce serait faire preuve d'égoïsme que de nous plaindre cependant. Combien de foyers, en effet, à l'époque où nous vivons, sont sans pain, sans abri, sans ressources ?

Qui d'entre nous n'a pas, dans sa famille, des parents à souffrir en captivité ou ailleurs, malgré la sollicitude que notre gouvernement apporte à adoucir leurs souffrances ? Qu'ils soient eux d'abord l'objet de notre attention.

Le gendarme est heureux de constater que, en France, il y a du changement depuis notre défaite. Il sent qu'une main ferme et paternelle à la fois guide le pays et il souhaite que cette fermeté s'affermisse encore. C'est avec un réel soulagement qu'a été accueillie la décision de notre Maréchal de faire juger les responsables de notre désastre, et nous applaudissons à cette décision. Qui donc, plus que le gendarme, a souffert du régime qui nous a livrés à l'envahisseur ? Était-il indifférent aux déploiements continuels pour le maintien de l'ordre ? Ne souffrait-il pas, en lui-même, de constater que l'intervention de tel député ou sénateur suffisait parfois pour réduire à néant une enquête parfois difficile et dont la réussite permettait de livrer un coupable à la justice ?

Fier de l'œuvre de redressement auquel le convie le chef de l'État, le gendarme a compris le rôle qu'il est appelé à remplir dans le petit rayon où il exerce ses fonctions et il saura se montrer digne de ses aînés qui lui ont transmis intact un passé glorieux.

L'heure de la résurrection de la France sonnera d'autant plus tôt que chaque Français y coopérera dans la mesure de ses moyens.

Suivons monsieur le maréchal Pétain dans la voie qu'il nous a tracée en de pathétiques appels, auxquels son âge et son passé prestigieux de gloire et d'honneur donnent un accent plus poignant encore. Nous aurons, ainsi, la satisfaction de pouvoir nous dire que, par notre manière de servir, nous avons coopéré au salut de notre chère France.

VENDÉE

Des « orgies » dans les caves

Rapport du chef d'escadron Pentel, commandant la compagnie de gendarmerie de la Vendée, au commandant de section des Sables-d'Olonne

La Roche-sur-Yon, le 16 janvier 1941

M. Lambert, délégué du maire de La Tranche pour l'agglomération de La Faute, vient de me mettre au courant des pillages et cambriolages de la plupart des villas de La Faute. Ci-joint deux listes de villas abîmées, ou pillées, ou cambriolées, et les listes pourraient être plus longues. Ces agissements semblent provenir du fait des soldats de l'armée d'occupation. Je vous prie de bien vouloir enquêter sur les faits signalés.

Rapports du chef d'escadron Pentel, commandant la compagnie de gendarmerie de la Vendée

La Roche-sur-Yon, le 26 février 1941

Le 6 janvier 1941, les gendarmes de la brigade de Mortagne-sur-Sèvre ont verbalisé douze laitiers de Mortagne-sur-Sèvre en infraction avec la loi du 21 octobre 1940 et avec l'arrêté du préfet de la Vendée du 27 novembre 1940, pour hausse illicite sur le prix du lait, qu'ils avaient augmenté de 0,20 F. [...]

À l'époque, [...] une laitière s'était vantée que l'affaire n'aurait pas de suite, le maire de Mortagne-sur-Sèvre devant intervenir en faveur des commerçants verbalisés.

Ainsi donc, douze commerçants de la commune de Mortagne-sur-Sèvre ont pu, impunément, commettre le délit de hausse illicite, et ce grâce à l'intervention du maire de la commune auprès d'une commission de la préfecture. Par contre, deux autres commerçants d'un département et d'une commune voisine ayant commis le même délit sont frappés, et cela en toute justice, la rigueur de la loi leur ayant été appliquée.

L'intervention en faveur de l'électeur fleurissait dans le régime passé. Il semble qu'elle ne soit pas morte. La loi est battue en brèche par les fauteurs de vie chère que protège un magistrat municipal.

Aux yeux des douze délinquants, absous quant à présent, les gendarmes de Mortagne-sur-Sèvre sont ridicules. Ils le sentent, ils le savent.

*

La Roche-sur-Yon, le 3 mars 1941

Le 1er mars vers 20 h 30, trois militaires de l'armée allemande, dont un sous-officier, se sont présentés chez Biron Auguste, receveur buraliste à Brétignolle, où ils ont pris quatre paquets de cigarettes sans payer ; ils ont renversé M. Biron, grand blessé de guerre. Le sous-officier l'a menacé de son revolver et l'un des soldats, de sa baïonnette. Un sous-officier de l'aviation, connu sous le nom d'Alfred, est intervenu pour faire sortir ses camarades.

À l'hôtel tenu par Lambert Dominique, vers 23 h 10, des militaires de l'armée allemande ont brisé deux carreaux et cassé la poignée de la porte. Dans l'après-midi, ils ont volé quinze bouteilles de vin de Bordeaux et trois bouteilles de liqueur (20 francs la bouteille de vin et 70 francs la bouteille de liqueur).

Au café Dulieu, à la plage de la Parée, vers 22 h 30, des militaires de l'armée allemande qui devaient partir et ceux venant d'arriver se sont battus. Un sous-officier a été désarmé dans le café et serait aux arrêts. Deux carreaux et un verre ont été cassés dans cet établissement. Ces militaires sont partis sans payer leurs consommations.

Rapport du capitaine Marchasson, commandant provisoirement la compagnie de gendarmerie de la Vendée

La Roche-sur-Yon, le 24 octobre 1941

Le 24 octobre 1941, à 4 h 30, le gendarme Buet, de la brigade de Challans, a été arrêté à son domicile par un officier de la Feldgendarmerie et emmené vraisemblablement à Nantes.

Motif : il avait dit en plaisantant au caporal allemand Muller, détaché à Challans : « C'est moi qui ai tué le Feldkommandant de Nantes. »[1]

Le commandant de brigade a prouvé à l'officier allemand que le gendarme Buet de planton lundi ne pouvait être en même temps à Challans et à Nantes, le cahier de service en fait foi.

Cet officier apparemment convaincu de la non-culpabilité du gendarme Buet l'a quand même arrêté.

Rapport du chef d'escadron Pentel, commandant la compagnie de gendarmerie de la Vendée

La Roche-sur-Yon, le 20 décembre 1941

Le 23 octobre 1941, vers 23 heures, le gendarme Buet, de la brigade de Challans, ayant rejoint des soldats allemands dans un café, leur raconta qu'il était l'auteur du meurtre du Feldkommandant de Nantes, le 20 octobre 1941. [Il fut arrêté ; son domicile perquisitionné.]

En son audience du 18 novembre 1941, le tribunal militaire allemand de Nantes a condamné le gendarme Buet à neuf mois de prison, peine le frappant pour deux inculpations, la première, six mois de prison pour détention de tracts communistes et gaullistes ainsi que des écrits et chan-

---

1. Sur cet épisode, lire p. 274.

sons injurieuses à l'adresse de MM. Hitler et Mussolini, la deuxième pour détention illicite d'un pistolet et de cartouches, trois mois de prison.

Rapport du chef d'escadron Pentel, commandant la compagnie de gendarmerie de la Vendée, à monsieur le préfet de la Vendée

La Roche-sur-Yon, le 30 juillet 1942

Il est indéniable que l'alcoolisme sévisse dangereusement en Vendée, non seulement parmi les hommes mais encore parmi les femmes. Jeunes et adultes boivent du vin en quantités massives. En effet, dans les campagnes, une coutume exige qu'on ne reçoive ses amis autrement que dans les caves et celliers, où l'on est assuré de trouver en abondance barriques et bouteilles. Des verres se trouvent à portée de la main, que l'hôte et ses visiteurs emplissent et vident avec plus ou moins de discrétion, parfois jusqu'à l'ivresse.

Il y a un autre fait plus grave encore : les parents ne peuvent admettre que leurs garçons, même tout jeunes, soient privés de la possibilité de boire du vin « comme les hommes », car chacun sait que « le vin n'a jamais fait de mal à personne ».

Les caves sont tout naturellement laissées à la disposition du fils et de ses camarades, et la bande de jeunes va de la cave de l'un aux caves des autres. À part les conseils donnés à des jeunes gens rencontrés se rendant à la cave d'un ami, pour les en dissuader, que peuvent les gendarmes contre ces façons d'agir ? Rien.

Il est d'ailleurs curieux de constater que, depuis la réglementation actuelle régissant le blocage des vins et la vente des boissons alcooliques dans les cafés et débits de boissons, une impulsion nouvelle a été donné aux « tournées dans les caves ».

En effet, si, jusqu'alors, les adultes préféraient se réunir dans le calme des caves afin d'y boire pour le plaisir de boire, les jeunes préféraient l'atmosphère plus bruyante des débits de boissons du bourg voisin. Ne trouvant plus dans ces lieux publics, d'ailleurs constamment surveillés par les gendarmes, de quoi boire sans trop de frais, les jeunes les ont désertés et prennent désormais le chemin des caves des parents, amis et connaissances.

Que ces réunions de jeunes des deux sexes tournent à l'orgie et à la débauche, il n'y a rien d'étonnant. L'obscurité régnant dans les caves et l'excitation due à l'alcool peuvent tout permettre. Ces jeunes tombent même ivres morts... on les laisse cuver leur vin sur place.

Rapport du chef d'escadron Pentel, commandant la compagnie de gendarmerie de la Vendée

La Roche-sur-Yon, le 3 novembre 1942

Un soldat allemand des troupes d'occupation détaché au bureau de poste des Herbiers ne cesse d'inquiéter la population de cette ville. Il se nommerait Walter, sans autre précision. Il lui est arrivé assez souvent de s'enivrer et de s'en prendre aux habitants circulant dans les rues en exigeant d'eux la production de leurs pièces d'identité et en se livrant à des brutalités à leur égard.

C'est ainsi que tout dernièrement encore, lundi le 26 octobre 1942, vers 20 heures, alors qu'il sortait de son bureau Grande-Rue, M. Fleurisson, contrôleur principal receveur des contributions indirectes, fut interpellé par ledit soldat, qui exigea la présentation de ses pièces d'identité qu'il arracha d'un geste brusque. Complètement ivre, le soldat Walter, incapable de pouvoir lire la carte, enjoignit à M. Fleurisson de le suivre au café Vincendeau, dans la même rue, afin d'examiner ses papiers à la lumière.

S'exprimant en allemand, il parla à M. Fleurisson, qui ne comprenait rien, et finalement à plusieurs reprises, devant l'incompréhension très naturelle de son interlocuteur, il le saisit à la gorge. Son ivresse aggravée par la colère, il mit les papiers d'identité dans sa poche et fit comprendre à M. Fleurisson de le suivre à la gendarmerie française.

Mais, en cours de route, le soldat Walter ayant été interpellé par un autre militaire allemand, il s'ensuivit un pugilat en règle entre ces deux militaires, dont le résultat se traduisit par l'envoi à terre de Walter, qui resta quelques instants inanimé. Un civil allemand, ayant alerté la brigade de gendarmerie, conduisit les gendarmes français sur les lieux de la rixe, où M. Fleurisson était toujours présent, n'osant pas, avec juste raison, reprendre ses pièces d'identité toujours dans la poche du soldat Walter.

Rapports du chef d'escadron Chevillard, commandant la compagnie de gendarmerie de la Vendée

La Roche-sur-Yon, le 30 novembre 1943

Dans la nuit du 28 au 29 novembre 1943, une tentative de viol a été commise à L'Épine par un soldat allemand sur la jeune A. Léone, âgée de douze ans. Ce soldat a été trouvé par une patrouille allemande, mandée par le père de la victime, endormi dans le lit où il avait commis son méfait.

*

La Roche-sur-Yon, le 31 janvier 1944

Le 31 décembre 1943, vers 14 h 30, un avion trimoteur anglais a atterri vraisemblablement par suite d'une panne et s'est posé à proximité du hameau de La Pironnière, commune du Château-d'Olonne. Les gendarmes n'ont pu s'approcher de l'appareil, mais ils ont pu constater que deux aviateurs anglais avaient été faits prisonniers par les troupes d'occupation.

*

La Roche-sur-Yon, le 31 mai 1944

Un gros émoi règne aussi dans les campagnes, à la suite de mises en place de piquets dans tous les champs ou prairies supérieures à 2 hectares et mesurant 150 mètres de longueur, lesquels doivent être reliés par du fil de fer barbelé, pour empêcher soi-disant les planeurs d'atterrir dans de bonnes conditions. Une partie de la récolte de blé ne pourra être ramassée et sera perdue.

Le 14 mai, Friconneau Alexandre, marin-pêcheur aux Sables-d'Olonne, âgé de cinquante-cinq ans, demeurant à La Chaume, a été tué par une mine en cherchant des escargots sur un terrain militaire en bordure de la côte à proximité de La Chaume.

*

La Roche-sur-Yon, le 16 juin 1944

Dans la nuit du 14 au 15 juin 1944, un officier de l'armée d'occupation, le lieutenant Herbert Blaut, chef des transmissions à Aizenay, s'est introduit vers 3 h 15 dans la chambre de Mlle Fillonneau Jeanne, bonne du Dr Gandouet, à Aizenay. Cet officier a pénétré dans la chambre de la jeune fille par une fenêtre donnant sur une terrasse. Mlle Fillonneau n'a pas eu le temps d'appeler au secours car l'officier s'est jeté sur elle et l'a bâillonnée d'une main. Après avoir tenté vainement d'abuser d'elle, il a saisi la jeune fille à la gorge de ses deux mains, lui a mis les genoux sur le ventre et l'a tenue ainsi jusqu'au moment où probablement il l'a crue étranglée. Il est ensuite reparti dans sa chambre, vraisemblablement par le même chemin qu'il avait emprunté pour y venir. La jeune fille, qui n'était pas complètement étouffée, est revenue à elle peu après et, dès qu'elle en a eu la force, a appelé. Le Dr Gandouet est venu et a trouvé sa bonne la tête violacée, portant des traces au cou, aux mains, aux yeux et au ventre. Dès le 15 juin au matin, l'officier lieutenant Blaut a quitté sa chambre chez le Dr Gandouet.

VIENNE

Ils tentent de faire passer quatorze chevaux en gare de Poitiers

Rapports du capitaine Raiffaud, commandant provisoirement la compagnie de gendarmerie de la Vienne

Poitiers, le 19 avril 1941

Les trafics illicites portent sur le commerce des bestiaux, transactions faites à l'écurie. Plusieurs bouchers ou marchands de bestiaux ont été

472

pris pour achat à l'écurie et transport sans autorisation du service du ravitaillement.

*

Poitiers, le 19 mai 1941

En gare de Rouillé, le 21 février 1941, la brigade de Lusignan découvrait que l'employé de chemins de fer M., à Rouillé, faisait le commerçant. Il expédiait des œufs à diverses personnes en gare de Paris-Austerlitz. Un stock de 800 kilos de haricots secs a été trouvé à son domicile. Jusqu'à ce jour, aucune suite judiciaire n'a été donnée à cette affaire. Toutefois, les complices de M. ont été découverts à Paris.

Le 30 avril, la brigade de Couhé a pris le sieur D. de Paris, qui transportait vingt-huit lapins et dix douzaines d'œufs, destinés à des restaurateurs de Paris. Aucune suite judiciaire n'est intervenue.

Le 13 mai, cette même brigade découvrait un commerce clandestin tenu par le réfugié belge M., qui s'est vanté obtenir des laissez-passer pour aller en Belgique. Arrêté pour détenir des chaussures neuves en vue de leur vente, sans déclaration, il a été déféré au parquet, qui l'a écroué parce que en même temps il était dépourvu de la carte d'identité d'étranger.

La prostitution ne se produit pas au grand jour. Elle est due parfois à la misère. Elle existe dans tous les milieux de la société, comme le fait ressortir le nombre des personnes soumises à la visite médicale aussi bien dans les villes que dans les petites localités.

Le nombre de réfugiés s'élève à cinq mille sept cents environ. Ces réfugiés sont originaires des départements de la Moselle (principalement), des Ardennes, du Nord, du Pas-de-Calais, de l'Aisne, de la Meurthe-et-Moselle, du Haut-Rhin, du Bas-Rhin. Leur situation est variable selon leur profession. Les uns travaillent à la terre ou à l'usine (ouvriers spécialisés), les autres vivent de leurs allocations.

Le nombre d'étrangers s'élève à cinq mille environ, dont deux mille Polonais, cinq cent soixante-dix Italiens, deux cent trente-cinq Belges, six cent trente Espagnols, cent soixante-dix-neuf Allemands (Sarrois), cent trente-quatre Autrichiens, soixante-dix Tchécoslovaques, cent trois Portugais et le reste de nationalités diverses.

473

Un certain nombre de femmes étrangères sont employées par les Allemands pour le nettoyage des cantonnements à Poitiers. Certains étrangers (surtout juifs) ont eu une résidence assignée par les autorités allemandes qui ont chargé les maires de les surveiller (pointage de présence dans les mairies).

Dans le département, la vente du bœuf est interdite pour assurer les prestations et le ravitaillement de Paris. La viande blanche (veau, mouton) et le porc vont devenir insuffisants à cause des demandes faites pour les besoins des Allemands.

Le vin ne devrait pas manquer s'il ne devient pas alcool puis carburant.

Le chômage n'existe pour ainsi dire pas. Poitiers a trente-huit chômeurs.

*

Poitiers, le 16 juin 1941

Les sanctions concernant les achats directs et la circulation de bestiaux sont dérisoires. D'ailleurs, certains marchands de bestiaux se sont vu délivrer des cartes d'éleveurs par le ravitaillement général, alors qu'ils avaient été signalés comme trafiquants par ce service et pris par la gendarmerie.

Enfin, les commerçants abusent du terme : « vendu ». Notamment aux halles à Poitiers, ce sont toujours les mêmes commerçants qui, presque dès l'ouverture, ont toute leur marchandise vendue, à des restaurateurs dont les plus sélects doivent bien payer ou à des particuliers.

Rapports du capitaine Lissarrague, commandant provisoirement la compagnie de gendarmerie de la Vienne

Poitiers, le 19 juillet 1941

Certains restaurants classés dans les catégories à prix fort de la ville de Poitiers n'appliquent pas la réglementation en vigueur. Le sucre est servi aux clients, les menus ne sont pas légalement constitués, les tickets de rationnement ne sont pas régulièrement demandés suivant les plats servis, les alcools sont vendus les jours où ils sont interdits.

La population, à tort ou à raison, accuse l'autorité responsable de fermer les yeux et de favoriser ainsi l'écoulement des produits du marché noir. Ces établissements ne manquent jamais de denrées et des privilégiés peuvent prendre des repas confortables, au prix fort évidemment.

*

Poitiers, le 19 août 1941

Le Rassemblement national populaire, dont le président départemental est le nommé T., maire révoqué de Saint-Julien, a essayé de faire des réunions pour recruter des adhérents. Le 27 janvier à Neuville, dans une salle retenue par les autorités allemandes, le maire et ses adjoints ont assisté à la réunion avec quelques auditeurs. Aucune adhésion n'a été recueillie.

Le 10 août, à Civray, seuls le maire, un conseiller et l'inspecteur de police spéciale avaient répondu à la convocation. Une réunion projetée à Mirabeau n'a pas eu lieu. Il n'y a eu aucun assistant à Rouillé, où seul le maire est venu apporter la clé du local.

Industrie :

Le principal établissement est la manufacture de Châtellerault, qui occupe deux mille deux cent cinquante ouvriers. La durée de travail varie de quarante à quarante-huit heures par semaine. Les produits usinés sont presque tous destinés à l'Allemagne.

*

Poitiers, le 31 octobre 1942

Le 15 octobre, un camion a été signalé dans la région de Lencloître comme se livrant à l'achat clandestin de légumes contingentés. Contrôlé par la brigade, il était conduit par un chauffeur civil, accompagné d'un militaire des troupes d'occupation qui s'est opposé à toutes vérifications.

Dans le courant du mois d'octobre, un camion de l'armée d'occupation s'est rendu chez une fermière des environs de Saint-Julien-l'Ars et a emmené dix oies payées 500 francs la pièce, soit le double de leur valeur commerciale régulière.

*

Chronique d'une France occupée

Poitiers, le 30 janvier 1943

Industrie :

Tout ce qui ne travaille pas pour les troupes d'occupation (ou pour l'Allemagne) a une activité qui tend de plus en plus vers zéro.

*

Poitiers, le 28 février 1943

Le 8 février, un wagon d'oignons et choux a été expédié de la gare de Lencloître par les nommés G. et D., agissant pour le compte des troupes d'occupation. Le 13 février, un wagon de 10 tonnes de pommes de terre a été expédié de la gare d'Ayron par les nommés R., de Neuville, et B., de Maille, avec une autorisation allemande fournie par un nommé M. (de passage), à Parthenay à destination de l'organisation Todt à Bordeaux. Dans les deux cas, la saisie n'a pu être opérée, malgré l'intervention du ravitaillement et du contrôle économique, par suite de la présence dans ces affaires de l'autorité allemande.

*

Poitiers, le 31 mai 1943

La répression contre le marché noir s'accentue dans le département. Des résultats appréciables ont été obtenus. Quatre individus de la région de Bordeaux ont été surpris en gare de Poitiers alors qu'ils transportaient quatorze chevaux et vingt-cinq douzaines d'œufs. Ils avaient en outre expédié 330 kilos de pommes de terre et 105 kilos de blé. Ils livraient du sel en échange de la marchandise achetée.

Dans la nuit du 14 au 15, un avion anglais a attaqué en rase motte, à la mitrailleuse, à Virolet, près de Poitiers, un train de marchandises. Le mécanicien a été tué, la locomotive, sérieusement endommagée.

Dans la nuit du 13 au 14, le Dr G. a été attiré dans un guet-apens et assassiné à coups de couteau. Le Dr G. était connu comme collaborateur ; il était chef départemental du PPF [Parti populaire français] et écrivait dans le journal L'Avenir sous le pseudonyme « Chavigny ».

Vie quotidienne et marché noir

Rapport du capitaine Baustert, commandant provisoirement la compagnie de gendarmerie de la Vienne

Poitiers, le 28 septembre 1943

La loi 458 du 17 juillet 1943 réprimant les activités communistes, anarchistes, terroristes ou subversives et créant un tribunal composé de deux magistrats et de trois officiers de gendarmerie est à mon sens une grave erreur. La gendarmerie est chargée de rechercher les malfaiteurs et non de les juger.

Un officier supérieur des troupes d'occupation a déclaré récemment que 90 % des gendarmes étaient gaullistes. Il ne nous appartient pas d'apprécier la valeur de cette allégation, mais il ne faut pas oublier que le gendarme, recruté principalement à la campagne et vivant journellement avec des cultivateurs, pense et réagit comme ces derniers. Le gendarme n'est pas sensible à la propagande d'où qu'elle vienne, officielle ou non, mais il juge d'après ce qu'il voit.

RÉGION SUD-EST

ALPES-MARITIMES

Le « vin national »

Rapport du chef d'escadron Soymie, commandant la compagnie de gendarmerie des Alpes-Maritimes, sur la physionomie du département

Nice [date non déterminée]

Étrangers :

La population étrangère se comporte bien en général, et à la campagne vit en bonne harmonie avec les habitants.

À Villefranche, un Italien ex-militant communiste resté fidèle aux idées de ce parti a été proposé pour une mesure d'expulsion et un Polonais juif a été placé par mesure préfectorale en résidence surveillée à Sospel.

Par contre, il est bon de signaler que beaucoup d'étrangers ne se plient pas volontiers à la loi ; ainsi, de nombreux procès-verbaux ont été dressés pour défaut de renouvellement de cartes d'identité, et en particulier aux Italiens. Ceux-ci vont immédiatement se plaindre à la Commission italienne d'armistice, qui en profite pour les recenser. Tout en ne se départant pas d'une attitude prudente, ils paraissent attendre le moment où leur pays sera victorieux pour ne plus avoir à cacher leurs sentiments.

Rapport du chef d'escadron Soymie, commandant la compagnie de gendarmerie des Alpes-Maritimes, à monsieur le colonel commandant la 15ᵉ légion de gendarmerie, au sujet des mesures à prendre pour répondre aux attentes de la population

Le 24 mars 1942

– Ravitaillement :

Vin : très nombreuses récriminations. On aimerait savoir les causes exactes de sa disparition, le prétexte du « déficit de la production » n'étant admis par personne.

Mauvais effet produit sur la population par la possibilité offerte aux riches de consommer des vins à « appellation contrôlée ».

[...]

Vin : cette question intéresse au plus haut point la population des villes et des campagnes. Pourquoi ne ferait-on pas un « vin national », en supprimant les vins à « appellation contrôlée », dont la consommation par les favorisés irrite les classes moyennes et pauvres ?

BASSES-ALPES (ALPES-DE-HAUTE-PROVENCE)

« Dix bouches inutiles »

Rapport de la brigade de gendarmerie de Castellane sur le comportement de la population

Le 18 septembre 1942

– Français :

Les Français qui ont vraiment l'intention de faire la révolution nationale et qui prouvent leur attachement au gouvernement autrement qu'en criant « Vive Pétain », sont bien peu nombreux ; on en trouve quelques-uns, mais il y a tellement de révolutionnaires nationaux « de façade » qu'on est toujours à se demander si l'on a affaire à des gens sincères. Ceux qui sont sincères semblent découragés d'une part par la veulerie de l'ensemble et d'autre part par l'inertie, la mauvaise volonté, peut-être le sabotage systématique d'une grande partie des fonctionnaires.

La relève laisse la population très froide. Aucun prisonnier libéré à ce titre n'est revenu dans la circonscription. Les départs seront forcément rares car la population est agricole. Au mois d'août, deux ouvriers sont partis en Allemagne. Ce mois-ci, une jeune fille va partir pour rejoindre son fiancé qui est déjà parti en Allemagne. (Il n'est pas dans la circonscription.)

– Étrangers :

Les mesures administratives prises le 26 août contre quelques Juifs étrangers de la circonscription ont débarrassé la région de dix bouches inutiles, et très vraisemblablement d'autant de clients du marché noir. Sur ces dix, du reste, deux ont été arrêtés après coup. Tous deux avaient tenté d'échapper aux mesures prises contre eux dans les Alpes-Maritimes.

BOUCHES-DU-RHÔNE

« Les riches, et notamment les métèques [...], ne souffrent pas des restrictions »

Rapport du chef d'escadron Chambon, commandant la compagnie de gendarmerie des Bouches-du-Rhône, sur le comportement et l'état d'esprit de la population et de l'armée

Marseille, le 3 janvier 1941

– Propagande étrangère :

La propagande pro-anglaise trouve toujours des auditeurs fervents et des auxiliaires, conscients ou non, prêts à colporter les bruits qu'elle propage. [...] Par ailleurs, de nombreux auditeurs écoutent régulièrement la radio américaine, dont certains postes (Boston notamment) colportent fidèlement les « bobards » lancés par Londres.

Les nouvelles les plus invraisemblables, lancées pour affoler la population et diffusées le plus souvent par des inconscients voulant apparaître renseignés, circulent dans le département et surtout à Marseille. Il est difficile de remonter aux sources. Néanmoins, j'ai donné des ordres à mon personnel en vue d'orienter son action par cette voie.

– Ravitaillement :

La rareté de la viande a eu pour conséquence l'augmentation sensible des transactions clandestines sur le gibier. C'est ainsi qu'à Marseille on aurait vendu jusqu'à 36 francs des lapins n'en valant pas 16, qu'une volaille taxée 36 francs se vendrait couramment 46 francs. Et les personnes qui pâtissent de cette situation s'obstinent à n'en rien révéler par crainte d'être privées de marchandises.

Rapport du capitaine Castellanet sur le lieutenant de réserve Bernard, demeurant à Marseille

Marseille, le 10 janvier 1941

Le lieutenant de réserve B. Théophile, Joseph, Maurice demeure depuis sa démobilisation à l'Estaque-Plage, commune de Marseille.

Le lieutenant était, avant la guerre, inspecteur pour la région de Marseille de la société Citroën et gagnait largement sa vie.

Depuis sa démobilisation, la société Citroën n'ayant pu le reprendre dans son emploi, le lieutenant B., se trouvant réduit au chômage, a dû se réfugier chez sa belle-mère, 708, chemin du Littoral, à l'Estaque.

Cette dernière adresse est celle de la maison de tolérance Les Tonnelles, que gère la belle-mère du lieutenant B. L'épouse de ce dernier aide sa mère et se tient le plus souvent au comptoir.

Cette situation paraît gêner le lieutenant B., qui s'absente assez souvent pour rechercher du travail.

La conduite de sa femme laisserait à désirer [...]. Lui n'y prend que ses repas et couche seul au restaurant du Golfe, où il a une chambre. [...]

Bien qu'il ne lui soit rien reproché, sa seule présence dans une maison de tolérance le fait considérer comme douteux.

Vie quotidienne et marché noir

Rapport du chef d'escadron Chambon, commandant la compagnie de gendarmerie des Bouches-du-Rhône

Marseille, le 15 février 1941

– Ravitaillement :

La combine et le marché noir continuent et le public a l'impression que les riches, et notamment les métèques abondant dans la région, ne souffrent pas des restrictions. La gendarmerie pourchasse les combinards et les mauvais commerçants. Les brigades de la compagnie ont dressé en janvier deux cent quatre-vingt-un procès-verbaux pour infraction à la loi du 21 octobre 1940 sur les prix. Mais, pour que cette action fût vraiment efficace, il conviendrait que la sanction suive de près la contestation de l'infraction. Ce n'est malheureusement pas le cas. On me signale en effet le fait suivant :

Un boucher de Noves, nommé O., d'origine italienne, a été l'objet depuis le 17 septembre de huit procès-verbaux : 17 septembre, pour achats de porcs au-dessus de la taxe ; 5 novembre, pour défaut d'affichage des prix, non-délivrance des fiches de pesée, hausse illicite et défaut de présentation de facture ; 22 novembre, pour abattage de porcs sans autorisation et non-délivrance de fiches de pesée ; 4 février, pour non-délivrance de fiches de pesée (deuxième récidive) et non-affichage des prix (première récidive). Il est évident que si O. avait été l'objet de sanctions sévères, il respecterait aujourd'hui les prescriptions de la loi.

Devant de pareils faits, on se demande si certains commerçants ne bénéficient pas de protections inadmissibles.

Rapport du chef d'escadron Grassi, commandant la compagnie de gendarmerie des Bouches-du-Rhône, sur l'état d'esprit de la population à l'égard des négociations entre la France et l'Allemagne

Marseille, le 21 mai 1941

Les résultats de l'opinion publique à l'égard des négociations actuellement en cours entre la France et l'Allemagne varient suivant les milieux.

– Chefs d'industrie et personnel de maîtrise accueillent favorablement ces négociations, dont il doit résulter en tout premier lieu une reprise de l'activité économique.

– La classe ouvrière, moins réaliste, est dans l'ensemble assez troublée par l'attitude à notre égard des États-Unis. Elle craint l'arrêt des envois de vivres provenant d'Amérique et un conflit avec les Anglo-Saxons. Et, sentimentalement, c'est à ces derniers défenseurs de la démocratie que continuent d'aller ses sympathies.

– L'opinion des fonctionnaires est très réservée. Il semble pourtant que la majorité ne pense pas autrement que la classe ouvrière.

Pourtant, l'annonce des premiers résultats acquis, la libération prochaine d'un nombre important de prisonniers et l'assouplissement des communications interzones ont produit sinon un revirement total, du moins une attitude plus compréhensive parmi ceux qui se sont constamment montrés opposés au principe de la collaboration. Il est incontestable que, dans tous les milieux, la joie et l'espérance des familles intéressées feront plus pour la collaboration que toute propagande, si subtile soit-elle. En tout état de cause, les efforts du gouvernement sont maintenant suivis avec intérêt et l'idée de collaboration gagne chaque jour du terrain dans la population. Toutefois, dans certaines communes où les éléments communistes et leurs sympathisants non repentis sont plus ou moins partisans de l'action gaulliste, on fait courir le bruit que ces négociations vont nous entraîner dans une guerre contre l'Angleterre et l'Amérique. Dans la section de Salon, on se défie, en général, des dirigeants allemands et on est résolument opposés à un conflit contre nos anciens alliés.

Dans l'armée et la marine, les sentiments sont les mêmes, et une bonne partie des sous-officiers et un pourcentage assez fort d'officiers de l'aéronautique (terrestre et maritime) seraient prêts à répondre aux appels du général de Gaulle s'ils étaient contraints à se battre contre les Anglais.

Enfin, une coïncidence malheureuse a voulu que la tension des rapports franco-américains se produise au moment où la farine américaine est livrée à la population, qui, dans un grand nombre de communes, mange de l'excellent pain blanc à l'heure actuelle après avoir mangé du pain noir pendant plusieurs mois. [...]

En résumé, on ressent nettement un véritable malaise dans la population de cette section. Cette population reste cependant calme et attend le résultat des négociations actuelles. Le gouvernement n'a rien à craindre de cette population, à condition toutefois qu'elle ne soit pas trompée.

Ci-joint quelques réponses faites par des gens de conditions et d'âges différents.

– Un cantinier de cinquante ans : « Il vaut mieux marcher avec l'Allemagne qu'avec l'Angleterre. »

– Un ouvrier de quarante-cinq ans : « Je n'aurai confiance en les Allemands que lorsque je verrai les résultats. »

– Un adjudant aviateur rentrant de captivité : « On les aura, les Fridolins. »

– Un officier aviateur : « Il n'y a pas d'autre solution que de suivre le Maréchal. »

– Un cultivateur de cinquante ans, homme politique : « Les Allemands nous donneront un œuf pour avoir un bœuf, nous sommes bien obligés de subir la loi du vainqueur. Je n'ai pas confiance dans la loyauté des Allemands, car ils ne tiendront jamais parole. »

– Un négociant, adjoint au maire : « Peut-on ou ne peut-on pas avoir confiance dans la parole d'Hitler ? Toute la question est là. Hélas, jusqu'à ce jour, ses actes démontrent qu'il n'a jamais tenu la parole donnée. »

– Un docteur de quarante-cinq ans : « Cette guerre est une guerre de Juifs contre anti-Juifs. Pour ma part, je suis partisan de la collaboration franco-allemande. Il est temps de remettre de l'ordre en France. »

Rapport du chef d'escadron Grassi, commandant la compagnie de gendarmerie des Bouches-du-Rhône, sur l'entrevue de Saint-Florentin-Vergigny

Marseille, le 23 décembre 1941

L'importance de l'entrevue entre les maréchals Goering et Pétain, tenue secrète jusqu'au dernier moment, la curiosité de la population en général dépourvue d'enthousiasme ou inquiète, et enfin l'absence d'allocution du Maréchal expliquant les motifs et conclusions de l'entretien ont incité le commandant de compagnie à faire rechercher spécialement dans le département l'impression produite ainsi que les réactions de l'opinion.

Synthèse des renseignements recueillis :

– Dans l'arrondissement de Marseille, la population ne dissimule pas son inquiétude depuis la rencontre, et si, comme à l'ordinaire, les commentaires sont divers, on peut affirmer que l'entrevue a jeté le trouble dans les esprits et a encore diminué le nombre des partisans de la collaboration.

Selon les bruits répandus, la rencontre aurait été précédée d'un véritable ultimatum exigeant la collaboration militaire entre la France et les puissances de l'Axe, avec menace, en cas de non-acceptation, d'agir sur l'économie française par l'abaissement de la valeur du franc. Finalement, Goering se serait contenté pour le moment de bases aéronavales en Afrique du Nord.

Certains prétendent qu'il a été question de la libération des prisonniers contre l'envoi en traitement en France libre de centaines de milliers de blessés provenant du front russe.

Cette hypothèse a fait naître un grand espoir chez les familles des prisonniers, dont la déception sera grande si elle ne se réalise pas.

Les milieux hostiles au maréchal Pétain en profitent pour insinuer que, comme toujours, il a engagé l'avenir du pays sans consulter le peuple.

– Dans l'arrondissement d'Aix, les uns pensent que son but est d'entraîner les Français dans une nouvelle aventure ; ils craignent que le collaborateur direct du chef de l'État allemand n'ait demandé au chef de l'État français une collaboration active à la guerre, une adhésion de la France au pacte tripartite et la mise à la disposition de l'Allemagne et de l'Italie de bases navales de l'Afrique du Nord française.

Pour d'autres, plus nombreux, ce qui a tout d'abord dominé l'atmosphère de l'entrevue, c'est la lutte contre le danger bolchevique, lutte à laquelle le récent congrès de Berlin vient de donner une consécration importante ; c'est aussi le blocus anglais qui atteint l'Europe et qui touche la France plus particulièrement. Il s'agirait donc d'un entretien destiné à intensifier les échanges entre les deux pays et à améliorer notre situation économique.

D'une façon générale, on attend beaucoup de cette entrevue, notamment une amélioration, voire même une libération massive de nos prisonniers et le retrait des troupes d'occupation de certains départements. [...]

On espère que l'entrevue n'aura pas de suites graves pour le pays, et il est certain qu'un compte-rendu officiel démontrant que les craintes ne sont pas fondées et que les bruits répandus sont faux aurait pour conséquence de ramener le calme dans les esprits et d'augmenter la confiance dans le gouvernement.

Rapport du chef d'escadron Grassi, commandant la compagnie de gendarmerie des Bouches-du-Rhône, sur l'état d'esprit de la population

Marseille, le 22 février 1942

Le 30 janvier, une femme s'est présentée à la brigade et a demandé si on ne pouvait pas lui faire obtenir un bon pour avoir du foin. Elle a exposé ainsi sa situation :

« Mon mari est prisonnier de guerre. À son départ, il a laissé quatorze vaches et deux chevaux. Depuis quatre jours, je n'ai pas un gramme de foin à leur donner. Je me suis rendue au service du ravitaillement, où j'ai plaidé ma cause, mais on m'a répondu qu'on ne pouvait me délivrer de bon et que je n'avais qu'à attendre. Mes vaches sont mon gagne-pain et, vous le croirez si vous voulez, pour ne pas les laisser mourir de faim, je leur fais boire le lait que je trais. Une bonne partie, tout au moins. Je sais que c'est défendu, mais je ne vois pas d'autre solution. Mes vaches ont été payées 12 et 14 000 francs. Malgré cela, j'étais décidée à m'en débarrasser. À cet effet, je me suis rendue à l'abattoir, où l'on m'a dit qu'on ne tuait pas. J'aurais désiré que mon mari retrouve son cheptel à son retour, mais il ne me sera pas possible de le garder jusqu'au printemps sans nourriture.

« Mon fournisseur m'a dit qu'il y avait du foin à volonté dans la région de Salon mais que ceux qui le détenaient ne voulaient pas le vendre au prix de la taxe. L'autorité devrait intervenir.

« Il ne faut pas s'étonner dans ces conditions que des éleveurs n'hésitent pas à donner à leur bétail des légumes destinés à la consommation humaine (navets, carottes, et parfois pommes de terre). »

Rapport du capitaine Gérardin, commandant la section de gendarmerie d'Aix-en-Provence, sur l'état d'esprit de la population

Aix-en-Provence, 1942

Les Espagnols de la région de Gardanne, Meyreuil et Trets, dont la main-d'œuvre est appréciée quand ils veulent bien travailler, fournissent aussi les plus mauvais éléments de la colonie étrangère, qui se distinguent particulièrement dans le trafic des cartes de pain, dans le pillage des poulaillers, clapiers et maisons inhabitées, opérant parfois à main armée (tentative de cambriolage de la mairie de Rians le 26 février dernier).

La population s'étonne et s'émeut de voir en liberté d'anciens membres de l'armée républicaine espagnole, dont la place serait plutôt dans un camp de concentration.

Procès de Riom[1] :

De l'avis unanime (dans les milieux nationaux), ce grand procès qui va faire revivre une époque révolue, avec toutes ses vilenies et ses turpitudes, ses incapacités et ses carences, ne servira pas les intérêts de la France. Tous pensent qu'il fallait frapper vite et fort, comme sont capables de le faire les régimes d'autorité, et précisément le procès de Riom rappelle trop les scénarios chers au régime défunt. Irrévérencieusement, certains parlent de comédie, de mascarade !

Seuls les Juifs, les maçons, les communistes, les ennemis du pays enfin, suivent avec quelque espoir les longs débats, souhaitant les voir s'éterniser jusqu'au retour des beaux jours républicains.

Rapport du capitaine Lickel, commandant la section de gendarmerie de Marseille, sur le ravitaillement de la population

Marseille, le 17 novembre 1942

Les légumes se font de plus en plus rares. La viande a fait complètement défaut par rapport au mois précédent.

L'approche de la mauvaise saison et les derniers événements qui vien-

---

1. Le gouvernement de Vichy assigne en justice, en février 1944, les anciens responsables politiques et militaires, dont Daladier, Blum, Gamelin, accusés d'être à l'origine de la défaite de 1940.

nent de se dérouler en Afrique du Nord auront leur répercussion sur l'ancienne zone libre. De mauvais jours sont à craindre, toutes les denrées, telles que huile, dattes, figues, bananes, blé, qui nous venaient de ces territoires n'arriveront plus.

La population se demande où passent les pommes et les poires, qui n'ont pas encore fait leur apparition sur les marchés ; cependant, elle n'ignore pas que les employés de la préfecture ont été largement ravitaillés en fruits. Il en est de même des pommes de terre, qu'ils ont payé 5 francs le kilo alors que le prix taxé est de 2,50 F. La population ne manque pas de dire que les plus malheureux sont toujours les ouvriers et les petits fonctionnaires.

Les distributions de pâtes sont bien accueillies, mais des rations de 250 grammes sont insuffisantes. [...]

Le marché noir continue. Pour certains c'est une occupation lucrative. Les œufs, le vin, l'huile, le savon, en un mot tout se vend à des prix qui ne sont pas à la portée de toutes les bourses. Des mesures s'imposent pour mettre un frein à ce trafic honteux.

Rapport du chef d'escadron Fabre, commandant la compagnie de gendarmerie des Bouches-du-Rhône, sur la physionomie de la circonscription

Marseille, le 25 novembre 1942

Propagande communiste un peu partout dans le département durant la période du 5 au 10 novembre. La plupart des tracts convient les femmes, les anciens combattants, les ouvriers, les étudiants à manifester le 11 novembre contre le gouvernement et le départ des ouvriers français en Allemagne.

Ces distributions sont constatées à Marseille, à Aix-en-Provence, à Marignane, à Miramas, en Arles [...]. Le 11 novembre, à l'annonce de l'arrivée imminente des troupes allemandes, la plupart des manifestations prévues ont été décommandées.

À signaler seulement les incidents ci-après :

– À Saint-Gannat, environ quatre-vingts habitants, à l'instigation de l'ancien maire socialiste, se rendent au cimetière, où ils déposent une gerbe de fleurs au pied du monument aux morts.

– À Marignane, une centaine d'ouvriers de la compagnie Air France, se rendant à leur travail, viennent se présenter devant le monument aux morts pour y déposer deux gerbes de fleurs. [...]

La radio anglaise, qui continue plus que jamais sa propagande, est écoutée, commentée ouvertement et suivie lorsqu'elle convie les Français à des manifestations antigouvernementales, en particulier à l'occasion du 11 novembre. Ses émissions, ainsi que les émissions américaines, ont été particulièrement goûtées pendant les journées de crise. Ceci tient en partie à la pauvreté des informations françaises et au retard avec lequel elles ont été fournies.

Dans la nuit du 8 au 9 novembre, de nombreux tracts américains, jetés par les avions, diffusent en langue française le message du président Roosevelt au peuple français et l'appel lancé aux forces françaises par le général Eisenhower, commandant le corps expéditionnaire américain.

Compte-rendu de la compagnie des Bouches-du-Rhône des attaques et des incidents dans le département pour le mois de janvier 1944

– Attaques à main armée contre les particuliers :

Le 4 janvier 1944, M. P., du journal Gringoire, est abattu à Marseille de deux coups de pistolet.

Le 10 janvier, vers 19 h 40, six individus armés et masqués font irruption chez M. Bugat-Pujol, au domaine de La Trévaresse, commune de Rognes, arrondissement d'Aix, et s'emparent de 20 millions en argent et bijoux.

Le 18 janvier vers 18 h 45, M. V., président de chambre à la cour d'appel d'Aix-en-Provence, est abattu à coups de pistolet à Aix.

Le 19 janvier, M. K., délégué départemental du STO, est tué à Marseille.

– Incidents avec la population :

À Saint-Rémy, deux individus, Bourrel et Laurent, ont été arrêtés par la police secrète allemande. Le premier est inculpé de trafic de lubrifiants avec les militaires de la Wehrmacht et sera vraisemblablement traduit devant un tribunal militaire allemand. Le second, sympathisant communiste, a sans doute été arrêté en raison de ses écarts de langage.

À signaler le comportement des troupes d'origine russe dans le secteur de Salin-de-Giraud : ces militaires s'introduisent dans les maisons, exigent du vin, des femmes, pillent les clapiers et poulaillers et tuent à coup de mitraillette les taureaux, vaches, ânes et chevaux.

Rapport du chef d'escadron Baron, commandant la compagnie de gendarmerie des Bouches-du-Rhône, sur l'état d'esprit du personnel

Le 7 janvier 1944

Punitions : à la section de Salon, trois militaires, dont un commandant de brigade pour manque d'autorité dans son commandement, se sont vu infliger trente-huit jours d'arrêts simples et trente jours d'arrêt de rigueur.

À Aix-en-Provence, cent quatre-vingt-quinze jours d'arrêt de rigueur ont été donnés, un gendarme a été proposé pour l'élimination de l'arme pour ivresse scandaleuse, et trois pour une suspension d'emploi, l'un pour ivresse, les deux autres pour corruption.

Par ailleurs l'adjudant Faure, de la section d'Arles, a été condamné à un mois de prison avec sursis pour évasion en 1942 d'un officier transféré devant le juge d'instruction militaire.

CORSE

« Votre américanisme de la dernière heure ne vous sauvera pas »

Rapport du lieutenant Venandet, commandant la section de gendarmerie de Bonifacio, sur l'apposition d'affiches à Porto-Vecchio

Bonifacio, le 8 juin 1943

Dans la nuit du 3 au 4 juin 1943, trois exemplaires d'une affiche ayant pour titre « Américanisme à retardement » ont été collés à trois endroits de la ville de Porto-Vecchio.

L'affiche, écrite à la main, à l'encre noire et en majuscules d'imprimerie sur une feuille de papier quadrillé déchirée d'un cahier d'écolier, mesure 22 x 16 cm. Elle comprend le texte ci-dessous :

« Il est significatif de constater depuis quelque temps, et en particulier depuis l'éclatante victoire d'Afrique du Nord, un revirement d'opinion dans certains milieux (haute sphère et valetaille). Une vague de sympathie pour les Alliés déferle actuellement sur notre pays.

« Qui n'est pas américain...

« Il est aussi curieux de voir que les zélés les plus empressés sont ceux-là mêmes qui chantaient les louanges des assassins du peuple français, ceux-là qui traitaient de parjures les patriotes qui n'ont jamais accepté l'armistice honteux de juin 1940.

« Espèrent-ils échapper au châtiment ?

« Non, messieurs, l'heure du règlement de comptes approche, votre américanisme de la dernière heure ne vous sauvera pas. [...] À bas les poltrons.

« Vive la France libre, vive les Alliés !

« L'intègre »

Déclaration du lieutenant Henri, commandant la section de gendarmerie de Vico (entre le 21 juin et le 1ᵉʳ septembre 1943)

Je soussigné lieutenant Jean H., commandant la section de gendarmerie de Vico, affirme sur l'honneur n'avoir jamais tenu de propos hostiles contre M. Mussolini ou les troupes d'opérations.

Le jour où l'on apprit à Vico que M. Mussolini n'était plus au pouvoir, j'ai même dit à la personne qui me l'annonçait d'un air joyeux : « Il n'y a pas lieu de se réjouir, cela ne signifie pas que la guerre soit terminée. »

Si une confrontation avec la personne qui me prête des propos malveillants était possible, je suis disposé à m'y prêter. Je promets sur l'honneur de ne dévoiler son nom à personne et de ne jamais exercer contre elle, quoi qu'il arrive, la moindre représaille.

Cette confrontation permettrait aux autorités italiennes de confondre la personne qui a imaginé les propos qu'elle m'attribue pour leur faire croire que je nourris vis-à-vis d'elles des sentiments hostiles.

Rapport du gendarme Grimaud, commandant provisoirement la brigade de gendarmerie de Petreto-Bicchisano, groupe d'Ajaccio, sur trois nouvelles arrestations opérées par les autorités italiennes

Depuis quelques mois les interpellations se multiplient, comme le 6 juillet – arrestation de l'adjudant Giovanni, des gendarmes Fortin et Pozzo Di-Borgo, et d'une trentaine de civils.

Le 1er août 1943

Le 31 juillet 1943, au soir, vers 22 h 30, trois nouvelles arrestations ont été opérées à Bicchisano par les carabiniers royaux.

Il s'agit cette fois de : Tafanelli Jean-Paul, cultivateur, Bonafedi Charles, normalien, Bonafedi Jean-Paul, cultivateur, âgés respectivement de vingt, dix-huit et seize ans. Ils ont tous les trois été arrêtés à leur domicile.

Le 1er août, ils ont été transférés à Ajaccio en fourgon automobile.

Le motif exact de leur arrestation n'est pas encore connu ; le bruit court qu'ils auraient été dénoncés par des civils déjà détenus comme faisant partie des francs-tireurs de Petreto-Bicchisano.

La brigade n'a jamais eu de remarques défavorables à faire au sujet de ces trois jeunes gens. Ils ne sont pas fils de notables de la commune.

Rapport du lieutenant Venandet, commandant la section de gendarmerie de Bonifacio

Bonifacio, le 10 août 1943

Le 7 août 1943 vers 17 heures, environ sept cent cinquante prisonniers de guerre britanniques venant de Sardaigne à bord d'un navire italien ont été débarqués au Centre marine de Bonifacio.

Après avoir stationné un certain temps sur le stade faisant face au

Centre marine, ces prisonniers ont été embarqués à bord de camions italiens qui, escortés de nombreux carabiniers, ont pris la direction de Porto-Vecchio vers 19 heures.

Sur ces entrefaites, une foule assez nombreuse, composée de jeunes gens et de jeunes filles, s'était rassemblée des deux côtés du parcours des camions, et certaines personnes avaient confectionné des bouquets à l'aide de fleurs et surtout de branches et de verdure.

Les carabiniers présents arrachèrent ces bouquets des mains de leurs propriétaires et firent refouler la foule sur la ville de façon que la voie soit complètement déserte.

Une partie des nombreux militaires italiens présents prirent ces faits comme une plaisanterie, mais d'autres, en particulier les officiers, les militaires allemands et les ex-chemises noires, présentèrent les signes d'un évident mécontentement, voire de fureur.

La conséquence immédiate de ces faits a été que, pour un second débarquement de prisonniers opéré vingt-quatre heures plus tard (qui d'après la rumeur publique étaient des civils italiens rebelles), des ordres furent donnés pour que la circulation soit complètement interdite et les volets des fenêtres donnant sur la marine, strictement clos de 15 à 19 heures.

Toujours d'après la rumeur publique, le commandant de la marine italienne aurait laissé entendre que dorénavant aucun prêt de farine ne serait plus consenti à la population de Bonifacio par les troupes italiennes le cas échéant.

Rapport de l'adjudant-chef Debats, commandant la section de gendarmerie de Vico, sur l'attitude pendant son séjour à Vico de Mme P., lieutenante de l'armée féminine

Vico, le 11 juillet 1945

Le 22 juin 1945, dans l'après-midi, s'est présentée au bureau de la brigade de Vico Mme P., lieutenante de l'armée féminine, qui a déclaré être venue à Vico avec un détachement militaire de sapeurs-pompiers qui se rendait à un incendie de forêt à Guagno. Elle ajoutait qu'elle n'avait pas jugé utile d'accompagner ledit détachement et qu'elle resterait à Vico jusqu'à son retour. [...] Pendant son séjour [...] cette dame a toujours été accompagnée des militaires en permission ainsi que de jeunes gens.

Dans la soirée du 22, vers 22 heures, elle a été rencontrée sur la route de Letia en compagnie d'un militaire et d'un jeune homme. Le lendemain, toute la journée, c'était une dizaine de jeunes gens et militaires qui la suivaient constamment donnant le bras tantôt à l'un, tantôt à l'autre. [...]

Cette dame n'a reçu aucune personne dans sa chambre pendant son séjour ; mais il ne serait pas douteux de croire qu'elle ait eu des relations intimes avec des militaires.

La population de Vico (à l'exception des jeunes gens et militaires qui, eux, y trouvaient leur plaisir) était outrée de voir une conduite semblable.

DRÔME

« La délation devient à la mode »

Rapports du chef d'escadron Roussel, commandant la compagnie de gendarmerie de la Drôme

Voici l'attitude que doivent adopter, au lendemain de la défaite, gradés et gendarmes face aux troupes occupantes, selon le commandant de compagnie. Un mode d'emploi de la collaboration, polie mais réservée...

Valence, le 12 septembre 1940

Officiers : doivent ne pas tendre la main aux officiers étrangers des commissions de contrôle. Ils acceptent, par politesse, de serrer la main tendue par un officier étranger de grade au moins égal au leur.

Ne doivent pas s'asseoir à la table des officiers étrangers mais peuvent exceptionnellement accepter une invitation de ce genre qui leur serait faite de façon précise. Ils ne doivent rendre aucune invitation acceptée par eux. En résumé, froideur d'attitude, mais absolue correction.

Gradés et gendarmes : même façon d'agir que les officiers, le cas échéant. Ne doivent pas rester dans un établissement public où sont installés des officiers ou militaires étrangers. Ne doivent pas provoquer la conversation avec les militaires étrangers. Si elle est engagée par ceux-ci, répondre très sobrement et se méfier des questions posées. Il vaut mieux ne pas trop parler et ne le faire, s'il y a lieu, que sur des sujets insignifiants.

*

Valence, le 6 février 1941

Il a été constitué au camp d'internement de Trèves (Allemagne) un « groupement franquiste ».

G. en est le chef (sergent de réserve, ex-avocat de Marcel Pagnol), évacué sanitaire le 22 janvier 1941 à Clermont-Ferrand.

R. en est le secrétaire. Origine corse. Était 2e classe en arrivant au camp, est passé mystérieusement adjudant. Ancien représentant en meubles métalliques.

D'autres membres influents connus sont :

B. : médecin capitaine, évacué sanitaire le 22 janvier 1941 à Clermont-Ferrand,

R. : qui serait à Paris, évacué sanitaire,

G. : aspirant du service de santé. Parle allemand.

Ce groupe d'effectif quatre cents environ serait en rapports étroits avec les nazis allemands et appartiendrait à l'origine au parti franquiste de Marcel Bucart. Il recevrait du courrier politique de France. Son programme serait :

– rapprochement avec l'Allemagne,

– lutte contre les communistes et les Juifs,

– au retour en France, formation de cellules pour « coups durs » éventuels.

Le train de rapatriés sanitaires arrivé à Clermont-Ferrand le 22 janvier 1941 contient six cents rapatriés du camp de Trèves et, entre autres, le médecin capitaine B. et G.

Il s'agit d'une affaire antinationale certaine. Elle peut en outre cacher des agissements du SR [service de renseignements] allemand.

Le médecin capitaine B. aurait délivré pour les besoins de la cause plus de quatre-vingts faux certificats pour provoquer des rapatriements d'adhérents. Les adhérents étaient munis au camp d'une carte bleue du parti franquiste.

*

Valence, le 29 mars 1941

Le lieutenant commandant la section de Die vient de procéder, le 24 mars, à une perquisition qui lui a fait découvrir un stock de draperies et de linge d'une valeur de 500 000 francs au moins, dissimulé à Crest par B., industriel, fabricant de vêtements. Il est inculpé.

À Montélimar, les usines de nougat travaillent à plein rendement. Par contre, les chocolateries d'Orient (Montélimar) et Aiguebelle (Donzère) travaillent avec certaines difficultés, par suite du manque de réception de matières premières.

Il serait indispensable qu'une taxation nationale de toutes choses et denrées soit faite pour l'ensemble de la zone libre. Les différences de taxation existant entre la Drôme et les départements voisins (Ardèche, Isère, Vaucluse, Gard) provoquent le marché noir. Il n'est pas admissible que telle denrée valant 9 francs en Ardèche en vaille 11 dans la Drôme, 13 dans l'Isère, 16 dans le Vaucluse et 20 dans les Bouches-du-Rhône. Ces différences sont à la base de toutes les spéculations et manœuvres louches et intermédiaires. On crée ainsi dans le pays des « frontières intérieures », d'ailleurs franchissables, et un malaise qui ne fait que s'accentuer de semaine en semaine.

Rapport du chef d'escadron Roussel, commandant la compagnie de gendarmerie de la Drôme, aux commandants de section et chefs de poste (mention « très secret »)

Valence, le 8 juillet 1941

S'il y a une baisse sensible, partout, de la propagande écrite, il y a une augmentation nette d'activité de la propagande verbale.

Les « comités » ont une activité plus grande (comités d'usines, féminins, de jeunes, de chômeurs...). Ce sont les organes d'exécution du parti communiste actuellement. Ils doivent être surveillés de très près.

497

Ils ont pour mission de provoquer puis d'entretenir le mécontentement de la population, surtout ouvrière et paysanne. [...]

Le Secours populaire français est l'organisme centralisateur des « comités » et n'est qu'une survivance du Secours rouge d'autrefois.

Il édite des carnets de timbres de 1 franc portant l'inscription « Solidarité 1 franc » pour les véritables défenseurs de la paix et de la liberté ; en fait, cet argent sert uniquement à la propagande communiste.

À noter que cet organisme se camoufle souvent sous le vocable « Croix-Rouge du peuple ». [...]

Il convient de surveiller de très près les auberges de jeunesse (qui vont avoir la nouvelle appellation de « camarades de la route »). Ces groupements fréquentés assidûment par des communistes sont des lieux de réunion et de propagande. Toute personne ayant fait autrefois partie d'un club « ajiste » (abréviation de « auberges de jeunesse ») doit, a priori, être tenue comme à surveiller.

Rapports du chef d'escadron Roussel, commandant la compagnie de gendarmerie de la Drôme

Valence, le 24 juillet 1941

Du 17 au 19 juillet 1941, d'importantes enquêtes concernant des menées antinationales ont été exécutées.

La diffusion des tracts critiquant la politique de collaboration franco-allemande à adresser après émargement à l'ambassade des États-Unis a entraîné cinq arrestations.

Les menées gaullistes et communistes qui sévissent parmi les élèves des établissements d'enseignement secondaire ou technique à Valence ont permis quatre arrestations d'étudiants et la saisie de trois machines servant à la diffusion de nombreux tracts et d'une importante documentation communiste.

*

Valence, le 22 octobre 1941

Les pièces de 10 francs et 20 francs font actuellement l'objet d'un trafic clandestin. Certains particuliers les conservent dans l'espoir d'en tirer plus tard une somme supérieure à leur valeur actuelle. D'autres les vendent dès maintenant, à des bijoutiers qui les achètent à un prix supérieur à leur valeur marquée. Ce trafic risque de porter atteinte au crédit de l'État.

*

Valence, le 24 décembre 1941
Les lettres anonymes arrivent avec une abondance croissante. La délation devient à la mode. Le préfet de la Drôme a signalé le danger que présentent les lettres anonymes.

Le nombre des dénonciations, des mensonges faits sur les agents de l'autorité va croissant, sans que les autorités qualifiées interviennent en provoquant des poursuites, capables d'amener les gens à respecter les représentants de l'ordre, dont la tâche se trouve ainsi rendue plus difficile. Il est anormal qu'un gendarme soit dénoncé par écrit, reconnu innocent, et que l'auteur de la dénonciation ne voit que classer l'affaire.

*

Valence, le 23 janvier 1942
Un réfugié lorrain, habitant Nyons, s'était spécialisé dans le vol des bicyclettes. Il a été arrêté par la brigade locale au moment où il cherchait à vendre une bicyclette volée. Une perquisition opérée à son domicile a permis de découvrir cinq autres vélos appartenant tous à des personnes de la région.

La population s'étonne de la faiblesse des rations de viande, en prétendant que le cheptel est en augmentation, que les établissements frigorifiques sont combles. Les bouchers et charcutiers eux-mêmes disent ne pas abattre, non par manque de bétail, mais par crainte de ne pouvoir vendre la viande faute de tickets. Il est certain, d'autre part, que des ovins et des bovins crèvent de faim faute de foin. Tel est le cas d'un troupeau de moutons, comprenant cent soixante-dix têtes, à Saint-Vallier, qui, tout en étant privé de nourriture, ne peut être vendu en boucherie, la ration de viande étant trop faible. Il serait possible, là, d'affirmer que le marché noir devrait être intensifié dans l'intérêt général.

*

Valence, le 22 février 1942

En fin de mois, de pénibles scènes de détresse sont relatées par les municipalités, concernant les familles nombreuses ayant épuisé leurs tickets d'alimentation ou de chauffage.

À titre d'exemple : à Tain, après un filtrage sévère, trois cent soixante personnes sur trois mille huit cents prennent leurs repas à la soupe populaire (soit une personne sur dix dans une région normalement très riche).

Rapport du capitaine Henry, commandant provisoirement la compagnie de gendarmerie de la Drôme

Valence, le 15 juillet 1942

À Valence, quelques tracts de tendance gaulliste ont été découverts dans les rues de la ville et ont été distribués dans la nuit du 13 au 14 juillet. Le 14 juillet, à 18 h 45, une manifestation a eu lieu sur la place de la République, en face de l'hôtel de la Croix d'Or, où loge la commission d'armistice italienne. À 18 h 40, quelques dizaines de personnes chantaient la Marseillaise, comme le prescrivaient les tracts gaullistes et la radio anglaise. Certains spectateurs prétendent qu'à ce moment-là un membre de la commission italienne se présenta au balcon de l'hôtel de la Croix d'Or et fit le salut fasciste, ce qui aurait engendré les huées des manifestants, dont le nombre s'était augmenté des nombreux promeneurs circulant à cette heure-là sur les boulevards de la ville.

À 18 h 45, les agents de la police nationale et les gendarmes de la résidence de Valence intervenaient en collaboration pour disperser les manifestants.

Vie quotidienne et marché noir

Rapports du chef d'escadron Raffort-Deruttet, commandant la compagnie de gendarmerie de la Drôme

Valence, le 23 octobre 1942

De nombreuses plaintes sont exprimées au sujet de la qualité du pain. Il est certain que la plupart des boulangers tamisent la farine qu'ils reçoivent du ravitaillement et se servent de la farine blanche ainsi obtenue pour faire des biscottes, du pain blanc et de la pâtisserie, réservés pour les privilégiés de la fortune.

*

Valence, le 24 novembre 1942

Les légumes verts sont toujours rares sur les marchés et dans les magasins. Ils sont trop souvent présentés aux consommateurs dans des conditions déplorables. Les producteurs n'apportent aucun soin à nettoyer les légumes et les livrent au ravitaillement général, mélangés de terre ou de mauvaises herbes, ce qui a évidemment l'avantage de « faire du poids ».

*

Valence, le 24 février 1943

M. Largo-Caballero, ancien président de la République espagnole, qui était astreint à résider à Nyons, où il vivait très effacé, a été enlevé le 20 février 1943 par un policier allemand et un policier italien, qui l'ont emmené vers une destination inconnue [1].

Le public est de plus en plus indisposé par les multiples opérations de police effectuées fréquemment : à la campagne pour la découverte des céréales et denrées non livrées, en ville pour la recherche des armes, des Juifs, des ouvriers défaillants à la relève, etc. Le prestige et la confiance

---

1. En mai 1937, pendant la guerre d'Espagne, et sur fond de tensions au sein du gouvernement de Front populaire, le Premier ministre, Largo Caballero est évincé par les communistes staliniens. Après la défaite des républicains, il gagne la France.

dont la gendarmerie jouissait jusqu'à maintenant sont en train de disparaître par le fait même de ces opérations qui sont essentiellement effectuées par notre personnel. Il y a là une situation extrêmement sérieuse à laquelle il serait nécessaire de porter remède par une prise en compte d'une partie de ces opérations par les divers services techniques intéressés.

*

Les conférences de la milice n'ont guère de succès dans le département.

Valence, le 24 mars 1943

À Crest en particulier, quatre ou cinq personnes seulement avaient répondu à l'appel des organisateurs, qui, en raison du nombre restreint d'auditeurs, supprimèrent la conférence.

*

Valence, le 29 mars 1944

À Suze-la-Rousse, Tulette, Bouchet, les boulangers ont cessé de faire du pain du 18 février au 20 mars [par manque de farine]. Pendant toute cette période, la population a été obligée de se ravitailler dans le Vaucluse.

VAR

« C'est tous des fumiers, Pétain en tête »

Rapport du chef d'escadron Dubois, commandant la compagnie, sur la situation dans le département du Var

Toulon, janvier 1941

Propagande antinationale :

Procès-verbal à l'encontre de Sabatier Marius, quarante-neuf ans, propriétaire à Bras, inculpé d'outrages au chef de l'État pour avoir tenu : « Tu parles de Pétain, eh bien tu sais ce qu'il est ? C'est un fumier ! » Sabatier a été arrêté, le 24 janvier 1941, en vertu d'un mandat d'amener du juge d'instruction.

P-V concernant Gueirard Fernand, cinquante-deux ans, retraité SNCF, cultivateur à Ollioules : « C'est tous des fumiers, Pétain en tête. »

Rapport du chef d'escadron Dubois, commandant la compagnie de gendarmerie du Var

Le 30 avril 1941

Propagande étrangère :

La brigade de Salernes a dressé un P-V contre le débitant Demaria Joseph, quarante-neuf ans, sujet italien, naturalisé français en 1924, qui prenait une émission radiophonique anglaise le 24 avril, à 20 h 40. Le poste radio était installé dans une pièce attenante à la salle ouverte au public et cinq personnes de la résidence se trouvaient dans l'établissement.

Trafic illicite :

A constaté le 8 avril que M. D-C, propriétaire du Café français à Marseille, transportait dans son automobile de Villecroze à Marseille : dix-neuf lapins écorchés, trente-trois poules plumées et vidées, 20 kilos d'asperges, 12 kilos d'oignons, 176 kilos de pommes de terre, quatre-vingt-quatre œufs... L'enquête a établi que les lapins avaient été achetés à raison de 17 francs le kilo poids vif. C'est sur dénonciation et après plusieurs jours de surveillance sur la route que la brigade a opéré.

Rapports du capitaine Dailly, commandant la section de gendarmerie de Toulon

Toulon, le 12 septembre 1941

Le personnel éprouve à l'égard de l'Angleterre un sentiment de franche antipathie. Les événements des mois derniers, les souvenirs de captivité rapportés par certains gendarmes motorisés qui ont été incarcérés en Angleterre, l'épouse d'un gendarme motorisé de Toulon qui est encore

503

retenue prisonnière aux environs de Londres font que cette antipathie est absolument unanime.

À l'égard des gaullistes, les sentiments du personnel sont nettement hostiles. Les rapatriés de Syrie ont propagé le renseignement que les Anglais avaient en Syrie plus d'estime et de considération pour les prisonniers français que pour leurs camarades gaullistes, qu'ils considèrent comme traîtres. La propagation de ce renseignement n'a fait que souligner aux yeux du personnel la perfidie des dissidents que ne semblent même pas avoir su s'attirer la sympathie anglaise.

*

Le 22 septembre 1941

Il est regrettable de constater l'abondance relative de l'approvisionnement des restaurants, qui ne manquent ni de viande ni de légumes. La masse ouvrière, dont les moyens pécuniaires ne permettent pas le repas au restaurant, s'en montre souvent indignée.

Les familles aisées qui ont pu prendre des vacances dans certains départements plus favorisés ont rapporté de leur voyage la conviction que ces départements ne souffraient d'aucune restriction. Ainsi, il apparaît que dans l'Indre et la Haute-Savoie la nourriture dans les restaurants est presque aussi copieuse qu'avant guerre. Ce qui n'empêche point qu'un service de contrôle rigoureux de ces départements interdit toutes sorties de viandes et légumes.

*

Le 19 février 1942

Les discours de Churchill sont mis en valeur en s'aidant de la sincérité avec laquelle il reconnaît que tout va mal pour prouver que les Anglais gagneront finalement la guerre, parce que les armes destinées aux patriotes de tous les pays se forgent en Angleterre et aux États-Unis.

Beaucoup de Français sont persuadés que le salut de la France naîtra d'une victoire anglo-américaine et sont anglophiles soit par opportunisme, soit encore dans l'espoir du retour aux errements du régime périmé qui permettaient de moissonner honneurs et prébendes, soit, enfin, à force d'écouter la radio de Londres, très adroitement insidieuse, exploitant savamment le caractère du Français moyen. Cette radio, dont l'écoute est interdite mais pratiquement sans sanction, dont le brouillage est inopérant, est particulièrement néfaste.

*

Le 18 août 1942

Le 17 août 1942, à 6 heures, l'équipe de relève constituée de trente ouvriers nord-africains de l'Entreprise des grands travaux de Marseille, chantier de l'émissaire commun de la Seyne, a refusé de prendre le travail, invoquant comme prétexte principal le manque de nourriture.

Les chantiers de l'émissaire commun de la Seyne (construction d'un canal souterrain collecteur d'égouts entre la Seyne et le cap Sicié) occupent depuis le 8 août, outre la main-d'œuvre métropolitaine, quarante-six ouvriers nord-africains, recrutés en Algérie par le service de la main-d'œuvre et liés à la Société des grands travaux de Marseille par contrat de travail.

Les ouvriers nord-africains sont logés en dortoir et nourris par une cantine organisée par la direction de la société pour le prix de 12 francs par repas.

Les trente ouvriers qui devaient prendre le travail à 6 heures ont décidé de ne pas se rendre aux chantiers pour protester :

– contre l'insuffisance de la nourriture à la cantine,

– contre le retrait par le cantinier de la totalité de leurs cartes d'alimentation,

– contre le refus par l'administration de leur payer les allocations familiales sous prétexte que leurs familles ne vivent pas avec eux, décision qui est, déclarent-ils, contraire aux prescriptions de leur contrat de travail,

– contre l'insuffisance de vêtements.

Informé à 10 heures, le capitaine commandant la section, accompagné de l'adjudant-chef commandant la brigade de la Seyne, s'est rendu sur les lieux et, en présence de M. Pradier, ingénieur à la société, a exigé des ouvriers nord-africains qu'ils se rendent à leurs chantiers de travail respectifs. À 11 heures, cet ordre était exécuté sans incident.

RÉGION SUD-OUEST

BASSES-PYRÉNÉES
(PYRÉNÉES-ATLANTIQUES)

Il la mord en tentant de satisfaire son désir

Rapport du capitaine Combat, commandant provisoirement la section de gendarmerie d'Orthez, sur la fermeture de la frontière franco-espagnole

Orthez, le 25 avril 1941

L'autorité allemande a procédé, le 20 avril 1941, à la fermeture de la frontière franco-espagnole.

Cette mesure avait été précédée de quelques jours du côté espagnol.

L'avis suivant a été publié aux Aldudes :

« Une épidémie de typhus sévissant actuellement en Espagne, la frontière franco-allemande est fermée. »

Il est interdit de franchir la frontière et d'avoir des contacts quelconques avec les sujets espagnols résidant en Espagne.

Cette décision est très commentée, les bruits les plus divers circulent sur son véritable objet. Ces rumeurs sont incontrôlables.

Une certaine inquiétude se manifeste parmi les cultivateurs et éleveurs de la région à l'approche de la transhumance au pays Quint (versant espagnol).

Rapport du capitaine Tocabens, commandant la section de gendarmerie d'Oloron, sur un nouvel incident survenu entre les militaires de la brigade de gendarmerie d'Artix et les troupes allemandes d'opérations stationnées

Le 12 mars 1943

Les troupes allemandes stationnées à Artix exigeaient de la part des gendarmes la présentation de pièces d'identité à l'occasion de tous leurs déplacements [...].

Ces faits sembleraient dénoter une certaine animosité de la part des Allemands à l'endroit des gendarmes.

Le commandant de la brigade d'Artix s'est rendu auprès du lieutenant commandant le détachement allemand, qui lui a fait connaître qu'il donnait des ordres pour que les gendarmes puissent circuler sans contrôle à toute heure du jour et de la nuit.

Rapport du capitaine Tocabens, commandant la section de gendarmerie d'Oloron, sur l'attitude du chef de service allemand des douanes d'Oloron à l'égard de la gendarmerie

Le 20 mars 1943

Le chef allemand a convoqué le maréchal des logis-chef Haurie, commandant la brigade de gendarmerie de cette résidence, pour lui déclarer que :

– Les gendarmes français espionnaient les douaniers allemands (les gendarmes se rendent dans les fermes pour savoir ce que faisaient les douaniers allemands).

En réponse : il arrive que la gendarmerie rencontre les douaniers dans une ferme [...] ; le commandant de la brigade d'Urdos se défend énergiquement.

– Ces mêmes gendarmes lui devaient le salut, qu'ils devaient également échanger avec les douaniers allemands (le salut est échangé régulièrement entre douaniers allemands et gendarmes).

Vie quotidienne et marché noir

Rapport du capitaine Vincent, commandant la section de gendarmerie d'Oloron, sur une tentative de viol commise par un militaire des troupes d'opérations

Oloron, le 24 avril 1943

Le mercredi 21 avril 1943, à 19 h 30, Mme Peyroutou Eugénie, âgée de trente-cinq ans, ménagère, demeurant à Lasseube, a été victime d'une tentative de viol de la part d'un soldat allemand, sur la route départementale n° 24, à hauteur de la ferme Marquet (côte de Bouix, à 4 kilomètres est de Lasseube).

Les faits se sont déroulés dans les conditions suivantes :

Mme Peyroutou revenait de Gan à bicyclette lorsque, à hauteur de la ferme Marquet, un soldat allemand qui circulait à pied et en sens inverse lui a barré le chemin, l'a fait descendre de bicyclette et l'a terrassée sur le côté droit de la chaussée. Mme Peyroutou ayant résisté à l'agression, le soldat l'a alors saisie à la gorge et mordue à l'avant-bras gauche tout en tentant à plusieurs reprises de satisfaire son désir.

Les appels lancés avaient été entendus et, vingt minutes après le commencement de l'agression, l'arrivée de M. Bernadou, agriculteur, demeurant à proximité, provoque la fuite du soldat. Celui-ci, à travers bois et taillis, se dirige vers Gan.

De l'enquête il résulte que le militaire en cause faisait partie d'un groupe d'une dizaine de soldats arrivé à Lasseube dans l'après-midi du 21 avril, dans une camionnette école portant le n° WHI 389 670. Cette voiture a quitté Lasseube vers 19 heures après avoir stationné une heure environ dans la localité.

L'agresseur était porteur de deux musettes en toile forte avec anse, lesquelles contenaient des bouteilles de vin. [...] Il porte une alliance et une montre-bracelet.

Mme Peyroutou porte de multiples ecchymoses au cou et des traces de morsures à l'avant-bras gauche.

Chronique d'une France occupée

Rapport du capitaine Colinet, commandant provisoirement la compagnie de gendarmerie des Basses-Pyrénées, sur une perquisition effectuée par les autorités allemandes

Pau, le 22 septembre 1943

Le 22 septembre 1943, à 9 h 30, une équipe de policiers allemands a fait irruption dans la caserne de gendarmerie. [...] Quatre policiers en civil ont pénétré dans le bureau de la compagnie pendant que trois Feldgendarmes se tenaient à la porte.

Ils ont immédiatement demandé l'adjudant Martin, secrétaire de la compagnie. Celui-ci était en permission, ils ont insisté pour que son adresse leur soit remise.

J'ai demandé à entrer en contact avec l'extérieur pour alerter la commission de contrôle et les autorités françaises : interdiction.

Une véritable perquisition a eu lieu jusqu'à 13 heures [...]. Ils ont saisi deux lettres personnelles adressées à Martin, des papiers divers, des rapports de physionomie des sections et de la compagnie [...]. Ils se sont rendus (obligeant le gendarme Baillet) avec un serrurier au domicile [...]. Ils n'ont rien trouvé.

En résumé, il apparaît que l'opération ci-dessus était dirigée contre la gendarmerie, seul l'adjudant Martin était visé.

Rapport mensuel d'information relatif à la situation générale et à l'état d'esprit de la population pour la période du 20 septembre au 20 octobre 1943

Trafic :

À signaler que le 13 octobre 1943 la brigade d'Espelette (section de Bayonne) a arrêté quatre individus qui cherchaient à faire passer en Espagne, clandestinement, quatorze bœufs. Le troupeau a été saisi et 225 000 francs ont été versés à la douane, par les délinquants, à titre de transaction.

Il s'agit de :

P. Georges, domestique de ferme, dix-huit ans,

O. Pierre, idem, dix-sept ans,

510

D. Pierre, propriétaire terrien, quarante-deux ans,

L. Joseph, métayer, trente-deux ans.

Ils résident tous à Itxassou (Basses-Pyrénées).

Rapport du lieutenant Roche, commandant la section de gendarmerie d'Orthez, sur l'état d'esprit de la population

Le 8 février 1945

Région peu industrielle. Les usines de filatures et chaussures Saint-Frères de Puyoô ne travaillent plus faute de matières premières. Trois cents ouvriers et ouvrières sont sans travail. Les chefs de famille sont en partie occupés à des travaux communaux. Par ailleurs, quelque petite industrie artisanale travaille au ralenti. La capacité de rendement semble avoir diminué de 25 % environ sur les années précédentes, faute de matières premières. Notamment, les plâtrières de Carresse manquent de main-d'œuvre et de transports.

DORDOGNE

« Un but : chasser les Allemands »

Rapport du chef d'escadron Charollais, commandant la compagnie de gendarmerie de la Dordogne, sur une proposition de citation en faveur du capitaine Coste Edmond, commandant la section de gendarmerie de Ribérac

Le 11 juillet 1940

Le 1er juillet 1940, les troupes allemandes occupaient la ville de Ribérac et y imposaient immédiatement des ordres sévères aux relations qui devaient exister entre elles, la gendarmerie et la population. Le commandant de compagnie assistait à l'entrevue.

La plus lourde part de cette tâche délicate était confiée à la gendarmerie, et plus particulièrement au capitaine Coste. Le maire, M. Brunet, faisant l'objet d'un mandat d'amener de l'autorité militaire française, ayant quitté la ville, c'est le capitaine Coste qui, au regard de l'autorité allemande, devenait le responsable de tout ce qui pourrait se produire contrairement aux ordres donnés.

Avec un tact parfait, une fermeté et un dévouement dignes d'éloges, le capitaine Coste se dépense sans compter. Parant à tout, intervenant sans cesse pour le plus grand bien et la protection des habitants, cet officier réussit dans sa tâche, s'attire ainsi de tous une reconnaissance profonde.

Ce jour, à 10 heures (heure française), le commandant de compagnie assiste, à Ribérac, à la séance au cours de laquelle l'autorité militaire allemande notifie que ce jour, à midi, la ville serait évacuée par les troupes et qu'elle serait remise « à la gendarmerie ». Au cours de son entretien, l'officier allemand, commandant la place, rendit hommage non seulement à l'attitude des autorités françaises, mais surtout à la gendarmerie, et en particulier au capitaine Coste pour son attitude loyale et correcte et sa haute autorité.

Parmi les témoignages élogieux recueillis par le commandant de compagnie, les deux ci-joints suffiront à justifier la proposition faite en faveur du capitaine Coste :

1. celui de M. Crassat, faisant fonction de maire,

2. celui de M. Hyrondelle, sous-directeur du contentieux au ministère de la Guerre.

En conséquence, le commandant de compagnie propose que la capitaine Coste soit cité à l'ordre de la Légion d'honneur avec le libellé ci-après :

« Au cours de l'occupation allemande de la ville de Ribérac, du 1er au 11 juillet 1940, a fait preuve des plus belles qualités de tenue, d'autorité, de fermeté et de dignité. S'est dévoué sans compter pour la population, dont il s'est acquis la reconnaissance profonde. A été pour tous un digne exemple et a pu s'imposer au respect des troupes d'occupation. »

Rapport du chef d'escadron Candille, commandant provisoirement la compagnie de gendarmerie de la Dordogne, sur la situation dans le département pendant le mois d'août 1940

Le 28 septembre 1940

Propagande étrangère et antinationale

Un seul incident à signaler : dans la région de Nontron, quelques tracts (répandus par un inconnu) portaient imprimée la mention suivante : « Un but : chasser les Allemands ; un chef : de Gaulle. » Des instructions très sévères ont été données aux brigades pour le dépistage et la répression de la propagande antinationale.

Rapport du chef d'escadron Candille, commandant provisoirement la compagnie de gendarmerie de la Dordogne, sur l'état d'esprit du personnel

Le 9 octobre 1940

– Situation matérielle :

L'attitude des uns et des autres en face des difficultés du moment est très digne : ni plaintes ni jérémiades, mais courageuse résignation et espoir que le gouvernement du maréchal Pétain relèvera la condition des soldats de métier que sont les gendarmes.

– État d'esprit :

Le loyalisme des forces de gendarmerie à l'égard du gouvernement du maréchal Pétain est indiscutable.

Rapport du chef d'escadron Candille, commandant la compagnie de gendarmerie de la Dordogne, aux commandants de section pour exécution

Le 29 novembre 1940

Les commandants de brigade devront également s'assurer que des éléments ex-communistes ou suspects au point de vue national n'ont pas réussi à se glisser parmi les dirigeants des équipes sportives ou groupements de jeunesse dans le but de se livrer à leur insidieuse propagande.

Il importe que gradés et gendarmes soient bien pénétrés des dangers que le communisme fait encourir au pays. Les communistes sont des adversaires irréductibles du régime actuel, et plus particulièrement de l'autorité incarnée par ce régime. C'est assez dire qu'ils sont aussi les ennemis de ceux qui représentent cette autorité, c'est-à-dire les gendarmes.

Rapports de la compagnie de gendarmerie de la Dordogne

Le 20 décembre 1941

Les mesures que le gouvernement vient de prendre contre les Juifs, les terroristes et les communistes reçoivent l'approbation sans réserve de la partie saine de la population. [...]

Par ailleurs, les représailles exercées par les autorités allemandes sont sévèrement commentées et jugées, d'autant plus excessives qu'elles frappent des innocents. De telles méthodes ne sont pas faites pour amener notre population à l'idée de collaboration.

*

Le 25 février 1942

À Le Bugue, où en octobre la brigade a, grâce à une enquête habilement menée, procédé à l'arrestation de trois communistes (l'un a été condamné à quinze ans de travaux forcés), deux anciens membres de la cellule communiste sont allés jurer au président de la légion qu'ils renonçaient solennellement à leurs idées et ont demandé à faire partie de la légion et à travailler avec elle.

Rapport du chef d'escadron Clech sur une réception de tracts communistes par des militaires de la compagnie de gendarmerie de la Dordogne

Périgueux, le 28 juillet 1942

Le 27 juillet, douze militaires ont reçu sous enveloppe adressée à leur nom un tract communiste intitulé « Lettre d'un groupe de gendarmes et agents de police patriotes à tous leurs collègues de France et des colonies ».

Ce tract critique violemment la politique de collaboration. [...] Il incite la gendarmerie et la police à la désobéissance et au sabotage de l'action gouvernementale en mettant en exergue la bravoure et le patriotisme des gaullistes et de certains députés communistes.

C'est la première fois que le personnel est ainsi touché directement. [...]

Le personnel destinataire de ces tracts a marqué la plus parfaite indifférence quant au fond même du libellé, mais a montré par son empressement à communiquer ces documents la part effective qu'il entend prendre à la lutte contre le communisme.

GIRONDE

Reynaud et Mandel à la prison de Bordeaux

Rapport du lieutenant Rouvidant, commandant la section de gendarmerie de La Bastide, sur des propos tenus par le gendarme Bourdoncle, de la brigade de Léognan

La Bastide, le 10 août 1940

Le 9 août 1940, le maréchal des logis-chef Froute, commandant la brigade de Léognan, me rendait compte téléphoniquement que le gendarme Brousse, après avoir été convoqué par l'Ortskommandantur du chef-lieu de cette brigade, avait été gardé à la disposition des troupes allemandes pour avoir tenu des propos incorrects à l'égard de l'armée d'occupation. [...]

Reçu par l'Oberlieutenant commandant la place, [...] cet officier m'a fait connaître que le gendarme Brousse avait tenu en présence de personnes civiles le propos suivant : « Il est pénible de saluer ces cochons d'Allemands. »

En fait, c'est le gendarme Bourdoncle qui a tenu ces propos.

Rapport du capitaine Pages, commandant la section de gendarmerie de Bordeaux

Le 17 janvier 1941

Au sujet de : La prostitution clandestine à La Teste

Référence : Initiative personnelle

Depuis quelque temps, l'attitude de certaines jeunes filles de La Teste est tellement scandaleuse que la brigade de cette localité a dû intervenir à plusieurs reprises, parfois même à la demande des familles. [...]

Il est prouvé que la plupart des jeunes filles qui se livrent à la débauche avec des militaires allemands sont en réalité des fillettes de treize à seize ans.

Les cas ont exigé notamment l'intervention effective de la brigade :

– Mlle L. Marcelle, seize ans, domiciliée à La Teste, a quitté le domicile de sa mère à deux reprises différentes pour se livrer à la prostitution avec des soldats allemands. Elle était en compagnie de G. Odette, quatorze ans. Il ne semble pas qu'elle ait retiré un bénéfice matériel de sa prostitution. Elle a été hébergée et nourrie par les soldats allemands. Sur ordre du procureur de la République avisé par la gendarmerie, elle a été arrêtée et confiée au couvent La Miséricorde à Bordeaux. La mère, veuve, manque d'autorité.

– Mlle C. Simone, quinze ans, domiciliée à La Teste, a quitté le domicile de ses parents à trois reprises différentes pour se livrer à la prostitution avec des soldats allemands. Elle a couché et séjourné dans des cantonnements allemands en compagnie de Mlle F. Pierrette, treize ans. Sur ordre du procureur de la République avisé par la gendarmerie, elle a été arrêtée et confiée au couvent La Miséricorde à Bordeaux. Les parents semblent manquer d'autorité. D'autre part, il semble qu'elle n'a retiré aucun bénéfice matériel de sa prostitution. [...]

D'autres jeunes filles et gamines de La Teste se livrent à la prostitution. Dans la plupart des cas les parents sont certainement au courant de la situation [...]. De son côté, la municipalité s'efforce d'intervenir dans la mesure de ses moyens. [...]

Je crois qu'il y aurait intérêt à intervenir auprès des autorités d'occupation pour que des faits de la nature de ceux ci-dessus exposés et concernant des enfants plutôt que des jeunes filles ne se produisent pas.

Rapport du lieutenant Rossignol, commandant la section de gendarmerie de Lesparre, sur une découverte de tracts d'inspiration anglaise

Lesparre, le 21 décembre 1941

Le 18 décembre 1941, entre 14 et 16 heures, un ballonnet mesurant 0,50 mètre environ de diamètre et contenant deux cents tracts imprimés d'inspiration anglaise (propagande anglo-américaine) a été trouvé au lieu-dit Mérie, commune de Jau-Dignac-et-Loirac (Gironde).

Les tracts ont été saisis par la brigade de Saint-Vivien et remis à la Standortkommandantur de cette résidence, qui les a détruits.

Le ballonnet comportait une mèche à demi consumée avec une cartouche susceptible de contenir une charge d'explosifs. Il a été laissé sur les lieux. La Standortkommandantur de Saint-Vivien doit le faire enlever.

Rapport du maréchal des logis-chef Vigneau, sur l'envoi de tracts de propagande communiste chez divers maires de la circonscription de la brigade (Saint-Antoine, Aubie-Espessas, Cubzac-les-Ponts, Saint-Laurent-d'Arce)

[Date non déterminée]

Tracts sous enveloppe expédiés de Paris, faubourg Saint-Martin, le 12 août 1942 à 17 h 30. D'autres datent du 12 août 1942, quai Valmy, à 20 heures.

Ces tracts sont de deux modèles différents [...] ; ils sont imprimés sur papier journal, l'un du format 21 x 27 par duplicateur, et l'autre, 19 x 21 imprimé.

Le plus grand modèle est un appel du Parti communiste français, « siège du comité central quelque part à Paris », relatif à l'union de tous les Français dans la lutte qu'il poursuit pour la libération du pays.

Le modèle plus petit porte au verso, en tête, l'inscription suivante : « Le Front national de lutte pour l'indépendance de la France est indispensable au salut de la patrie », déclaration du Parti communiste français.

Ce tract invite les Français à s'unir pour agir contre l'Allemagne hitlérienne. Il contient les paragraphes suivants :

1. « Tout Français digne de ce nom doit travailler à la défaite allemande » ; il indique que la collaboration est une trahison.

2. « Tout ce qui tend à diviser le peuple français fait le jeu de l'ennemi » ; il déclare que la division du peuple français est voulue par Hitler et ses collaborateurs, et que l'URSS avec sa participation sera un facteur de la défaite allemande.

Rapport du capitaine Pages, commandant la section de gendarmerie de Bordeaux, sur la surveillance de deux personnalités françaises à la maison d'arrêt de Bordeaux (section allemande)

Incarcérés au fort de Portalet, dans les Pyrénées, l'ex-président du Conseil, Paul Reynaud, et l'ex-ministre de l'Intérieur, Georges Mandel, sont transférés en Allemagne.

Le 21 novembre 1942

Le vendredi 20 novembre 1942, à 20 h 15, sur ordre du chef d'escadron commandant la compagnie de la Gironde, le commandant de section de Bordeaux s'est rendu auprès de monsieur l'intendant régional de police en vue d'instruction à prendre pour l'exécution d'un service spécial à assurer par la gendarmerie.

Rendu auprès de ce haut fonctionnaire, la mission à remplir immédiatement a été la suivante :

– assurer la garde mixte (gendarmes français et allemands) de MM.

Reynaud et Mandel à la maison d'arrêt de Bordeaux, ces deux personnalités devant arriver sous escorte française [...] ;

– prendre toutes dispositions en vue d'éviter l'évasion des dites personnalités ;

– observer l'attitude des militaires allemands à l'égard de MM. Reynaud et Mandel, ainsi que la façon dont sont traitées ces personnalités.

Le chef des gardiens allemands n'a pas permis de réaliser la condition
essentielle du service, à savoir la garde mixte, comportant la surveillance
à vue, par les gendarmes français de concert avec les militaires allemands.

Le personnel de gendarmerie a dû se maintenir dans le poste de garde
allemand, voisin de l'entrée de la prison mais dont les vitres, occultées
pour des raisons de défense passive, ne permettaient aucune surveillance
extérieure. D'autre part, aucun contact n'a pu être pris avec l'escorte, qui
n'a été vue à aucun moment. [...]

Dans le courant de la nuit, alors que, profitant de toutes les occasions,
l'adjudant de gendarmerie revenait sur le sujet des détenus pour lesquels
ils étaient là, il lui a été répondu à un certain moment que l'un de ces
deux détenus n'avait pas voulu manger, qu'il était malade et qu'on allait
le transporter à l'hôpital.

**Rapport du lieutenant Bourrely, commandant la section de gen-
darmerie de Lesparre, sur des tracts de propagande anglaise**

Au cours de la nuit du 13 au 14 juin 1943, vers 2 h 30, un avion volant
bas a été signalé sur la commune de Lacanau (Gironde).

La gendarmerie a procédé à des recherches actives. Les gardiens du
camp de prisonniers civils de Méogas ayant signalé que des tracts étaient
tombés à proximité de l'enceinte, il a été découvert dans les bois environnants une trentaine de tracts, dont un exemplaire est joint au présent
rapport. La population s'est désintéressée de la question et n'a pas
cherché à ramasser de tracts. Les recherches continuent.

Rapport du lieutenant Deu, commandant la section de gendarmerie de Bazas, sur la découverte à Saint-Macaire de tracts d'origine anglaise, lancés par avion

Le 14 août 1943

Des tracts du format 21 x 13 centimètres, imprimés recto verso, portent pour titre : « Recommandations importantes aux sans-filistes français. »

Extrait

Recto :

« Français, veillez à votre poste de radio.

« Les Allemands veulent à tout prix et par tous les moyens empêcher les Alliés de maintenir un lien avec les patriotes français.

« Déjà en Norvège, en Pologne, en Grèce et en Hollande, ils ont confisqué les postes récepteurs de TSF, malgré l'importance qu'ils attachent à leurs propres émissions.

« Cette mesure n'est pas encore appliquée en France ; elle peut l'être d'un moment à l'autre. [...]

« Méfiez-vous des mouchards. Ne discutez des nouvelles en public qu'avec la plus grande prudence.

« Là où le brouillage rend l'écoute très difficile, organisez-vous pour recevoir les émissions de la BBC en morse. Ces émissions sont faites tous les jours à destination de la France à 3 h 30 sur 261 mètres, 49 mètres et 41 mètres. [...]

« Agissez dès maintenant pour garder vos moyens d'écoute. Votre poste de radio est une arme dont on ne peut exagérer l'importance. »

Verso :

« 1. Cachez votre appareil non déclaré.

« 2. Remplacez l'antenne extérieure par un branchement sur un tuyau d'eau, de gaz, ou sur une masse métallique (balcon, sommier, etc.).

« 5. Assurez à chaque groupe d'écoute un appareil moderne, à ondes courtes, non déclaré.

« 8. Faites des réserves de pièces de rechange, notamment de lampes, prélevées sur de vieux postes.

« 12. Finalement, si vous êtes forcés de livrer votre poste à l'ennemi, remplacez les lampes en bon état par des lampes brûlées. Toute pièce qui n'est pas visible extérieurement peut être enlevée ou changée. Elle sera utile à votre groupe d'écoute. »

HAUTE-GARONNE

« Les Alsaciens sont paresseux »

Rapport du lieutenant Roche, commandant la section de gendarmerie de Villefranche, sur l'ingérence dans le service d'autorités étrangères à l'arme

Le 12 juillet 1941

Le 8 juillet 1941 vers 19 heures, M. B. Paul, propriétaire de l'Hostellerie du lac à Saint-Ferréol, s'est présenté à la brigade de Revel, porteur d'une attestation du colonel Von Brandenstein, président de la commission allemande de contrôle de l'industrie de guerre n° III à Toulouse.

Cette attestation demandait la libre circulation de la voiture automobile de M. B. aux fins de pourvoir au ravitaillement de son hôtel, où se rendaient souvent les membres de la commission allemande.

Informé de la démarche de M. B., qui, en l'absence de toute pièce officielle légale pour la circulation de sa voiture, s'enquérait de la validité de cette attestation, je lui ai fait savoir que je la considérais comme nulle et non avenue et qu'il n'avait pas le droit de se servir de son automobile.

Le 9 juillet [...], le commandant de la brigade de Revel recevait une lettre de monsieur l'ingénieur principal de V., chef du détachement français de liaison auprès de la commission allemande de contrôle à Toulouse, confirmant l'attestation présentée la veille par M. B.

Cet officier demandait en outre qu'il ne soit pas soulevé de difficultés à cet hôtelier au cours des quelques déplacements qu'il pourrait faire en auto dans la but indiqué, en attendant l'intervention d'une décision de l'autorité supérieure.

Informé de la teneur de cette lettre, j'ai ordonné au commandant de s'en tenir strictement à mes prescriptions de la veille [...]. Ces interventions régulières émanant d'autorités étrangères à notre arme ou non qualifiées jettent le trouble parmi notre personnel en raison même de la qualité des unes et des autres.

Rapport du capitaine Cussac, commandant la section de gendarmerie de Muret, à monsieur le général de corps d'armée commandant la 17ᵉ division militaire

Muret, le 25 juillet 1941

L'ex-brigadier Pinot Henri, âgé de trente-six ans, actuellement en résidence au château de Nouguéris (commune de Lamasquère), où il est employé comme ouvrier agricole, m'a déclaré :

« Le prisonnier de guerre Petitgérard Georges, âgé de trente-huit ou trente-neuf ans, recrutement de la Haute-Saône, était en captivité avec moi au stalag XIV bâtiment A. Ce stalag était situé dans les environs immédiats de Düsseldorf, à environ 3 ou 4 kilomètres, mais je ne peux donner aucune précision. J'étais employé dans un atelier de mécanique à l'intérieur du camp [...].

Mon camarade Petitgérard avait essayé à deux ou trois reprises de s'évader, mais aussitôt repris il fut mis au cachot. Le 16 ou 17 février 1941, alors que je travaillais à l'atelier, mes camarades et moi avons été prévenus discrètement par un sous-officier allemand nommé Zimmerman que Petitgérard allait être fusillé. Il était environ 9 heures du matin. Malgré l'interdiction qui nous était faite d'assister à l'exécution, j'ai vu Petitgérard adossé au mur d'un bâtiment. Il a refusé qu'on lui bande les yeux et a craché à la figure du soldat allemand qui s'approchait de lui dans cette intention. Une dizaine d'hommes environ composait le peloton d'exécution. »

Rapport du capitaine Cussac, commandant la section de gendarmerie de Muret, sur des agissements communistes

Muret, le 25 juillet 1941

Militant communiste notoire, Antonin Gleyses, cinquante-trois ans, à Roques-sur-Garonne.

Le 20 juillet dans l'après-midi, Gleyses prononçait en public, au café Jambon, à Roques, les paroles suivantes :

« L'armée rouge gagnera la guerre et rétablira la paix dans le monde. [...] Pétain et Darlan passeront au poteau et l'on fera de l'engrais de leur corps. »

Devant la réprobation des témoins, Gleyses a quitté le café en disant :

« Je sais que tôt ou tard je serai arrêté, mais j'en serai fier pour les camarades. »

Gleyses avait créé en 1936 une cellule communiste à Roques, dont il était le chef et qui a duré six mois environ.

Rapport du capitaine Cussac, commandant la section de gendarmerie de Muret, au chef d'escadron commandant la compagnie de gendarmerie de Toulouse

Muret, le 8 octobre 1941

J'ai l'honneur de vous adresser la déclaration faite par le capitaine Pourquie, récemment libéré de l'oflag VIA.

Le 7 octobre 1941, le capitaine Pourquie Joseph déclare :

« J'étais à l'oflag VIA 3e compagnie du bloc III sous le commandement du colonel Corniquet chargé de l'administration du camp et des liaisons avec les autorités allemandes.

« Le colonel Corniquet m'a toujours donné l'impression d'avoir la crainte de responsabilité ; faible, il était incapable de prendre une décision. Ne jouissant d'aucune estime, la plupart des officiers prisonniers lui étaient nettement hostiles. Opportuniste, il attendait pour avoir une opinion ferme que le gouvernement présent soit définitivement assis.

« J'ai entendu dire qu'il s'était opposé à la rédaction d'une adresse destinée au Maréchal. À mon avis, le colonel Corniquet était anglophile et entièrement opposé à l'œuvre de rénovation nationale entreprise par le gouvernement actuel.

« Voyant que les officiers étaient décidés à passer outre à l'interdiction qui leur était faite, le colonel Corniquet rédigea une adresse portant la signature de nous tous, et l'adressa officiellement au Maréchal. »

Les faits reprochés au colonel Corniquet sont absolument exacts. Le capitaine Young, de la 3ᵉ division d'infanterie coloniale, de race juive, était son adjoint et interprète. Malgré la sélection faite par les autorités allemandes visant l'internement spécial des officiers israélites, le capitaine Young a continué à exercer ses fonctions auprès du colonel Corniquet.

Rapport du lieutenant Roche, commandant la section de gendarmerie de Villefranche, sur une enquête pour vol au préjudice de M. A., de Saint-Félix

Le 17 janvier 1942

Le 12 janvier 1942, pour faire suite à la réquisition de monsieur le procureur de l'État français en date du 9 janvier 1942, je me suis rendu à Saint-Félix à l'effet d'enquêter sur le vol commis par le fils du chef de brigade, au préjudice de M. A., horloger à Saint-Félix. [...]

Le fils du commandant de brigade, Scherer Roger, lui a soustrait chez lui, à deux reprises différentes et à dix jours d'intervalle, des montres. [...]

La deuxième fois, M. A. a prévenu le maréchal des logis-chef Scherer ; la montre dérobée lui a été restituée le lendemain par Mme Scherer.

Le maréchal des logis-chef Scherer m'a déclaré :

« Je suis surpris que M. A. ait porté plainte [...]. Il est venu me voir et m'a dit que mon fils lui avait soustrait une montre, je lui ai dit que j'étais très ennuyé par cet acte indélicat [...]. Devant mon émoi, M. A. m'a dit que c'était un enfantillage, de ne pas me frapper outre mesure [...]. En me quittant, il a ajouté : "Je ne garde aucune rancune."

« J'ai corrigé mon fils [...]. Mon fils n'a pas l'intelligence au niveau de celle des enfants de son âge ; il est très en retard à tous les points de vue et n'a jamais été capable de préparer le certificat d'études. »

J'ai questionné le jeune Scherer Roger, en présence de son père.

Les facultés de cet enfant paraissent être au-dessous de la normale ; les réponses qu'il m'a faites dénotent chez lui un esprit enfantin ; il ne se rend pas compte de la gravité de l'acte.

Il a ajouté qu'il n'avait pas cru mal faire en prenant ces montres, parce que M. A. lui en avait promis bien souvent.

Scherer Roger, avec beaucoup de réticence, nous a raconté qu'A. lui disait des drôles de choses, telles que : « Tu es ma femme [...], je te donnerai tout ce que tu voudras. »

Cette attitude me laissant supposer que l'enfant avait pu être attiré pour des fins peu avouables, je l'ai confronté avec le plaignant ; devant celui-ci il a été moins affirmatif.

Des renseignements pris auprès du maire de Saint-Félix, M. d'Auberjon, il en résulte qu'A. est irréprochable au point de vue des mœurs.

Le 15 janvier [...], il retirait sa plainte, jugeant que l'enfant avait agi sans discernement.

Rapport du lieutenant Roche, commandant la section de gendarmerie de Villefranche, sur la physionomie de la circonscription

Villefranche, le 20 août 1942

Les Alsaciens-Lorrains au nombre de deux mille quatre cent cinq sont répartis dans les cantons de Villefranche, Revel, Caraman et Montgiscard. Les Alsaciens sont paresseux et se livreraient facilement à la boisson. Il est vrai que ce ne sont pas les meilleurs d'entre eux qui ont été expulsés par les occupants.

État nominatif des individus inscrits au carnet B [fichier de suspects d'espionnage et de menées subversives], à la date du 13 décembre 1940, section de Muret :

Étrangers dangereux pour l'ordre intérieur :

– Bonafini Léon, Muret, menuisier, 26 avril 1933, membre du groupe antifasciste italien

– Supino Georges, Muret, agent d'assurances, 24 avril 1939, agent du régime fasciste

– Baraldo Giuseppe, Saint-Thomas, fermier, 24 avril 1939, fasciste notoire

– Tomasini Célestin, Venerque, industriel, 24 avril 1939, fasciste militant [...] (a quitté Venerque le 22 août 1939 pour regagner son pays).

Rapport du capitaine Cussac, commandant la section de gendarmerie de Muret, sur la physionomie de la section au cours du mois de septembre 1942

Muret, le 19 septembre 1942

M. de Chaumont, industriel à Muret, mis dans l'obligation de désigner à défaut des volontaires, dix ouvriers pour aller travailler en Allemagne, s'est refusé à faire cette désignation ; ayant réuni ses ouvriers (quatre-vingts environ), il leur a fait part de ses intentions : « S'il faut partir, nous partirons tous ensemble, moi en tête. »

Rapport de l'adjudant Roucolle, commandant provisoirement la section de gendarmerie de Muret, sur la découverte de tracts contre la relève

Muret, le 23 octobre 1942

Le 23 octobre 1942, à 9 heures, trois tracts intitulés « La relève » et signés « Combat » ont été découverts par le cantonnier Gorse sur la route nationale 622, dans la traversée de l'agglomération d'Auterive.

Ces tracts s'élèvent contre la relève, et les auteurs exhortent les ouvriers à ne pas partir en Allemagne en ne signant pas les contrats d'engagement qui leur sont présentés, à gagner du temps en se faisant porter malades ou en cherchant à se placer comme ouvriers agricoles.

En outre, ils invitent les jeunes à contracter un engagement dans l'armée française et ils insultent les membres du gouvernement en les traitant de « négriers de Vichy » et de « valets d'Hitler ».

Rapport du capitaine Cussac, commandant la section de gendarmerie de Muret, sur la physionomie de la circonscription

Muret, le 20 novembre 1942

– Attitude de la population :

L'arrivée subite des troupes allemandes le 11 novembre 1942 à 13 h 30 a produit à son début une très forte impression sur la population.

Celle-ci était littéralement stupéfaite. Cette première impression passée, la curiosité l'a emporté.

Les jours suivants, une crainte très nette se manifestait dans la population, celle de voir la guerre se dérouler dans la région.

Les prisonniers évadés de stalags ou oflags sont actuellement très inquiets. Ils se demandent s'ils ne seront pas victimes de délations de la part de certains habitants et, de ce fait, reconduits en Allemagne pour y subir leur captivité.

Mille deux cent quatre-vingt-dix réfugiés, dont six cent quarante et un Alsaciens-Lorrains, sont disséminés dans toutes les communes de la circonscription. Certains Alsaciens-Lorrains recherchés par les autorités allemandes sont actuellement très inquiets ; ils expriment la crainte d'être, comme leurs parents restés en Alsace-Lorraine, déportés en Pologne s'ils sont découverts.

– Étrangers :

Quatre mille quatre cents Italiens, mille Espagnols, mille six cents étrangers de toutes nationalités sont internés au camp de Noé. Deux cent cinquante-cinq Juifs sont en résidence assignée dans les communes de la circonscription. Ces étrangers sont actuellement très inquiets quant au sort qui risque de leur être réservé par suite de la présence des troupes allemandes en zone libre.

Rapport de l'adjudant Blanque, commandant provisoirement la section de gendarmerie de Muret, sur un incident entre un militaire allemand et plusieurs habitants de la commune du Fauga

Muret, le 14 décembre 1943

Le 12 décembre 1943, vers 21 h 30, un adjudant-chef faisant partie du détachement de troupes allemandes, stationné au Fauga, s'est présenté à la ferme de M. Roc, au Fauga, où se trouvaient réunies plusieurs personnes. [...] Cinq personnes au total : le propriétaire, la femme, le métayer et deux amis de ce dernier (des sujets italiens).

Le sous-officier a demandé qu'il lui soit servi un verre de vin et, sur le refus qui lui a été fait, s'est servi lui-même ce verre de vin, vidant ainsi la bouteille se trouvant sur la table.

Le sous-officier a demandé que la bouteille soit remplie à nouveau, mais il lui a été fait remarquer qu'il était interdit de servir à boire aux troupes allemandes.

Le sous-officier s'est alors fâché et, sortant son revolver, en a menacé les personnes présentes. Celles-ci, effrayées à la vue de cette arme, se sont enfuies en passant par l'écurie qui se trouve attenante à la maison d'habitation. [...]

Demeuré seul à l'extérieur, le militaire a frappé plusieurs fois la porte [...] et a tiré un premier coup de feu dans la porte, un deuxième dans la fenêtre, et enfin un troisième sur le mur de l'habitation.

Secouant les volets de la chambre [...], il a réussi à les décrocher et il lui a été facile, en passant le bras à l'emplacement d'une vitre cassée, de faire jouer l'espagnolette de la fenêtre, qu'il a escaladée aussitôt.

À ce moment, toutes les personnes se trouvant à l'intérieur de l'habitation se sont enfuies à travers champs et le sous-officier en a profité pour fouiller la maison de fond en comble. Il n'a cependant rien dérobé.

Le 14 décembre, l'adjudant-chef s'est présenté à la maison et a demandé de ne pas porter plainte car il encourait une punition très sévère.

Le capitaine commandant l'ensemble des détachements de Mauzac et du Fauga a été mis au courant de ces faits. Il nous a fait savoir qu'il mettrait tout en œuvre pour éviter que de pareils faits se renouvellent et qu'il prenait d'ores et déjà toutes dispositions utiles pour que le sous-officier soit puni avec toute la rigueur que comportent de tels agissements.

LANDES

Rapport mensuel d'information de la compagnie des Landes sur la situation générale et l'état d'esprit de la population pour la période du 20 mai au 20 juin 1943

– Propagande étrangère :

Section de Dax : un avion à cocarde tricolore rouge au centre a mitraillé et canonné le 24 mai 1943 le poste de transformation du courant électrique 15 000 et 60 000 volts à Saint-Paul-lès-Dax, y occasionnant des dégâts matériels et la perte de 15 tonnes d'huile.

Vie quotidienne et marché noir

Section de Mont-de-Marsan : le 23 juin 1943, vers 3 h 30, une dizaine d'avions dont la nationalité n'a pu être déterminée ont survolé la région sud-est de Tartas et ont parachuté vingt-trois cylindres métalliques de 0,28 m de diamètre sur 0,38 m de hauteur contenant un total de neuf mitraillettes, [...] des paquets d'explosifs, des boîtes de conserve et des boîtes de cigarettes. La nature des inscriptions figurant sur certaines pièces fait supposer qu'il s'agit de matériel de provenance anglaise.

– Ravitaillement :

Arrivages de légumes frais insuffisants. Les fruits et légumes, dès qu'ils sont taxés, disparaissent des marchés. La population de la région de Bayonne a bénéficié de 350 grammes de cerises par habitant alors que les soldats allemands pouvaient s'en procurer 1 kilo dans n'importe quel magasin. Fait diversement commenté.

Sur la côte, la pêche est en régression constante par suite de la diminution des bateaux de pêche et du manque de carburant. L'industrie hôtelière n'est plus d'aucun rapport en raison des difficultés de séjour en zone côtière.

Rapport mensuel d'information de la compagnie des Landes sur la situation générale et l'état d'esprit de la population pour la période du 20 octobre au 20 novembre 1943

Propagande : pendant la nuit du 10 au 11 courant, un drapeau tricolore a été placé, par des inconnus, sur la mairie de Nassiet, village de cinq cents habitants situé dans la circonscription de la brigade d'Amou, arrondissement de Dax. Ce drapeau a été enlevé par les soins de la municipalité aux premières heures de la journée.

Divers – contrebande de café :

Le café vendu de 15 à 17 pesetas au Portugal (frontière – importation), soit 250 francs environ, atteint 2 000 francs le kilo en France ; il constitue pour le contrebandier un produit qu'il est intéressant d'importer. Plusieurs affaires de contrebande de café ont eu un dénouement tragique, les contrebandiers, agissant pour des représentants des autorités d'occupation en tenue et en civil, ayant été reçus (au moment des paiements) pistolet en main, certains ayant même été poursuivis et tués [...].

Criminalité : cambriolage de la mairie de Morcenx, commis dans la nuit. Après avoir fracturé la porte d'entrée de la mairie à l'aide d'une pince, les auteurs se sont introduits à l'intérieur de l'établissement, où ils ont dérobé trois mille deux cent quarante-quatre feuilles de tickets de pain de novembre, trente-sept feuilles de tickets de pain d'octobre, 75 francs de denrées diverses de novembre, quatre feuilles de viande de novembre, également mille quatre cent quatre-vingt-dix-sept tickets de renouvellement de cartes de tabac. Ces titres étaient déposés dans un coffre en bois fermé à l'aide d'un cadenas.

Rapport du chef d'escadron Peytou, commandant la compagnie de gendarmerie des Landes

Le 26 octobre 1944
La haine du « Boche » ne fait que s'accroître.

LOT-ET-GARONNE

« Cette baderne de Pétain »

Rapport du capitaine Hurtrel, commandant la section de gendarmerie d'Agen, sur les agissements nuisibles

Le 27 août 1940
Doléances de la population sur la vie chère
Prix de la viande de boucherie exagéré par rapport au prix d'achat sur pied : bœuf, 7,50 F le kilo, vente à la boucherie du bifteck 30 à 40 francs le kilo, soit quatre à cinq fois plus. Écart trop grand alors qu'avant guerre la vente était 100 % plus chère que l'achat. Prix non taxés.
Prix du bois de chauffage trop élevé : 300 francs à 350 francs les trois stères contre 170 francs avant guerre. Hausse exagérée. Résistance des agriculteurs à vendre à la taxe préfectorale.

Vie quotidienne et marché noir

Rapport du capitaine Barras, commandant la section de gendar-merie de Marmande, au général commandant la XVIIᵉ région état-major 2ᵉ bureau

Marmande, le 27 août 1940

Renseignements fournis par le maréchal des logis-chef Singlande, commandant la brigade de Duras.

La propagande allemande est assurée dans les camps de prisonniers par la diffusion gratuite du quotidien *Le Soldat*, journal qui formule des critiques en général légères contre l'entourage du maréchal Pétain.

Fait prisonnier à Montbard (Côte-d'Or) le 16 juin 1940, le maréchal des logis-chef Singlande a été emmené en captivité, avec ses hommes, par un détachement de la division cuirassée qui l'avait fait prisonnier.

Plusieurs étapes très dures ont été imposées aux prisonniers, qui n'ont reçu aucune nourriture de l'armée allemande du 16 au 20 juin au soir. Le convoi, comprenant environ six à sept mille prisonniers, a été en partie ravitaillé par la population française restée sur place. Fréquemment, les soldats allemands chargés de la conduite ont renversé, à coups de pied, les seaux d'eau que les habitants des collectivités traversées apportaient au passage de la colonne.

Au camp de Tonnerre, du 20 au 23 juin, et au camp de Saint-Florentin (Yonne), les prisonniers sont logés sous leurs tentes personnelles ou à la belle étoile.

De nombreux chevaux de l'armée française sont abattus et servent à l'alimentation des prisonniers.

La nourriture comprend par homme et par jour : 250 grammes de pain, 80 grammes de légumes, 40 grammes de viande, le tout préparé à l'eau. Il n'y a pas de paille pour le couchage.

D'une manière générale, les prisonniers ne sont pas maltraités, mais toute tentative d'évasion expose ceux qui s'en rendent coupables à être tués par les sentinelles, dont la consigne prescrit d'ouvrir le feu sur tout fuyard.

**Rapports du capitaine Hurtrel, commandant la section de gendar-
merie d'Agen, sur des renseignements de la zone occupée**

Le 22 septembre 1940
Camps de prisonniers
À Pithiviers (Loiret), il existait un camp de dix-neuf mille prisonniers
français. Ces hommes logeaient sous des tentes de fortune et manquaient
de nourriture. Les volontaires ont été détachés à l'agriculture. Les gardiens
des camps étaient en général très courtois avec les soldats français. [...]
Leur état d'esprit n'était pas favorable à la poursuite de la guerre. Ils se
plaignent de ne pas aller en permission.
À Namur, un millier de blessés français sont hospitalisés. Les gardiens
de l'hôpital, au nombre de quinze, étaient en moitié jeunes et en moitié
vieux. Les jeunes manifestent leur admiration pour leur Führer, tandis que
les autres déplorèrent qu'il y ait encore une nouvelle guerre. Tous étaient
unanimes pour se plaindre de n'être pas allés en permission depuis deux
ans. Les soldats allemands mangeaient du pain noir, la nourriture était
insuffisante tant pour eux que pour les soldats français.

*

M. Brutillot, ex-caporal chef au 306ᵉ régiment d'infanterie, a été fait prisonnier le 23 juin dans la Côte-d'Or. Il
a d'abord été interné à Laignes (Aube) dans un camp de
dix-huit mille prisonniers environ. Le camp se composait
d'un terrain vague délimité seulement par des secteurs de
feux de mitrailleuses.

Les quatre premiers jours, ils n'ont reçu aucune nourriture, et nombreux ont été les cas de défaillance physique.
Le cinquième jour et les suivants, il a été servi seulement
un bouillon aux herbes. Tous les prisonniers ont quitté Laignes le 1ᵉʳ juillet à destination de Troyes et Mailly.

Le 30 septembre 1940
À Troyes, le prisonnier a déjeuné au camp de Saint-Julien. Les hommes
couchaient dehors avec des moyens de fortune. Il était servi comme nour-

riture : à midi, un quart de légumes ; le soir, même menu. Le pain était distribué à raison de 3 livres pour six hommes par jour.

Le 14 juillet, le prisonnier a été acheminé sur le camp des Chars (hangar des Chars), à Troyes. Là, le logement dans les hangars présentait des moyens de couchage sous forme de couchettes superposées par trois.

Là, la nourriture s'était améliorée :
– un quart de légumes matin et soir,
– un morceau de viande le midi,
– un quart de vin tous les deux jours.

Le 15 août, une grosse partie de l'effectif du camp a été cheminée en chemin de fer sur Abbeville.

Le camp d'Abbeville contenait à l'origine onze mille hommes. Il était réellement organisé pour deux mille hommes. À l'arrivée des prisonniers, rien n'avait été prévu pour les recevoir. Aussi, faute de moyens de cuisine, la nourriture a-t-elle été distribuée difficilement. Un seul repas a été fourni par jour et à des heures successives pour les unités.

Le prisonnier recevait en ce qui le concerne sa nourriture à 8 heures du matin, à savoir : soupe aux orties et à l'orge, un quart de pain allemand et un morceau de lard ou de fromage ou un peu de confiture.

Le camp a été ramené par la suite à un effectif de deux mille hommes, soit deux bataillons de mille hommes, les autres prisonniers étant partis à destination probable de l'Allemagne. Des prisonniers spécialistes du bâtiment ou artisans étaient occupés à des travaux de déblaiement et de réfection dans la ville d'Abbeville, totalement détruite.

Ils bénéficiaient d'un régime spécial, à savoir : café le matin, deux repas par jour, casse-croûte et pain à 16 heures. Prime journalière de travail de 10 francs. Le camp est entouré de deux grillages de 2,60 mètres de hauteur séparés par un réseau barbelé [...].

Les militaires allemands sont corrects et courtois avec les prisonniers. Ils se laissent parfois aller à des confidences. Ils ne paraissent plus être confiants dans l'issue de la guerre et l'un d'eux aurait dit : « Vous, Français, chair à canons, mais nous, Allemands, chair à poisson. »

Chronique d'une France occupée

Rapports du capitaine Cathoulic, commandant la section de gendarmerie de Marmande

Le 26 février 1941

Ravitaillement industrie : l'usine Imbert, à Miramont, occupant une centaine d'ouvriers, en a licencié trente-quatre fin janvier et elle n'utilise les autres que trois jours par semaine.

Quelques fabriques de conserves ont dû fermer leurs portes par suite de manque de boîtes métalliques (fabriques Maury, à Miramont : quarante ouvriers ; fabrique Bordes, à Marmande : quinze ouvriers).

À Miramont, la fabrique de biscuits Ferrant a cessé le travail depuis quinze jours par suite de manque de farine et cinquante-cinq ouvriers sont en chômage de ce fait.

L'industrie métallurgique de Casteljaloux (trois cent cinquante ouvriers) vit sur ses réserves, n'étant plus ravitaillée en fer industriel, qui provenait de Longwy et du Boucau. On espère beaucoup des récents accords économiques franco-allemands et de la politique de collaboration.

*

Le 25 mars 1941

L'usine Imbert n'a travaillé que trois jours par semaine depuis un mois. La réception annoncée de 3 tonnes de cuir va lui permettre de porter ce travail à quatre jours par semaine pour un mois environ. À Castelmoron, l'usine de chaussures, employant vingt ouvriers, vient de fermer ses portes.

La biscuiterie Ferrant, ayant licencié cinquante ouvriers le mois dernier, n'a pas rouvert ses portes par suite du manque de farines.

Il en est de même pour les fabriques de boîtes de conserves Nouri, à Miramont, et Bordes, à Marmande [...]. La fabrique de conserves du Clavier a également fermé ses portes jusqu'à la saison des légumes verts.

Vie quotidienne et marché noir

Rapport du capitaine Cathoulic, commandant la section de gendarmerie de Marmande, sur un incident de propagande gaulliste et antigouvernementale survenu à Seyches le 8 juin 1941

Le 8 juin 1941

Le 8 juin, le maréchal des logis-chef Decros, commandant la brigade de Seyches, en service, se trouvait dans le café Boué et procédait à l'audition d'un contrevenant.

Il a entendu « involontairement » les propos suivants tenus à haute voix par un consommateur, M. Comte Rodrigue, qui s'adressait à l'un de ses amis : « Je ne vois pas où cette baderne de Pétain va nous conduire avec cette affaire de Syrie. J'ai eu l'occasion de causer avec plusieurs marins, qui m'ont dit qu'ils combattraient pour de Gaulle et non pour Pétain. »

[...]

M. Comte paraît avoir agi par demi-inconscience et un peu par bravade. Son attitude est un mélange d'hostilité personnelle à l'encontre du commandant de brigade et d'opinions qu'il a entendues à l'écoute des postes de radio étrangers. Il passe pour simple d'esprit et entêté. Il a d'ailleurs compris sa faute et regrette son attitude. Il pourrait bien avoir subi l'influence de certaines personnes de la localité qui sont connues pour leur hostilité au gouvernement et dont la plus marquante semble être M. Delrieu, horloger, communiste notoire, paraît-il, et qui, le jour de la fête nationale de Jeanne d'Arc, a provoqué un incident en ne se découvrant pas alors qu'on jouait l'hymne national.

M. Comte a été arrêté en flagrant délit et présenté à M. le procureur de l'État français de Marmande, qui a délivré un mandat de dépôt.

Rapport du capitaine Cathoulic, commandant la section de gendarmerie de Marmande, sur l'arrestation de M. Jean-Louis pour atteinte à la sûreté de l'État

Le 8 septembre 1941

Arrestation pour vol du jeune M. Jean-Louis, seize ans, né à Marmande le 19 janvier 1925.

Au cours d'un interrogatoire serré, ce jeune homme a reconnu que, fixé à Bordeaux depuis avril 1941, il entretenait depuis le début de juillet de la même année des intelligences avec les autorités allemandes, en vue de favoriser leurs entreprises.

Son rôle consistait à fréquenter les lieux publics et débits de boissons, à écouter les conversations des consommateurs français, à prendre en filature ceux qui tenaient des propos anti-Allemands et à fournir ensuite leur adresse aux autorités d'occupation.

M. avoue avoir ainsi signalé une dizaine de personnes, qui ont été appréhendées par les autorités allemandes. Il percevait pour ce travail, outre le remboursement des dépenses engagées, une rétribution journalière de 50 francs.

Rapport de l'adjudant-chef Perret, commandant provisoirement la section de gendarmerie de Marmande, au chef d'escadron commandant provisoirement la compagnie de gendarmerie du Lot-et-Garonne

Le 17 mai 1943
Confirmation message téléphoné du 17 mai 1943 à 10 heures.

Dans la nuit du 15 au 16 mai, des tracts ont été distribués dans les communes de Fourques, de Marmande et de Meillan. Ils s'adressent au peuple français et critiquent les actes du gouvernement – entrevue Laval-Hitler. Ils sont signés du Parti communiste français.

Rapport du capitaine Cathoulic, commandant la section de gendarmerie de Marmande, sur les renseignements relatifs au Mouvement pour la révolution nationale (MRN) dans les camps de prisonniers (mention « confidentiel »)

Marmande [date non déterminée]
Le lieutenant Wickert, domicilié à Tonneins, interné jusqu'au 17 août 1941 à l'oflag XVII A, ne connaît pas le lieutenant Courtel.

Il confirme l'existence dans cet oflag d'un Mouvement pour la révolution nationale, dont le but est de faire connaître aux cinq mille officiers du camp l'œuvre du maréchal Pétain et de son gouvernement, par le moyen de conférences, qui sont suivies très attentivement par la grosse majorité des officiers prisonniers.

Des conférences avec pour bases les directives, discours et messages du maréchal Pétain. Le lieutenant Wickert a bien voulu me communiquer seulement un extrait de la causerie ayant pour titre « La France qui nous attend », causerie prononcée les 25 et 27 juillet 1941 devant les officiers anciens combattants 14-18 de l'oflag XVII A par le capitaine Guion.

Après avoir indiqué que la libération n'est pas un but mais un moyen de continuer à servir, le capitaine Guion, dans cette causerie, montre qu'après 1918 les anciens combattants se sont divisés, ne sont plus restés unis comme au front, « d'où, par manque de discipline nationale et d'autorité, l'origine lointaine de nos revers de 39-40. Cependant, l'essentiel demeure, puisque la France a la terre, la jeunesse, son empire et à sa tête un chef. »

IV

Les gendarmes et la Libération

Face au chaos

Si la gendarmerie a failli perdre son âme durant l'Occupation, elle parvient, à la Libération, à sauver son image et à préserver l'essentiel de ses hommes et de ses forces. Certes, elle ne s'en sort pas « avec les honneurs de la guerre », tant s'en faut. Mais elle se justifie par son action, met en avant ses résistants, punit les collaborateurs les plus voyants et, surtout, fait la preuve de son utilité pour assurer le retour à l'« ordre républicain ». La gendarmerie, en effet, s'avère indispensable, ce qui explique que nul après guerre ne réclame sa dissolution.

Voici, décrit à grands traits, l'impression qu'on ressent à la lecture des notes qui font revivre cette période cruciale de son histoire. Cette renaissance du corps n'a cependant pas été sans difficulté. Nombre de rapports témoignent du profond malaise et du grand désarroi ressentis par beaucoup de gendarmes durant la guerre. À la Libération, une ère nouvelle commence pour beaucoup de Français mais aussi pour l'arme, qui doit redorer son image brouillée par son attitude durant l'Occupation. Ces militaires, piégés par la guerre et par leur engagement vis-à-vis du pouvoir, n'ont pas combattu l'ennemi mais principalement des Français. D'où cette profonde et durable crise d'identité, voir d'autorité, qui secoue alors le corps. Car les gendarmes, confrontés à des choix professionnels difficiles à assumer, doivent s'expliquer et se justifier. Un exercice pénible auquel la majorité n'est pas habituée et qu'elle ne comprend pas toujours. À l'image de cette déclaration d'un lieutenant-colonel d'Angers, dans le Maine-et-Loire, citée par l'historien Marc Bergère dans sa thèse sur l'épuration de cette région : « À tous ceux qui ont servi en France occupée, on reproche ou l'on reprochera quelque chose parce qu'ils ont commis le crime ou l'erreur de servir la France dans le malheur. » Cette version idyllique et quelque peu pétainiste du gendarme « contraint de servir » ne rend pas compte de la réalité et de la complexité de la situation.

À la Libération, les gendarmes vont être confrontés à quatre périodes qui vont déterminer leur image et leur avenir : l'heure des choix et des engagements, l'heure des comptes et de l'épuration, l'heure de la justification et, enfin, l'heure du retour à l'ordre.

L'heure des choix et des engagements

Pris entre la politique du pire du gouvernement de Vichy – qui leur demande d'accentuer la répression contre le maquis (notamment depuis le début de 1944) – et la montée en puissance de la Résistance (d'autant plus sensible que le débarquement allié se profile), les gendarmes vont devoir rapidement choisir leur camp. Des décisions d'autant plus difficiles à prendre qu'ils doivent briser un tabou militaire, le « devoir d'obéissance ». Force des armées, la discipline exige, en effet, d'obéir au pouvoir en place, celui de Vichy. Il leur faut donc se déterminer à « déserter » et à quitter les casernes pour s'évanouir dans la nature, grossir les rangs de la Résistance.

Le choix est crucial car en décembre 1943, comme le rappelle l'historien Claude Cazals, l'arme passe sous l'autorité de Joseph Darnand, secrétaire général de la Milice, devenu secrétaire général au maintien de l'ordre. Gendarmes et Milice entretenaient jusqu'alors des rapports conflictuels. « Mais, de février à août 1944, écrit-il dans *La Gendarmerie et la Libération* [1], on intègre des gendarmes dans des opérations offensives contre le maquis. On exige même parfois qu'ils participent à des exécutions capitales, ce qui crée un traumatisme dans leurs rangs. »

Le commandement menace, en effet, de faire juger ou interner administrativement les gendarmes qui refusent d'obéir ou même qui traînent les pieds, allant jusqu'à punir ceux qui écoutent Radio Londres. Dans le même temps, le gouvernement de Vichy multiplie les récompenses et les promotions pour les « bons » gendarmes, ceux qui exécutent fidèlement les ordres, une façon de les compromettre. Il distribue, par exemple, des brassées de Légions d'honneur qui seront bien lourdes à porter plus tard.

Les miliciens, de leur côté, n'hésitent pas à s'en prendre aux gendarmes qui regimbent, voire à enlever leurs femmes. Ainsi, le 7 juillet 1944, un groupe de miliciens arrête le militaire préposé à la garde de la gendarmerie de Saint-Sulpice-Laurière, dans la Haute-Vienne, et emmène deux épouses de militaires, chacune mère de trois enfants. « Le gendarme, dit le rapport, a été conduit à Limoges, mais on est sans nouvelles des deux femmes de gendarmes. »

La maréchaussée assiste parallèlement à la montée en puissance du maquis. De plus en plus de casernes sont

---

1. Lire à ce propos Claude Cazals, *La Gendarmerie et la Libération, op. cit.*

attaquées ou assiégées, les hommes sont désarmés ou insultés.

Le point de non-retour est atteint le 8 juin 1944, quand Joseph Darnand déclenche le « plan MO » (plan maintien de l'ordre), qui ordonne le regroupement des brigades dans les chefs-lieux de section. L'opération consiste à les concentrer afin qu'ils échappent aux attaques localisées et puissent continuer à se battre. C'en est trop. Beaucoup comprennent que la fin de la guerre est proche, d'autant que le débarquement en Normandie a eu lieu deux jours auparavant ! Ceux qui n'avaient déjà rejoint la Résistance partent alors avec armes et bagages. Les réactions des chefs, on le distingue clairement dans leurs rapports, sont significatives. Les responsables signent leur destin soit en dénonçant « les lâches et les traîtres » qui abandonnent leur poste, soit en justifiant leurs actions ou en se contentant de tenir le compte des départs. Le dernier acte de la guerre a sonné... On le voit « physiquement » à la lecture des rapports. Trois traits, bleu, blanc, rouge, tracés aux crayons de couleur, marquent parfois la rupture avec la période précédente : la gendarmerie passe sous le contrôle du Gouvernement provisoire de la République française. On constate également qu'à l'époque de nombreuses pages manquent, manifestement arrachées à la hâte...

Vient alors l'heure des comptes.

L'heure des comptes et de l'épuration

L'histoire de l'épuration en gendarmerie reste encore en partie à écrire. Impossible actuellement de connaître, par exemple, le nombre exact de gendarmes condamnés à mort et fusillés à la Libération. D'abord, certains ont trouvé la mort lors d'affrontements avec le maquis, au cours d'accrochages ou en refusant de rendre leurs armes. Il s'agit là d'actes de guerre qui ne visaient pas précisément les gendarmes. Mais la Résistance « ciblera » aussi certains hommes en bleu, qui seront abattus soit par représailles, soit à l'occasion de règlements de comptes, pas forcément liés à leurs actions contre le maquis. Certains guets-apens demeurent toujours obscurs. C'est le cas, par exemple, de celui du capitaine Vallet, exécuté en Haute-Savoie le 1er octobre 1943.

L'épuration officielle, elle, commence à partir d'octobre 1944, avec l'installation des cours de justice créées spécialement pour les faits de collaboration. La nouvelle direction mute de nombreux hommes à la demande des comités locaux de libération. Une façon discrète de protéger les militaires de la vindicte publique ou des représailles des résistants. Les cas abondent dans les rapports. En Savoie, par exemple, un maréchal des logis fait l'objet d'une mutation car « il déployait, dit une note, une grande activité dans l'accomplissement de la mission particulière concernant le STO [Service du travail obligatoire], laissant supposer ainsi qu'il était un fervent partisan de la collaboration ». Un gendarme de la même compagnie est menacé d'une suspension d'un an pour avoir fait preuve d'un « zèle exagéré dans la recherche des militants de la Résistance, qu'il a brutalisés sans pitié [...]. Un jeune est mort de ses blessures. » Les tribunaux condamnent des responsables à la peine capitale. Le cas le plus connu concerne le lieutenant Roger Fleurose, ancien responsable de la section de Lens, dans le Pas-de-Calais, de 1940 à 1942. Cet officier, farouchement anticommuniste, est condamné à mort le 16 avril 1945 par la cour de justice de Béthune. Il est accusé de trahison et de coups et blessures pour avoir « torturé et exercé des violences graves sur des patriotes, afin de leur arracher des aveux »... « Il est précisé au cours des débats [...], rapporte le 16 avril 1945 le sous-lieutenant

Garçon, que la plupart des arrestations avaient pour objet d'empêcher la reconstitution du parti communiste dissous. » Fleurose est passé par les armes le 19 mai.

Mais ce jugement soulève des polémiques au sein du corps. Aussi, le 5 juillet 1945, le chef d'escadron Dubois, commandant la brigade de gendarmerie de Lille, écrit à propos des réactions provoquées par cette affaire : « Les condamnations sont jugées excessives et les officiers ont douloureusement ressenti l'atteinte portée à la considération de l'arme, attendu que seul le lieutenant Fleurose a été exécuté et que plusieurs commissaires de police, également condamnés à mort, ont vu leur peine commuée en travaux forcés à perpétuité. Les officiers ont nettement l'impression que la gendarmerie est attaquée dans son ensemble par les partis extrémistes, qui savent très bien que la gendarmerie est la seule force de police susceptible d'obéir normalement aux ordres du gouvernement. » Une allusion à peine voilée au rôle du parti communiste.

Combien de gendarmes ont-ils été touchés par l'épuration ? Difficile de le savoir, faute, on l'a vu, de chiffres officiels complets. L'historien Marc Bergère, par exemple, estime que, dans 45 % des brigades du Maine-et-Loire, au moins un cas a été soumis à une enquête, ce qui, remarque-t-il, « a aggravé le malaise dans le corps ».

Ces statistiques sont à manipuler avec précaution, d'autant qu'avec le temps les nombreuses sanctions ont été diminuées, voire carrément supprimées. Claude Cazals écrit dans *La Gendarmerie et la Libération* : « Au fil du temps, pour apaiser les passions, on s'achemine vers le pardon. Les autorités prennent des dispositions pour atténuer progressivement les effets de l'épuration. En 1946, après nouvel avis de la Commission centrale d'épuration, le ministre tempère des sanctions prises seulement quelques mois auparavant. [...] De même, les recours contentieux devant le Conseil d'État se multiplient à partir de

1946. » L'exemple vient d'en haut, de très haut... Le directeur de la gendarmerie, le général Martin, avait été condamné à un an de prison et à la dégradation nationale. Le général de Gaulle lui-même le graciera cinq mois plus tard. L'historien Henry Rousso estime que cent vingt-quatre mille trois cent treize prévenus ont été traduits en justice et mille six cents, condamnés à mort pour « trahison ou intelligence avec l'ennemi ». Entre vingt-deux mille et vingt-huit mille fonctionnaires auraient également été radiés ou rétrogradés. Mais aucun bilan définitif n'a pu être, à ce jour, établi en ce qui concerne la gendarmerie. Ce qui permet à Claude Cazals d'écrire : « Les interdits qui font encore obstacle à sa connaissance [celle de l'épuration] montrent qu'elle fait encore partie du secret honteux. »

L'heure de la justification

Pour réhabiliter l'action de la gendarmerie, la nouvelle direction du corps veut obtenir le maximum de renseignements sur l'action de ses hommes durant l'Occupation. Le 13 novembre 1944, une circulaire du lieutenant-colonel Girard, directeur général de la gendarmerie, demande que leur soit adressé, « pour le 15 février 1945, un rapport complet sur les services rendus par notre personnel à la cause de la Libération depuis le 25 juin 1940 ». Chaque formation, de la brigade à la légion, est ainsi tenue de rédiger une liste complète de tous les actes de résistance par ses hommes. La circulaire, prudente, prescrit de « donner des résultats absolument sûrs en précisant les dates, lieux, noms et grades des militaires de la gendarmerie qui se sont distingués ».

Pour faciliter la tâche des rédacteurs, la notice fait état de critères précis de résistance. Une liste exhaustive qui va, par exemple, du refus de participer à des opérations dirigées contre le maquis à l'« avertissement ou asile à des Français, alliés ou autres étrangers recherchés par la Gestapo ».

On lira des exemples de ces rapports détaillés, véritables mines d'or pour les historiens, qui fourmillent d'anecdotes. Certains récits peuvent paraître dérisoires : « écouter Radio Londres » ou « héberger un membre de sa famille recherché par le STO », quand d'autres sont héroïques ou parfois pathétiques – les nombreux récits de gendarmes qui ont, par exemple, porté secours à des familles juives, à des résistants ou à des pilotes ou parachutistes anglais blessés lors de raids aériens sur la France.

De ces listes, qu'on doit prendre avec beaucoup de recul, il ressort, bien sûr, que la fin de la guerre a accéléré les actes de bravoure... C'est ce qu'indique avec un humour involontaire le commandant de la compagnie de l'Indre, le chef d'escadron Barbe, qui commence ainsi son rapport : « Dans l'ensemble et depuis mars 1944, le personnel de la compagnie a bien servi la cause de la Libération. » Ce responsable, véritable résistant, n'hésite pas d'ailleurs à se mettre lui-même en scène, décrivant plusieurs de ses actions, allant jusqu'à écrire à propos du refus de procéder au ramassage de suspects réclamés par les Allemands : « Le risque était évidemment constant, mais le devoir professionnel commandait d'obéir. La conscience du commandant Barbe [c'est-à-dire lui-même] s'y refusait... » Cela dit, on peut aussi féliciter, par exemple, l'adjudant-chef Baudin, signalé dans ce rapport, qui, en mai 1944, prévient une centaine de Juifs français et étrangers résidant dans la circonscription de La Châtre qu'ils font l'objet d'un ordre de « ramassage », ce qui leur permet de s'enfuir et d'échapper à la déportation.

Bernard Mouraz, spécialiste de la période au département gendarmerie du service historique de la Défense, dresse, dans une étude qu'il a consacrée aux gendarmes de l'Île-de-France, un intéressant tableau des actes de résistance prioritaires d'après les rapports de 1945. Il en ressort que ce sont « les combats pour la Libération » qui viennent en premier, suivi par « l'aide apportée aux personnes recherchées », et enfin « la propagande et les renseignements fournis aux organisations clandestines et aux agents alliés et étrangers ». « Une étude, conclut Mouraz, qui permet seulement de présenter rapidement l'image que l'arme veut se donner d'elle-même en 1945. » Une image parfois sublimée, mais qui livre aussi de précieux renseignements.

L'heure du retour à l'ordre

Plus que l'accumulation des actes de résistance, c'est sa vocation même de maintien de l'ordre qui va aider la gendarmerie à retrouver sa place d'avant-guerre. Très vite, la République a besoin d'un appareil policier fort et discipliné « pour maintenir le déchaînement des passions contenues pendant cinq ans », selon le mot d'un historien. Ceux qui n'ont pas connu cette époque ou qui ne l'ont pas étudiée seront sans doute stupéfaits par l'extrême violence qui se dégage de la lecture des rapports de gendarmerie de l'époque. Elle témoigne de l'incroyable chaos qui règne alors dans la France libérée. Il n'est pas rare, par exemple, qu'une prison soit attaquée pour « punir des détenus collabos ». À Bourges, en décembre 1944, un groupe armé force ainsi les gardiens à leur livrer un couple, Louise H. et Aimé P., condamnés à mort par la cour de justice mais graciés par le chef du gouvernement provisoire. L'homme et la femme sont traînés dans les fossés près de la prison et abattus sur place. Des familles entières sont exterminées, en ville ou à la campagne. Les règlements de comptes se multiplient, visant des collaborateurs notoires ou supposés. Dans des fermes, on abat indifféremment les hommes, les femmes, et même les enfants.

De plus, des soldats perdus ou de faux résistants profitent du désordre ambiant pour se livrer à des pillages en règle. Des bandes de voyous écument les régions et multiplient agressions, hold-up et meurtres. De nombreux cadavres non identifiés sont, par exemple, retirés du Rhône.

Il existe encore aujourd'hui un débat entre historiens pour déterminer le bilan exact de ce déchaînement de violence. Le nombre de victimes allant, selon les estimations, de plusieurs dizaines de milliers à environ neuf mille pour l'historien anglo-saxon Robert O. Paxton. Henri Amouroux se penche longuement sur cette question dans *La Grande Histoire des Français après l'Occupation – Les règlements de comptes, la page n'est pas encore tournée, septembre 1944 - octobre 1945*[1], énumérant plusieurs sources disponibles, sans parvenir pour autant à dresser un bilan définitif.

Au milieu de ce tumulte, les gendarmes tentent de rétablir l'ordre républicain et de faire respecter la loi. Cette tâche, d'ailleurs, ne s'arrêtera pas à la Libération. On découvre ainsi dans les rapports des affaires rarement évoquées – ils freinent notamment les débordements de membres des troupes alliées stationnées en France.

Les rixes et bagarres entre « libérateurs et autochtones » sont légion et certaines, on le verra, plutôt cocasses. Mais d'autres faits sont beaucoup plus graves. Comme cet enlèvement, le 5 janvier 1945, de deux femmes par des soldats américains circulant en Jeep, près de Lyon. « La jeune fille, note le gendarme, a pu s'échapper ; quant à la femme, elle

---

1. Éditions Robert Laffont, 1999.

a été emmenée au-delà de Mâcon et violée plusieurs fois, avant d'être ramenée à son domicile le 6 janvier, à 17 heures. »

Autre tâche difficile, les gendarmes se livrent, après la Libération, à un véritable travail d'enquêteurs pour reconstituer les circonstances des crimes de guerre commis par les Allemands. Certains rapports, rédigés afin que les auteurs de ces méfaits puissent être arrêtés et jugés, sont particulièrement impressionnants. Ainsi celui écrit le 26 octobre 1944 par l'adjudant-chef Conchonnet, commandant de la brigade de Tulle, qui raconte les atrocités commises le 7 juin, dans la ville, par la division « Das Reich ».

Le sous-officier, pris lui-même en otage par les Allemands, a failli être tué. Il écrit, dans un texte poignant qui se lit comme un véritable reportage, comment les hommes seront pendus aux balcons par les SS, dans une atmosphère d'allégresse.

Dans toutes les circonstances de cette dernière période de la guerre, la gendarmerie fera la preuve de son utilité. Ce qui lui permet, finalement, de passer sans trop d'encombres ce cap difficile, peut-être le plus délicat de son histoire.

Certains parcours personnels rendent compte de l'incroyable complexité de l'époque. L'un des plus extraordinaires est, sans conteste, celui du capitaine Battestini. Cet officier, révoqué de l'arme à la Libération, parviendra à refaire une carrière brillante, à récupérer ses galons, et même à obtenir la Légion d'honneur.

Destins croisés :
deux officiers à l'heure de la Libération

Bonneville, en Haute-Savoie, vit une de ces journées où l'histoire et les destins individuels se jouent sur un coup de dés. Le 6 juin 1944, les Alliés ont pris pied en Normandie. Les maquis, particulièrement puissants dans les Alpes, donnent le signal de l'insurrection. Face à cette armée de l'ombre qui œuvre désormais en pleine lumière, alors que le chaos s'empare du pays, les petites brigades de gendarmerie ne pèsent pas lourd. C'est pourquoi, à partir du 8 juin, la direction exige que son personnel soit regroupé au chef-lieu du département. Comme la plupart des Français, la majorité des gendarmes avaient jusqu'ici joué la carte de l'attentisme. Cette fois, on l'a vu, l'heure du choix a sonné.

Devant la caserne de Bonneville s'instaure un face-à-face tendu. Le capitaine Pierre Battestini, un petit homme au teint hâlé, dont le visage jovial masque la raideur, tient à relayer les ordres de Vichy. Les brigades ne répondent plus. Patron de la section d'Annecy, il a fait le déplacement jusqu'ici pour sonner le rappel des troupes. Sa voiture est là, étincelante, stationnée devant le mur d'enceinte. Des gendarmes l'escortent en camion. Armés, ils prennent position autour de la caserne. De l'autre côté des grilles, à l'abri des hauts murs, leurs camarades de Bonneville se sont barricadés, prêts à riposter. Ils ont fait sécession, comme près de soixante-dix autres, entre le 3 et le 19 juin 1944. L'exemple vient d'en haut : ceux de Bonneville ont suivi l'initiative de leur chef direct, le patron de la caserne, le lieutenant Jean-Joseph Jacquet, qui s'oppose à tout regroupement. À trente-deux ans, ce Jurassien d'origine ne ressemble en rien à ces résistants de la dernière heure qui fleurissent dans le sillage des chars alliés. Sceptique sur l'indépendance dont se prévaut Pétain, il a rejoint depuis plusieurs années l'armée secrète de la Haute-Savoie, enterré des armes dans la cave de la brigade, averti des suspects de leur arrestation imminente. Convoqué plusieurs fois par la Gestapo pour une confrontation, le militaire n'a dû son salut qu'au silence des membres du réseau arrêtés. Cette fois, en bravant ouvertement les ordres de Vichy, il encourt la peine de mort pour désertion.

Son supérieur à Annecy, Pierre Battestini, un saint-cyrien de trente-trois ans, joue lui aussi sa peau. En octobre 1943, son prédécesseur, le capitaine Vallet, a été abattu lors d'un guet-apens tendu par des groupes armés. Jacquet et Battestini le savent : ils sont arrivés chacun à un tournant de leur vie. Ce soir, le destin aura choisi son camp. Ce sont deux hommes, deux trentenaires, deux officiers, bref, deux France qui s'affrontent.

La scène impressionne un gamin à l'époque. Pierre-Jean, l'un des deux fils du lieutenant Jacquet, n'a que six ans. Bien des années plus tard, il deviendra général de gendarmerie. Aujourd'hui en retraite après avoir occupé parmi les plus hautes fonctions au sein de l'institution, il raconte cette scène marquante de son enfance. Battestini passe seul les grilles et pénètre dans le salon des Jacquet. Mme Jacquet, qui sait tout des activités clandestines de son mari, assiste à l'entretien : pendant toute la durée de la guerre, elle est allée prier la statue de la Vierge, toute proche de la caserne, pour le salut de la famille. Cette fois, seul un miracle peut éviter un bain de sang.

« J'ai ordre de vous ramener à Annecy, tranche Battestini à l'adresse de son subordonné. Soyez sans crainte, vous serez prochainement de retour à Bonneville. Je vous le garantis.

– Je ne vous suivrai pas, rétorque Jacquet.

– Alors vous m'obligez à donner l'assaut.

– Dans ce cas, je serai à mon tour dans l'obligation de demander à mes gendarmes de tirer. Ce sera un massacre.

– Jacquet, je vais rendre compte de cet incident.

– Je ne vous retiens pas. Mais un conseil, mon capitaine : évitez de regagner Annecy par la même route... »

Furieux, Battestini tourne les talons et ordonne à ses troupes de lever le camp. Le capitaine suit cependant le conseil de son subordonné, regagnant prudemment Annecy par une route secondaire. Ce détour lui sauve probablement la vie. « Une demi-heure plus tard, mon père recevait un coup de fil de la Résistance, se souvient Pierre-Jean Jacquet. Le maquis avait installé un barrage sur la grand-route et s'étonnait de ne pas voir passer le convoi. Mon père s'est fait sermonner car Battestini leur avait échappé. "À ce moment-là, j'ai pensé aux gendarmes de la section, pas à Battestini", m'a-t-il toujours répété. »

Après un été particulièrement meurtrier, la Libération arrive enfin en Haute-Savoie. Pour le calme, il faudra encore patienter plusieurs mois. Comme partout en France, l'idée de justice se noie dans la mare de la vengeance. Le comité départemental de libération confie provisoirement au lieutenant Jacquet le soin de réorganiser la gendarmerie en Haute-Savoie et de tenter de rétablir l'ordre républicain. La famille emménage donc dans la caserne d'Annecy, à deux pas du lac, dans la villa récemment encore occupée par Battestini, son épouse et leur enfant. Une maison de quatre pièces au rez-de-chaussée, quatre à l'étage, flanquée d'un grenier, qui abrite aujourd'hui le comité départemental du tourisme. À l'époque, l'endroit se transforme en un formidable terrain de jeu pour les deux fils Jacquet. Sous les combles, les enfants, bravant l'interdiction paternelle de s'y rendre, trouvent le piano du précédent propriétaire, aux feutres dévorés par les mites. Il y a aussi sous une couche de poussière une voiture rouge à pédales. Selon l'humeur et l'imaginaire du moment, dans les soupentes, on rejoue Pleyel ou Le Mans. Mais une pièce du rez-de-chaussée leur est strictement interdite. Une odeur d'encaustique et de naphtaline s'en dégage : les meubles des Battestini y sont encore remisés. « Nous sommes restés dix ans à Annecy. Les meubles des Battestini ont été déménagés tardivement, probablement dans les années 1950, lorsque la pièce du rez-de-chaussée a été transformée en bureau pour nos études », se souvient le général Jacquet. À l'époque où, à Annecy, on refait les peintures, le locataire précédent de la villa est déjà loin, en route pour une autre guerre et une nouvelle vie. Le dossier administratif de Battestini mentionne d'abord une affectation à Saint-Quentin, dans l'Aisne, en novembre 1944. La nouvelle direction de la gendarmerie a probablement décidé de l'éloigner, autant pour le mettre à l'abri de l'épuration sauvage que pour tenter de préserver la réputation de l'institution, à l'heure où elle est stigmatisée dans les colonnes des journaux et sur les murs des villes. Battestini est mis à couvert administrativement, mais le temps se gâte judiciairement. Les archives de la gendarmerie mentionnent que l'« ex-capitaine Battestini » a été accusé d'« intelligence avec l'ennemi » et renvoyé devant la cour de justice de Savoie. Le couperet tombe le 2 juillet 1946 : l'officier est condamné à mort – par contumace. « Je me souviens d'un second procès qui s'est tenu à Paris, relate Pierre-Jean Jacquet sans parvenir à en préciser la date. Mes parents étaient témoins. Ils sont rentrés dégoûtés par la clémence du jugement. »

Mis au ban de la société de l'immédiat après-guerre, radié de la gendarmerie, Battestini va pourtant se refaire une virginité. Au point de devenir dix ans plus tard un héros pour l'armée ! L'ex-officier, révoqué sans pension, trouve en effet l'occasion de se racheter à l'heure où l'Indochine se soulève. On doit au plus vite renforcer le corps expéditionnaire, au besoin avec des militaires « épurés » pour leur zèle sous l'Occupation. Le colonel Claude Cazals relève d'ailleurs fort justement dans l'un de ses livres [1] le rôle de « purgatoire » joué par ce premier conflit de la décolonisation. Le 23 février 1951, à bientôt quarante ans, Battestini reprend le métier des armes à la base : l'ex-officier s'engage pour cinq ans dans la Légion en tant que simple 2e classe. Le dossier qu'il présente alors ne fait pas l'impasse sur les conditions de son départ précipité de la gendarmerie. On l'estime cependant bon pour le service et on l'enregistre sous le matricule 80 623, sous sa véritable identité. Seule concession faite aux usages de l'état civil : on le déclare étranger, belge en l'occurrence, afin de lui permettre de rejoindre les rangs de la prestigieuse Légion étrangère...

Battestini n'est plus qu'un simple soldat, embringué dans une nouvelle guerre. Un képi blanc, anonyme parmi les anonymes, qui n'a plus de comptes à rendre sur son passé. Il passe par Oran avant de débarquer en Indochine dans la touffeur du mois de juillet. Le légionnaire servira à la fois dans le delta, près de Saigon, et à Haiphong, le grand port du Nord Vietnam, au sein du 5e étranger. Il étonne ses chefs par sa discipline (son dossier ne mentionne pas le moindre écart), sa détermination et sa bravoure. Il dirige

1. Claude Cazals, *La Gendarmerie et la Libération*, *op. cit.*

notamment, en pleine nuit, les tirs de mortier lors d'une attaque ennemie. Ce qui lui vaut, après « dix-sept ans de services » et « cinq campagnes », d'obtenir la médaille militaire par décret du 9 décembre 1955. Sergent-chef, il ne quittera le baroud qu'en mars 1954, peu avant la chute de Diên Biên Phu.

Sa deuxième vie peut commencer. Le 1er février 1956, il réintègre en effet la gendarmerie avec le grade de capitaine et trois ans d'ancienneté. Son dossier individuel, conservé dans les archives de l'arme, a probablement été réécrit à cette occasion : il se montre pudique sur les années sombres de l'Occupation. Tout juste apprend-on que Pierre Battestini a cessé « ses services à compter du 8 juillet 1945 ». Pour l'armée, il a été absous de ses fautes, regagnant galons et honneur dans le bourbier indochinois. Comme un pied de nez à l'histoire, le chef d'escadron Battestini, considéré comme « collabo » par les tribunaux de la Libération, obtient la Légion d'honneur le 30 avril 1963 ! Au terme d'une vie et d'une carrière hors du commun, révélatrices des tourments de la France du XXe siècle, l'officier s'est éteint à l'automne 1997.

RÉGION CENTRE

ALLIER

Lynchage de collaborateurs à la prison de Cusset

Compte-rendu de la compagnie de l'Allier sur l'activité du mois de juin 1944

À la Libération, la confusion et le désordre règnent dans le département.

Montluçon, le 30 juin 1944

Plusieurs brigades de gendarmerie ont été attaquées :

9 juin : brigade de Bellanave attaquée et personnel enlevé.

10 juin : brigade du Montet désarmée par une bande armée.

11 juin : brigade du Chantelle attaquée par des individus armés qui se sont emparés de leurs armes et munitions.

12 juin : poste de Saint-Hilaire attaqué et enlevé.

17 juin : deuxième attaque de la brigade du Montet pour emmener le commandant de brigade, qui a pu s'échapper.

19 juin : attaque de la caserne de gendarmerie de Cérilly et vol des armes.

Chronique d'une France occupée

Rapport du capitaine Perrin, commandant provisoirement la compagnie de gendarmerie de l'Allier, sur l'état d'esprit de la population

Moulins, le 13 octobre 1944

Section de Vichy : les mesures d'épuration commencèrent au lendemain de la libération de Vichy, c'est-à-dire le 27 août 1944. Des hautes personnalités, des directeurs de grandes administrations publiques, des généraux, des agents de Gestapo et bon nombre de collaborateurs furent arrêtés par les Forces françaises de l'intérieur, de même qu'un nombre assez important de personnes, maîtresses d'agents allemands ou à leur solde.

L'internement de toutes ces personnes, ainsi que des suspects, se fait au camp dit Concours hippique, soit au château des Brosses, à Bellerive-sur-Allier.

Les gendarmes eux aussi sont la cible des épurateurs. Le capitaine F., commandant la section de Vichy, a été assassiné par deux individus se disant officiers FFI [Forces françaises de l'intérieur]. De même, l'adjudant S., commandant la brigade de Commentry, a été enlevé et assassiné. L'épuration est parfois très sanglante. Les gendarmes découvrent ainsi plusieurs fosses dans les bois et forêts contenant des cadavres.

Le 30 juin 1945, les époux C., agriculteurs, ont été enlevés de leur domicile par des inconnus et leurs corps ont été retrouvés dans la forêt de Marcenat (Allier). Ils avaient été tous deux tués d'une balle dans la tête. Le 26 mars 1945, dix cadavres (neuf hommes et une femme) ont été découverts sur le territoire de la commune de Meillers (Allier). Huit ont été identifiés. Il s'agit de personnes exécutées par la Résistance en août et septembre 1944.

Rapports du capitaine Walmetz, commandant la compagnie de gendarmerie de l'Allier

Moulins, le 1er décembre 1944

Le 21 novembre 1944, à 20 heures, deux inconnus se sont présentés au domicile de Mme D., propriétaire à Magnet (Allier), et ont assassiné sa fille Colette, âgée de vingt-deux ans, à coups de revolver.

D'après la rumeur publique, cette jeune fille avait eu des relations avec un nommé Keller, sujet allemand, employé durant l'Occupation en qualité de cheminot à la gare de Saint-Germain-des-Fossés. Elle aurait en outre fait arrêter trois jeunes gens en gare de cette localité, lesquels auraient été fusillés dans les bois de Randan (Puy-de-Dôme).

*

Moulins, le 15 juin 1945

La population dans sa grande majorité est mécontente de la façon dont s'effectue l'épuration. Le retour des déportés politiques a aggravé ce mécontentement : ceux-ci ne comprennent pas que les traîtres responsables de la mort ou de la déportation de nombreux Français ne soient pas encore châtiés. Ils estiment que les peines prononcées par les cours de justice sont trop faibles et protestent contre la grâce accordée aux condamnés à mort.

*

Les épurateurs n'hésitent pas accélérer une justice lente ou pas assez efficace à leur goût.

Moulins, le 16 juillet 1945

Le 2 juin 1945, à 13 h 30, trois à quatre cents personnes très surexcitées ont réussi à pénétrer dans la maison d'arrêt de Cusset, en fracturant à coups de hache la porte opposée à la porte principale d'entrée et en franchissant le mur d'enceinte à l'aide d'une échelle de peintre. Les manifestants s'emparèrent de l'ex-milicien G., qu'ils lynchèrent et pendirent par les pieds, ainsi que de l'ex-commissaire P., chef de la Gestapo française de Vichy, qu'ils maltraitèrent. Des manifestants pénétrèrent également dans l'hôpital civil de Cusset, s'emparèrent de l'ex-milicien S., qui y était en traitement, le lynchèrent et le pendirent par les pieds. Il devait décéder peu après.

Le 5 juin 1945, entre 18 h 45 et 19 h 30, une vingtaine de déportés politiques rapatriés ont pénétré au centre de séjour surveillé de Vichy et ont tondu quelques femmes qui y étaient internées. Se rendant ensuite à l'hôpital civil de Vichy où était en traitement l'ex-milicien S., ils l'ont maltraité, puis pendu par les pieds. Il est décédé peu après.

Dans la nuit du 7 au 8 juin 1945, entre minuit et 2 heures, un nombre de personnes dont l'importance n'est pas encore précisée se sont présentées au domicile de la fille G., à Abrest, (Allier), avec qui habitaient ses parents, se sont emparées de ceux-ci et, après les avoir frappés, les ont conduits à Hauterive et les ont pendus à l'auvent de leur maison. Tous deux sont décédés.

Le fils G., Gabriel, qui était agent de la Gestapo, a été condamné à mort par la cour martiale de Vichy peu après la Libération et fusillé. Le père et la mère avaient été internés au centre de séjour surveillé de Vichy et libérés tout récemment.

De plus, les gendarmes constatent au mois de juin 1945 un accroissement du nombre des attentats par explosifs commis à l'encontre de personnes suspectes d'avoir collaboré avec l'ennemi. On en dénombre sept (cinq en mai).

Les ex-maquisards, sortis de l'ombre, veulent aujourd'hui être reconnus.

À signaler également le Congrès national des maquis de France et de la Résistance active, qui s'est tenu à Vichy les 15, 16 et 17 juin. Les orateurs y ont surtout traité, assez violemment d'ailleurs, de la question de l'intégration avec leur grade, dans l'armée nouvelle, des officiers et gradés provenant des Forces françaises de l'intérieur. Une épuration énergique et l'application du programme du Conseil national de la Résistance ont été également demandées.

CHER

Vierzon sous les bombes

Bourges (juillet-août 1944) rapport de la compagnie du Cher

Du 25 juin au 11 juillet 1944, la région a été bombardée par les avions anglo-américains. Les attaques les plus violentes ont eu lieu le 29 juin 1944 et le 1er juillet 1944. La ville de Vierzon a été attaquée par deux cents bombardiers lourds. Il y eut quarante-trois morts, huit disparus, quatre-vingt-un blessés et cinquante maisons entièrement détruites.

Rapport du capitaine Cussac, commandant provisoirement la compagnie de gendarmerie du Cher

Au cours de leur retraite, les Allemands ont détruit des sites stratégiques (postes de radio, relais PTT, gares) ou incendié des fermes sur les principaux axes routiers. Ils ont aussi massacré des civils.

Bourges, le 2 octobre 1944
Le 1er septembre, un détachement fort de cinq mille hommes environ s'arrête à Dun-sur-Auron devant un passage à niveau fermé. Aussitôt, trois maisons voisines sont la proie des flammes. Une chasse à l'homme s'organise dans les rues. En quelques instants, quatorze personnes sont tuées, dont trois gendarmes de la brigade locale. Le chiffre des victimes dans le département dépasse la cinquantaine.

Sur l'état d'esprit du personnel

Bourges, le 3 octobre 1944
À la Libération, la gendarmerie rencontre des difficultés avec les FFI, qui, par manque de discipline, causent de nombreux incidents. La formation de FFI « brigade légère du Lot-et-Garonne », huit cents hommes environ, s'installe dans la région de Sancergues le 18 septembre 1944.

563

Ils commettent plusieurs exactions : chasse au fusil et à la mitraillette, pêche à la grenade, bétail abattu, volailles subtilisées. Ils organisent aussi, malgré l'interdiction, des bals et en font payer l'entrée. Ils réquisitionnent la machine à écrire de la brigade, un autocar. Le 26 septembre, une cinquantaine d'entre eux pillent le château d'Augy, commune de Sancergues (vêtements, literie, postes de TSF, argenterie). Les dégâts sont évalués à plusieurs centaines de milliers de francs.

Rapport du chef d'escadron Du Lorier, commandant la compagnie de gendarmerie du Cher, sur l'état d'esprit de la population

Bourges, le 13 janvier 1945

Le 22 décembre 1944, vers 17 h 30, un groupe d'individus (une trentaine selon la version des gardiens, une douzaine selon l'un des auteurs) armés de mitraillettes et de pistolets se sont introduits, en forçant l'entrée à la suite d'un gardien venant prendre son service, dans l'enceinte de la maison d'arrêt de Bourges.

Tenant le personnel sous la menace des armes, ils l'ont contraint à leur livrer les détenus H. Louise et P. Aimé, condamnés à mort par la cour de justice de Bourges les 28 et 29 novembre 1944, puis graciés par décision du chef du gouvernement.

Après avoir été extraits de la prison, les deux détenus ont été abattus à une cinquantaine de mètres de cet établissement. La femme H. a été tuée sur le coup, P. est mort un quart d'heure plus tard. Dans le courant de la nuit suivante, l'un des auteurs de l'attentat, le sous-lieutenant FTP [Francs-tireurs et partisans] B. Charles, du 1er RPB, a été découvert et arrêté par l'autorité militaire. Il a refusé de livrer ses complices.

CORRÈZE

À tous les balcons de Tulle, des pendus

Rapport de l'adjudant-chef Conchonnet, commandant la brigade de Tulle, sur « les atrocités commises à Tulle par les troupes allemandes »

Il fut lui-même pris comme otage par les hommes de la division « Das Reich ». Le texte, poignant, se lit comme un reportage.

Le 26 octobre 1944

Le 7 juin 1944, à 4 h 30, les troupes allemandes qui stationnent à Tulle ont été attaquées par les Forces françaises de l'intérieur. La lutte a duré jusqu'à 16 heures. Les FFI se sont alors retirées sur les hauteurs dominant la ville. Les Allemands ont profité de ce répit pour regrouper leurs forces éparses dans divers immeubles de la ville. D'autres occupent deux hôtels situés à proximité de la gare (hôtels Dufayet et Terminus).

[Nouvelle attaque le 8, à 7 heures.] Au cours de la soirée, le gros de leurs forces, qui s'étaient retranchées à l'ancienne école normale de jeunes filles, tentaient une sortie. Cette tentative désespérée ne réussit pas. Après quelques minutes de combat, tous les soldats allemands étaient tués, blessés ou faits prisonniers. À la tombée de la nuit, les derniers soldats allemands qui résistaient encore dans la région de la gare se réfugièrent dans les bâtiments de la manufacture d'armes. À ce moment-là, la ville était presque entièrement libérée. La population était descendue dans la rue pour manifester sa joie. Vers 22 heures, l'avant-garde de la Panzer-Division « Das Reich », venant de la direction de Brive, débouche rue du Docteur-Valette. Aussitôt, les canons et les mitrailleuses des engins blindés entrent en action et tirent sur toutes les personnes rencontrées. Partout, c'est le sauve-qui-peut général. Au cours de la nuit, la ville est cernée par les troupes allemandes. Les plus petits sentiers sont gardés et les soldats allemands tirent impitoyablement sur tous ceux qui tentent de s'échapper. Il en sera de même au cours de la journée du lendemain. Le 9, vers 6 heures, les blindés allemands circulent dans les principales rues de la ville. Des soldats allemands entrent dans toutes les maisons et font sortir tous les hommes qui s'y trouvent. Il s'agit, d'après les dires des soldats, d'une vérification de pièces d'identité. Les hommes sont ensuite groupés au milieu des chars d'assaut et conduits place de Souillac, en face de la manufacture d'armes. Par la suite, ils sont introduits au nombre de deux mille environ à l'intérieur de cet établissement. Après vérification de leurs pièces, ils sont placés dans différents groupes. Un Alsacien, du nom de W., bien connu à Tulle, passe dans les groupes et, examinant attentivement chacun d'eux, il en fait sortir un certain nombre. Ce sont les hommes de ce nouveau groupe qui seront pendus au cours de l'après-midi. [À 6 heures le même jour, trois autos blindées sont face à la gendarmerie. L'une d'elles tire. Le fils d'un gendarme est blessé d'une balle dans la tête. Les Allemands fouillent et occupent la caserne.] Tous les véhicules et motos en état de marche sont pris. Le magasin d'habillement est entièrement pillé.

Toute la matinée, des coups de feu tirés sur les gens qui tentent de fuir claquent sur les collines entourant la ville. Beaucoup d'hommes sont ainsi tués.

À 13 h 30, un haut-parleur parcourt les rues. Il annonce qu'il n'y aura pas d'otages et que la vie normale va reprendre. Un soulagement momentané se produit et chacun se remet à espérer.

Vers 16 h 30, l'adjudant-chef Conchonnet, commandant la brigade de Tulle, et les gendarmes Sermadieras, Chastaing et Petit sont conduits à la Kommandantur installée à l'hôtel Moderne, où l'adjudant-chef Conchonnet est interrogé par un officier de la Feldgendarmerie. [...]

En sortant de l'hôtel, ils entendent un haut-parleur qui annonce que cent vingt personnes seront pendues et que leurs corps seront jetés dans le « fleuve ». Il est précisé que les gendarmes et policiers qui ont abandonné leur poste subiront le même sort.

Ils sont tout d'abord conduits avenue de la Gare, où ils constatent qu'à tous les balcons où des cordes ont pu être attachées des hommes sont pendus. Le gendarme allemand les fait arrêter en face de l'armurerie Estorges et il s'entretient avec des officiers. Ils comprennent alors qu'ils vont être pendus également.

Vingt et un gendarmes du Lot, amenés par la division « Das Reich », s'attendaient également à être exécutés. La plupart avaient même quitté leur cravate pour être plus vite pendus.

Tout le long de la rue, des jeunes des chantiers sont échelonnés. Derrière eux se trouvent les hommes qui ont été amenés de chez eux au cours de la matinée. Tous sont gardés militairement. Des chars sont en position un peu partout.

Au milieu de ce spectacle horrible, les soldats allemands rient, fument et font preuve d'une gaieté écœurante. Un appareil de musique (pick-up ou phonographe) joue des airs gais.

Au bout d'une dizaine de minutes, le gendarme allemand fait signe au commandant de la brigade de Tulle et aux gendarmes précités de le suivre. Tout au long du chemin, jusqu'à la manufacture d'armes, ils constatent que des hommes sont pendus à tous les balcons et que partout les soldats allemands devisent gaiement entre eux et font preuve d'une joie exubérante.

Conduits à la manufacture d'armes, ils s'attendent à être fusillés d'un moment à l'autre. Ils ne seront libérés de cet établissement que le 10 à 21 heures. Ils ont appris par la suite que c'était grâce à l'intervention des autorités de la ville qu'ils n'avaient pas été exécutés, ainsi que les vingt et un gendarmes du Lot.

Le commandant de la division « Das Reich », qui devait tout d'abord faire jeter les corps des suppliciés dans la Corrèze, dit renoncer à son projet, par suite des eaux basses et de l'intervention pressante des diverses autorités. Néanmoins, celles-ci ne purent obtenir que les corps soient inhumés au cimetière. Sur l'ordre du général allemand, les suppliciés furent enterrés pêle-mêle, à peine recouverts de terre, avec interdiction de les identifier, dans un dépôt d'immondices, situé en bordure de la route nationale 89, au lieu-dit Cueille, commune de Tulle.

Après les exécutions, la plupart des hommes conduits à la manufacture d'armes sont emmenés à Limoges. Ils sont considérés par les autorités allemandes comme des terroristes dangereux. Après quelques jours de détention, un certain nombre peuvent rentrer chez eux, mais d'autres sont dirigés sur l'Allemagne. Aucune photographie des atrocités commises à Tulle par la division « Das Reich » n'a pu être prise par des Français.

Rapports de l'adjudant-chef Bernot, commandant provisoirement la section de gendarmerie de Tulle

Tulle, le 5 août 1944

Le 5 août 1944, vers 0 h 30, une dizaine d'individus armés se sont présentés au presbytère de Laguenne, canton de Tulle (Corrèze). Après avoir tenté de forcer la porte d'entrée, ils ont obligé monsieur l'abbé L. à leur ouvrir et, dès leur entrée dans le couloir, ils ont tiré sur lui une rafale de mitraillette qui l'a atteint aux jambes. Puis ils l'ont achevé en lui tirant plusieurs balles dans la région du cœur.

*

Tulle, le 17 août 1944

À la suite de pourparlers entrepris dans la journée du 16 août, la garnison allemande de Tulle s'est rendue aux Forces françaises de l'intérieur le 17 août 1944, à 8 heures.

Le détachement allemand comprenait environ vingt officiers et sept cents sous-officiers et hommes de troupe, et un matériel assez important en véhicules et armement.

Une fraction évaluée à cent cinquante hommes qui n'avait pas accepté de se rendre a pris la campagne environnante, où elle est recherchée.

HAUTE-VIENNE

De Gaulle, « premier résistant de France », à Oradour-sur-Glane

Rapport de l'adjudant-chef Férignac, commandant provisoirement la section de gendarmerie repliée à Limoges

Limoges, le 28 juin 1944

Les 10 et 11 juin 1944, le bourg d'Oradour-sur-Glane, canton de Saint-

Junien, a été brûlé par les troupes allemandes. En raison du regroupement des brigades, les détails manquent.

Rapport du capitaine Anglade, commandant la section de gendarmerie de Limoges

Limoges, le 18 août 1944

Le 16 août 1944, à 8 heures, les facteurs du bureau de poste de Bersac, canton de Laurière (Haute-Vienne), brigade de Saint-Sulpice-Laurière, ont découvert les cadavres de Mme L., née T. (Hélène), quarante-six ans, receveuse des PTT, gisant dans la cuisine de l'immeuble du bureau de poste. Elle avait été tuée d'une balle au sein gauche. Le cadavre de son mari, M. L. (Joseph), âgé de cinquante-huit ans, gisait dans l'escalier de la cave et portait la trace de six balles.

Dans le bureau de poste, tout l'appareillage téléphonique avait été détérioré. Un portefeuille, un sac à main et une boîte en fer renfermant une certaine somme en billets de banque appartenant aux victimes se trouvaient sur le lit dans la chambre à coucher. Tous les meubles, tiroirs et valises avaient été fouillés par les criminels, qui devaient être au nombre de trois, d'après trois verres et une bouteille de vin rouge à moitié vide restés sur la table de la cuisine. [...] Le mobile du crime et les assassins sont entièrement inconnus.

Rapport de l'adjudant-chef Bord, commandant la brigade de gendarmerie de Saint-Junien, section de Rochechouart

Saint-Junien, le 27 septembre 1944

État nominatif de la Légion d'honneur ou décorés de la médaille militaire qui ont reçu cette distinction avec droit au traitement, décédés pendant le deuxième trimestre 1944 :

– Desourteaux Jean, François ; médecin, major de 2e classe ; sans activité ; chevalier de la Légion d'honneur le 10 juillet 1917 ; décédé le 10 juin 1944 à Oradour-sur-Glane.

– Laurence Henri, Isidore [...] ; retraité ; chevalier de la Légion d'honneur le 16 juillet 1941 ; décédé le 10 juin 1944 à Oradour-sur-Glane.

– Dupic Léonard ; soldat du 159e RIA ; en réforme n° 1 ; médaille militaire le 21 février 1916, chevalier de la Légion d'honneur le 26 juin 1929 ; décédé le 10 juin 1944 à Oradour-sur-Glane.

– Lamaud Jean ; ex-soldat du 204e RI ; sans activité ; médaille militaire le 16 octobre 1917 ; décédé le 10 juin 1944 à Oradour-sur-Glane.

– Brissaud Marcel ; ex-soldat du 3e génie ; sans activité ; médaille militaire le 31 mars 1932 ; décédé le 10 juin 1944 à Oradour-sur-Glane.

– Sénon Martial ; soldat du 33e RIC ; en réforme ; médaille militaire le 30 mai 1915 ; décédé le 10 juin 1944 à Oradour-sur-Glane.

Rapports du chef d'escadron Séquier, commandant la compagnie de gendarmerie de la Haute-Vienne

Limoges, le 9 octobre 1944

Les cinémas donnant des représentations du film L'Entrée de De Gaulle à Paris font généralement salle comble.

Cinq ou six cents prisonniers allemands sont internés au camp de Saint-Paul-d'Eyjeaux.

Le 21 septembre 1944, l'adjudant Lévèque, commandant la brigade de Saint-Sulpice-Laurière, était arrêté par des militaires FFI et publiquement bafoué et frappé avant d'être conduit à la maison d'arrêt.

En dehors de la destruction totale d'Oradour, où huit cents personnes ont trouvé la mort [le bilan est en réalité de six cent quarante-deux morts], la région a peu souffert des suites des opérations de guerre.

Partout on signale quelques victimes : trois otages fusillés aux Cars le 11 juillet 1944, trente et une personnes, dont onze FFI, à Bellac les 7 et 8 août 1944.

*

Limoges, le 9 novembre 1944

Le 2 novembre 1944, quatre hommes, après avoir été extraits du camp de séjour surveillé de Nexon (Haute-Vienne) par trois officiers, ont été fusillés par ceux-ci au village de Puy-Mathieu, commune de Solignac, canton de Limoges (Haute-Vienne).

*

La gendarmerie suspecte les services spéciaux allemands de projeter des sabotages d'installations électriques, ferroviaires, PTT, TSF, et de recruter des agents à cette fin.

Limoges, le 29 novembre 1944

Il est donc à présumer que les agents saboteurs se présentent sous l'aspect d'un ouvrier portant un sac à outils sur le dos. Les agents saboteurs ont été généralement recrutés parmi les miliciens, les membres du PPF [Parti populaire français] et autres collaborateurs. Ils ont tous, en principe, suivi des cours d'une dizaine de jours dans des écoles de sabotage (Rocquencourt, région de Versailles, Montagnette, région de Tarascon, Le Tronchet, région du Mans, Antoigne, région du Mans, Maulny, région du Mans).

*

Limoges, le 16 décembre 1944

Le 16 et 18 novembre, de concert avec les pouvoirs publics et les militaires de la brigade de Lussac-les-Églises, des recherches ont été entreprises pour découvrir les cadavres de onze personnes de Magnac-Laval enlevées de leur domicile le 5 et 6 juillet derniers. Les disparus ont été découverts, ainsi que deux inconnus, dans des fosses situées dans les bois dits de La Chèvrerie, commune de Tersannes et du Mas-Cornu, commune d'Azat-le-Ris (Haute-Vienne). Les corps ont été exhumés et enterrés régulièrement.

Rapport de l'adjudant-chef Bord, commandant la brigade de gendarmerie de Saint-Junien, section de Rochechouart

Saint-Junien, le 30 janvier 1945

Liste des Israélites fusillés par les Allemands :

Nom et prénoms	Date et lieu de naissance	Domicile	Date de l'arrestation ou du décès	Observations
Bass Eugène	28-11-1924 à Sarrelouis (Allemagne)	25, rue Édouard-Branly à Saint-Junien	Fusillé le 10-6-44 par les Allemands	
Delvaille Gabrielle, veuve Pinède	27-11-1880 à Bayonne (Basses-Pyrénées)	Oradour-sur-Glane	Fusillée le 10-6-44 par les Allemands	Massacre d'Oradour-sur-Glane
Pinède Robert	26-7-1889 à Oloron-Sainte-Marie (Basses-Pyrénées)	-d°-	-d°-	-d°-
Silva Carmen, épouse Pinède	7-8-1904 à Bilbao (Espagne)	-d°-	-d°-	-d°-

Rapports du chef d'escadron Séquier, commandant la compagnie de gendarmerie de la Haute-Vienne

Limoges, le 16 mars 1945

Le voyage du chef du gouvernement provisoire de la République en Limousin a produit une satisfaction dans la région. La capitale du maquis a rendu un hommage grandiose au général de Gaulle, premier résistant de France. À Oradour-sur-Glane, l'allocution prononcée par le général a été très appréciée de la population. Il faut noter au passage que de nombreuses familles de sinistrés qui n'ont pas été autorisées a pénétrer dans le bourg martyr manifestent aujourd'hui un vif mécontentement à ce sujet.

Le 26 février 1945 à Limoges, le Dr B. a été abattu par les occupants d'une automobile qui ont pris la fuite. Ce docteur, ancien membre du SOL [Service d'ordre légionnaire] et du PPF, avait démissionné du SOL en 1942.

*

Limoges, le 16 avril 1945

Dans la nuit du 30 mars, à 21 h 30, des individus inconnus circulant en auto ont tiré une rafale de mitraillette à travers les vitres de l'établissement tenu par M. S., place Denis-Dussoubs, à Limoges. Il y a eu trois blessés légers. Le tenancier, qui était visé et qui a été blessé, avait été arrêté à la libération de Limoges et venait d'être remis en liberté après jugement.

INDRE-ET-LOIRE

Les rapines d'une bande de « cent dix individus »

Rapports du capitaine Dellac, commandant provisoirement la compagnie de gendarmerie de l'Indre-et-Loire

Tours, le 19 septembre 1944

Avant d'évacuer la région, les troupes allemandes ont exécuté un certain nombre de Français pour des motifs inconnus. Une quarantaine de cadavres ont été jusqu'alors découverts.

À la suite d'action de représailles, le bourg de Maille a été en grande partie détruit. Cent vingt-trois personnes ont été tuées, et soixante maisons sur soixante-huit ont été détruites par l'incendie ou le bombardement.

*

Tours, le 23 septembre 1944

La présence dans la circonscription de Loches de la bande L., comprenant cent dix individus puissamment armés et bien entraînés, constitue une menace permanente pour la région. Cette bande n'a pas voulu rallier les FFI et l'armée française, de sorte que les autorités militaires n'ont aucune emprise sur elle. L. et son équipe se livrent à des exactions de toutes sortes (rapines, vols, arrestations...).

Certains habitants de Loches s'étonnent de voir que le lieutenant de gendarmerie J., de cette localité, est en bons termes avec L.

En ce qui concerne la reconstitution de l'armée, les unités mises sur pied en Indre-et-Loire et qui théoriquement devaient uniquement se composer, tout au moins pour l'instant, de véritables FFI ayant participé à des actes de résistance, comprennent en réalité, pour plus de la moitié de leur effectif, des jeunes gens engagés depuis la libération de la région.

NIÈVRE

« Marc Aurèle » contre les gendarmes

Rapports du chef d'escadron Meygret-Collet, commandant la compagnie de gendarmerie de la Nièvre

Nevers, le 14 juin 1944

J'ai l'honneur de vous rendre compte que les renseignements recueillis sur l'évolution de la situation dans le département de la Nièvre n'indiquent pas l'amorce d'une désagrégation des partis terroristes tenant le maquis.

Au contraire, et surtout depuis le 6 juin 1944, il semble qu'un regroupement des unités encadrées soit en cours, sans qu'il soit possible d'avoir des renseignements précis à ce sujet ; toutefois, les nombreux vols d'automobiles, de camionnettes et même de cars ne paraissent pas avoir d'autres buts.

Ces informations sont complétées par un rapport datant du 24 juin 1944 :

– Nombreuses défections de jeunes gens de tous les corps de métier, rejoignant le maquis.

– Enlèvement du personnel de la brigade de gendarmerie de Blismes (vraisemblablement pour être utilisé à l'encadrement et à l'instruction de nouvelles recrues).

Le chef d'escadron Meygret-Collet déconseille fortement d'agir contre ces groupes puissamment armés. Si tel était le cas, les brigades territoriales, jusqu'ici tolérées par les résistants, pourraient être l'objet de représailles.

En fait, la période des opérations de police avec les moyens dont dispose actuellement le département de la Nièvre semble devoir toucher à sa fin en raison du fait que toute action contre les éléments du maquis devient une opération de guerre nécessitant des effectifs très étoffés, munis de l'armement et du matériel nécessaires (mortier, canon léger, et même chars).

Rapport de l'adjudant-chef Schmidt, commandant provisoirement la section de gendarmerie de Nevers

Le 21 juin 1944, vers 1 h 30, plusieurs individus armés ont pénétré dans la chambre de M. C. Louis, vingt-huit ans, ouvrier agricole chez M. Mortier, à Druy-Parigny (Nièvre).

Ils ont emmené M. C. dans la cour de la ferme et l'ont abattu de douze balles de mitraillette.

P-S : La victime était notamment suspectée de dénonciations aux autorités allemandes.

Rapports du capitaine Pierre, commandant la section de gendarmerie de Nevers

Nevers, le 25 juin 1944

Le 24 juin 1944, vers 18 heures, M. D. Georges, âgé de trente-cinq ans, conducteur de route à la SNCF, a été tué de plusieurs rafales de mitraillette par le chef d'un groupe de cinq terroristes, dans la cour de la ferme Ducroquet à Trangy, commune de Saint-Éloi (Nièvre). Le meurtrier, avant de tirer, a vérifié l'identité de sa victime et lui a reproché d'avoir dénoncé des membres de la Résistance, dont plusieurs ont été fusillés.

P-S : La victime ne se livrait, à la connaissance de son entourage, à aucune activité politique.

*

Nevers, le 7 juillet 1944

Le 5 juillet 1944, vers 5 heures, un engagement a eu lieu entre des troupes allemandes et un groupe de la Résistance à proximité du hameau d'Ariot, commune de Balleray (Nièvre). Au cours de cet engagement, deux soldats allemands ont été blessés, dont un grièvement.

Dans la matinée, cinq habitants du hameau d'Ariot ont été fusillés, vraisemblablement par mesure de représailles, tandis que quatorze maisons du hameau étaient incendiées.

En outre, une femme disparue à la suite de l'incendie de sa maison a été découverte, le 5 juillet après-midi, grièvement blessée dans un champ à proximité du hameau.

Rapport du chef d'escadron Séquier, commandant la compagnie de gendarmerie de la Nièvre

Les gendarmes, réduits à l'impuissance, sont la cible des attaques de maquisards.

Limoges, le 11 juillet 1944

À Chabanais, le 31 mai, la brigade locale a été attaquée vers 3 h 30 le matin ; à l'aide d'explosifs, les terroristes ont, sans aucun préavis, fait sauter les portes du bâtiment.

Ayant fait ensuite irruption dans la caserne, ils ont surpris et désarmé le personnel avant que ce dernier ait pu esquisser le moindre geste de résistance.

Seul l'adjudant a fait usage de son pistolet, blessant un de ses agresseurs. Ceux-ci l'ont emmené en quittant la résidence et, depuis, on est sans nouvelles de ce gradé.

Après l'attaque de la brigade, le groupe des terroristes a opéré dans Chabanais jusqu'à midi.

Les militaires des brigades ont eu, dès lors, le sentiment très net qu'ils ne pouvaient compter sur aucun secours en cas d'attaque.

Et quand ils ne sont pas la cible des maquisards, ce sont les miliciens qui, à leur tour, les inquiètent.

Le 7 juillet, un groupe de miliciens s'est présenté à la brigade de la gendarmerie de Saint-Sulpice-Laurière. Il a procédé à l'arrestation du gendarme préposé à la garde de la caserne et de deux femmes de gendarmes, mères chacune de trois enfants. Les motifs de l'arrestation sont ignorés. Le gendarme a été conduit à Limoges, mais on est sans nouvelles des deux femmes de gendarmes.

Rapport du chef d'escadron Meygret-Collet, commandant la compagnie de gendarmerie de la Nièvre

L'officier rend hommage au comportement de ses hommes lors des combats de la Libération.

Nevers, le 7 octobre 1944

Le personnel officier de la compagnie s'est conduit d'une façon absolument parfaite, et plus particulièrement pendant la période critique qui a précédé et suivi la libération du département. Le mot d'ordre était de me suivre et, malgré les pires embûches et la position impossible qui m'a été dévolue après les passages au maquis des commandants des compagnies de la Côte-d'Or et de la Saône-et-Loire, sa confiance en son chef ne s'est jamais départie un instant : chargé successivement du maintien de l'ordre à Nevers, puis chef de la Résistance de cette ville désigné par le colonel Roche, commandant des FFI, et M. Jacquin, préfet de la République, j'ai trouvé auprès de tous les officiers sans exception des auxiliaires précieux et un appui total sans restriction.

Le lieutenant Latour, commandant la section de Château-Chinon, a joué en particulier un rôle capital dans toutes les liaisons qui étaient nécessaires avec ces autorités, et mon action personnelle s'est trouvée grandement facilitée par l'excellence de ses rapports avec les principaux chefs du maquis.

577

Chronique d'une France occupée

Rapport de l'adjudant-chef Bore, commandant provisoirement la section de gendarmerie de Nevers

La population, elle aussi, règle ses comptes avec ceux qu'elle considère comme des indésirables.

Nevers, le 17 novembre 1944

Le 17 novembre 1944, une délégation des ouvriers d'Imphy a exigé de la direction le renvoi de sept ingénieurs dont l'attitude n'aurait pas plu au personnel pendant l'occupation allemande. Pour éviter une grève possible de mille cent cinquante employés et ouvriers, le directeur a invité ces ingénieurs, parmi lesquels se trouve l'ingénieur principal, à quitter leur travail jusqu'à nouvel ordre.

Lettre du capitaine Pierre, commandant la section de gendarmerie de Nevers, à monsieur le directeur du *Journal du Centre*, 8, rue du Chemin-de-Fer

La gendarmerie n'échappe pas à l'épuration. Elle doit répondre aux nombreuses accusations qui sont formulées contre elle, comme le prouve cette lettre.

Nevers, le 11 décembre 1944

Monsieur le Directeur,

Vous avez fait paraître dans votre journal du 10 novembre 1944, première page, première colonne, sous la signature « Marc Aurèle », un article intitulé : « À quand l'épuration de la gendarmerie ? », dans lequel étaient gravement mis en cause un capitaine et un gradé de la gendarmerie.

Dans une correspondance échangée à ce sujet avec le capitaine Chabenat, commandant la gendarmerie du Cher, vous avez précisé qu'il s'agissait, d'une part, d'un capitaine ayant exercé ses fonctions à Nevers et, d'autre part, d'un adjudant-chef exerçant encore ses fonctions dans la même ville.

Il semble hors de doute, étant donné le sérieux habituel de vos infor-

578

mations et les excellentes relations que nous entretenons avec vous, que pour porter des accusations aussi graves contre ces militaires vous soyez en mesure de fournir à l'appui de ces accusations des preuves, ou tout au moins des témoignages formels.

La gendarmerie étant chargée de procéder à sa propre épuration et entendant le faire complètement, je vous serai obligé de bien vouloir me communiquer d'urgence les éléments nécessaires à l'enquête que j'ai reçu l'ordre d'ouvrir sur ces faits.

Vous devez comprendre que si vous n'étiez pas en mesure d'étayer solidement les accusations que votre journal a portées contre eux, les intéressés seraient évidemment fondés à exiger un rectificatif sans préjudice des poursuites dont le commandement pourrait prendre l'initiative.

Dans l'attente de votre réponse, je vous prie d'agréer, Monsieur le Directeur, l'assurance de mes sentiments distingués.

PUY-DE-DÔME

Le corbeau était un gendarme

Rapport du gendarme Breysse, commandant provisoirement la brigade de gendarmerie d'Arlanc, section d'Ambert

Arlanc, le 25 septembre 1944

J'ai l'honneur de rendre compte que toutes les affiches, effigies, imprimés à en-tête créés par l'autorité de Vichy ont été enlevés du bureau de la brigade et détruits.

Rapport du capitaine Borie, commandant provisoirement la compagnie de gendarmerie du Puy-de-Dôme, au sujet de la population

Clermont-Ferrand, le 15 octobre 1944

[La population] voudrait que l'épuration commencée se continue rapidement et avec sévérité, surtout en ce qui concerne les miliciens et Français traîtres qui travaillaient avec la Gestapo. Elle reste inquiète, cependant, par suite des nombreuses arrestations opérées par les services de police FFI. On porte atteinte à la liberté individuelle des citoyens, car si l'on admet facilement que les miliciens ou agents de la Gestapo puissent faire l'objet de mesures de répression expéditives, on critique l'arrestation de nombreuses personnes que l'on libère ensuite après avoir exigé d'elles le versement d'une certaine somme d'argent à titre de transaction. La majorité de la population n'admet pas que les enquêtes soient menées par des militaires FFI, dont la mission essentielle est de défendre la pays et non de s'immiscer dans les affaires judiciaires.

Rapport du chef d'escadron Lefavader, commandant la compagnie de gendarmerie du Puy-de-Dôme

Le gendarme B. et sa femme sont mis en cause dans une très grave affaire de lettres anonymes. Ils auraient dénoncé des camarades à la Kommandantur. Ils sont soupçonnés des faits suivants :

Clermont-Ferrand, décembre 1944

– En janvier 1944, par lettre anonyme adressée à la Kommandantur de Clermont-Ferrand, accusé le maréchal des logis-chef Brette d'être un espion à la solde de l'Angleterre et de favoriser les réfractaires (lettre interceptée par le receveur des postes de Giat).

– En février 1944, par lettre anonyme adressée à la Kommandantur de Clermont-Ferrand, accusé le maréchal des logis-chef Brette et le gendarme Klein de favoriser les Anglo-Saxons et compromis M. Roche, commerçant à Giat, en signant cette lettre du nom de Roche (lettre interceptée par le receveur des postes à Giat).

– En mai 1944, avoir simulé, toujours en employant des lettres et un paquet anonymes, des menaces envers le gendarme B. lui-même.

Le chef d'escadron émet l'avis de le traduire devant le tribunal compétent et de les incarcérer lui et sa femme.

Rapport du chef d'escadron Lefavader, commandant la compagnie de gendarmerie du Puy-de-Dôme, sur l'état d'esprit de la population au sujet de l'épuration

Clermont-Ferrand, le 14 décembre 1944

Les jeunesses communistes de Thiers ont fait une démonstration le dimanche 3 décembre 1944. Un cortège de cinquante gamins a manifesté en ville, criant : « Épuration ! Épuration ! »

Le commandant de la section d'Issoire signale que les vols et les agressions à main armée, que l'on aurait pu croire définitivement écartés, reprennent de façon anormale. Trop de personnes qui ne devraient plus être armées le sont encore.

YONNE

« Il serait grand temps que toutes ces opérations d'"épuration" et de vengeance prennent fin »

Rapports du capitaine Poiret, commandant la section de gendarmerie de Joigny

Le 6 juin 1944, cinq individus armés attaquent le bureau de poste de Charny. Prévenue par le receveur qui a actionné l'alarme, la brigade de Charny accourt.

Joigny, le 8 juin 1944

Le gendarme Prot, rentrant le premier, ceintura aussitôt le malfaiteur porteur de la mitraillette qui se trouvait au guichet. Dans la lutte, tous les deux tombèrent et une rafale de mitraillette éclata. [...] Le deuxième malfaiteur s'approcha du groupe luttant par terre et tira plusieurs coups de pistolet, puis s'enfuit à son tour par la même voie. L'adjudant ayant donné son arme au gendarme Férir, celui-ci monta au premier étage de la maison faisant face à la poste et, au moment où le malfaiteur, qui avait enfin pu faire lâcher prise au gendarme Prot, prenait son vélo pour s'enfuir, il le tuait d'une balle dans la tête. Le malfaiteur qui était dans le bureau avait fait usage de son pistolet, venant à son tour prendre son vélo pour fuir après avoir contourné le bâtiment. Férir lui tira à lui aussi une balle dans la tête. Le premier a été tué net, le deuxième a expiré quelques minutes après.

Cet événement va avoir de graves conséquences pour les gendarmes...

*

Joigny, le 9 juin 1944

Le 7 juin 1944, vers 13 h 30, cinq individus armés se sont présentés chez le maire de Brion (Yonne) et l'ont obligé à les accompagner à la mairie. Ils ont fait sonner le tocsin et invité à son de caisse la population à se rassembler place de la mairie.

Dès l'arrivée des habitants, les individus déjà cités ont requis les jeunes gens. Ils les ont armés de mitraillettes, vingt environ, puis ils les ont placés aux diverses entrées de la commune avec consigne de laisser entrer tout le monde dans le village, mais de ne laisser sortir que les personnes munies d'un laissez-passer signé de celui qui s'intitulait le chef de groupe.

Vers 17 heures, une motocyclette montée par deux militaires allemands venant de Joigny est arrivée à l'entrée de Brion. Des coups de feu ont été échangés. Les Allemands se sont retirés vers Joigny. Il y aurait eu un blessé parmi les attaquants.

Aussitôt après cet engagement, le chef de groupe a rassemblé ses hommes et les jeunes gens requis, et tous sont partis en direction de Bussy-en-Othe, où ils ont rencontré deux camions de militaires allemands venant de la chasse.

Des coups de feu auraient été de nouveau échangés. Il y aurait un mort et deux blessés parmi les civils.

*

Joigny, le 13 juin 1944

Le 8 juin 1944, deux papillons manuscrits ont été découverts collés sous le hall de la mairie de Charny (Yonne). Ils portent l'inscription suivante :

« COMMUNIQUÉ À LA POPULATION

« La population du canton de Charny est informée que les deux jeunes ont été lâchement abattus en service commandé par un gendarme en civil non en service. En conséquence, les deux responsables sont condamnés à mort.

« LIBÉRATION »

Au-dessous, une croix de Lorraine.

Ces tracts ont trait à l'attaque du bureau de poste de Charny, effectuée le 6 juin, au cours de laquelle deux terroristes ont été tués et un gendarme, blessé.

*

Joigny, le 17 juin 1944

Au cours de la matinée du 16 juin 1944, les trois membres de la famille J., cultivateurs au hameau de La Montagne, commune des Cerisiers (Yonne), brigade dudit, ont été tués à leur domicile, par coups de feu, par plusieurs individus armés de mitraillettes et de mousquetons.

Une enveloppe portant l'inscription ci-dessous a été trouvée dans la cuisine de l'habitation : « MORT RÉSERVÉE AUX COLLABORATEURS PAR LES FFI. »

*

Joigny, le 11 juillet 1944

Le 9 juillet 1944, vers 13 h 45, le cadavre de M. F. Paul, receveur des PTT à Charny [...], a été découvert sur la route nationale 450, à 1 kilomètre de Saint-Martin-sur-Ouanne (même brigade) ; six douilles de 9 millimètres et trois douilles de 11 millimètres ont été découvertes à proximité du corps.

Il semble que le meurtre de M. F. fait suite à l'engagement du 6 juin 1944, lors de l'attaque du bureau de poste de Charny.

Chronique d'une France occupée

*

Joigny, le 15 juillet 1944

Dans la nuit du 10 au 11 juillet 1944, une petite affiche a été placardée sur le pont de l'Yonne à Villeneuve-sur-Yonne.

Sur cette affiche était collée la partie de la carte d'identité de M. B. sur laquelle se trouvaient sa photographie et sa signature, à côté desquelles deux croix gammées avaient été dessinées. Cette affiche portait les inscriptions suivantes : « J'étais un traître, c'est le sort réservé à tous mes camarades. Le même sort est réservé à ceux qui enlèveront cette affiche. »

M. B., objet de cette affiche, a été tué le 10 juillet à Villeneuve-sur-Yonne à coups de mitraillette par quatre individus identifiés circulant en voiture automobile.

*

Joigny, le 19 juillet 1944

Le 14 juillet 1944, à partir de 6 heures, quatre cent cinquante soldats allemands ont fait une opération de police à Charny (Yonne). Tous les hommes ont été invités à se rendre à l'école des filles pour contrôle d'identité. Pendant ce temps, des perquisitions ont été opérées dans les maisons.

À l'issue de cette opération, les troupes d'occupation ont emmené tous les hommes de dix-huit à trente ans, soit une quarantaine.

Ces troupes revenaient de Montargis. Cette opération semble avoir été faite en représailles de l'enlèvement par des individus armés de Mme L., foraine à Montargis, qui était, dit la rumeur publique, marraine de la LVF [Légion des volontaires français].

*

Joigny, le 20 juillet 1944

Le 6 juillet 1944, vers 11 heures, cinq individus armés de fusils et de mitraillettes ont abattu au lieu-dit Bois-Homé, territoire de la commune de Cerisiers [...], alors qu'il piochait des pommes de terre, le nommé C. Rémy, mécanicien, demeurant à Cerisiers (Yonne).

M. C. avait été durant les années 1941-1942 directeur du camp administratif d'internés politiques de Vaudeurs (Yonne). En 1943, il est parti travailler comme volontaire en Allemagne. Il avait déjà été victime d'une tentative de meurtre le 28 avril 1944.

Rapports du capitaine Proust, commandant la section de gendarmerie d'Auxerre

Auxerre, le 13 novembre 1944

À Augy (brigade d'Auxerre), attentat à main armée suivi de vol et de viol au domicile de la famille R., maire et syndic. Les auteurs, encore quatre FFI, ont été arrêtés par la brigade d'Auxerre. Il serait grand temps que toutes ces opérations d'« épuration » et de vengeance prennent fin. Mais comment en finir ? En armant les gardes patriotiques, diront certains journaux ; mais n'est-ce pas les membres de ces gardes que la brigade d'Auxerre a arrêtés en flagrant délit de menaces de mort à Vaux ?...

*

Auxerre, le 12 décembre 1944

Les règlements de comptes continuent sous le couvert de la Résistance ; à Dracy, le 4 décembre, une femme est enlevée par des militaires, emmenée dans les bois, tuée d'une dizaine de balles et dépouillée de ses bijoux.

RÉGION EST

AIN

« Épurer » les FFI malgré leur « magnifique tenue au feu »

Rapports du chef d'escadron Schmitz, commandant la compagnie de gendarmerie de l'Ain

À la Libération, la situation est très confuse et le danger règne partout. Cent vingt-sept attaques à main armée sont dénombrées en juin 1944 dans le seul département de l'Ain.

Bourg, le 28 juin 1944

Le 8 à Villars (Ain), un groupe de terroristes arrête environ quinze personnes de la localité (hommes et femmes) et les dépose à la chambre de sûreté de la caserne de gendarmerie, qu'ils occupent depuis les premières heures de la matinée. Ces personnes sont transférées ensuite dans la caserne de Châtillon-sur-Chalaronne (Ain), qui est occupée par les mêmes éléments.

Le 8 à Mantenay (Ain), attaque du poste allemand. Tout l'effectif est fait prisonnier et le cantonnement, incendié par les forces de résistance.

587

Deux Allemands sont tués. Le reste de la garnison capitule et les baraquements du camp sont incendiés.

Mais les Allemands répliquent.

Le 12 à Dagneux (Ain), vingt hommes et femmes amenés en camion automobile sont fusillés.

Le 12 à Châtillon-la-Palud, M. L'Herbette, maire, et quatre personnes sont fusillés.

Le 13 à Villeneuve (Ain), dix-huit inconnus amenés en camion automobile sont fusillés.

*

Bourg, le 6 juillet 1944

Sur trois cent soixante gradés et gendarmes, la compagnie de l'Ain compte trente « défaillants volontaires » (passés au maquis).

*

Bourg, le 29 juillet 1944

Le 7, à Saint-Rambert, engagement entre Résistance et troupes d'occupation. Morts et blessés de part et d'autre. En représailles, dix personnes de Saint-Rambert prises parmi les notabilités (maire et deux adjoints, juge de paix...) ont été fusillées.

Le 14 à Marlieux, exécution par les armes de sept sujets israélites arrêtés le 10 juillet à Bourg.

Le 20, à Bourg, exécution par les armes de dix individus, dont sept Israélites, tous détenus par les Allemands, à Bourg.

Le 23, à Bourg, arrestation par la Feldgendarmerie des gendarmes Jacques et Fouquet, repliés de Nantua.

*

Les gendarmes et la Libération

Bourg, le 31 juillet 1944

Depuis le 14 juillet, soixante-cinq personnes du département ont été fusillées, soixante, arrêtées par les Allemands.

Rapports du capitaine Vercher, commandant provisoirement la compagnie de gendarmerie de l'Ain

Bourg, septembre 1944

Par contre, les FFI [Forces françaises de l'intérieur] ne recueillent pas la même unanimité d'admiration. C'est que trop d'éléments troubles se cachent sous l'uniforme FFI et profitent de leur situation actuelle pour continuer des pratiques illégales (enquêtes, arrestations, enlèvement de denrées et matériel notamment). C'est ainsi qu'un groupe vient d'être surpris à Bourg en train de voler de l'essence à une formation régulière française. Une épuration rapide des FFI s'impose si celles-ci veulent conserver auprès des populations l'estime que leur a valu leur magnifique tenue au feu.

*

Bourg, le 30 octobre 1944

Le 28 octobre, à Saint-Didier-de-Formans (Ain), dix prisonniers de guerre allemands ont été fusillés dans le dos par des inconnus. Cette exécution a produit une impression pénible dans la population environnante, particulièrement parmi les familles ayant quelqu'un des leurs prisonnier, déporté ou travailleur en Allemagne.

Le 26 octobre, dix prisonniers militaires allemands ont été amenés et fusillés par des inconnus dans un pré situé en bordure de la route Trévoux-Villeneuve, à l'endroit exact où, le 17 juin 1944, vingt-huit Français avaient été assassinés par les Allemands.

*

Bourg, le 12 décembre 1944

Un soi-disant capitaine S., dit « Dédé », sévit dans le département et se fait remarquer par ses « exploits », qui a déjà à son actif des vols ou tentatives, des escroqueries et des menaces. De plus, il est fortement armé et il aurait des accointances avec des FFI.

Malgré l'interdiction préfectorale, il a organisé encore un bal dans un café de Buellas (Ain), le 3 décembre 1944. Il le présidait en personne avec une dizaine d'acolytes comme lui, armés jusqu'aux dents. Il nargue ainsi les autorités, en impose aux populations et déconsidère les organisations saines de la Résistance.

*

Il sera arrêté à la fin de l'année 1944.

Bourg, le 3 janvier 1945

L'examen des papiers du soi-disant capitaine S., dit « Dédé », a révélé que ce dernier n'avait été en réalité que sergent-chef et était démobilisé depuis le 7 décembre 1944. Cet individu portait cependant les galons de capitaine et plusieurs décorations auxquelles il n'avait pas droit.

*

Les Français sont libérés de l'occupation allemande, mais la préoccupation principale reste de pouvoir s'alimenter.

Bourg, le 15 décembre 1944

Les 18 et 23 novembre 1944, une cinquantaine de femmes ont manifesté devant l'hôtel de ville de Bellegarde en réclamant une amélioration du ravitaillement en matières grasses et en pâtes alimentaires. Elles ont critiqué le fonctionnement des services publics en ce qui concerne les transports et demandent une épuration dans les services du ravitaillement.

*

Bourg, le 4 janvier 1945

Le 22 décembre à Bourg, M. G., ingénieur, qui avait été condamné le 1er décembre 1944 par la cour de justice de l'Ain, puis relaxé par la chambre des mises en accusation de Lyon, a été abattu d'un coup de pistolet devant son domicile.

Le 29 décembre 1944, à Rossillon, des coups de feu ont été tirés dans le logement du chef de gare, ancien président de la légion.

Le 30 décembre 1944, attaque à main armée contre M. D., ancien président de légion, et sa femme. Mme G., soixante-dix ans, sœur de Mme D., a été blessée. Elle est décédée quelques heures plus tard.

*

Le 14 janvier 1945

Le 14 janvier 1945, à Pont-de-Veyle, meurtre par un inconnu de M. Villard, juge d'instruction à la cour de justice de Bourg. Il s'était occupé de vols à main armée commis sous le couvert de la Résistance.

DOUBS

Les gendarmes simulent leur enlèvement

Rapport du sous-lieutenant Artus, commandant la section de gendarmerie de Pontarlier

Pontarlier, le 8 janvier 1945

Le 15 août 1944, l'adjudant Abillard, commandant la brigade motorisée de Morteau, et les gendarmes Génin, Péquignet, Tissot et Arnoux, devaient rejoindre un peloton spécialisé à Besançon. D'accord avec leur commandant de section, le chef FFI du secteur et le commandant de la brigade territoriale de Morteau, ils simulèrent leur enlèvement par des « terroristes » et rejoignirent le PC [poste de commandement] du « groupement frontière », le 12 août 1944. Le même jour, le gendarme Grosjean, de la brigade de Levier, désigné pour rejoindre un peloton spécialisé à Besançon, fait un faux départ et rejoint le maquis voisin.

HAUTE-SAVOIE

La mort du capitaine Socie

Rapport du capitaine Battestini [1], commandant provisoirement la compagnie de gendarmerie de la Haute-Savoie, au sujet du meurtre du capitaine Socie, commandant la section de gendarmerie de Saint-Julien

Annecy, le 19 juin 1944

Le 13 juin, vers 11 heures, le capitaine Socie, commandant la section de Saint-Julien, en compagnie de six gendarmes, est tombé dans une embuscade à Frangy. Le capitaine Socie a immédiatement engagé le combat contre les assaillants et a été tué avec le gendarme Steger Louis. Les cinq autres gendarmes ont été faits prisonniers. Trois d'entre eux ont pu s'échapper le 14 juin des mains du « maquis » et rejoindre leur résidence à Saint-Julien.

J'ai appris, à Saint-Julien, le 13 juin au soir, que le capitaine Socie, à la suite de la désertion le 13 juin, à 2 h 15, de la brigade territoriale de Frangy, avait décidé de se rendre à Frangy pour y appréhender M. Cloppet Paul, ingénieur adjoint des travaux publics de l'État. Le capitaine Socie semble donc avoir eu de graves présomptions sur l'activité de M. Cloppet, qu'il soupçonnait fortement d'être l'instigateur de la désertion de la brigade territoriale de Frangy.

---

1. Sur le parcours du capitaine Pierre Battestini et le regroupement des brigades de gendarmerie, voir p. 551.

Rapport du capitaine Battestini, commandant provisoirement la compagnie de gendarmerie de la Haute-Savoie

Annecy, le 7 juillet 1944

Il est une chose certaine, c'est que cette situation, que l'on est bien obligés de constater, met les militaires de cette section dans une alternative morale très délicate.

Ou bien obéir aveuglément aux ordres donnés (regroupement) et exposer leurs familles et leurs biens aux représailles certaines du maquis. Ou bien continuer à servir loyalement, mais en adoptant une attitude en quelque sorte passive, en se contentant de faire de la police judiciaire et administrative, dans la mesure où leur infériorité numérique ou en matériel vis-à-vis du maquis le leur permet. Comme ces militaires ne possèdent pas tous le caractère nécessaire pour adopter une attitude conforme à la première alternative, j'estime que dans l'état actuel des choses la seconde alternative est malheureusement la seule acceptable.

JURA

Contraint par la Résistance de démissionner de la gendarmerie

Rapports de l'adjudant-chef Triponney, commandant provisoirement la section de gendarmerie de Saint-Claude

Saint-Claude, le 22 juin 1944

Le 14 juin, vers 11 h 45, quelques jeunes gens du maquis, porteurs d'armes apparentes, ont commencé à circuler en ville. La police locale les a invités en vain à évacuer Saint-Claude.

Dans l'après-midi, un groupe important de l'armée de la Résistance est arrivé dans la ville. À 15 heures, quinze de ces individus puissamment armés ont déclenché une attaque en règle contre la caserne de gendarmerie de Saint-Claude.

Un comité s'est immédiatement organisé dans l'immeuble des bains

593

douches. Quarante-deux arrestations de personnes soupçonnées de faire partie de la Milice, du PPF [Parti populaire français] ou classées comme collaboratrices ont eu lieu du 14 au 17 juin. De nombreux véhicules auto-mobiles de toutes puissances, ainsi que des bicyclettes, matériaux divers, denrées alimentaires, carburant, dont 25 litres à la gendarmerie, ont été réquisitionnés. L'adjudant-chef commandant la section s'est élevé contre la réquisition de l'essence et a protesté énergiquement, mais il a dû céder sous la contrainte. Sous la menace d'incarcérer tout le personnel, ils ont sommé les gendarmes de garder la prison où étaient déposées les per-sonnes arrêtées. [...] Le 17 juin, sous la pression d'une forte colonne allemande (mille hommes environ), les gens du maquis ont quitté Saint-Claude, sans combattre, emmenant avec eux les prisonniers en direction de Lizon. À 21 heures, la ville était occupée par les troupes allemandes.

Pendant leur présence à Saint-Claude, du 17 à 21 h 15 au 18 juin à 16 heures, des représailles ont été exercées à l'encontre de la population. De nombreux vols de bijoux (en particulier des montres), numéraires, bicy-clettes, lingerie, denrées alimentaires, tabac ont été commis. Plusieurs viols de femmes et de jeunes filles ont été perpétrés par les militaires ; jusqu'à ce jour, quatre sont connus, mais il est probable que d'autres seront révélés par la suite. M. Cottet Clément, quarante-sept ans, tour-neur sur bois à Saint-Claude, a été abattu devant son domicile. À l'arrivée des Allemands, aucun des militaires de la brigade n'a quitté son poste, malgré l'ordre écrit, émanant du maquis, d'avoir à se replier en même temps que lui. [...]

La brigade des Bouchoux, dont la caserne avait été attaquée et prise par les forces de l'armée de l'intérieur et dont les militaires avaient été désarmés le 7 juin, n'a pas pu rejoindre Saint-Claude (ordre de regrou-pement), empêchée en cela par les barrages gardés. Quelques liaisons ont pu être néanmoins établies entre elle et la section. Les gendarmes exécutent leur service normal [...] et remettent des ordres de réquisition pour le compte de l'armée secrète, qui est maître de toute la circonscrip-tion et qui contraint les gendarmes à lui obéir.

*

Saint-Claude, le 29 juin 1944

Le 24 juin 1944, à 17 heures, l'élève gendarme Orliange Marcel, de la brigade territoriale de Moirans, faisait part à son chef de poste, le gendarme Dumont, de son intention de quitter la gendarmerie pour s'enrôler dans l'armée de l'intérieur, ayant été sollicité en ce sens par un chef de la Résistance, à qui il avait promis son acquiescement.

Malgré les conseils et les exhortations données par le gendarme Dumont, l'élève gendarme Orliange quittait son poste à 18 h 30, en compagnie de trois gendarmes de Morez qui étaient repliés à Longchaumois. Orliange est parti en emportant son armement, ses munitions ainsi que son casque pour une destination inconnue.

Rapport du capitaine Nicolas, commandant la section de gendarmerie de Lons-le-Saunier

Lons-le-Saunier, le 1er juillet 1944

À la suite de la transmission de l'ordre de regroupement de toutes les brigades au chef-lieu de section, le 8 juin 1944, un nombre important de militaires de l'unité se sont fait l'écho de bruits tendancieux les menaçant de désarmement et d'internement par l'armée d'occupation ou la Milice. Ils ont rejoint leurs brigades sans ordre et sont tombés sous le contrôle des groupes de la Résistance. Ils ont donc nettement désobéi aux ordres de leurs chefs, mais ils l'ont fait à contrecœur, sous l'empire de la crainte.

Rapport de l'adjudant-chef Triponney, commandant provisoirement la section de gendarmerie de Saint-Claude

Saint-Claude, le 24 juillet 1944

Le 11 juillet, Orliange [voir plus haut] se rendant compte de la faute qu'il avait commise, il décida de rentrer se présenter à son commandant de section et dans ce but passa à Longchaumois, sa résidence, avec l'intention de mettre son chef de poste au courant de sa décision. [...] Orliange sollicita le pardon de sa faute et exprima son désir de reprendre du service dans la gendarmerie. Il semble avoir été entraîné par une habile propagande lui faisant miroiter la possibilité de mieux servir et abusant de son caractère jeune.

Rapport du capitaine Hubert, commandant la section de gendarmerie de Saint-Claude

Certains gendarmes sont « obligés » de rejoindre la Résistance.

Saint-Claude, le 18 août 1944

Le 28 juin 1944, le gendarme Clerget a volontairement quitté sa brigade pour se joindre aux forces de la Résistance. Le 21 juillet, regrettant sa décision, il s'est présenté à son commandant de brigade en profitant du trouble occasionné par les opérations des troupes allemandes pour quitter son camp.

Dernièrement, il fut sollicité d'avoir à reprendre son poste dans les FFI, faute de quoi il serait considéré comme déserteur et passible des tribunaux militaires. Puis la sollicitation devint un ordre et, craignant un enlèvement par la force ou des représailles contre sa famille, il quitta son unité le 14 août pour se joindre à nouveau aux FFI.

Il semble que le gendarme Clerget vient d'agir sous la contrainte.

Rapports du chef d'escadron Rebour, commandant la compagnie de gendarmerie du Jura

Le gendarme G. est suspecté d'intelligence avec l'ennemi. Il est incarcéré à la maison d'arrêt de Lons-le-Saunier.

Lons-le-Saunier, le 24 janvier 1945

Faits reprochés à l'intéressé :

En avril 1944, deux agents de la Gestapo furent tués par des jeunes gens du maquis et un maquisard blessé au cours de la lutte fut conduit à l'hôpital de Lons-le-Saunier. À cette époque, le gendarme G. fut hospitalisé pour fracture de la clavicule droite, et se fit remarquer défavorablement par son attitude et sa conduite vis-à-vis du blessé. D'autre part, la conduite de la répression par les Allemands fut telle qu'elle fit pressentir que les premiers renseignements leur parvinrent de l'hôpital de Lons-le-Saunier. Cette affaire se termina tragiquement par l'incendie du village de Saint-Didier et par l'assassinat de douze personnes, dont le Dr Michel, chirurgien de l'hôpital.

*

Lons-le-Saunier, le 6 avril 1945

Dès la Libération, [le gendarme] a été maintes fois pris à partie par des gens douteux qui l'ont souvent calomnié pour se venger d'infractions bénignes relevées contre eux. Sa mutation a été parfois demandée sous la pression des gens dont l'honnêteté est à démontrer, ou de l'opinion publique souvent mal informée et toute disposée à applaudir lorsque « Guignol rosse le commissaire ».

LOIRE

Des collabos cachés parmi les FFI

Rapports du chef d'escadron Bechet, commandant la compagnie de gendarmerie de la Loire

Saint-Étienne, le 28 juin 1944

Le 14 juin 1944, à 11 heures, des camions allemands transportant du matériel ont été attaqués par des maquisards dans la région du col de la République, sur la route nationale 8, commune de La Versanne (Loire). Quatre camions allemands sont tombés aux mains des maquis, qui les descendirent à Bourg-Argental. À 20 heures, les Allemands reprirent leurs camions plus deux camionnettes de leurs agresseurs. Dans cette affaire, quatre Allemands, cinq maquisards et un habitant de Bourg-Argental ont été tués.

Chronique d'une France occupée

*

Saint-Étienne, le 3 juillet 1944

Le 30 juin 1944, entre 11 h 30 et 12 h 15, cinq militaires de la brigade de Noirétable ont été désarmés par un groupe de douze à quinze terroristes commandé par le nommé Piaux, ex-gérant du Tourist'Hôtel à Noirétable. Aucune résistance n'a été possible devant le nombre et l'armement de ces individus, qui étaient dotés de fusils-mitrailleurs, mitraillettes et grenades.

*

Saint-Étienne, le 28 septembre 1944

Les suspects de collaboration ou d'intelligence avec l'ennemi sont à l'heure actuelle appréhendés ou internés à Saint-Étienne et Roanne. Leur nombre oscille entre huit cents et mille. Certains d'entre eux pour échapper à la justice se sont enrôlés dans les FFI. Tous naturellement se considèrent comme étant des victimes d'arbitraire ou de vengeances personnelles. Sans nier l'évidence, il est toutefois à signaler que des arrestations ont été faites à la hâte.

Les FFI ont eu la plus grosse part des ovations tant par leur sympathie en tant que natifs du pays que par leur allant et leur foi qui rappellent ceux de 1792. Cependant, les populations verraient d'un très bon œil la fusion de l'AS [armée secrète] et des FTP [Francs-tireurs et partisans] au plus vite de façon à ne plus faire qu'un seul et unique bloc : l'armée métropolitaine. Ces deux organismes recrutent chacun de leur côté. Les FTP ont commencé bien en avant, ils ont certainement plus d'adhérents, mais à côté de l'AS ils manquent de cadres de métier et de comportement militaire.

Ces soldats sont surtout venus des masses laborieuses du département (classes ouvrières, petite bourgeoisie). Les fils des familles aisées (gros commerçants, gras cultivateurs) ont peu répondu à l'appel du général de Gaulle. Ils avaient quelque chose à défendre et ils ont forfait à l'honneur et au devoir. Les autres n'avaient que leur vie et n'ont pas hésité à mener la rude existence du maquis pour libérer le pays. Aussi, les populations aiment les FFI malgré toutes les réquisitions abusives et arbitraires dont certains d'entre eux se sont rendus coupables.

L'AS représente la véritable armée nationale, les FTP, l'armée populaire jaillie spontanément des masses ouvrières.

Rapports du capitaine Delaire, commandant provisoirement la compagnie de gendarmerie de la Loire, au sujet des FFI

Saint-Étienne, le 29 octobre 1944

Leur fusion ne s'est pas encore réalisée. Le point litigieux semble être l'assimilation des grades. En effet, surtout dans l'AS et les FTP, beaucoup de personnes, n'ayant pour ainsi dire jamais fait de service militaire, sont actuellement officiers. En outre, leur âge émeut quelque peu la population et les vrais militaires. La cote des FFI a beaucoup baissé ces dernières semaines. Malgré eux, il leur est reproché leur oisiveté, alors que l'atelier, la mine et la charrue manquent de bras. Cependant, il faut constater que tous les FFI veulent aller se battre, tous demandant des équipements et des armes.

*

Saint-Étienne, le 1er novembre 1944

Le 18 octobre, le capitaine commandant la section de Saint-Étienne était arrêté arbitrairement par des éléments FTP et gardé à vue pendant trois heures.

Rapports du chef d'escadron Cassagne, commandant la compagnie de gendarmerie de la Loire

Saint-Étienne, le 17 décembre 1944

Les unités FFI ont signé en grande partie leur engagement régulier et partent progressivement pour le front avec leurs armement et équipement initial. La signature des engagements a révélé, d'une part, que la majorité des unités gonflait ses effectifs afin de mieux vivre et, d'autre part, que les humbles sont seuls à vouloir aller se battre.

Dans l'ensemble, seuls les maquisards d'avant la Libération et les jeunes veulent signer, partir et se battre. Les autres, engagés après le 25 août, songent à regagner le foyer familial après avoir passé d'agréables vacances bien nourris et joui auprès de la population d'une certaine considération.

*

Saint-Étienne, le 14 février 1945

La population s'émeut de la facilité avec laquelle les prisonniers allemands s'évadent. Le service de garde de ces derniers semble suffisamment nombreux, mais les sentinelles ne paraissent pas apporter beaucoup de conscience à leur rôle. Il a été constaté par la population que des militaires de garde en état d'ébriété étaient ramenés au camp par les prisonniers.

Le 12 janvier 1945, à 20 heures, quatre inconnus armés et habillés en soldats FFI se sont présentés au domicile de M. L. François, cultivateur à Saint-André-d'Apchon (Loire). Ils ont obligé ce dernier à les suivre et l'ont emmené en auto au bourg de Renaison, où ils l'ont exécuté devant le monument aux morts. M. L., considéré comme collaborateur, avait été libéré fin décembre du camp d'internement de Mably.

MEURTHE-ET-MOSELLE

L'insurrection pourrait avoir lieu dans les quarante-huit heures

Rapports du chef d'escadron Olivier, commandant la compagnie de gendarmerie de la Meurthe-et-Moselle

Nancy, le 7 juin 1944

Suivant information Londres, insurrection pourrait avoir lieu dans les quarante-huit heures. Tout le personnel état d'alerte. [...] Vigilance de tous les instants.

*

Nancy, le 30 juin 1944

Le 23 juin, vers 0 h 30, des individus tirent en direction des fenêtres d'un docteur de Rosières-aux-Salines mandé pour aller donner des soins à des militaires allemands blessés en gare de Rosières.

Le 26 juin, à 23 h 30, un engin a fait explosion au domicile d'un habitant de Saffais ayant la réputation d'être collaborateur.

Quatre-vingt-trois arrestations opérées par les troupes d'occupation, dont :

M. Kirschner Ferdinand, substitut du procureur général de Nancy

M. Chaix Augustin, commissaire spécial aux Renseignements généraux

M. Parisot Jacques, professeur à la faculté de médecine de Nancy

M. Lucien Maurice, doyen de la faculté de médecine de Nancy

M. Cressot Marcel, professeur de lettres à Nancy

M. Cindig Émile, directeur du collège Saint-Joseph à Nancy

M. Toulemonde Jean, supérieur des pères jésuites à Nancy

M. Crémel Raymond, secrétaire de l'Œuvre des petits réfugiés à Nancy

M. Weber Pierre, docteur en médecine à Nancy

M. Canel Robert, idem

M. Drouet Paul, idem

M. Heully François, idem

M. Senn Félix, recteur de l'académie de Nancy (relaxé)

M. Briot Marc, commissaire de police aux Renseignements généraux à Pont-à-Mousson

M. Pierson Lucien, sous-directeur des aciéries de Pompey, [...] à Frouard

M. Noël Gaston, directeur comptabilité

M. Roch Jean, procureur de la République à Lunéville

M. Franquin Léon, secrétaire général à la sous-préfecture de Lunéville

M. Masson Louis, curé de la paroisse de Saint-Maur à Lunéville

M. Mazeraud Georges, industriel, député, ancien maire de Cirey.

*

Nancy, le 29 juillet 1944

Le 25 juillet, vers 18 heures, les époux M. de B., enlevés de leur domicile le 13 juin 1944 par des inconnus, se présentent à la gendarmerie de Toul dans un état d'épuisement complet. Ils s'étaient évadés de la forêt où ils étaient séquestrés.

Chutes d'avions :

Dans la forêt communale de Tramont-Lassus, appareil pulvérisé. Des débris de chair humaine découverts et un aviateur ayant les jambes cassées recueilli et soigné par des habitants.

Rapports du chef d'escadron Durieux, commandant la compagnie de gendarmerie de la Meurthe-et-Moselle

Nancy, le 25 novembre 1944

Le capitaine Chovard, ex-commandant de la section de Longwy, reproche à l'adjudant-chef V., adjoint au commandant de la même section :

– En 1941, de s'être rendu à la chasse avec des Allemands, notamment avec un nommé Binenstock, directeur allemand de la mine de Hussigny.

– En 1941 et au début de 1942, d'avoir consommé plusieurs fois dans des établissements publics avec des militaires allemands de la Feldgendarmerie.

– À la même époque, d'avoir entretenu une correspondance privée avec un officier allemand de la Kommandantur de Longwy nommé Hagenlocher.

– D'être en possession d'au moins deux véhicules automobiles acquis de manière répréhensible, ainsi qu'un vélomoteur et un certain nombre de pneus neufs.

– D'avoir fourni des listes de Français « suspects » aux autorités allemandes.

*

Nancy, le 17 février 1945

Le 4 février 1945, la brigade de Mars-la-Tour a arrêté S. Pierre, Français au service de l'Allemagne, parachuté dans le but de fournir des renseignements politiques et militaires.

RHÔNE

« Ne plus voir employer les procédés chers à la Gestapo ou à la Milice »

Rapports du chef d'escadron Bariod, commandant la compagnie de gendarmerie du Rhône

Lyon, le 28 juin 1944

Le 8 juin, le village de Juliennes ayant été occupé par les hommes du maquis, des troupes allemandes se sont rendues sur les lieux dans l'après-midi, ont engagé le combat et repoussé le maquis. Au cours de l'engagement, deux habitants de la région, MM. Combe et Protat, ont été tués.

Le 11 juin, à Saint-Just-d'Avray (Rhône), un groupe d'individus armés a occupé le village de 10 heures à 18 heures, gardant le maire et son secrétaire prisonniers à la mairie.

Le 18 juin, à Grandris, le village a été occupé par le maquis tout l'après-midi.

Le 7 juin, vers 12 heures, à Beaujeu, huit individus armés de mitraillettes se sont présentés chez le collecteur des produits laitiers et se sont fait remettre 32 kilos de beurre, vingt douzaines d'œufs, cinquante fromages et 8 kilos de viande et de volaille. Ils ont distribué gratuitement à la population 17 kilos de beurre et cinq douzaines d'œufs.

À l'occasion du regroupement des brigades, celles-ci sont systématiquement attaquées par les maquisards. Une partie des gendarmes, de gré ou de force, rejoignent alors le maquis. Un exemple :

Le 9 juin 1944, vers 11 h 30, à Monsols (Rhône), quinze individus armés de mitraillettes ont fait irruption dans le logement du chef de brigade situé au rez-de-chaussée de la caserne. Celui-ci, étant absent, a été rejoint, ramené à la caserne et, ayant pu s'échapper, a été repris une deuxième fois et emmené. On ignore ce qu'il est devenu. Les autres militaires de la caserne ont été pris et emmenés par le maquis le même jour, dans l'après-midi, avec les armes et le véhicule de la brigade, à la suite d'une rencontre avec les dissidents à Cercié (Rhône).

Le 13 juin, dans la matinée, le nommé K. Georges, Allemand naturalisé Français, interprète auprès du service allemand de Ranchal (Rhône), a été emmené par une douzaine de jeunes gens puissamment armés. À 12 heures, son cadavre était découvert près de Chansaye, commune de Poule (Rhône). Il avait été tué d'un coup de revolver.

Le 12 juin 1944, vers 19 h 30, vingt et un cadavres d'hommes ont été découverts au lieu-dit La Chaumière, commune de Neuville-sur-Saône (Rhône). Les victimes, qui paraissaient être âgées de seize à quarante-cinq ans, et après avoir été tuées par rafales de mitraillette, étaient vêtues d'habits civils et n'ont pu être identifiées. Les auteurs de cet acte sont des individus revêtus de l'uniforme des troupes d'occupation qui pilotent une camionnette et trois ou quatre voitures légères.

*

Lyon, le 2 juillet 1944

Le 26 juin 1944, vers 16 heures, une dizaine d'individus armés de mitraillettes et de pistolets ont fait irruption dans la mairie de Tassin-la-Demi-Lune (Rhône) et tenu en respect le personnel employé à la mairie et les civils qui s'y trouvaient. Après avoir coupé les fils des appareils téléphoniques et brûlé les listes de recensement des jeunes gens, ils se sont emparés de tous les tickets d'alimentation en cours de distribution, du sceau de la mairie et des divers cachets existant dans les différents services.

Le lieutenant Moutou, commandant la section de Villefranche, et deux gendarmes chauffeurs ont été enlevés par le maquis à Beaujeu, vers 18 h 30, le 28 juin. À 22 h 15, des gens du maquis déguisés en gendarmes et accompagnés de deux gendarmes en état de désertion se sont présentés à la caserne de Villefranche avec le lieutenant Moutou comme otage. Sous la menace de l'exécution du lieutenant, ils ont neutralisé tout le personnel de la caserne et se sont emparés des mousquetons et des munitions. Ils sont repartis en emmenant à nouveau le lieutenant Moutou comme otage. L'officier et les gendarmes ont été libérés le lendemain.

Devant la multiplication des attaques, des brigades sont évacuées et le personnel, regroupé.

*

Lyon, le 10 juillet 1944

La gendarmerie vient, à l'occasion du regroupement des brigades, de traverser une crise extrêmement grave, fertile en enseignements sur l'esprit de discipline du personnel.

À la compagnie du Rhône, comme ailleurs, le personnel a été consterné de cette mesure qui, sous couvert de la soustraire à des dangers d'agression, a totalement annihilé le rôle que le gendarme remplit dans l'ensemble de l'activité nationale par suite de ses innombrables attributions.

Affligés par l'abandon des familles, influencés par les critiques des autorités municipales, inquiètes de la disparition des brigades, et surtout désorientées par les effets d'une propagande qui tendait à leur faire croire que le regroupement avait en réalité pour but de faciliter leur désarmement et leur arrestation par les Allemands, gradés et gendarmes ont pour la plupart douté de l'ordre qui leur était donné. [...] À l'heure actuelle, sur un effectif de six cents, les défaillants ne sont qu'une vingtaine, quelques-uns enrôlés dans la dissidence, les autres ayant tout simplement fui par lâcheté pour se mettre à l'abri du danger au moment où la situation leur a semblé devenir critique.

*

Lyon, le 2 août 1944

Le 25 juillet vers 17 heures, un détachement allemand a été attaqué par le maquis aux environs de Beaujeu. Les troupes d'opérations ont eu vingt et un tués, dont un officier, et cinq blessés. En représailles, le 26 juillet, les Allemands ont incendié le château Magneval à Beaujeu ainsi

605

qu'une ferme, et ont bombardé par avion le village d'Ouroux. Quatre tués, dont deux femmes, et quelques blessés.

Rapports du capitaine Doussot, commandant la compagnie de gendarmerie du Rhône

Lyon, le 30 septembre 1944

Le département du Rhône vit actuellement une période de transition et de réadaptation. Dans de telles phases, le rythme de l'activité régulière ne peut reprendre que peu à peu. En effet, les pouvoirs légaux ne fonctionnent encore qu'imparfaitement, et de nombreuses arrestations illégales ou arbitraires sont opérées par des personnes qui se croient légalement autorisées à le faire. Les opérations d'épuration ne sont pas toujours conduites avec toute la justice et la célérité désirables en pareille matière. Aussi, il ne faut pas s'étonner qu'une impression de malaise, de désarroi continue à régner dans les esprits.

Dans plusieurs parties du département, et en particulier dans la région de Lyon et de Villefranche, de nombreux cadavres ont été découverts. Les recherches menées activement par la gendarmerie et les constatations faites par les services de la Sûreté permettent d'affirmer que de telles exécutions ont été faites soit par la Gestapo, soit par la Milice, soit même (ces derniers temps) par certains groupements de FTP.

La population, émue par les exécutions commises par ces derniers éléments, voit dans de tels faits l'épuration d'éléments troubles. Toutefois, elle souhaite ne plus voir employer les procédés chers à la Gestapo ou à la Milice.

*

Plusieurs cadavres sont retirés du lit du Rhône. Les vols se multiplient. Ils sont le fait de FFI ou de personnes se faisant passer pour des FFI.

Lyon, le 20 novembre 1944

Le 6 novembre 1944, deux vols à main armée ont été commis par une cinquantaine d'individus armés de mitraillettes, de fusils et de revolvers, habillés en FFI, l'un à la gare de Givors-Ville, l'autre aux établissements Preda, où 2 000 litres de benzol et 250 litres d'huile ont été emportés.

*

Lyon, le 12 décembre 1944

De récents incidents se sont produits au sujet de la condamnation de l'ex-préfet Anceli. Ils ont eu lieu place Bellecour et à la prison Saint-Paul, 33, cours Suchet. Une manifestation en faveur de l'acquittement d'Anceli faite par les étudiants place Bellecour a été suivie d'une autre manifestation organisée par divers éléments, auxquels s'étaient joints des individus ayant intérêt à troubler l'ordre devant la prison pour demander l'exécution immédiate d'Anceli. Des coups de feu ont été tirés et il y a eu une douzaine de blessés.

*

Lyon, le 10 janvier 1945

Une femme et une jeune fille ont été enlevées le 5 janvier 1945, vers 18 heures, par deux soldats américains circulant en Jeep, à Saint-Georges-de-Reneins. La jeune fille a pu s'échapper ; quant à la femme, elle a été emmenée au-delà de Mâcon et violée plusieurs fois. Elle a été ramenée à son domicile le 6 janvier à 17 heures.

SAÔNE-ET-LOIRE

Les soldats allemands « sont toujours considérés comme des brutes et des sauvages d'une atrocité raffinée »

Rapports du chef d'escadron Vial, commandant la compagnie de gendarmerie de la Saône-et-Loire, aux commandants de section de sa compagnie (mention « secret »)

607

Mâcon, le 10 juin 1944

L'ordre de regroupement donné le 8 juin 1944 n'a pu être exécuté pour des raisons indépendantes de notre volonté. En raison du manque de liaisons, j'ai cru devoir vous laisser l'initiative de prescrire le regroupement des brigades dont la présence sur place ne vous paraîtrait pas indispensable. Cette solution ne peut être que provisoire, et nous risquons d'assister impuissants au désarmement de notre personnel et au cambriolage de nos casernes.

*

Mâcon, le 14 juin 1944

Depuis une huitaine de jours, un vent d'indiscipline souffle gravement dans nos rangs. Les ordres ne sont plus exécutés, mais plutôt interprétés au mieux des intérêts de chacun. Certains militaires quittent leur poste, s'absentent de leur résidence sans autorisation, rentrent quand bon leur semble, etc. Cette situation ne peut se prolonger davantage et chacun doit choisir une ligne de conduite pour ne pas en dévier. Certains militaires ont cru devoir abandonner leur poste pour passer à la Résistance. Ils ont dû agir après avoir mûrement réfléchi, prêts à supporter tous les inconvénients qui peuvent résulter de leur nouvelle situation. Ceux qui sont restés à leur poste doivent me faire confiance et suivre rigoureusement mes ordres et mes directives [...]. Je demande à chacun instamment de réfléchir, de songer à sa famille, au pays, de me faire confiance et de me suivre aveuglément. Je me crois incapable de vous conduire dans le chemin de la honte et du déshonneur.

Rapport du chef d'escadron Vial, commandant la compagnie de gendarmerie de la Saône-et-Loire, sur l'état d'esprit de la population

Mâcon, le 17 octobre 1944

Comportement des autochtones

Le travail d'épuration commencé dès la Libération se poursuit normalement et s'étend à toutes les classes de la société. Les arrestations, fort nombreuses dans les jours qui ont suivi la Libération, diminuent très sensiblement. Ce ralentissement est dû à deux causes majeures :

– les personnes nettement visées ont été appréhendées sans aucun délai,

– le retour à la légalité en matière d'arrestations a mis un frein à un trop grand nombre de bonnes volontés, opérant souvent soit sur une simple dénonciation, soit dans un but de vengeance.

Le nombre de personnes arrêtées ne peut être indiqué avec précision car la gendarmerie n'a pas eu connaissance de toutes les arrestations opérées. À Mâcon, environ deux cent cinquante personnes ont été internées, quatre-vingts personnes environ au Creusot, vingt environ à Cluny, etc. Certaines ont été libérées après décision des comités de criblage. Toutes les personnes suspectes, internées ou surveillées ne se font pas remarquer et se montrent généralement calmes. Toutefois, les personnes arrêtées par les FFI sans inculpation bien définie se demandent ce qui peut leur être reproché et manifestent une certaine inquiétude et une certaine impatience. Elles se demandent quand elles seront jugées et libérées.

La plupart des collaborateurs et des membres des groupements anti-nationaux – Milice, PPF, etc. – ont été arrêtés. Malheureusement, les membres les plus actifs de ces groupements sont partis avec les arrière-gardes allemandes ou ont quitté le département en vue d'échapper à la répression. Leurs déplacements toujours possibles sont étroitement surveillés [...].

Dans sa très grande majorité, la population française ne cache pas sa sympathie à l'égard des Alliés, et spécialement de l'Angleterre et des États-Unis. Elle manifeste aussi sa reconnaissance à la Russie soviétique, à laquelle elle sait gré d'avoir su barrer la route à l'expansion du nazisme. Pourtant, d'assez nombreuses personnes se sont montrées intriguées à la pensée que les armées rouges, aux portes de Varsovie, n'aient pu à temps venir au secours de la Résistance polonaise, vaincue dans sa capitale. L'Allemagne est de plus en plus détestée et maudite. Ses soldats sont toujours considérés comme des brutes et des sauvages d'une atrocité raffinée.

609

Annexe du rapport rédigé par le chef d'escadron Vial, commandant la compagnie de gendarmerie de la Saône-et-Loire, sur les services rendus par la gendarmerie à la cause de la Libération

Mâcon, janvier 1945

Renseignements devant être remis directement ou indirectement à des autorités allemandes ou à des fonctionnaires français servant les intérêts allemands et qui furent négligés, déformés, retardés au profit des intérêts français (extraits)

– Novembre 1941, à Louhans

Un avion anglais percute au sol Savigny-en-Revermont. Cinq officiers et sous-officiers descendus en parachute sont recueillis et ramenés à Louhans. Ils doivent être transférés à Aix. Au cours d'un repas copieux [...], la Gestapo survient et exige la présentation des militaires anglais. Satisfaction leur est refusée, et bien entendu la réception leur est camouflée.

– Octobre 1942, à Montcony

Un avion militaire anglais s'écrase au sol à Montcony. Les neuf occupants sont tués. Leurs obsèques donnent lieu à une manifestation de sympathie extrêmement tapageuse au cours de laquelle le *God Save The King* est chanté, un grand drapeau anglais recouvre les cercueils, les nombreuses couronnes portent des inscriptions plus qu'agressives pour l'occupant. Le lieutenant Guiguet[1] ne rend pas compte de ces incidents. Vichy est néanmoins informé et plusieurs enquêtes sont demandées à la gendarmerie, qui minimise l'affaire. L'incident est finalement étouffé non sans mal.

– Courant 1942, à Mâcon

Le chef d'escadron Vial est informé que le général Giraud, évadé d'Allemagne, doit traverser le département pour se rendre à Vichy. Il ne signale pas ce fait extraordinaire à la préfecture et fournit à l'automobiliste chargé

---

1. Il s'agit sans doute du lieutenant Maurice Giguet, commandant la section de Louhans à partir de 1942. Traqué par la Gestapo, il passe dans la clandestinité au printemps 1944. Sous le pseudonyme de Condé, il dirige militairement le maquis du Louhannais.

du transport le permis de circuler indispensable. L'itinéraire est changé à la dernière minute.

– Le 17 février 1944, à Sennecey-le-Grand

Un gros parachutage de matériel a lieu dans les jardins de la brigade et sur la place publique. L'adjudant Fénéon prévient la Résistance et attend que l'enlèvement du matériel soit terminé avant de prévenir la police allemande d'un fait qui ne peut lui être caché.

– Le 12 mai 1944, à Tournus

Le commandant d'A., chef régional de la Milice, se présente à la brigade et réclame la liste des communistes, des Israélites et des maquisards, sous la menace des sanctions les plus graves. L'adjudant Cotton et le maréchal des logis-chef Merle profitent d'un moment d'inattention, détruisent toutes les listes en dépôt à la brigade et ne fournissent aucun renseignement.

– Le 7 juillet 1944, à Chalon-sur-Saône

Effectuant une enquête sur un déraillement, le maréchal des logis-chef Monnot, ayant constaté que les gardes-voies n'étaient pas à leur service, les a convoqués et leur a fait établir des déclarations camouflant leur culpabilité.

Renseignements donnés aux diverses organisations clandestines (extraits)

– Le 26 novembre 1943, à Louhans

Le lieutenant Guiguet est informé qu'un individu suspect séjourne à l'hôtel du Cheval-Rouge à Louhans. Il se rend sur place, lie conversation avec cet individu et lui offre une consommation. Mis en confiance, le suspect lui expose qu'il est agent français de la Gestapo et se vante avec preuves à l'appui des résultats obtenus. Le lieutenant Guiguet prépare son exécution qui a lieu le soir même dans la salle du restaurant.

– Juin 1944, à Couches-les-Mines

Un jeune domestique évadé du maquis de Saint-Gengoux et qui possédait les plans de parachutage manifeste le désir de dévoiler ces plans à la Gestapo alors qu'il se trouvait en état d'ébriété. Est dénoncé par les gendarmes au chef de groupe et est arrêté à Écuisses par la Résistance.

– Le 7 août 1944, à Montceau-les-Mines

[On procure] une tenue de gendarme au groupe de résistance Crau de

611

Montceau en vue d'une expédition destinée à faire sortir de la prison allemande de Chalon-sur-Saône trois patriotes, dont le lieutenant Alain, sur le point d'être fusillé. L'expédition réussit.

Aide apportée pour franchissement de la ligne de démarcation
– 1940-1942, à Autun
[Le capitaine Turlotte.] Reçoit chez lui, héberge et dirige sur la ligne de démarcation plusieurs jeunes gens envoyés de Paris et de l'Aisne par ses anciens chefs et amis.
– 1940-1943, à Verdun-sur-le-Doubs
[Le maréchal des logis-chef Rebillard.] Facilite de très nombreux passages de la ligne de démarcation dans les deux sens. Fait le passeur pour le franchissement de la ligne pour les prisonniers de guerre évadés et, à deux reprises, essuie des coups de feu.
[Le gendarme Henry.] A fait franchir la ligne de démarcation [...] en détournant les sentinelles allemandes de leur service, et même parfois en les faisant boire jusqu'à l'ivresse.
– 1940-1943, à Chalon-sur-Saône
[Le maréchal des logis Gérard.] Fait passer la ligne de démarcation à de nombreux prisonniers de guerre et à des Israélites avec la complicité de M. Gaudillère, actuellement déporté en Allemagne, et de M. Jarrot, de Droux.

SAVOIE

« Les personnes suivantes ont été fusillées par les Allemands »

Rapport de l'adjudant-chef Dayot, commandant de la brigade de gendarmerie d'Aiguebelle, sur les atrocités et le comportement des troupes allemandes à l'égard de la population du canton d'Aiguebelle

À la fin du mois d'août 1944, les troupes allemandes en déroute sèment la terreur dans des villages savoyards de la

Maurienne. Ils tuent et pillent. Des dizaines d'otages, pris au hasard alors qu'ils étaient occupés aux travaux des champs ou sortaient de leur maison, sont exécutés, certains corps mutilés ou brûlés dans les maisons. Une fillette est mortellement touchée d'une balle perdue. Un officier viole une femme. Les exactions sont répertoriées, hameau par hameau. Certaines pages de ce document sont aujourd'hui presque illisibles si bien que certains noms peuvent avoir été mal retranscrits.

Le 16 septembre 1944
– Commune d'Aiton :
Aucune atrocité ni aucun sévice n'a été pratiqué par les Allemands de passage dans cette commune. Toutefois, le hameau du Villard a été intentionnellement incendié par eux, lors de leur passage, le 25 août 1944. Ce hameau est presque complètement détruit à l'exception de quelques maisons isolées. Les dégâts sont très importants. La population a été terrorisée par les agissements des Allemands.
– Commune de Montgilbert :
Le 25 août dernier, une patrouille de soldats allemands s'est présentée au chef-lieu de cette commune. Le jeune David Fernand, âgé de dix-huit ans, a été arrêté au moment où il venait de quitter la maison de ses parents pour se rendre au hameau du Bugnon travailler dans les propriétés. Ils ont emmené le jeune homme pour soi-disant le faire travailler à la réparation d'un pont. Ce jeune a été fusillé le même jour au hameau de La Roche à Argentine (Savoie). Son corps n'a pas été mutilé. Il portait des traces de balles à la tête et à la poitrine. Ces soldats se sont rendus coupables de nombreux vols, notamment d'une montre à Mme Bourrette Ida, une montre également et des bons du trésor à M. Trivero, curé de la commune [...].
– Commune d'Aiguebelle :
Le 25 août 1944, MM. Lambert, quincaillier à Aiguebelle, Rechu Maurice et son fils Aimé, Rosset Jean, cultivateur [...], Lonjin, ingénieur demeurant à Aiguebelle, ont été arrêtés par les Allemands et conduits jusqu'au hameau de La Roche, commune d'Argentine (Savoie). Ils ont

tous été fusillés et leurs corps, jetés dans un ruisseau. Les cadavres, affreusement mutilés, n'ont pu être découverts qu'au cours de la journée du 28 août 1944.

Le [illisible] août 1944, des troupes allemandes se sont présentées au hameau de La Pouille, commune d'Aiguebelle. Les Allemands ont arrêté les nommés [illisible] François, père de six enfants, et [illisible], employés tous les deux à l'usine des aciéries et fonderies électriques de La Pouille. Après s'être fait conduire dans les fermes avoisinantes, ces deux hommes ont été fusillés à leur retour dans un champ de maïs, à proximité de l'usine. Mme F., mère de deux enfants, a été violée par un officier conduisant le détachement en question.

Le même jour, vers 19 heures, M. Meunier a été également arrêté à son domicile à Aiguebelle. Après l'avoir traité de « terroriste », les soldats allemands l'ont conduit devant un officier, qui leur a donné l'ordre de le fusiller. Ce qui fut fait dans un chemin au lieu-dit Chaventon.

Les hameaux de La Pouille et des Combes, de la commune d'Aiguebelle, ont été incendiés intentionnellement par les Allemands et entièrement détruits. Une quinzaine de familles sont, de ce fait, sans abri.

– Commune de Saint-Georges-d'Hurtières :

Le 27 août 1944, les Allemands se sont rendus à Saint-Georges-d'Hurtières (Savoie). Ils ont incendié vingt-deux maisons sur leur passage, notamment au chef-lieu de la commune [...]. Les personnes suivantes ont été fusillées sans motif :

Vinit Fernand, vingt-sept ans, cultivateur

Ruggieri Joséphine, soixante-dix-huit ans, cultivatrice, tante du précédent

Georges Félicien, soixante-cinq ans, cultivateur

Mellan Juliette, [...], ménagère

Bouvier Pierre, soixante-cinq ans, cultivateur

Tous ont été fusillés au cours des journées du 24 au 27 août 1944. Les corps ont été affreusement mutilés et rendus méconnaissables.

– Commune de Saint-Alban-d'Hurtières :

Le 27 août également, les Allemands, après avoir incendié les fermes de la commune de Saint-Georges-d'Hurtières, se sont rendus à Saint-Alban-d'Hurtières. [illisible] maisons d'habitation à usage de fermes ont été détruites par le feu qu'ils ont allumé intentionnellement [...]. M. Fournier Anselme, quarante-cinq ans, ouvrier, et Oyant Jean-Marie, soixante-cinq ans, cultivateur, ont été fusillés le 25 août. [...] Le nommé Hamm Napoléon, quarante-sept ans, arrêté par eux le 28 août 1944, n'a plus été revu. On ignore son sort.

– Commune de Saint-Pierre-de-Belleville :

Seize maisons d'habitation avec leurs dépendances (cave, séchoir, grenier, grange, écurie) ont été incendiées par les troupes allemandes lors de leur passage à Saint-Pierre-de-Belleville le 27 août 1944. Les fermes ainsi détruites formaient le hameau de La Corbière. M. Bouclier Elie, [illisible] ans, carrossier demeurant au hameau de La Corbière, a été fusillé et son corps, affreusement mutilé. Le jeune Téclet Henri, ouvrier agricole au hameau des Combes, a été tué d'un coup de fusil alors qu'il cherchait à se cacher dans un champ de maïs, à proximité dudit hameau. Son corps n'a pas été abîmé.

Les sinistrés de cette commune se trouvent actuellement sans abri et démunis de ressources. Tout ce qu'ils possédaient a été détruit par le feu.

– Commune d'Epierre :

Au passage des Allemands dans la commune d'Epierre, deux corps de bâtiments longeant la route nationale ont été incendiés. Tout a été détruit. [...] M. Velut Arthur, quarante-trois ans, facteur enregistrant à la gare d'Epierre, a été abattu par un soldat allemand au moment où il cherchait à éteindre l'incendie allumé dans la commune. Il a été atteint de cinq balles de pistolet à la nuque.

– Commune d'Argentine :

Le 27 août 1944, quarante-trois maisons ont été détruites par le feu allumé au passage par les patrouilles allemandes. Celles-ci se trouvaient au hameau de La Roche, Le Grand-Chemin, Gemilly et Le Bottet. Elles ont été complètement détruites.

Les personnes suivantes ont été fusillées par les Allemands :

Fournier Joseph,

Guillermand, père, ses deux fils, Marcel et René et le commis de la maison,

Rochette Stéphane, industriel,

Raymond Lucien, marchand de bois,

Germanaz Francis [en réalité, Francisque], cultivateur,

Pitton, cultivateur,

Hamm Alexandre.

La fillette Viallet Raymonde, dix ans, a été atteinte d'une balle et est décédée peu après. La famille Germanaz (deux femmes et un homme) a été brûlée dans sa maison. Les corps sont entièrement calcinés. Tous les corps des personnes fusillées ont été déchiquetés par les balles.

– Commune de Randens :

Quelques maisons d'habitation ont été incendiées au chef-lieu de Randens, au hameau du Bouchet. Le nommé Pompée Alphonse, trente-trois ans, a été tué lorsqu'il se rendait pour éteindre les incendies allumés. D'autres habitations situées au chef-lieu et à proximité du pont jeté sur l'Arc qui séparait les communes d'Aiguebelle et de Randens ont été détériorées par la déflagration des explosifs utilisés pour miner cet ouvrage d'art. Les dégâts paraissent très importants.

Toutes les maisons situées sur le passage des troupes allemandes, des communes d'Aiton, d'Aiguebelle, de Montgilbert, de Randens, de Saint-Georges-d'Hurtières, de Saint-Alban-d'Hurtières, de Saint-Pierre-de-Belleville, d'Epierre et d'Argentine, faisant partie du canton d'Aiguebelle, ont été systématiquement pillées par les soldats ; ce qui n'a pu être emporté a été saccagé et détruit. Des dégâts considérables ont été commis par les hordes allemandes.

Rapport du capitaine Laurens, chargé de l'expédition des affaires courantes de la compagnie de gendarmerie de la Savoie

Le 2 octobre 1944

Pendant les quatre années qui viennent de s'écouler, la tâche des officiers de gendarmerie a été particulièrement dure et délicate. Habitués à obéir scrupuleusement aux ordres de leurs chefs et du gouvernement, ils ont dû bien souvent, en présence d'ordres, de loi ou de décrets contraires à l'intérêt de la France, faire taire leurs scrupules de parfaits soldats pour transgresser les instructions reçues, ou du moins pour limiter au maximum les conséquences de ces instructions [...]. Cette désobéissance, contraire à tous les principes de la discipline mais motivée par une situation inédite dans les annales de l'histoire de la France, n'a pu avoir lieu qu'avec de multiples complicités et elle n'a pas été sans danger. Elle a varié d'un département à l'autre et même d'une section à l'autre, non tant par le fait de la conscience de l'officier responsable que par le fait des circonstances locales. Dans l'ensemble, les officiers ont été les meilleurs agents de la Résistance, sinon de la résistance active [...] du moins d'une résistance passive.

Rares sont les officiers qui ont accepté de se faire passivement ou volontairement les complices de l'ennemi en faisant exécuter à la lettre les ordres qu'ils recevaient. Il est encore trop tôt et les passions sont trop exacerbées pour rendre publics tous les actes de résistance à l'actif des officiers de gendarmerie. Quand ils seront connus, la suspicion dont a été l'objet la gendarmerie disparaîtra instantanément.

À la demande de quelques comités de libération, il y a eu à prononcer des mutations dans une proportion de 30 % environ ; les motifs sont en général bénins : contrevenant verbalisé pour une infraction peu importante, gendarme n'ayant pas suffisamment aidé la Résistance ou ayant arrêté des réfractaires au STO [Service du travail obligatoire].

Rapport de la brigade de gendarmerie de Chambéry

À la Libération, la situation est loin d'être stabilisée. Voici le détail des incidents constatés en décembre 1944 et en janvier 1945.

– 1er décembre 1944 : la devanture d'un magasin de miroiterie saute vers 22 heures.

– 1er décembre 1944 : vers 19 heures, Pierre D., cinquante ans, secrétaire général de La Savoisienne, tué d'une balle de revolver devant son domicile d'Aix-les-Bains.

– 13 décembre 1944 : attentat à l'explosif contre Mme veuve B., à La Compote.

– 15 décembre 1944 : vers 21 heures, cinq personnes armées enlèvent à son domicile Émile G., à Hauteville. Il est tué.

– 16 décembre 1944 : arrestation de cinq hommes pour vols à main armée à La Rochette.

– 21 décembre 1944 : Charles F., de Chindrilleux (Savoie), abattu à coups de feu par des hommes en tenue militaire.

– 24 décembre 1944 : attentat à l'explosif contre une maison à Jarsy.

– Nuit du 30 au 31 décembre 1944 : bagarre entre FFI au café La Roteuse, à Chambéry (deux morts).

– 2 janvier 1945 : vol à main armée à Chambéry. Préjudice 20 000 francs. L'auteur serait un lieutenant des FFI.

– 3 janvier 1945 : à La Bridoire, un FFI en fuite aurait commis un vol avec une mitraillette (préjudice 200 francs).

– 4 janvier 1945 : Les Échelles, attentat à l'explosif contre M. V., industriel, ex-président de la légion (dégâts peu importants).

– 4 janvier 1945 : Les Échelles, attentat contre le marquis de V., cultivateur, ex-membre de la légion des combattants.

– 10 janvier 1945 : Pont-de-Beauvoisin, épicerie G. (famille détenue comme miliciens).

– 18 janvier 1945 : Montmélian, attentat contre le magasin M. (dégâts très importants), marché noir.

Rapport de la compagnie de gendarmerie de la Savoie au sujet de braquages

Le 2 mars 1945

Attentats et vols à main armée dans la région d'Ugine, fin 1944, début 1945. Ils seraient le fait d'environ douze personnes ayant appartenu à un corps franc.

Rapport du capitaine Perollaz, commandant la compagnie de Savoie

Le 30 juin 1945

L'épuration a divisé le personnel. Certains mériteraient des sanctions sévères. Mais grâce à certains appuis ou certaines faiblesses, ils s'en sont tirés sans dommage et parfois à leur avantage. D'autres, par contre, ont été victimes de vengeances personnelles et ont été l'objet d'accusations de la part de camarades ou de civils, dans lesquelles le patriotisme n'avait rien à voir. Des gendarmes de cette catégorie sont écœurés et se montrent timorés dans l'accomplissement de leur tâche.

Rapport du gendarme Aymard, commandant provisoirement la brigade de gendarmerie de la Savoie, sur le stationnement d'un détachement de l'armée américaine à Aiguebelle

Aiguebelle, le 21 février 1946

Le 19 février 1946, dans l'après-midi, un détachement de l'armée américaine est arrivé à Aiguebelle (Savoie). Son effectif comprend environ soixante hommes de troupe et gradés dont trois officiers. Il s'est installé au château Rochette et à l'Hôtel du Soleil chez M. Batailler.

Des renseignement recueillis, il résulte que ces militaires ont pour mission la recherche des sépultures d'aviateurs américains disparus au cours des hostilités. Ils sillonnent les montagnes du canton et, en principe, de la vallée de la Maurienne.

RÉGION NORD

NORD

Des Anglais pètent les plombs à Saint-Python

Compte-rendu du 24 mai au 24 juin 1944 de la section de gendarmerie de Cambrai

Chutes d'avions :

12 juin : avion tombé en flammes à Eswars – les membres de l'équipage ont été carbonisés. Aucune victime civile ; dégâts aux récoltes.

13 juin : avion tombé en flammes à Tillou ; chute d'un avion britannique à Avesnes-les-Aubert.

15 juin : avion tombé à Cuvillers – carbonisé.

16 juin : deux avions tombés en flammes à Iwuy et Rieux – membres d'équipage carbonisés.

Rapport du capitaine Ritter, commandant la section de gendarmerie de Lille, sur la découverte d'un cadavre à Wattignies

Le 25 juillet 1944

Le 22 juillet vers 19 heures, le sous-brigadier de police de Wattignies était avisé qu'une caisse avait été jetée par des automobilistes dans une champignonnière désaffectée située à proximité de la route départementale n° 48 à Wattignies-l'Arbrisseau. Le lendemain matin, un gardien de la paix est descendu dans cette fosse et a découvert la caisse jetée la veille, dans laquelle se trouvait le cadavre d'un jeune homme inconnu qui ne portait ni pièce d'identité ni objet quelconque. Il avait les poignets et les pieds liés avec des fils électriques et une cordelette serrée autour du cou. Le docteur qui a examiné le cadavre a conclu à la mort par strangulation remontant à vingt-quatre heures.

Rapport du chef d'escadron Plaisant, commandant la compagnie de gendarmerie du Nord, sur la recherche des nationaux allemands dans le département du Nord

Lille, le 19 octobre 1944

Les recherches en vue de découvrir les nationaux allemands camouflés dans les fermes ou autres établissements (pour la période allant de la Libération au 15 octobre 1944) :

– Brigade de Dunkerque

Les 4 et 5 octobre, à l'occasion des opérations d'évacuation, vingt soldats allemands en civil ont été identifiés alors qu'ils tentaient de franchir le barrage des gendarmes français de Dunkerque. Ces militaires ont été remis aux autorités canadiennes.

– Brigade d'Hondschoote

Le 5 octobre 1944, deux Allemands en civil réussissaient, avec la complicité d'une femme, A. Jeanne, de Rosendaël, à passer les lignes alliées au Grand-Millebrugghe, dissimulés sous des matelas dans un chariot. Arrêtés par la brigade territoriale d'Hondschoote, ils étaient remis le soir même aux autorités anglaises.

La femme A., arrêtée le 6 sous l'inculpation d'intelligence avec l'ennemi, fut déférée au parquet de Dunkerque.

– Brigade de Tourcoing

Le 9 octobre 1944, les douaniers de Tourcoing (bureau de Marlière) procédaient à l'arrestation d'un individu porteur de pièces d'identité françaises pour importation de capitaux. Mené à la brigade de Tourcoing et habilement interrogé, il a reconnu être sous-officier de l'armée allemande, déserteur du 14 août 1944, se nommer Hosnisteiner Karl, né le 10 juillet 1915, à Hambourg, et appartenir à l'unité NA 245. Il a été conduit au BSM (bureau de la sécurité militaire) à Lille, puis écroué à Loos.

– Brigade d'Haubourdin :

Le 6 octobre 1944, la nommée F. Émilienne, femme de M. Julien, bouchère à Emmerin, a prévenu la brigade qu'un soldat allemand était caché chez elle depuis le 31 août 1944. Ce dernier, nommé Rotter Kurt, caporal, a été arrêté aussitôt et conduit au BSM à Lille. La femme F. a fait l'objet d'un procès-verbal.

Au total, quatre-vingt-deux arrestations, sans compter les receleurs et les complices, qui recevront un juste châtiment.

À noter que des soldats allemands sont encore cachés par des Polonais allemands habitant les cités Schneider à Lourches et à La Solitude, à Condé.

– Annexe 1

Faits se rapportant à la propagande :

Plusieurs manifestations : dix (la dernière le 12 novembre)

Manifestation de deux mille personnes à Maubeuge le 19 octobre, réclamant un tribunal populaire.

Manifestation assez importante : une centaine de personnes « contre la lenteur de l'épuration » le 20 octobre.

Manifestation le 20 octobre à Marpent. Réclament la dissolution de la Police Pétain.

Manifestation de trois cents à quatre cents femmes le 27 octobre à Maubeuge (réclament charbon et beurre).

Manifestation le 29 octobre, deux cents personnes, surtout des femmes.

Mille deux cents personnes à Maubeuge le 29 octobre réclament le retour de Thorez, l'épuration des traîtres et le retour de Prosper, commandant d'Armes.

Le 9 novembre 1944, vers 11 heures, cent cinquante femmes se rassemblent devant la mairie de Solre-le-Château. Les manifestants réclament du charbon, du beurre et de la viande.

– Annexe 2

Le 3 mai 1945 à Beaudignies, un incident a été provoqué par deux soldats anglais et un soldat américain. Ils avaient volé une voiture auto civile à Barlaimont, l'avaient abandonnée à Beaudignies faute d'essence, avaient volé une deuxième voiture à Beaudignies, en menaçant la population avec leur mitraillette. La brigade de La Quesnoy a avisé la MP [Military Police], qui est venue arrêter les deux Anglais, lesquels étaient déserteurs. Le soldat américain, en fuite, a été signalé à la MP de Valenciennes.

Rapport du lieutenant Cartier, commandant la section de gendarmerie de Cambrai, sur des faits reprochés au gendarme C., de la brigade de Busigny

Cambrai, le 21 octobre 1944

Le 8 février 1944, la Gestapo arrête quatre jeunes gens à Busigny et les dépose dans une salle pour interrogatoire. Le concours d'un gendarme est requis pour la surveillance. Le gendarme C. Léon est désigné pour ce service. Il garde à vue les détenus avec un inspecteur allemand. À un moment donné, les jeunes gens, bien qu'enchaînés, se ruent sur l'inspecteur et auraient eu le dessus, quand le gendarme C. intervient et les maîtrise.

Ces jeunes gens ont été fusillés par la suite et la population rend le gendarme C. responsable de leur mort.

À la suite de la demande du capitaine, le gendarme est muté et affecté au détachement Alsace-Lorraine. En octobre 1944, lors d'un contrôle de circulation, un capitaine FFI [Forces françaises de l'intérieur] refuse d'exhiber son ordre de mission et prend à partie C. Ce dernier demande un changement de résidence.

De l'enquête menée par le commandant de section, il résulte que ce gendarme n'a assuré que la stricte exécution – exclusive de toute initiative personnelle de son service de surveillance.

Rapport du lieutenant Derommelaere, commandant la section de gendarmerie de Cambrai, sur la situation de la population

Le 14 mai 1945

Nombreuses réunions organisées en vue des élections municipales du 29 avril 1945.

624

Henri Martel, député communiste, a développé le programme du parti :

A critiqué la fixation des salaires sans la CGT et attaqué le ministre Ramadier, qui, pour donner la ration de 500 grammes de matières grasses en mai, a supprimé en partie celle d'avril 1945. Il l'appelle le « Ramadan » et dit qu'il veut nous empêcher de manger.

M. Gernez, député, a défini le programme socialiste ; il a examiné la question des responsabilités de la défaite de 1940 et a dit qu'il fallait souffrir pour obtenir l'indépendance de la nation française : « Ni Londres, ni Washington, ni Moscou, Français d'abord. »

Rapport de la section de gendarmerie de Cambrai

Le 14 mai 1945

Incidents divers mettant en cause des militaires français et étrangers

Le 30 avril 1945, trois soldats anglais du camp de la route nationale 342, pris de boisson, ont pénétré dans un café de Saint-Python. Ils ont forcé la porte et pris tous les alcools se trouvant exposés au comptoir ; après avoir tout bu, ils ont cassé les bouteilles et ont brutalisé le tenancier, sa femme et sa fille ; ils sont ensuite allés dans les W-C et se sont masturbés à la vue des civils.

La Military Police américaine de Cambrai, prévenue par nos soins, a mis fin à cet incident. Le cafetier a été indemnisé des dégâts causés.

Rapport du chef d'escadron Dubois, commandant la brigade de gendarmerie de Lille, sur l'état d'esprit du personnel

Lille, le 5 juillet 1945

Ce qui a eu le plus d'influence sur l'état d'esprit, c'est la condamnation à mort par la cour de justice de Béthune de l'ex-lieutenant de gendarmerie Fleurose[1], qui avait commandé en 1940, 1941 et 1942 la section de

---

1. Sur le cas du lieutenant Fleurose, voir la partie consacrée au Pas-de-Calais.

Lens, ainsi que la condamnation par la même cour aux travaux forcés à perpétuité de l'ex-adjudant Hennion, de la brigade de Carvin. Ces officier et sous-officier n'étaient pas exempts de toute critique au point de vue professionnel, mais ils ont surtout agi contre les bandits qui, sous le couvert de la Résistance, semaient la terreur parmi la population. Les condamnations sont jugées excessives et les officiers ont douloureusement ressenti l'atteinte portée à la considération de l'arme, attendu que seul le lieutenant Fleurose a été exécuté et que plusieurs commissaires de police, également condamnés à mort, ont eu leur peine commuée en travaux forcés à perpétuité. Les officiers ont nettement l'impression que la gendarmerie est attaquée dans son ensemble par les partis extrémistes, qui savent très bien que la gendarmerie est la seule force de police susceptible d'obéir normalement aux ordres du gouvernement. Ces partis politiques cherchent donc à abattre la gendarmerie, tout au moins à la diminuer.

PAS-DE-CALAIS

La condamnation à mort et l'exécution du lieutenant Fleurose

Rapport de la compagnie du Pas-de-Calais sur l'état d'esprit de la population pour la période du 20 novembre au 20 décembre 1944

– Région de Lens :

Le 22 novembre 1944, à 20 heures, trois individus armés attaquent la boulangerie Siernicki, à Harnes (Pas-de-Calais). Le boulanger et sa femme sont tués.

Le 3 décembre 1944 : vers 20 heures, le brigadier de police Dewavrin, du commissariat de Lens, est abattu à Lens à coups de revolver par des individus non identifiés.

– Région de Béthune :

Le 4 décembre 1944 à Béthune, le gardien de la paix Cogny a été abattu à coups de mitraillette par plusieurs individus descendus d'une automobile. Auteurs non identifiés.

– Arrondissement de Saint-Pol-sur-Ternoise :

Deux fermes du Souich qui s'étaient livrées au marché noir durant l'occupation allemande ont été dynamitées. Auteurs inconnus. Que des dégâts matériels.

– Arrondissement de Saint-Omer :

Le 13 décembre 1944, vers 19 h 30, cinq individus armés et masqués ont fait irruption dans la ferme Coubronne à Aire-sur-la-Lys, hameau de Saint-Quentin. Sous la menace de leurs armes et après avoir fouillé l'habitation, ils ont emporté la somme de 53 000 francs environ.

Rapport du capitaine Fortin, commandant la section de gendarmerie de Béthune, sur les faits reprochés au maréchal des logis-chef C., commandant la brigade d'Houdain

Le 9 janvier 1945

Il a fait l'objet d'une plainte émanant de Mme Tozer Zélima, débitante de boissons à Lillers. Cette femme reproche à C. d'avoir le 23 avril 1942 livré son fils James aux autorités allemandes, qui l'ont fusillé le 30 juin 1942, et d'avoir, au cours de la perquisition qui a suivi l'arrestation, tout fait pour ramasser le plus de pièces à conviction pour faire condamner son fils.

Les faits ont été démesurément grossis par Mme Tozer.

Le 23 avril 1942, C. a reçu de son commandant de section un avis d'arrestation en date du 22 avril d'un nommé Candas Serge, mineur, à Auchel, pour port d'armes prohibé. Dans cet avis, il était spécifié que Candas recevait des subsides d'un nommé Jimmy James, travaillant à Rely et habitant au Café de la Paix, face à la mairie de Lillers. Le maréchal des logis-chef entreprit la certitude que le nommé Jimmy s'appelait en réalité Tozer James.

Vers 21 heures, il l'appréhenda chez sa mère, Café de la Paix [...]. Dans sa chambre, il a procédé à une visite, au cours de laquelle il saisit un opuscule relatif à l'antisémitisme (il déclara à Mme Tozer qu'il reviendrait le lendemain).

627

À 22 h 30, des Allemands de la GFP [Geheim Feldpolizei] venaient chercher Tozer et avisèrent le maréchal des logis-chef qu'une perquisition serait effectuée le lendemain vers 9 heures, au domicile de l'inculpé.

Le 24 avril, deux Allemands, le maréchal des logis C. et le gendarme Braillet se rendirent chez Mme Tozer. Les Allemands découvrirent des tracts communistes, du papier gommé servant à la confection de papillons et du fil de mine. Le jeune Tozer, condamné à mort par un tribunal allemand, fut exécuté le 30 juin 1942.

C. n'a pas fait preuve d'initiative et s'est borné à exécuter les ordres reçus.

Mme Tozer, qui ne devait pas ignorer les agissements de son fils, aurait pu au cours de la nuit faire disparaître les documents et atténuer les risques de condamnation qui pesaient sur l'inculpé.

Rapport de la compagnie du Pas-de-Calais pour la période du 20 décembre 1944 au 20 janvier 1945

Le 20 janvier 1945
Arrondissement de Saint-Omer :
Le 28 décembre 1944, à 23 h 45, à Aire-sur-la-Lys, deux filles soumises ont été abattues de plusieurs coups de revolver tirés dans la tête par des inconnus Les auteurs sont présumés appartenir aux formations FFI en garnison dans cette ville.

Rapport au capitaine Debrais, commandant la section de gendarmerie de Lens, sur les agissements de l'adjudant Hennion, actuellement incarcéré à la maison d'arrêt de Béthune

Lens, le 31 janvier 1945
Il est l'objet de dix-neuf plaintes se rapportant à des faits qui remontent à 1942. Parmi ces plaintes, treize sont relatives à des arrestations opérées par lui, trois pour en avoir provoqué d'autres, une pour avoir tenté de le faire, deux pour coups. Dans les déclarations, il est relevé neuf fois

des sévices plus ou moins graves. À quatre reprises, le gradé en cause en est personnellement désigné comme l'auteur.

L'adjudant se retranche derrière les ordres qu'il dit avoir reçus [...]. Il nie par ailleurs avoir exercé des brutalités au cours de ceux-ci.

Si l'on considère que, du 3 janvier au 21 mai 1942, il a été enregistré trois cent quarante arrestations, dont celles de trente saboteurs dans la section de gendarmerie de Lens, on peut en déduire, ce qui par ailleurs est confirmé, qu'une véritable action plus ou moins coordonnée a été montée à cette époque contre les communistes, car ce sont eux, en définitive, qui, victimes d'alors, réagissent aujourd'hui avec toute leur énergie.

Or, l'adjudant Hennion est considéré par eux comme l'un de leurs plus grands ennemis dans la région, sinon l'ennemi numéro 1 dans la gendarmerie. C'est donc qu'en fin de compte il s'est dépensé dans ce domaine d'une façon toute particulière.

Connaissant parfaitement le pays, fin limier, il a fait preuve d'initiatives hardies qui l'ont mis en lumière aux yeux de ses adversaires, et provoqué d'autre part les instructions données par la 1re légion de gendarmerie pour qu'il soit l'objet de récompenses particulières : croix de chevalier de la Légion d'honneur, qu'il a obtenue, et inscription au tableau d'avancement à titre exceptionnel pour le grade d'adjudant-chef.

Au total, ce gradé a obtenu :

– deux citations (l'une à l'ordre du régime, l'autre à l'ordre de la Légion d'honneur),

– un témoignage de satisfaction,

– deux primes 100 et 50 francs,

– une gratification de 300 francs,

– deux gratifications de 500 francs et une de 1 500 francs,

– trois gratifications de 1 000 francs et une de 1 200 francs.

L'adjudant Hennion invoque qu'il a rendu des services à la Résistance : il a eu connaissance de la présence de militaires anglais hébergés par une personne de Carvin, et ce de 1941 à 1942 d'une part et en 1944 d'autre part. Il n'a rien fait pouvant nuire à ces alliés.

D'autre part, ce gradé n'a pas manqué de faire arrêter quatre soldats allemands à la suite d'un vol commis. Inculpé d'intelligence avec l'ennemi, le gradé en cause se trouve placé sous le régime cellulaire [...]. Il doit être jugé par la cour de justice, seule compétente.

Rapport du capitaine Roux, commandant provisoirement la compagnie de gendarmerie du Pas-de-Calais

Arras, le 10 février 1945

Pendant l'Occupation, l'adjudant Hennion, gradé courageux, enquêteur très fin, stimulé par le lieutenant Fleurose, qui a commandé la section du 12 juillet 1940 à juillet 1942, s'est acharné contre les membres du parti communiste dissous.

Il est avéré qu'il a exercé contre certains d'entre eux, qu'il a arrêtés lui-même ou fait arrêter par ses gendarmes, des services légers pour leur arracher des aveux. Une douzaine de communistes arrêtés par la brigade de Carvin ont été fusillés par les Allemands.

À sa décharge, il faut bien dire que l'adjudant Hennion était loin d'être pro-Allemands. Il s'est conduit d'une façon courageuse et parfaite lors des combats de libération. Dans des conditions très difficiles et périlleuses, il a organisé le ravitaillement des enfants et des vieillards dans une cité des mines de Carvin cernée par les Allemands. Il a fourni des armes à la Résistance. Il n'a jamais inquiété des personnes qui cachaient des aviateurs anglais. Inculpé d'intelligence avec l'ennemi pour son action contre les communistes, il passera devant une cour de justice, puisque ce sont ces tribunaux d'exception qui doivent juger des inculpations de ce genre.

Rapport du capitaine Debrais, commandant la section de gendarmerie de Lens, sur l'activité des sujets russes du camp d'Hénin-Liétard

Le 27 février 1945

Depuis octobre 1944, un camp russe a été installé à Hénin-Liétard. Il se situe actuellement au Cercle des mines de Dourges, contigu à la caserne de gendarmerie. L'effectif actuel est de trois cent quatorze au total, dont trente-sept officiers.

Depuis octobre 1944, un certain nombre d'attentats ont été perpétrés dans la région. Une forte proportion désigne comme auteurs des Russes, en particulier ceux du camp ci-dessus.

Le départ des effectifs du camp russe d'Hénin-Liétard le 9 mars 1945, ordonné par le commandement, est une heureuse opération appréciée des brigades de cette région.

Rapport du capitaine Debrais, commandant la section de gendarmerie de Lens, sur des sévices exercés par le maréchal des logis-chef B., de la brigade de gendarmerie de Bailleul, sur des personnes arrêtées, et sur son manque de caractère

Lens, le 15 mars 1945

En 1942, il commandait la brigade de Pont-à-Vendin [...]. Il a commis plusieurs fautes graves en giflant des personnes arrêtées. Il lui est reproché aussi d'avoir manqué de caractère en tolérant qu'un commissaire de la Sûreté frappe des prévenus dans son propre bureau. Il reconnaît les faits en ce qui concerne les gifles et cite trois cas ; quant à sa passivité devant l'attitude de ce commissaire, il se disculpe en signalant que son commandant de section était présent.

Il est évident que ce gradé a manqué de maîtrise de soi en se laissant aller à gifler des inculpés amenés dans son bureau et qu'il était chargé d'interroger.

Dans le premier cas, il s'agit d'un nommé Williard William, arrêté le 30 janvier 1942. Il s'est plaint d'avoir été giflé et d'avoir reçu un coup de pied dans le bas des reins. Le gradé en cause reconnaît seulement la gifle et invoque comme cause que l'inculpé l'a traité de « salaud ».

La deuxième personne est un nommé Durot Louis, arrêté en avril 1942 pour menées communistes. Il dénonce plusieurs coups de matraque dans le dos, un coup de poing dans la figure et trois ou quatre gifles. Seules les gifles sont reconnues – excédé par l'attitude de l'inculpé qui insistait d'une façon particulière pour charger un de ses camarades de la Résistance déjà sous les verrous.

Le troisième individu, nommé Martin Herment, sous inculpation d'actes de sabotage. Le maréchal des logis-chef l'a giflé deux fois. Ce gradé dit qu'il l'a fait sur ordre du lieutenant Fleurose, commandant la section de Lens.

Chronique d'une France occupée

Rapport du sous-lieutenant Garçon, de la section de gendarmerie de Béthune, sur la comparution devant la cour de justice de Béthune du lieutenant Fleurose et de l'adjudant Hennion, notamment

Le 19 avril 1945

Le 16 avril 1945, de 14 heures à 21 heures, le lieutenant Fleurose Roger, ex-commandant de la section de gendarmerie de Lens (Pas-de-Calais), a comparu devant la cour de justice de Béthune, qui l'a condamné à la peine de mort.

Acte d'accusation : comprend deux chefs d'accusation :

– de trahison : accusé d'avoir poursuivi, arrêté et livré des patriotes (dont plusieurs furent fusillés) aux Allemands ; d'avoir transmis d'une façon détaillée à ses commandants de brigade une circulaire préfectorale qui invitait les services de police à signaler aux Kreiskommandantur des faits qu'elles avaient intérêt à connaître ; d'avoir dépassé dans l'exécution les limites des ordres reçus et d'avoir fait preuve d'initiative et de zèle ; d'avoir obtenu la Légion d'honneur à titre exceptionnel pour l'accomplissement d'actes antinationaux qui ont eu pour résultat la désorganisation de la Résistance ;

– de coups et blessures : avoir torturé et exercé des violences graves sur des patriotes afin de leur arracher des aveux.

Débats : trente et un témoins à charge défilent à la barre, parmi lesquels figurent des personnes arrêtées et brutalisées par l'accusé.

Il est précisé au cours des débats que la plupart des arrestations eurent pour objet d'empêcher la reconstitution du parti communiste dissous.

Parmi les témoins de l'arme :

– le maréchal des logis-chef Beaussart déclare qu'en une certaine circonstance le lieutenant Fleurose lui a donné l'ordre de frapper des personnes arrêtées ;

– l'adjudant Hennion déclare que Fleurose le taxait de mollesse et lui reprochait de ne pas pousser à fond les enquêtes qu'il faisait pour la répression du terrorisme. [...]

Réquisitoire : M Maugain, conseiller à la cour d'appel à Douai, commissaire du gouvernement près de la cour de justice de Béthune [...], souligne le fait que le lieutenant Fleurose a trahi en traquant la Résistance par un mélange de moyens légaux et illégaux, et en livrant des Français aux Allemands. Lecture est donnée par le ministère public d'une lettre d'éloges adressée par le préfet à l'accusé pour son inlassable activité dans la répression du terrorisme [...]. Il conclut en demandant la peine de mort pour le lieutenant Fleurose.

Plaidoirie : Me Estienne, du barreau de Paris, assisté de Me Maes, du barreau de Béthune, plaide la non-trahison en retraçant l'ambiance très délicate et confuse dans laquelle a vécu l'accusé.

Verdict : après délibération, la cour condamne Fleurose à la peine de mort, à la confiscation des biens et à l'indignité nationale. Ne s'est pas pourvu en cassation.

Procès de l'adjudant Hennion

Le 17 avril 1945, de 9 heures à 17 heures, Hennion, ex-commandant de la brigade Carvin, a comparu devant la cour de justice de Béthune, qui l'a condamné à la peine de mort.

Verdict : après la lecture, Hennion se tourne vers la salle et crie : « Vive la France et vive la gendarmerie ! » Hennion s'est pourvu en cassation.

Voici ce qu'écrivait sa hiérarchie en 1941 :

Rapport de la section de Lens du 7 octobre 1941

Sur le maréchal des logis-chef Hennion Henri, ayant plus de dix années de résidence à la brigade de Carvin depuis le 11 décembre 1929

Il est travailleur mais manque de souplesse et de doigté dans ses relations avec les autorités.

Vis-à-vis de son personnel, il est craint, mais sa façon de commander est brutale et il n'est pas aimé de celui-ci. Sa manière de servir n'est donc pas des plus satisfaisantes.

En outre, et surtout, ce gradé entretient (et de source sûre) depuis de longues années une liaison à Carvin avec une femme divorcée : Mme D., dont il aurait eu un enfant (rumeur publique). Cette femme actuellement vient le voir très souvent et longtemps à la caserne, et le scandale devient ainsi évident.

Rapports du capitaine Roux, commandant provisoirement la compagnie de gendarmerie du Pas-de-Calais

Le 21 avril 1945

Incidents sociaux :

5 avril, 16 heures, Oignies, quarante-trois femmes ont parcouru les rues de la localité en réclamant une amélioration du ravitaillement.

À Liévin, 17 h 30, soixante ménagères rassemblées prétextant l'insuffisance des rations alimentaires.

À Loos-en-Gohelle, quatre-vingts femmes devant la mairie pour réclamer l'amélioration du ravitaillement.

À Noyelles-Godault : cent ménagères.

À Hénin-Liétard : cent femmes.

À Lens : deux cent cinquante femmes.

Nombre de vols à main armée entre le 17 mars et le 8 avril : quinze.

*

Le 5 mai 1945

L'adjudant Lecerf, pendant l'occupation allemande, s'est conduit comme un bon soldat. Il a contrecarré des ordres donnés par l'ennemi, il a protégé, aidé efficacement, même ceux qui résistaient aux Allemands ainsi que les jeunes gens réfractaires au STO [Service du travail obligatoire].

Sa tâche était d'autant plus difficile que, employé en sous-ordre de 1942 à juin 1944 à la brigade d'Avion, il avait un chef de poste, l'adjudant-chef Dewimille, anticommuniste notoire qui, pour réduire à néant la cellule de ce parti, très importante dans sa circonscription, faisait procéder à des arrestations nombreuses, sans se rendre compte qu'il s'agissait très souvent de résistants. Intelligemment, sans bruit, l'adjudant Lecerf s'est employé à limiter les conséquences des initiatives de son chef et très souvent il a réussi à sauver des « patriotiques authentiques ». Pour cela, il n'a ménagé ni son temps ni sa peine. Il lui a fallu faire preuve de savoir-faire pour ne pas être découvert. C'est par ailleurs un modeste, qui n'a jamais parlé de son action « souterraine », qui a dû être portée à la connaissance de ses propres chefs par des « chefs résistants » qui ont pu l'apprécier. Parce qu'il s'est ingénié à contrecarrer les exigences de l'ennemi, qu'il a protégé de nombreux Français menacés d'arrestation, l'adjudant Lecerf mérite une récompense.

SEINE-INFÉRIEURE (SEINE-MARITIME)

« Un homme fin et rusé [...] d'un opportunisme à toute épreuve »

Rapports du capitaine Soupa, commandant la section de gendarmerie de Neufchâtel-en-Bray

Le 21 juillet 1944

Le 21 juillet 1944, vers 18 heures, des militaires de l'armée d'occupation ont découvert M. et Mme R., rentiers, demeurant à Dancourt, tués dans leur chambre de plusieurs balles de revolver. On ignore le nombre des agresseurs, ainsi que le moyen de locomotion et la direction de la fuite.

*

Le 23 juillet 1944

Le 21 juillet, entre 15 heures et 18 heures, M. R., officier de réserve, chevalier de la Légion d'honneur, et sa femme ont été tués à leur domicile, à Dancourt, par quatre individus armés de revolvers [...]. M. R. n'était pas natif du pays ; ancien « croix de feu », il était mal considéré dans le pays, où il ne fréquentait personne.

Le 22 juillet, vers 12 h 30, M. Houssaye Georges, quarante ans, débitant à Dancourt, a été abattu de deux balles de revolver par un officier allemand, vraisemblablement le commandant de la place de Blangy-sur-Bresle.

Il semble sur le rapport du sous-officier allemand de Dancourt que M. Houssaye avait été soupçonné d'être l'instigateur de l'assassinat de M. et Mme R. La police militaire allemande de Forges-les-Eaux s'est rendue sur les lieux et a demandé qu'une copie du procès-verbal de la gendarmerie française lui soit adressée.

Rapport du lieutenant Burignant sur l'activité du lieutenant H. pendant l'occupation allemande

Rouen, le 10 novembre 1944

Le lieutenant H. Roger, maire de Bierville, domicilié à Bihorel, 19, rue du Docteur-Caron, possède un château à Bierville et 500 hectares de terre en moyenne partie dans le canton de Buchy.

Dès le début de l'Occupation, H. aurait eu un penchant pour la collaboration. Ses propos étaient nettement hostiles aux Alliés et pleins d'admiration pour la tenue, la courtoisie et la discipline allemande, qu'il s'efforçait de démontrer à ses interlocuteurs.

H. aurait assisté à des chasses faites par les officiers allemands sur ses terres et les aurait admis à sa table. Il y a lieu de noter que les autorités allemandes avaient accordé au garde-chasse du lieutenant H. le droit de garder son fusil.

Une dénonciation vient d'avoir lieu : la rumeur publique l'accuse d'avoir eu pour maîtresse Suzanne C., tenancière du Bar de la Chaumière, route de Bonsecours, dont la clientèle était allemande en majeure partie.

Toutefois, depuis le mois de juin 1944, le lieutenant H. a changé d'attitude et a abandonné ses goûts collaborateurs. À l'heure actuelle, il se pose comme un résistant ayant délivré sous le cachet de la mairie de Bierville des faux papiers, des fausses cartes d'identité aux jeunes gens désireux d'éviter le STO, pour passer la ligne de démarcation, pour passer en Allemagne ou en Angleterre. Il signale volontiers qu'il est en instance d'avoir sa carte FFI.

En résumé, il est assez difficile de porter un jugement absolu sur le lieutenant H. A-t-il pactisé avec l'Allemagne pour protéger son château et ses biens ? Au souci d'intérêts, a-t-il joint des sentiments pro-Allemands sincères ? Voilà ce qu'il est difficile de définir, H. étant un homme fin et rusé, d'une franchise douteuse et d'un opportunisme à toute épreuve, dont il convient de se méfier.

RÉGION OUEST

CALVADOS

Des femmes tondues veulent attaquer leurs « coiffeurs bénévoles »

Rapport du lieutenant Barrandon, commandant la section de gendarmerie de Falaise, sur une punition infligée au maréchal des logis-chef C., commandant la brigade de gendarmerie d'Ouilly-le-Basset

Falaise, le 9 octobre 1944

Le maréchal des logis-chef C., commandant la brigade d'Ouilly-le-Basset, par manque de clairvoyance, de décision ou par passivité, a toléré dans sa circonscription et avec le concours des gendarmes de son poste des faits qui portent atteinte à la considération de notre arme.

Au début de septembre, au cours d'un contrôle, le commandant de section apprenait que des représailles (coupe de cheveux) avaient été prises à l'égard de certaines femmes accusées de collaboration trop étroite et que la gendarmerie avait prêté son concours dans les conditions suivantes :

Le 26 août 1944, un groupe résistant de Ségrie-Fontaine (Orne) se présentait à la brigade d'Ouilly-le-Basset pour demander l'adresse de certaines femmes à qui la Résistance avait décidé de couper les cheveux. Le

637

maréchal des logis-chef C. et les gendarmes C. et L., affiliés à la Résistance depuis le 10 juin 1944, ne refusaient pas une telle demande.

Dans la journée du 26 août, les gendarmes C. et L. se faisaient donc les guides des jeunes résistants armés de mitraillettes dont la plupart, quoique étrangers au pays, étaient connus pour la légèreté de leur conscience. Après que les gendarmes eurent contribué au ramassage d'une vingtaine de femmes et jeunes filles, toutes furent successivement conduites dans le jardin de la maison où était provisoirement installée la brigade, dont le casernement était détruit. Puis, dans le courant de l'après-midi, ces femmes étaient conduites sans l'aide des gendarmes sur la place des Halles, où la sentence de la Résistance fut exécutée.

Je dois signaler que parmi les victimes se trouvaient des jeunes filles qui déclarent n'avoir jamais eu de rapports avec un homme et sont décidées à prouver leur virginité et à attaquer en justice leurs coiffeurs bénévoles.

Ces faits ont divisé l'opinion en deux clans, mais une longue enquête auprès de personnes impartiales permet d'affirmer qu'un certain discrédit a rejailli sur la gendarmerie, à laquelle on reproche surtout d'avoir contribué à troubler l'ordre en sympathisant et en parcourant plusieurs villages en compagnie de jeunes gens qui n'ont ni la sympathie ni la confiance des bons Français.

Le maréchal des logis-chef C., bien que résistant de fraîche date, a en cette occasion méconnu ses devoirs de chef de brigade et agi avec légèreté.

Le fait d'avoir toléré que ses gendarmes servent de guides, puis répondu assez durement aux personnes qui cherchaient à éviter la tonte prouve qu'il a participé aux faits et approuvé une mesure dont le moins qu'on puisse dire est qu'elle était illégale [...].

Punition de huit jours d'arrêt de rigueur.

Son indépendance et la confiance que doit accorder la population à un chef de brigade étant gravement compromises, j'ai en outre l'honneur de demander son changement de résidence.

Rapport du lieutenant Lemesle, commandant la section de gendarmerie de Falaise, sur les faits reprochés au maréchal des logis-chef C., commandant la brigade de gendarmerie d'Ouilly-le-Basset

Le 5 janvier 1945

Par lettre adressée à monsieur le commissaire régional de la République, Mme L. Henriette, domiciliée à l'usine électrique de Pont-d'Ouilly (Calvados), signale l'attitude d'un groupe de FFI [Forces françaises de l'intérieur] lors de la Libération et dénonce le maréchal des logis-chef C., commandant la brigade de gendarmerie de Pont-d'Ouilly, comme s'étant livré à la chasse aux requis.

Déclarations recueillies :

L. Henriette, trente et un ans (née S.), domiciliée à Ouilly-le-Basset, usine électrique.

« En ce qui concerne les coupes de cheveux faites à différentes femmes de la région le 26 août 1944, je ne puis que maintenir les termes de ma lettre adressée à monsieur le commissaire régional de la République à Rouen.

« Je ne m'explique pas les raisons pour lesquelles ce groupe FFI a cru devoir me comprendre parmi les femmes de la région devant avoir, d'après eux, les cheveux coupés au moment de la Libération.

« Personnellement, je puis dire que je n'ai eu que des relations d'affaires avec les Allemands. En effet, j'étais employée à l'usine de mécanique générale à Saint-Christophe. Le patron, M. Aubry, m'avait demandé en raison de mes connaissances en langue allemande et je n'avais pas cru devoir décliner l'offre.

« Dans cet emploi d'interprète, j'ai assuré les relations de l'occupation de l'usine, j'étais donc à ce titre en contact avec les militaires des troupes d'occupation. [...]

« Pendant que j'étais domiciliée à Pont-d'Ouilly, à mon domicile personnel, j'ai dû assurer le logement à une vingtaine de militaires allemands qui, un par un, se succédaient chez moi. À aucun moment je n'ai eu de relations avec les Allemands, tant au cantonnement chez moi qu'à l'usine. »

Rapport du lieutenant Léonard, commandant la section de gendarmerie de Vire, sur le gendarme P., de la brigade de Choisy-le-Roi, se livrant au marché noir

Vire, le 13 février 1945

Le 7 février 1945, à 9 heures, étant à la gare de Viessoix avec le maréchal des logis-chef Adam et les gendarmes Remon Yves et Auvray Yves, de la brigade de Vire, nous avons découvert une valise et deux caisses lourdement chargées et portant l'adresse de l'expéditeur et du destinataire au nom de P. Roger, gendarmerie à Choisy-le-Roi. Ce gendarme était connu comme se livrant au trafic clandestin depuis longtemps.

Les colis, qui contenaient 45 kilos de viande de porc, ont été saisis.

Par ailleurs, les agents de Vire ont conduit devant monsieur le commissaire de police le gendarme P., qu'ils venaient de découvrir en gare de Vire, transportant 10,800 kilos de beurre et 18,500 kilos de porc, alors qu'il se préparait à emprunter le train de 9 h 50, en direction de Paris. Procès-verbal a été dressé.

La viande avait été achetée chez M. Brison, cultivateur à Saint-Germain-de-Tallevende, qui avait fait l'abattage d'un porc acheté chez Mme Guillemette.

M. Brison a déclaré que le gendarme P. lui avait laissé un jambon et une épaule de porc qu'il devait prendre lorsqu'il aurait été fumé. Ces deux quartiers, pesant 17 kilos, ont également été saisis.

Par deux fois, il s'est fait accompagner de sa maîtresse pour son trafic clandestin.

Je l'ai invité à rejoindre son poste à Choisy et à prévenir ses chefs des infractions relevées contre lui.

Rapport du chef d'escadron Coulin, commandant la compagnie du Calvados, sur la situation générale dans le département du Calvados au cours du mois écoulé

Caen, le 19 mars 1945

Attitude des militaires alliés : le comportement des Noirs américains s'est amélioré. Un seul viol est à déplorer à Breuil-en-Bessin. La victime est âgée de quatre-vingt-deux ans.

Rapport du lieutenant Léonard, commandant la section de gendarmerie de Vire

Le 13 avril 1945

Fiche de révision relative à une punition concernant le gendarme Jolivet Joseph, Marie, de la brigade de Condé-sur-Noireau

Exposé des faits ayant entraîné la sanction :

Le 15 mars 1944, le gendarme Jolivet a été chargé par son commandant de brigade de contrôler au cours d'une tournée sept jeunes gens qui vivaient dans une maison à Pontécoulant.

Le gendarme a relevé l'identité de ceux-ci, qu'il a notée au crayon. Quelques semaines auparavant, Jolivet avait rencontré deux de ces jeunes gens, qui lui avaient avoué être réfractaires au travail obligatoire. Un jeune homme de Pontécoulant lui avait déclaré qu'il faisait partie de la Résistance.

À sa rentrée à la brigade, Jolivet a fait part de son opération à l'adjudant Delanoy, mais il n'a pas fourni l'état civil des intéressés.

Le 29 mars 1944, le commandant de brigade de Thury-Harcourt a été blessé d'une balle de pistolet tirée par l'un des trois individus, qui cherchaient à s'emparer de tickets d'alimentation à la mairie de Saint-Martin-de-Sallen.

Des gendarmes se sont rendus à Pontécoulant afin de vérifier l'emploi du temps des jeunes gens [...]. Une visite devant être faite dans la maison qu'ils occupaient, où se trouvait un dépôt d'armes de la Résistance. Six étaient présents, quatre ont pris la fuite, deux ont fait usage de leur revolver [...]. Un gendarme (Hellion) était entraîné dans la maison et tué sur place.

L'un de ces individus a été arrêté et fusillé par les Allemands.

Il était reproché au gendarme Jolivet d'avoir négligé d'identifier sept jeunes gens astreints au STO [Service du travail obligatoire]. Ceux-ci détenaient d'ailleurs de fausses cartes d'identité.

En ne révélant pas l'identité de jeunes patriotes occupant le maquis au péril de leur vie, le gendarme Jolivet a facilité les éléments de résistance dans leurs missions.

J'ai l'honneur de demander l'annulation pure et simple de sa punition.

Rapport du capitaine Le Flem, commandant la section de gendarmerie de Lisieux

Paul Le Flem est une figure de la résistance en gendarmerie. Nommé commandant de section à Pont-l'Évêque (Calvados) après l'armistice, il est arrêté en 1941 et finalement libéré faute de preuves. Devenu commandant de section à Lisieux, il participe, en 1944, aux combats de la Libération en Normandie.

À la demande de sa hiérarchie, l'officier commente ici les conditions de son arrestation par les Allemands. Il rend hommage au colonel Sérignan, commandant la délégation de la gendarmerie française en territoire occupé.

Lisieux, le 8 juin 1945

Dans une circulaire, il est demandé aux militaires de la gendarmerie de fournir des renseignements sur les circonstances de leur arrestation, la part de responsabilité de toute personne ayant eu à connaître de l'affaire, enfin d'aide qu'ils ont pu recevoir de militaires de la gendarmerie.

Je limiterai volontairement mon rapport à la réponse à la dernière question, les deux premières ne présentant en effet qu'un intérêt secondaire, les personnes pouvant être mises en cause sont mortes en détention ou ont été fusillées.

Le 9 août 1941, commandant la section de Pont-l'Évêque, j'ai été arrêté, compromis dans une grave affaire d'espionnage. Plus de six cents personnes appartenant à la même organisation furent appréhendées le même jour et dans toutes les régions de la France. Le chef de réseau arrêté en juin 1941 avait été trouvé porteur de la liste des noms des personnes de son organisation. Donc affaire banale et classique, tout au moins dans son dénouement. Soixante-sept personnes, dont j'étais, furent ramenées en France et remises en liberté le 15 août 1942, aucune preuve n'ayant pu être faite sur leur activité clandestine.

Pendant ces [...] mois de détention, ma femme, désireuse de faire assurer ma défense éventuelle devant le tribunal militaire et aussi pour avoir de mes nouvelles, eut recours dès le début au colonel Sérignan, commandant la délégation de la gendarmerie française en territoire occupé.

Il n'est pas inutile de souligner que, femme de déporté politique en 1941, elle était peut-être plus spécialement dans notre arme considérée comme indésirable. Toutes les portes se fermèrent, voire même celle de mon propre chef d'escadron, aujourd'hui décédé, qui, allant à la chasse avec les Allemands, refusa d'intervenir pour empêcher l'expulsion par les Allemands de ma femme et de ses enfants de sa ville à Pont-l'Évêque.

Le colonel Sérignan seul prit position dès le début, eut une attitude courageuse face à la puissante Gestapo. Ne craignit nullement de se compromettre pour défendre ses camarades malheureux et apporter l'appui moral et matériel à la famille. Ses démarches, ses interventions répétées près de la police allemande le placèrent dès le début dans une situation délicate. Aucun obstacle ne le rebuta et il me plaît aujourd'hui de rendre à cet officier supérieur un témoignage qui n'est qu'une modeste reconnaissance.

Rapport du chef d'escadron Coulin, commandant la compagnie de gendarmerie du Calvados, à monsieur le colonel commandant la 3ᵉ légion de gendarmerie

Le 7 septembre 1945

Le gendarme auxiliaire Bessin a transgressé les règles de la discipline militaire en signant une protestation écrite et collective adressée en termes incorrects au maréchal des logis-chef Houviez, actuellement détaché en Allemagne et suspecté d'avoir fait preuve de partialité nuisible au bon renom de la gendarmerie en déposant publiquement en faveur d'une femme de prisonnier condamnée à dix ans d'indignité nationale pour faits de collaboration.

J'ai l'honneur de porter la punition prononcée par le capitaine commandant la section de Vire à douze jours d'arrêts simples.

Rapport du lieutenant Lepère, commandant la section de gendarmerie de Bayeux, sur deux jugements de la cour de justice de Cherbourg concernant le maréchal des logis-chef L.

Le 4 avril 1946

Les 21 et 22 mai 1946, le maréchal des logis-chef L., secrétaire du commandant de section de Bayeux, doit passer en cour de justice de Cherbourg, étant accusé :

– d'avoir, à Saint-Jean-de-la-Rivière, dans le courant du mois d'octobre 1942 et dans le temps prévu par l'ordonnance du 28 novembre 1944, étant Français en temps de guerre, entretenu des intelligences avec une puissance étrangère ou avec ses agents en vue de favoriser les entreprises de cette puissance contre la France en révélant aux Allemands un dépôt d'armes, ce qui eut pour conséquence de provoquer l'arrestation des sieurs Luce, Cauchard et Lebastard et le décès de celui-ci en Allemagne ;

– d'avoir, à Senoville, dans le courant de l'année 1942, en tout cas sur le territoire national et dans le temps prévu par l'ordonnance du 28 novembre 1944, étant Français en temps de guerre, en fournissant aux Allemands des renseignements contre le sieur Cottebrune et en aidant ceux-ci au cours d'une perquisition qui aboutit à la découverte d'armes, entretenu des intelligences avec une puissance étrangère ou avec ses agents, en vue de favoriser les entreprises de cette puissance contre la France.

En outre, il a été notifié à l'intéressé de se constituer prisonnier deux jours à l'avance, soit le 19 mai 1946.

Le maréchal des logis-chef L. a choisi comme défenseur Me Chevreuil, avocat au barreau de Cherbourg.

CHARENTE

Le maquis attaque les gendarmeries

Rapport du chef d'escadron Moser, commandant la compagnie de gendarmerie de la Charente

Angoulême, le 4 août 1944

Depuis quelque temps, les incursions d'éléments du maquis dans les circonscriptions des brigades limitrophes de la zone sud deviennent de plus en plus fréquentes, pour ne pas dire journalières. Le service de la gendarmerie est devenu extrêmement difficile et quelques attaques ont été effectuées contre diverses casernes de gendarmerie. Jusqu'à ces derniers jours, ces attaques avaient pour but d'annihiler le personnel des brigades pendant que le restant des assaillants opérait dans les localités. Actuellement, les attaques ont pour but de s'emparer du personnel et de l'emmener. C'est ainsi que le 1er août 1944 les casernes de Villebois-Lavalette et d'Aubeterre ont été attaquées et que le personnel présent a été capturé.

CHARENTE-MARITIME

Pillages

Rapport du capitaine Gauthier commandant provisoirement la compagnie de Saintes, aux commandants de section et de brigade (mention « confidentiel »)

Saintes le 28 avril 1945

Je suis informé de ce que les troupes cantonnées dans les secteurs de Royan se livreraient à des actes de pillage dans les habitations les cantonnements et ouvrages fortifiés précédemment occupés par l'ennemi. Dans les communes de Meschers et de Semussac, en particulier, il serait procédé à des enlèvements de vins et de divers objets à l'aide de camions qui se dirigeraient vers la Charente. J'ai demandé au commandement militaire qu'un détachement prévôtal soit installé dans ces communes.

Rapport du capitaine Guin, commandant la compagnie, sur l'état d'esprit du personnel

La Rochelle 2 juillet 1945

Le capitaine Gauthier, commandant la section de Saintes, a le sentiment de vivre une époque où la dignité de l'officier et la considération des services rendus, sur le plan professionnel, comme sur le plan national, sont devenues des éléments d'appréciation de la moindre valeur. On dégrade, on change d'emploi, on mute, sans aucun souci des répercussions qu'ont de telles décisions sur le moral de l'officier, sur ses relations avec les autorités, ou son ascendant sur le personnel, sur le prestige même de ses fonctions vis-à-vis de la population. Le lieutenant Pariès se considère comme bouche-trou.

Le capitaine Gauthier sait que les efforts qu'il a déployés pendant neuf mois pour imposer, tant à des organes civils qu'à des éléments FFI, le respect de la gendarmerie et l'autorité nécessaire à l'accomplissement de sa mission, ont contrarié certains appétits dominateurs ou profiteurs [...]

Le lieutenant Moutou, commandant la section de Marennes, sait qu'au cours des mois qui ont immédiatement suivi la Libération, de nombreuses mutations d'officiers ont été prononcées. Les unes avaient pour but l'éloignement de ceux qui s'étaient montrés trop zélés à l'égard de Vichy, les autres, tout en visant le même but, avaient pour origine des intérêts personnels mis en valeur par des intrigues sournoises avec les concours des comités de libération et des commissions d'épuration.

C'est ainsi que certains envisageaient un avancement problématique au titre de la Résistance, se targuant d'être les pionniers de la Libération, n'ont pas hésité à salir leurs camarades pour obtenir une « récompense » qui ne s'est pas encore manifestée à l'heure actuelle.

Les gendarmes et la Libération

Rapport du chef d'escadron Guin, commandant la compagnie de La Rochelle, transmis au colonel commandant la légion de Poitiers, au colonel commandant la de La Rochelle et au préfet de la Charente-Maritime

La Rochelle, 31 octobre 1945

D'après les renseignements officieux que j'ai recueillis (source sûre) l'ex-maréchal Pétain n'aurait pas été embarqué sur un point du territoire de la Charente-Maritime [...], il aurait été dirigé par mer sur l'île d'Yeu (Vendée).

Rapport de la compagnie de Charente-Maritime sur l'état d'esprit du personnel

Références : la circulaire du 4 janvier 1946

Les articles de presse contre les personnels de la gendarmerie sont de nature à exercer une influence fâcheuse sur l'état d'esprit des officiers, gradés et gendarmes. Ces derniers, pénétrés de la grandeur de leur rôle, conscients de leur responsabilité, ont la ferme intention de faire face à leur devoir, en toutes circonstances. Il est cependant indispensable qu'ils se sentent soutenus et défendus par leurs chefs et leurs autorités. Outre les démarches de base effectuées à l'échelon de la compagnie, une démarche par le haut s'impose. « Demande du ministre des Armées auprès du ministre de l'information décret, protégeant la gendarmerie, injustement attaquée, soit par des discours, soit par des écrits. » Il faut arrêter rapidement ces attaques de presse qui risquent à brefs délais de paralyser l'action de la gendarmerie, en diminuant le zèle déployé par le personnel, dans l'accomplissement du devoir ou en incitant les gendarmes à l'abstention.

Rapport du capitaine Gauthier, commandant provisoirement la compagnie de Saintes, au capitaine, commandant le 5ᵉ bureau de la subdivision militaire de la Charente-Maritime à Saintes (mention « confidentiel »)

Saintes, le 20 février 1945

Par lettre citée en référence, reçue ce jour, vous me demandez en exécution d'une note en date du 10 janvier du général commandant la Vᵉ région militaire, dont je n'ai pas eu notification, de faire constituer de toute urgence des listes de suspects n'ayant adhéré à aucun mouvement mais qui, par idéologie ou matérialisme, seraient susceptibles de favoriser ou d'aider les entreprises actuelles de la 5ᵉ colonne. J'ai l'honneur de vous faire connaître que la mission dont il s'agit est complètement étrangère aux attributions de la gendarmerie.

Dans le premier cas-idéologie, le concours demandé entraînerait l'arme dans un domaine politique qui lui est strictement interdit. Dans le deuxième cas-matérialisme, on tombe dans un domaine occasionnel qui ne peut être déterminé a priori.

Je vous informe toutefois que déjà l'attention des brigades a été attirée sur l'activité de personnes susceptibles de se commettre avec les ennemis du pays et que toutes les observations faites dans ce domaine vous seront signalées.

CÔTES-DU-NORD (CÔTES-D'ARMOR)

Les cartes des blockhaus

Rapport du capitaine Bumat, commandant la section de gendarmerie de Dinan, sur le comportement du gendarme Nizery, de la brigade de Pleudihen, pendant l'Occupation

Dinan, le 24 octobre 1944

Au moment de la libération du territoire, les chefs de la Résistance de Pleudihen n'ont fait aucune remarque défavorable sur l'attitude au point de vue national du gendarme Nizery, qui pourtant n'a jamais fait partie de la Résistance.

Il ressort au contraire que le gendarme Nizery a au moins camouflé un réfractaire au STO.

Par ailleurs, lors de l'attaque du saillant de Saint-Malo par les Américains, Nizery leur a donné des cartes d'état-major sur lesquelles l'emplacement des blockhaus allemands était porté.

Rapport du capitaine Bumat, commandant la section de gendarmerie de Dinan, sur une accusation portée contre l'adjudant B., ex-commandant de la brigade de gendarmerie de Dinan

Le nouveau maire du Hinglé, M. Briand, a porté plainte le 10 août 1944 contre l'adjudant B. pour avoir livré aux Allemands Marcel Blanchard, du Hinglé, qui a été fusillé. Puis il a retiré sa plainte le 20 août. Le 23 octobre, une nouvelle plainte, venant cette fois-ci du frère de la victime, tombe.

Dinan, le 1er novembre 1944

Avant l'enquête, deux personnes ont prévenu Blanchard qu'il était recherché par la gendarmerie, car l'adjudant ne voulait pas l'arrêter... Blanchard a été prévenu et a eu une heure pour quitter la région et se camoufler dans la campagne. À son arrivée chez la mère de Blanchard, après avoir pris des renseignements, l'adjudant s'est contenté de regarder dans la chambre de Blanchard et dans le cellier sans rien fouiller (déclaration de la mère en contradiction avec l'accusation portée par le frère de Blanchard).

L'adjudant se rend ensuite chez la marraine de Blanchard tout en croyant qu'il n'aurait pas fait la bêtise de s'y cacher. Le moindre réflexe de la part de Blanchard lui aurait permis de ne pas être pris : les chiens aboient quand les gendarmes montent chez sa marraine (Mlle Letestu), mais il ne s'en émeut pas... Sa cousine rentre la première en l'avertissant ; la porte permettant de monter au grenier est à côté de lui, mais il n'a pas le réflexe de la prendre.

Blanchard est arrêté et remis au parquet.

ILLE-ET-VILAINE

Les gendarmes qui ont participé aux pelotons d'exécution doivent se justifier

Rapports du chef d'escadron Métayer, commandant la compagnie de gendarmerie d'Ille-et-Vilaine

Rennes, le 7 novembre 1944

Les nombreuses demandes d'enquête adressées par diverses autorités sur certains faits reprochés au personnel, qui n'a fait qu'obéir aux instructions reçues, inquiètent toutefois gradés et gendarmes. Le personnel ne comprend pas par exemple qu'il lui soit reproché aujourd'hui quelques arrestations qu'il a faites en ce qui concerne le STO. Dans ce domaine, il a toujours fait le moins possible, et en tout cas il n'a fait qu'obéir aux ordres impératifs qui lui ont été transmis.

*

Rennes, le 9 avril 1945

Quelques comités locaux de libération se plaignent des lenteurs de l'épuration et désireraient que le comité départemental ne prenne en considération que les cas des collaborateurs signalés par eux, sans tenir compte des dénonciations qui lui sont directement adressées. Les nombreuses enquêtes effectuées jusqu'ici ont montré que beaucoup de plaintes n'étaient pas fondées, tout au moins que les faits reprochés étaient bénins. La rumeur publique accuse les CDL [comités départementaux de libération] d'épouser les querelles des plaignants et de baser leur action sur des considérations politiques. On reproche également à certains de ces organismes de ne pas représenter la majorité de la population ou d'être composé de personnes étrangères à la localité.

*

650

Les gendarmes et la Libération

Rennes, le 16 mai 1945

Il est exact que les gradés et gendarmes désignés pour participer à l'exécution du 12 mars ont manifesté leur répugnance et leur mécontentement. L'adjudant Meignen a demandé sa mise à la retraite immédiate, le maréchal des logis-chef Gouazic a présenté une déclaration indiquant qu'il ne voulait pas exécuter ce service. Enfin, le maréchal des logis-chef Maffard s'est déclaré malade et n'a pas quitté son logement. Il s'agit de préciser par qui ces trois gradés ont été menacés de révocation et d'internement.

*

Rennes, le 23 mai 1945

L'arrêté du 14 février 1944 et l'instruction du 15 février 1944, transmis pour exécution par la direction de la gendarmerie, prescrivaient à notre arme d'exécuter les sentences des cours martiales à défaut d'autres éléments habilités à cet effet. Était-il possible de sauver la vie de ces trois condamnés ? Non, les Allemands avaient délivré les armes depuis plusieurs heures avant qu'il ne soit question d'exécution et chacun se demandait bien à quelle opération elles étaient destinées. Tout avait donc été soigneusement prévu par le président de la cour martiale.

Quelles auraient été les conséquences d'un refus du personnel de la gendarmerie d'exécuter les ordres reçus ? Il est difficile, actuellement, de se faire une opinion précise sur ce point. On peut cependant affirmer, sans crainte de se tromper, que les catégories « déportés » et « fusillés » compteraient aujourd'hui quelques unités de plus. En conséquence, j'ai l'honneur de proposer le classement pur et simple du présent dossier.

LOIRE-INFÉRIEURE (LOIRE-ATLANTIQUE)

Les « dénonciateurs » accusent les gendarmes

Rapport du chef d'escadron Lecomte, commandant la compagnie de gendarmerie de la Loire-Inférieure, sur l'état d'esprit du personnel

Nantes, le 6 juillet 1944

Au reçu de l'ordre de regroupement, il y a eu un certain flottement, dû en partie à la rapidité prescrite pour son exécution, en partie à la propagande étrangère et aux bruits tendancieux propagés dans le département. Il avait été dit en effet que les gendarmes devaient se rendre à Nantes pour être désarmés et rassemblés dans un camp.

Quelques esprits faibles et quelques jeunes gendarmes n'ont pas fait confiance à leurs chefs.

Deux maréchaux des logis-chefs et trente-huit gendarmes ont ainsi manqué à leur devoir sur un effectif de cent quatre-vingt-douze. Je suis persuadé que sur ce nombre une infime minorité a rejoint les groupes de résistance, les autres se contentant de se terrer dans les environs du lieu où sont repliées leurs familles.

L'invasion de la Normandie fait craindre que les événements de guerre ne se rapprochent rapidement de notre région et y apportent leur cortège de deuils et de ruines.

Rapport du capitaine Riou, commandant la section de gendarmerie de Nantes

Nantes, le 24 août 1944

Les clés du logement occupé par le chef de la Gestapo, 83, rue de la Bastille, ont été remises aujourd'hui au chef du fichier par la femme de ménage de l'immeuble.

Un Allemand de l'organisation Todt a été arrêté cet après-midi par la brigade des recherches. Il était en possession de fausses pièces d'identité françaises. [...] Un individu qui a travaillé pour les Allemands, D. Joseph, est gardé à vue par la brigade d'Indre pour pillage.

Rapport du chef d'escadron Lecomte, commandant la compagnie de gendarmerie de la Loire-Inférieure, sur l'état d'esprit du personnel

Nantes, le 30 septembre 1944

Par suite de la libération d'une partie de la France, toutes les difficultés qui assaillaient les officiers luttant constamment entre leur conscience de Français et certains ordres reçus ont disparu, et ils peuvent se donner entièrement à leur tâche puisqu'il ne s'agit plus que de relever le pays.

Rapports du capitaine Riou, commandant la section de gendarmerie de Nantes

Nantes, le 14 octobre 1944

Un certain nombre de prisonniers de guerre allemands sont cantonnés dans une caserne à Nantes, sous la garde des Américains. Les Français sont surpris qu'ils ne soient pas mis au travail, alors que le ravitaillement de la population laisse encore beaucoup à désirer.

L'état d'esprit est assez bon. Il serait meilleur si une épuration était faite chez les FFI, en vue d'éliminer les repris de justice et les nombreux individus ayant collaboré et trafiqué avec les Allemands et qui s'y sont réfugiés pour se faire oublier.

*

Nantes, le 14 janvier 1945

Français internés :

Cent dix-neuf hommes et cinquante-cinq femmes sont internés à la maison d'arrêt ; quatre-vingt-quatorze hommes et soixante-six femmes, au centre d'accueil de la rue du Bocage.

Rapport du chef d'escadron Lecomte, commandant la compagnie de gendarmerie de la Loire-Inférieure, sur l'état d'esprit du personnel

Nantes, le 29 mars 1945

Les gendarmes sont un peu émus de voir que, malgré les efforts fournis pendant l'Occupation pour aider la population, favoriser la Résistance et la cause de la Libération, certains se trouvent en butte à de nombreuses vengeances personnelles, qui se traduisent par des lettres de dénonciation les accusant d'avoir été plus ou moins collaborateurs.

Il s'agit en général de basse vengeance, et les dénonciateurs s'appuient le plus souvent sur l'action de la gendarmerie dans la recherche des réfractaires, action la plupart du temps mal comprise par des gens au cerveau obtus.

Rapport du capitaine Riou, commandant la section de gendarmerie de Nantes

Nantes, le 4 avril 1945

Le 1er avril 1945, à 10 heures, les membres des comités de libération et d'épuration de Basse-Indre ont organisé, place du Marché dans cette localité, une manifestation de protestation contre la mansuétude dont bénéficient certains collaborateurs.

Deux orateurs ont pris successivement la parole (un du comité local de libération et un du comité d'épuration). Ils ont exposé tour à tour l'action des deux groupements depuis la Libération. Ils ont lu les différents vœux émis par ces deux comités, en particulier celui du 29 mars 1945, protestant contre l'acquittement le 28 mars 1945 par la commission d'épuration du nommé C., contremaître à l'usine de La Bordelaise, à Basse-Indre, accusé de collaboration. Ils ont réclamé une répression plus sévère des délits de ce genre, l'épuration des fonctionnaires, des magistrats et des officiers et sous-officiers de carrière.

MAINE-ET-LOIRE

« Qu'on cesse le jeu de massacre vis-à-vis des officiers »

Rapports du chef d'escadron Baubion Broye, commandant la compagnie de gendarmerie du Maine-et-Loire

Angers, le 30 septembre 1944

Les sous-officiers sont en général fort affectés par les mesures qui frappent leurs officiers : mutations, sanctions. Les sous-officiers ne comprennent pas ces mesures : on ne leur a pas indiqué la raison ni le but ; ils ont l'impression que leurs chefs sont injustement frappés, qu'ils assistent à une espèce de réaction sadique à un genre de terreur blanche.

*

Angers, le 1er novembre 1944

– Sur le moral des officiers :

Aux uns, on conteste le grade, aux autres, on reproche ce qu'ils ont fait et même ce qu'ils n'ont pas fait pendant l'Occupation. À tous, on reproche ou on reprochera quelque chose, à tous ceux qui ont commis le crime ou l'erreur de servir la France dans le malheur.

Que vaut la carrière d'officier actuellement ? Chacun se le demande. Et de nombreux officiers guignent des emplois dans l'industrie ou le commerce.

– Dans la compagnie :

Nombre d'officiers dont le grade est contesté : 3.

Nombre d'officiers mutés pour apaiser l'opinion publique : 1.

Nombre d'officiers qui sont l'objet de plaintes : 4.

Nombre d'officiers qui n'ont été l'objet d'aucune mesure désagréable : 1.

*

Chronique d'une France occupée

Angers, le 2 décembre 1944

Qu'on cesse le jeu de massacre vis-à-vis des officiers, vis-à-vis des sous-officiers ; qu'on cesse de reprocher à des hommes qui ont beaucoup souffert sous la domination allemande d'être restés au poste qu'on leur avait assigné et d'avoir servi là où on leur avait demandé de servir. Qu'on ne reproche plus à des hommes d'avoir obéi si l'on veut qu'ils obéissent encore demain.

Rapport du capitaine Viala, commandant la section de gendarmerie de Saumur, sur le comportement du maréchal des logis-chef D., de la brigade de gendarmerie de Fontevrault, au cours de l'attaque du maquis de Saint-Flovier (Indre-et-Loire) et les motifs qui lui ont valu l'attribution de la médaille militaire

Saumur, le 22 décembre 1944

Le maréchal des logis-chef D., alors chef de la brigade de Saint-Flovier, est accusé par M. Baudelet, instituteur à Saint-Flovier, d'avoir favorisé l'arrestation de maquisards. Quinze partisans recherchés ont été arrêtés.

À propos des accusations portées contre D. : elles paraissent participer de vues assez superficielles et témoignent évidemment d'une méconnaissance profonde des obligations de l'arme, surtout en zone libre, où les ordres de Vichy étaient transmis par les divers échelons hiérarchiques avec une extrême rigueur.

Le maréchal des logis-chef D. a exécuté en soldat les ordres reçus des chefs.

À sa décharge, il y a lieu de signaler qu'il a dissimulé sur le territoire de sa circonscription quatre condamnés à mort par les Allemands et vingt-deux réfractaires, la plupart sous fausse identité. [...]

La responsabilité d'un tel acte incombe en premier lieu à M. H., le dénonciateur, qui a mis le gradé dans l'obligation de se rendre à sa ferme pour s'assurer de l'identité des suspects signalés. L'attaque du maquis de Saint-Flovier a eu lieu le 5 septembre 1943. Or, le maréchal des logis-chef D. aurait été proposé en juin 1943 pour la médaille militaire afin de récompenser son activité d'ensemble, spécialement en matière de police judiciaire (répression de l'avortement).

MANCHE

« Plutôt allemand que français »

Rapport du gendarme Lecaplain, adjoint au commandant de la brigade de gendarmerie d'Avranches, à monsieur le secrétaire général pour la police de la région de Rouen

Avranches, le 5 août 1944

J'ai l'honneur de vous communiquer le résultat de l'enquête faite sur :

– L. Ernest : attitude complètement antifrançaise depuis l'arrivée des troupes allemandes à Avranches. Il s'est mis à leur disposition dès le premier jour. Il a assisté à des manifestations allemandes, fait de l'équitation avec des officiers et mis son hippodrome à leur disposition. Dès le début, il a été en relation suivie avec la Kommandantur d'Avranches. Il a dénoncé de nombreuses personnes aux autorités allemandes avec prière d'en faire fusiller immédiatement. Il a constamment prouvé par son attitude et ses actes qu'il était plutôt allemand que français. Se sentant coupable, il s'est empressé de déguerpir avant l'arrivée des troupes alliées et s'est retiré dans le Berry.

MORBIHAN

Jours d'épreuves

Rapport de l'adjudant-chef Piro, commandant provisoirement la section de gendarmerie de Ploërmel, sur la parution d'une publication

Ploërmel, le 23 décembre 1944

Un livre intitulé Jours d'épreuves dans le Morbihan est en vente chez Chérel et à la librairie Gougaud. Son auteur est la doctoresse Devau, de Sérent. Il est vendu au profit des familles du Morbihan victimes de la

657

barbarie allemande. Ce livre évoque le rôle du commandant Guillaudot[1], décrit comme le « chef départemental de la Résistance ».

J'ai estimé que ces passages pouvaient mettre en danger la vie de mon chef encore prisonnier en Allemagne, au cas où ce document tomberait entre les mains de nos ennemis. J'ai estimé de même pour le fils et la fille Chérel, de Ploërmel, toujours en Allemagne. Aussi, j'ai fait comprendre à Mme Chérel qu'il était peut-être trop prématuré de donner trop de publicité à ce livre et le danger de le distribuer.

VENDÉE

Après l'avoir gardé à vue dans un hôtel, on lui fait payer sa chambre...

Rapports du chef d'escadron Chevillard, commandant la compagnie de gendarmerie de la Vendée

La Roche-sur-Yon, le 30 juin 1944

Le 24 juin 1944, Mme F., tenancière du Café des sports, à Noirmoutier, a été trouvée inerte dans sa cuisine et baignant dans une mare de sang. Le vol semble être le mobile du crime. Sur les lieux se trouvaient les morceaux d'une crosse de fusil. Ce café était uniquement fréquenté par les troupes allemandes. La victime, âgée de soixante-deux ans, a été transportée à l'hôpital dans un état très grave.

*

La Roche-sur-Yon, le 5 juillet 1944

Dans l'après-midi du 4 et dans la matinée du 5 juillet 1944, des avions ont mitraillé des voies ferrées, des ponts, locomotives, châteaux d'eau, pylônes électriques, usines, véhicules auto, cyclistes et divers autres

---

1. Pour la biographie du commandant Guillaudot, se reporter au chapitre II, consacré à la Résistance, p. 112.

objectifs sur le territoire du département de la Vendée. Un garde-voie a été tué au pont de La Cressonnière, commune de Cézais. Quelques dégâts matériels, cycliste légèrement blessé.

*

La Roche-sur-Yon, le 12 juillet 1944

Le 12 juin 1944, vers 1 h 30, six ou huit hommes se sont présentés au village de Larbaud, commune de Saint-Michel-le-Cloucq, chez M. Fernand, quarante-huit ans, sans profession, chef cantonal de la Milice. Ils l'ont appelé, mais, voyant qu'il ne répondait pas, ils ont enfoncé la porte de son habitation et emmené M. Son cadavre a été trouvé sur la route à 200 mètres de sa maison. Il portait une blessure à la tempe faite par arme à feu.

*

La Roche-sur-Yon, le 14 août 1944

Le 13 août 1944, à 12 h 45, deux gendarmes de la brigade de Foussais, en tournée, ont été désarmés dans les circonstances suivantes : une auto que les gendarmes ont contrainte à l'arrêt s'est arrêtée à leur hauteur. Six hommes en sont descendus armés de mitraillettes et, avant que les gendarmes ne puissent faire usage de leurs armes, les ont désarmés en disant : « Forces françaises intérieures, rendez vos armes. » L'un, qui semblait être le chef, a demandé le nom des gendarmes.

Le 13 août 1944, vers 15 heures, six individus porteurs de brassards tricolores et armés de mitraillettes et pistolets se sont présentés au domicile de B. René, quarante-cinq ans, ex-percepteur à Vix, qui réside en semaine à La Rochelle, 32, rue Gargoulot, où il remplit les fonctions d'interprète. Ils lui ont bandé les yeux et l'ont fait monter dans leur voiture.

Le cadavre de M. B. René, enlevé à 15 heures, a été retrouvé vers 19 h 15, dans le canal au lieu-dit Saint-Roman, commune de Maillé. Il porte une blessure derrière la tête occasionnée par une arme à feu.

*

Chronique d'une France occupée

La Roche-sur-Yon, le 25 août 1944

Le 23 août 1944, à 19 heures, M. P., chef du bureau d'embauche pour l'Allemagne, rue Georges-Clemenceau, à La Roche-sur-Yon, a été assailli par des individus en automobile alors qu'il se trouvait place du Théâtre à La Roche-sur-Yon. Il a été ligoté et enlevé en automobile.

*

La Roche-sur-Yon, le 1er septembre 1944

Dans la nuit du 27 au 28 août 1944, les derniers militaires de l'armée allemande ont quitté Les Sables-d'Olonne et La Roche-sur-Yon.

Le 30 août, vers 15 heures, M. Jammet, préfet de la Vendée, a été arrêté par les éléments de la Résistance alors qu'il se trouvait en visite dans la ville des Sables-d'Olonne.

Le 31 août, dans la matinée, M. Vincent, sous-préfet de Fontenay-le-Comte, a également été arrêté dans les mêmes conditions à son domicile à Fontenay-le-Comte.

Le 31 août, vers 11 heures, le capitaine Dubreuil, commandant la section de Fontenay-le-Comte, a été arrêté par des éléments de la Résistance.

*

La Roche-sur-Yon, le 16 septembre 1944

J'ai l'honneur de vous rendre compte de ce que j'ai été privé de ma liberté du 31 août au 8 septembre 1944, par les Francs-tireurs et partisans de la région de Fontenay-le-Comte. Les deux premières nuits ont été passées au commissariat et à la maison d'arrêt des Sables-d'Olonne. Par la suite, j'étais gardé à vue dans un hôtel des Sables-d'Olonne avec le préfet de la Vendée et le sous-préfet de Fontenay-le-Comte. L'hôtelier, n'ayant reçu aucune instruction en ce qui concerne notre nourriture et notre logement, m'a présenté sa note au moment du départ.

Rapport du chef d'escadron Dorin, commandant la compagnie de gendarmerie de la Vendée, au sujet du rejet de la candidature de B. Albert pour entrer dans la gendarmerie

La Roche-sur-Yon, le 12 janvier 1945

L'intéressé a pris part à une manifestation organisée le 14 septembre 1944 par des individus suspects. En leur compagnie, il a causé du scandale en exerçant des sévices sur une femme, à qui il a coupé les cheveux et craché à la figure. Cette scène lamentable s'est déroulée en présence de la fille de la victime âgée de dix ans. B. a tenté de faire subir le même sort à deux autres femmes qui tentaient d'éloigner l'enfant. Il a également tenté d'enfoncer la porte d'habitation de deux autres femmes, vivant seules, parce qu'il les croyait collaboratrices.

VIENNE

La gendarmerie ? « Le bouc émissaire sur lequel s'acharnent [...] les rancunes du village »

Rapport du chef d'escadron Lefèvre, commandant la compagnie de gendarmerie de la Vienne

Poitiers, le 2 décembre 1944

Sous couleur d'épuration, en effet, les haines locales se donnent libre cours et, de même qu'au temps où l'Allemand était maître la gendarmerie était le bouc émissaire supportant souvent le contrecoup des déconvenues de l'occupant, de même elle reste encore actuellement le bouc émissaire sur lequel s'acharnent à tort et à travers les rancunes du village et les vengeances individuelles.

Un officier a été puni par l'autorité militaire et va être déplacé parce qu'il avait effectué des perquisitions au domicile d'éléments FFI. Or, ces perquisitions avaient été prescrites par l'autorité administrative. La gendarmerie est donc en l'occurrence la victime du conflit mettant aux prises les deux autorités précitées.

Chronique d'une France occupée

La femme dont le mari, juif, a été dirigé antérieurement par la brigade sur un camp de concentration, le cycliste qui, du temps de l'Occupation, a été verbalisé pour défaut d'éclairage constituent en ce moment les piliers de l'épuration locale et se vengent sur le gendarme qui n'a fait que son service.

RÉGION SUD-EST

BOUCHES-DU-RHÔNE

Les gendarmes « ne suivront plus aveuglément les ordres émanant de n'importe quel gouvernement »

Rapport du chef d'escadron Baron, commandant la compagnie de gendarmerie des Bouches-du-Rhône, sur son activité pendant l'occupation allemande

Marseille, le 9 octobre 1944

– De juin 1940 à octobre 1943

Dès le début, je témoigne de mon espérance dans le relèvement de la France, dans la défaite future de l'Allemagne et ma haine envers les Allemands.

Au moment de l'entrée en guerre de la Russie, j'exalte le mérite de ce peuple, dont je crois à l'invincibilité et qui garantira l'indépendance économique, politique et financière de la France. [...]

– À partir d'octobre 1943

[Il devient commandant de la compagnie des Bouches-du-Rhône.]

J'ai la visite du capitaine Demettre, d'Alger, parachuté en France ; par son intermédiaire j'entre en liaison avec le chef régional du SR [Service de renseignements] (Marquis), je donne à ce dernier des renseignements, ainsi qu'à des agents de la Résistance venus me trouver en se recommandant de lui. [...]

[À ses commandants de section.] Mes consignes : cesser tout zèle dans le service ; aucune recherche de réfractaire ; aucune opération contre le maquis ; aucune tracasserie envers la population ; laisser circuler le ravitaillement familial. [...]

De mon côté, très bien secondé par mon adjoint, le lieutenant Chevrot, j'oppose les plus grandes réactions aux ordres de Vichy (refus d'exécuter les services demandés directement par les Allemands, refus d'exécuter les services de Vichy et ne s'appuyant sur aucun texte, obstacles opposés à la mise à exécution des autres services : en ce qui concerne les demandes d'arrestations relatives au STO [Service du travail obligatoire].

– À la Libération :

J'ai assisté de bout en bout à toutes les opérations des 21, 22 et 23 août 1944.

Le 22, j'ai été contrôlé par deux patrouilles allemandes, dont j'ai signalé l'approche à des groupes FFI [Forces françaises de l'intérieur]. Je n'ai jamais cessé à partir du 21 de parcourir la ville, dans les endroits exposés aux tirs d'artillerie et de mousqueterie. Le 25, ma voiture est une des toutes premières à faire liaison avec Aubagne et Aix.

Rapport du chef d'escadron Baron, commandant la compagnie de gendarmerie des Bouches-du-Rhône, à monsieur le ministre de la Guerre, commandant la gendarmerie de Paris

Marseille, le 14 novembre 1944

La sécurité militaire ayant émis un avis défavorable à ma demande de réintégration dans l'armée, j'ai l'honneur de rendre compte de mon activité pendant l'occupation allemande. [...]

– Mes relations avec les agents de la Résistance :

Fin 1943, je reçois la visite du capitaine de gendarmerie Demettre (Léon), venant d'Alger et parachuté en France. Connaissant mes opinions, c'est moi qui reçois sa première visite. Je lui indique les officiers qu'il peut voir (colonel Barachet, capitaine Lickel en particulier) et ceux qui ne sont pas sûrs.

Peu de temps après je reçois la visite de X (Marquis), se recommandant de Léon ; je me mets à sa disposition.

En mars ou avril 1944, je reçois la visite d'un officier X [...], attaché au service des liaisons ; il m'annonce que Marquis a été arrêté. Je lui réponds qu'il peut compter sur moi.

En mai ou juin 1944, je suis convoqué par [le] chef de division à la préfecture, qui me demande si la Résistance peut compter sur la gendarmerie. Je lui donne une réponse affirmative pour toute ma compagnie.

Peu de temps après, j'apprends [qu'il] a été arrêté à son tour et que l'état-major de la Résistance se trouve à Aix. J'essaie par l'intermédiaire du capitaine Hameurt, d'Aix, d'entrer en liaison avec Me Juvenal et M. Andrieu, ancien intendant de police. Je ne puis arriver à toucher ces deux chefs, qui, traqués par la Gestapo, sont difficilement accessibles pour le commandant de compagnie, qui ne peut faire que de courtes apparitions à Aix.

– Conclusion :

La compagnie des Bouches-du-Rhône s'est, à mon avis, particulièrement distinguée dans sa résistance aux exigences de l'ennemi et dans la lutte pour la Libération.

Lettre du ministre de la Guerre à monsieur le colonel commandant la 15e légion de gendarmerie de Marseille (mention « secret »)

Paris, le 28 novembre 1944

Il est signalé de source sérieuse que des miliciens ayant servi dans la police nationale ainsi que de nombreux francs-gardes miliciens ont franchi la frontière franco-allemande dans la région de Belfort pour gagner Fribourg, où les Allemands viennent d'ouvrir une école de terrorisme à l'usage des Français émigrés.

Cette école doit fournir des équipes spéciales qui auront pour mission :

– de détruire en France les voies de communication, ouvrages d'art et nœuds de communication,

– de désorganiser la nouvelle administration française en en faisant disparaître les chefs,

– d'apporter aux forces pro-allemandes restées en France une aide considérable en directives et en matériel de guerre.

Le moyen envisagé pour faire entrer ces groupes terroristes en France est le parachutage pour les troupes de choc et l'infiltration frontalière pour les agents de liaison et les chefs.

En conséquence, vous voudrez bien attirer l'attention du personnel sur le grave danger que présente cette entreprise ennemie et proscrire le renforcement des mesures visant le dépistage des suspects, la protection des voies de communication, ouvrages d'art, points sensibles de toute nature, ainsi que la surveillance des zones favorables au parachutage.

Rapport du capitaine Picher, commandant provisoirement la compagnie de gendarmerie des Bouches-du-Rhône, sur la participation de la gendarmerie à la Résistance

Salon, le 29 janvier 1945

Lutte contre les membres de la Gestapo :

Dès l'occupation de la zone sud par les Allemands, une lutte sourde sévit contre les membres de la Gestapo et elle ne tarde pas à porter ses fruits. À Aix, sous l'impulsion du capitaine Hameurt, quarante membres sont dévoilés et le 26 avril 1944. F. [...] est abattu et son adjoint, H., dit « le balafré », est grièvement blessé. Un grand nombre se livre au pillage, attaques à main armée, et consécutivement D., V., D., S. sont arrêtés le 9 mai 1944, G. le 20 mai 1944. Tous ont payé leur dette à la société.

Rapports du colonel Lambert, commandant la 15ᵉ légion de gendarmerie

Marseille, le 7 avril 1945

Il est impossible de ne pas souligner que l'esprit du personnel, même des meilleurs, a subi une importante évolution. Gradés et gendarmes ne suivront plus aveuglément les ordres émanant de n'importe quel gouvernement [...]. Gradés et gendarmes n'obéiront plus sans réserve que dans la mesure où ce sera le reflet exact de la majorité de la nation, et n'iront pas à l'encontre de volontés exprimées par la classe laborieuse dont ils sont eux-mêmes issus.

*

Juillet 1945

Deux faits graves à Marseille

Le 5 juin 1945, à 20 h 30, une bagarre a eu lieu entre militaires sénégalais et civils arabes. Le nombre de blessés n'a pu être connu, la plupart ne s'étant pas fait connaître.

Le 6 juin 1945, vers 18 heures, de nombreux blessés sénégalais sont revenus rue des Chapeliers armés de pistolets et couteaux et ont attaqué les civils arabes. [...] Le calme a été rétabli vers 21 heures, après l'intervention de la police, troupe et MP [Military Police].

Bilan : dix blessés (huit Arabes et deux Sénégalais).

Les viols sont en régression, mais les meurtres et pillages marquent une recrudescence du fait des militaires américains de race noire stationnés au plateau d'Arbois.

Rapport de l'adjudant-chef Scoffoni, commandant provisoirement la section de gendarmerie de Marseille, sur des incidents graves causés par des militaires

Marseille, le 4 septembre 1945

Le 3 septembre 1945, à partir de 0 heure, un groupe de militaires français d'environ une centaine a causé des dégâts importants aux établissements de plaisir désignés ci-après :

O'Liberty, 8, rue Poids-de-la-Farine.

Bar Baccarat, 2, rue Glandeves.

Maison de tolérance, 45, rue Hubaneau.

Bar El'Rancho, 2, rue des Fabres.

Biarritz, 6, rue Dumarsais.

Dans ces établissements, de nombreuses vitres et glaces ont été brisées, le mobilier, endommagé, l'éclairage et le matériel, détériorés, des bouteilles de champagne, volées.

À 0 h 40, un gardien de la paix a été blessé par coup de bouteille donné par un militaire français dans le Bar Baccarat. Ce serviteur de l'ordre à été hospitalisé à la Conception. [...]

Un marin ivre mort blessé à l'arcade sourcilière a été transporté à l'hôpital Michel-Lévy.

Les auteurs de ces méfaits paraissent appartenir à la 2e DB et à la 3e DIA en instance de départ pour l'Indochine. Ces formations cantonneraient dans la banlieue de Marseille.

Rapport du colonel Lambert, commandant la 15e légion de gendarmerie

Le 10 octobre 1945
Commandement :
L'immixtion d'organismes étrangers à l'arme, en particulier de certains comités de libération, dans des questions sur lesquelles ils ne sont que très imparfaitement renseignés, continue, quoique avec moins d'acuité. Elle reste une gêne sérieuse pour le commandement.

Rapport du capitaine Hameurt, commandant la section de gendarmerie d'Aix-en-Provence, sur les services rendus par le personnel de sa section à la cause de la Résistance et de la Libération

Aix-en-Provence, le 13 janvier 1945
Dissimulation de maquisards et Israélites
De 1942 à 1944, le gendarme Gueho de la brigade de Peyrolles s'est ingénié à faire embaucher dans les fermes isolées où ils se dissimulaient facilement des jeunes gens astreints au service du travail obligatoire.

Au début de mai 1944, un adjudant-chef allemand et un agent de la Gestapo ont demandé au maréchal des logis-chef Jaulent de les conduire au maquis de Pierre Fiche. Le maréchal des logis-chef Jaulent a refusé de les accompagner malgré les menaces du sous-officier allemand qui, armé d'une mitraillette, se montrait très arrogant.

Le 12 juin 1944, les troupes de SS ont attaqué les groupes de résistance Franchi et Perreaudi à Jouques, plateau de la Sicarde. Bravant l'interdiction des Allemands, le capitaine Hameurt, accompagné des gendarmes de la brigade de Peyrolles, s'est rendu sur les lieux pour porter secours aux blessés et relever les quinze morts qui ont été identifiés et photographiés.

CORSE

La libération de l'île en 1943 racontée par le colonel d'Istria

Conférence du lieutenant-colonel Paulin Colonna d'Istria

Le 2 avril 1943, Paulin Colonna d'Istria, officier de gendarmerie en Afrique du Nord, prend pied clandestinement en Corse. L'île est alors occupée par les troupes italiennes et allemandes. L'agent a reçu l'ordre du général Giraud de fédérer les mouvements de résistance, après l'arrestation de Fred Scamaroni. Afin de faciliter un futur débarquement allié, Colonna d'Istria s'appuie sur le mouvement Front national (d'obédience communiste lors de son lancement en 1941) et effectue plusieurs allers et retours en sous-marin vers Alger (il sera d'ailleurs blessé aux tympans dans l'un d'eux, Le Sybil, en juin 1943). Corse lui-même – il est né à Petreto-Bicchisano, gros bourg situé entre Ajaccio et Propriano –, il connaît parfaitement le terrain, notamment la région du Niolo, cœur montagneux de l'île, où il implante sa base. Le 9 septembre 1943, Colonna d'Istria donne le signal de l'insurrection. Après la fin des hostilités, il donne une conférence dans laquelle il relate les conditions de la libération de l'île.

Ce sont les mêmes causes qui allumèrent en Corse, comme en France continentale, le flambeau de la Résistance. Solidaire de la nation dans

669

laquelle elle s'était librement intégrée deux siècles auparavant, la Corse se dressa contre la défaite et l'envahisseur, dans les mêmes conditions que les plus héroïques des plus vieilles provinces françaises.

Mais les conditions de l'intervention italienne contre la France et les intentions avouées (aboyées, pourrait-on dire) de Mussolini à l'égard de la Corse ravivèrent parmi nos insulaires la haine héréditaire qu'ils nourrissent à l'égard de l'Italie en souvenir de quatre siècles d'oppression génoise.

Résistance passive

Dans son immense majorité, la Corse n'accepte pas la défaite et moins encore, si l'on peut dire, l'idée d'un rattachement à l'Italie. Cependant, tant que lui sont épargnées les hontes et les misères de l'exode forcé ou de l'humiliante occupation territoriale, sa résistance est dans les esprits bien plus que dans les actes. Le Corse n'arrive pas, d'ailleurs, à prendre au sérieux les membres des commissions italiennes d'armistice. Il ne perd aucune occasion de les cingler de son mépris ou de les couvrir de ridicule.

Résistance active

La Résistance ne prend véritablement forme concrète et active qu'en novembre 1942. Le débarquement anglo-américain d'Afrique du Nord a fait naître une espérance folle en Corse : celle de voir apparaître les Alliés, en libérateurs, et de reprendre à leur côté la lutte un moment interrompue. [...]

Résistance en ordre dispersé

La résistance s'organise dès lors rapidement, spontanément. Trop rapidement, hélas. Trop spontanément. Il eût fallu méthodiquement, sans hâte, rassembler toutes les énergies, conjuguer tous les efforts.

Or, les Corses sont loin d'être unis. Géographiquement compartimentés, politiquement divisés, tous sont prêts à se battre, certes, mais chacun entend le faire dans le cadre de son seul clan, de son seul parti, en toute indépendance des clans et des partis voisins, parfois même en pleine rivalité déclarée. Ils ne tardent pas à payer cher leurs dissensions profondes. Dans la lutte à peine amorcée, quatre mois ne se sont pas encore écoulés que déjà les groupements patriotiques (Combat, FFL, Libération, pour ne citer que les plus importants) issus des clans politiques en présence sont décapités, balayés, avant même que leur organisation ait dépassé le stade embryonnaire et produit quelque résultat positif. Les chargés de mission eux-mêmes (Scamaroni, Desaute, Andrei), bien que venus de l'extérieur, sont victimes de cette division. [...]

Nécessité de l'union

Quand j'arrive en Corse, le 2 avril 1943, je trouve mon pays sous le coup d'une large et sévère répression dont il se ressent profondément. Il règne dans l'île un régime de terreur qui a réussi à désorganiser ou à mettre en sommeil les mouvements de résistance, dont j'ai du mal à discerner ce qu'il en reste. Je trouve, encore debout :

– un réseau de renseignements [...],

– une organisation de résistance (le Front national – dont l'activité est absorbée, d'ailleurs, faute de mieux, par le réseau précédent).

Aussitôt informé, Alger m'ordonne, par mesure de sécurité, de mettre fin à l'enchevêtrement de ces deux groupements et de me cantonner dans l'organisation du combat excluant toute relation avec les représentants locaux du SR franco-allié.

– Fusionnement effectif

Ainsi, par la force des choses, le Front national, seul survivant d'une tragique répression, se voit tout désigné pour servir de pivot au rassemblement des forces éparses et éprouvées de la Résistance, à leur fusion dans un même mouvement, sous une même direction, pour un même combat [...]. C'est donc avec le désir ardent de n'exclure aucune énergie, aucune force utile, que je sonne, avec conviction, le rassemblement de tous les hommes de cœur et de caractère prêts à se battre et à mourir pour sauver leur pays et leur idéal d'hommes libres. Je sais bien d'ailleurs que cette union sera malgré tout éphémère et que, la paix une fois revenue, par la victoire, chacun reprendra rapidement, en toute indépendance, une position politique librement choisie pour mener, suivant ses convictions, la lutte des idées, condition même du progrès.

Mais je sais aussi que, sans elle, il n'y a pas de succès possible. C'est donc à la prêcher et à la forger que je consacre, au début, mes plus constants efforts. Pendant des semaines, je parcours la Corse sans relâche et, m'élevant au-dessus des vaines et stériles querelles partisanes, je prêche inlassablement l'union et l'unité d'action.

671

Chronique d'une France occupée

Dans le même temps que se poursuit cette action par le verbe, des réalisations effectives se font jour qui marquent les progrès accomplis dans l'organisation matérielle du combat : la liaison avec le haut commandement interallié est régulière, par air, par mer et par radio. La voix des ondes (une voix bien connue : celle de notre actuel président, M. Franchi, qui se fait entendre régulièrement d'Alger) est assez significative à cet égard, même pour les moins avertis. De l'argent, des armes, des vivres, des chaussures nous parviennent dont l'origine n'est pas douteuse. Malgré le risque et l'interdiction formulée, on voit même poindre des chemises et des foulards de soie taillés dans quelque parachute imprudemment utilisé à ces fins vestimentaires. Des groupes s'organisent et opèrent avec méthode et régularité, sans casse excessive.

Devant l'évidence, la confiance renaît parmi les plus désabusés. Les plus hostiles au principe de « fusion » adhèrent finalement à cette idée et se regroupent chaque jour plus nombreux, parfois même en bloc, pour préparer tous ensemble, d'un même cœur, sous l'égide du Front national, le combat de la Libération [...].

L'occupation de l'île est d'une densité inouïe. Près de cent mille soldats tiennent sous leur férule une population de deux cent mille âmes. Ceci représente un ennemi armé pour deux habitants, en comptant aussi bien l'enfant dans son berceau que le vieillard près du tombeau. Que ceux qui ont vécu sous l'occupation allemande en métropole mesurent par là de quel poids l'ennemi eût pu peser sur la France continentale s'il s'y était établi dans la même proportion (il eût fallu, en effet, vingt millions d'hommes pour s'en tenir au chiffre de la population, et neuf millions en prenant pour base celui des départements). La réalité, on le sait, pour si dure qu'elle fut, a été bien loin de ces limites.

Les faibles ressources de la Corse en matière de cantonnement ont obligé l'ennemi à disperser ses effectifs dans l'île entière et à les répartir dans les moindres petits villages. Les gros cantonnements sont rares. Ainsi, l'Italien, dont la méfiance est extraordinaire, est-il en mesure d'exercer une surveillance très étroite, tracassière, tyrannique même, qui paralyse jusqu'à l'activité la plus pacifique de la population et, à plus forte raison, celle de la Résistance. Depuis vingt ans d'ailleurs, l'ennemi a placé dans l'île des éléments qui, naturalisés Français, sont intimement mêlés à la population corse. Pratiquement, donc, les transports de matériels lourds ou compromettants ne peuvent s'effectuer, le plus souvent, qu'à dos d'homme ou de bête de somme, à travers la montagne et de nuit seulement.

Au début, les sous-marins sont seuls à apporter dans l'île les armes et munitions nécessaires. Celles-ci arrivent d'ailleurs en quantités infimes, les submersibles étant organisés pour la chasse en mer et non pour le transport. Leur débit n'eût jamais permis à la Corse d'être prête au combat. À l'occasion d'un voyage forcé en Afrique du Nord, j'obtiens que les envois soient multipliés, notamment en utilisant la voie aérienne. Dans cette intention, une soixantaine de terrains de parachutages ont été retenus à l'avance, en pleine montagne, dans les zones éloignées de la surveillance ennemie. Par ce moyen, l'armement des patriotes se poursuit de façon satisfaisante et c'est pleinement conscients de leur force qu'ils déclenchent, en septembre, le soulèvement libérateur.

Armes, munitions, postes radio ne sont pas les seuls à constituer les précieuses cargaisons. Les hommes du maquis, suivant la meilleure tradition des bandits d'honneur d'autrefois, ne rançonnent ni ne pillent personne. Mais les privations que s'impose volontairement pour eux la population des villages ne suffisent pas. La Corse est affamée par l'Italien, qui ne lui laisse pour toute ration que 150 grammes de pain par jour. Une sècheresse exceptionnelle a tari les sources et ruiné les récoltes d'olives ou de châtaignes, qui sont aux Corses ce que les dattes et les figues sont aux indigènes d'Algérie. Avec les armes et les munitions, donc, tombent du ciel, pendant les nuits propices, les vivres, les vêtements, les chaussures indispensables à ces gueux dépenaillés qui n'ont d'autre perspective et d'ambition que de crever dignement ou de tomber crânement les armes à la main [...].

Le soulèvement

Nous voici au soir du 9 septembre. La situation est donc éclaircie. Le combat est possible dans de bonnes conditions. Je lance alors l'ordre d'insurrection contre le Boche seulement. Me trouvant en zone nord, celle-ci est directement touchée par moi. Le sud n'attendra pas que mon ordre lui parvienne. Quand il arrive en Ajaccio, le même ordre, lancé par les chefs locaux, est déjà en voie d'exécution. Mes appréhensions n'étaient donc pas vaines, mon intervention n'était pas sans utilité. Ce

673

même soir, donc, moins de vingt-quatre heures après l'effondrement italien, je rends compte à Alger, télégraphiquement, et je signale l'occasion unique qui nous est offerte de libérer l'île à peu de frais. Et je demande instamment des renforts urgents. Les Italiens, eux, ont demandé dix à douze jours de délai pour effectuer leur conversion. C'est plus qu'il n'en faut pour que les nôtres arrivent et, prenant pied solidement sur le sol de Corse, entament le combat dans des conditions très favorables. [...]

L'ultime combat

Le 10 septembre, ils [les résistants] s'organisent sur l'artère centrale et la ligne des cols. Puis ils attaquent l'Allemand partout où il se trouve dans le système montagneux. Ils détruisent ses dépôts ou s'en emparent à Furiani, Champlan, Orezza, Zonza, Quenza, etc.) et se mettent en devoir de le chasser des positions qu'il occupe (de Bastia et Sartène notamment) ou de lui interdire les zones qu'il tente de prendre ou de reprendre ou simplement de traverser. L'Allemand n'ignore pas que le soulèvement des patriotes doit normalement coïncider avec un débarquement allié. Il est persuadé que ce dernier se produit, dans le même temps, sur la côte occidentale d'où il est lui-même absent. Il ne tente même pas de vérifier cette hypothèse et tout est mis en œuvre, par nous, pour renforcer sa conviction [...]. Le 13 septembre, au troisième jour de lutte, n'ayant constaté nulle part (à terre, sur mer et dans les airs) la manifestation d'une présence militaire alliée, l'Allemand se ressaisit et, renouvelant la manœuvre de Gafsa, il tente, avec l'appui des éléments venus de Sardaigne, de dégager le champ de ses opérations de transit et d'évacuation. Au nord, chassé de Bastia le 10 et le 11, il contre-attaque vigoureusement le 12 avec appui d'aviation. Le lendemain soir, il est maître de la ville. Les 14 et 15, il franchit le col de Teghime et le défilé de Lancone, envahit la région du Nobbio, qu'il vient border au sud, dans la vallée du Golo, par une action partie de Casamozza et poussée jusqu'à Barchetta. Au sud, ses opérations de dégagement sont moins heureuses. En vain tente-t-il, à plusieurs reprises et avec des moyens puissants, de reconquérir le terrain perdu par lui aux premiers jours du soulèvement. Sartène et Zonza restent aux mains des patriotes, ainsi d'ailleurs que des prisonniers, du matériel et des cadavres en nombre important. Entre ces deux points extrêmes, la ligne des cols a bien fléchi de-ci, de-là, mais nulle part elle n'a cédé jusqu'à permettre à l'ennemi d'atteindre l'artère centrale. Le 20 septembre, enfin relevé de la mission de protection qu'il assume depuis une semaine autour d'Ajaccio, le bataillon de choc vient prendre place sur la dorsale, au milieu des patriotes. Désormais, ceux-ci ne seront plus seuls à harceler l'ennemi [...]. Le 28, avant même que ne soient parvenus à pied d'œuvre les effectifs et les moyens normaux du corps expéditionnaire français, le général Henry Martin, qui le commande, décide d'attaquer sur Bastia et de capturer ou de détruire ce qui reste encore dans l'île de forces et de matériels ennemis. L'opération est déclenchée dans la nuit du 29 au 30. Elle se poursuit vigoureusement sur deux axes ; le col de Teghime et la vallée du Golo. Elle vise à atteindre Bastia. Dans un terrain extrêmement difficile, par un temps semé de bourrasques, dans le brouillard et sous la pluie, avec des effectifs et des moyens réduits, presque sans soutien maritime ou aérien, les tabors et les tirailleurs marocains, le bataillon de choc, les patriotes, tendus dans un dernier effort, achèvent ensemble, le 4 octobre, la libération du sol de Corse par la prise de Bastia. Nos trois couleurs flottent sur nos édifices. Bien que meurtrie et déchirée, malgré les deuils et les ruines, la Corse tout entière frémit d'avoir enfin recouvré la liberté [...].

Le nettoyage

Partout, et parfois même en présence de l'ennemi, les édiles nommés par Vichy sont, en tout ou partie, remplacés par d'autres, élus cette fois, dans des conditions peu orthodoxes, il est vrai, mais amplement justifiées par la situation du moment. Les sous-préfets et le préfet sont maintenus en place et doublés de « comités consultatifs » dont ils doivent prendre l'avis. Tout se passe sinon dans le calme en raison de la fièvre née des combats, du moins dans l'ordre. Si des rivalités politiques, des jalousies inévitables se font jour de-ci, de-là, du moins ne déplore-t-on aucune effusion de sang. Or, chacun sait qu'il n'en est pas toujours ainsi, en temps ordinaire, lorsque la Corse procède, par élections, au renouvellement de ses délégués [...]. Il y avait tout lieu de craindre d'un peuple réputé pour son goût de la vengeance, dans un moment aussi effervescent, que le soulèvement libérateur ne déclenche une Saint-Barthélemy effrénée dont les « kollaborateurs » et les pétainistes, des plus notoires aux plus anodins, eussent fait tragiquement les frais. Tolérer que le sang coulât, en pareille circonstance, eût été perpétuer une ère de « vendetta »

675

généralisée au cours de laquelle, pendant des générations, des familles entières se seraient, l'une après l'autre, exterminées. C'eût été, pour ceux-là mêmes qui venaient de brandir fièrement, héroïquement, l'étendard de la liberté, semer la haine, le deuil et la honte, dans un pays qui aspirait ardemment, au contraire, à retrouver la joie de vivre dans une atmosphère à jamais purifiée et surtout pacifiée. Au lieu donc de laisser s'instaurer une justice sommaire dont on pouvait, en période d'excitation intense, redouter les excès, je me suis employé, pendant tout le temps de la clandestinité, à préparer les conditions de l'épuration qui, pour si nécessaire qu'elle fût, devait s'accomplir en toute équité. [...] Ainsi, la Corse, par la seule force de ses vertus ancestrales, accomplit ce miracle de rétablir les institutions qu'elle s'était librement données et de châtier les traîtres et collaborateurs dans le temps même où elle livrait bataille, sur son propre sol, à l'envahisseur lui-même. Et jamais contrainte n'a été exercée, jamais châtiment n'a été prononcé sans que fussent assurées au coupable les garanties habituelles que requiert, en temps normal, l'exercice pur et simple de la justice.

DRÔME

« Puisse la connaissance de telles horreurs faire naître [...] un désir et une volonté de paix véritables »

Rapports du chef d'escadron Raffort-Deruttet, commandant la compagnie de gendarmerie de la Drôme

Valence, le 16 juin 1944

Cernée par une centaine d'hommes armés, isolée au milieu d'une population passée à la dissidence, sans aucune communication avec l'extérieur, la brigade de Taulignan a été contrainte de rendre ses armes. Elle ne pouvait agir autrement sans s'exposer à un inutile massacre. Elle est restée ensuite prisonnière à la caserne pendant quatre jours, jusqu'au 12 juin. À cette date, une opération exécutée par les troupes allemandes a libéré la localité. La brigade a aussitôt rejoint le chef-lieu de section. Malheureusement, au cours de l'opération sus-indiquée, le gendarme Boudin a trouvé la mort, en allant, dès les premiers coups de feu, se rendre compte de ce qui se passait aux lisières de la localité.

*

Valence, le 27 juin 1944

Le 10 juin, vers 10 heures, le personnel de la brigade de La Begude-de-Mazenc (un chef et quatre gendarmes), qui rejoignait la section, a été attaqué sur la route à 3 kilomètres à l'ouest de La Begude par une douzaine d'hommes armés de mitraillettes et de grenades. Les gendarmes ont été désarmés et obligés de réintégrer la caserne.

Le 8 juin, à 5 heures, à Saint-Rambert-d'Albon, des terroristes se sont présentés au domicile de M. B. Joseph, chez qui est logé un officier allemand, et ont tiré plusieurs rafales de mitraillette contre la porte de la chambre occupée par l'officier. Ils ont ensuite abattu le fils de la maison, l'abbé Claude B., vingt-cinq ans, qui séjournait momentanément dans sa famille.

Le 6 juin, à 4 heures, à Étoile-sur-Rhône, une soixantaine de membres de la Résistance armés de pistolets et de mitraillettes ont pris possession de la mairie, de la poste et, après avoir neutralisé les trois militaires de la gendarmerie présents à la résidence, ont attaqué le poste allemand du hameau de La Paillasse, qu'ils ont cerné pendant deux heures environ. À l'arrivée de renforts allemands, les agresseurs se sont dispersés, poursuivis par les Allemands. Il y a eu plusieurs blessés dans les deux camps. En outre, la ferme Combe, dans laquelle quatre membres de la Résistance s'étaient réfugiés, a été incendiée par les troupes allemandes. Les quatre réfractaires ont été carbonisés, ainsi que la propriétaire de la ferme, Mme Combe, et son fils.

Le 8 juin, à 4 heures, à Saint-Rambert-d'Albon, un groupe de cent vingt à cent cinquante membres de la Résistance, armés de fusils mitrailleurs, mitraillettes, fusils, grenades et engins d'accompagnement, ont attaqué les différents cantonnements des troupes allemandes, en particulier la gare et le dépôt des machines. L'action a duré jusqu'à 10 heures et s'est terminée par la dispersion des agresseurs, qui ont eu sept morts et de nombreux blessés. On compte un mort parmi la population civile. Les troupes allemandes auraient eu sept blessés, dont quatre grièvement.

*

Valence, le 26 juillet 1944

Le 5 juillet, à Saint-Vallier, l'adjudant Vaton, commandant de la brigade territoriale locale, a été tué de deux balles de pistolet, tirées à bout portant par deux individus âgés de vingt-cinq à trente ans qui l'attendaient à proximité de la gare. Les assassins, non identifiés, ont pris la fuite dans la direction de la montagne, située à l'est de Saint-Vallier, et font probablement partie d'un groupe de FTP [Francs-tireurs et partisans].

Le 16 juillet, vers 16 heures, une cultivatrice de Beaumont-lès-Valence, Mme A., quarante-six ans, et sa nièce, C. Colette, neuf ans, ont été tuées à coups de pistolet par un voisin, F. Jacques, trente et un ans, qui a pris la fuite dans une direction inconnue. Il s'agissait d'une vengeance politique.

Le 14 juillet à 11 heures, à Châteauneuf-de-Galaure, au cours d'un engagement entre des aviateurs allemands et anglo-américains, un avion allemand est tombé sur le territoire de la commune, tandis que son occupant atterrissait en parachute. Il a été fait prisonnier par les membres d'un groupement dissident. Le même jour, vers 16 heures, un détachement de soldats allemands est arrivé dans la commune et a fusillé sur place cinq personnes de la localité, dont un enfant. Cet incident a produit une très vive émotion parmi la population.

Le 8 juillet, vers 16 heures, au dépôt de la SNCF à Portes-lès-Valence, à la suite de l'attentat commis contre des cheminots allemands, trente individus qui n'ont pu être identifiés ont été fusillés. Il s'agit d'otages étrangers à la région de Valence.

Rapport du capitaine Simon, commandant provisoirement la compagnie de gendarmerie de la Drôme

Valence, le 17 novembre 1944

De nombreuses personnes qui avaient été arrêtées sur l'ordre des autorités administratives, des FFI, des comités de libération ou des troupes alliées ont été relâchées après examen de leur dossier par les commissions de criblage. Actuellement, trois cent cinquante personnes sont détenues dans les prisons de Valence, Die et Montélimar. En outre, un camp de concentration d'internés politiques existe à Romans depuis la Libération. Il y a dans ce camp cent treize détenus.

Assassinat du nommé P., à Montélimar (auteurs inconnus). La victime avait été arrêtée pour intelligence avec l'ennemi, puis relâchée quelques jours avant d'être assassinée.

Rapport du gendarme Célérien, commandant la brigade de gendarmerie de Valence, sur des activités commises par les Allemands les 25 et 26 juillet 1944 à La Chapelle-en-Vercors

En janvier 1945, le gendarme Célérien signe, à la plume, le récit des atrocités commises par les troupes allemandes lors du soulèvement du maquis du Vercors, en juillet de l'année précédente.

Valence, le 11 janvier 1945

Références : renseignements recueillis auprès de M. Pitavy, curé de La Chapelle

Lorsque, le 26 juillet, les Allemands se dirigèrent vers La Chapelle, leurs troupes venant de Vassieux, où quelques centaines d'hommes avaient été déposés par planeurs le 21 juillet et les jours suivants, et de Saint-Martin, que d'autres formations avaient atteint, après avoir franchi la chaîne du Veymont, [...] ils n'eurent à y essuyer aucun coup de feu, ils n'y virent aucun maquisard, et, cependant, systématiquement, ils incendièrent sur leur passage les fermes et les hameaux.

C'est ainsi qu'on vit brûler successivement les fermes de Croix, le hameau de La Cime-du-Mas, la ferme des Griffes, les trois maisons des Ferrières...

Aux Griffes, les soldats pénétrèrent dans la maison Michel, hurlant comme des sauvages, jetant des grenades et tirant des coups de feu comme s'ils assaillaient un fortin. Or, il n'y avait, comme sur tout le territoire de La Chapelle, aucun combattant.

Parmi les personnes réfugiées dans la maison, Louis Michel et son neveu Aimé furent froidement tués, et d'autres personnes, dont deux femmes, furent blessées.

En même temps, les troupes venant du côté de Saint-Martin, tout comme celles de Vassieux, incendièrent sans autre motif que celui de représailles la maison de Canard et le hameau de La Rivière, puis, de là, gravissant les pentes boisées qui montent de la vallée vers le chef-lieu de la commune, ils brûlèrent les hameaux des Chaberts et celui du Château, après avoir séparé les hommes des femmes et des enfants. Une colonne avait pris la direction du hameau des Jallifiers, dont quatre fermes furent immédiatement la proie des flammes. C'est là qu'un chef de groupe fit au curé de La Chapelle, qui lui demandait d'épargner les autres maisons, cette réponse : « Je regrette beaucoup mais j'ai une consigne, il faut que je l'exécute. Je dois tout brûler. » Toutefois, sur les insistances du curé [...] il consentit à épargner ce qui ne brûlait pas encore, et il se dirigeait vers le village, point de concentration des troupes. [...]

Alors que nulle part la population [...] n'avait fait un geste qui pût être interprété comme un acte d'hostilité, deux vieillards furent abattus : l'un, Régis Bernard, quatre-vingts ans, à quelques mètres de sa maison en feu, l'autre dans sa demeure même au hameau des Bernards, Paul Borel, quatre-vingt-deux ans.

Au quartier de Canard, deux Allemands pénétrèrent chez Léon Mathieu et, après avoir mis le feu, se précipitèrent sur le propriétaire qui, sur la route, avec sa femme, s'éloignait du sinistre, et l'abattirent d'un coup de revolver sans d'autre motif que de l'avoir vu faire un geste d'accablement à la vue de son bien incendié. [...]

Revenons au bourg de La Chapelle. Les soldats allemands, sous les regards de leurs chefs attablés près de la fontaine aux Ours, se livrèrent à un pillage éhonté et méthodique de toutes les maisons [...]. Postes de TSF, argenterie, vaisselle, coussins, robes, vêtements, linge, jouets d'enfants, bicyclettes, etc., s'entassaient dans des voitures tandis que dans la rue même se débouchaient les bouteilles trouvées dans les caves. [...]

Peu à peu entre 4 heures et 7 heures du soir furent amenés sur la place du bourg des groupes d'habitants, hommes, femmes et enfants rencontrés dans divers hameaux. On peut en évaluer le nombre à environ trois cents. Quelques-uns sont interrogés. Le curé, qui est venu de lui-même se présenter comme otage aux officiers allemands et leur a demandé d'épargner la population civile, se voit poser une série de questions auxquelles il répond en mettant l'accent sur le fait que les habitants de la commune, pas plus que lui, ne sont au courant des opérations militaires et ne se sont préoccupés de l'action des combattants. [...]

Un officier qui parle le français l'emmène pour visiter le village et fait remarquer plusieurs fois que les soldats allemands ont trouvé des armes et des munitions anglaises ou américaines. [...] Pendant cette visite et tandis que le pillage bat son plein, sur la place on forme trois groupes des habitants que l'on y a réunis. Le premier comprend les jeunes hommes de dix-sept à quarante ans, un autre, les hommes de quarante ans et au-dessus ; le troisième est celui des femmes et des enfants. Le curé, congédié par l'officier, prend place dans celui des hommes avec le maire qui l'a rejoint. [...] L'attente est longue [...]. Les soldats contrôlent les cartes d'identité. Le contrôle terminé, les jeunes restent au nombre de seize et sont gardés plus sévèrement que les autres. Il est 8 heures du soir : l'officier qui a ordonné et surveillé la constitution des groupes permet aux femmes et aux hommes au-dessus de quarante ans de se disperser pour aller prendre chez eux de quoi passer la nuit et leur ordonne de se rassembler à 9 heures aux écoles. [...] Le curé rejoint l'école et la nuit tombe sur l'angoisse collective de toute une population qui se demande ce que l'on va faire d'elle. [...]

Brusquement des explosions éclatent, d'immenses flammes montent dans le soir, en un clin d'œil des brasiers crépitent de tous côtés, le ciel devient d'un rouge sinistre ; sauf l'école et deux ou trois bâtiments voisins, tout le bourg brûle. Dans les salles de classe où est groupée la population, des enfants crient et pleurent, des femmes sanglotent, des hommes s'essayent à donner l'impression d'un calme qui contraste avec leur inquiétude.

Tout à coup, venant du côté de la ferme Albert, où les jeunes ont été dirigés, une série de coups de revolver nettement distincts, suivis de quelques décharges de mitraillette et de deux ou trois explosions, ont suspendu le souffle de ceux qui au milieu du bruit les ont perçus. [...] Le feu continue à dévorer le village. [...]

Et le jour enfin commence à poindre. [...]

Les soldats allemands semblent avoir disparu. Un homme se hasarde au-dehors de l'école et se dirige vers la petite cour de la ferme Albert, dont les bâtiments sont en flammes : des corps sont étendus pêle-mêle, parmi lesquels il reconnaît son fils âgé de dix-sept ans. Sanglotant, il revient et s'affale sur un tertre.

Le curé à son tour va se rendre compte : les seize jeunes hommes sont tous là, corps enchevêtrés, criblés de balles. Ils ont été abattus à bout portant, quelques crânes éclatés en font foi et l'exiguïté de la cour n'a pas permis un feu de peloton ; certains portent la trace des balles. Pieusement et douloureusement, le curé s'agenouille et dit une prière sur les corps déchiquetés dont les visages témoignent qu'ils ont été surpris par l'affreuse décharge, alors que leur pensée était peut-être encore toute confiance. [...] Un des corps a été décapité ; des morceaux de chair, des éclats de boîte crânienne, des débris de matière cérébrale et du sang ont jailli sur le mur, sur une porte contiguë et jusque sur un petit escalier de pierre donnant accès sur la cour.

À la lueur de l'incendie qui dévorait la maison, quelle scène que ce massacre ! Les hommes ont pu se repaître de ce spectacle ! [...]

Le curé décide d'aller à la rencontre d'officiers allemands. [...] Sur leur demande, le chef donne l'autorisation à la population de regagner les maisons (un sourire ironique souligne cette permission) et le curé pourra procéder à l'inhumation des pauvres jeunes gens assassinés. [...] L'après-midi de ce jour, le 26 juillet, les corps seront pieusement ensevelis au cimetière par une équipe d'hommes du pays mettant tout leur cœur à rendre les derniers devoirs à leurs compatriotes tués par des représailles aussi stupides que cruelles. Ces seize jeunes, dont neuf comptaient de dix-sept à vingt ans, n'avaient commis d'autre faute que celle d'avoir eu confiance en la justice d'hommes qui ne pouvaient rien leur reprocher.

Ils tombèrent victimes d'une barbarie bestiale et sadique.

Nous nous faisons un devoir de citer leurs noms :

Aimé Bouvet, René Chabert, Maurice Rolland, Léopold Rolland (deux frères), Jean Allouard, Robert Rochas, René Bayoud, Paul Morin, Jules Fontanabuona, Nello Fontanabuona (deux frères), Roger Revol, Georges Borel, Pierre Bénévène, Fernand Rome, Philippe Saint-André, Stanislas Sitarz.

Peu après, l'on apprenait au bourg qu'au hameau de La Rivière un autre jeune, Marcel Blanc, avait été abattu sans raison par une patrouille, et que près de Canard gisait le corps du cantonnier Marcel Bernard, tué, lui aussi, sans motif.

Plus tard devait être inhumé au cimetière de La Chapelle le corps de Mme Josette Jarrand, institutrice à Chabottes, arrêtée pour n'avoir pas donné certains renseignements, et dont les restes furent retrouvés dissimulés dans un champ de betteraves (les Allemands, après l'avoir ensevelie, avaient cherché à faire disparaître toute trace de tombe). La dernière victime de l'occupation allemande à La Chapelle fut un ouvrier agricole italien fusillé sans motif le 27 juillet.

Tels sont les faits dans leur objectivité accablante. Qu'ils servent à juger un système et un régime !

Puisse la connaissance de telles horreurs faire naître dans le cœur des hommes un désir et une volonté de paix véritables et de réelle fraternité !

Rapports du chef d'escadron Chêne, commandant la compagnie de gendarmerie de la Drôme

Valence, le 17 janvier 1945

Les jugements de la cour de justice de Valence sont suivis de très près par les milieux de la Résistance, qui veulent une épuration vigilante et sévère mais juste. La grave affaire en cours est le cas de l'ancien commissaire de police de Valence, M. G. Sa condamnation à la peine capitale est jugée nécessaire.

Un mécontentement général s'est manifesté dans la commune de Truinas (section de Die) à la suite de la libération de l'ex-maire de cette commune, admirateur du régime Pétain, soupçonné d'avoir livré un parachutage d'armes aux Allemands et interné par les FFI au début de juin.

*

Valence, le 15 février 1945

Le 8 janvier 1945, Mme veuve P. Louise a été tuée par arme à feu, à son domicile à Montélimar. Cette personne venait d'être condamnée à cinq ans d'indignité nationale par la cour de justice de la Drôme.

*

Valence, le 14 mars 1945

L'épuration est jugée insuffisante pour certains, injuste par d'autres. Comme l'écrit un journaliste (presse locale) : « L'épuration traîne en longueur et empoisonne la nation. » La lenteur apportée dans l'instruction et le jugement des traîtres et collaborateurs est vivement critiquée par une importante fraction de l'opinion et de la Résistance.

À Valence, le 7 février 1945, quatre attentats ont été commis contre la prison, le tribunal, l'immeuble de la subdivision, partie réservée au ravitaillement, la caserne de La Tour-Maubourg. Ces attentats, bien que purement matériels, ont amené de vives protestations du CDL [comité départemental de libération]. Ils sont désavoués par la majeure partie de la population, qui est fatiguée de ces gestes symboliques et des attentats en général.

VAR

Distinguer opportunistes et combattants

Rapport de l'adjudant-chef Wignacourt, commandant provisoirement la section de gendarmerie de Draguignan, sur l'attaque d'une patrouille allemande par un groupe de terroristes

Le 6 juillet 1944

Le 6 juillet 1944, à 13 h 30, un groupe d'une trentaine de terroristes a attaqué à l'aide de mitraillettes une patrouille allemande opérant à l'ouest de la route Draguignan-Flayosc, au quartier du Flayosquet, commune de Flayosc (Var).

La patrouille a riposté et les terroristes ont pris la fuite. Il n'y a pas de victimes. Un groupe des chantiers de jeunesse travaillant à proximité n'a pas été atteint.

Les gendarmes et la Libération

Les agresseurs ont abandonné un sac, une certaine quantité de chargeurs de mitraillettes, des grenades Mills et des papiers.

Le tout a été saisi par l'autorité militaire allemande.

La région est actuellement troublée par la présence de nombreux terroristes.

Note de service de la compagnie de gendarmerie du Var

À Draguignan [date non déterminée]

D'après les déclarations des officiers, gradés et gendarmes de la compagnie sur leur emploi du temps pendant la période des combats (c'est-à-dire du 15 au 30 août 1944), tous les militaires de la compagnie ont combattu ou ont aidé la Résistance.

Or, à ma connaissance, les deux tiers des militaires de la compagnie n'ont pas seulement combattu mais ont déserté leur poste, se sont mis en civil et n'ont reparu que de trois à huit jours après.

Les commandants de section n'ont pas pu et ne peuvent ignorer ce fait s'ils étaient réellement à la tête de leurs groupements, or aucun rapport ne m'a été fait à ce sujet.

Lorsqu'un soldat se trouve dans une position de combat, qu'il soit officier, gradé ou gendarme, il reste à son poste en tenue. Le fait de se mettre en civil et de quitter son poste, quelles que soient les circonstances, en dehors du fait d'avoir rejoint le maquis et que ce fait soit prouvé par une attestation d'un chef régulier du maquis, s'appelle lâcheté et désertion.

Les commandants de section me feront un rapport exact sur leur attitude personnelle et celle de chacun de leurs subordonnés qui n'ont pas combattu, en indiquant dans quelles conditions ils se sont trouvés.

Je possède en main toutes précisions me permettant de contrôler ces déclarations.

Tout officier, gradé et gendarme qui fera une fausse déclaration sera immédiatement traduit devant le tribunal militaire pour désertion à l'ennemi.

Rapport de l'adjudant-chef Quinsat, commandant provisoirement la section de gendarmerie de Toulon, sur un incident survenu à la caserne Vassoigne, à Hyères

Toulon, le 31 octobre 1944

Le 30 octobre 1944, vers 19 heures, un commencement de révolte a éclaté à la caserne Vassoigne, à Hyères, où sont cantonnés des tirailleurs sénégalais et le régiment des Maures. [...]

Les tirailleurs sénégalais auraient exprimé leur vif mécontentement en ce qui concerne l'ordinaire. Pour appuyer leur protestation, un certain nombre de tirailleurs se sont rendus au magasin d'armement, ont pris quatre mitrailleuses et avec ces armes ont tiré quelques rafales sans toutefois toucher personne. Aucun gradé n'a pris part à cet incident.

Les officiers et gradés étant immédiatement intervenus, le calme a été rapidement rétabli [...].

La gendarmerie de Hyères, qui s'était rendue sur les lieux, a reçu l'ordre du commandant d'armes de se retirer et d'effectuer des patrouilles pour visiter les lieux publics et vérifier si tout était calme.

Rapport du lieutenant Coviaux, commandant la section de gendarmerie de Toulon, sur les services rendus par la gendarmerie

Le 11 janvier 1945

– Brigade de Toulon :

En février 1943, la brigade a reçu par la poste deux paquets contenant chacun quatre-vingts ou cent ordres de mutation pour le STO. Les paquets étaient à l'adresse du commissaire central de police, mettant à profit cette erreur de destination ; les paquets ont été brûlés au bureau en présence de l'adjudant-chef Azais et du gendarme Chassagnolle. Les Israélites Monteux, Weill et Salis ont été prévenus la veille du jour de leur ramassage qu'ils devaient prendre le large.

– Brigade de la Seyne :

Le 4 novembre 1943, la brigade apprend que deux femmes et un homme sont suspects d'intelligence avec l'ennemi et qu'ils habitent le quartier Corre, à Six-Fours. Le lendemain, les gendarmes Pierre et Granier sont chargés de vérifier l'identité et la situation de ces gens-là. Ils apparaissent comme des espions au profit de l'Allemagne et sont conduits à la caserne. L'Italien est porteur d'une valise, qu'il ne consent à ouvrir qu'en présence du commandant de brigade. Dans celle-ci se trouvent des explosifs et un rapport dénonçant, avec croquis à l'appui, plusieurs personnes de Sanary comme ayant constitué un dépôt de munitions. Aussitôt, une personne de bonne volonté trouvée par le gendarme Pierre (aujourd'hui décédé) part pour Sanary annoncer la dénonciation dont certaines personnes étaient l'objet.

Le soir à 20 heures, le chef de la Gestapo de Toulon (Diethl) se rend à la brigade avec d'autres agents et somme le commandant de brigade de leur remettre les trois prisonniers, qu'ils emmènent avec eux. Compte-rendu a été fait le lendemain matin au capitaine Dailley, commandant alors la section. Actuellement, ces deux femmes, dont l'une est française et l'autre, de nationalité suisse, sont l'objet d'une enquête en cours de la part de la brigade pour intelligence avec l'ennemi.

– Brigade de Saint-Cyr :

Le 14 septembre 1943, les gendarmes Coupe, Léonce et Castets Barthélémy, au cours d'une visite à Bandol, ont induit en erreur les agents de la Gestapo venus dans cette ville pour procéder à l'arrestation d'un Israélite nommé Moatti. Leur attitude a permis à M. Moatti de quitter Bandol sans encombre et peut-être aussi lui a sauvé la vie.

De leur côté, le maréchal des logis-chef Bourthoumieux et le gendarme Castets, quelques jours après au cours d'un service dans cette même ville, ayant appris qu'un réfractaire au STO était dans la commune, ont invité les parents à cacher leur fils avec plus de sécurité étant donné la présence de troupes boches à Bandol.

Rapport du lieutenant colonel Trémeau, commandant la compagnie de gendarmerie du Var, sur les propositions de récompense en faveur des militaires

Draguignan, le 31 juillet 1945
Exemples :
Lartigau Émile, maréchal des logis-chef (à Comps) ; résistant de la

première heure, est en relations suivies avec la Résistance, à laquelle il a apporté tout son dévouement. A été l'animateur du groupe de résistance de la région de Comps.

B. [illisible] Alexandre, gendarme (à Draguignan) ; résistant de la première heure. Arrêté par la Gestapo pour complicité avec le maquis, a subi cinq mois et demi de détention. Au cours des journées des 15, 16 et 17 août 1944, a fait preuve de courage en attaquant à plusieurs reprises un ennemi très supérieur en nombre, lui infligeant des pertes et capturant des prisonniers.

U. [illisible] Marius, agent technique de la gendarmerie (à Draguignan) ; est resté à son poste et s'est dépensé avec intelligence et courage en mettant hors d'usage des véhicules destinés aux miliciens chargés des opérations contre les maquisards de la région. S'est dignement comporté au cours des opérations de libération de Draguignan, les 16 et 17 août 1944.

Rapport du capitaine Chapuis, commandant provisoirement la compagnie de gendarmerie du Var, sur une faute grave commise par le gendarme M.

Draguignan, le 8 août 1945

Le 12 février 1944, le maréchal des logis-chef Lefebvre, commandant la brigade de La Roquebrussanne, établissait de faux rapports à l'occasion d'un parachutage d'armes, de munitions et d'explosifs destinés à la Résistance du territoire de sa circonscription, dans le but évident d'obtenir une récompense de la part de ses chefs du moment. [...]

C'est ainsi que le gendarme M. était signalé particulièrement par le chef de brigade pour l'allant et le courage dont il avait fait preuve dans la défense de l'important matériel parachuté contre les terroristes, très supérieurs en nombre et puissamment armés, qu'il avait mis en fuite par son feu.

Or, le gendarme M. n'avait à aucun moment ni attaqué ni repoussé les terroristes.

Néanmoins, il obtenait une citation à l'ordre de la 6e région d'inspection

688

et l'acceptait sans rendre compte immédiatement à ses chefs qu'il ne la méritait à aucun titre, faisant ainsi preuve d'une inconscience totale.

À cette époque, le gendarme M. ne comptait que deux ans de service ; cependant, cela ne saurait atténuer sa responsabilité, car, en l'occurrence, c'est d'une question d'honnêteté et non de service qu'il s'agit.

Le gendarme M. a donc trompé la bonne foi de ses chefs. En conséquence, je lui inflige six jours d'arrêt de rigueur.

RÉGION SUD-OUEST

BASSES-PYRÉNÉES
(PYRÉNÉES-ATLANTIQUES)

Faits d'armes dans les montagnes

Rapport du chef d'escadron Colinet, commandant la compagnie de gendarmerie des Basses-Pyrénées

Pau, le 29 septembre 1944

Divers :

Libéré totalement le 25 août 1944, le département n'a pas été le théâtre d'opérations de grande envergure. En dehors des guérillas organisées dans les divers points, deux expéditions faites dans les vallées d'Aspe et d'Ossau ont abouti à la reddition des éléments ennemis qui tentaient de passer en Espagne.

Les Allemands, en se retirant, ont fait sauter des dépôts de munitions à Biarritz (un mort, cinquante maisons détruites), à Bayonne, à la base aérienne de Pau [...].

La ville de Mauléon a été survolée par un avion allemand, qui a lancé une vingtaine de bombes de petit calibre.

Rapport du lieutenant Audoui, commandant la section de gendarmerie d'Orthez, sur l'attitude pendant l'Occupation du général de brigade de gendarmerie D., ex-maire de la commune de Montfort (Basses-Pyrénées)

Le 23 janvier 1945

Le général de brigade en retraite D. Joseph a été interné en décembre 1944 au camp d'Iron. Libéré quelques jours plus tard, il fut mis en résidence assignée à Montfort par arrêté de monsieur le préfet des Basses-Pyrénées du 20 décembre 1944.

Déclarations de :

– M. Mamouguere Pierre, quarante-sept ans, cultivateur à Montfort :

« Il est de notoriété publique que l'ex-général était un membre actif de la collaboration avec l'Allemagne.

[Il aurait notamment inscrit le nom de Mamouguere sur une liste de candidats pour intégrer la Milice.]

« Je l'ai invité à me rayer immédiatement et je lui ai reproché d'avoir inscrit mon nom sans mon consentement [...]. Il s'est emporté et m'a dit que quand il y avait un incendie tout le monde devait y participer pour le combattre. Je ne puis dire quel était le but exact de cette milice, les statuts ne m'ayant pas été communiqués. »

– Mme veuve Hontaas Eulalie, soixante-six ans, ménagère à Montfort :

« J'ai été trouver M. D. et je lui ai demandé quelle serait sa réponse dans le cas où des recherches seraient entreprises contre mon beau-frère (Valnesot Henri), insoumis au STO [Service du travail obligatoire]. [...] Il m'a répondu : "Sa place serait en Allemagne, lieu d'où il a obtenu sa permission ; son attitude est nuisible à l'intérêt des prisonniers de guerre." »

– Lassale Jean-Marie, quarante-quatre ans, carrier à Montfort :

« Au cours du mois de novembre 1942, D. a constitué une milice composée de dix hommes.

« Il a établi cette liste sans demander le consentement des intéressés. Il avait déclaré que son but principal était la protection des récoltes. Trouvant cela suspect [...], j'ai adressé ma démission à la préfecture des Basses-Pyrénées, où j'ai obtenu satisfaction. »

Une enquête concernant cet officier général aurait été faite avant le

1er décembre 1944 par la sécurité militaire 2e bureau, de la subdivision de Pau.

Les autorités locales de Montfort ont déclaré verbalement à la date du présent qu'aucune critique ne pouvait être formulée contre le général D. quant à son attitude depuis la Libération.

Rapport du lieutenant Roche, commandant la section de gendarmerie d'Orthez, sur l'activité du capitaine Poey dans la Résistance

Orthez, le 27 avril 1945

D'après les renseignements que j'ai recueillis tant auprès de son chef de l'AS [armée secrète] (capitaine Amaret) qu'auprès d'autres personnalités de Salies, il ressort que le capitaine de gendarmerie en retraite Poey Xavier, domicilié à Salies-de-Béarn, a pris part active dans la Résistance.

Cet officier, qui appartenait à l'AS, avait été chargé par le chef de celle-ci de certaines missions aussi périlleuses et délicates, et notamment d'acheminer le courrier.

Pendant toute la durée de l'Occupation, le capitaine Poey, qui habitait une villa située à proximité de la ligne de démarcation, s'est employé à de nombreuses reprises et toujours avec succès à aider des personnalités en mission, des agents de renseignements et des réfractaires à passer cette ligne ; il a même assuré plusieurs fois l'hébergement, avant leur sortie, d'officiers du 2e bureau.

Cet officier a exécuté dans de bonnes conditions plusieurs liaisons avec le maquis de l'hôpital d'Orion et en a assuré une fois le ravitaillement en munitions.

DORDOGNE

Gendarmes arrêtés

Rapports du chef d'escadron Gérardin, commandant la compagnie de gendarmerie de la Dordogne, au colonel commandant la 12e légion de gendarmerie de Limoges

Périgueux, le 13 septembre 1944

J'ai l'honneur de vous rendre compte de la condamnation de l'adjudant F. (Edmond), de la brigade territoriale [...].

Traduit devant la cour martiale de Périgueux, le 13 septembre 1944, il a été condamné à cinq ans de prison. Ce sous-officier, qui fut victime de la vengeance de deux gendarmes, ignorait jusqu'à sa comparution devant la cour les motifs de son arrestation. Il aurait interdit à un de ses subordonnés d'écouter la radio anglaise. Il a aussi puni un gendarme qui avait consommé du champagne en compagnie d'aviateurs anglais dont il assurait la garde.

*

Périgueux, le 22 septembre 1944

J'ai l'honneur de vous rendre compte de ce que le lieutenant H., commandant la section de Lodève, a été arrêté par le chef départemental du service de renseignements FTP [Francs-tireurs et partisans] et incarcéré à Périgueux. Il est accusé d'avoir tenu des propos contre la Résistance et d'avoir participé à des opérations dans la Corrèze. Il a été arrêté alors qu'il se trouvait en permission à Périgueux.

Je n'ai pu obtenir qu'il soit laissé en liberté provisoire.

GIRONDE

Les soldats hindous de la Wehrmacht

Rapport de l'adjudant-chef Brocas, commandant provisoirement la section de Bordeaux, sur le capitaine de réserve M. Paul, demeurant, 122, avenue Aristide-Briand, à Mérignac

Bordeaux, le 8 novembre 1944

Il est de notoriété publique que la femme de cet officier a été la maîtresse d'un adjudant allemand pendant la captivité du mari. Elle recevait chauffage et vivres.

À certaines réflexions au sujet des difficultés d'un ravitaillement, elle répondait : « Moi, je ne manque de rien, mon amant deutsch pourvoit à tout », et s'il s'agissait de sa conduite elle répondait : « Vous feriez bien de vous taire si vous ne voulez pas que je vous fasse déporter. »

Quelques mois après la rentrée de captivité du capitaine M., les relations entre sa femme et cet officier ont repris. À une certaine époque, ce dernier ayant subi une opération, il a été remarqué à son retour de l'hôpital que le capitaine M. et sa femme le soutenaient de chaque côté pour l'aider comme convalescent à marcher.

À sa libération, une plaque portant en allemand l'inscription suivante : « Cette maison est sous la sauvegarde des Allemands », a été enlevée par les FFI [Forces françaises de l'intérieur].

La conduite du capitaine M., qui a repris l'uniforme, a été sévèrement jugée par la population.

Rapport du chef d'escadron Joliot, commandant la compagnie de gendarmerie de la Gironde, au colonel commandant la 18e légion de gendarmerie

Bordeaux, le 27 novembre 1944

Le gendarme B. reconnaît avoir délivré deux fausses cartes d'identité à des militaires allemands pour leur permettre de déserter et en échange de plans sur l'armement allemand. Ces plans remis par Mme B. le 23 novembre 1944 ont été adressés par mes soins à la justice militaire de la 18e légion.

On peut donc admettre que l'intention de ce gendarme a pu être bonne.

Mais il n'en reste pas moins qu'en remettant à des sous-officiers allemands, même dans un but louable, des cartes d'identité françaises, sans avoir demandé conseil à personne, ce sous-officier a fait preuve d'une extrême légèreté, a outrepassé les droits que lui confère sa profession et a ainsi commis un abus de pouvoir.

Aussi, sans attendre de connaître la suite qui sera donné à l'info judiciaire ouverte contre le gendarme B., j'ai l'honneur de proposer comme sanction disciplinaire l'exclusion de l'arme.

Décision de la commission d'enquête pour la 18e légion de gendarmerie

Bordeaux, le 27 novembre 1944

Gendarme B. Hort, de la brigade de Pauillac, accusé d'avoir délivré de fausses cartes d'identité à des militaires allemands en échange de plans sur l'armement allemand et que ces plans ont bien été versés à l'autorité militaire par le chef d'escadron commandant la compagnie de la Gironde, le 23 novembre 1944, et que d'autre part ce gendarme est actuellement à la disposition de la justice militaire, qui n'a pas encore statué sur son cas, considérant enfin qu'en délivrant des fausses cartes d'identité, même dans un but louable, sans demander conseil à ses chefs, le gendarme B. a fait preuve d'une légèreté inconcevable, qu'il a commis un abus de pouvoir, émet l'avis que ce gendarme soit éliminé temporairement de l'arme en attendant la décision de la justice militaire.

Les gendarmes et la Libération

Rapport du lieutenant Bonzon, commandant la section de gendarmerie de Blaye, sur la participation de sa section à la Résistance

Le 12 janvier 1945

Concernant le STO :

La section découvrait sur les listes de réfractaires de nombreux noms de jeunes gens de la circonscription. Aucun dossier de recherches n'a été ouvert. Les procès-verbaux dressés par les brigades intéressées constataient des recherches infructueuses. Les jeunes gens présents dans l'arrondissement étaient prévenus et pouvaient ainsi échapper au STO.

Concernant le maquis :

De nombreux réfractaires au Service du travail obligatoire venant d'autres régions s'étaient réfugiés soit dans les marais bordant la Gironde, à l'ouest de Saint-Ciers, soit dans les bois de Marcillac et de Reignac. Ils constituèrent ainsi le noyau d'un maquis. [...] Ces réfractaires ne furent jamais officiellement questionnés sur le motif de leur présence dans l'arrondissement. Ils purent ainsi se scinder avec le maquis de Reignac, créé en juillet 1944.

Concernant les Israélites :

Le 11 janvier 1944, le commandant de brigade de Saint-Ciers recevait l'ordre de procéder à l'arrestation de six Israélites résidant sur le territoire de sa circonscription. Il fit prévenir les Juifs, qui purent s'échapper. Leur arrestation ne put avoir lieu.

Concernant l'aide à la Résistance :

Dans le courant de 1942, le gendarme Gasqueton, commandant le poste de Saint-Yzan, devenu depuis la brigade de Saint-Yzan, recevait la visite d'un instituteur du nom de Bannicq, qui l'informait de la création dans la localité d'un groupe de résistance. Gasqueton donnait l'assurance que la gendarmerie ne ferait rien pour entraver l'action du groupe. Cette promesse fut tenue.

Vers le milieu d'octobre 1943, le même gendarme Gasqueton, qui commandait provisoirement la brigade de Saint-Yzan, recevait la visite de policiers allemands et de policiers français, qui le questionnèrent sur l'existence dans la localité d'un groupement de résistance. Le gendarme, ignorant tout, ne put répondre aux enquêteurs, mais, le soir même, Bannicq était prévenu par ses soins et le dépôt d'armes, mis en lieu sûr.

En janvier 1944, Bannicq était arrêté par la Gestapo à la suite d'imprudences commises par lui, suppose-t-on.

À la suite de cette arrestation, de nombreux habitants de la région
étaient contraints de fuir pour échapper à la police allemande.

Le gendarme Doumenjou, de la brigade de Saint-Yzan, de service à la
gare de Saint-Mariens, a assisté au départ précipité de ces résistants. Le
gendarme remarque même que l'un d'eux emportait sa mitraillette dissimulée sous son manteau.

Craignant une nouvelle imprudence, Doumenjou surveilla les abords de
la gare jusqu'au départ du train, prêt à avertir les fugitifs d'un éventuel
danger.

Dans la nuit du 6 au 7 février 1944, sept locomotives du dépôt de
Saint-Mariens étaient, à la suite d'un sabotage, rendues inutilisables. Bien
que connaissant les auteurs de cet attentat, la brigade de Saint-Yzan ne
fit rien pour les découvrir ; elle fut dessaisie au profit de la section des
affaires politiques.

**Rapport du capitaine Regad, commandant provisoirement la sec-
tion de gendarmerie de Bordeaux, sur la participation de la gendarmerie à la Résistance**

Le 20 janvier 1945

Le maréchal des logis-chef Marquette, de la brigade d'Arcachon, faisait
partie du service de renseignements, 2e bureau, interallié, groupe Phidias,
lieutenant Maurice. Il était inscrit à Londres sous un numéro spécial et a
obtenu une lettre de félicitations du colonel commandant la légion.

Le gendarme Deyres, de la brigade d'Arcachon, propagandiste gaulliste, a servi d'agent de liaison en ce qui concerne l'établissement des
cartes d'identité pour les hommes ne voulant pas servir au STO et un
évadé. Arrêté par la Gestapo comme figurant sur une liste de résistance,
il a été incarcéré au fort du Hâ, à Bordeaux, du 1er au 19 juillet 1944.

L'adjudant Renet, de la brigade de Castelnau, a favorisé en février
1943, avec M. Brousse, de Castelnau, qui l'avait reçu, et M. Nelson
Gaston, d'Avesan, qui l'a hébergé pendant une semaine, la fuite en
Espagne d'un parachutiste américain.

Le maréchal des logis-chef Destrade, commandant la brigade de Macau, en août 1944, en accord avec le Dr Jousset, de Macau, a facilité le départ de plusieurs jeunes gens des chantiers de jeunesse et de deux assistantes sociales qui étaient au camp de Macau et qui craignaient d'être livrés aux Allemands par le chef B. Ce dernier a été arrêté à Lyon à la suite de ces faits.

L'adjudant-chef Petit, de la brigade de Mérignac, a favorisé le passage en zone libre de huit prisonniers de guerre évadés, dont un lieutenant, dentiste, en établissant des fiches de démobilisation (fin septembre 1940).

En décembre 1941, en accord avec le capitaine Pages et les gendarmes de sa brigade, il a récupéré 4 tonnes de cuivre sous-traitées aux Allemands, métal qui a été caché dans le casernement.

En octobre 1942, il a favorisé la fuite de Raffoux Roger, de Paris, recherché par la Gestapo. De garde au fort du Hâ, il a fait parvenir de nombreuses lettres aux familles des internés.

L'adjudant-chef Petit s'est successivement mis en relation avec certains chefs de la Résistance : Dr Essen, de Bordeaux, lieutenant Mazen, du groupe Carnot. Il a fourni à tous ces chefs de précieux renseignements d'ordre militaire et a participé à l'organisation des FFI du détachement de Mérignac. A été l'objet d'une lettre de félicitations du colonel commandant la légion.

Rapports de la brigade de gendarmerie de Carcans, section de Lesparre, sur le soldat hindou Y.

Voici l'illustration d'un des épisodes les plus méconnus de la Seconde Guerre mondiale : une poignée de soldats hindous, farouchement indépendantistes, ont été enrôlés dans l'armée allemande. Ils avaient posé une seule condition : ne combattre que les troupes britanniques. Quelques colonnes hindoues sont passées par Bordeaux lors des combats de la Libération avant de refluer vers le nord. Dans les archives de la compagnie de la Gironde figure un dossier d'un criminel de guerre présumé, Y. À l'intérieur, plusieurs rapports de gendarmerie évoquent son parcours.

Le 12 août 1946

Affaire Y.

Y. : soldat hindou d'une unité allemande stationnant en mai 1944 à Lacanau (Gironde) et tenant les blockhaus échelonnés le long de la côte. [...]

Inculpé de meurtre ou complicité (crime de guerre). Au cas découverte, procéder à arrestation.

*

Le 8 novembre 1946

Nous soussignés Fifty (Jean), maréchal des logis-chef, et Bouyoux (Émile)

Enquête :

M. Thébault (Omer), trente-sept ans, instituteur et secrétaire de mairie à Arçay (Cher), déclare :

« Je me souviens des colonnes allemandes qui sont passées à Arçay en 1944. La colonne composée d'Hindous est passée à Arçay le 31 août 1944 et a quitté le pays le 1er septembre. Aucun de ces militaires n'a été identifié.

« Quelques jours plus tard, le 7 septembre, les premiers éléments de la division Elster sont arrivés, mais composés uniquement d'éléments allemands.

Le général Elster a capitulé le 2 septembre et sa division s'est rendue, avec armes et munitions, au camp américain, dans les environs d'Orléans. Il ne semble pas que la division d'Hindous ait relation avec la division Elster, car ces deux colonnes sont passées à quelques jours d'intervalle. »

Dans le dossier, on trouve également la note suivante, de la brigade d'Ihringen, près de Fribourg.

Le 21 janvier 1947

Fin juillet 1944, un maquis (AS) de la compagnie du Charollais s'est créé au hameau de La Petite-Faye, commune de Marly-sur-Arroux (Saône-et-Loire).

Vers le 10 septembre, des patrouilles de cette formation, sous mon commandement, ont parcouru la région d'Issy-l'Évêque, recherchant des petits éléments ennemis dispersés du gros des troupes en repli.

Une demi-douzaine de soldats hindous, réfugiés dans les bois, ont été mis ainsi hors d'état de nuire.

Après avoir été désarmés, ils ont grossi les rangs d'une colonne de prisonniers allemands de la Wehrmacht au nombre d'environ cent dix, capturés les jours précédents.

Il est à préciser que ces soldats de couleur n'ont été trouvés en possession d'aucun papier d'identité.

Quelques jours après, tous ces prisonniers allemands et hindous ont été conduits par mes soins à la gare de Toulon-sur-Arroux et dirigés sur Digoin. Dans cette ville, ils ont été remis au commandant du camp.

D'utiles recherches peuvent être poursuivies en ce lieu.

HAUTE-GARONNE

Soupçons

Rapport du capitaine Luquet, commandant la section de gendarmerie de Toulouse, sur les motifs de l'arrestation de l'adjudant-chef B.

Toulouse, le 30 octobre 1944

De l'enquête effectuée sur le motif de l'arrestation de l'adjudant-chef Bouche, il résulte ce qui suit :

L'adjudant-chef, entendu par le service de surveillance du territoire comme témoin dans une affaire, a été inculpé en tant que délateur auprès d'un agent allemand.

Cette affaire intéressant la défense nationale a un caractère secret et son dossier ne peut être communiqué.

Rapport du capitaine Morival, commandant la section de gendarmerie de Muret, sur un incident provoqué par la présence de deux soldats alsaciens ayant servi dans les formations de SS d'une division allemande qui a cantonné dans la région au cours de l'été 1944

Muret, le 4 janvier 1945

Au cours de la nuit du 30 au 31 décembre 1944, des croix gammées ont été dessinées à la peinture par des inconnus, sur les murs de deux habitations des localités du Vernet et de Vénerque, canton d'Auterive. [...]

Il a pu être établi que ces faits avaient pour cause la présence de deux soldats d'origine alsacienne : B. Daniel et W. Jean, qui étaient incorporés au 1er bataillon d'Alsaciens-Lorrains FFI compagnie de Londres, en garnison à l'école militaire à Paris.

Avant leur incorporation aux FFI, ils avaient appartenu aux formations de SS d'une division allemande, qui ont cantonné à Vénerque et à Le Vernet au cours de l'été 1944.

Pendant leur présence dans la région, B. avait connu particulièrement la famille S., qui exploite un commerce d'épicerie à Le Vernet ; d'autre part, W. avait fait la connaissance de la famille D., à Vénerque, et ils ont trouvé tout naturel de passer leur permission chez ces gens-là. Or, il est avéré que les éléments de SS qui ont cantonné dans ces deux localités ont exécuté les massacres de Miremont et de Rimont (Ariège), et se sont en outre rendus coupables de plusieurs autres exécutions dans la région. Les fréquentations assez assidues de certains de ces Allemands avec les deux familles ont attiré à leurs égards la suspicion de la part des populations, qui les ont désignées comme collaborationnistes.

En conséquence, la présence des deux anciens soldats allemands a eu pour effet de surexciter la population contre les soldats et les familles. L'intervention de la gendarmerie a eu pour effet de calmer les esprits.

Les gendarmes et la Libération

Rapport du capitaine Luquet, commandant la section de gendarmerie de Toulouse, sur les accusations formulées contre le gendarme S.

Toulouse, le 6 janvier 1945

De l'examen du dossier concernant le gendarme S. Armand, Frédéric, Roger, il résulte ce qui suit :

Le capitaine Blanchet, commandant de la section d'Auch, dans sa note n° 70/2 du 2 octobre 1944, a accusé ce gendarme d'avoir toujours été hostile à la Résistance, d'avoir résolument travaillé contre elle en rapportant à la Milice ce qu'il apprenait ou voyait à la caserne de gendarmerie. D'avoir gêné les éléments résistants de la gendarmerie d'Auch.

Le capitaine Berge, commandant la section de Condom, dans son rapport n° 17/4 du 26 octobre 1944, donne les précisions suivantes :

S. était très lié avec le chef d'escadron en retraite T., milicien notoire détenu à la maison d'arrêt d'Auch sous l'inculpation de trahison. Ce gendarme a été surpris un soir dans le bureau de la compagnie du Gers interceptant une communication téléphonique.

Le gendarme, S., se défend énergiquement des accusations dont il est l'objet.

Le capitaine Berge, dans son rapport n° 2/4 du 3 janvier 1945, s'appuyant sur des attestations de gendarmes, accuse finalement le gendarme S. d'avoir :

– témoigné d'une curiosité intempestive, surtout en ce qui concerne ses camarades résistants,

– fréquenté la famille T., composée de miliciens,

– maintes fois étalé son admiration pour la Wehrmacht et n'avoir pas caché de satisfaction lors de l'entrée des Allemands en zone libre,

– d'avoir un fils SOL [Service d'ordre légionnaire] qui se serait vanté de pouvoir faire arrêter les fils de deux gendarmes résistants.

En tout état de cause, j'estime qu'on ne peut se prononcer sur cette affaire qu'après avoir interrogé directement les témoins, à charge comme à décharge [...], notamment si les accusations mentionnées au paragraphe 3 ci-dessus sont justifiées.

LANDES

Les guérilleros espagnols contre Franco

Rapport de la compagnie de gendarmerie des Landes

Mont-de-Marsan, le 25 septembre 1944

Les communistes espagnols (guérilleros espagnols, 24e division) ont distribué des tracts annonçant la reconstitution des Forces libres d'Espagne en vue de la libération de leur patrie [...]. Les guérilleros espagnols, organisés sur le plan régional, déclarent vouloir donner un coup de main aux camarades français qui les ont si bien accueillis en 1937 et passer ensuite en Espagne pour y renverser le régime de Franco.

Rapport du chef d'escadron Peytou[1], commandant la compagnie de gendarmerie des Landes

Mont-de-Marsan, le 16 novembre 1944

L'attitude des partis politiques cherchant à exploiter la situation à leur propre profit est généralement commentée d'une manière défavorable. La population craint encore quelque peu le communisme. Les Français ont combattu le « Boche » en pensant avant tout à reconquérir leur liberté. Une dictature, même d'extrême gauche, serait désapprouvée par la majorité du peuple.

---

1. En avril 1941, Antoine Peytou, commandant la section de Mont-de-Marsan, a été arrêté et incarcéré par les Allemands pour avoir transmis du courrier par-delà la ligne de démarcation. Après sa libération, il a participé aux activités de résistance dans la région. À l'été 1944, il a été rappelé pour diriger la compagnie des Landes.

Rapport du chef d'escadron Peytou, commandant la compagnie de gendarmerie des Landes, au président du comité départemental de la Libération

Deux veuves ont porté plainte contre les gendarmes en décembre 1944.

Mont-de-Marsan, le 22 février 1945

Aujourd'hui plus qu'hier, il est nécessaire de mettre un terme aux accusations mensongères portées contre notre arme [...]. L'attentat commis par la bande à laquelle appartenaient les personnes arrêtées chez les plaignantes entre dans le cadre du droit commun et non dans celui des délits politiques [...]. L'opinion de cet officier est claire et la confusion n'est pas possible : il y a lieu de ne pas confondre entre délinquant de droit commun, c'est-à-dire malfaiteur, et maquisard, synonyme de patriote.

Rapport du chef d'escadron Peytou, commandant la compagnie de gendarmerie des Landes, au préfet des Landes

Mont-de-Marsan, le 8 mars 1945

Depuis la libération du département, certains individus, se targuant d'appartenir à des groupements semi-militaires, la plupart repris de justice, s'étaient constitués en association et spécialisés dans les vols à main armée [...]. De son activité était né un véritable régime de terreur et, dès la nuit venue, le paysan se barricadait chez lui.

[Les gendarmes interviennent et interpellent le groupe.]

Les vols à main armée ont cessé [...]. De cette succession d'opérations [...], il est réconfortant de constater que le gendarme est et reste le soldat d'élite.

LOT-ET-GARONNE

Brevets de résistance

Rapport du capitaine Campan, commandant la section de gendarmerie d'Agen, sur le comportement durant l'Occupation de Bartherotte Elie, en résidence à Laplume

[Date non déterminée]

Né le 16 avril 1918, cultivateur, très digne pendant l'Occupation, aucune relation avec la Wehrmacht et n'a jamais œuvré dans le sens de la collaboration. Il n'a jamais caché ses sentiments antinazis et de voir la déroute des hordes teutonnes.

Bartherotte se tenait en liaison avec le groupe de résistance de la région de Laplume, qu'il ravitaillait. Son beau-père, M. Monthus René, a été arrêté le 14 décembre 1943 à son domicile par la Gestapo et déporté en Allemagne, pour avoir assisté à un parachutage.

V

La gendarmerie et Pétain

Quand les gendarmes
veillaient sur le Maréchal

Depuis le mois d'octobre 1940 et jusqu'au 20 août 1944, les gendarmes disposent à Vichy (Allier) d'une position stratégique. Ils sont chargés d'assurer la sécurité du maréchal Pétain, notamment dans les locaux qu'il occupe à l'Hôtel du Parc. La « Compagnie de garde personnelle du chef de l'État », unité de protection et d'apparat, ne compte pas moins de quatre cent vingt hommes.

Ces militaires, qui lors de leurs services d'honneur portent veste en cuir et casque à bourrelet, sont soigneusement sélectionnés en fonction de leur notation, voire de leurs décorations et de leur prestance. Ils ont tous combattu pendant la campagne de 1940. Leur chef, le très rigide lieutenant-colonel Barré, garde un œil attentif à leur tenue lors des cérémonies, épie leur comportement lorsqu'ils se promènent en ville et se documente sur leurs relations, y compris lorsqu'il s'agit de mariage. « Les renseignements recueillis paraissent bons [...]. Toutefois, une sœur de Mlle F. étant par ailleurs mariée à un Juif, on peut se demander si l'union projetée paraît convenable », écrit l'officier supérieur. Le cas remonte jusqu'à la direction générale, qui avalise finalement le projet d'union.

709

Comme tous les Français, les hommes de la garde personnelle du chef de l'État connaissent les affres du logement. « Les quelques villas à l'extérieur de la ville, qui étaient louées nues, sont entre les mains de fonctionnaires repliés depuis juin 1940. Il n'y a donc pas de place actuellement pour les militaires du corps de la garde, lesquels vivent en meublé. Malgré les difficultés réelles, j'ai donné des ordres pour que la recherche des logements nus soit poussée activement », note Barré. Les quatre pelotons, auxquels il faut ajouter un peloton motocycliste et une formation de musique, seront finalement hébergés à la caserne d'Orvilliers et dans les baraquements en bois du concours hippique de Vichy.

Le maréchal en son jardin

Que la guerre paraît lointaine vue d'ici, même si la commission allemande d'armistice se plaint d'un « obscurcissement insuffisant de l'éclairage privé » et du « retard dans l'extinction de l'éclairage public en cas d'alerte ». Les archives de l'unité rendent compte de préoccupations essentiellement administratives et protocolaires, comme en témoigne ce « programme de cérémonie de remise du drapeau » en 1942 :

« Ce matin à 9 h 15, le Maréchal a remis le drapeau de la gendarmerie à sa garde personnelle. La cérémonie, toute intime, s'est déroulée dans la cour d'honneur du château de Charmeil, en présence du général Bridoux, secrétaire d'État à la Guerre, de M. Chasserat, directeur général de la gendarmerie, du général Fossier, directeur adjoint de la gendarmerie [...]. Après que le Maréchal eut remis le drapeau au capitaine Huet, commandant la Compagnie de garde, le général Fossier en une allocution très courte a rappelé aux gendarmes leurs devoirs envers le drapeau, exaltant en eux l'esprit d'abnégation et de sacrifice. Il leur a dit notamment : "C'est une fidélité, une loyauté, un dévouement absolus et de tous les instants que vous devez à la personne du Maréchal et à son œuvre, et qui doivent se manifester aussi bien dans les diverses circonstances du service que dans votre vie privée." »

Certains rapports, particulièrement lyriques, rappellent la tonalité des articles de presse de l'époque. « À 9 h 15 précises, le Maréchal, en tenue kaki, paraît sur le perron. Les troupes présentent les armes et les clairons sonnent "Aux champs". Le chef de l'État passe devant le front de la compagnie. Puis les gardes du drapeau, descendante et montante, rejoignent leurs emplacements [...]. Le Maréchal se dirige vers le drapeau, le salue longuement, le prend des mains du lieutenant-colonel Blachère et le remet au capitaine Huet. Chacun des acteurs de cette scène grandiose et inoubliable s'immobilise, et la sonnerie "Au drapeau" a quelque chose de poignant [...]. Ce défilé impeccable d'hommes jeunes et décidés, fiers de leur éminente mission et du surcroît d'honneur qui leur incombe dorénavant, impressionne favorablement les spectateurs, qui, après la cérémonie, s'associeront aux félicitations adressées par le Maréchal [...]. La cérémonie officielle est terminée. Mais voici que revient la batterie de tambours : elle va jouer, devant le chef de l'État, une batterie d'honneur composée pour lui par le gendarme tambour Fouilloux. Visiblement touché, le Maréchal adresse ses compliments avec ses remerciements au jeune compositeur [...]. Un vin d'honneur a été préparé et le Maréchal, qui sait recevoir en grand seigneur, fait aux militaires de sa garde les honneurs de sa propriété, commentant avec bonhomie et en connaisseur toutes les plantations de son jardin. »

Le dimanche, depuis Chamalières, les musiciens de la garde jouent des airs classiques. Ils donneront plus de deux

711

cents concerts radiophoniques. « En outre, il serait bon d'exécuter de temps en temps des airs régionaux orchestrés en marches, tels que *Un petit quinquin*, etc. », propose le chef de musique dans une note de 1943. À la même époque, le cinéma Le Royal donne *Premier de cordée*.

L'organisation de l'arbre de Noël est, chaque année, une grande affaire, préparée dès le début de novembre. Ainsi, une note de 1942 :

« Prière de vouloir bien me faire connaître :

« – qui doit interroger M. Jean Nohain ;

« – quelles sortes de gâteaux et quantités me fournira-t-on par rapport au nombre d'enfants ;

« – le jour qui conviendra le mieux pour la réunion du comité de l'arbre de Noël. »

Les journées se déroulent selon un rythme immuable. Lever à 6 h 30 en été, 7 heures en hiver. Déjeuner à midi. Dîner à 19 heures. Cette quiétude est troublée par de rares incidents. Énigmatiques, comme celui de l'hôtel Majestic, relaté dans les archives. Le 5 décembre 1942, vers 20 heures, le gendarme Auguste Becourt reçoit sur lui « environ le contenu d'un verre d'eau » alors qu'il monte la garde. Le soupçon se porte sur la chambre 390, occupée par un avocat parisien. Mais les archives ne permettent pas de savoir s'il s'agit d'un acte de résistance ou d'un geste maladroit... Un autre mystère, plus délicat à gérer, occupe bientôt les gendarmes. Des inscriptions anti-Allemands ont en effet fleuri sur les murs du stand de tir des Malavaux, à Cusset. « Afin de dégager la responsabilité des militaires de la légion des suspicions qui pourraient peser sur ce corps d'élite », la hiérarchie annonce que « dorénavant » la police devra être avisée de l'utilisation du stand par les gendarmes, qui effectueront une ronde avant l'entraînement pour s'assurer que tout est normal.

Le 9 février 1943, l'un des motards de la garde personnelle du Maréchal décède. Il n'est pas victime d'un attentat perpétré par les « terroristes » (la Résistance parvient certaines nuits à déposer des charges explosives jusque dans le centre de Vichy) mais est tué lors d'un banal accident de la circulation. Le rapport d'accident nous apprend que ce jour-là, en fin d'après-midi, le maréchal des logis-chef Bittel, trente-quatre ans, circule sur la RN 9A, au guidon d'une machine en rodage, lorsqu'il tente d'éviter un camion venant en sens inverse, à la hauteur de Bellerive. Sa tête heurte violemment le trottoir.

Le lieutenant-colonel Barré mène ses hommes à la baguette. « Le dressage des gradés et gendarmes est à faire complètement », se désole-t-il en décembre 1942, après une visite de Pétain à la caserne d'Orvilliers. Jamais cérémonie ne fut aussi déplorablement conduite et exécutée, s'emporte le haut gradé après la relève du 25 juillet 1943. Les officiers, déplore-t-il, « paraissent désemparés dès que le Maréchal apparaît ou que les vivats éclatent. [...] La troupe subit à l'extérieur l'influence de la foule, elle donne l'impression de spectateurs et non d'exécutants. » Ou encore, après la relève de la garde du 9 octobre 1943, cette fois, un événement retransmis à la radio : « Au lieu d'une manifestation grandiose et majestueuse, j'ai eu le sentiment de percevoir un semblant falot de manifestation patriotique. » En ville aussi, le comportement obéit à des règles très strictes dont il n'est pas question de s'affranchir. Comme le rappelle Barré dans sa note du 3 décembre 1942 : « J'ai rencontré ce matin, rue Georges-Clemenceau, un gendarme du corps de la garde personnelle accompagné de sa femme et portant un enfant dans ses bras. Si le geste, en soi, part d'un bon sentiment paternel, il est cependant contraire au règlement. Le capitaine de la compagnie veillera tout particulièrement à ce que ce fait ne se renouvelle pas, ni celui, pour un gendarme, de donner le bras à sa femme en ville. Je suis décidé à sanctionner impitoyablement tout fait de cette nature. »

La sécurité de Pétain lors de ses séjours à l'Hôtel du Parc constitue une préoccupation de tous les instants. « Hier, le planton de la porte du Pontillard a laissé pénétré dans le salon une personne venant du Majestic et qui cherchait son chemin, relève Barré. Je rappelle que lorsque le Maréchal rentre de l'extérieur, tous les inspecteurs de la Sûreté l'ayant suivi, il est nécessaire de s'assurer que le salon, la salle à manger et le couloir conduisant à l'ascenseur ne présentent aucun danger. C'est alors qu'un gendarme doit parcourir cet itinéraire pour la sécurité du Maréchal. » Or, certains plantons s'éclipsent discrètement pour profiter du charme du lieu. « Il m'est signalé que des gendarmes de service à l'Hôtel du Parc se rendent clandestinement au bar de l'hôtel, situé au sous-sol, pour y consommer », s'étrangle Barré, à qui, décidément, rien n'échappe.

Un espion au cœur du pouvoir

L'apparente quiétude qui se dégage des archives de la garde n'est qu'un reflet imparfait de la réalité de l'époque. La plupart des gendarmes éprouvent un sentiment de fierté à servir la figure tutélaire du Maréchal. Mais, à partir de 1943, l'unité est traversée par les lignes de fracture rongeant la société française. En public, le lieutenant Frumin, chef du peloton n° 2, ne laisse rien transparaître de ses sentiments profonds. Originaire des Ardennes, le jeune homme a rejoint l'unité en août 1941. À trente-six ans, il a déjà une solide expérience militaire, éprouvée au feu. Pendant son service militaire, Frumin a d'abord servi au 30ᵉ régiment de Dragons. Puis il a rejoint la gendarmerie en décembre 1927. Mais il était à peine promu sous-lieutenant au mois d'août 1939 que la guerre éclatait et qu'il était envoyé au front. Après la défaite, il a vu défiler les réfugiés de l'est de la France, dont il était chargé de l'hébergement à Lyon.

Dans ses rapports, rien ne permet de mettre en doute son loyalisme vis-à-vis de Pétain. Voici, par exemple, comment il rend compte d'un incident impliquant l'un de ses gendarmes, Roger Curtil. Le 2 mai 1942, vers 21 h 30, celui-ci profite d'une permission de vingt jours pour aller chez ses beaux-frères. « En compagnie de ces derniers, il s'était rendu au hameau des Deschamps, commune de La Chapelle-de-Guinchay (Saône-et-Loire), à l'effet de consommer dans le débit tenu par un nommé Laneyrie, réputé militant communiste avant 1939. À leur arrivée dans ce café, la radio installée dans la salle commune commentait le discours du chef de l'État à l'occasion de son voyage à Thiers, le 1er mai 1942. Dans ce lieu, diverses paroles outrageantes envers le Maréchal, M. Laval et l'amiral Darlan furent prononcées. »

De même lorsque le lieutenant Frumin relate un attentat perpétré par la Résistance. Il est de garde à l'Hôtel du Parc, dans la nuit du 2 au 3 novembre 1942. Vers 3 heures du matin, une « forte explosion, semblant venir du centre de Vichy », est signalée par les sentinelles.

« La façade de l'établissement occupé par le comité de propagande du Maréchal, rue Georges-Clemenceau, avait été détériorée par la déflagration d'un engin explosif. [...] À leur arrivée sur les lieux, ils n'avaient trouvé aucun indice, sauf l'emplacement où avait été déposé l'engin, situé à l'angle nord-est de l'immeuble. »

Moins d'une heure plus tard, une seconde explosion secoue la ville. « Un engin avait fait explosion à proximité du local du PPF (parti populaire français), rue Larbaud. » L'agent de faction dit « avoir entendu le déclenchement d'un mouvement d'horlogerie immédiatement avant la déflagration ». Au début de l'année 1943, Robert Frumin rejoint pourtant le réseau de résistance Alliance. Londres peut désormais compter sur un espion au cœur du pouvoir qui alimente la Résistance en renseignements. L'officier se charge régulièrement de « nettoyer » les corbeilles à papier pour transmettre au réseau les informations confidentielles qui y dorment.

Mais, en septembre 1943, il est arrêté par la Gestapo pour « espionnage et hébergement d'aviateurs anglais ». Il a été dénoncé. Son fils avait dix ans. « Jusque-là, à Vichy, je n'avais jamais manqué de rien. À Noël, les fêtes étaient grandioses pour les gosses. Le Maréchal, je le voyais quand je voulais », témoigne Michel Frumin, des années plus tard, à l'occasion d'un entretien pour l'hebdomadaire *L'Express*, en septembre 2005. Le jour de l'arrestation ? Il s'en souvient, jusqu'aux plus infimes détails. « Ce jour-là, j'étais descendu chercher le pain et mon père remontait la côte à vélo, rentrant à la maison après une nuit de garde. Je lui ai demandé s'il venait avec moi. Il m'a répondu qu'il préférait rentrer se coucher. Ma mère était déjà entre leurs mains. En revenant chez nous, j'ai croisé des motards puis des Citroën aux roues jaunes qui redescendaient. Dans la deuxième voiture, derrière une vitre, j'ai aperçu le visage de mon père. Je le voyais pour la dernière fois. Il avait été désarmé, ses galons avaient été arrachés. Je me souviens que les Allemands sont restés chez moi. Ils ont fait la foire pendant quinze jours, allant même jusqu'à voler mes sacs en cuir. » L'épouse de l'officier est elle aussi arrêtée et incarcérée pendant deux mois. Robert Frumin se trouve, quant à lui, interné à la prison de Clermont-Ferrand, puis transféré à Fresnes (Val-de-Marne), en octobre 1943. Il est ensuite déporté à la forteresse de Rastatt. Torturé, il est finalement assassiné par les Allemands le 24 novembre 1944 et son corps, jeté dans le Rhin avec ceux d'une douzaine de membres du réseau. Frumin sera fait chevalier de l'ordre de la Légion d'honneur à titre posthume, promu capitaine, et deviendra parrain de la 111ᵉ promotion d'officiers de gendarmerie (2005-2006).

Les archives de la garde conservent la trace d'un émouvant échange de courriers entre le chef de l'unité et l'épouse du déporté. « J'ai reçu votre lettre du 9 juin 1944. Je m'empresse de vous faire connaître que, malgré les démarches faites auprès de la Gestapo, il ne m'a pas été possible jusqu'à maintenant d'obtenir de renseignements sur le séjour actuel de votre mari, que l'on suppose être avec les officiers de gendarmerie rassemblés en Allemagne. Je dis "on suppose" parce que le renseignement ci-dessus m'a été donné par une personne qui l'aurait reconnu sans pouvoir lui parler [...]. Il m'est bien agréable de savoir votre fils en bonne santé et à l'abri. »

« Après l'arrestation de mes parents, j'ai été récupéré par des voisins, puis le colonel Barré m'a recueilli, relate le fils, Michel. Mais il avait une famille nombreuse. Moi, j'étais enfant unique, et pour tout dire ça ne me plaisait pas trop. On m'a confié à des gens de ma famille. Je ne savais rien de toute cette histoire de Résistance. À dix ans, on ne me parlait pas de ces choses-là. La Gestapo disait que mon père cachait des aviateurs anglais à la maison. Je n'en ai jamais vu chez moi. Mais j'ai appris qu'il disposait d'une somme d'argent pour leur permettre de regagner l'Angleterre. »

La garde bascule dans la Résistance

À Vichy, la tension monte d'un cran en cette fin d'année 1943. En décembre, Barré fait renforcer la surveillance des voitures affectées au Maréchal. Le garage Palace est désormais relié « par ligne téléphonique directe » à la caserne d'Orvilliers. En cas d'attaque, pour « se saisir des bandits », un renfort de quinze gendarmes, armés de fusils, sera envoyé sur place, « dix par l'avenue Victoria, cinq par la rue Nationale ». Le moral des troupes décline. Le 5 juin 1944, à la veille du débarquement des Alliés en Normandie, la hiérarchie diffuse une savoureuse note de service : « Afin de stimuler le zèle, je décide d'organiser un concours dit du plus beau jardin. Ce plus beau jardin sera celui qui aura donné les plus beaux légumes et la plus grande quantité de légumes. » Les légumes n'y font rien. La discipline se relâche, ce qui fait toujours bouillir le colonel Barré. Le 6 juin, pendant que les combats font rage à Omaha Beach, Barré aperçoit quatre élèves gendarmes flâner devant l'Hôtel du Parc. « Ces quatre militaires sont passés devant des gendarmes de plus de cinq ans de service sans les saluer et ceux-ci n'ont pas non plus exigé de salut. J'en ai été profondément frappé. » Le 28, toutes les permissions sont supprimées par le haut commandement. Décidément, rien ne va plus : un gendarme vient d'être « compromis dans une affaire d'avortement ». Le 10 juillet, on fait le plein des véhicules « prêts à répondre à tout appel dans la minute ». Trois gendarmes sont portés déserteurs depuis le 5. Le 7 juillet, le chef d'escadron Hurtel, membre de l'ORA (Organisation de résistance de l'armée), et le lieutenant Bertrand sont arrêtés par la Gestapo pour « participation à un complot » contre Laval. Après la Libération, Hurtel consignera dans un rapport les doutes qui le taraudent concernant deux de ses anciens camarades. Et notamment l'un d'entre eux, le gendarme D., ex-légionnaire d'origine suisse, qui, dit-il, cherchait à quitter la gendarmerie pour « entrer au service des Allemands et accumulait les fautes pour se faire remarquer ». D., assure l'officier résistant, « était capable de dévoiler aux Allemands l'instruction donnée secrètement au personnel sur l'utilisation des armes automatiques, et aussi la présence d'un dépôt d'armes automatiques et de munitions existant clandestinement à la garde personnelle ». C'est pourquoi ce collaborateur présumé avait été interné au camp de Saint-Paul-d'Eyjeaux, le 9 septembre 1943. Mais, « libéré assez rapidement sur intervention des Allemands, D. réapparaissait à Vichy au début de juillet 1944 » et reprenait contact avec certains gendarmes. « Prié de s'éloigner des casernements, poursuit Hurtel, il s'exécuta. Quinze jours après, j'étais arrêté par la Gestapo. J'ignore encore si D. est à l'origine de mon arrestation, mais les circonstances de celle-ci sont telles qu'il m'est permis de supposer qu'il n'y est pas totalement étranger. Je m'attache d'ailleurs à retrouver la trace de cet homme. »

Au beau milieu de l'été 1944, la pénurie d'essence menace. Une note du 5 août déplore que « les déplacements actuels de l'escorte de Monsieur le Maréchal de Vichy au château du Lonzat entraînent une consommation mensuelle de 500 litres d'essence ». Devant l'avancée alliée, Pétain est finalement exfiltré vers Belfort, puis vers Sigmaringen, en Allemagne. Un rapport rédigé après la Libération, en novembre 1944, témoigne que « le 20 août 1944, les gendarmes Blanchard, Sentenac et Ollagnier ont reçu l'ordre de quitter Vichy par la route, comme chauffeurs ou motocyclistes d'escorte, pour accompagner le Maréchal quittant Vichy ». À l'automne, ces gendarmes, capturés par les Alliés, se trouvaient toujours « retenus » en Allemagne. Ils avaient seulement réussi à adresser à leur commandement une *postkarte* datée du 20 septembre, « par le canal d'une ambassade étrangère ».

À la fin d'août 1944, la garde ne se rend toujours pas. Une partie passe à la Résistance. Les éléments qui la composent rejoignent le maquis d'Auvergne, au col de la Plantade (Puy-de-Dôme). Tardivement, certes. Mais ces soldats, longtemps dévoués corps et âme à Pétain, paient le prix fort : ils perdent sept hommes dans des accrochages avec les Allemands. Un rapport du 11 janvier 1945 décrit par exemple les derniers instants du gendarme Schmeltz, « tué au cours d'une opération de guerre, le 25 août 1944, au château de La Croix-de-l'Orme, commune de Billy (Allier). [...] Passé au maquis le 23 août 1944, avec les unités encadrées de la garde personnelle du chef de l'État qui avaient rejoint le groupe Didier des Forces françaises de l'intérieur, le gendarme Schmeltz faisait partie, le 25 août, d'un groupe de reconnaissance [...] chargé d'une mission de reconnaissance et de récupération d'armes automatiques au château du Lonzat, commune de Marcenat (Allier). Tombé dans une embuscade ennemie, le gendarme Schmeltz et tous ses camarades ont été menés au château de La Croix-de-l'Orme, torturés sous prétexte d'appartenir au maquis, puis achevés à coups de feu. » Quant au lieutenant Bertrand, qui, après son arrestation, a réussi lui aussi à rejoindre les FFI, il est fait prisonnier par les Allemands et déporté à Dora, où il meurt le 3 avril 1945.

Le 6 septembre 1944, le capitaine Dailly reprend le commandement provisoire de la légion de la garde personnelle. On signe son arrêt de mort administratif : le 9 septembre 1944, la garde du Maréchal est officiellement dissoute.

Repères chronologiques

1939

1er septembre : les troupes allemandes envahissent la Pologne.

3 septembre : le Royaume-Uni et la France déclarent la guerre à l'Allemagne.

1940

10 mai : offensive allemande dans les Ardennes, en Belgique et aux Pays-Bas.

10 juin : l'Italie déclare la guerre à la France.

18 juin : depuis Londres, le général de Gaulle appelle à poursuivre la lutte.

22 juin : l'armistice avec l'Allemagne est signé à Rethondes. Des « commissions d'armistice » inspectent le matériel des brigades. La sous-direction de la gendarmerie se fixe bientôt à Vichy, dans l'Allier (jusqu'en août 1944). Le personnel de la gendarmerie devra prêter serment de fidélité au chef de l'État en 1941.

24 juin : signature de l'armistice avec l'Italie.

3 juillet : attaque britannique pour neutraliser la flotte française à Mers el-Kébir (mille deux cents marins français sont tués).

4 juillet : Pierre Chasserat, maître des requêtes au conseil d'État,

est nommé directeur du contentieux, de la justice militaire et de la gendarmerie.

10 juillet : le maréchal Pétain reçoit les pleins pouvoirs de l'Assemblée nationale. Pierre Laval est nommé vice-président du Conseil deux jours plus tard.

18 juillet : la direction des services de l'armistice crée une délégation pour la gendarmerie.

2 août : de Gaulle est condamné à mort par contumace pour trahison et désertion.

13 août : premières lois discriminatoires contre les francs-maçons, puis les Juifs (3 octobre 1940 et 2 juin 1941). Épuration annoncée du personnel de la gendarmerie.

15 août : la garde républicaine est rattachée à la préfecture de police de Paris.

23 septembre : les forces britanniques et gaullistes tentent de prendre pied à Dakar. C'est un échec.

24 octobre : rencontre Hitler-Pétain dans la petite gare de Montoire-sur-le-Loir. Le maréchal engage clairement la France dans la « voie de la collaboration ».

Automne : création d'une garde personnelle du chef de l'État composée de gendarmes chargés de sa sécurité à l'Hôtel du Parc, à Vichy.

11 novembre : manifestation patriotique d'étudiants parisiens à l'Arc de triomphe ; une centaine d'entre eux sont arrêtés.

13 décembre : Laval est limogé par Pétain. Il est remplacé par Flandin puis Darlan.

15 décembre : transfert des cendres de l'Aiglon aux Invalides.

1941

Mars : le sort des cinq mille gendarmes prisonniers se débloque. En mars, deux mille gendarmes obtiennent l'autorisation de rentrer chez eux, leur libération se fait au compte-gouttes. Mais cinq cents officiers, gradés ou gendarmes resteront internés jusqu'à la fin du conflit.

Mai et juin : grève des mineurs dans le Pas-de-Calais et dans le Nord.

Juin : les Britanniques et les Forces françaises libres s'implantent au Liban et en Syrie après une campagne contre les forces françaises fidèles à Vichy.

21 juin : l'Allemagne envahit l'URSS.

21 août : assassinat de l'enseigne de vaisseau Moser par Pierre Georges, dit « colonel Fabien », à la station de métro Barbès-Rochechouart. La résistance armée voulue par le parti communiste s'amplifie.

20 octobre : assassinat du Feldkommandant de Nantes.

22 octobre : en représailles, vingt-sept otages du camp de Châteaubriant (Loire-Atlantique) sont fusillés. Parmi eux, Guy Môquet, jeune militant communiste de dix-sept ans.

7 décembre : les Japonais attaquent la marine américaine à Pearl Harbour.

30 décembre : première exécution d'un gendarme par l'occupant, Maxime Garin, de la brigade de Moreuil (Somme).

1942

18 avril : Laval revient à la tête du gouvernement sous la pression des Allemands.

23 avril : une nouvelle instruction renforce le « fichage » dans chaque compagnie de zone libre.

5 mai : le général SS Oberg devient chef suprême de la police allemande et des SS en France.

Juin : la gendarmerie est placée sous l'autorité directe du chef du gouvernement.

22 juin : Laval déclare qu'il souhaite la victoire de l'Allemagne pour contrer le communisme. Il annonce le dispositif de la « relève » (retour d'un prisonnier en échange du départ en Allemagne de trois ouvriers).

16 et 17 juillet : rafle du Vél'd'Hiv, à Paris et en région parisienne.

26 août : rafle en zone sud.

8 novembre : débarquement anglo-américain en Afrique du Nord.

11 novembre : les Allemands envahissent la zone libre. Les Italiens, eux, sont notamment présents dans les Alpes-Maritimes, le Var, la Drôme et la Savoie.

27 novembre : une grande partie de la flotte française se saborde à Toulon.

24 décembre : assassinat de l'amiral Darlan à Alger.

1943

9 janvier : réorganisation des légions de gendarmerie.

30 janvier : création de la Milice française ; Darnand en est le secrétaire général.

2 février : victoire soviétique à Stalingrad.

16 février : instauration du Service du travail obligatoire (STO) pour les Français nés entre 1920 et 1922.

4 avril : bombardement britannique sur les usines Renault de Boulogne-Billancourt.

21 juin : arrestation de Jean Moulin à Caluire, près de Lyon. Il était chargé par de Gaulle d'unifier les mouvements de résistance. Torturé, il meurt lors de son transfert en Allemagne.

Juillet : les Américains et les Britanniques débarquent en Sicile, puis prennent pied dans la péninsule à partir de septembre.

22 juillet : une loi permet aux gendarmes de faire usage de leurs armes après l'appel : « Halte, gendarmerie ! »

1er septembre : le général Martin est nommé à la tête de la direction générale de la gendarmerie nationale.

3 septembre : évasion du général de Lattre de Tassigny de la prison de Riom, grâce notamment à la complicité d'un gendarme. De hauts responsables de la gendarmerie en Auvergne sont arrêtés.

9 septembre : soulèvement, puis libération de la Corse. Le chef d'escadron Paulin Colonna d'Istria avait été chargé au préalable d'unifier les mouvements de résistance.

30 décembre : Joseph Darnand, secrétaire général de la Milice,

devient secrétaire général au maintien de l'ordre, en remplacement de René Bousquet.

1944

23 janvier : Joseph Darnand ordonne aux préfets de sanctionner les gendarmes qui ne lutteraient pas assez ardemment contre le « terrorisme ».

14 février : un arrêté de Joseph Darnand implique de plus en plus la gendarmerie dans la répression. Les gendarmes doivent participer aux pelotons d'exécution des cours martiales.

Du 18 au 26 mars : troupes allemandes et miliciens français donnent l'assaut du maquis des Glières, en Haute-Savoie.

Mai : nombreux raids aériens de l'aviation alliée sur les villes françaises. Ils font des milliers de victimes civiles.

6 juin : débarquement allié en Normandie.

8 juin : regroupement des brigades de gendarmerie aux chefs-lieux d'arrondissement ou de département.

9 juin : la ville de Tulle est reprise par la division Das Reich. Les Allemands accusent les FTP (Francs-tireurs et partisans) d'avoir exécuté des blessés. Ils pendent quatre-vingt-dix-neuf habitants.

10 juin : les SS massacrent six cent quarante-deux civils à Oradour-sur-Glane.

15 juin : création des tribunaux du maintien de l'ordre pour juger les abandons de poste.

27 juin : ordonnance du gouvernement provisoire de la République française (GPRF) fixant les règles de l'épuration administrative.

28 juin : le secrétaire d'État à la propagande, Philippe Henriot, est tué par des résistants.

7 juillet : la Milice exécute Georges Mandel, ancien ministre de l'Intérieur du gouvernement Reynaud.

21 juillet : le lieutenant-colonel Girard est nommé par la GPRF à la tête de la nouvelle direction de la gendarmerie nationale.

Du 21 au 23 juillet : les troupes allemandes anéantissent le maquis du Vercors.

15 août : débarquement en Provence.

16 août : les Allemands exécutent trente-cinq jeunes résistants à la cascade du bois de Boulogne, à Paris.

20 août : Pétain est enlevé par les Allemands à Vichy, conduit à Belfort puis à Sigmaringen, en Allemagne.

25 août : libération de Paris.

9 septembre : dissolution de la garde personnelle du chef de l'État.

13 novembre : le nouveau directeur de la gendarmerie diffuse une circulaire demandant aux unités de recenser les « services rendus par notre personnel à la cause de la Libération depuis le 25 juin 1940 ».

23 novembre : libération de Strasbourg.

25 novembre : le colonel Meunier est nommé à la tête de la direction de la gendarmerie.

Décembre : contre-offensive allemande dans les Ardennes.

1945

27 janvier : libération d'Auschwitz-Birkenau.

Avril 1945 : libération de Dachau. Chute de la poche de Royan.

25 avril : Pétain se rend aux autorités françaises pour être jugé.

30 avril : Hitler se suicide.

8 mai : capitulation de l'Allemagne.

6 août : première bombe atomique, lancée sur Hiroshima, puis sur Nagasaki le 9 août.

15 août : Pétain est condamné à mort par la Haute Cour de justice, peine commuée en détention à perpétuité (il meurt en juillet 1951).

Bibliographie

ACCOE, Pierre, *Les Gendarmes et la Résistance*, Presses de la Cité, 2001

AMOUROUX, Henri, *La Grande Histoire des Français après l'Occupation – Les règlements de comptes, la page n'est pas encore tournée, septembre 1944-octobre 1945*, Robert Laffont, collection Bouquins, 1999

AUGUSTIN, Jean-Marie, *Le Plan bleu – 1947, un complot contre la République*, Geste Éditions, 2006

BASSE, Pierre-Louis, *Guy Môquet – Une enfance fusillée*, Stock, 2000

CAZALS, Claude, *La Gendarmerie sous l'Occupation*, Éditions La Musse, 1991
— *La Gendarmerie et la Libération*, Éditions La Musse, 2001

CONAN, Éric, *Sans oublier les enfants – Les camps de Pithiviers et de Beaune-la-Rolande, 19 juillet-16 septembre 1942*, Le livre de poche, 2006

HABERBUSCH, Benoît, *La Gendarmerie en Deux-Sèvres sous l'Occupation*, Geste Éditions, 2007

LUC, Jean-Noël, *Histoire de la maréchaussée et de la gendarmerie*, guide de recherche, service historique de la gendarmerie nationale, 2004

Chronique d'une France occupée

MARCOT, François (sous la direction de), *Dictionnaire historique de la Résistance*, Robert Laffont, collection Bouquins, 2006

MOURAZ, Bernard (sous la direction de), *Gendarmes résistants, du refus aux combats de la Libération (1940-1945)*, service historique de la Défense, 2006

PAXTON, Robert O., *La France de Vichy – 1940-1944*, Le Seuil, collection Points histoire, 1999

ROUSSO, Henry, « L'épuration en France, une histoire inachevée », *Revue d'histoire* n° 33, 1992

Revue de la Société nationale de l'histoire et du patrimoine de la gendarmerie, « La gendarmerie, les gendarmes pendant la Seconde Guerre mondiale », actes du colloque 2006

Remerciements

Ce livre n'aurait pas pu aboutir sans les recherches de deux jeunes journalistes.

Pendant des jours, Solenne Durox a minutieusement épluché, analysé, recoupé les rapports de gendarmerie, avec une rigueur et un enthousiasme jamais démentis. Le travail de Julien Arnaud fut également un apport précieux.

Nous avons trouvé au département gendarmerie du service historique de la Défense, implanté au château de Vincennes, dans le Val-de-Marne, un soutien sans faille et sans tabou. Ses équipes ont grandement facilité nos recherches, bien que nous ne fassions pas partie de la grande famille des historiens. Bernard Mouraz, attaché au département, n'a pas ménagé son temps pour nous éclairer sur les documents et les situations décrites dans les rapports. Il nous faut aussi remercier les archivistes, sans lesquels toute recherche s'avérerait impossible.

Nous devons rendre hommage à un ancien officier de gendarmerie, le colonel Claude Cazals, d'ailleurs abondamment cité dans ces pages. Il fut l'un des précurseurs des recherches sur cette période.

Enfin, il nous faut remercier les témoins de cette époque qui ont accepté de nous confier leurs souvenirs, ravivant la douleur du passé.

Table des matières

Chronique d'une France occupée

Basses-Pyrénées, Dordogne, Gironde,
Haute-Garonne, Landes, Lot-et-Garonne

Ouvrage publié sous la direction de
Sophie Charnavel
assistée de
Virginie Fuertes

Composition PCA
44400 – Rezé

Impression réalisée sur Variquik par
Corlet Imprimeur
14110 Condé-sur-Noireau
pour le compte des Éditions Michel Lafon

Imprimé en France
Dépôt légal : janvier 2008
N° d'impression : 109342
ISBN : 978-2-7499-0781-9
LAF 836